U0818793

臨江仙

夜飲東坡醒復醉歸來髣髴三更家童鼻息
已雷鳴敲門都不應倚杖聽江聲長恨此身
非我有何時忘却營營夜闌風靜縠紋平小
舟從此逝江海寄餘生

蘇軾書

中国古代文人的艺术生活

SU DONGPO'S MOMENTS

蘇東坡的朋友圈

劉墨

刘墨/著

人民美術出版社 北京

图书在版编目（CIP）数据

苏东坡的朋友圈 / 刘墨著. -- 北京：人民美术出版社, 2021.7（2024.2重印）
（中国古代文人的艺术生活）
ISBN 978-7-102-08740-5

Ⅰ. ①苏… Ⅱ. ①刘… Ⅲ. ①苏轼（1036-1101）－人物研究 Ⅳ. ①K825.6

中国版本图书馆CIP数据核字(2021)第130348号

中国古代文人的艺术生活

苏东坡的朋友圈

ZHONGGUO GUDAI WENREN DE YISHU SHENGHUO

SU DONGPO DE PENGYOUQUAN

编辑出版 人民美術出版社
（北京市朝阳区东三环南路甲3号 邮编：100022）
http://www.renmei.com.cn
发行部：（010）67517799
网购部：（010）67517743

著　　者 刘　墨
选题策划 李宏禹　杜长风
责任编辑 李宏禹　张　侠
装帧设计 翟英东　李宏禹
编　　辑 刘文迪
责任校对 魏平远
责任印制 胡雨竹
制　　版 朝花制版中心
印　　刷 雅迪云印（天津）科技有限公司
经　　销 全国新华书店

开　本：710mm×1000mm　1/16
印　张：35.25
字　数：330千
版　次：2021年8月　第1版
印　次：2024年2月　第6次印刷
印　数：11001—14000册
ISBN 978-7-102-08740-5
定　价：198.00元

如有印装质量问题影响阅读，请与我社联系调换。（010）67517850

版权所有 翻印必究

自　序

20 世纪 90 年代中后期学术界提倡“学术规范”，此发心本来极好，然而始料不及的是，学术研究与论文的写作越来越模式化，也越来越缺少个人情感的流露与个人化的表述方式，“学术研究”已经与“生命体验”脱了钩。记得就在 20 世纪 90 年代初期，一位 1949 年毕业于北京大学历史学系后来又转而研究文艺心理学的老先生对我说，他看过太多的所谓文史研究既无史识也无文采更无哲思，这句话对我的触动很大，一直牢记在心，从那以后，它也成了我阅读书籍的取舍标准。因为我还相信，“义理”“词章”“考据”三者并重的传统意味之写作，必有益于身心，方值得为之不已。

对爱好苏东坡的读者而言，林语堂所著《苏东坡传》影响无疑是最大的，但从研究的角度来说，孔凡礼编撰的《苏轼年谱》《三苏年谱》、点校《苏轼诗集》以及《苏轼文集》更为重要，但却不是普通读者所能欣然接受的。至于散落在宋人笔记中诸多与苏东坡有关的史料，翻检起来，更有茫无头绪之感——然而，发现别人没有发现的史料，进而修正历史，或为历史研究提供更多的史料基础，这才是吸引专业研究者的兴奋点之所在。

所以，当有人跟我说林语堂的《苏东坡传》也有失偏颇时，我一点儿也不觉得奇怪，因为林语堂的《苏东坡传》尽管是在综合大量史料基础之上写成的，但它还不是严格的史学意义上的传记，而更接近于“文学创作”，所以它有一种特殊的感发力量，为一般史学著作所不及。

林语堂在写作《苏东坡传》之前，尽可能将苏东坡的诗文集都带到了国外，“希望出国期间他能陪在我身边，书架上列着一位有魅力、有创意、有正义感、旷达任性、独具卓见的人士所写的作品，真是灵魂的一大补剂。现在我能动笔写这本书，我觉得很快乐，单单这个理由就足够了”。因而，当林语堂动笔写作苏东坡的传记之时，毋宁是以一个现代作家的笔触去“感受”另外一位古典作家的方方面面。林语堂说：

> 鲜明的个性永远是一个谜。世上有一个苏东坡，却不可能有第二个。个性的定义只能满足下定义的专家。由一个多才多艺、多彩多姿人物的生平和性格中挑出一组读者喜欢的特性，这倒不难。我可以说苏东坡是一个不可救药的乐天派，一个伟大的人道主义者，一个百姓的朋友，一个大文豪，大书法家，创新的画家，造酒试验家，一个工程师，一个憎恨清教徒主义的人，一位瑜珈修行者、佛教徒、巨儒政治家，一个皇帝的秘书，酒仙，厚道的法官，一位在政治上专唱反调的人，一个月夜徘徊者，一个诗人，一个小丑。但是这还不足以道出苏东坡的全部。一提到苏东坡，中国人总是亲切而温暖地会心一笑，这个结论也许最能表现他的特质。苏东坡比中国其他的诗人更具有多面性天才的丰富感、变化感和幽默感，智能优异，心灵却像天真的小孩——这种混合等于耶稣所谓蛇的智慧加上鸽子的温文。不可否认的，这种混合十分罕见，世上只有少数人两者兼具。这里就有一位！（宋碧云译本）

实际上，这是林语堂把对中国传统文人的全部想象都加在了苏东坡一个人身上，因而他怎样赞扬苏东坡都不为过，正如他笔下的《吾国与吾民》无法具体落实到任何一个具体的中国人身上一样。

所以对我个人而言，对历史人物进行研究，也必须让现实中的人能够从中获益，就像让一缕阳光洒进幽暗的房间一样。如果不能从前人身上获得一种力量、一种滋养、一种启示，那可真会徒成消耗。

在写作过程中，我还一直在想，如果找一个西方的作家和苏东坡来对应，应该是哪一位呢？

我想起我在少年时代读宗白华写的《歌德人生之启示》：

> 人生是什么？人生的真相如何？人生的意义何在？人生的目的是何？

这些人生最重大最中心的问题，不只是古来一切大宗教家哲学家所殚精竭虑以求解答的。世界上第一流的大诗人凝神冥想，深入灵魂的幽邃，或纵身大化中，于一朵花中窥见天国，一滴露水参悟生命，然后用他们的生花之笔，幻现层层世界，幕幕人生，归根也不外乎启示这生命的真相与意义。宗教家对这些问题的方法与态度是预言的说教的，哲学家是解释的说明的，诗人文豪是表现的启示的。荷马的长歌启示了希腊艺术文明幻美的人生与理想，但丁的神曲启示了中古基督教文化心灵的生活与信仰，莎士比亚的剧本表现了文艺复兴时人们的生活矛盾与权力意志。

随后，宗白华将笔锋转到歌德身上：

歌德对人生的启示有几层意义，几种方面。就人类全体讲，他的人格与生活可谓极尽了人类的可能性。他同时是诗人、科学家、政治家、思想家，他也是近代泛神论信仰的一个伟大的代表。他表现了西方文明自强不息的精神，又同时具有东方乐天知命、宁静致远的智慧。德国哲学家息默尔（Simmel）说："歌德的人生所以给我们以无穷兴奋与深沉的安慰的，就是他只是一个人，他只是极尽了人性，但却如此伟大，使我们对人类感到有希望，鼓动我们努力向前做一个人。"我们可以说歌德是世界一扇明窗，我们由他窥见了人生生命永恒幽邃奇丽广大的天空！

我还没有看到有比较文学研究者将苏东坡与歌德放在一起进行比较的文章，但我认为他们二人的确能代表东西方伟大文学家的相同与不同之所在——在林语堂笔下，苏东坡是集中了所有传统中国人特性的天才；在宗白华笔下，歌德是集中了所有近代欧洲人特性的天才。

无疑，在中国古代作家中，有关苏东坡的史料是保存得最为完整也最为丰富的，远远超过李白、杜甫，更不用说与他同时代的人了。即使在那个时代比他还要重要的人物，后人也是在提及苏东坡时才会再次提到那个名字，这可真是一件意味深长的事情。

每当夜深人静，我沉浸在与苏东坡有关的史料中时，我始终希望苏东坡其人其事——他的身影，他的生活，他的爱好，他的喜怒，他的内心情感，以及他的艺术世界——能够在我的阅读与写作中“活”起来。

在他的世界中，他当然是“男一号”，连皇帝都不过是他的“配角”，因而我想，苏东坡的风采，无疑是在他的“朋友圈”中才得到充分展示的。他的朋友不是可有可无的“配角”，相反，从不同“配角”的角度来看苏东坡这个“主角”，说不定也许会找到一个“从来没有”过的角度，从而近距离地观察苏东坡。

这些年来，微信上的“朋友圈”占据了人们生活中的绝大多数时间，“朋友圈”成了个人生活的展示窗口，也将一个人的经历、生活、嗜好接近完整地呈现出来。因为人们可以在“朋友圈”里展示日常生活里的方方面面：父母、兄弟、姐妹、同事、朋友、聊天、信息、通知、集会、讨论、研究、赏鉴、养生、美食、旅游、见闻、掌故……几乎没有什么不可以在朋友圈里出现的。

无疑，对当代人而言，微信和微信的“朋友圈”已经成了生活中的重要组成部分。那么，古人有“朋友圈”吗？

答案是有，只是与我们今人不同。

如果苏东坡也有“朋友圈”呢？

他是有“朋友圈”的，而且这个“朋友圈”非常大。苏东坡的朋友五花八门：皇帝、太后、宰相、文士、诗人、同僚、和尚、道士、歌女、厨师、画家、街头邻居，甚至妖狐鬼怪……

就像他自己说的：“吾上可陪玉皇大帝，下可以陪卑田院乞儿，眼前见天下无一个不好人。”整个天下，到处都是他各式各样、各行各业的朋友——有的是正人君子，有的是邪曲小人；有的是生死之交，有的是匆匆一面；有始终不渝者，也有前善后恶者。让我奇怪的是，在嘉祐二年（1057）的同榜进士中，有的与他共进退，施以援手，有的却坚决想置他于死地。他本人，则在现实的谷底和理想的云端上下往复。

正如我们的朋友圈一样，除了人，苏东坡对美食和下厨有着发自内心的热爱，他创造出的许多菜如今都已经成了名菜——东坡肉、东坡鱼、东坡羹，以及不同名目的酒。而他关于食疗的许多见地，也在他的文集或笔记中大量出现。

有多少人曾经出现在苏东坡的“朋友圈”里呢？

我曾看到一个数字，说和他交往过的有名有姓的就有上千人——如果给孔凡礼编撰的200多万字的《苏轼年谱》或《三苏年谱》做一个人名索引的话，无疑是一个巨大的工程。

正像我们自己一样，电话通讯录的人名和号码再多，经常联络经常来往的，也只是数十人而已。我想，这才是真正意义上的朋友吧！

今人如此，苏轼何独不然？

当年苏轼因“乌台诗案”被捕之时，才分辨出有哪些人是他真正可以荣辱与共的朋友。

从辈分上看，苏轼的朋友，可以按照长辈、同辈、晚辈三大类划分：

——长辈：父母、张方平、欧阳修、王安石、富弼、韩琦、司马光、范镇、滕元发、陈希亮、张先、陈襄、吴复古、朱寿昌……

——同辈：兄长、姐姐、弟弟、文同、曾巩、鲜于侁、章惇、林希、杨元素、杨世昌、陈令举、李常、孙觉、李公麟、刘述、刘恕、王诜、王巩、钱穆父、刘景文、参寥子、章质夫、章衡、张怀民、孙洙、刘挚、刘贡父、范纯仁兄弟、蓝田四吕、孔家三兄弟、吕陶、陈慥、徐君猷、方子荣、米芾、佛印、巢谷……

——晚辈：儿子、苏门六君子、苏门后四学士、赵德麟、张舜民、李之仪、苏坚、姜唐佐……

读者也会从我的书中发现，我笔下的绝大部分内容都是在仔细排比史料的基础上写成，但可惜的是，仍然有一些史料限于写作风格和全书的篇幅而不得不放弃了，乃至于在苏东坡生活中本来占有重要作用的一些人，如钱勰、曾巩、鲜于侁、滕元发、刘攽、赵令畤、蒋之奇、孔文仲、吴安诗、潘大临、辨才等人，都只能一笔带过……

在与人民美术出版社李宏禹先生的一次闲聊中，我无意中说出，可以写一本《苏东坡的朋友圈》，因为这将是极其丰富的一本书，以他和欧阳修、王安石、司马光、黄庭坚、秦观、王诜、苏辙等人为主，充分展现苏东坡一生的丰富性和趣味性，再加上他对诗歌、书法、绘画、饮食、笔砚等的文字——我们大概就可以通过《苏东坡的朋友圈》一书，了解发生在北宋晚期的文艺圈的诸多往事了。

也由于是人民美术出版社出版的缘故，因而本书书法、绘画的分量，如苏东坡与文同、李公麟、黄庭坚、米芾、王诜等人的关系，就要比文学所占的分量多一些。

此一选题，得到了人民美术出版社领导的高度重视，在此先表深深的铭谢！

从2013年有微信以来，我每天都会在朋友圈里随手敲一些文字，渐渐地，受微信朋友圈表达方式的影响，自己的写作风格也随之发生了变化——微信朋友圈不能太学术，更不能太江湖，每一句有来历，但也不能完全照搬原文，写的人轻松，看的人也不累，日积月累，居然攒了好几厚册，隔几年再读，很像过去文人的笔记或札记。它当然不符合现代学术机构所规定的种种清规戒律，但学院式的论文写作也不应该是“生产知识”的唯一方式——写作有快感，阅读有快感，何尝不可？

本书既不是纯抒情的文学笔法，也不是将感情全部剔除的学术考据，行笔畅快之时，甚至将基本的引文出处也略去，更不必说附加更多的长注。也曾经有学者质疑，我这样写是否有学术价值，我只是淡淡一笑，因为我只是将在这一段时间内阅读苏东坡所发现的值得记下来的事情写入书中，并自信一定也会有不少读者和我一样对苏东坡充满着兴趣，想知道文学性的传记以及学术性的考证所带给他们的不同阅读乐趣。

对于苏东坡这样的人物来说，我觉得尤其如此——他有理性但绝不是一个有着冷静理性的人，例如他和道士对话寻找各种药方甚至烧炼仙丹，但当他真的得到所谓仙丹时，他又绝对不敢将它们咽到肚子里。他热情地试验不同原料的酒，虽然多数以失败终结，却写出最成功的诗歌。这一切都可以成为理性的分析对象，但我觉得烦琐的考证一定会伤害到他那活泼的不可捉摸的有趣灵魂。

在写作《苏东坡的朋友圈》这段日子里，恰好赶上新冠肺炎疫情肆虐，既不得不主动地将自己关在书房中与世隔离，也将家中与苏轼或宋代有关的藏书翻找出来，读至会心处，甚至读到痛心处，便笔之于纸，不知不觉几个月就过去了，偶尔眺望窗外，内心里怀着满满的读罢苏东坡的感动。当然，苏东坡并不都是令人喜悦的，在很多人们不太读的那些写给皇帝的奏章里，处处闪现着令人惊讶的“现代思想”。比如他的敌人吕惠卿和曾旼的一段对话：

> “轼何如人？”旼曰：“聪明人也。”惠卿怒曰：“尧聪明、舜聪明邪，大禹之聪明邪？”旼曰：“虽非三者之聪明，是亦聪明也。”惠卿曰：

"轼学何人？"旼曰："学孟子。"惠卿亦怒，起立曰："何言之不伦也？"旼曰："孟子以'民为重，社稷次之'，此所以知苏公之学孟子也。"惠卿默然。（《邵氏闻见后录》卷十一）

在一个以"忠君"为当官第一规矩的年代里，苏轼却秉承孟子的教义，"民为重，社稷次之"，后面还有一句潜台词："君为轻。"

所以，我们除了看到一个"人间有味是清欢"的苏东坡之外，还看到日夜奋战在抗洪前线的苏东坡；看到一个因旱灾蝗灾而使百姓流离失所之后不断给朝廷上书请求赦免、救济百姓的苏东坡，看到一个救助婴儿、病人、老人和死在路旁无人掩埋尸体而痛心不已的苏东坡；一个因熟悉水利而疏浚湖泊、筑堤、修建桥梁的苏东坡……也正因为有了这样的苏东坡；才会有像林语堂所看到的苏东坡："他的肉身难免要死去，但是他来生会变成天空的星辰，地上的雨水，照耀、滋润、关爱所有的生命。"也正因为有了这样的历史性借鉴，同样的事件再次发生在平凡世界里时，才不再是乏味的一幕。

至少，在整个写作过程中感受到的这一切，如果日后回忆起来，我会说：在这段时光里，有苏东坡与我一同度过，他教会了我们如何欣赏生命的每一时刻，并让我们坚信每一刻尘世生活都是美好的。

苏东坡是一个生活的艺术家，也是一位生活的哲学家，只是他的"哲学"是以诗歌的形式展现出来。陶渊明《饮酒二十首》的第一首是：

衰荣无定在，彼此更共之。
邵生瓜田中，宁似东陵时！
寒暑有代谢，人道每如兹。
达人解其会，逝将不复疑。
忽与一樽酒，日夕欢相持。

后七百年，东坡和之：

我不如陶生，世事缠绵之。

云何得一适，亦有如生时。
寸田无荆棘，佳处正在兹。
纵心与事往，所遇无复疑。
偶得酒中趣，空杯亦常持。

又后900年，我有一天早晨读到它们，心境大悦，亦以和之，和陶兼和苏也：

高致如陶生，千载谁似之？
物我两不碍，忧乐俱忘时。
不归亦不去，仕隐皆由兹。
会得此中趣，得失了不疑。
共尽杯中酒，悠然胜自持。

2020年5月14日　刘墨于十丈莲花馆

一个最简洁的年表

宋仁宗景祐三年　1036　1岁

十二月十九日，苏轼生于眉山。

宝元二年　1039　4岁

苏辙生。

庆历二年　1042　7岁

开始读书。

至和元年　1054　19岁

娶王弗为妻。

嘉祐元年　1056　21岁

与父亲苏洵、弟弟苏辙一同入京。

嘉祐二年　1057　22岁

苏轼兄弟二人皆中进士。母丧。归乡服孝（1057.4—1059.6）。

嘉祐四年　1059　24岁

七月免母丧，十月，举家入京。长子苏迈生。

嘉祐五年　1060　25岁

二月到京，与苏辙寓居怀远驿，准备制科考试。

嘉祐六年　1061　26岁

苏轼应制科考试，入第三等。授大理评事、签书凤翔府判官。十一月赴凤翔。

嘉祐七年　1062　27岁

在凤翔。

宋英宗治平二年　1065　30岁

二月还朝，除判登闻鼓院。二月，召试秘阁，入三等，直史馆。五月，王弗病逝。

治平三年　1066　31岁

父丧，返乡服孝（1066.4—1068.7）。

宋神宗熙宁元年　1068　33岁

七月免丧，十月娶王闰之。十二月离蜀还京。

熙宁二年　1069　34岁

二月返京，在京任殿中丞、直史馆判官告院。

熙宁三年　1070　35岁

在京任殿中丞、直史馆判官告院，罢权开封府推官。次子苏迨出生。

熙宁四年　1071　36岁

在京任殿中丞、直史馆判官告院兼判尚书祠部。四月有杭州通判之命，七月出京，十一月到杭州。

熙宁五年　1072　37岁

通判杭州。苏过出生。

熙宁七年　1074　39岁

通判杭州，朝云入苏家。五月诏移知密州，九月离杭州赴密州任。

熙宁九年　1076　41岁

十二月，以祠部员外郎直史馆移知河中府，离密州。

熙宁十年　1077　42岁

改知徐州。苏迈娶妻。

元丰二年　1079　44岁

三月，改知湖州，四月二十九日到任，七月入狱，十二月二十九日结案，责授黄州团练副使，本州安置。

元丰三年　1080　45岁

二月一日，到黄州。

元丰四年　1081　46岁

躬耕于东坡，始号东坡居士。

元丰六年　1083　48岁

朝云生苏遁。

元丰七年　1084　49岁

四月诏移汝州团练副使，过金陵，访王安石。七月，苏遁夭折。

元丰八年　1085　50岁

五月，起知登州太守；以礼部郎中召还，往京都。半月后任起居舍人。

元祐元年　1086　51岁

三月，升为中书舍人，九月，为翰林学士、知制诰。

元祐四年　1089　54岁

三月，以龙图阁学士充两浙西路兵马钤辖知杭州军州事。七月，到杭州。

元祐六年　1091　56岁

三月入京，任翰林学士承旨、知制诰、兼侍读。八月，以龙图阁学士知颍州。

元祐七年　1092　57岁

八月，以兵部尚书、龙图阁学士除兼侍读。十月，以龙图阁学士充淮南东路兵马钤辖知扬州军州事。十一月，迁端明殿学士、翰林侍读学士、礼部尚书。

元祐八年　1093　58岁

八月，妻丧。九月，以本官出知定州太守。

绍圣元年　1094　59岁

四月，以讥刺先朝罪名贬知英州。八月，再贬惠州。苏迈、苏迨归宜兴。朝云、苏过随行。

绍圣三年　1096　61岁

七月，朝云卒于惠州。

绍圣四年　1097　62岁

四月，责授琼州别驾、昌化军归置。六月渡海，七月二日到达贬所。

元符三年　1100　65岁

五月大赦，量移廉州，九月改舒州团练副使，永州安置。行至英州，复朝奉郎、提举成都玉局观。年底，度岭北归。

宋徽宗建中靖国元年　1101　66岁

北返，往常州，七月二十八日逝世。

目 录

“丈夫贵出世，功名岂人杰”——父亲苏洵

宋真宗大中祥符二年（1009），苏洵出生在四川眉山。他的父亲叫苏序（973—1047）——就因为这个名字，苏洵本人以及苏轼兄弟在后来几乎所有的文章中，都要避开这个字，即使他为人写“序”，也不可以用这个“序”字，而是代之以“引”，或“叙”。

苏序相貌堂堂，酒量极好，慷慨豪爽——从今天一些四川人的性格上，比如我认识的几个人，大概还能揣摩到苏序是怎样的为人。苏轼后来回忆说，老人家的质朴自然之美，只有高雅不俗之士才能欣赏。

苏轼出生这一年，祖父健在，已经64岁了。在苏轼12岁的时候，苏序去世，来不及看到他这个孙子有如何的伟大！

苏序娶妻史氏，史氏是眉州的大户人家的女儿。生了三个儿子：苏澹、苏涣和苏洵。

苏序并不好文，但他从晚年开始喜欢写诗，写了很多很多，奇怪的是，三苏留下那么多的文章和诗词，一句也没有引用过他的诗，可见他的诗，只是满足自己的兴趣，他也并不觉得让儿子读书或者参加科举是多么急迫的事情。

治平四年（1067），苏轼写过一篇《苏廷评行状》，追溯自己的祖先：

> 公讳序，字仲先，眉州眉山人，其先盖赵郡栾城人也。曾祖讳釿，祖讳祐，父讳杲，三世不仕，皆有隐德。自皇考行义好施，始有闻于乡里，至公而益著，然皆自以为不及其父祖矣。皇祖生于唐末，而卒于周显德。是时王氏、孟氏相继王蜀，皇祖终不肯仕……
>
> 公幼疏达不羁，读书，略知其大义，即弃去。谦而好施，急人患难，

甚于为己，衣食稍有余，辄费用或以予人，立尽。以此穷困厄于饥寒者数矣，然终不悔。旋复有余，则曰："吾固知此不能果困人也。"益不复爱惜……

庆历中，始有诏州郡立学，士欢言，朝廷且以此取人，争愿效职学中。公笑曰："此好事卿相以为美观耳。"戒子孙，无与人争入学。郡吏素暴苛，缘是大扰，公作诗并讥之。以子涣登朝，授大理评事。庆历七年五月十一日终于家，享年七十有五……娶史氏夫人，先公十五年而卒，追封蓬莱县太君。生三子。长曰澹，不仕，亦先公卒。次曰涣，以进士得官，所至有美称，及去，人常思之，或以比汉循吏，终于都官郎中利州路提点刑狱。季则轼之先人讳洵，终于霸州文安县主簿。……晚好为诗，能自道，敏捷立成，不求甚工。有所欲言，一发于诗，比没，得数千首。女二人。长适杜垂裕，幼适石扬言。孙七人：位、份、不欺、不疑、不危、轼、辙。（《苏轼文集》，第 495—497 页）

后来，苏轼还请他的好友曾巩专门写过一篇他爷爷的墓志铭，收入《元丰类稿》卷四十三。

在《行状》中，苏轼也不讳言父亲苏洵在年轻时并不用心读书，而更喜欢骑着马到处游荡，遍览天下奇景，遍交天下奇人。

这样的时光伴随苏洵到了 27 岁时，因意识到读书的重要性，才开始发奋读书、作文。此时，他的哥哥、内兄还有两个姐夫，都已经科考成功，有了令乡里人艳羡的功名。这对内心极度自尊要强的人而言，明显是一个不言而喻的刺痛，虽然他后来在历史上的名气超过了这些人，但在当时，他一定是觉得面上无光，在乡村邻里面前抬不起头来，因而才痛下决心苦读的。

后人编写《三字经》，其中有这样四句："苏老泉，二十七，始发奋，读书籍。"这里的苏老泉，即是苏洵。

南宋以来，就有人将苏洵称为"苏老泉"。但苏洵并没有"苏老泉"这一名号，最明显的，就是苏轼作过一首名叫《六月七日泊金陵，阻风，得钟山泉公书，寄诗为谢》的诗，其中有这样的诗句："宝公骨冷唤不闻，却有老泉来唤人。"诗中明确写出"老泉"二字，这在避讳甚严的唐宋时期，根本是不可能出现的。

王鸣盛在《蛾术篇》卷七十八中就发出了这样的质疑：“《金陵阻风得钟山泉公书》云：‘宝公骨冷唤不闻，却有老泉来唤人。’俗称苏明允为苏老泉，又以其《嘉祐集》为《老泉集》。果尔，东坡岂作此语？”

即使在今天，在比较讲究礼法地区的一些家庭里，儿子也不能随便称呼父亲的名字，更不能直呼父亲的绰号。

叶梦得在《石林燕语》卷十中有这样的解释：“苏子瞻谪黄州，号东坡居士，东坡其所居地也；晚又号老泉山人，以眉山先茔有老翁泉，故云。”叶梦得的这个解释，大概是接近了历史的真实：这样说来，“老泉”又是苏东坡晚年的号，这个号的来源，是因为老家眉山祖坟处有个“老翁泉”。

明人娄坚在《学古续言》卷二十三《记苏长公二别号》一文中，凭借一份墨迹上的印章，作了更进一步的解释：“东坡此书古澹遒劲……又纸尾有‘东坡居士老泉山人’印。盖公自黄（州）还朝，既衰而思其丘墓，去作此书不远，两别号殆相继于元丰、元祐之间也。当时如宗室（赵）令畤，尝从公为颍州倅，亦札记及此。而南渡后，虽马端临之博，犹以老泉为明允别号。至本朝杨升庵，其博洽为一代所推，亦仍其误。”在娄坚看来，“东坡居士”和“老泉山人”，都是苏轼的号。而将“老泉”和苏洵合为一个人，是从马端临、杨慎等人开始的。

苏洵的文章极其雄辩，因为他非常喜欢《战国策》，他的性格中也有一些先秦游侠的味道。他有独立的思想，绝不屈服于别人的想法，所以在别人的眼中，他总显得古怪、不易接近。另外一方面，苏洵所处又正是儒学快速复兴的年代，战国策时期的纵横家习气，深为儒家所鄙视。

庆历七年（1047）五月，苏洵的父亲苏序去世，喜欢经常各处游玩的苏洵立刻奔丧回家，从此大约有十年的时间，他不再远游，专心闭户读书。

他除了用读书和写文章来表达他对古今治乱得失的意见之外，同时教授苏轼和苏辙读书，苏轼与苏辙大概此时才算真正地亲近父亲，至少有一条史料足够让我们吃惊：因为爷爷去世，他们的伯父苏涣从外地回来奔丧，苏轼兄弟才第一次见到自己的亲伯父长什么样！

苏辙后来在回忆中说“游戏图书，寤寐其中”，以及“读书犹记少年狂，万卷纵横晒腹囊”等诗句，正是对这段时光的温暖记忆。

苏洵也许汲取了早年不用功读书的教训，因而加紧了对苏轼兄弟在读书方

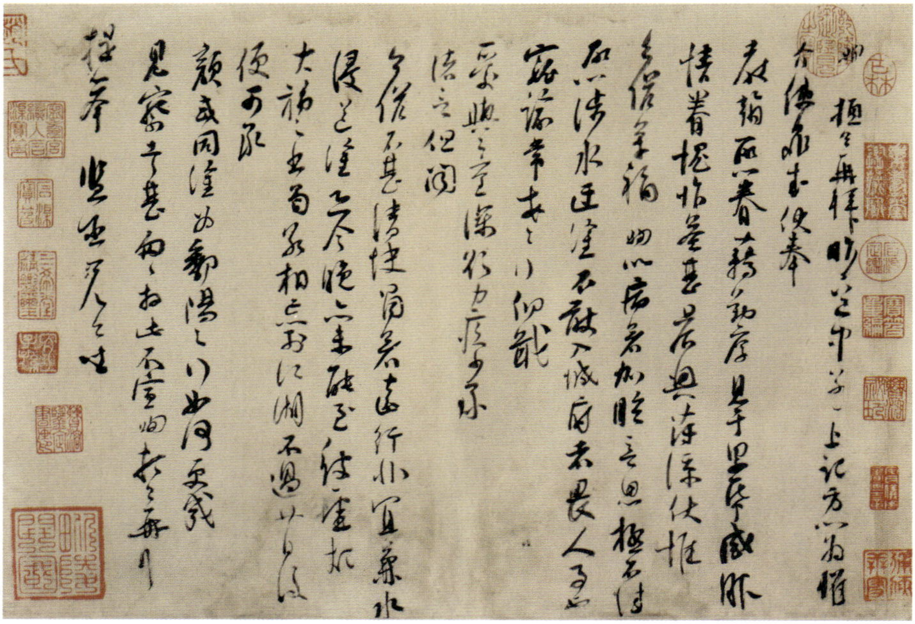

致提举监丞帖　宋　苏洵

面的要求，何况二人读书和作文的天分本来就高。

苏洵对二人的管教极严，以至成年后的苏轼在梦中，还经常因功课事被惊醒："夜梦嬉游童子如，父师检责惊走书。计功当毕《春秋》余，今乃始及桓庄初。怛然悸寤心不舒，起坐有如挂钩鱼。"在天性喜好嬉戏和必须在家长与老师的督责之下用功读书之间所发生的纠结与矛盾，与今天的儿童并无二致。

苏洵的严厉督促很快见了成效，兴奋的苏洵会把他们写得好的文章贴在墙上以示欣赏。苏籀《栾城遗言》记："曾祖（苏洵）称之，命佳纸笔修写装饰，钉于所居屋壁上。"看来，兴奋的父亲除了将他们的文章抄好，甚至也都装裱好了。

在学习期间，苏洵也给兄弟二人请了一位老师：刘巨。刘巨字微之，是眉山地区的名师。刘巨曾赋鹭鸶一诗，结句是："渔人忽惊起，雪片逐风斜。"但是苏轼在旁忍不住说："先生诗佳矣，窃疑断章无归宿，曷若'雪片落蒹葭'乎？"这一问，刘巨认为自己无法再教苏轼，就此辞去。

苏轼 10 岁时，苏洵曾经让他以《夏侯太初论》为题作文，文章中有两句话让苏洵极为欣赏：

> 人能碎千金之壁，不能无失声于破釜；能搏猛虎，不能无变色于蜂虿。

当然，苏轼对这两句话也极为喜爱，以至于他把这两句话分别用到了《颜乐亭记》和《黠鼠赋》之中。后来，还有人发现，苏洵《嘉祐集》卷二《权书·心术》中的末尾“尺棰当猛虎，奋呼而操击；徒手遇蜥蜴，变色而却步，人之情也”，大概也偷偷地袭用了少年苏轼的语句。

而少年苏轼，更从父亲那里继承了漫游四海所养成的性情。如《和陶拟古》其一诗中所说：

> 少年好远游，荡志隘八荒。
> 九夷为藩篱，四海环我堂。
> 卢生与若士，何足期渺茫。（《苏轼诗集》，第2261页）

诗虽是晚年的追忆，但他早年就有这样的志向了！

伯父苏涣

苏轼的伯父叫苏涣，已经考中进士并准备出仕的苏轼曾经去拜望过伯父苏涣。这件事情被苏辙记录下来：“颍滨尝语陈天倪云：亡兄子瞻及第调官，见先伯父，问所以为政之方。伯父曰：‘如汝作《刑赏忠厚论》。’子瞻曰：‘文章故某所能，然初未尝学为政也，奈何？’伯父曰：‘汝在场屋，得一论题时，即有处置，方敢下笔，此文遂佳。为政亦然。有事人来，见得未破，不要下手；俟了了而后行，无有错也。’至今以此言为家法。伯父即提刑涣，事见语录。”

嘉祐六年（1061）秋天，苏涣以提点利州路刑狱赴利州任，利州路管辖范围大约以今汉中市为首，包括广元、剑门、巴中等地区。但第二年的八月，他就死在了任上。远在凤翔的苏轼听到噩耗之后，为他作了一篇《祭伯父提刑文》云：“辛丑之秋，送伯西郊。淫雨萧萧，河水滔滔。言别于槁，屡顾以招。

孰知此行，乃隔幽明。”

在元丰五年（1082）七月十三日，苏轼写了一段关于他伯父的文字，名为《题伯父谢启后》：

> 天圣中，伯父中都公始举进士于眉，年二十有三。时进士法宽，未有糊名也。试日，通判殿中丞蒋希鲁下堂，观进士程文，见公所赋，叹其精妙绝伦。曰：“第一人无以易子。”公力自言年少学浅，有父兄在，决不敢当此选。希鲁大贤之，曰：“君子成人之美。”乃以为第三。明年登乙科。此则其亲书启事谢希鲁者也。公殁后十三年，得之宜兴人单君锡家，盖希鲁宜兴人也。又八年，乃躬自装缥，而归公之第二子子明兄，使宝之以无忘公之盛德云。元丰五年七月十三日，第六侄责授黄州团练副使轼谨志。（《苏轼文集》，第 2065 页）

距他伯父之死，已经 20 年了。

这里说的“子明兄”，是苏涣的儿子。

“致画与公卿等”——喜欢绘画的苏洵

在苏轼出生之前，苏洵曾经用手镯换了一幅道家人物张果老的画像挂在家中，目的是为了求子，苏洵实际上也相当喜欢绘画，而且富于收藏。

苏轼写的《四菩萨阁记》一文，一开篇就提到他父亲对于绘画的喜爱：

> 始吾先君于物无所好，燕居如斋，言笑有时。顾尝嗜画，弟子门人无以悦之，则争致其所嗜，庶几一解其颜。故虽为布衣，而致画与公卿等。
>
> 长安有故藏经龛，唐明皇帝所建，其门四达，八板皆吴道子画，阳为

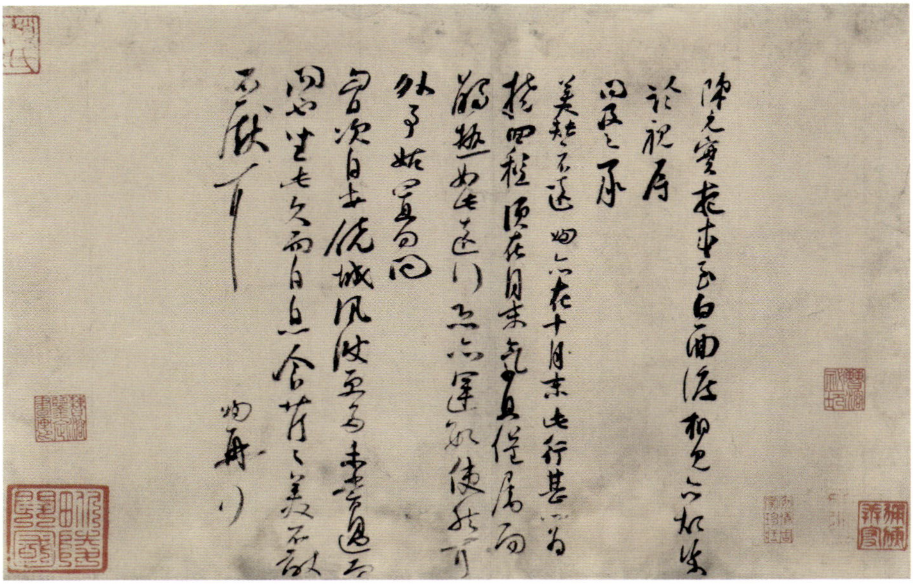

白面渡帖　宋　苏洵

菩萨，阴为天王，凡十有六躯。广明之乱，为贼所焚。有僧忘其名，于兵火中拔其四板以逃，既重不可负，又迫于贼，恐不能皆全，遂窍其两板以受荷，西奔于岐，而寄死于乌牙之僧舍，板留于是百八十年矣。客有以钱十万得之以示轼者，轼归其直，而取之以献诸先君。先君之所嗜，百有余品，一旦以是四板为甲。

治平四年，先君没于京师。轼自汴入淮，溯于江，载是四板以归。既免丧，所尝与往来浮屠人惟简，诵其师之言，教轼为先君舍施必所甚爱与所不忍舍者。轼用其说，思先君之所甚爱轼之所不忍舍者，莫若是板，故遂以与之。且告之曰："此明皇帝之所不能守，而焚于贼者也，而况于余乎！余视天下之蓄此者多矣，有能及三世者乎？其始求之若不及，既得，惟恐失之，而其子孙不以易衣食者，鲜矣。余惟自度不能长守此也，是以与子。子将何以守之？"简曰："吾以身守之。吾眼可霍，吾足可斫，吾画不可夺。若是，足以守之欤？"轼曰："未也。足以终子之世而已。"简曰："吾又盟于佛，而以鬼守之，凡取是者与凡以是予人者，其罪如律。若是，足以守之欤？"轼曰："未也。世有无佛而蔑鬼者。""然则何以守之？"曰："轼之以是予子者，凡以为先君舍也。天下岂有无父之人欤？其谁忍取之。若其闻是而不悛，不惟一观而已，将必取之然后为快，则其人之贤愚，与广明之焚此者一也。全其子孙难矣，而况能久有此乎！且夫不可取者存乎子，取不取者存乎人。子勉之矣，为子之不可取者而已，又何知焉。"

既以予简，简以钱百万度为大阁以藏之，且画先君像其上。轼助钱二十之一，期以明年冬阁成。熙宁元年十月二十六日记。（《苏轼文集》，第 385—386 页）

苏轼强调，他父亲几乎不喜欢什么身外之物，平时也板着脸，很难露出笑容，但好在他还喜欢绘画，因而他的学生都希望能送他一件好的艺术品，让他在展开画幅时，开心一笑。

治平三年（1066）苏洵卒于京师（注：苏轼文集为治平四年，苏洵年谱为治平三年），兄弟二人扶灵返乡守制。

在安葬好父亲之后，苏轼遇到僧人惟简。惟简（约 1011—1095），字宗古，俗姓苏，后尊称宝月大师，也是眉山人，跟苏轼同乡、同辈，但不是亲戚关系。他与苏轼的关系极为密切，虽然苏轼并不是很看好他，然而他们的友谊长达 40 年，是他与僧道两界中人士交往时间最长的一个。

苏轼现在留下来的最早的字迹，就是写给他的信。

惟简擅长医药，经常会将一些医药送给有需要的人，苏轼也喜欢医药，从他那里抄了不少方子。

惟简建议苏轼捐出他父亲和他最珍爱又最舍不得的物品，苏轼就想到了家中收藏的吴道子的画作。

因为苏洵喜欢古画，在凤翔为官的苏轼曾经以十万钱购得两块四面的吴道子所绘菩萨像画板送给父亲——这在当时，是相当大的一笔开支。

在苏洵的所有收藏中，他也对这一组作品最为喜爱。

在苏轼心目中，他送给父亲的吴道子创作的四幅菩萨像，无疑是苏洵所有藏品中的最爱！

在文章中，苏轼与惟简讨论了应该持什么样的态度才算正确保存艺术品的方式问题：

——苏轼说，这件宝贝，连唐明皇都守不住，你怎么能守住呢？

——惟简说，我用我的身体来守护它，即使没有了眼睛没有了脚，（别人）也休想夺走这件宝物。

——苏轼说，身体也会消失的，你不过是守了你一生而已。

——惟简说，那我就在佛陀面前发誓，让他派小鬼来守，凡是抢了这件作品的或将这件作品送人的，都会受到佛祖或小鬼的惩罚。

——苏轼说，也有人不信佛不信鬼！

——惟简问，那应该如何？

——苏轼说，我之所以把这件珍品交给你，是因为我全是为了父亲，天下有没有父亲的人吗？谁忍心把为父亲施舍出去的东西偷走呢？如果有人听到这个原因还要把它据为己有，那那个人就与“广明之焚”是一样的了——连自己的子孙都保不住，留着一件艺术品有什么用呢？留不留在你，偷不偷在别人，谁又知道呢？

惟简特意花了百万钱新造大阁以珍藏吴道子的真迹。除了画之外，苏轼另

榆林窟 025 室主室南壁壁画

外还捐了五万钱。

后来，在杭州时期，苏轼还考虑从父亲的藏品中再捐献一件珍贵的作品给大觉怀琏禅师。

大觉禅师幼年出家，笃志道学，曾参学泐潭怀澄禅师十余年，受印可后游庐山圆通寺，在圆通居讷禅师座下任书记。仁宗皇祐二年（1050），居讷禅师住东都十方净因禅院，厌倦了京都的繁华，借口眼睛患了病，举荐怀琏禅师代之，怀琏入宫为仁宗说法，仁宗赐号怀琏为大觉禅师。

大觉禅师与欧阳修、王安石等人都有极好的个人关系，后应四明郡守之请，移住阿育王广利禅寺。元祐五年（1090），大觉禅师归山 20 余年，四明人相与协力造大阁，大觉禅师请苏轼为撰《宸奎阁碑记》一文。就在苏轼将写好的

《宸奎阁碑记》正稿送往宁波阿育王寺的途中，大觉禅师圆寂了，享年 82 岁。

当年大觉禅师在居讷禅师处当书记时，苏洵便已与他相识，待三苏游学东京时，与大觉禅师更是往来频繁。

大觉禅师曾经赠予苏洵一幅阎立本的水官画作，兴奋中的苏洵作诗相赠，同时也要求苏轼同作一首。这个时候，苏轼是以晚辈的身份出现的，只是到了后来，他与大觉禅师才在亦师亦友之间。在大觉禅师的引荐下，他与大觉禅师的三位徒弟，都成了莫逆之交。

关于大觉禅师、苏洵与苏轼之间的交游，苏轼《次韵水官诗》前的小叙说得简明扼要：

> 净因大觉琏师，以阎立本画水官遗编礼公。公既报之以诗，谓轼：汝亦作。轼顿首再拜次韵，仍录二诗为一卷以献：
> 高人岂学画，用笔乃其天。
> 譬如善游人，一一能操船。
> 阎子本缝掖，畴昔慕云渊。
> 丹青偶为戏，染指初尝鼋。
> 爱之不自已，笔势如风翻。
> 传闻贞观中，左衽解椎鬟。
> 南夷羞白雉，佛国贡青莲。
> 诏令拟王会，别殿写戎蛮。
> 熊冠金络额，豹袖拥幡旜。
> 传入应门内，俯伏脱剑卷。
> 天姿俨龙凤，杂沓朝鹏鳣。
> 神功与绝迹，后世两莫扳。
> 自从李氏亡，群盗窃山川。
> 长安三日火，至宝随飞烟。
> 尚有脱身者，漂流东出关。

三官岂容独，得此今已偏。
吁嗟至神物，会合当有年。
京城诸权贵，欲取百计难。
赠以玉如意，岂能动高禅。
惟应一篇诗，皎若画在前。（《苏轼诗集》，第 87—88 页）

所谓“水官”，是民间传说中“三官大帝”之一，即天官、地官、水官，又称“三元”，是道教所供祀的神灵。还有一种说法，天官为唐尧，地官为虞舜，水官为大禹。据道经称，天官赐福，地官赦罪，水官解厄，大觉禅师肯将阎立本所绘《水官图》送给苏洵，绝对是一件超重量级的礼物！

在苏轼的文集中，收录有三篇寄给大觉禅师的诗词，其中第一首讲述的是在苏洵死后，已经担任杭州知州的苏轼想把苏洵生前极其珍爱的贯休所绘《禅月罗汉像》赠予大觉禅师所在的阿育王寺，一方面表示对亡父的超度，一方面表示对大觉禅师的信任和敬仰。

但在捐赠过程中，却发生了一件让人意想不到的事情：苏轼本来想将贯休的罗汉图捐出去，但经手此事的僧人却指名要金水罗汉。此信读来，颇觉有趣：

某启。人至，辱书，伏承法候安裕，倾向！倾向！昨奉闻欲舍禅月罗

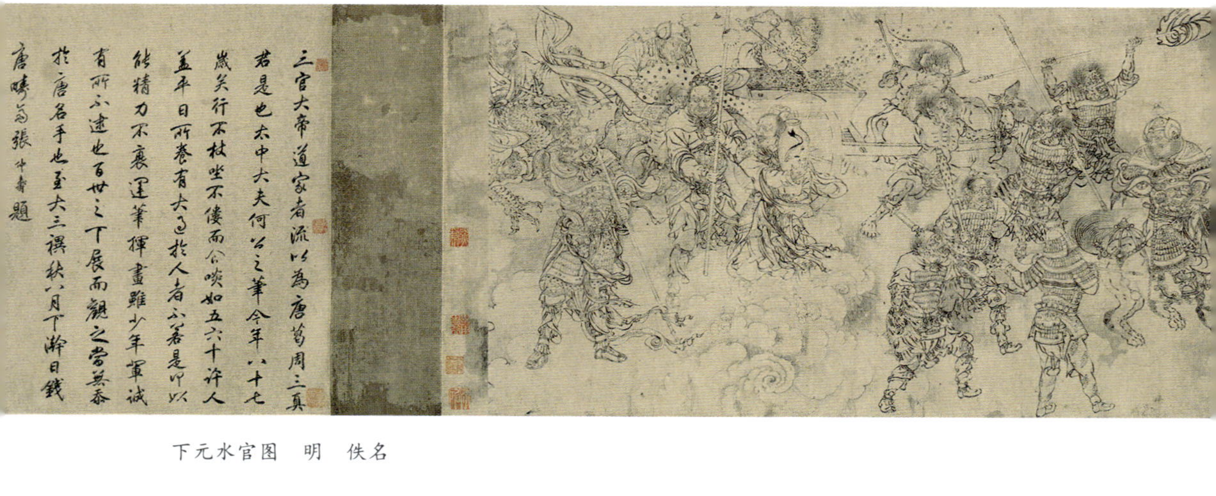

下元水官图　明　佚名

汉，非有他也。先君爱此画，私心以为舍施，莫如舍所甚爱；而先君所与厚善者莫如公；又此画颇似灵异，累有所觉于梦寐，不欲尽谈，嫌涉怪尔。以此，亦不欲于俗家收藏。意止如此。而来书乃见疑欲换金水罗汉，开书不觉失笑。近世士风薄恶，动有可疑，不谓世外之人犹复尔也。请勿复谈此。某比乏人可令赍去，兵卒之类，又不足分付，告吾师差一谨干小师赍笼杖来迎取，并古佛一轴，亦同舍也。（《苏轼文集》，第 1879 页）

尽管苏轼在书信中丝毫没有掩饰自己的恼怒之情，但他最终还是愿意将这件苏洵极其喜爱的贯休罗汉像捐给庙里，顺便，他又追加了一件古佛像。

苏洵对绘画的兴趣，传给了苏轼，苏辙几乎没有这方面的爱好。

苏轼在专门写给王诜的《宝绘堂记》前半段中，他提到了自己对书法与绘画的喜欢，正是源自家学：

始吾少时，尝好此二者，家之所有，惟恐其失之，人之所有，惟恐其不吾予也。既而自笑曰：吾薄富贵而厚于书，轻死生而重于画，岂不颠倒错缪失其本心也哉？自是不复好。见可喜者虽时复蓄之，然为人取去，亦不复惜也。譬之烟云之过眼，百鸟之感耳，岂不欣然接之，然去而不复念也。于是乎二物者常为吾乐而不能为吾病。（《苏轼文集》，第 356—357 页）

榆林窟 025 室甬道南壁壁画

罗汉图　五代　贯休

在类似的许多有关书画收藏的文章中，苏轼都不讳言他对书法与绘画珍品的由衷喜爱。但是，作为一位收藏家，究竟是“寓意于物”，还是“留意于物”，却在态度和意义上大不相同——“寓意”是寄托情感于艺术品之上，而“留意”则是沉溺于艺术品之中不能自拔。

在写给石康伯的《石氏画苑记》中，苏轼也表达了类似的想法。甚至可以说，苏轼在他一生中对于外物的看法，都是这样。

在对古书画的收藏聚散方面，苏轼的态度一如他的人生观，得固欣然，失又何妨？

“坟墓在万里”——苏洵之死

在两个儿子考中进士之后，苏洵在绝意科举和谋求官职之间徘徊，这让他十分焦虑。

在这期间，宋仁宗曾经亲自下诏，邀请苏洵到舍人院参加考试，这本是天大的恩赐，可苏洵不喜欢这种正儿八经的考试，因为前面几次他都考怕了，加上一把年纪，他推托有病，竟然没有应召。

苏洵认为，以自己的文章和名声，根本就不需要再进行任何形式的考试了。大度的仁宗并没有和苏洵计较。

此时，宰相韩琦又推荐苏洵出仕，苏洵担任了一个从八品的秘书省校书郎。官虽然不大，但却是读书人最看重的清职，由此可以进入馆阁、起居院，如果运气好，还可以担任皇帝的老师，有机会给皇帝讲课。

在宋代，几乎没有人不经过考试就能得到这样的清职，苏洵可说是第一人，这也是欧阳修使出了大力才为他争取的。

然而，苏洵还是拒绝了，一方面因为工资太低，另一方面，是嫌提拔的时间太长。苏洵抱怨：等我等到有提拔机会的那一天，我也 70 岁了！

嘉祐六年（1061）八月，苏洵又被任命为霸州文安县主簿，但实际的任务却是留在京城编纂礼书。这是欧阳修和韩琦二人为他争取的最后一次机会了。

九月，欧阳修出任参知政事（相当于副宰相），兼任提举太常修礼的工作。实际上，苏洵等于是在欧阳修的直接领导下进行工作。

苏洵认为，修礼书实际上即是修史，修史就要有什么写什么，与善恶无关，事实摆出来，人们自会判断孰善孰恶。

然而，苏洵很快遇到了以前史家也会遇到的“大麻烦”：当代史，写什么

和不写什么，以及怎样写才合适……

英宗治平元年（1064），工作了几年的苏洵终于在开封买了房，结束了“京漂”，算是定居下来。

虽然许多学者考证都说宋代官员的工资在历朝历代中是最高的，但毕竟苏洵官位很低，俸禄微薄，而开封作为商业发达、人口稠密的京城，他实在拿不出那么多的房款。当时开封有几个四川籍的高官，一位名叫范镇（1007—1088）的人非常欣赏苏轼兄弟二人的才华，曾多次在经济上扶持过苏家。这一次，苏洵不得不厚着脸皮向范镇借钱，才得以付清房款。

《苏轼诗集》第五卷收录了苏轼在治平元年（1064）写给苏辙的 11 首诗，全是他们兄弟在来往书信中描写新购住宅的唱和之作，诗后有小注：“南园在京师宜秋门内，公在京所置业也，时子由奉宫师居其中。”由此可知，林语堂写《苏东坡传》，说父子在开封买房的时间和地点都有误。

宜秋门又叫“郑门”，俗称“老郑门”，是开封内城的西门，位于皇宫西南方向，苏轼称其为“南园”，正是由其方位而言。有人说，该门位于今开封包公湖码头西侧两公里处，所以苏洵购买的南园，应该就在现在的包公湖码头的西侧。

苏轼在《与杨济甫第四简》中提到了这所房子：

> 舍弟差入贡院，更半月可出。都下春色已盛，但块然独处，无与为乐。所居厅前有小花圃，课童种菜，有少佳趣。傍宜秋门，皆高槐古柳。（《苏轼文集》，第 1809 页）

春天来时，房子生机盎然，正房南边有一个小花园，即南园，那里可以种花，可以种菜。房子旁边就是宜秋门，城墙下高大的槐树和森然的古柳，入诗入画。

苏轼在凤翔做官，弟弟苏辙陪着父亲居住在南园，除了作文、写诗之外，他还研读《老子》和《庄子》。苏轼借每次外出工作之机，游览凤翔周围的景观，时时作诗与苏辙，苏辙一一和之，他虽然无法和苏轼一起亲自在那些风景中游览穿梭，但他可以在书籍的记载中寻找那些历史，那些历史也刚好作为典故，被他巧妙地嵌入诗中。

治平二年（1065）四月，苏洵和姚辟合修的《礼书》完成，共100卷。欧阳修把这部书上奏给英宗皇帝，英宗皇帝命名为《太常因革礼》。

现存苏轼的墨迹《宝月帖》，就提到了这件事：

> 大人令致恳，为催了礼书，事冗，未及上问……

秋堂客话图　宋　佚名

礼书修完，苏洵也病了，第二年的春天，病就更重了，为人厚道的欧阳修到处给他找药方，帮他治病。四月二十五日，苏洵死在了开封，时年58岁。临死前，苏洵遗命苏轼，要完成《易传》一书。

宋英宗赐给苏轼和苏辙100两银子，用作安葬苏洵的费用。但苏轼辞掉了银子，帮父亲求得一个“光禄寺丞”的虚衔，兄弟二人用自己积攒的俸禄扶柩还乡。

作为一介布衣，他的死在当时士大夫中间影响还是挺大的，朝野上下一共有133人为他写了诔词，直到现在，也仍然可以看到王拱辰、曾公亮、欧阳修、韩琦、陈襄、曾巩、郑獬、刘攽、张商英、张焘、章望之、蒲宗孟等京城名流的哀挽之作。

治平三年（1066）的秋天，苏轼兄弟自汴河入淮，顺长江回蜀；次年四月，苏轼兄弟回到眉山，八月，葬父于彭山县安镇乡可龙里。

那一年，苏轼30岁，苏辙28岁。

一起返回的，应该还有另外一副棺材：苏轼的妻子王弗。

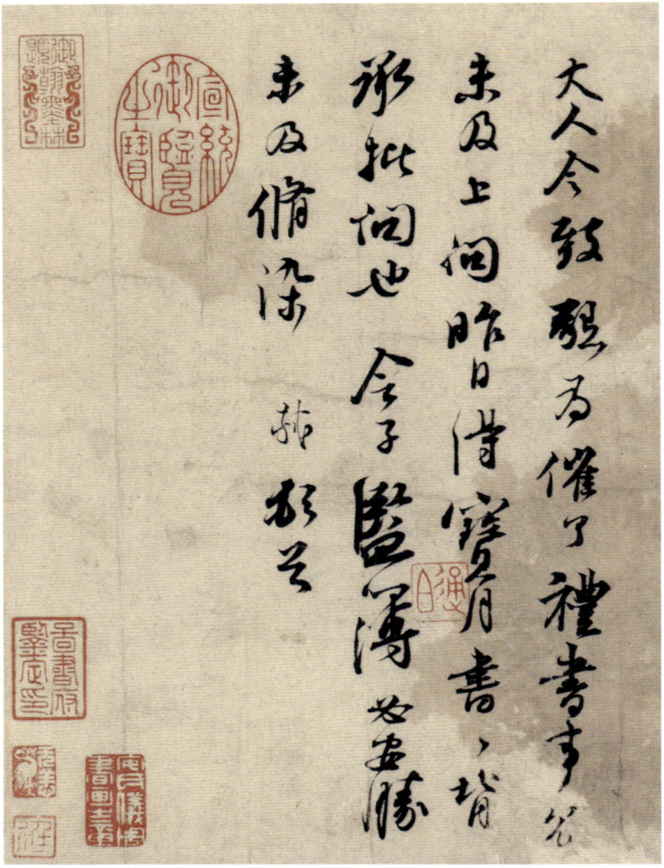

致恳帖 宋 苏轼

第二年即治平四年（1067）的正月，英宗皇帝死了，太子赵顼即位，是为神宗。

元符三年（1100），当年迈的苏轼在听苏过念书时，不由想起自己的那个年纪，他也想父亲了。

《和陶郭主簿二首》的小叙说：“清明日闻过诵书，声节闲美，感念少时，怅焉追怀先君宫师之遗意，且念淮、德二幼孙。无以自遣，乃和渊明二篇，随意所寓，无复伦次也”：

今日复何日，高槐布初阴。

良辰非虚名，清和盈我襟。

孺子卷书坐，诵诗如鼓琴。
却去四十年，玉颜如汝今。
闭户未尝出，出为邻里钦。
家世事酌古，百史手自斟。
当年二老人，喜我作此音。
淮、德入我梦，角羁未胜簪。
孺子笑问我，君何念之深。

雀𪅎含淳音，竹萌抱静节。（此两句，先君少时诗，失其全首。）
诵我先君诗，肝肺为澄澈。
犹如鸣鹤和，未作获麟绝。
愿因骑鲸李，追此御风列。
丈夫贵出世，功名岂人杰。
家书三万卷，独取服食诀。
地行即空飞，何必挟日月。（《苏轼诗集》，第2351—2352页）

他还记得苏洵少年时写过的两句诗：“雀𪅎含淳音，竹萌抱静节”，惜乎他也不记得整首诗了。

“生而志节不群”——母亲程氏

景祐四年（1037），苏洵曾去京师礼部考进士，未被录取；景祐五年（1038），苏洵又举茂才异等不中——这本来是给一个有真才实学的人出头露面的机会——科场铩羽而归的他乘兴游玩了一番返回家中，继续闭门苦读。

庆历五年（1045），苏洵又离家出外游学，自眉州出发到嘉州，游峨眉山，然后顺流而下从夔州巫峡下荆楚，准备前往京师。

教育儿子的重担，自然就落到母亲程氏的身上。

母亲程氏生于 1010 年，是当地富豪程文应之女，18 岁时嫁到苏家。她受过极好的教育，因而在持家方面，无可挑剔。

苏轼在《眉州远景楼记》一文中说：“吾州之俗，有近古者三：其士大夫贵经术而重氏族，其民尊吏而畏法，其农夫合耦以相助……而大家显人，以门族相上，推次甲乙，皆有定品，谓之江乡。非此族也，虽贵且富，不通婚姻。”此文明确描述当时的眉山人重视学习经术，重视门第观念，以及富有良好的民风等。但也透露出了苏氏一族既无高中的门第背景，又无稳定厚实的经济基础，因而比起眉山的孙氏、程氏、任氏、石氏、史氏、陈氏等家族来，苏家的社会地位和声誉，都不算高。

直到天圣二年（1024），苏轼的伯父苏涣登科做官，才戏剧般地改变了苏家在眉山人眼中的社会形象。

又史料中记，程氏嫁过来时，富裕的程家和贫贱的苏家之间形成了强烈的反差，有人曾建议程氏求助于娘家，但被程氏严词拒绝了，她不愿意让别人议论自己的丈夫是靠了她娘家的关系才得以生活下去。她几乎卖掉了所有的陪嫁品，以贴补家用。

程氏又很有经营才能，在她的决议下，他们一家从苏家的大家庭中搬了出来——这也许要受到许多家族内的非议——在眉山纱縠行街上租了一栋房子，经营布帛等纺织品，在程氏的经营下，苏家的经济状况明显好转，仅仅几年之后，苏家就跻身于富户。

但如果程氏仅仅会赚钱，文坛大概也不会有苏洵和苏轼兄弟了。因为在她的眼中，除了生活必要的费用之外，钱多并不是好事，而且，如果不及时停止在赢利上的脚步，就会连累到子孙后代。后来司马光为程氏所作墓志铭时就特别提道：

> 始，夫人视其家财既有余，乃叹曰："是岂所谓福哉？不已，且愚吾子孙。"因求族姻之孤穷者，悉为嫁娶振业之，乡人有急者，时亦周焉。比其没，家无一年之储。

读完这段记载，更使我们敬佩这位伟大、善良、理性、慈悲的女性，一切美好的关于人性的词汇，几乎都可以用到她的身上。

苏轼后来在《记先夫人不残鸟雀》一文中说，他少年时书房前"竹柏杂花，丛生满庭，众鸟巢其上"。几年后，"皆巢于低枝，其鷇可俯而窥也"。人鸟可以这样和谐共处，皆因苏轼的母亲程氏"恶杀生"，所以"儿童婢仆，皆不得捕取鸟雀"，苏家的院落里，才可以有这般怡人的景致。

苏辙在记述他的母亲时也说："生而志节不群，好读书，通古今，知其治乱得失之故。"也许可以这么断定，苏洵的发愤读书，与夫人的影响也不无关系。作为母系的程家的基因，也传到了苏轼的身上，比如他高耸的颧骨。

在苏轼七八岁时，他的母亲教他读《范滂传》。这篇文章，像种子一样埋到了苏轼的心灵之中，在那里生根，在那里发芽，在那里茁壮成长。

范滂（137—169）是后汉时人，其时年幼的皇帝无法分辨是非，朝政都被把持在宦官的手中，一些忠正之士和太学生为了国家，不惜冒生命危险上书抗议朝政，可想而知，这些人遭到了宦官和奸臣们的疯狂报复，甚至有许多人为此送命，比如李膺，比如杜密。其中有一个最优秀的太学生，叫范滂。《后汉书·党锢传·范滂传》的原文是：

建宁二年，遂大诛党人，诏下急捕滂等。督邮吴导至县，抱诏书，闭传舍，伏床而泣。滂闻之，曰："必为我也。"即自诣狱。县令郭揖大惊，出解印绶，引与俱亡，曰："天下大矣，子何为在此？"滂曰："滂死则祸塞，何敢以罪累君，又令老母流离乎！"其母就与之诀。滂白母曰："弟仲博孝敬，足以供养，滂从家父归黄泉，存亡各得其所。惟大人割不可忍之恩，勿增感戚。"母曰："汝今得与李、杜齐名，死亦何恨！既有令名，复求寿考，可兼得乎？"滂跪受教，再拜而辞。顾谓其子曰："吾欲使汝为恶，则恶不可为；使汝为善，则我不为恶。"行路闻之，莫不流涕。时年三十三。

读到这里，苏轼对母亲说，如果他也要当范滂这样的人，母亲愿意否？母亲语重心长地说：你能当范滂这样的人，我怎么就不能当范滂的母亲呢？我多么希望有这样的好儿子！

也许这是一种"宿命"。将自己和国家的命运紧紧连在一起，从苏轼八九岁时就在心里扎下了根，一直到他死后，所谓"党籍"的问题，仍然没有放过他，也让他的好友、子孙和学生们吃尽苦头。

就在父子三人还沉浸于科场得意的喜悦中时，48 岁的程氏在 1057 年四月初八去世，临终之际，她还不知道自己的两个儿子都已经中了进士。程氏嫁到苏家，一共生了六个子女，却只有苏轼、苏辙兄弟两个活了下来。

苏洵父子听到这个消息已经是五月底了。当他们赶回家中时，家里的景象极其荒凉，屋庐倒坏，篱落破漏。苏洵在写给欧阳修的信中，将自己眼前所见形容为"如逃亡人家"。几个字中，可以想见程氏在丈夫和儿子不在身边的时光，不知道究竟发生了什么意外的事故……

苏洵将夫人安葬在武阳安镇山下老翁泉旁。他写了一篇《祭亡妻程氏文》：

呜呼！与子相好，相期百年。不知中道，弃我而先。我徂京师，不远当还。嗟子之去，曾不须臾。子去不返，我怀永哀。反复求思，意子复回。人亦有言，死生短长。苟皆不欲，尔避谁当？我独悲子，生逢百殃。有子六人，今谁在堂？唯轼与辙，仅存不亡。咻呴抚摩，既冠既昏。教以学问，畏其无闻。昼夜孜孜，孰知子勤？提携东去，出门迟迟。今往不捷，后何以归？二子告我：母氏劳苦，今不汲汲，奈后将悔。大寒酷热，崎岖在外。亦既荐名，试于南宫。文字炜炜，叹惊群公。二子喜跃，我知母心。非官实好，要以文称。我今西归，有以藉口。故乡千里，期母寿考。归来空堂，哭不见人。伤心故物，感涕殷勤。嗟予老矣，四海一身。自子之逝，内失良朋。孤居终日，有过谁箴？昔予少年，游荡不学，子虽不言，耿耿不乐。我知子心，忧我泯没。感叹折节，以至今日。呜呼死矣，不可再得！安镇之乡，里名可龙，隶武阳县，在州北东。有蟠其丘，惟子之坟。凿为二室，期与子同。骨肉归土，魂无不之。我归旧庐，无不改移。魂兮未泯，不日来归。（《嘉祐集》卷十五）

祭文用铿锵有力的四字一句成文，其中既提到自己与妻子的感情之深，更提到苏轼兄弟二人还没来得及将他们都中了进士的喜讯告诉母亲时，母亲就弃他们而去。

伤心的苏洵在埋葬妻子的同时，也为自己留了一个墓穴。1066 年，苏洵

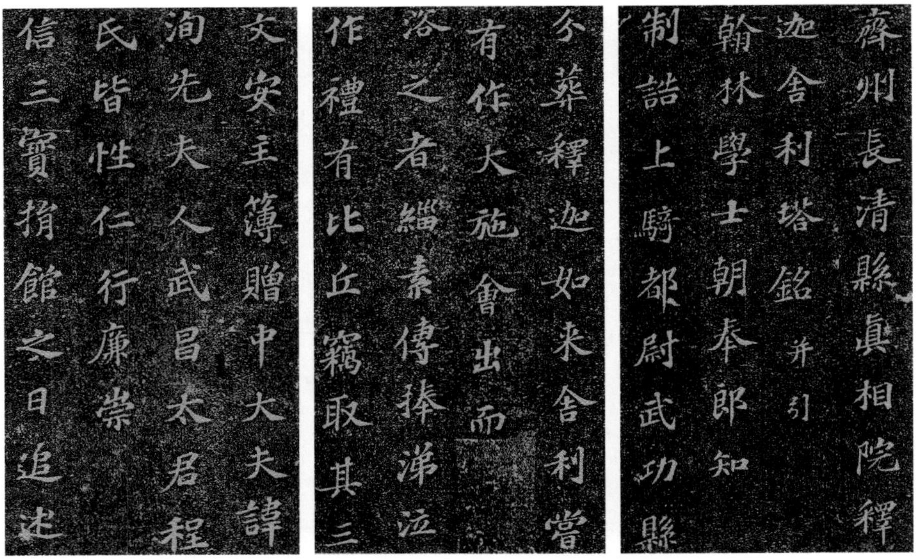

齐州长清真相院释迦舍利塔铭（局部） 宋 苏轼

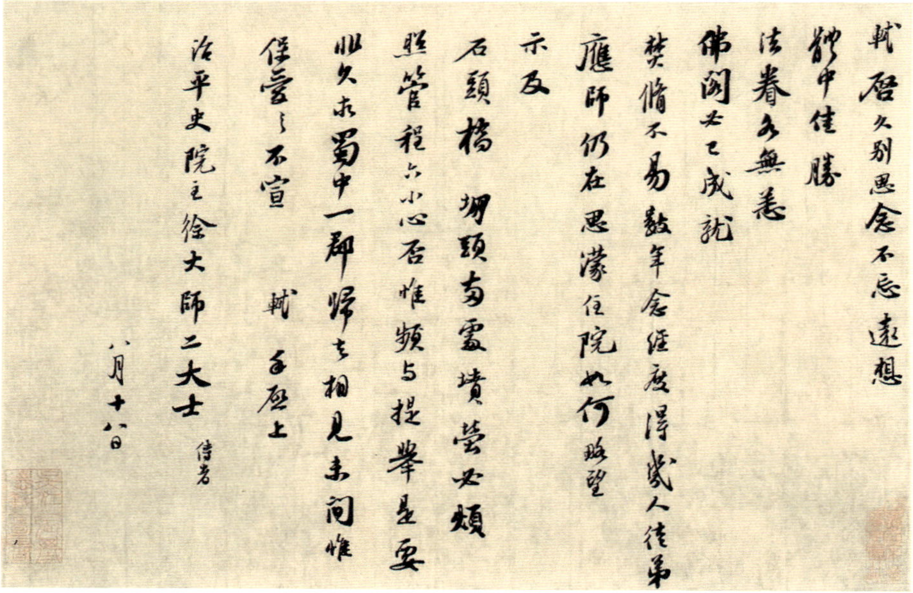

軾啓 久別思念不忘 遠想
體中佳勝
法眷各無恙
佛閣必已成就
焚脩不易 數年念經度得幾人徒弟
應師仍在思濛住院如何 略望
示及
石頭橋 堋頭兩處墳塋 必須
照管 程六小心否 惟頻與提舉是要
非久求蜀中一郡歸去 相見未間 惟
保重 不宣 軾 手啓上
治平史院主徐大師二大士 侍者
八月十八日

治平帖　宋　苏轼

去世，苏轼兄弟遵嘱把他也葬在此处。

熙宁七年（1074），39 岁的苏轼在杭州时，将母亲用过的簪珥捐给了净慈寺，也找了画工画了阿弥陀佛像，又写了一篇《阿弥陀佛颂（并叙）》为母亲祈福：

> 钱塘圆照律师，普劝道俗归命西方极乐世界阿弥陀佛。眉山苏轼敬舍亡母蜀郡太君程氏遗留簪珥，命工胡锡采画佛像，以荐父母冥福。谨再拜稽首而献颂曰：
>
> 佛以大圆觉，充满十方界。我以颠倒想，出没生死中。云何以一念，得往生净土。我造无始业，本从一念生。既从一念生，还从一念灭。生灭灭尽处，则我与佛同。如投水海中，如风中鼓橐。虽有大圣智，亦不能分别。愿我先父母，与一切众生。在处为西方，所遇皆极乐。人人无量寿，无去亦无来。（《苏轼文集》，第 585 页）

此时距他母亲去世，已经有 18 年了。

“岁月如宿昔，人事几反复”
——苏轼的哥哥与姐姐

苏轼曾经有一个哥哥，叫景先，八岁时就死了；有个姐姐，叫苏八娘，17 岁时嫁人，男方是苏轼舅舅家的一个表兄，叫程之才（1035—？）。虽然她的公公就是她的舅父，苏八娘却遭受到他人难以想象的虐待。嫁入程家第二年，八娘产下一子，但已身患重病。苏家把身体不好心情更不好的八娘接回娘家诊治，病情初转，公婆就兴师问罪，抢去婴儿，致八娘因伤心而死。

在这件事情上，苏轼的母亲一定极其为难，前面她已经失去了三个孩子，这已足够令一位母亲痛苦一生的了，现在，她又面临着不能和自己的娘家有任何联系的局面。

所以，她在自己的哥哥、外甥和亲生女儿这件事情上是一种什么样的反应，我们业已无法得知。

伤心至极的苏洵既迁怒于对方，也十分自责，愤怒地和亲家绝了交。他没有直接说出亲家的名字，但整个村子里的人都知道他说的是谁。他在族人面前表示，这件事情以及另外一些事情的发生，比如“宠妾灭妻”“笃好声色”等，意味着“某个人”已经使全村的道德都沦丧殆尽，此后，他绝不和程家往来。同时，他也告诉苏轼兄弟二人，永远不要再和那个叫程之才的表兄往来，不过，他们兄弟二人和程家其他人如程之元、程之邵仍然保持着亲密关系。

程之才，字正辅，程濬的长子，既是苏轼的表兄，也是他的姊夫。程之才在仁宗嘉祐年间中进士，曾担任过夔州路判官、梓州路转运判官，哲宗绍圣年间，章惇任命他为广南东路提刑。他能在这个时间段里担任这一职务，除了证明程之才是属于“绍圣”新党之外，也是章惇利用程家与苏家多年的矛盾，企图迫害苏轼。

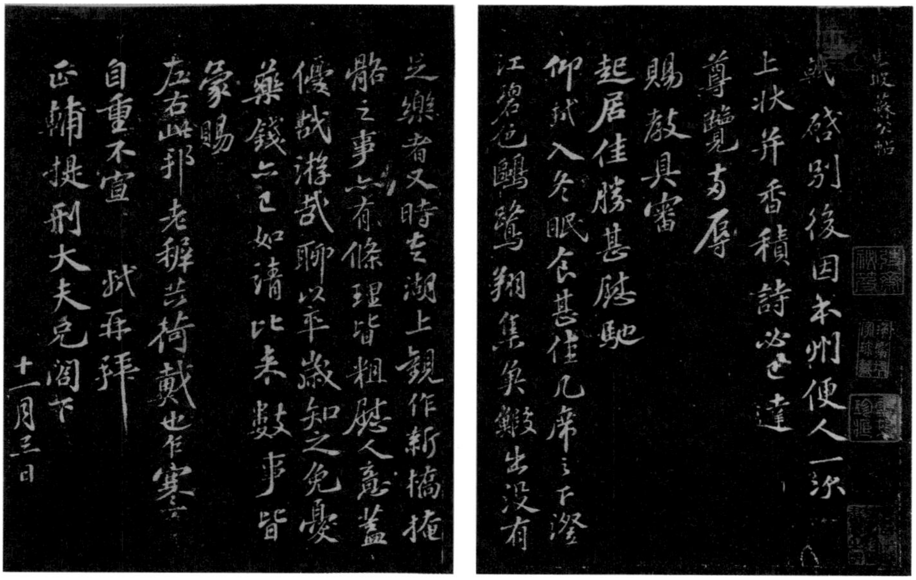

致程正辅　宋　苏轼

但是令章惇想不到的是，苏轼与程之才之间经过 42 年的磨砺，最终放下了这段恩怨。在《与之才第二简》中说：“今吾老兄弟，不相从四十二年矣，念此，令人凄断。”这封信写于绍圣二年（1095），苏轼已经 60 岁了。

程之才将对苏八娘的愧疚之情，全都给了八娘的弟弟，能照顾的，都尽心尽力。

苏轼在惠州江边郊野散步时，发现有许多无人掩埋、一任日晒雨淋的尸骨，深感痛心的苏轼建议惠州太守詹范募集适当的经费以掩埋这些不幸者。后来，推动这一进程助力最大的，就是程之才。

在惠州，苏轼还建议程之才和太守詹范一起，在东江上建了一座“船桥”以代替过去简陋之极的“桥浮桥”，苏轼将它取名为“东新桥”。

民间一直传说苏轼有个妹妹叫“苏小妹”，但这终究不过是传说而已，他并没有这样一个妹妹。因而所有关于苏小妹的民间故事，都不是史实。

苏轼倒是有一个堂妹，是伯父苏涣的幼女，叫小二娘，嫁给了远在江苏靖江的柳仲远。柳仲远的父亲柳瑾（子玉），是苏轼为杭州签判时的忘年交，他们之间，有着深厚的情谊。

苏轼一直认为小二娘“慈孝温文”，或许也曾暗生情愫。后来在旅游途中，曾经在她家中住过三个月。在之后的流放途中，苏轼接到柳仲远寄来的讣告，说他的堂妹已经在绍圣二年（1095）四月逝世。这一消息距小二娘之死已隔百日，悲伤中的他写信给儿子，一点儿也不掩饰听到这个消息时的“心如刀割”之痛。

苏轼写了一篇文章，遥祭小二娘，说爷爷苏序有 16 个孙子孙女，但生存下来的只有 4 人：苏轼兄弟，留存故乡的苏子安，以及嫁在外省的小二娘。东坡痛言：“万里海涯，百日讣闻。拊棺何在，梦泪湿茵。”梦中流出来的泪水，连枕巾都打湿了。

为此，林语堂还在《苏东坡传》中猜测，这个堂妹大概是他的“初恋情人”，否则，就无法解释他在堂妹家时写的那两首诗到底意味着什么。其后，北还路过润州且已经病重的苏东坡，在儿子苏迈、苏追以及外甥柳闳的陪同下，还挣扎着一定要到堂妹的坟上再去痛哭一回。

那时，小二娘的丈夫柳仲远也过世了。

陶渊明诗意册　清　石涛

“又结来生未了因”——与苏辙

兄弟情深，本无异议。

但在中国文学史上，像苏轼和苏辙这样关系自始至终一直密切者，却是较为少见。像近代史上的鲁迅和周作人，也是亲兄弟，却因为外人无法得知的确切原因，后半生视如寇仇。

这也难怪，苏洵生了六个孩子，只有苏八娘和苏轼、苏辙幸存，其他三个夭折。小两岁且性格内向的苏辙，必然视哥哥为领袖，也是哥哥最坚定的追随者，而苏轼也是苏辙一生中最亲近和最挂念的人。

哥哥苏轼性格豪放，锋芒毕露，不平则鸣，尤其爱评论当今之过；苏辙则谨言慎行，前后左右权衡利弊，想好了再说，但也是除非不说话，说就直中要害。因而宋史上评价苏辙，说他性格沉静简洁，为文汪洋淡泊，似其为人，不愿人知之，而秀杰之气终不可掩。张方平也早早看了出来，苏轼固然才华横溢，但苏辙的成就也许会在哥哥之上！

古人极重取名，苏洵为自己的两个儿子取名：长子名“轼”，次子名“辙”。这中间又有什么深义呢？

在苏洵年近 40 岁的时候，曾经写了一篇文章《名二子说》，明确提到自己为两个儿子命名的原因。

两兄弟的名，都有“车”字边，因而都和古代马车有关。对于苏轼，苏洵的意思是：

> 轮、辐、盖、轸，皆有职乎车，而轼独若无所为者。虽然，去轼，则吾未见其为完车也。轼乎，吾惧汝之不外饰也！（苏洵《名二子说》）

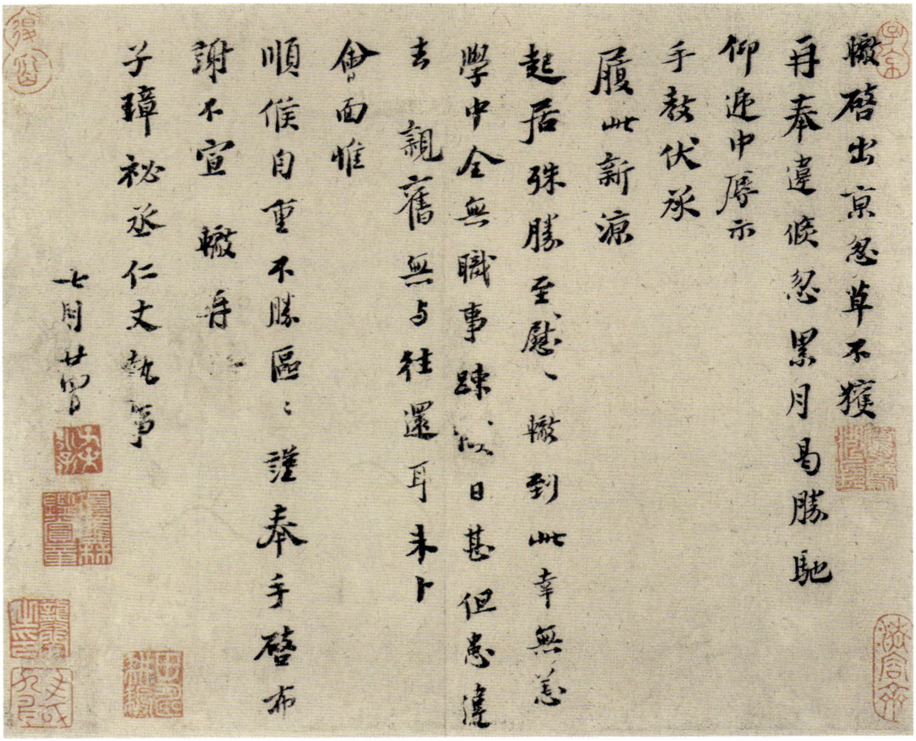
轍啓：出京忽草不獲
再奉違候，忽累月，曷勝馳
仰。遞中辱示
手教，伏承
履此新涼
起居殊勝，至慰、至慰。轍到此幸無恙，
學中全無職事，踈懶日甚，但患遠
去親舊，無與往還耳。未卜
會面，惟
順候自重，不勝區區。謹奉手啓布
謝，不宣。轍再
子璋秘丞仁丈執事
七月廿[illegible]

致子璋秘丞　宋　苏辙

“轼”是古代马车前用作乘车人扶手的横木。和车轮、车辐（支撑轮圈的细条）、车盖、车轸（车底的横木）比起来，“轼”仿佛没有那么重要的作用，可是，如果一辆马车没有那棵横木做扶手，又总让人觉得车子是不完整的。故此，这个没有实际作用的“轼”，不仅仅是起到一个装饰的作用而已。所以苏洵说，轼儿啊，我实在担心你太不注意外在的装饰了！

苏洵为他取这个名字，果然有远见，希望他能够察言观色，遇事不要冲动，也不能过于坦诚。

对次子苏辙，苏洵写道：

> 天下之车，莫不由辙，而言车之功者，辙不与焉。虽然，车仆马毙，而患亦不及辙，是辙者，善处乎祸福之间也。辙乎，吾知免矣！（苏洵《名二子说》）

“辙”，就是马车行走过后留下的印迹。苏洵为次子命名为“辙”的意思是，天下的马车都要遵循前车的印迹来行走，可是说起马车的功用，大家又根本不会提到车辙。即使一旦出现车翻马死这样的祸事，车辙也不会受到牵连。因而，“辙”最能在祸、福之间保持一种微妙的平衡。为此，苏洵并不担心苏辙将来会有什么不测。

正像苏洵所预料的，在 1066 年五月二十一日去世之前，他没有看到苏轼所遭受到的一个又一个的系列磨难。

兄弟第一次分别，是苏轼到凤翔任签判。这是苏轼第一次真正的出仕。

父亲一个人留在家中，苏辙骑着马为哥嫂一家送行。在天寒地冻中，他们挥别于郑州之西门。从此，身在宦途的兄弟二人，聚少离多，忧愁也多于欢乐。

第一次别离，苏轼给弟弟留下了一首极为深情的诗——《辛丑十一月十九日，既与子由别于郑州西门之外，马上赋诗一篇寄之》：

不饮胡为醉兀兀，此心已逐归鞍发。
归人犹自念庭闱，今我何以慰寂寞。
登高回首坡垅隔，但见乌帽出复没。
苦寒念尔衣裘薄，独骑瘦马踏残月。
路人行歌居人乐，僮仆怪我苦凄恻。
亦知人生要有别，但恐岁月去飘忽。
寒灯相对记畴昔，夜雨何时听萧瑟。
君知此意不可忘，慎勿苦爱高官职。（《苏轼诗集》，第 95—96 页）

苏轼说，第一次与弟弟分别，竟然像饮了酒一样感觉到头晕，这不是因为他喝醉了，而是他的心也随着返回京城的子由而去。苏轼甚至爬到更高一点的地方希望能再看一眼子由远去的背影，但却只看到他戴着的黑色帽子随着坡路上下、出没。

哥哥惦记着弟弟衣衫单薄，在如此苦寒的日子里，只身瘦马踏着残月往家里赶，心里不由得苦闷凄恻，惹得身旁的童仆都奇怪地问：“为什么您这么闷闷不乐？”

苏轼不是不知道人生终有一别，他只是担心岁月飘忽，不知何时能跟子由再次在夜雨中听萧瑟的秋风——这本来是他们的共同约定，寒灯相对，可以无所不谈，可以一言不发……但此后，都成了一场场追忆。

苏轼也为这次分离找了正当的理由：读书出仕本来是为国为民多做事情，而不是为了私利谋求高官厚禄。

苏辙《栾城集》卷一《怀渑池寄子瞻兄》——渑池，属京西北路河南府，今归三门峡市管辖。苏轼进出老家眉山及到凤翔任官，来回均要经过渑池。从编年诗的角度看，这是苏辙第一次给哥哥寄去了一首诗：

相携话别郑原上，共道长途怕雪泥。
归骑还寻大梁陌，行人已渡古崤西。
曾为县吏民知否？旧宿僧房壁共题。
遥想独游佳味少，无言骓马但鸣嘶。

蜀栈行旅图 清 袁耀

苏轼说自己离开苏辙后，像醉了酒一样昏昏沉沉，而子由的心态，也在这首诗里尽情流露。“旧宿僧房壁共题”一句，苏辙自注：“辙昔与子瞻应举，过宿县中寺舍，题其老僧奉闲之壁。”子由想起他们二人共同在僧寺中题诗的情形，但这次因为缺少了苏轼同行，不仅游起来索然无味，连话都不想说了。

苏轼收到弟弟的诗，立即作了一首《和子由渑池怀旧》：

人生到处知何似，应似飞鸿踏雪泥。
泥上偶然留指爪，鸿飞那复计东西。
老僧已死成新塔，坏壁无由见旧题。
往日崎岖还记否，路长人困蹇驴嘶。（《苏轼诗集》，第 97 页）

苏轼所和的这首诗，韵脚严格依据弟弟的原作，但他就是那样的天才——无论是在境界上还是在气度上，都比弟弟的那一首要好太多，还顺便为历史留下一个成语：“雪泥鸿爪。”

后人对这首诗的评价是：这是苏轼即将成为超一流大诗人的首篇佳作。比如纪晓岚就说：“前四句单行入律，唐人旧格。而意境恣逸，则东坡本色。”这说明，苏轼的诗一出手，不仅承继了唐人的意味，而且也开创了自己的风格。

二人自从这一次别离，此后不管在哪里，是顺还是逆，都靠通信保持联络，始终没有间断过。苏轼在《次韵子由除日见寄》中写道：

诗成十日到，谁谓千里隔？

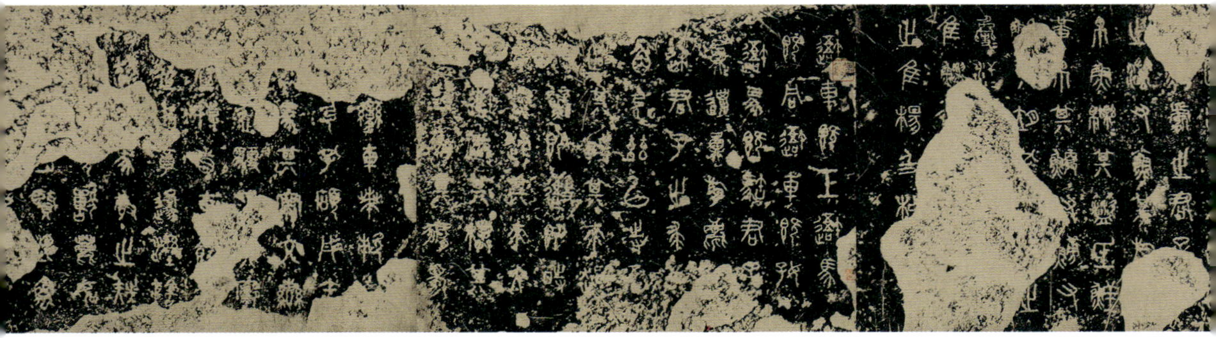

石鼓文（局部）

赤壁夜游图　金　武元直

一月寄一篇，忧愁何足掷！（《苏轼诗集》，第 121 页）

那时邮递不便，一封信在路上至少走十天，一个月寄一个来回，也足以慰挂念之情了。兄弟二人就这样亲密无间，分别两地常常写诗唱和，道不尽的手足情深。

本来，苏轼到了凤翔，工作一点儿也不文艺，相反，倒是无数的琐事，比如奉命去各个属县减决囚禁，天天和烦琐枯燥的法律公文打交道。

大概能让苏轼安下心来做此种事的，一个是公差之旅沿途的风光不错，另外就是可以借闲暇时间用诗来记录一路所见，然后寄给弟弟。

《壬寅二月，有诏令郡吏分往属县减决囚禁……寄子由》，该诗竟然用了洋洋洒洒的 500 字！在诗的最后，苏轼回忆他们第一次出四川时曾经一同游览虾蟆培时的情景：

……

满瓶虽可致，洗耳叹无由。

忽忆寻蟆培，方冬脱鹿裘。

山川良甚似，水石亦堪俦。

惟有泉傍饮，无人自献酬。（《苏轼诗集》，第 128—129 页）

苏轼兄弟上一次到虾蟆培游玩，是在冬日，他们登山热了，脱下厚重的鹿裘。这次的旅行虽然与上一次的山水风景并没有什么变化，但如今只能自己汲泉独饮了。

苏辙作《次韵子瞻减降诸县囚徒事毕登览》安慰苏轼说，一切岂不来日方长？以后有的是机会一起游玩，就像以前一样，早上起来一起穿鞋，晚上盖一床被子睡觉：

……
今游虽不与，后会岂无由。
昼出同穿履，宵眠共覆裘。
弟兄真欲尔，朋好定谁侔。
试写长篇调，何人肯见酬。

同年九月，苏轼登上寺楼观雪，忍不住又想起了子由，多愁善感起来，他作《九月二十日微雪怀子由弟二首》，其二如下：

江上同舟诗满箧，郑西分马涕垂膺。
未成报国惭书剑，岂不怀归畏友朋。
官舍度秋惊岁晚，寺楼见雪与谁登。
遥知读《易》东窗下，车马敲门定不应。（《苏轼诗集》，第154—155页）

“江上同舟诗满箧”，是三年前苏洵父子乘舟出蜀，顺江而下，三人都写了许多诗歌。“郑西分马涕垂膺”，则是前一年苏辙送苏轼出京赴任，两人在郑州西门外的分别。时空转换，我的老弟应该是正在东窗下苦读《周易》，就算有人来敲门，他也肯定听不见。

以下是苏辙的次韵诗：

平时出处常联袂，文翰叨陪旧服膺。
自信老兄怜弱弟，岂关天下少良朋。
何时杯酒看浮白，清夜肴蔬粗满登。
离思隔年诗不尽，秦梁虽远速须应。

苏辙说，两个人从小到大没有一日分离，进退出处，无不相同。苏轼诗里说：“我年二十无朋俦，四海之内一子由”，其实，他朋友多得要命，他只是最爱自己的老弟而已。

苏辙在《和子瞻凤翔八观八首其五·东湖》诗里向苏轼表白：

子有不肖弟，有冠未尝簪。
愿身化为线，使子为之针。
子欲烹鲤鱼，为子溉釜鬵。
子欲枕山石，为子求布衾。

这都有一些一个女子向心爱的男子表白的意思了：哥，你如果想吃鱼，我就给你洗锅；哥，你想枕卧山石，我就给你去找被子盖……

治平二年（1065）的正月，苏轼还朝，差判登闻鼓院，兄弟二人将他们的唱和诗编为一集，取名《岐梁唱和诗集》。“岐”是岐阳，“梁”是开封，相当于“两地书”，故而诗集中处处可见思亲这一主题。

这是继三苏《南行集》之后的第二部兄弟诗集，其中收录苏轼的诗112首，苏辙的诗87首，其中有许多是研究他们人生和思想的重要文献。

苏轼、苏辙兄弟的唱和诗赋，在很大程度上充当了书信的作用——遍检《苏轼文集》，苏轼写给苏辙的书信并不多，只有16封，仅占苏轼现存书信总量的1%而已；而写给苏辙的诗词，却有150首之多。由此可见，诗赋往还，是苏轼苏辙兄弟间交流的重要方式，甚至可以说，这种方式是他们诸多佳作之所以能够产生的来源和动力。

治平三年（1066）四月，父亲苏洵病逝，兄弟二人归蜀守制。神宗熙宁元年（1068）七月免丧，十月离蜀，兄弟二人于熙宁二年（1069）二月又重新回到京城——苏轼授官告院兼判尚书祠部，苏辙则在刚刚设立的制置三司条例司任检详文字。苏轼说，他的工作非常清闲，而苏辙的工作则非常繁忙，早出晚归，很是羡慕苏轼。

但是，政局的变化很快将兄弟二人卷了进去。

苏辙看上去稳重，言语不多，但他的政治态度常常要比苏轼激烈。苏辙上

状批评新法使王安石大怒，甚至惊动了皇帝。神宗问王安石：“辙与轼何如？观其学问颇相似。”王安石从来就把兄弟二人看作是一路人：“轼兄弟大抵以飞箝捭阖为事。”所谓“飞箝捭阖”，就是战国的纵横辩说之术，虽然苏轼兄弟根本就不是那些朝秦暮楚、毫无原则，专以迎合人主以谋取高官厚禄的纵横家——但，王安石已经准备将兄弟二人清除出朝廷了。

苏辙上了辞呈之后，还在京城住了四个多月。《南窗》一诗生动反映了他这段时间的生活：

京师三日雪，雪尽泥方深。
闭门谢还往，不闻车马音。
西斋书帙乱，南窗初日升。
展转守床榻，欲起复不能。
开户失琼玉，满阶松竹阴。
客从远方来，疑我何苦心。
疏拙自当尔，有酒聊共斟。

他这种闭门谢客、读书自娱的态度，让苏轼大加赞赏，他多次手写送人，“以为人间当有数百本，盖闲淡简远，得味外之味”。

熙宁三年（1070），反对王安石变法无效的张方平知陈州，聘用苏辙为陈州教授，苏辙随张方平离开京师赴陈州。第二年四月，苏轼也离开京师，通判杭州。在赴杭州途中，苏轼特意在陈州与苏辙相见，留 70 余日。随后，他们又一同到颍州拜访欧阳修。

昔日叱咤风云的欧阳修，虽然气色甚好，但疾病和失意已经摧残了他的身体。在颍州陪老师住了 20 多天，兄弟二人不得不分手了，这是兄弟二人第三次分开，时值九月，苏轼似乎有种酸冷的感觉，因而赋《颍州初别子由二首》：

征帆挂西风，别泪滴清颍。
留连知无益，惜此须臾景。
我生三度别，此别尤酸冷。

念子似先君，木讷刚且静。
寡词真吉人，介石乃机警。
至今天下士，去莫如子猛。
嗟我久病狂，意行无坎井。
有如醉且坠，幸未伤辄醒。
从今得闲暇，默坐消日永。
作诗解子忧，持用日三省。（其一）

近别不改容，远别涕沾胸。
咫尺不相见，实与千里同。
人生无离别，谁知恩爱重。
始我来宛丘，牵衣舞儿童。
便知有此恨，留我过秋风。
秋风亦已过，别恨终无穷。
问我何年归，我言岁在东。
离合既循环，忧喜迭相攻。
语此长太息，我生如飞蓬。
多忧发早白，不见六一翁。（其二）（《苏轼诗集》，第279—281页）

熙宁七年（1074），苏轼在杭州的任期满了，因为苏辙此时正在山东济南任职，因而苏轼希望能到山东做官。他的请求得到了满足，“以太常博士直史馆权知密州军州事”，他被升任为密州太守——实际上是相当于从杭州副市长任上，到山东诸城当了一个县长。不过开心的苏轼却在到任谢表里说：“请郡东方，携孥上国。自惟何幸，动获所求。”苏辙《超然台赋》的小序也说：“子瞻既通守余杭，三年不得代。以辙之在济南也，求为东州守。既得请高密，……”

在杭州，苏轼的为官生涯是快乐的，如他自己所说，西湖的每一个地方，似乎从前都来过。在他给张先的诗里就这样认为：“前生我已到杭州，到处长如到旧游。”

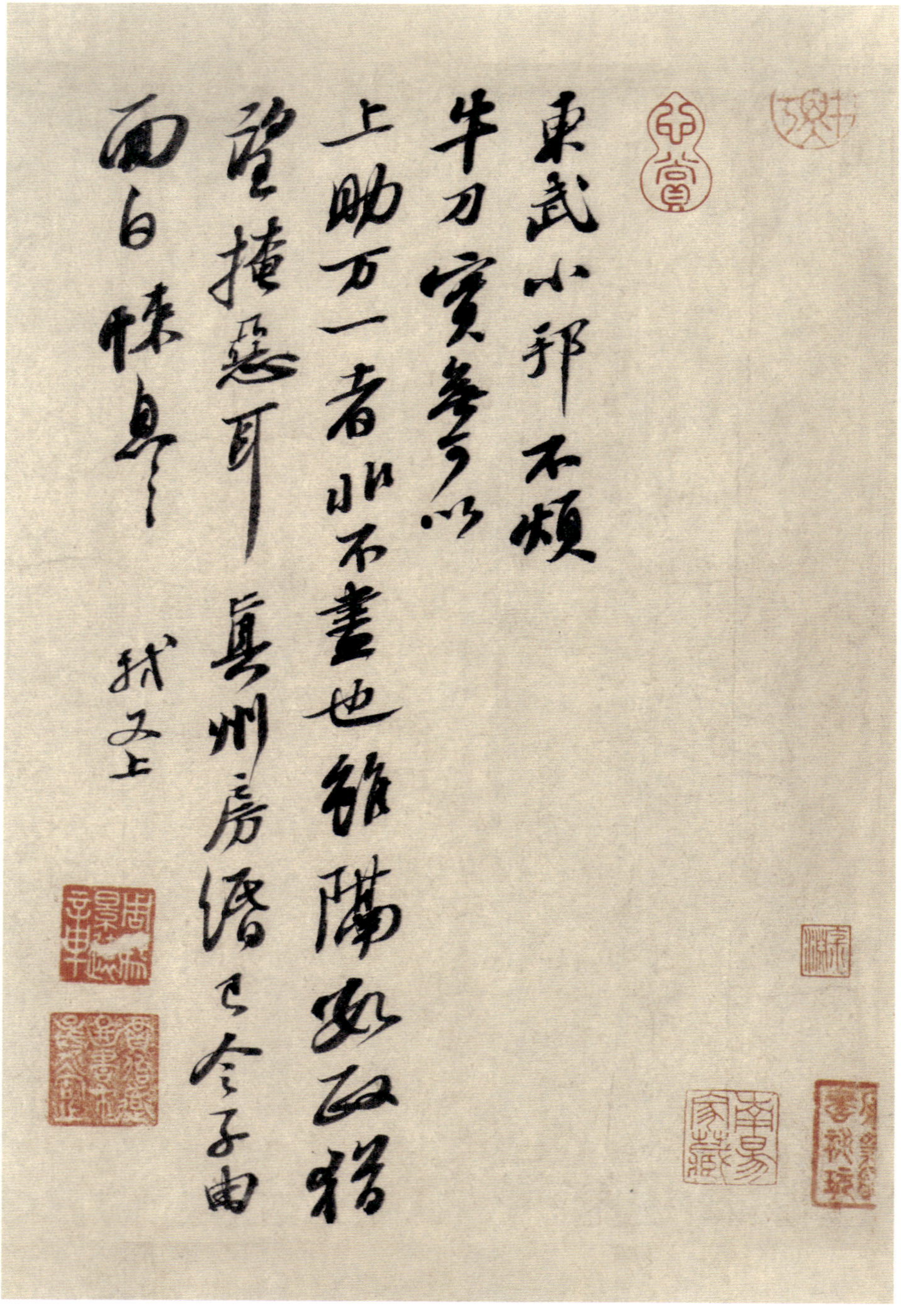
東武小邦，不煩
牛刀實無多事，以
上助萬一者，非不盡也。雖隔數政，猶
望掩惡耳。真州房緡，已令子由
面白，悉之。
軾又上

东武帖　宋　苏轼

《超然台赋》与“明月几时有”

熙宁七年（1074）十一月初三，苏轼到密州任，汉代把这里叫作东武，隋改诸城，今亦名诸城。

山东密州与秀丽富饶的浙江杭州完全不同，苏轼才到任，蝗灾、旱灾、盗匪接踵而至，眼前又没有杭州那样的风雅朋友，新法实施之后，地方的余利都上交朝廷，连官员的薪水也较以前为低，酿酒受到严格的限制，他在这里甚至要为如何吃饱饭发愁。尤其是在除夕时，他的情绪非常低落，心灰意冷间，苏轼开始觉得命运就是在捉弄他。他在《后杞菊赋》的序言中说：“天随生自言常食杞菊。及夏五月，枝叶老硬，气味苦涩，犹食不已。因作赋以自广。始余尝疑之，以为士不遇，穷约可也，至于饥饿嚼啮草木，则过矣。而予仕宦十有九年，家日益贫。衣食之奉，殆不如昔者。及移守胶西，意且一饱。而斋厨索然，不堪其忧。日与通守刘君廷式，循古城废圃，求杞菊食之，扪腹而笑。然后知天随生之言可信不缪。”

一年后，苏轼在密州西北墙上发现了一处“废台”，于是修整而成一新台，“日与其僚，览其山川而乐之”。苏辙依据《老子》“虽有荣观，燕处超然”句而将它命名为“超然台”，并作《超然台赋》予以赞咏：

> 子瞻既通守余杭，三年不得代。以辙之在济南也，求为东州守。既得请高密，其地介于淮海之间，风俗朴陋，四方宾客不至。受命之岁，承大旱之余孽，驱除螟蝗，逐捕盗贼，廪恤饥馑，日不遑给。几年而后少安，顾居处隐陋，无以自放，乃因其城上之废台而增葺之，日与其僚览其山川而乐之，以告辙曰：“此将何以名之？”辙曰：“今夫山居者知山，林居者知林，耕者知原，渔者知泽，安于其所而已。其乐不相及也，而台则尽之。天下之士，奔走于是非之场，浮沉于荣辱之海，嚣然尽力而忘反，亦莫自知也，而达者哀之。二者非以其超然不累于物故邪？《老子》曰：‘虽有荣观，燕处超然。’尝试以‘超然’命之，可乎？”因为之赋以告曰：
>
> 东海之滨，日气所先。岿高台之陵空兮，溢晨景之絜鲜。幸氛翳之收霁兮，逮朋友之燕闲。舒堙郁以延望兮，放远目于山川。

设金罍与玉斝兮，清醪洁其如泉。奏丝竹之愤怒兮，声激越而眇绵。下仰望而不闻兮，微风过而激天。曾陟降之几何兮，弃溷浊乎人间。倚轩楹以长啸兮，袂轻举而飞翻。极千里于一瞬兮，寄无尽于云烟。前陵阜之汹涌兮，后平野之湠漫。乔木蔚其蓁蓁兮，兴亡忽乎满前。怀故国于天末兮，限东西之险艰。飞鸿往而莫及兮，落日耿其夕躔。嗟人生之漂摇兮，寄流枿于海壖。苟所遇而皆得兮，遑既择而后安。彼世俗之私已兮，每自予于曲全。中变溃而失故兮，有惊悼而汍澜。

诚达观之无不可兮，又何有于忧患。顾游宦之迫隘兮，常勤苦以终年。盍求乐于一醉兮，灭膏火之焚煎。虽昼日其犹未足兮，俟明月乎林端。纷既醉而相命兮，霜凝磴而跰躃。马踯躅而号鸣兮，左右翼而不能鞍。各云散于城邑兮，徂清夜之既阑。惟所往而乐易兮，此其所以为超然者邪。（苏辙《栾城集》卷十七）

苏辙平生只作了八首赋，这是其中的一首。苏轼又作《超然台记》：

凡物皆有可观。苟有可观，皆有可乐，非必怪奇玮丽者也。餔糟啜漓，皆可以醉；果蔬草木，皆可以饱。推此类也，吾安往而不乐？夫所为求福而辞祸者，以福可喜而祸可悲也。人之所欲无穷，而物之可以足吾欲者有尽。美恶之辨战乎中，而去取之择交乎前，则可乐者常少，而可悲者常多。是谓求祸而辞福。夫求祸而辞福，岂人之情也哉？物有以盖之矣。彼游于物之内，而不游于物之外。物非有大小也，自其内而观之，未有不高且大者也。彼挟其高大以临我，则我常眩乱反复，如隙中之观斗，又乌知胜负之所在。是以美恶横生，而忧乐出焉，可不大哀乎！

余自钱塘移守胶西，释舟楫之安，而服车马之劳；去雕墙之美，而庇采椽之居；背湖山之观，而行桑麻之野。始至之日，岁比不登，盗贼满野，狱讼充斥；而斋厨索然，日食杞菊。人固疑余之不乐也。处之期年，而貌加丰，发之白者，日以反黑。余既乐其风俗之淳，而其吏民亦安予之拙也。于是治其园圃，洁其庭宇，伐安丘、高密之木，以修补破败，为苟完之计。而园之北，因城以为台者旧矣，稍葺而新之。时相与登览，放意肆志焉。

南望马耳、常山，出没隐见，若近若远，庶几有隐君子乎？而其东则卢山，秦人卢敖之所从遁也。西望穆陵，隐然如城郭，师尚父、齐桓公之遗烈，犹有存者。北俯潍水，慨然太息，思淮阴之功，而吊其不终。台高而安，深而明，夏凉而冬温。雨雪之朝，风月之夕，余未尝不在，客未尝不从。撷园蔬，取池鱼，酿秫酒，瀹脱粟而食之，曰："乐哉游乎！"

方是时，余弟子由适在济南，闻而赋之，且名其台曰"超然"，以见余之无所往而不乐者，盖游于物之外也。（《苏轼文集》，第351—352页）

"超然"的反义词是"沉迷"或"拘滞"，因为对"物"的态度的不同，而形成了人的态度的差异，就像因为与外物的关系如何决定了人的痛苦与快乐一样，苏轼总能发现事物让人快乐的一面，他的秘密就是"游于物之外"——这贯穿了苏轼的一生，也形成了他洒脱的天性。

而在西方，要等到800年后的叔本华出现，才开始正式回答和解决这个问题："生命是一团欲望，欲望不满足则痛苦，满足则无聊。人生就在痛苦和无聊之间摇摆。"

林语堂说，这是苏轼最难过最沮丧的一段时光。但是，就在这段时光，却写出了苏轼一生中最好的诗词。

熙宁九年（1076）的中秋，皓月当空，银辉遍地，苏轼与苏辙已有六年未能相聚，心潮起伏，于是乘酒兴正酣，挥笔写下了一首《水调歌头》。这首词前，还有一个经常被人忽视的小序："丙辰中秋，欢饮达旦，大醉作此篇，兼怀子由。"如果一个人喝得酩酊大醉的时候，在记忆的空间中只允许去找一个人，那么，这个人，在他的生命中就占有绝对重要的地位。

只要苏轼一思念弟弟，就会写出好的诗词或文章，比如历史上最好的有关中秋的词《水调歌头·明月几时有》，就是这样写出来的：

明月几时有？把酒问青天。不知天上宫阙，今夕是何年？我欲乘风归去，又恐琼楼玉宇，高处不胜寒。起舞弄清影，何似在人间？

转朱阁，低绮户，照无眠。不应有恨，何事长向别时圆？人有悲欢离合，月有阴晴圆缺，此事古难全。但愿人长久，千里共婵娟。

这首词的诞生，标志着苏轼的词也达到了创作的顶峰。评论者说，自从苏轼这首中秋词出来，其他的中秋词就可以不读了。

这一年，苏轼 41 岁。

这一年的十一月，苏轼以祠部员外郎直史馆移知山西省西南端的河中府。离开密州，他先告诉了济南的李常和苏辙，然后一家人在大雪纷飞中向济南出发。在即将到达济南的城外，苏辙的儿子苏迟、苏适和苏远都在雪中等着他们，然后将他们接入城中家里。此时，朝中发生了很大的变化，王安石、吕惠卿、曾布、邓绾等新派人物先后失势，王安石短暂复相之后再度罢相，下一步如何变化，谁也不知道。

论到政治的敏感性，苏辙要强于哥哥，因而竟然没有等苏轼到来就离开济南去了京城。到了京城的苏辙径直住到范镇家中，范镇留他在京城度岁。

尽管苏辙不在，但因为有好友李常在，苏轼在济南足足待了一个多月，除了将济南的名胜转了个遍，天天与李常饮酒赋诗，使苏轼感觉每天都泡在酒里。一直到二月上旬，他才离开济南向京城出发。

熙宁十年（1077），对他们兄弟来说，是一生中最值得珍惜与回忆的时光。

苏轼离开济南，走到澶、濮地界，遇到了前来迎接他一家的苏辙。这是自熙宁三年（1070）分别七年后的再次相见！在同往河中府行至陈桥驿时，苏轼又接到改知徐州和不得入京城的诏书，林语堂推测，因为时局变化莫测，某些人不愿意让苏轼见到皇帝，所以才有了这样一个奇怪的命令。

兄弟二人住到了范镇的家里，欢聚达两个多月。

在京时，苏辙虽然被举荐为著作郎，但无实职。所幸此时张方平奉旨为宣徽南院使兼判应天府，就将苏辙聘为南京（今河南商丘）签书判官。于是兄弟二人一起到南京拜访张方平，在那里苏轼替张方平写了一篇《谏用兵书》后，同到徐州。

苏辙从四月来徐州，一直到过完中秋离开，留下徐州逍遥堂相居百余日的佳话。

在这 100 多天的时日里，兄弟二人游山玩水，吟诗唱和，可以说是兄弟之情在成年之后最为亲密的时期。在一个风雨之夜，兄弟二人同宿逍遥堂，思绪又回到原来在怀远驿一同准备应试的旧日时光，转瞬之间，竟然十六七年过去了。

孟元老《东京梦华录》记载了怀远驿这个地方："其大辽使人，在都亭驿；夏国在都亭西驿；高丽在梁门外安州巷同文馆；回纥、于阗在礼宾院；诸番国在瞻云馆或怀远驿。"原来怀远驿是专门为外国使节而修建，打个比喻，这个地方，像今天北京的使馆区。

苏辙《逍遥堂会宿二首》前有小引：

辙幼从子瞻读书，未尝一日相舍。既仕，将宦游四方，读韦苏州诗，至"安知风雨夜，复此对床眠"，恻然感之，乃相约早退，为闲居之乐。故子瞻始为凤翔幕府，留诗为别曰："夜雨何时听萧瑟？"其后子瞻通守余杭，复移守胶西，而辙滞留于淮阳、济南，不见者七年。熙宁十年二月，始复会于澶濮之间，相从来徐留百余日。时宿于逍遥堂，追感前约，为二小诗记之：

逍遥堂后千寻木，长送中宵风雨声。
误喜对床寻旧约，不知漂泊在彭城。（其一）
秋来东阁凉如水，客去山公醉似泥。
困卧北窗呼不起，风吹松竹雨凄凄。（其二）

怀远驿读书时，二人仅20出头，如今，都拖家带口、人到中年了。苏轼有三个儿子，苏辙除了有三个儿子，还有七个女儿。苏轼还用一首《沁园春》"孤馆灯青，野店鸡号"，来回忆他们的往日时光。

苏轼毕竟比苏辙乐观，他认为苏辙勤修养生之术，自己也略得一二，因而二人在退休之后相聚的日子肯定会比分别的日子多——苏轼却不曾想到，他和苏辙的人生磨难并没有来呢。

苏辙在中秋后的第二天必须离开徐州赴南京留守签判任，因而也作了一首《水调歌头·徐州中秋》：

离别一何久，七度过中秋。去年东武今夕，明月不胜愁。岂意彭城山下，同泛清河古汴，船上载凉州。鼓吹助清赏，鸿雁起汀洲。

坐中客，翠羽帔，紫绮裘。素娥无赖，西去曾不为人留。今夜清尊对客，明夜孤帆水驿，依旧照离忧。但恐同王粲，相对永登楼。

苏辙的这首《水调歌头》，单看也极为精彩，只因苏轼的那首过于出色，这首词就只能居于哥哥的阴影之下了。

苏辙与苏轼相别，已经七个中秋，今天虽然相聚，但无情的月亮，仍然不肯为人留下而向西沉去。今夜有酒待客，明晚却要孤独地住在船上了，剩下的只是离愁。怕只怕像王粲那样，一次一次地登上高楼相望。

这里用了一个关于“王粲登楼”的典故。

王粲（177—217），字仲宣，山阳郡高平县（今山东微山两城镇）人。年轻时怀有济世之志，躲避战乱，到荆州投奔刘表，滞留荆州 12 年，不得施展才华，每于郁闷之中登楼远眺，北望家乡，胸中都会翻滚着无限的乡思乡愁，为此，他写出了《登楼赋》。

苏轼曾在这首词的下面有注：“余去岁在东武，作《水调歌头》以寄子由。今年子由相从彭门居百余日，过中秋而去，作此曲以别。余以其语过悲，乃为和之，其意以不早退为戒，以退而相从之乐为慰云。”和词一首，即是《阳关曲·中秋月》：

暮云收尽溢清寒，银汉无声转玉盘。
此生此夜不长好，明月明年何处看。

苏轼虽然希望能在词中将苏辙的忧伤转化，但命运就是如此无情，兄弟从此再也没有一同过过中秋！

离开徐州 18 年后的哲宗绍圣三年（1096）中秋之夜，苏轼正在贬谪惠州途中，年已 61 岁，还重书《彭城观月诗》，念念不忘与子由在一起的那个中秋之夜！

元丰二年（1079）正月，文同在陈州病逝；三月，朝廷告下，苏轼以祠部员外郎、直史馆、知湖州军州事。于是，苏轼又离开徐州，绕道南都，为的是专门探望弟弟苏辙。在见面之前，他特意写了五首诗给苏辙，苏辙次韵答之。

相见后，他们一起去看望了张方平。此时，韩琦和欧阳修已经死去好久，富弼、范镇、司马光这些老人也都退出了政坛。苏轼也许意识到了，只是他没想到会有那么严重，朝中并没有什么支持他的人了，即使有，也是极少数极少数。

苏轼在弟弟家里养了个半月的病，才离开南都，继续向湖州走去。途中还写诗给苏辙："此去渐佳境，独游长惨神。待君诗百首，来写浙西春。"苏辙的回诗也充满了乐观的精神："南游得如愿，梦想霅溪春。"

兄弟二人同时遭贬

然而，谁也不知道，苏轼这一步，却迈进了"乌台诗案"的深坑里。

元丰二年(1079)四月二十日，苏轼抵湖州任，到任之后，他写了一个谢表：

> 陛下知其愚不适时，难以追陪新进；察其老不生事，或能牧养小民。

就是这句话，被他的敌人抓住把柄，他们终于出手了。

苏轼被捕，一方面与妻子诀别，一方面作书与弟弟苏辙，让他帮着处理以后的事情，苏迈随行。王适、王遹兄弟，则将苏轼的家人送往南都苏辙处。

44岁的苏轼被投入御史台中，这是他一生中离死亡最近的一次危机。

在他写给苏辙的一首诗中，除了透露出危在旦夕的紧张情绪之外，还应该有更深一层的考虑，即苏轼知道他写的这首诗也会成为他言论的证据之一，甚至有可能被皇帝看到，因而与其说是家书，不如说是一种表白：

> 圣主如天万物春，小臣愚暗自亡身。
> 百年未满先偿债，十口无归更累人。
> 是处青山可埋骨，他时夜雨独伤神。
> 与君今世为兄弟，又结来生未了因。（《苏轼诗集》，第999页）

"圣主"当然是神宗皇帝，"小臣"则指苏轼自己。他感恩皇帝，是因为自己的"愚暗"才葬送了自己的前程。人寿百年，如果他在44岁的年纪被处死，

就被看成是还债好了。留在世上的十口之家需要弟弟及诸君照顾。尸骨可以随处埋掉，可怜失去兄长的弟弟从此每逢独夜听雨之际只能悲伤不已了。不过，苏轼说，他不管是来世抑或是再来世，都愿意与苏辙结为兄弟。

“伤神”这两个字，在苏轼的诗中是难得使用的词，但他又不是在指自己“伤神”，而是苏辙可能会那样。

研究宋诗的吉川幸次郎说，这不仅是苏轼个人对悲哀的扬弃，而且也是诗歌历史的转折点。过去的诗歌所习惯的对悲哀的执着，被苏轼中断了，而把方向改变为更多地对人生抱以希望。后世崇拜苏轼的人，喜欢他的豪放阔达；不满他的人，则嫌他的诗每流于平易。但是他之后的诗人，也包括对他没有好感的人，很少歌咏对人生的绝望与悲哀，这正是因为他们都生活在苏轼改变了诗风以后的缘故。

十二月二十九日，即被逮百日以后，苏轼出狱，贬为黄州团练副使。有意思的是，苏辙倒是没有收到苏轼写的罪名可能比较严重的诽谤朝廷的诗，朋九万《乌台诗案》举苏轼“至今天下事，去莫如子猛”，是赞赏苏辙辞去制置条例司时的坚决，“眼看时事力难胜，贪恋君恩退未能”，说自己没有能力改变现状云云，都是“谤讪”或“讥讽”。最后，终因他曾奏请朝廷赦免兄长，并愿意纳还一切官位为兄长赎罪，因而也受到降职的处分，调到离黄州不太远的高安，任筠州酒监。

元丰三年（1080）正月初一，京城家家沉浸在春节的气氛中，苏轼和长子苏迈却凄凉地在御史台差役的押送下离开京都，启程前往黄州。那时的黄州，尚是长江边上一个极其穷苦的小镇。巧的是，唐代大诗人杜牧曾在会昌二年（842）至会昌四年（844）任黄州刺史。他的最著名的七绝之一《赤壁》：“折戟沉沙铁未销，自将磨洗认前朝。东风不与周郎便，铜雀春深锁二乔”，即写于此处。

苏轼在正月初四到了陈州（今河南淮阳），苏辙则从 200 里外的南都来陈州与他相见。他将家属留给苏辙照顾，和 21 岁的苏迈一起奔向黄州。苏辙除了自己一家有七女三男两个女婿之外，这回又要加上哥哥的一家，自南都登舟，泛汴泗、出淮阳、过金陵，然后泊舟九江，再前往任所高安。苏轼此时写给他的诗名为《子由自南都来陈，三日而别》：“此别何足道，大江东西州。”

距上次他们南都相聚，尚未一年。

苏辙由著作郎、签书应天府判官降为筠州酒监，主要掌管酒的酿造与税收，因为在宋代对酒的管制非常严格，严禁私人酿酒，后来慢慢开放，酒的政策变成酒的专卖、麴的专卖和税酒三种形式。

苏辙到了九江，把家眷就暂时安顿在九江，然后带着哥哥的家眷继续沿江前行。在五月二十五日，苏辙等人到达磁湖时被巨风大浪阻隔了两天。苏辙有诗记此事："黄州不到六十里，白浪俄生百万重。自笑一生浑类此，可怜万事不由侬。"慨叹命运的波折无定。

听到弟弟和家人即将到黄州的消息，苏轼一大早就赶到离黄州20里地的市集巴河口去接他们，一家人在悲欣交集中终于团聚。看着弟弟和自己的家人，苏轼在题为《晓至巴河口迎子由诗》中说，这是他出狱以来最为快乐的一天。

在鄂州知州朱寿昌的帮助下，苏轼从庙里搬出来，住进紧靠江边的临皋亭中。

在筠州的苏辙，与喜欢吟咏的太守毛国镇相处极为融洽，但在毛国镇罢官归隐之后，新任太守贾蕃与苏氏兄弟并无交集，筠州通判早与苏辙不合，此时便公开排斥他，苏轼听到消息，赶紧给淮南西路提刑李常写信：

> 舍弟得信，无恙。但因议公事，为一倅所怒，日夜欲倾之，念脱去未能尔。子由拙直之性，想深知之，非公孰能见容者？然实无他尔，而人或不亮。牢落如此，为一农夫而不可得，岂复有意与人争乎？亦不足言，聊可一笑而已。（《苏轼文集》，第1498页）

另外，苏轼又作《闻子由为郡僚所捃，恐当去官》一首：

> 少学不为身，宿志固有在。
> 虽然敢自必，用舍置度外。
> 天初若相我，发迹造宏大。
> 岂敢负所付，捐躯欲投会。
> 宁知事大谬，举步得狼狈。

我已无可言，堕甑难追悔。
子虽仅自免，鸡肋安足赖。
低回畏罪罟，黾勉敢言退。
若人疑或使，为子得微罪。
时哉归去来，共抱东坡耒。（《苏轼诗集》，第 1171—1172 页）

在诗中，苏轼劝弟弟，何必为那个“鸡肋”一样的官职所累呢？大不了和我一起来东坡耕种吧。其实苏轼早就有一个幻想，他想将一个姓柯的园子买下来，和兄弟共居于黄州，不再分离。

在黄州，苏辙住了十天，他们一起去了武昌寒溪西山寺等处，因苏辙的家属还在九江等他，因而不得不匆匆告别。苏轼将他送到刘郎洑，在四川同乡王齐愈家饮酒为别。

苏辙刚到高安时，就住在盐酒税局里，房子在江边，水一涨就容易淹到不说，还破旧不堪。后来得到郡守的许可，借了一所仍是东倒西歪的部使者的府邸暂住。虽则如此，苏辙还在外面造了一间东轩，种了两株松树，以及 100 多根竹子，勉强让困窘的生活有了一些诗意。

苏辙自然知道哥哥的生活状况堪忧，除了监盐酒税的工作以外，他还兼了一份筠州州学教授的职，不料也被人举报——他为筠州州学所拟的策题三道有乖经旨，因而一状告到礼部。国子司业朱服此时也写一奏折，认为州学教授的聘任，应该先报到礼部，经国子监批准，方可兼任，因而，苏辙的州学教授被免职。苏轼又赶紧写诗安慰自己的弟弟：

百川日夜逝，物我相随去。
惟有宿昔心，依然守故处。
忆在怀远驿，闭门秋暑中。
藜羹对书史，挥汗与子同。
西风忽凄厉，落叶穿户牖。
子起寻夹衣，感叹执我手。
朱颜不可恃，此语君莫疑。

别离恐不免，功名定难期。
当时已凄断，况此两衰老。
失途既难追，学道恨不早。
买田秋已议，筑室春当成。
雪堂风雨夜，已作对床声。（《苏轼诗集》，第 1169—1170 页）

此时距二人在怀远驿读书，已经过了 22 年了。“对床夜雨”的意象被再一次唤醒，但在生活里，苏辙却是现实主义的。

离开黄州的苏轼，终于有了机会到筠州去看自己的弟弟。在途中，他遇到了苏辙的女婿王适，到奉新时，他先写信给苏辙，然后又写诗给自己的侄子苏迟、苏适、苏远三人，诗文中充满着急不可待的心情。

从黄州离别至此次相见，又是几年过去，一家人聚在一起，自自然然地用家乡话来说笑，也做了家乡的小吃“水饼”。

但苏辙的日常工作仍然繁忙，几乎没有空闲的时候，好在苏辙的三个儿子都已经长大了，可以和伯父就某事进行深度的交流，也可以陪他到各处转转。如是，苏轼住了六七天后也要离开，到九江与家属汇合。

有学者还做了统计，苏辙兄弟二人贬谪筠州、黄州的四五年间，也是他们文学创作的丰收季节，而且在诗歌创作方面，苏辙的收获比苏轼还大——苏轼一生存诗近 2800 首，平均每年存诗 70 首；苏辙一生存诗 1700 余首，平均每年存诗数仅为苏轼的一半。但苏轼在赴黄州贬所途中仅存诗 16 首，而苏辙赴筠途中存诗 55 首，是苏轼的 3.6 倍。苏轼赴黄途中的诗加上黄州时期所作的诗，共 171 首，平均每年存诗 37 首，是一生中平均每年存诗的一半而已；苏辙赴筠途中所作的诗再加上筠州所作诗，共 270 首，平均每年存诗 67 首，又高于一生中平均每年存诗近一倍！

“元祐更化”

元丰八年（1085），在位 18 年的神宗病逝，只有 10 岁的哲宗继位，宣仁太皇太后听政，她起用吕公著、司马光等旧臣，同时也召回苏轼兄弟。五月，苏轼被任命为登州知州，刚到登州五日，就以礼部郎官召进京。进京半个月，又升任为起居舍人。

苏辙则移知绩溪县，不久以校书郎自绩溪被召入京，就任右司谏。元祐元年（1086）九月，苏轼任翰林学士、知制诰，苏辙权中书舍人。苏辙虽两次上状辞免，但均未获准，只好就任，结果兄弟两人同时分掌内外制。

自苏轼、苏辙二人还朝以来，他们兄弟二人有三年多的时间同时在朝，不但分掌内外制，而且说来也巧，还曾同一天“转对”。

所谓“转对”，就是指百官轮番奏事，言朝政得失。宋代转对，每次限定两人，因此两兄弟同一天转对是很偶然的。但在元祐三年（1088）五月一日，皇帝在文德殿视朝，苏轼以翰林学士兼侍读、苏辙以户部侍郎轮值，他们就转到一起了。苏轼有《转对条上三事状》，苏辙也有《转对状》。苏辙《五月一日同子瞻转对》诗写道：

羸病不堪金束腰，永怀江海旧渔樵。
对床贪听连宵雨，奏事惊同朔旦朝。
大耿功名元自异，中茅服食旧相要。
一封同上怜狂直，诏许昌言赖有尧。

这样的际遇，大概在整个宋朝都找不到第二例，因而是人生中难得的幸事。

这七八年，是苏氏兄弟一生中最为得意的时光。

但在此期间，兄弟的唱和之作明显少于患难时期。有时，苏轼也觉得这种富贵优渥的生活，真不如当年在徐州两人夜床对雨的乐趣。

元祐四年（1089），苏轼以屡次受到台谏的攻击而乞外郡避嫌，于是罢翰林学士兼侍读，以龙图阁学士充两浙西路兵马钤辖、知杭州军州事。苏辙接任翰林学士、知制诰。

等到哲宗元祐六年（1091）三月苏轼被召，五月入京，任吏部尚书，位在苏辙之下；因苏辙已任尚书右丞，苏轼又改任翰林学士承旨。苏轼多次上疏辞免：“兄居禁林，弟为执政，在公朝既合回避，于私门实惧满盈。计此误恩，必难安处。伏望除臣一郡，以息多言。”（《辞免翰林学士承旨第一状》）苏

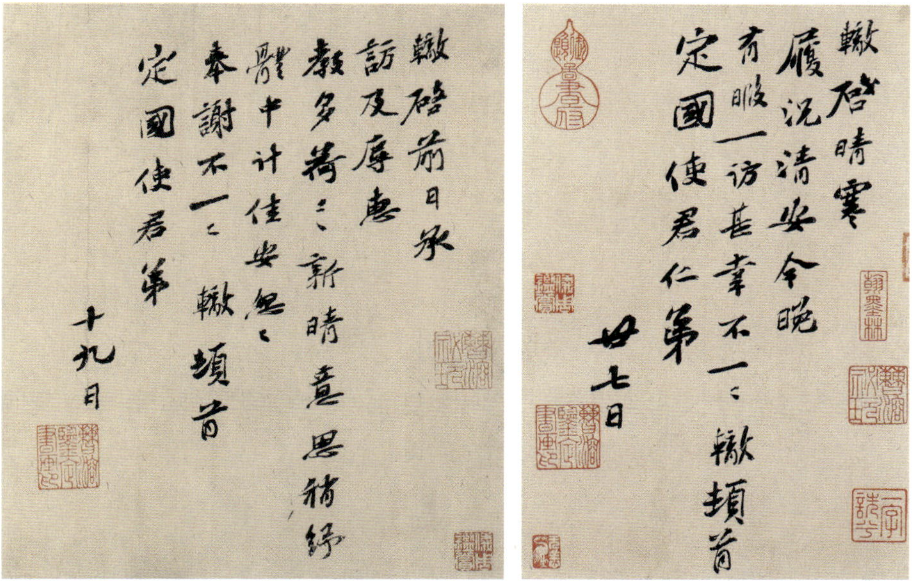

致定国使君　宋　苏辙

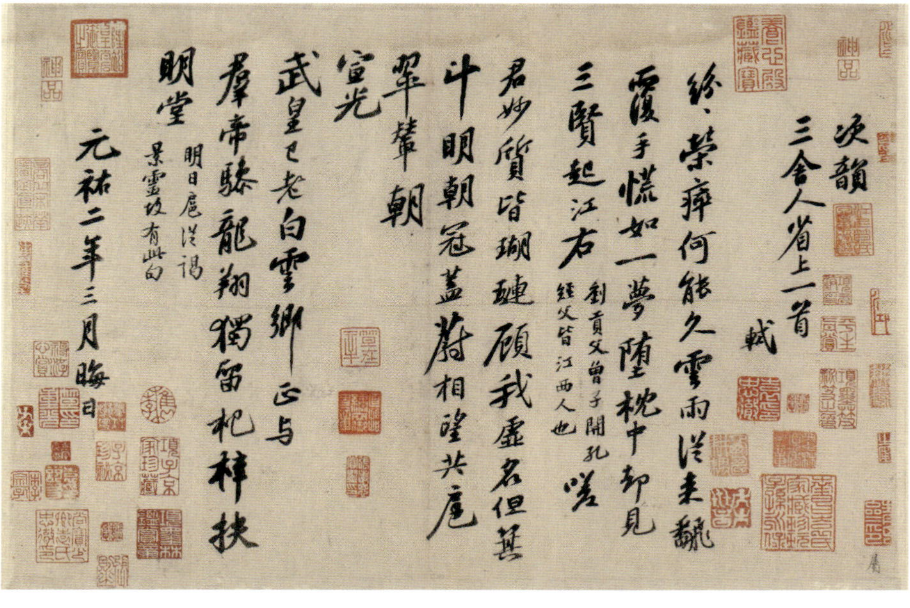

次韵三舍人省上　宋　苏轼

轼辞免翰林学士的根本原因，还是由于“翰墨之林，号称内相”“清要之地，众所奔趋”。前次任翰林学士时就曾遭到新旧两党的围攻，这次再任翰林学士也“必难久处”（《辞免翰林学士承旨状》）。

苏轼辞翰林学士的同时，苏辙也在辞尚书右丞。他在《辞尚书右丞札子》中说自己，学无他师，以父兄为师。“其后不幸早孤，（与兄）友爱毕至，逮此成立，皆兄之力也。顷者兄弟同列侍从，臣已自愧于心。今兹超迁，丞辖中台，与闻政事。而臣兄轼适自外召还，为吏部尚书，顾出臣下。复以臣故，移翰林承旨。臣之私意，实不遑安。况轼之为人、文学、政事过臣远甚，此自陛下所悉。臣不敢远慕古人，内举亲戚，无所回避。只乞寝臣新命，若得与兄轼同为从官，竭力图报，亦未必无补也。”苏辙辞尚书右丞，除不愿越职超迁外，更主要的原因是担心自己在任右司谏和御史中丞期间所上札子多招怨尤，难安于位。

果然，苏轼从进京到再次出京，不过三个月的时间，虽然太后诏赐甚丰，但他仍然不免伤心，因为整个朝局似乎都无法容纳他这个人的存在。

此时苏辙已经身居高位，不能说去就去，但他自己的确有了退意。

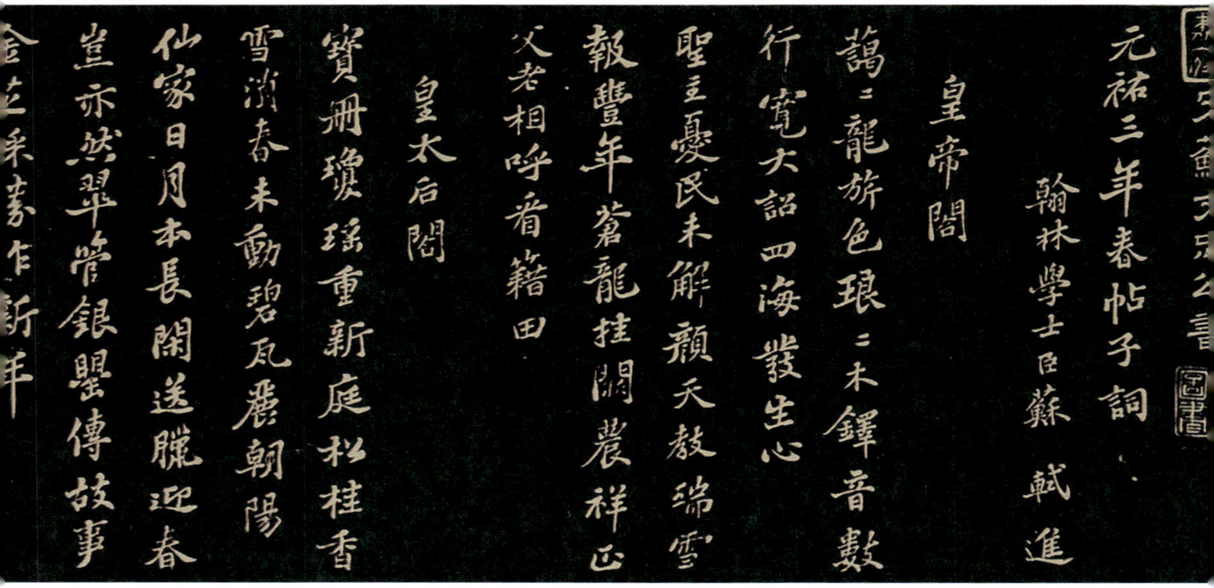

春帖子词（局部）　宋　苏轼

苏轼离开京城之后，那些攻击苏轼的人如刘挚、杨畏、郑雍、安鼎等人，又将火力集中于苏辙身上。

因而，他们的政治厄运也是惊人地相似。苏轼说："忧患尔来同""出处平生共"（《同子瞻次过、远重字韵》）——同科进士、同科制举，也同朝为官的兄弟二人，既一起分享了共同的政治荣耀，也经历着相近的坎坷命运。

哲宗元祐七年（1092），苏轼的仕途达到了人生的顶峰，他以兵部尚书兼充南郊卤簿使的身份主持完皇帝的郊祀大典后，进官端明殿学士、翰林侍读学士、礼部尚书。

此时，已经年满 18 岁的哲宗皇帝亲自主持朝政，支持"元祐更化"的后台高太后则因身体原因不得不让出权力，一场围绕着政治斗争的人事变更的暴风雨，骤然而起。

苏轼早就意识到国事将变，而自己无疑是首当其冲的受害者。

元祐八年（1093）始，御史黄庆基、董敦逸连上七道奏章，他们从苏轼任中书舍人时所撰写的制诰中摘取片言只语，以"讪谤先帝"的罪名屡次上章弹劾。心灰意冷的苏轼也一再请求外放，因为年轻气盛的皇帝已经让他感到深深的不安。

八月一日，妻子王闰之去世。苏轼的悲剧也随之拉开序幕。

随后，他以端明殿学士兼翰林侍读学士、左朝奉郎、定州路安抚使兼马步军都总管、知定州军事及管内劝农事、轻车都尉、赐紫金鱼袋，除知定州。当他要上朝向皇帝辞别时，皇帝拒绝了他的请求，所以一大堆的官衔，也无法掩饰苏轼在官场上的失意，尤其是贤妻王闰之的亡故给他的打击。

元祐八年（1093）九月，太皇太后高氏死了，在她临死之前，她仿佛预见到了她所信任的老臣们的命运，因而劝说他们：我快死了，你们也及早求退吧。

这样的话让那些老臣们不寒而栗。

高太后死后，曾经流传过的高太后与司马光准备另立皇帝的谣言，再度传入哲宗的耳中。哲宗皇帝开始亲自主持朝政的第二天，就下旨恢复了刘瑗等十名内侍的官职，这些人在神宗期间颇得宠信，是吕惠卿、章惇等人的好友。这个任命虽然因为宰执大臣的反对而搁浅，但哲宗强忍下的怒火，即将烧向这些宰执大臣。

苏轼的倒霉日子马上就来了。

定州在太行山的东麓，华北平原的西边，在今保定和石家庄之间。因为定州北临契丹，苏轼到这里，就等于到了边境重镇。

东坡的心情，沉重而孤独，甚至有些悲愤。

九月十四日，东京下起了雨，一场秋雨，落叶飘零，苏辙在东府为哥哥饯行，二人对坐，心头都十分沉重。苏轼写了一首《东府雨中别子由》的诗：

> 庭下梧桐树，三年三见汝。
> 前年适汝阴，见汝鸣秋雨。
> 去年秋雨时，我自广陵归。
> 今年中山去，白首归无期。
> 客去莫叹息，主人亦是客。
> 对床定悠悠，夜雨空萧瑟。
> 起折梧桐枝，赠汝千里行。
> 归来知健否？莫忘此时情。（《苏轼诗集》，第 1992 页）

苏轼无疑已经预感到，兄弟相见相聚的日子，越来越少了。这三年，只要苏轼一看到这棵梧桐树，就赶上下雨，更何况又是一场秋雨一场寒的深秋。

次年四月，哲宗改元绍圣元年（1094），政坛开始大地震。吕大防、范纯仁相继被罢职，过去八九年一直被贬在外的章惇、安焘等出任宰执大臣，他们一回到朝廷，就把打击“元祐党人”作为最主要的报复目标，短短一两个月时间，在朝任职的大员 30 多人，就被赶到岭南等边远地区。

章惇的亲信御史虞策、殿中侍御史来之邵又重拾“乌台诗案”的旧话，章惇也不再念曾经营救过东坡的旧情，而是决意将东坡贬至比黄州更偏远的地界。闰四月三日，苏轼原来担任的端明殿学士、翰林侍读学士等职被撤销，依前左朝奉郎知英州；苏轼刚刚写了《英州谢上表》，一道新的诏令又下来，复降左承议郎——左朝奉郎是正六品上，左承议郎是正六品下——仍知英州。除命下，罢定州任。

秦观也因为依附于苏轼的原因，被贬处州（今丽水）。听到消息的米芾立即写了一封信来慰问苏轼，可见此人虽然行为不符合常规，但确有节义。

苏轼和他的三个儿子苏迈、苏迨、苏过，又不得不从北向南一起同行，这一路，长达 1800 公里。

五月，苏轼在前往英州的途中，途经陈留，特意绕道汝州，与子由相见。此前，苏辙因为反对“绍述”之说而被贬汝州。

自身生活也极为艰难的苏辙给了苏轼七千缗，以便让苏迈带领大半的家人到宜兴去，因为那里还有一些田产，可以维持他们的日常生活。《晚香堂苏帖》留下了一份书信：

> 迈往宜兴。迨、过随行，此二子为学颇长进，迨论古事废兴治乱，稍有可观，过作诗、楚词，亦不凡也。此亦竟何用？但喜其不废家业耳。蒙问，亦及之。轼白。

苏轼兄弟此次相会，不像以往，只能相聚三四天而已。

苏轼在《与程正辅书》中提到，苏辙和其他朋友都劝他不要再写诗，苏轼也深感他们用意之深，甚至萌生“焚砚弃笔”的念头。他甚至发誓，再也“不作一字”，但是，这怎么可能呢？

回到陈留，苏轼向皇帝请求允许他乘船的诏命下来，才沿水路继续南下。在他过雍丘时，县令米芾扶病相见，追随苏轼 34 年的老友马正卿因体弱多病，也不得不在此和苏轼分手，苏轼委托米芾对他好好照顾。

六月七日，酷暑之中，苏轼一家到了南京。苏轼让儿子苏迈等三人画了阿弥陀像，和亡妻王闰之曾经佩戴过的首饰一起，在南京清凉寺举行了安奉仪式。然后，苏迈带领妻小和年老体弱的仆人一起，告别苏轼向宜兴出发。

半个月后，苏轼又接到了朝廷发布的第四次降官处置令：将左承议郎的职务也撤销，责授建昌军（今江西南城）司马，惠州安置，不得签书公事。年已六十的苏轼，又重新回到了 20 年前的处分：一个听候地方安置的罪人。

此时，苏轼决定自己一个人到贬所去，但家人又岂能忍心让他一个人到岭南去，因而在多次商讨之后，苏轼决定只带苏过、朝云和两位年老的女佣前行，

梧桐庭院图 宋 佚名

其余人等由苏迨带着他们再去宜兴和苏迈一起住。

绍圣四年（1097），已经在惠州的苏轼再贬儋州——在宋代，这是南方的尽头。

与此同时，苏辙也再贬雷州（今属广东湛江）。

三月，苏辙得到诏命，他又沿着三年前苏轼赴岭南贬所时走过的路线前进。

四月十七日，苏轼也得到诏命，只是他们相互间并不知道，兄弟二人差不多是在一条路上赶赴被贬之地。

苏轼到了梧州（今属广西），才听说苏辙还在前面百来里处的藤州，如果加紧行程，很快就能追上。也许是天意，这对难兄难弟在五月间相遇于藤州，相聚一月而别。

他们已经三年不见了，苏轼写诗安慰弟弟说：

> 莫嫌琼雷隔云海，圣恩尚许遥相望。
>
> ……
>
> 他年谁作舆地志，海南万古真吾乡。（《苏轼诗集》，第 2245 页）

苏轼说，琼州、雷州虽然为海所隔，但毕竟还可以隔海相望，这不也是皇恩浩荡吗?

苏轼随弟同行至雷州，雷州太守张逢对他们礼遇有加。因为这事，张逢后来被弹劾免职。在分别的前一天，因为喝酒喝多了，苏轼的痔疮又犯了，他连夜呻吟，苏辙也终夜不睡，陪在身边，给他读陶渊明的诗，并劝哥哥戒酒，后来，苏轼真的戒酒了。

六月十一日，苏轼兄弟相别于海边，苏轼作诗云：“劝我师渊明，力薄且为己。微痾坐杯酌，止酒则瘳矣。”

环顾大海，天水相连，茫茫无际，即使是再洒脱的人，想到自己马上就要离开大陆流落到一个孤岛上去，也不禁伤感：“何时得出此岛耶？”但他毕竟是东坡，一转念间，他就用老庄思想自我排解道：在茫茫宇宙中，整个中国不也是一个小岛吗？谁又不在岛上呢？倒一盆水在地上，小草浮在水上，蚂蚁附在小草上，在蚂蚁看来，这一盆水不也是茫茫无际的吗？不知怎样、何时才能再爬到岸上。但不一会儿，水就干了，蚂蚁爬出来之后见到别的蚂蚁，眼泪汪汪地说，几乎不能再与你们见面了：“岂知俯仰之间，有方轨八道之路乎？”

他们也许料到，也许没料到，这是兄弟二人的最后一别，他们再也没有见面的机会了！

昔日翩翩少年同出西蜀，仕途辗转，转眼都成白发苍颜，雷州一别竟成永诀。异时退隐相从之约，竟成了无法兑现承诺的梦。

苏轼渡海后，经常给苏辙写信和诗。在苏辙的第四孙苏斗老出生时，苏轼写诗祝贺：

> 无官一身轻，有子万事足。

苏辙生日时，苏轼又照例不忘写诗相贺：

> 儿孙七男子，次第皆逢吉。
> ……
> 但愿白发兄，年年作生日。

苏轼在海南的日子，当然很苦，但他仍然可以苦中作乐，写诗与苏辙分享他所体味到的海岛生活三适：旦起理发、午窗坐睡、夜卧濯足。

刚刚到雷州的苏辙因为无法适应海滨生活，对当地人习惯的薰鼠、蝙蝠等腥膻之物根本无法下口，因而来到雷州仅十来天就瘦得“帽宽带落惊僮仆”。苏轼则劝告弟弟要入乡随俗，适应当地的生活，因为在苏轼看来，天下的食物并没有一个唯一的标准，因而不妨什么都试一下：“人言天下无正味，蝍蛆未遽贤麋鹿。”（《闻子由瘦》）

绍圣三年（1096）二月二十日，是苏辙的生日。这一天，苏辙种的一盆石菖蒲忽然开了八九朵花，苏辙高兴极了，以为这是毋庸讳言的祥瑞之兆。

苏轼则赶在他的生日前，托他的姐夫，即苏八娘的丈夫程正辅捎一个礼物到苏辙那里，信中一再叮嘱，一定要在二月二十日以前将他给苏辙的生日礼物送到，这是一个香盒。

陶渊明像　宋　梁楷

三月，苏辙谪居高安，意外看到了怀素《自叙帖》墨迹，他在后面题道：

世传怀素书，未有若此完者，绍圣三年三月，予谪居高安，前新昌宰邵君出以相示，予虽知其奇，不能尽识其妙。予兄和仲，特善行草，时亦谪惠州，恨不令一见也。眉山苏辙同叔记。

在怀素的传世墨迹中，这是一件最伟大的草书作品。苏辙认为，苏轼没有见到这件怀素的墨迹，未免过于遗憾了！

如果长时间得不到苏辙的书信，苏轼就会非常担忧。

他的文集有两次写过这种情况：一次是“自立冬以来，风雨无虚日，海道断绝，不得子由书”，字里行间，满满的都是焦虑；一次是在元符元年（1098）戊寅十月五日，因为长时间没有弟弟的书信，焦急中的苏轼不得不用《周易》算卦以卜吉凶。

苏辙贬居雷州仅一年，存诗 29 首，其中有 25 首都是和苏轼之作；另外 4 首，则是苏辙原唱，苏轼和作。这些唱和诗，将他们的精神联结在一起。

元符三年（1100）正月，年仅 25 岁的哲宗去世，徽宗即位，诏求直言，起用敢谏之士，贬谪岭南及各地的元祐大臣逐渐内迁，苏轼兄弟也在其中。

徽宗即位，改元建中靖国元年（1101），已经 66 岁的苏轼得以度岭北归。二月，他被命量移永州、岳州，后又被任命为太中大夫，提举凤翔府上清太平宫，外州军任便居住。六月二十日，九死一生的苏轼渡海北还。

但为了能够安度晚年，究竟居住在哪里更为合适，他很费了一番斟酌。

一路上，苏东坡走走停停，停停走走，沿途都有朋友和仰慕他的崇拜者请他喝酒、赋诗、写字，而东坡也乐此不倦。他在岛上寂寞已久，热闹的排场和爆棚的人气，对他来说，是一种莫大的安慰。

苏辙也奉召回京，但当时蔡京当权，厌倦仕途的苏辙就请求致仕，归隐于许昌。

北归途中的苏轼给多位朋友写信说，他已决定处置完宜兴的田产后就到许昌与苏辙相聚，秉烛相对，兄弟相从终老。苏辙担心其兄手上没有钱，让友人借给苏轼 200 两银子。苏轼则以为自己的手头还未到山穷水尽的光景，故而推

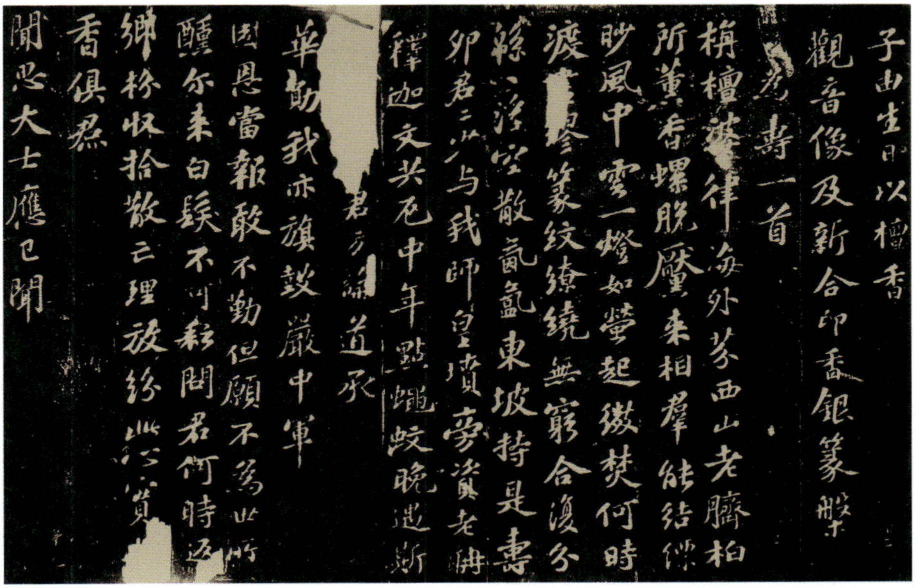

子由生日诗　宋　苏轼

辞不受。

从岭南回来的路上，陆陆续续，苏轼已经走了差不多一年，年迈的苏轼再也经不起折腾了。虽然苏辙同时也让王原、孔平仲、李之仪等人相继写信给苏轼劝说他务必住到颍昌来，以便兄弟间有个照应，但苏轼还是在反复考虑之后，决定不再北上。

所以他们的最后一次通信，是苏轼毅然决定不去颍昌和弟弟居住，因为苏轼听到朝廷“相忌安排攻击者众”。此时的汴京城里，曾布、赵挺之等人正紧锣密鼓地筹划“绍述之议”，徽宗召还蔡京，时局以一种诡异的形式酝酿着一场可以预知的对苏轼兄弟更加不利的变化。苏轼决定住在江南，离京城远些，以免再次卷入政治漩涡。

苏轼托黄寔转交给苏辙一封信。在信中，他这样写道：

兄近已决计从弟之言，同居颍昌，行有日矣。适值程德孺过金山，往会之，并一二亲故皆在坐。颇闻北方事，有决不可往颍昌近地居者。事皆可信，人所报，大抵相忌安排攻击者众，北行渐近，决不静耳！

今已决计居常州，借得一孙家宅，极佳。浙人相喜，决不失所也。更留真十数日，便渡江往常，逾年行役，且此休息。（《苏轼文集》，第1837页）

苏轼无奈地表达了兄弟俩最终不能相聚的遗憾：

恨不得老境兄弟相聚，此天也，吾其如天何！然亦不知天果于兄弟终不相聚乎？士君子作事，但只于省力处行，此行不遂相聚，非本意，甚省力避害也。（《苏轼文集》，第1837页）

同时，苏轼更将身后葬地事托付给苏辙，叫他不要破费，不必徇俗：

葬地，弟请一面果决。八郎妇可用，吾无不可用也。更破千缗买地，何如？留作葬事，千万勿徇俗也！（《苏轼文集》，第1837页）

这里所说“八郎”，是苏远，“八郎妇”即黄寔的女儿，病殁时，因苏辙有田地于汝州郏城县，苏辙已经准备把它辟为苏氏墓园，苏远的妻子就葬在那里。苏辙写信给哥哥，征求哥哥的意见，哥哥直接告诉弟弟，你定了就好了。

在信的最后，东坡写道：

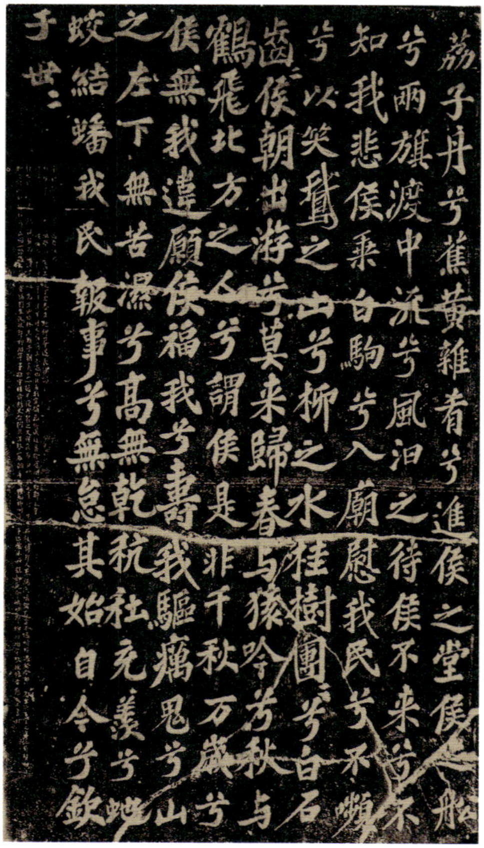

罗池庙诗碑　宋　苏轼

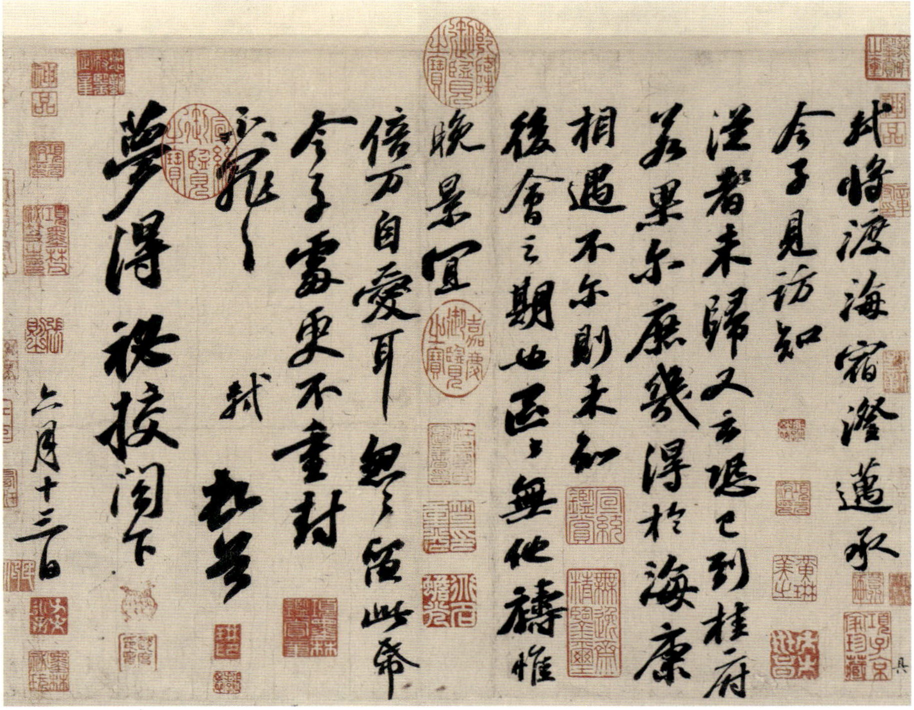
轼将渡海宿澄迈承
令子见访知
从者未归又云恐已到桂府
若果尔庶几得于海康
相遇不尔则未知
后会之期也区区无他祷惟
晚景宜
倍万自爱耳忽忽留此纸
令子处更不重封
不宣 轼 顿首
梦得秘校阁下
六月十三日

渡海帖　宋　苏轼

千万勿相念，保爱！保爱！（《苏轼文集》，第 1837 页）

我们几乎可以想象，当苏轼写完此信将信交给送信人的那一瞬间，以及苏辙在读到这封信时，心情是多么复杂，有多么沉痛！

即使今天读来，仍然会让人的心中隐隐作痛！

临死前，苏轼对友人钱济明说："惟吾子由，自再贬及归，不及一见而诀，此痛难堪。"他留下遗言，要苏辙把他葬在嵩山之下，并为他作《墓志铭》。

这一年，是徽宗建中靖国元年（1101），寄出此信的两个月后，正是江南最热的天气。

到达常州前，苏东坡曾在润州（今镇江）游金山寺，在寺中无意间发现了自己的一幅画像。细看年轻时的模样，再想今日老病之身，苏东坡提笔在画像上写了几句诗：

> 心似已灰之木，身如不系之舟。
> 问汝平生功业，黄州惠州儋州。（《苏轼诗集》，第 2641 页）

这几句诗，完全可以看作他留给这个虽纷繁但冰冷的世界的最后人生总结：心如死灰，身体却依然像一叶不知停泊于何处的船。回首一生，无非是黄州、惠州、儋州的苦难岁月而已。

病势日渐沉重，情知回天乏术之时，他在写给朋友维琳和尚的信中说：岭南万里不能死，而归宿田野，遂有不起之忧，岂非命也无！——在岭南极端困顿之时也没有生命之忧，而回到内地一切风平浪静后却一病不起，这难道不是命运吗？

苏东坡弥留之际，他的家人和从外地赶来的朋友维琳和尚，以及钱世雄为他送终。

苏东坡把三个儿子叫到床前，向他们交代后事。他说：我一生不作恶事，死后必不会坠入地狱，你们也不必伤心哭泣。

维琳和尚对鼻息渐弱的苏东坡说：现在，你要想想西方净土。

苏东坡却说：西方净土也许是有的，但空想又有什么用呢？

钱世雄说：你就努力想想吧。

苏东坡最后的一句话是：努力想就错了……

但我想，在生命的最后时刻，他想念的，一定还是他的弟弟苏辙："惟吾子由，自再贬及归，不及一见而诀，此痛难堪！"

七月二十八日，苏轼卒于常州。

苏轼死了，将他的耀眼的光芒带入历史的深处，伴随着他一生的故事也就此徐徐拉上帷幕。

苏辙得知苏轼去世的消息后痛哭道："小子忍（岂忍）铭吾兄！"

苏辙为兄长撰写了长篇《墓志铭》，详尽叙述了苏轼一生的经历，另又撰写了两篇祭兄文，文中充满了他们之间深厚的兄弟情谊。

《祭亡兄端明文》是这样写的：

> 惟我与兄，出处昔同。幼学无师，先君是从。游戏图书，寤寐其中。

曰予二人，要如是终。后迫寒饥，出仕于时。乡举制策，并驱而驰。猖狂妄行，误为世羁。始以是得，终以失之……兄归晋陵，我还颍川。愿一见之，乃有不然。瘴暑相寻，医不能痊。嗟兄与我，再起再颠。未尝不同，今乃独先。

崇宁元年（1102）元月，苏辙同时葬兄苏轼、嫂王氏、媳黄氏于郏城（今河南郏县）的小峨眉山，并卖掉了自己的部分田产，得9000多钱，资助苏轼之子。据宋人笔记所载，苏轼病逝后，“二苏两房大小近百余口聚居”。

他对兄长的怀念之情更是经久不息，每睹苏轼遗墨，未尝不唏嘘流泪。

苏轼在海南曾和陶渊明的《归去来兮辞》，并要苏辙同作。而当时苏辙正再迁龙川，未暇酬和。苏轼死后，苏辙整理旧书，偶得此篇，泣而和之：

归去来兮，世无斯人谁与游？

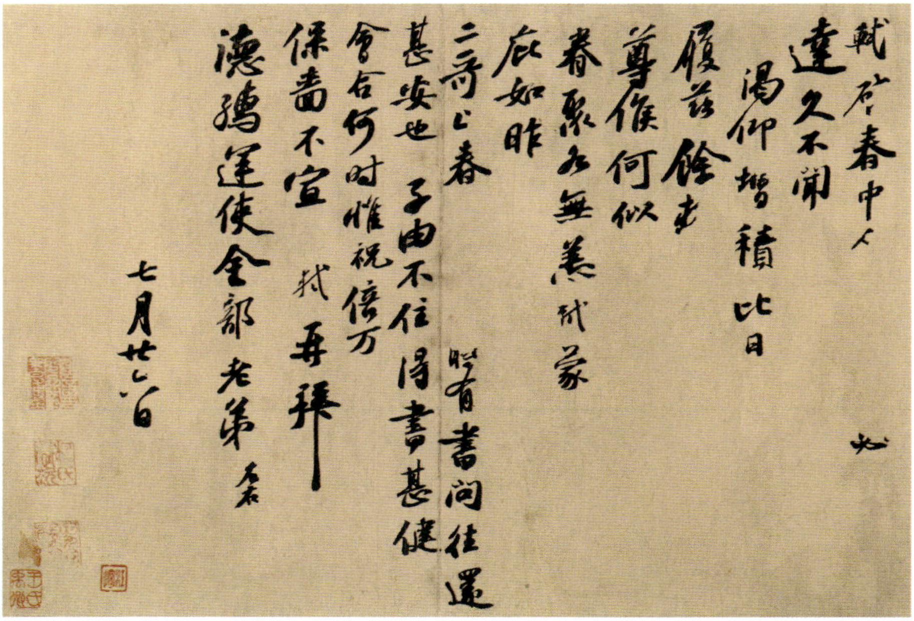

春中帖　宋　苏轼

他在《题东坡遗墨卷后》说：

> 少年喜为文，兄弟俱有名。
> 世人不妄言，知我不如兄。
> 篇章散人间，堕地皆琼英。
> 凛然自一家，岂与余人争。

在哥哥死后，他对一切都失去了兴趣：

> 敌手一时无复在，赏音他日更难期？（《读旧诗》）

从此后，苏辙杜门深居，以著书为业，谢却宾客，也绝口不谈时事。

进入晚年的苏辙，父母与兄长都已经离开了他。建中靖国元年（1101）三月，他北归后不久，恰好侄子苏千之回眉山，他就托其代祭东茔：“西望松鋐，郁葱在目。然念洒扫弗躬，斋祭遐逖，岁月滋久，悔咎何赎！”（《北归祭东茔文》）崇宁三年（1104），他又派次子苏适特意回乡祭墓。崇宁五年（1106）三月，侄孙苏元老任广都主簿归蜀，他又托元老请僧于坟侧设斋（《东茔老翁井斋僧疏》）。

11 年后，苏辙在寂寞中离世，他不忍其兄独葬于此，遂从葬其右。子侄六人逝世后，也附葬于二苏墓后。后世有好事者，又立苏洵衣冠冢于旁，并称此处为“三苏墓”，历代祭扫不绝。

“十年生死两茫茫”——与王弗

治平二年（1065），从凤翔回来的苏轼，以殿中臣差判登闻院，即在专门管理宫廷事务的殿中省下受理来自官方或民间的建议或申诉，像今天专门负责接待上访的机构。

刚刚登基不久的英宗久闻苏轼之名，想破格将他召入翰林院，委以知制诰和修起居注的工作，也就是为皇帝起草文件和记录皇帝言行。虽然权力不大，但因为是皇帝的近臣，因而位置极其重要，许多宰相就是从这个角色上擢升的。

但宰相韩琦却不同意这个安排，他认为苏轼还需要锻炼，一下子将他放在这个位置上并不见得是好事。韩琦建议，苏轼还是应该按照常规经过馆阁考试，再授予相应的职位。苏轼又通过考试，以最高的“三等”入选，授官直史馆。在这个位置上，苏轼可以和宫廷中最著名的文人一起，饱览皇家收藏的图书与艺术珍品。治平三年（1066）的初夏，苏轼在秘阁中就看到了久负盛名的《淳化阁帖》据以上石的底本，“皆唐人硬黄上临本”。

但是，得意之中的苏轼却遭遇到人生中最不幸的事情，治平二年（1065）五月二十八日，他的妻子王弗病逝，去时才 27 岁而已。从今天的角度看，这个年纪去世，未免太年轻。

美国汉学家柏文莉写过一本题为《权力关系：宋代中国的家族、地位与国家》的著作，专门研究宋代家庭之间的亲属关系，特别是婚姻和姻亲之间的关系。在阅读这本书的过程中，我发现一个引人注意的现象，就是科举中第和仕途成功如何影响亲属关系和社会身份地位，以及社会关系如何制约仕途成功。这么说吧，读到这里的时候，我就想，苏洵难道没有听说过科举中第之后的进士们会在京城找到一门好亲事吗？像苏轼以第二名进士及第，完全可以被宰相级别的人看上而被选为女婿，从而缔结一门具有政治意义的婚姻，至少从世俗的角度来说是这样的。

但苏洵没有这么做，因为在儿子出川前，他就为自己的儿子选好了妻子。

王弗与苏轼结婚时，才 16 岁。

她死后，苏轼先把她殡于汴京，一年后，随父亲的灵柩一起回川，葬于眉州东北彭山县安镇乡可龙里，距苏洵夫妇墓西北八步。

苏轼为王弗写了一篇《亡妻王氏墓志铭》：

> 治平二年五月丁亥，赵郡苏轼之妻王氏，卒于京师。六月甲午，殡于京城之西。其明年六月壬午，葬于眉之东北彭山县安镇乡可龙里先君先夫人墓之西北八步。轼铭其墓曰：
>
> 君讳弗，眉之青神人，乡贡进士方之女。生十有六年。而归于轼。有子迈。君之未嫁，事父母，既嫁，事吾先君、先夫人，皆以谨肃闻。其始，未尝自言其知书也。见轼读书，则终日不去，亦不知其能通也。其后轼有所忘，君辄能记之。问其他书，则皆略知之。由是始知其敏而静也。从轼官于凤翔，轼有所为于外，君未尝不问知其详。曰：“子去亲远，不可以不慎。”日以先君之所以戒轼者相语也。轼与客言于外，君立屏间听之，退必反覆其言曰：“某人也，言辄持两端，惟子意之所向，子何用与是人言？”有来求与轼亲厚甚者，君曰：“恐不能久。其与人锐，其去人必速。”已而果然。将死之岁，其言多可听，类有识者。其死也，盖年二十有七而已。始死，先君命轼曰：“妇从汝于艰难，不可忘也。他日汝必葬诸其姑之侧。”未期年而先君没，轼谨以遗令葬之。铭曰：
>
> 君得从先夫人于九原，余不能。呜呼哀哉！余永无所依怙。君虽没，其有与为妇何伤乎？呜呼哀哉！（《苏轼文集》，第 472 页）

在墓志铭中，苏轼回忆了他与王弗结为夫妻之后的生活：王弗从来没有说过自己认识字读过书，苏轼也不知道她会在读书方面给自己极大的惊奇：当苏轼背书背不出来时，王弗竟然可以提示他，而苏轼随意拿起书房的任意一本书问她时，她也都能说出大概，苏轼才知道她除了“谨肃”的性格之外，更有“敏而静”的一面。

王弗会经常将苏洵教导苏轼的话在他远离父亲的时候重复给他听，在他见朋友的时候，她也会躲在屏风的后面，当客人走了之后，她会告诉苏轼是否说了不该说的话，以及来的朋友值不值得交往，今后你还需要注意什么……

在凤翔时，苏轼遇到一件事情，有次下雪，在他所住的地方，一棵大柳树下不仅没有积雪，第二天还鼓起了一个土包，苏轼认为那里也许会有古人所藏的丹药，因而想把它挖出来，王弗却说：“如果母亲在的话，一定不会动它。”这话让苏轼非常惭愧，因为苏轼母亲程氏租房子卖布帛时，屋子里也许就有藏宝，但程氏坚决不动。

在王弗死后的第 100 天，苏轼写了一个《大方广圆觉修多罗了义经》，送给大觉禅师，以超度亡魂。

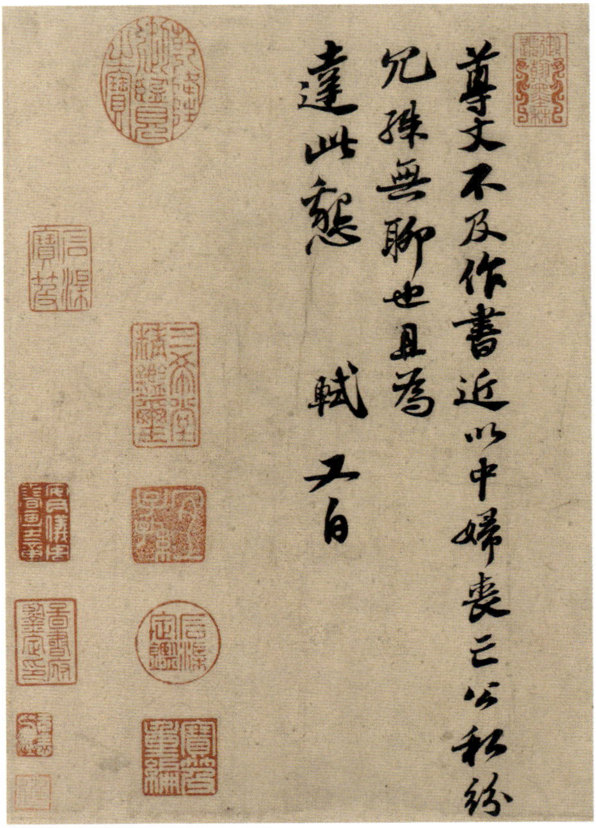

尊文帖　宋　苏轼

“君与轼琴瑟相和仅十年有一。轼于君亡次年悲痛作铭，题曰《亡妻王氏墓志铭》”，于平静语气下，寓绝大沉痛。

熙宁八年（1075），苏轼到密州任职，虽已是十年过去，也有了新妻子，但他对王弗依旧一往情深，哀思深挚。这一年正月二十日，他梦见了已逝的爱妻王氏，醒来，写了一首悼亡词——《江城子·乙卯正月二十日夜记梦》：

十年生死两茫茫，不思量，自难忘。千里

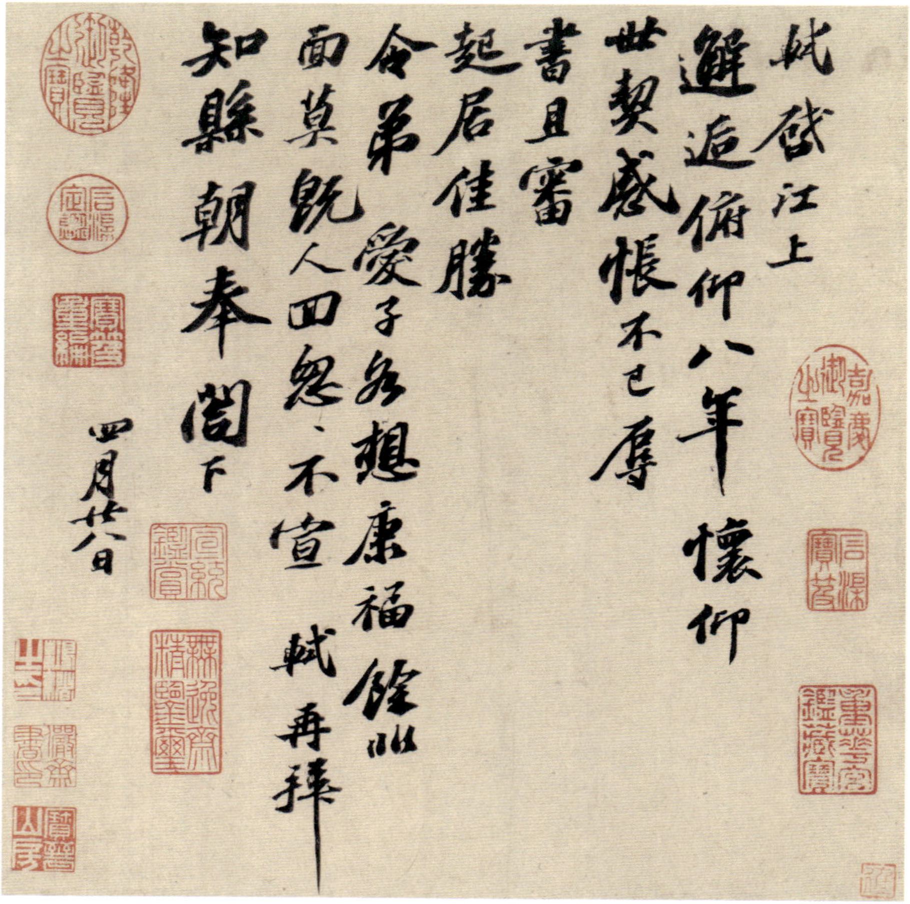

江上帖　宋　苏轼

孤坟，无处话凄凉。纵使相逢应不识，尘满面，鬓如霜。

夜来幽梦忽还乡，小轩窗，正梳妆。相顾无言，惟有泪千行。料得年年肠断处，明月夜，短松冈。（《苏轼词编年校注》，第 141 页）

这首词从写出到现在，已经将近 1000 年了，但每次读过，仍然打动人心，甚至催人泪下。

晁无咎曾经说苏轼之词“短于情”，但是从这首《江城子》来看，晁无咎此语差矣。陈后山说：“风韵如东坡，而谓不及于情，可乎？”

统观中国传统文学，男性作家对于女性的正面描写，不出以下四个方面：

——作为女神的存在；

——以同情的姿态描写女性，反对女性在社会特别是婚姻关系中的不平等地位；

——欣赏或赞美身处社会中心或边缘的女性；

——描写相敬如宾的夫妻生活。

从苏轼所作的无论是给王弗的还是给王朝云的诗词来看，都看不到传统文学中对女性的压制性态度，而是在怀念或赞美中，展现了只有近现代才有的人道主义的曙光——有兴趣的读者朋友，不妨去统计一下《全宋词》，看看有多少词，是作者写给自己妻子的。

现存苏轼有一墨迹：

> 尊丈不及作书。近以中妇丧亡，公私纷冗，殊无聊也，且为达此恳。轼又白。

这是苏轼写给杜沂（孟源）的信，其中提到的“中妇丧亡”，有人说是苏轼的妻子王弗。但是考虑到苏轼有《祭迨妇欧阳氏文》：“昔先君与太师文忠公恩义之重，宜结婚姻，以永世好。故予以中子迨求婚于汝，自汝之归，夫妇如宾……云何奄忽，一时至此，使我白首，乃反哭汝。命也奈何，呜呼哀哉！以吉月良日殡汝于京城之西惠济之僧舍。”这里说的“中子迨”，即第二个儿子苏迨，因而“中子妇”，也应指欧阳氏。时间应在元祐八年（1093）。

杜沂的父亲叫杜君懿，是苏洵的老朋友，在京都时，他们往来密切，这个人，即是苏轼信中所说的“尊丈”。杜沂的儿子，叫杜传，字孟坚，做过监簿。当苏轼被贬到黄州时，杜君懿已经不在世了，杜沂却陪了苏轼很久，让苏轼在贬谪生涯中，得到极大的安慰。

东坡晚年归常州时，写《江上邂逅帖》，就是写给杜沂的。

“妻却差贤胜敬通”——与王闰之

在王弗去世后的第三年，也就是为苏洵守丧三年期满后，苏轼娶了王弗的堂妹王闰之（1048—1093）为妻。

她像王弗一样贤淑、温顺，却不像王弗那样喜欢给苏轼提各式各样的建议。若干年以后，苏轼在写给她的祭文中，赞扬她是一个贤德的妻子和母亲，她生了苏迨和苏过，对于王弗所生的长子苏迈，就像自己的亲生儿子一样对待。

苏轼前半生的许多荣光她都分享过，但困苦时光，她也一起度过，毫无怨言。甚至可以说，如果没有王闰之这样善解人意的女人，苏轼的前后《赤壁赋》，也不会写出来——因为她知道，东坡这个男人在生活中最需要什么。

如果不是她的宽容、大度，朝云也不会一直跟在东坡的身边，成为晚年东坡情感生活中的最大慰藉。

王闰之陪伴苏轼度过了他人生中跌宕起伏的25个春秋。

王弗没有赶上多少苏轼最倒霉的时期，但王闰之却赶上了“乌台诗案”以及黄州被贬……苏轼《龟山》诗说：“身行万里半天下”，果然，从眉山—开封—杭州—密州—徐州—湖州—黄州—汝州—常州—登州—开封—杭州—开封—颍州—扬州—开封这样一路……反反复复东西南北，她无时无刻不跟在身边，照顾他，宽慰他，同甘共苦，毫无怨言。

王闰之在他身边，就像寒冬里的阳光，温暖着苏轼和他的家人以及朋友们。

当“乌台诗案”发生时，不仅苏轼吓坏了，年轻的王闰之也被吓坏了。

当着王闰之的面，苏轼就不由分说“如驱鸡犬”一样被朝廷派来的人带走了。后来苏轼回忆这一情节时还说：

真宗东封还，访天下隐者，得杞人杨朴，能为诗。召对，自言不能。上问临行有人作诗送否？朴言："无有，惟臣妻一绝云：'且休落魄贪杯酒，更莫猖狂爱咏诗。今日捉将官里去，这回断送老头皮。'上大笑，放还山，命其子一官就养。

余在湖州，坐作诗追赴诏狱，妻子送余出门，皆哭。无以语之，顾老妻曰："子独不能如杨处士妻作一诗送我乎？"妻不觉失笑，予乃出。（《苏轼文集》，第 2161 页）

这是惊魂已定之后苏轼的回忆，语似轻松。苏轼所说的这个杨朴，史书中还真有其人，只是"朴"作"璞"。《宋史・杨璞传》："杨璞字契玄，郑州新郑人。善歌诗，士大夫多传诵。与毕士安尤相善，每乘牛往来郭店，自称东里遗民。尝杖策入嵩山穷绝处，构思为歌诗，凡数年得百余篇。璞既被召，还，作归耕赋以见志。真宗朝诸陵，道出郑州，遣使以茶帛赐之。卒，年七十八。"

刚被逮捕的苏轼紧张之急，如果不是怕连累苏辙，甚至想到了跳水自杀。

王闰之很快听说苏轼被关进监狱的原因是他写了许多不该写的诗和文章，这些诗和文章还在，如果调查属实，就要砍苏轼的头。听到这些传言之后，王闰之连忙在湖州的船上把苏轼的所有文稿都烧了个干干净净！

在《黄州上文潞公书》中，苏轼的动人文笔将王闰之和其他人的形象栩栩如生地展现在我们的眼前：

轼始就逮赴狱，有一子稍长，徒步相随。其余守舍，皆妇女幼稚。至宿州，御史符下，就家取文书。州郡望风，遣吏发卒，围船搜取，老幼几怖死。既去，妇女恚骂曰："是好著书，书成何所得，而怖我如此！"悉取烧之。比事定，重复寻理，十亡其七八矣。（《苏轼文集》，第 1380 页）

官家抓捕所制造出来的恐怖气氛使王闰之和家人无不处于非常惊恐的状态中。实际上，就算是苏轼自己，也吓得不轻！

虽然今天看来，烧掉那么多墨迹让我们痛心不已，但从当时的角度来看，

这大概是王闰之唯一能做的选择：在一个妻子的眼里，丈夫的安全才是最重要的，远远超过文采，超过财富，超过官位……

苏轼被贬黄州之后，他在《后赤壁赋》中写道：

> 二客从予，过黄泥之坂。霜露既降，木叶尽脱。人影在地，仰见明月。顾而乐之，行歌相答。已而叹曰："有客无酒，有酒无肴，月白风清，如此良夜何？"客曰："今者薄暮，举网得鱼，巨口细鳞，状似松江之鲈，顾安所得酒乎？"归而谋诸妇。妇曰："我有斗酒，藏之久矣，以待子不时之须。"于是携酒与鱼，复游于赤壁之下。（《苏轼文集》，第 8 页）

这里的"归而谋诸妇"之"妇"，毫无疑问，就是王闰之。苏轼正与朋友一起高兴游玩时，突然间想喝酒了，客人说，我有鱼，却没有酒，奈何？穷得叮当响的苏轼不得已，回家与王闰之商量，看看王闰之有什么办法，王闰之说："我有斗酒，藏之久矣，以待子不时之需。"原来，她有一斗酒，保藏了很久了，为的就是应付苏轼突然的需要，拿去吧！

苏轼还有一首《小儿》的诗：

> 小儿不识愁，起坐牵我衣。
> 我欲嗔小儿，老妻劝儿痴。
> 儿痴君更甚，不乐愁何为？
> 还坐愧此言，洗盏当我前。
> 大胜刘伶妇，区区为酒钱。（《苏轼诗集》，第 631 页）

这里的"小儿"，应该是王闰之在杭州时所生的苏过，见到父亲从外面回来了，就缠着父亲不放，苏轼刚要对儿子发脾气，王闰之却说，你怎么比小儿还不懂事呢？干吗不找点乐子呢？接着她就给丈夫洗净酒盏，此时的苏轼大为欣慰。后两句说："大胜刘伶妇，区区为酒钱"，用的是晋代名士刘伶的故事。刘伶是个酒鬼，家里只要有点钱，就被他拿出去买酒喝。为帮他改掉酗酒的毛病，刘夫人常把酒给藏起来，甚至"捐酒毁器"，也就是把酒泼掉，酒器砸了，弄得刘伶甚至要说谎才能骗到酒喝。苏轼的欣慰之处正在于此：他喝的不是酒，乃是王闰之的柔情。

苏轼在《次韵和王巩六首》之五中还有两句诗是：

子还可责同元亮，妻却差贤胜敬通。

“元亮”即是陶渊明，他在归耕田亩时曾作《责子诗》，告诫儿子们不要懒惰。后一句中的“敬通”，是东汉初年曲阳令冯衍的字。《后汉书》称冯衍“幼有奇才，年九岁，能诵《诗》”。史家以“博通群书”评价他。冯衍虽然学问、人品极好，但他却娶了个特别悍妒的妻子，既不许蓄奴，更不放纳妾。《世说新语》的作者刘义庆曾经自嘲说，我与冯衍相比，有三点相同：一是为人慷慨，二是刚直敢言，三就是有个厉害的老婆。而一向喜欢自嘲的苏轼，在诗后还有这样的小注：“仆文章虽不逮冯衍，而慷慨大节乃不愧乃翁。衍逢世祖英睿好士而不遇，流离摈逐，与仆相似。而衍妻悍妒甚，仆少此一事，故有‘胜敬通’之句。”对夫人和孩子透露着满意。“妻却差贤胜敬通”一语，无疑是对传统女性的最高评价。

王闰之为苏轼生下了两个儿子：苏迨和苏过。

在苏轼写给章惇的一封信中，还可以看出，王闰之非常熟悉农村里的劳动生活，并积累了许多经验：

仆居东坡，作陂种稻，有田五十亩，身耕妻蚕，聊以卒岁。昨日一牛病几死，牛医不识其状，而老妻识之，曰：“此牛发豆斑疮也，法当以青蒿粥啖之。”用其言而效。（《苏轼文集》，第 1639 页）

王闰之竟然能够认出当地兽医都无法辨别的牛生的是什么病，证明她至少从少年时代起，就积累了许多耕织的生活经验，而这无疑是王弗和王朝云都不具备的。

元丰四年（1081），马正卿为苏轼向黄州州府申请了一块废弃的位于城东门外的小山坡上的荒地。苏轼带领全家开垦荒地，春耕秋收，收获粮食后，

维摩演教图　宋　李公麟

王闰之做了一顿“二红饭”，苏轼以文章记之：“今年收大麦二十余石，卖之价甚贱。而粳米适尽，乃课奴婢舂以为饭。嚼之，啧啧有声，小儿女相调，云是嚼虱子。日中饥，用浆水淘食之，自然甘酸浮滑，有西北村落气味。今日复令庖人杂小豆作饭，尤有味。老妻大笑曰：‘此新样二红饭也！’”

四年后，苏轼离开黄州，心情十分轻松地在各地漫游。他频频地与朋友相见、饮酒、说笑、作诗，结伴游山玩水。元丰八年（1085）正月，苏轼写了《泗州除夜》等七首诗，还作了一个跋：“过泗州，作此数诗，偶以佳纸精墨，写之，以遗旌德君。元丰八年正月十日，东坡居士书。”这里的“旌德君”，即是夫人王闰之。想必得到这一墨宝的王闰之，一定开心极了。

上天好像特意为苏轼预备好了这样一个可以和他一起度过此一劫难的女人。

王闰之不像王弗那么既内秀又有心计，也不像王朝云那么美丽和善解人意。但她在苏轼的熏陶下，也能触景生情，说出一些富含诗情画意的话来。

在颍州的一天晚上，堂前梅花盛开，月色如洗，苏轼与朋友在花下饮酒。她脱口而出：“春月胜如秋月，秋月令人凄惨，春月令人和悦。”苏轼大喜：“你说的话简直就是诗家语言！”于是写了一首《减字木兰花·春月》：

春庭月午，摇荡香醪光欲舞。步转回廊，半落梅花婉娩香。

轻云薄雾，总是少年行乐处。不似秋光，只与离人照断肠。

元祐八年（1093），政坛上风头正劲的苏轼，接连失去了对他生命的后半生而言最重要的两个女人：一个就是时刻陪在他身边达 25 年的王闰之，一个是最欣赏和爱护他的高太后。王闰之死于八月初一，太后死于九月初三，而这实际上意味着，他政治上和生活中的支撑点一下子就倒掉了。

王闰之的灵柩停放在京西的一座寺院里，葬礼按照她的高贵的夫人身份举行，此时，苏迈 34 岁，苏迨 23 岁，苏过 21 岁，完全成人，堪称子孙满堂。除了她的年龄只有 46 岁堪称短寿之外，其他的，她应该没有任何遗憾了。

林语堂在《苏东坡传》中说，王闰之死后 100 天，苏轼还特别请李公麟画了十张罗汉像，在请僧人给她诵经超度时，将此十张罗汉像献与亡灵。这实际上应该是王闰之对她的儿子们的留言：她捐出自己的积蓄，要请当代一个最好的画家画释迦牟尼佛和他的十大弟子像供奉于京城。

陈继儒《晚香堂苏帖》卷二十一收了苏轼《老妇卧病帖》，帖中文字，是在文集之外的：

轼顿首。只自拜违后，老妇卧病竟不起，临老遇此灾，怀抱可知。摧

> 剥衰羸，殆不能支。曲蒙仁念，特赐慰问，伏读感怆。本乞会稽，今乃愈北，牢落可量。冗迫中，不尽区区，但恃知照而已。轼再拜。（孔凡礼《苏轼年谱》第1098页引此文作“《萼辉堂法帖》第一册收”）

参考苏轼写给杨济甫第八简中“要看个人和咎责，移殃家室，此月一日，以疾不起，痛悼之深，非老人所堪”一信，虽然无法确定上一封信是写给谁的，但可以确定的是，在王闰之死后不久，他动身去了定州。

苏轼在给王闰之的祭文中这样写道：

> 已矣奈何，泪尽目干。旅殡国门，我实少恩。惟有同穴，尚蹈此言。呜呼哀哉！（《祭亡妻同安郡君文》）

王闰之的死，让苏轼也哭得“泪尽目干”，他只希望能在自己死后，和王闰之葬在一起。

王闰之卒后不久，苏迨的妻子欧阳氏在生完孩子之后也死了。在死之前，据说中了鬼祟之邪，在苏轼为鬼祟说了一番道理之后，第二天又写了一通《功德疏》。欧阳氏死后，她的父亲欧阳棐将自己所藏贯休的十六罗汉以及苏轼自己所藏庆州小孟画观世音捐出，“为亡者追福灭罪”。

苏轼现存墨迹《尊丈帖》，是写给他的朋友杜孟坚的：

> 尊丈不及作书。近以中妇丧亡，公私纷冗，殊无聊也，且为达此悬。轼又白。

这里所说的“中妇”，乃苏迨之妻，孔凡礼认为是王闰之，应该是一个误读。苏轼《与子安兄七首》之七说“某亦为一年两丧，困于医药殡敛”云云，说的正是此际。

时隔11年之后，苏辙终于把王闰之和苏轼埋在一起，也终于完成了“死则同穴”的遗愿。

苏辙为王闰之特意写了两篇《祭亡嫂王氏文》和《再祭亡嫂王氏文》，可

维摩演教图（局部）　宋　李公麟

见苏辙对嫂子之尊重。《祭亡嫂王氏文》是这样的：

> 兄坐语言，收畀丛棘。窜逐郏城，无以自食。赐环而来，岁未及期。飞集西垣，遂入北扉。贫富戚忻，观者尽惊。嫂居其间，不改色声。冠服肴蔬，率从其先。性固有之，非学而然。

王闰之的善良与安静，完全发自于天性。苏辙强调，这不是他一个人的看法，而是整个苏氏家族的认定！

“天涯何处无芳草”——与王朝云

王朝云（1062—1096）是杭州人，一生的际遇不算幸运，但遇到苏东坡却是她的幸运。

她出生即为孤儿，继而为歌妓；12 岁时被赎买出籍，在苏轼家中做侍儿；八年后，苏东坡被贬黄州，20 岁的朝云成了他的侍妾。苏东坡被贬惠州时，她在虚岁 34 的年纪上病故。

在宋代，歌妓从良，实在不易。

柳永的名句“执手相看泪眼，竟无语凝噎。念去去千里烟波，暮霭沉沉楚天阔”，传说是因他也实在没有办法让他念念不忘的歌妓虫娘脱离娱乐圈。当初苏轼为杭州通判时，妓女周生也曾诉请脱籍，苏轼也并未批准。

现存东坡《天际乌云帖》，倒是与此有关，插叙如下：

> “天际乌云含雨重，楼前红日照山明。嵩阳居士今何在？青眼看人万里情。”此蔡君谟《梦中》诗也。仆在钱塘，一日谒陈述古，邀余饮，堂前小阁中壁上小诗一绝，君谟真迹也。“绰约新娇生眼底，侵寻旧事上眉尖。问君别后愁多少，得似春潮夜夜添。”又有人和云：“长垂玉箸残妆脸，肯为金钗露指尖。万斛闲愁何日尽，一分真态更难添。”二诗皆可观，后诗不知谁作也。杭州营籍周韶，多蓄奇茗，常与君谟斗，胜之。韶又知作诗。子容过杭，述古饮之，韶泣求落籍。子容曰：“可作一绝。”韶援笔立成，曰：“陇上巢空岁月惊，忍看回首自梳翎。开笼若放雪衣女，长念观音般若经。”韶时有服，衣白，一座嗟叹，遂落籍。同辈皆有诗送之，二人者最善。胡楚云：“淡妆轻素鹤翎红，移入朱栏便不同。应笑西园旧

桃李，强匀颜色待东风。”龙靓云：“桃花流水本无尘，一落人间几度春。解佩暂酬交甫意，濯缨还作武陵人。”故知杭人多慧也。（《苏轼文集》，第 2564 页）

帖中所有内容，与一个同蔡襄关系紧密的叫周韶的歌妓从良之事有关。

朝云不仅能够在 12 岁的时候顺利脱籍进入苏家，一直跟随苏家大江南北，而且 20 岁时被东坡纳为侍妾，可以终生追随东坡，生前死后，都独得苏东坡之深爱，故而可以说，这是她的幸运。

苏东坡对她的感情深到什么程度呢？我们可以从《浣溪沙·端午》一词中看出他对她的宠爱：

轻汗微微透碧纨，明朝端午浴芳兰。流香涨腻满晴川。彩线轻缠红玉臂，小符斜挂绿云鬟。佳人相见一千年。

这是苏东坡在端午节时，为 32 岁的朝云写下的一首词。“佳人相见一千年”，

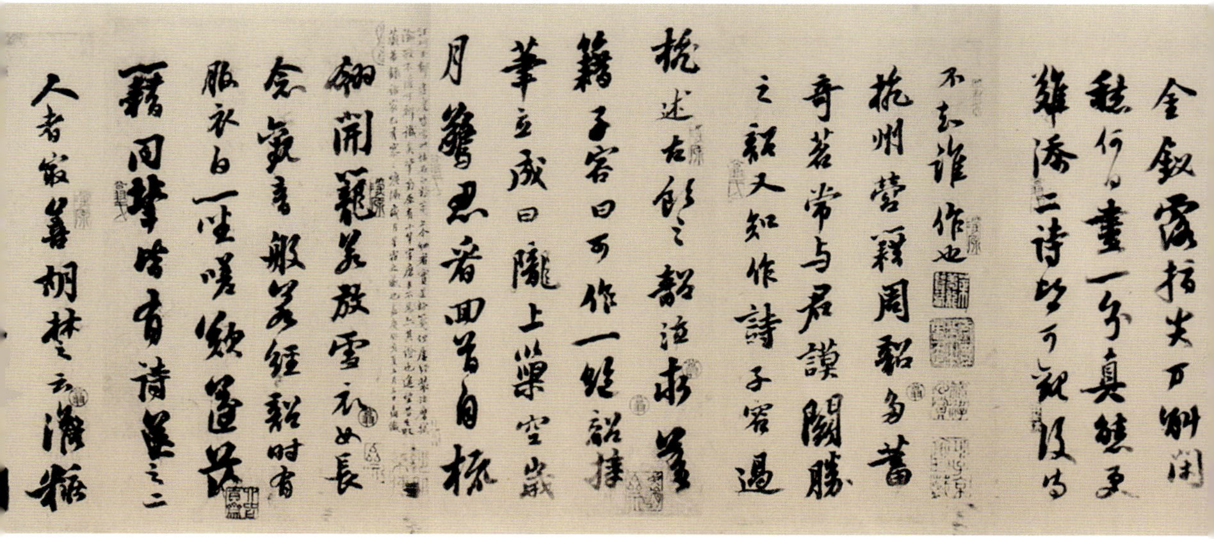

天际乌云帖（局部）　宋　苏轼

岂不是古典版的“千年等一回”！

当然，与朝云同时，苏轼也有别的侍妾。

在他刚到黄州的时候，他给鄂州太守朱寿昌写信，里面这样提道：

> 所问菱、翠，至今虚位，云乃权发遣耳，何足挂齿牙。

孔凡礼推断说，“菱”“翠”当为苏轼另外二妾之名：采菱和拾翠。朝云只是“权发遣”，连侍妾都算不上。“权”者，代理也。

在元丰六年（1083），苏轼特别赋《皂罗特髻·采菱拾翠》一首，他有些想念采菱和拾翠了：

> 采菱拾翠，算似此佳名，阿谁消得。采菱拾翠，称使君知客。千金买、采菱拾翠，更罗裙、满把珍珠结。采菱拾翠，正髻鬟初合。真个、采菱拾翠，但深怜轻拍。一双手、采菱拾翠，绣衾下、抱著俱香滑。采菱拾翠，待到京寻觅。

到黄州前，苏轼将家眷留给了苏辙，等他安顿好了，才将家眷接来，采菱和拾翠两个人就没有来。三年后，苏轼想起这两个人，大概也知道她们二人还住在京城。

苏轼的亲友们也都非常欣赏朝云，秦观就在词里夸朝云的美貌是“美如春园，目似晨曦”。虽然与朝云同时，苏轼也有别的侍妾，但苏轼并不是好色之人，中年之后，他勤于禁欲养生的实践，几乎不近女色了。

苏轼在给蔡景繁写的一封信中提道：“凡百如常，至后，杜门壁观，虽妻子无几见，况他人乎？然云蓝小袖者，近辄生一子，想闻之一拊掌也。惠及人参，感感。”（《苏轼文集》，第1662页）苏轼的意思非常明显，他宁愿一个人把自己关在屋子里发呆，或者一个人到江边去拣石子打水漂，也不太愿意和老婆、孩子在一起。而他用“蓝小袖者”代指朝云，大概是因为怕蔡景繁记不住哪个是朝云，所以提醒蔡景繁，就是你见过的那个穿蓝色衣服的人。

苏轼虽然在文学中表现得极为豁达、恬淡，但在生活中，他还是比较抑郁。

在抑郁之际，元丰六年（1083）九月二十七日，22岁的朝云为苏轼生下一个儿子——这让东坡平添意外之喜。

苏轼为他取名“遯”，现在简化字写作“遁”。此时，苏轼正遵父亲遗命为《易经》作《传》，“遁”，取自《易经》中的第三十七卦“遁”，是消遁、远离政治旋涡、归隐的意思。这一卦的爻辞中说“嘉遁，贞吉”“好遁，君子吉”，可见这个名字，体现了东坡自己心中远遁世外的理想。

遁儿满月之时，苏东坡想起自己昔日虽然名噪京华，而今却渐渐被人们忘记，无非是因为聪明反被聪明误而已，他感慨系之，自嘲一诗：

人皆养子望聪明，我被聪明误一生。
唯愿孩儿愚且鲁，无灾无难到公卿。（《苏轼诗集》，第2535页）

守愚，是道家的生存智慧。

元丰七年（1084）三月，苏轼又接到诏命，将他改为汝州团练副使，易地京西北路安置。苏轼接到诏令后不敢怠慢，四月中旬便携家启程，七月二十八日，当他们的船停泊在金陵江岸时，小小的苏遁中暑不治，夭亡在朝云的怀抱里。

苏东坡很伤心，写了一首诗，这首诗题目很长：《去岁九月二十七日，在黄州生子遁，小名干儿，颀然颖异。至今年七月二十八日，病亡于金陵，作二诗哭之》：

吾年四十九，羁旅失幼子。
幼子真吾儿，眉角生已似。
未期观所好，蹁跹逐书史。
摇头却梨栗，似识非分耻。
吾老常鲜欢，赖此一笑喜。（《苏轼诗集》，第1239—1240页）

已经年近半百，东坡可谓是老来得子，而且此子异常聪明，不仅长得像他，就连喜欢诗书也像他。孩子摇头不要梨果，就好像孔融那样懂得仁让之礼。贬谪中的东坡因为添了这个儿子，郁郁寡欢的心情，得到莫大的抚慰。

未满一年，幼子却夭亡，朝云悲痛逾常，东坡亦随之老泪纵横，诗中说：“我泪犹可拭，日远当日忘。母哭不可闻，欲与汝俱亡。故衣尚悬架，涨乳已流床。”东坡擦去儿子夭折的悲伤眼泪，并相信随着时间的流逝，这种痛苦也会减弱；但朝云不一样，这是她的第一个孩子，她凄惨的哭声，仿佛要和死去的儿子一起离开这个世界一样。儿子的小衣服还挂在架子上，朝云的奶水却喂不到孩子的口中了……

离开黄州，苏东坡又先后出任颍州、扬州和杭州知府，续娶的王夫人已逝，身边众多的侍儿姬妾也陆续散去，只有王朝云始终如一。

这大概是因为，在繁花似锦、众星捧月中，只有朝云才了解真正的东坡。例如有这样一个广为流传的故事：一日，酒足饭饱之后，东坡拍着自己的大肚皮，对众姬妾说：猜猜这里面有什么？有的说，是一肚皮才学；有的说，是一肚皮章句。只有朝云说：相公一肚皮不合时宜！

“一肚皮不合时宜”，说得多么准确：一个人如果有独立人格与独立意志，在现实之中，就是左右不逢源，新旧不讨好。东坡的遭际命运，本质在此。

宋哲宗亲政，用章惇为宰相，一大批不同政见的大臣遭贬，苏东坡被贬往南蛮之地的惠州（今广东省惠阳县），年近花甲的他只带了幼子苏过和朝云前行。对此，东坡深有感叹：

> 世谓乐天有《鬻骆马》《放杨柳枝》词，嘉其主老病，不忍去也。然梦得有诗云：“春尽絮飞留不住，随风好去落谁家。”乐天亦云：（小蛮）“病与乐天相伴住，春随樊子一时归。”则是樊素竟去也。予家有数妾，四五年相继辞去，独朝云者，随予南迁。因读乐天集，戏作此诗。朝云姓王氏，钱塘人。尝有子曰干儿，未期而夭云：
>
> 不似杨枝别乐天，恰如通德伴伶玄；
> 阿奴络秀不同老，天女维摩总解禅。
> 经卷药炉新活计，舞衫歌扇旧因缘；
> 丹成逐我三山去，不作巫阳云雨仙。（《苏轼诗集》，第2073—2074页）

这首诗，作于绍圣元年（1094）十二月。

当年，白居易年老体衰时，曾经深受其宠的美妾樊素悄悄溜走了，白居易因而只能在诗中感叹“春随樊子一时归”。王朝云与樊素虽同为舞妓出身，但性情迥然相异，朝云如此坚贞相随、患难与共，怎不令垂暮之年的苏东坡欣慰呢！

后来，苏东坡又写了这样一首词：

白发苍颜，正是维摩境界。空方丈、散花何碍？朱唇箸点，更髻鬟生采。这些个，千生万生只在。　　好事心肠，著人情态。闲窗下、敛云凝黛。明朝端午，待学纫兰为佩。寻一首好诗，要书裙带。（《苏轼词编年校注》，第 759 页）

这首词，写于绍圣二年（1095）的端午节前一天，五月四日。这一天，是朝云的 33 岁生日。林语堂说，在第二首词里，爱情升华到宗教程度更为明显，其中感情与宗教交织而为一。

苏东坡一生除了收集各种药方，也对黄老之术着迷，热衷于炼丹、养生、打坐、练瑜伽、洗浴、按摩，他周围的人如王巩、张方平、李常、弟弟子由，都被他传授或与之讨论过各种养生知识和炼丹诀窍。

在惠州，他已经是一个老人，闲暇时多，就专心于炼丹。他在《思无邪斋记》里说，自己借铅汞之助培养元力，并专心在小腹下部修炼丹田之气……

苏东坡在给学生张耒的信里，说自己独宿了一年有半，虽然节欲之难犹如绝肉而改素食，但颇有得益。

晚年的苏东坡禁欲，朝云则已皈依佛教，常与附近尼庵里的义冲尼姑相往来。

绍圣三年（1096），端午节前，又是朝云生日，苏轼特地邀请几家熟人来为她庆生，并亲自作《王氏生日致语口号》。

这里所说的“口号”，和今天所说的什么什么“加油”之类的“口号”并不相同。

“致语口号”这种文字，苏轼以前有一首《集英殿春宴教坊词致语口号，臣闻人和则气和》一首，用于皇帝、皇后、太后、妃子这些人的生日，或者国家的典礼大节。而且，这种口号会在写好之后先给乐工们排练，在朝廷宴会上由乐工演唱。另外一种意思，则是顺口而出，比如王维《凝碧池》中“私成口号，诵示裴迪”，大概是不方便写在纸面上，口耳相传。

“致语口号”前面的一段骈文称为“致语”，后面的近体诗（或律或绝，多为七言）一首为“口号”。写完致语，东坡又写下八句口号：

罗浮山下已三春，松笋穿阶昼掩门。
太白犹逃水仙洞，紫箫来问玉华君。
天容水色聊同夜，发泽肤光自鉴人。
万户春风为子寿，坐看沧海起扬尘。（《苏轼诗集》，第 2511 页）

朝云原为杭州歌妓，歌舞本是擅长。

但到了惠州之后的朝云，却添了经卷和药炉两样东西。

一日，朝云唱起当年的《蝶恋花》，当唱到“枝上柳绵吹又少”时，忽然难抑惆怅，不胜伤悲，哭得唱不出声音来。东坡问何故，朝云答：“妾所不能竟者，‘天涯何处无芳草’句也。”苏轼却笑道：“我正悲秋，而你又开始伤春了！”但苏轼的大笑，也许随之会转换为苦笑。

朝云去世后，苏轼“终生不复听此词”。

朝云临死时，已经皈依了佛教，拜比丘尼义冲为师。她是念着《金刚经》的四句偈而逝的：

一切有为法，如梦幻泡影，如露亦如电，应作如是观。

朝云死后，苏东坡将她葬在惠州西湖孤山南麓栖禅寺大圣塔下的松林之中，并在墓上筑六如亭以纪念她。

东坡为她留下了许多文字：《悼朝云并引》《朝云墓志铭》《惠州荐朝云疏》《朝云诗并引》等。

此后，苏轼再未娶妻或纳妾。

关于朝云的死，苏轼说：“遭时之疫，遘病而亡。”也就是说，朝云是死于瘟疫的。

其实，还有另一种鲜为人知的记载，即朝云是因为吃了蛇肉之后生病死的。

这段记载，是在朱彧的《萍洲可谈》里。

朱彧，湖州人，他的《萍洲可谈》涉及宋代朝章国故、制度变更、士人风气、风土人情等，尤其是关于广州商市、港舶的记载，是研究宋代南方经济和风俗方面最有价值的史料。《四库全书总目提要》评价说："所记土俗民风、朝章国典，皆颇足以资考证。"

朱彧的这本书，记载的是他父亲朱服的见闻。朱服在徽宗时任集贤殿修撰，后知广州。他本来是新党一派，然而，在广州时他曾与东坡邂逅，互相间吟诗作文，饮宴交流，被告发后因此获罪，被贬到泉州，再贬蕲州，罪名就是"谄交轼、辙，密与唱和"。《萍洲可谈》是这样记的：

广南食蛇，市中鬻蛇羹，东坡妾朝云随谪惠州，尝遣老兵买食之，意谓海鲜，问其名，乃蛇也，哇之，病数月，竟死。

这段话的意思是，东坡谪居惠州时，朝云曾经让一个老仆去买广南流行的美食——蛇羹。她以为是海鲜，得知是蛇肉之后一口都吐了出去，一个"哇"字，神态动作都出来了，朝云从这之后就开始生病，数月后死去。

那么朱服又是怎么知道朝云的死因呢？只能两种可能，一个是东坡亲口所说，一个是从他们共同的朋友处得知，后来讲给其子朱彧，就这样被记载下来了。

东坡曾把很多充满温度和真情的诗文写给朝云，这是王弗和王闰之都未曾得到的。从 12 岁到他的身边到 34 岁离去，她更像是东坡宠爱的女儿，而不是妾。

古人对于人的生死，远比今人的体会多，因而他们的诗词，多数是以悲凉作底子的。只要翻开古人的诗词，随时都可以读到这种悲凉，而这种悲凉竟然可以从页面上传到指尖，然后抵达心底。而悲哀与伤逝，是这块悲凉的土地上唯一能够开出的花。即使是繁花锦簇，也终会刹那落尽。

但东坡似乎找到了答案，他也是在悲凉的土地上栽花，但他知道，除了悲凉，还有阳光，还有"有为法"之外的"无尽藏"。

此前，东坡有一首《满庭芳·蜗角虚名》，极有名：

> 蜗角虚名，蝇头微利，算来著甚干忙？事皆前定，谁弱又谁强？且趁闲身未老，尽（一作“须”字）放我、些子疏狂。百年里，浑教是醉，三万六千场。
>
> 思量，能几许？忧愁风雨，一半相妨。又何须，抵死说短论长？幸对清风皓月，苔茵展、云幕高张。江南好，千钟美酒，一曲满庭芳。

这首《满庭芳》，作于东坡被贬黄州之后，即1082年与1086年之间。

邵博《邵氏闻见后录》卷十九有一条记：“予尝见东坡一帖云：‘王十六秀才遗拍板一串，意予有歌人，不知其无也。然亦有用，陪傅大士唱《金刚经》耳。’字画奇逸，如欲飞动。”“王十六秀才”，叫王禹锡，喜欢东坡的书法，送了一个唱曲时用的拍板，这大概是比较早时候的事，因为王禹锡以为苏轼有歌女，而苏轼说自己并无歌女。但是，邵博接着又记：

> 鲁直作小楷书其下云：“此拍板以遗朝云，使歌公所作《满庭芳》，亦不恶也。然朝云今为惠州土矣。”

依据黄庭坚的说法，这个拍板后来终于派上了用场，东坡将它送给了朝云，朝云唱《满庭芳》时，曾经使用过它。

元代陈秀明《东坡诗话录》评论此词说：“东坡《满庭芳》词一阕，碑刻遍传海内，使功名竞进之徒，读之可以解体；达观恬淡之士，歌之可以娱生。”明沈际飞《草堂诗余正集评正》卷三说：“月读一过，身世都忘。”明李攀龙《新刻题评名贤词话草堂诗余》卷四：“细嚼此词而绎其义，自然胸次广大，识见高明，居易俟命，而不役于蜗名蝇利间矣。”想在朝云的歌声中，又会另有一番演绎吧！

《苕溪渔隐丛话后集》卷二十九《东坡四》记朝云，还提到东坡让秦观给朝云写词的事：

《艺苑雌黄》云："朝云者，东坡侍妾也，尝令就秦少游乞词，少游作《南歌子》赠之云：'霭霭迷春态，溶溶媚晓光，不应容易下巫阳，只恐翰林前世是襄王。暂为清歌住，还因暮雨忙，瞥然归去断人肠。断人肠，空使兰台公子赋《高唐》。'何其婉媚也。《复斋漫录》云：'《洛阳伽蓝记》言：河间王有婢名曰朝云，善吹篪，诸羌叛，王令朝云假为老妪吹篪，羌人无不流涕，复降，语曰：快马健儿，不如老妪吹篪。'然则名婢曰朝云，不始于东坡也。"

博学的胡仔，还从史料中挖掘出王朝云之前的另外一个朝云。

苏轼从海南北归，他在给李之仪的一封信中这样说：

朝云者，死于惠久矣。别后学书，颇有楷法。亦学佛，临去，诵六如偈以绝。葬之惠州栖禅寺，僧作亭覆之，榜曰六如亭。最荷夫人垂顾，故详及之。（《苏轼文集》，第 1542 页）

信中提到的"夫人"，是李之仪的夫人胡淑修。

胡淑修（1047—1105），字文柔，常州晋陵（今江苏常州）人。父亲胡宗质，翰林院大学士，外祖父施元长曾经是汝州知州，祖父胡宿（995—1067）曾任两浙转运使、修起居注、知制诰、翰林学士、枢密副使。但就是这个胡宿，在苏辙参加制科考试时，提出了不录取苏辙的建议。好在这并没有耽误他们后代的交往，胡宿的侄子胡宗愈和苏轼兄弟在政治上是同盟，苏辙的外孙女小二娘即文与可的孙女还嫁到了胡家。

胡淑修不仅精通文史，更精通算术，沈括尽管比她年长许多，但遇到数学问题，也要向胡淑修请教。有次苏轼登门拜访李之仪，胡淑修就在屏风后偷偷观察苏轼并偷听两人的谈话。苏轼走了后，胡淑修不仅高度评价苏轼是一代豪杰，还建议李之仪要多多和苏轼交往。毫无悬念，她一下子就成了苏轼的铁杆粉丝。

当苏轼在一个月内接到三次贬谪令时，胡淑修亲手缝制棉衣送给苏轼御寒。更有不少人因受苏轼牵连被带上枷锁示众，胡淑修也站出来，主动挂上一块牌子加入被示众者中。她边走边说：我看苏公是个好人，我自愿与其同罪，尊敬

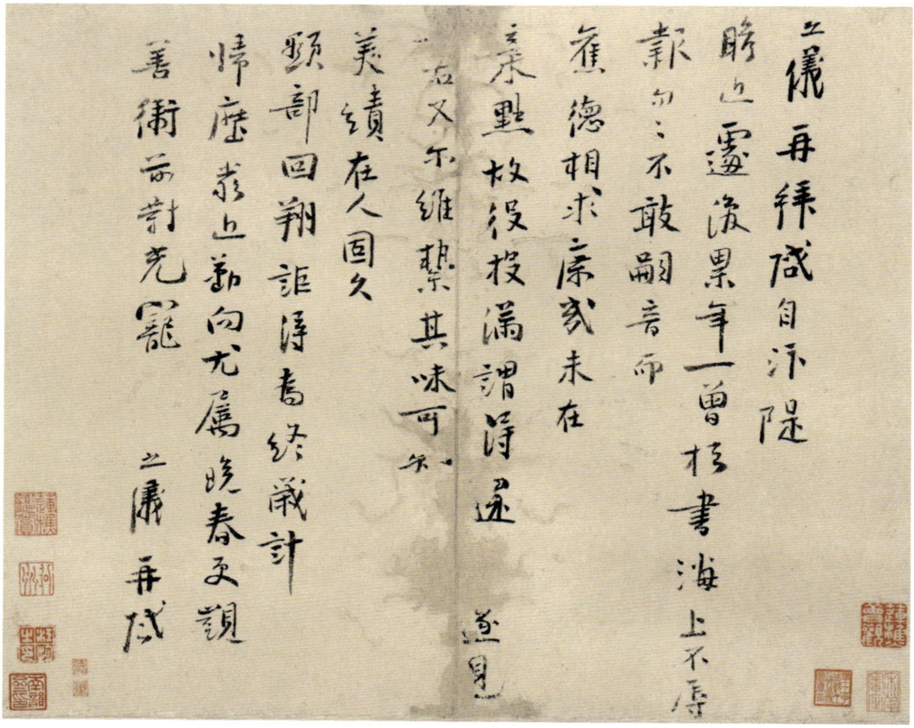

汴堤帖　宋　李之仪

苏公的还有我们女人。

从这封信中可以得知，原来朝云曾经得到过胡淑修的关爱，苏轼也感念她对朝云的关爱。从这一点上来说，一个名门之后能与歌妓出身的朝云成为好友，并致以关爱，在那个时代，实属难得。

到了嘉庆六年(1801)，惠州太守伊秉绶修缮朝云墓，补书苏轼所为墓志铭，又刻石征文。如果有机会到惠州，正可以凭吊一下西湖边的朝云墓。

“北归为儿子，破戒堪一笑”
——东坡的儿子们

苏轼、苏辙兄弟二人的名字从“车”旁，到了苏轼、苏辙的儿子辈，名字就都和行走有关，如苏轼的儿子苏迈、苏迨、苏过，苏辙的儿子苏迟、苏适、苏远。

而苏轼、苏辙的孙辈，名字则都从“竹”字头，如苏迈的儿子苏符、苏过的儿子苏箮、苏籍等。

其实，从苏轼这一辈开始，苏氏家族的取名方式就已经发生分化。比如苏轼大伯父苏澹的两个儿子，分别名为苏位和苏修；二伯父苏涣的三个儿子，分别名为苏不欺、苏不疑、苏不危，苏轼兄弟二人的儿子，就都统一用“辶”作名字的偏旁。

苏轼一共有四个儿子：大儿子苏迈是王弗所生，二儿子苏迨和三儿子苏过是第二个妻子王闰之所生，小儿子苏遁，则是侍妾朝云在元丰六年（1083 年）生于黄州，可惜不满一岁即夭折于金陵。

苏迈

苏轼与王弗结婚，是在至和元年（1054），长子苏迈则出生于嘉祐四年（1059），那时苏轼刚刚结束了给母亲的守制。林语堂在《苏东坡传》中特别指出，如果这个孩子早生一年，那就会被苏轼的政敌们抓住把柄，说他在母丧期间“和妻子太任性，太失于检点”，因为宋朝的道学先生会说他有亏孝道，要对他侧目而视了。后来洛党攻击他也没有专门拿这一条说他，证明苏迈的出生，并没有给苏轼带来名声上的影响。

从眉山到开封，即使现在走高速公路，也要 1300 多公里。三苏父子和两个儿媳妇以及家人一起离蜀，先走水路，再改旱路，十月出发，要到第二年的二月才到开封。这一路，长孙苏迈作为苏家唯一的长孙，又刚刚出生不久，加上有爷爷在，因而可以在行程中得到格外的照顾，集所有宠爱于一身。

嘉祐六年（1061），苏轼第一次正式出仕，携带妻儿一起到凤翔上任，但对于苏轼而言，这是一次颇不愉快的出仕经历。治平二年（1065），苏轼回到京城，妻子王弗却在五月病逝，苏迈只有六岁。他的童年，应该是随着母亲的去世而结束了。

他先是跟着父亲和爷爷、叔叔一起在京城开封读书，八岁的时候，同父亲、叔叔一起回眉山老家埋葬母亲和爷爷，之后就在眉山本地上学。

八岁的孩子跟着父亲和叔叔沉浸在失去亲人的悲伤之中。十岁时，父亲娶了姨妈为妻，好在对他像对自己的孩子一样爱护，然后，他们又一起来到京城。熙宁三年（1070），弟弟苏迨出生。13 岁的时候，他们来到了杭州。熙宁五年（1072），苏过出生在杭州。苏迈和父母以及弟弟们一起享受了快乐、安宁而短暂的三年时光。

随后，他又跟着到密州的父亲一起去田地里捕蝗虫、一起到城角去捡拾弃婴，这时的苏迈，和苏轼一起过的是北方的贫瘠生活。

熙宁十年（1077），苏轼有一封信《与黎希声书》云："向自密将赴河中府，至陈桥驿，受命改差彭城，便欲赴任。以儿子娶妇，留城东景仁园中。"这里的"景仁"，即范镇。由于政局正在动荡之中，范镇在见到苏轼兄弟后就到洛阳去见司马光，苏轼兄弟在范镇的家里等他回来。也借此机会，苏轼给儿子苏迈成亲，给二儿子苏迨治病。

王文诰《苏诗总案》卷十九曰："迈时年十九，其婿于谁氏，不可考也。"有人依据 1982 年四川眉山出土的苏轼孙子《苏符行状》推断："先公姓苏氏，字仲虎，讳符，世居眉山。曾王父讳洵，王父讳轼，父讳迈，母石氏，故中书舍人昌言之孙。"进而得出结论，苏迈是中书舍人石昌言的孙女婿。这当然没错，不过，石氏是苏迈的继室，而不是原配。

熙宁十年（1077）三月，苏轼给殿中侍御史吕陶写信，即是代长子苏迈求婚：

里闬之游，笃于早岁；交朋之分，重以世姻。某长子迈，天资朴鲁，近凭游艺之师传；贤小娘子，姆训夙成，远有万、石之家风。聊申不腆之币，愿结无穷之欢。（《苏轼文集》，第 1371 页）

吕陶（1028—1104），字元钧，眉州彭山人，与苏轼也是同乡，后来，他们更是一起被列为“蜀党”中人。所以，苏迈的第一个妻子，是吕陶的女儿。

石、苏二家是至交。苏洵在嘉祐元年（1056）作《送石昌言使北引》，石昌言即石扬休，眉州人。苏洵的文章第一段就回忆自己与石昌言之间的亲密交往，感佩石昌言对他的潜移默化之影响：

昌言举进士时，吾始数岁，未学也。忆与群儿戏先府君侧，昌言从旁取枣栗啖我；家居相近，又以亲戚，故甚狎。昌言举进士，日有名。吾后渐长，亦稍知读书，学句读、属对、声律，未成而废。昌言闻吾废学，虽不言，察其意甚恨。后十余年，昌言及第第四人，守官四方，不相闻。吾以壮大，乃能感悔，摧折复学。又数年，游京师，见昌言长安，相与劳问，如平生欢。出文十数首，昌言甚喜称善。吾晚学无师，虽日为文，中甚自惭；及闻昌言说，乃颇自喜。今十余年，又来京师，而昌言官两制，乃为天子出使万里外强悍不屈之虏庭，建大旆，从骑数百，送车千乘，出都门，意气慨然。自思为儿时，见昌言先府君旁，安知其至此？富贵不足怪，吾于昌言独有感也！大丈夫生不为将，得为使，折冲口舌之间足矣。（苏洵《嘉祐集》卷十五）

苏洵有个二姊，嫁给了石昌言的兄弟石扬言，所以苏洵说“家居相近，又以亲戚，故甚狎”。这样久远的情谊，苏轼在《送表弟程六知楚州》中也说得清楚：“炯炯明珠照双璧，当年三老苏、程、石。”其中的“程”，是苏轼的姥姥家。他们既是同乡，又是亲戚。

元丰八年（1085）苏轼路过宿州，看望病中的石昌言之子石康伯（幼安）。也许是在此时，苏轼与石康伯约定，苏迈娶石康伯之女为继室。苏迈原配吕氏也即吕陶的女儿，已于黄州病逝。

关于苏迈的岳丈石康伯其人，苏轼在《石氏画苑记》中对他有详细描述：“石康伯，字幼安，蜀之眉山人，故紫微舍人昌言之幼子也。举进士不第，即弃去。当以荫得官，亦不就，读书作诗以自娱而已。不求人知，独好书法名画，古器异物。”石康伯与文与可又是像兄弟一样的朋友，因而在志向情趣上，苏轼与石康伯极为投缘，结为儿女亲家更是亲上加亲。这样，就等于在苏轼的姑姑嫁入石家之后，到了苏轼的儿子这一辈，又娶了石家女儿进苏家之门。石氏后于元祐二年（1087）生子苏符。

苏轼在徐州任上，正赶上徐州发大水，苏轼全身心投入治理水灾，吃住都在河堤上。苏迈比弟弟大 11 岁，家里还有个小弟弟苏过。自然，作为长子，新婚不久的苏迈必须承担起家庭日常生活的重担了。

徐州水患退去，苏轼修了一座黄楼，黄楼修好，家里喜事也接连而至：一是长孙苏箪出生，一是苏辙要把女儿嫁给文与可的儿子文逸民，苏轼还派苏迈去帮叔叔的忙。在写给李常的信中，他兴奋地说：

> 某辄有一孙，体甚硕重，决可以扶犁荷锄，想公亦为我喜也。八月十二日生，名楚老……迈往南京，为舍弟此月十一日嫁一女与文与可子，呼去干事。（《苏轼文集》，第 1498 页）

然而，文与可却在元丰二年（1079）正月殁于陈州，让苏轼大为悲痛。

离开徐州赴湖州任，苏轼因“乌台诗案”被捕入狱，那时已经 21 岁的苏迈从湖州一路上陪着父亲到了京城，除了时刻关注案情的进展，还要每天去给父亲送饭。这期间，发生了一件有惊无险的事情：苏轼和苏迈约好，平时只送蔬菜和肉食，如果有坏消息就送鱼。没想到有一天，苏迈有事，就把送饭的任务交代给朋友，走时匆忙，忘了说送肉还是送鱼的事情，结果，那个朋友还真的送去了一条鱼，这让苏轼大吃一惊，以为自己凶多吉少、命在旦夕，就给弟弟苏辙写了两首诀别诗。苏轼将自己写得很凄惨，凄惨到可以打动皇帝。

依苏轼放达的天性，他从来不会强迫自己的儿子非要做什么或怎么样不可，即使他看到人家的孩子比自己家的优秀，也会像他爷爷对待他父亲苏洵那样，既不焦虑，更不羡慕。而且，在生第四个儿子苏遁的时候，因为身处贬谪之中，反倒希望自己的儿子不要那么聪明，笨一点儿傻一点儿，才会有一个平稳的人生。

元丰七年（1084），苏轼量移汝州，26岁的苏迈也得授饶州（今江西鄱阳）德兴县尉。虽然这只是一个从八品的小官，但苏轼极为重视。六月九日，父亲亲送儿子至湖口，于夜间一同游览了石钟山，在这里，苏轼写下著名的《石钟山记》。

为了让苏迈成为一个好的官员，苏轼特意送了一方砚台给他：

以此进道常若渴，以此求进常若惊，以此治财常思予，以此书狱常思生。（《苏轼文集》，第553页）

"渴""惊""予""生"四字，是苏轼出仕二十余年的心得。

苏迈果然没有辜负父亲的希望，后人在他做过官的地方曾立"景苏堂"来纪念他。苏轼在给朋友的信中夸耀说："子迈作吏，颇有父风。"

元祐元年（1086）六月，苏轼的政敌吕惠卿的弟弟吕温卿知饶州，明显有构害苏迈之意，叔叔苏辙马上上书朝廷，请求在苏迈"两考满日"后罢德兴县尉，"别受差遣"。所谓"考"，是对官员的考核，根据考核的优劣以升降官员的官职和俸禄。宋代官员一年一小考，因而所谓"两考"，即指第二年的小考。因而，苏迈于同年七月改任酸枣（今河南延津）县尉。元祐四年（1089）七月，酸枣尉任满后，又改任西安（今浙江衢州）县丞，但还未到任，即被免职。苏迈索性就去杭州侍奉父亲，并与两个弟弟一同向父亲的好友道潜求学。道潜作《重居夜坐怀苏伯达昆仲》一诗："东邻书生勤且劳，粲然文采真凤毛"，极力称赞他们文采粲然，十分少见。

苏轼《书迈诗》一文，专门提到苏迈在文学方面的才华：

儿子迈，幼时尝作《林檎》诗云："熟颗无风时自脱，半腮迎日斗先红。"于等辈中，亦号有思致者。今已老，无他技，但亦时出新句也。尝作酸枣尉，有诗云："叶随流水归何处，牛载寒鸦过别村。"亦可喜也。（《苏轼文集》，第2155页）

苏迈幼年和青年时所作这四句诗，特别受到父亲“有思致”和“亦可喜也”的称赞，说明苏轼的文学基因，还是传给了苏迈一些。不过，依赵德麟记，苏轼一边念“叶随流水归何处，牛载寒鸦过别村”时，一边笑道：“此村长官诗。”

苏轼文章中所说的“林檎”，又名花红、沙果，一种类似于苹果的水果。王羲之《十七帖》中曾写作“来禽”。宋代林椿所画《果熟来禽图》中的“来禽”，不是小鸟，而是画中那些熟透了的果子。这些果子在成熟时往往会招惹一些小鸟来啄食，因而果子的名字就叫“来禽”或“林檎”。

元祐五年（1090）十月，32 岁的苏迈受命出任雄州（今河北雄县）防御推官，带着妻子石氏及 13 岁的儿子苏箪和 4 岁的苏符远离父亲去赴任。元祐六年（1091）下半年，苏迈出任河间（今河北河间县）县令，苏辙作《送侄迈赴河间令》一诗。元祐八年（1093）八月一日，继母王闰之逝世，苏迈回到苏轼身边，与两个弟弟一同服母丧。

元祐八年（1093），苏轼知定州，苏迈以亲嫌罢河间任。绍圣元年（1094）闰四月三日，苏轼坐前掌制命、语涉讥讪，落端明殿侍读学士，又被贬为黄州起复时的旧官，以左朝奉郎责知英州（今广东英德）军州事。

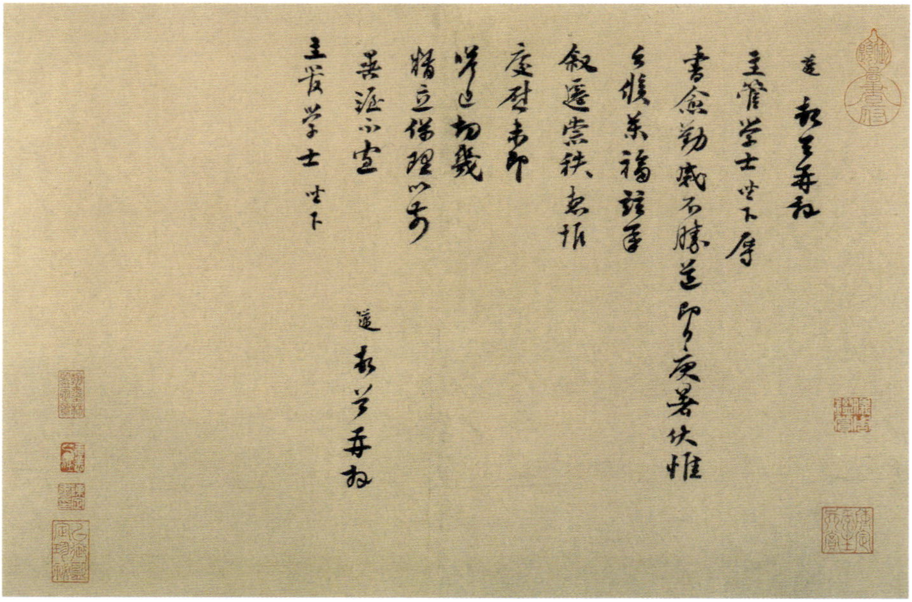

致主管学士　宋　苏迈

果熟来禽图　宋　林椿

依宋代的官制，官员接到被贬的诰命时，必须立即离任，不必交代，也不得逗留，而且有押解的使臣催督同行。

苏辙也被罢免门下侍郎，出知汝州军州事，已经于四月二十一日到任，因而苏轼自陈留绕道临汝，和弟弟告别。在京为官时，虽然苏轼收入颇丰，但他却没攒下什么钱，而本已困难的苏辙，还是分俸7000给苏迈。其实早在元丰七年（1084），苏轼从黄州迁汝州去筠州看望苏辙时，三个儿子就跟在身边。而这一次相见，一转眼，十年过去。苏辙见到了都已长大的三个侄子，《次韵子瞻特来高安相别》一诗中称赞“迈年最长二十六，已能干父穷愁里。豫儿（苏迨）扬眉稍刚劲，党子（苏过）温纯无愠喜”。

奉父命的苏迈带领着家里半数以上的成员去宜兴就食，苏轼长出一口气，给参寥的信中说：

> 子由分俸七千，迈将家大半就食宜兴，既不失所，外何复挂心？实翛然此行也。

安排好了家眷的生活，也减轻了苏轼的后顾之忧。

六月初七在金陵，儿子们遵亡母的遗言，再度恭奉阿弥陀佛像于金陵清凉寺作水际道场，祈求先灵冥福。做毕佛事，苏迈一房眷属就先去宜兴部署一切。

绍圣二年（1095），因为长时间得不到苏轼的消息，苏迈特意托僧人卓契顺往惠州探望苏轼。卓契顺不负所托，竟然徒步从宜兴走到了惠州。等卓契顺从惠州离开时，苏轼送他一幅《归去来词》：

> 余谪居惠州，子由在高安，各以一子自随，余分寓许昌、宜兴，岭海隔绝。诸子不闻余耗，忧愁无聊。苏州定慧院学佛者卓契顺谓迈曰：“子何忧之甚，惠州不在天上，行即到耳，当为子将书问之。”
>
> 绍圣三年三月二日，契顺涉江度岭，徒行露宿，僵仆瘴雾，黧面茧足以至惠州，得书径还。余问其所求，答曰：“契顺惟无所求，而后来惠州。若有所求，当走都下矣。”苦问不已，乃曰：“昔蔡明远鄱阳一校耳，颜鲁公绝粮江淮之间，明远载米以周之。鲁公怜其意，遗以尺书，天下至今知有明远也。今契顺虽无米与公，然区区万里之勤，傥可以援明远例，得数字乎？”余欣然许之。独愧名节之重，字画之好，不逮鲁公。故为书渊明《归去来辞》以遗之，庶几契顺托此文以不朽也。（《苏轼文集》，第2201页）

卓契顺只是一个行者，担任寺庙守护等杂事，东坡的朋友钱济明时任苏州通判，正想为苏迈致家书，于是通过定慧寺长老守钦，卓契顺就勇任此役，到惠州来见东坡。除了苏迈的信，他还带了守钦的《拟寒山十颂》，以及佛印的一封信。

虽然人在宜兴，但苏迈极惦念谪居惠州的父亲，待服丧期满，就向吏部请求去广东做官，以便离自己的父亲能够近一些。他的愿望得到了朝廷的认可，得韶州（今广东韶关）仁化县令。不过，悲催的是，当他带领他和苏过两房家小于绍圣四年（1097）闰二月初到达惠州与父亲团聚时，又因韶州、惠州相邻，依据朝廷的新规，责官亲属不得在责地的邻邑做官，因而实际上尚未赴任即已被罢免，更糟糕的是，一家人才团聚两个多月，苏轼又被贬谪儋州。

苏轼将苏迈留在惠州，临行前画了一个举扇障面小像《背面图》，并作赞曰“元祐罪人，写影示迈”，赠予苏迈。他又嘱咐苏迈说，我希望别人说你是庸人，实无所能，因庸可以避祸。他还嘱咐苏迈“慎言语，节饮食，宴寝早起”，务使身体安康（《付迈》）。显然，苏轼是在向自己的儿子交代后事。

绍圣四年（1097）四月十七日，苏东坡接到发配儋州的命令，十七日即动身启程，苏迈领着一家大小把父亲和弟弟苏过送到广州的江边。即使极其豁达的苏轼，也认为此行自己必死在海南，因而极有可能再也见不到儿孙们，心情既沉重又悲哀。登船分别那一刻，苏轼老泪纵横，儿孙们则哭声连天，凄惨万状。东坡拿出一封信，嘱苏迈交与王古太守。信中写道：

> 某垂老投荒，无复生还之望，昨与长子迈诀，已处置后事矣。今到海南，首当作棺，次便作墓，乃留手疏与诸子，死则葬于海外，庶几延陵季子嬴博之义。父既可施之子，子独不可施之父乎？生不挈棺，死不扶柩，此亦东坡之家风也。此外宴坐寂照而已。所云途中邂逅，意谓不如其已，所欲言者，岂有过此者乎？故覙缕此纸，以代面别尔。（《苏轼文集》，第 1695 页）

苏轼离开惠州时，也特别给惠州太守方子容写信，请他允许苏迈不时去拜见他，允许苏迈和苏过的妻子去拜见他的夫人沈氏。其实，他的意思是将儿子、儿媳都托付给方子容照看。

苏东坡在儋州谪居了四年，苏迈和长、幼两房媳妇带着六个孙子从宜兴赶来，在白鹤峰新居中，守望了四年。

叔叔苏辙谪雷州途经惠州时，也将家小留在这里，他们住在一起。这期间，苏迈自然成了惠州白鹤峰苏家的家长，他不仅一方面要采购一些米、酒、药品以及书籍等物随时托运给父亲，还要经营、管理全家大小的生活。

苏迨

二儿子苏迨（1070—1126）生下来是一个病秧子：也可能是脑积水，也可能是小儿麻痹症，苏轼诗中描写苏迨的相貌是“我有长头儿，角颊峙犀玉”，足见苏迨的状貌极其奇特。他身体羸弱多病，四岁前一直不能走路，要靠大人背着或者抱着，多方治疗也未见大效。苏轼在杭州任通判的时候，与天竺寺的辩才法师交好，就让苏迨在观音菩萨面前落发，让辩才为儿子摩顶，取名竺僧，“权寄缁褐”，也就是先把孩子舍给庙里，暂寄于佛门。

神奇的是，辩才在为苏迨祈祷之后，苏迨很快就能走路了。苏轼兴奋地说：“师来为摩顶，起走趁奔鹿。”也许苏迨只是会走路了而已，但苏轼却把苏迨形容为可以像小鹿那样奔跑了。

熙宁十年（1077），苏轼在赴徐州任前，一方面为长子苏迈完婚，一方面请道士李若之为苏迨治病。李道士与苏迨相对而坐，在“布气”的过程中，苏迨觉得自己的脐腹之间暖意融融，有如初日所照，既温暖又舒服，从此以后，他的身体渐渐强壮起来。

这个李道士，曾经传授苏辙行气法，苏辙按他的方法行之一年，夏天病脾、秋天病肺以及畏寒怕冷的毛病，竟然也通通消失了。

在元祐元年（1086）九月，哲宗在明堂——古代天子宣明政教的地方，凡大典均在此举行——祭祀神宗，大赦天下，17 岁的苏迨因为这一庆典而得到从九品的承务郎官衔。苏轼买了一道度牒（即允许和尚正式出家的许可证），让辩才剃度另外一人以赎回苏迨，这才把苏迨早年暂寄于佛门的所谓和尚身份了结。

苏迨五岁时跟着父亲到密州过极其清苦的日子；八岁跟着父亲到徐州时遭遇滔天洪水，险为鱼鳖；十岁时父亲被逮下狱，和母亲、弟弟一起受到惊吓；11 岁至 15 岁随父亲在黄州，过着和农家孩子一样的耕读生活。苏轼说，当他离开黄州时，苏迨和弟弟苏过已经在讲一口地地道道的黄州话了。

苏迨直到成年，身体一直也都不太好。

苏迨身体虽然弱，但一直在父亲身边接受教育。他在16岁时随父亲去登州，途经淮口时连遇三天大风，船不能行，遂作《淮口遇风》一诗，诗中描写涛走云飞的壮观景象。苏轼看了他这首诗，极其兴奋，大加赞赏，并用其韵作了一首诗——《追作〈淮口遇风诗〉，戏用其韵》：

我诗如病骥，悲鸣向衰草。
有儿真骥子，一喷群马倒。
养气勿吟哦，声名忌太早。
风涛借笔力，势逐孤云扫。
何如陶家儿，绕舍觅梨枣。
君看押强韵，已胜郊与岛。（《苏轼诗集》，第1376—1377页）

父亲拿自己的诗跟儿子的诗作对比，说自己的诗像悲鸣着走向衰亡的病马一样，而儿子却是真正的千里马，仅仅打一个响鼻，群马就已甘拜下风。但激动、兴奋中的苏轼也告诉自己的儿子，养气比吟诗重要，出名太早，也不是好事。何不学学陶渊明的儿子，在房前屋后找找梨子、枣子？而且，苏迨的诗在用韵上颇有难度，父亲甚至说，他在这方面胜过了唐代诗人孟郊和贾岛。

除此之外，苏东坡还抑制不住兴奋，在给朋友写信时还不忘夸奖自己的儿子。比如在给杨康功的信中说："某有三儿，其次者十六岁矣，颇知作诗，今日忽吟《淮口遇风》一篇，粗可观，戏为和之。"他将这首诗抄出来连信一同寄给杨康功，又要杨康功拿给苏辙看。

苏轼很喜欢这个儿子，多次夸奖他"诸子惟迨，好学而刚""迨好学，知为楚辞，有世外奇志"，《与陈季常书》云："长子迈作吏，颇有父风；二子作诗骚，殊胜咄咄。"

元祐初年，苏轼特别去看望欧阳修的夫人及三儿子欧阳棐，并主动跟欧阳棐提亲，让苏迨娶欧阳棐的女儿也即欧阳修的孙女为妻，毫无疑问，欧阳修的夫人愉快地"批准"了这门亲事。孔凡礼《苏轼年谱》把苏迨成亲的时间放在元祐六年的正月。此时苏迨虽然参加礼部试落了第，然而却成了亲，也是人生中的一件大事。在我看来，这大概是苏轼用联姻这一形式以感念欧阳修的知遇之恩。此时，欧阳修已经逝世 14 年了。

欧阳氏是欧阳棐的六女儿，生箕、筌、筹三子。1093 年继王闰之病逝之后，欧阳氏也去世了。苏迨又续娶欧阳氏，即前妻之七妹，生一子篑。篑无后，苏过的孙子苏岘后来过继给苏篑为后。

有人说苏迨在元祐八年（1093）以“苏咼”之名任饶州太常博士，绍圣元年（1094），又以“苏鼎”之名考中这一年进士，授朝汉大夫。还有人说，苏迨曾经和同乡游师雄一起投奔到张载门下求学，张载与苏轼同年，但张、苏二人间好像来往并不多，而《关学编》却称苏迨“师张载横渠最久”，也是误传。张载是北宋著名理学大师，人称横渠先生。“为天地立心，为生民立命，为往圣继绝学，为万世开太平。”就是他的名言。

哲宗绍圣元年（1094）六月，当苏轼一行抵达当涂时，诰命又下，责授宁远军节度副使、惠州安置。苏轼看看家里的众多人口，坚持要一个人前去，但儿孙们怎么会让他一个人万里投荒，大家环绕着他涕泣哭求同行，最后的决定是，次子苏迨带领他自己和苏过的两房家小到宜兴去找苏迈，23 岁的苏过一个人陪父亲南行。

苏迨虽然舍不得离开父亲，但也无法违背父亲的命令，带着全家老幼转向宜兴。

为了鼓励儿子，苏轼亲笔书写了自己的六篇赋送给苏迨：

> 予中子迨，本相从英州，舟行已至姑熟，而予道贬建昌军司马惠州安置，不可复以家行。独与少子过往，而使迨以家归阳羡，从长子迈居。迨好学，知为楚词，有世外奇志，故书此六赋，以赠其行。绍圣元年六月二十五日。东坡居士书。（《苏轼文集》，第 2072 页）

除此之外，还把自己喜爱的一方砚台送给儿子，并为儿子写了《迨砚铭》：“有尽石，无已求。生阴壑，闷重湫。得之艰，岂轻授。旌苦学，畀长头。”苏轼竟然还称呼苏迨的乳名“长头”。拿了父亲给的砚台，苏迨就带着一群妇女儿童去了宜兴。

元符三年（1100），宋徽宗即位，苏东坡获赦北归。远在宜兴的苏迨也赶到惠州来等候父亲。在苏东坡快到广州前，苏迈兄弟就带领一家大小赶到广州去迎接父亲。

苏东坡在广州见到了别离七年的苏迨、别离四年的苏迈和长房、幺房家小，十分高兴，他写了一首《将至广州，用过韵，寄迈迨二子》来表达自己的心情：

皇天遣出家，临老乃学道。
北归为儿子，破戒堪一笑。
披云见天眼，回首失海潦。
蛮唱与黎歌，余音犹杳杳。
大儿牧众稚，四岁守孤峤。
次子病学医，三折乃粗晓。
小儿耕且养，得暇为书绕。
我亦困诗酒，去道愈茫渺。
纷纷何时定，所至皆可老。
莫学柳仪曹，诗书教氓獠。
亦莫事登陟，溪山有何好。
安居与我游，闭户净洒扫。（《苏轼诗集》，第 2390—2391 页）

“北归为儿子，破戒堪一笑”，儿孙们一大家人，就一直跟随苏东坡北归了。

苏过

在个性、文采方面最像苏轼的，是三儿子苏过（1072—1123），字叔党，号斜川居士，有“小坡”之号。

苏过是熙宁五年（1072）四月四日王闰之在杭州所生。

苏过 15 岁时，正好是所谓“元祐更化”时期，苏轼因为得到太皇太后高氏的重用，在仕途上顺风顺水。在整个元祐时期（1086—1093），苏过都在父亲身边读书学习，父亲还给他娶了范镇第三个儿子范百嘉的二女儿为妻。附带一提的是，苏过的侄女即苏迈的女儿也嫁给了范镇的一个远房侄孙。

苏过曾在哲宗元祐六年（1091）应礼部试，未第。

从元祐八年（1093）王闰之逝世之后，苏轼的政治生涯就走到了尽头。第二年，59 岁的苏轼被一贬再贬，在收到被贬惠州的消息时，苏轼命苏迈、苏迨领着全家妇女、孩子去宜兴靠田就食，小儿子苏过与朝云一起，随同自己去惠州。

苏轼晚年时，苏过在他身边整整守候了七年，尤其是在朝云去世以后，苏过就成了苏轼生活中最重要的助手。

进入广东以后，苏过就陪着父亲游览碧落洞、寿圣寺、峡山寺、白云山、罗浮山等名胜。苏轼此行已不像早年在黄州时那样不敢作诗，而是每到一处都必有诗，而苏过也几乎每篇都跟着和上一首，“过子诗似翁，我唱而辄酬”。当苏轼发现儿子的诗在格调上类似于自己时，心中当然快慰异常。

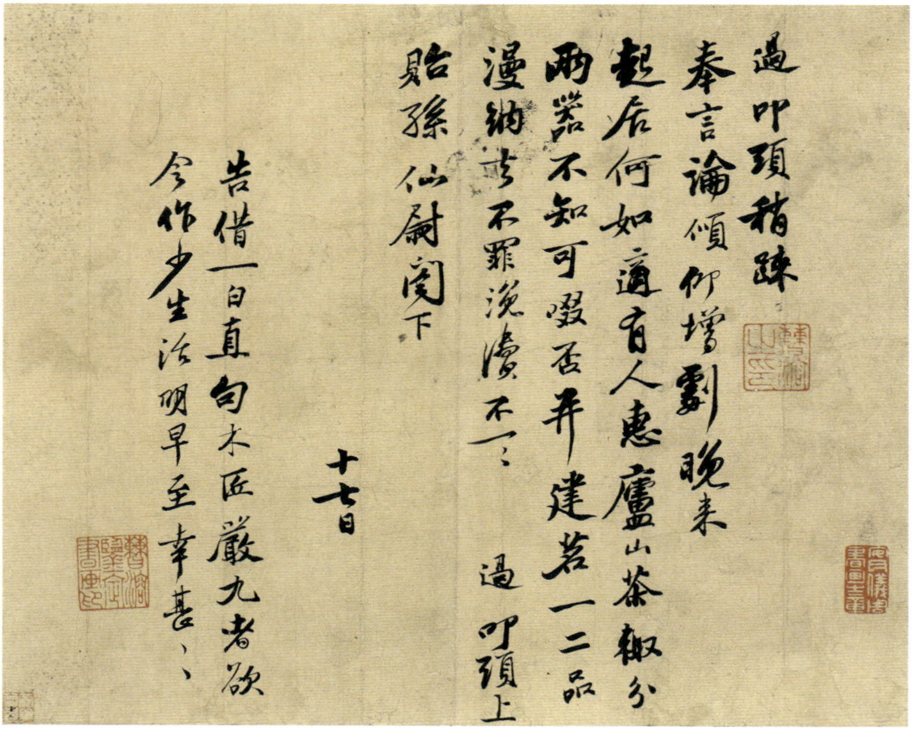

致贻孙仙尉　宋　苏过

不仅如此，他也与东坡一样，勤于道家养生术的实践，每天半夜起来打坐。与父亲在一起，苏过十分细心地读书、写作。苏过曾写一篇《凌云赋》，苏轼看到之后，立即给予鼓励：

人间有此白玉京，罗浮见日鸡一鸣。

南楼未必齐日观，郁仪自欲朝朱明。（刘梦得有诗，记罗浮夜半见日事。山不甚高，而夜见日，甚可异也。山有二石楼。今延祥寺在南楼下，朱明洞在冲虚观后，云是蓬莱第七洞天。）

东坡之师抱朴老，真契早已交前生。

玉堂金马久流落，寸田尺宅今谁耕。

道华亦尝啖一枣，（唐永乐道士侯道华，窃食邓天师药，仙去。永乐有无核枣，人不可得，道华独得之。予在岐下，亦尝得食一枚。）

契虚正欲仇三彭，（唐僧契虚，遇人导游稚川仙府。真人问曰："汝绝三彭之仇乎？"契虚不能答。）

铁桥石柱连空横，（山有铁桥石柱，人罕至者。）杖藜欲趁飞猱轻。

云溪夜逢瘖虎伏，（山有哑虎巡山。）斗坛昼出铜龙狞。（冲虚观后，有朱真人朝斗坛，近于坛上，获铜龙六、铜鱼一。）

小儿少年有奇志，中宵起坐存黄庭。

近者戏作凌云赋，笔势仿佛《离骚经》。

负书从我盍归去，群仙正草《新宫铭》。

汝应奴隶蔡少霞，我亦季孟山玄卿。（唐有梦书《新宫铭》者云，紫阳真人山玄卿撰。又有蔡少霞者，梦人遣书碑，其末题云，五云书阁吏蔡少霞书。）

还须略报老同叔，赢粮万里寻初平。（子由一字同叔。）（《苏轼诗集》，第2068—2070页）

苏过也有一首《和大人游罗浮山》：

海涯莫惊万里远，山下幸足五亩耕。

人生露电非虚语，在椿固已悲老彭。
蓬莱方丈今咫尺，富贵敝屣孰重轻。
结茅愿为麋鹿友，无心坐伏豺虎狞。

这回反倒是苏过在开导父亲了，贬谪之地虽然有万里之遥，但这里却可以过平静的耕种生活。人生短暂有如朝露与闪电，能活八百岁的彭祖若是和以八千岁为春、八千岁为秋的椿树比起来，岂不也会悲伤？传说中的蓬莱仙山与我们不过相距咫尺，富贵与敝屣，又何轻何重呢？不言而喻。还是与麋鹿为友邻吧，远离那些狰狞的豺狼老虎。

他不仅能够照顾父亲的生活，还深入父亲的精神世界，所以叔叔苏辙也时常称赞苏过是孝顺的好榜样，宗族子弟都应该像苏过那样对待长辈与家人。

绍圣元年（1094）十二月，苏轼与苏过一起游惠州东北 20 里的白水山佛迹岩，他在那里泡温泉、登山、赏月，甚是快活。其《记游白水岩》也是一篇极其优美的散文：

枯木怪石图（局部）　宋　苏轼

绍圣元年十二月十二日，与幼子过游白水山佛迹院，浴于汤池，热甚，其源殆可以熟物。循山而东，少北，有悬水百仞，山八九折，折处辄为潭。深者缒石五丈，不得其所止。雪溅雷怒，可喜可畏。水涯有巨人迹数十，所谓佛迹也。

暮归，倒行，观山烧壮甚。俯仰度数谷，至江山月出，击汰中流，掬弄珠璧。到家，二鼓矣。复与过饮酒，食余甘，煮菜，顾影颓然，不复能寐。书以付过。东坡翁。（《苏轼文集》，第 2269 页）

此时的乐趣，虽与黄州有一脉相承之意，然而因为孩子们都已经长大，苏轼的欣慰之情更多是来自于儿子而不是朋友，毕竟不同。

绍圣二年（1095）八月，即苏轼父子来到惠州的第二年，由于离海很近，惠州遭遇了中原所没有的飓风袭击，苏轼即命儿子作《飓风赋》。苏过在赋中生动形象地描写了飓风在来前、初来、风盛、风过以及救灾的全过程，然后又发表了一通富有哲理的议论。这时，苏过才 24 岁。不过，《飓风赋》现在被当成苏轼的作品，编在《苏轼文集》第一卷里。

苏轼受文与可的影响，尤其是被贬黄州之后，经常画竹以及枯木怪石。苏过也喜欢画画，他曾在护头小屏上画了一幅《偃松》，父亲特意为此写了《偃松屏赞并引》以鼓励儿子：

余为中山守，始食北岳松膏，为天下冠。其木理坚密，瘠而不瘁，信植物之英烈也。谪居罗浮山下，地暖多松，而不识霜雪，如高才胜人生绮纨家，与孤臣孽子有间矣。士践忧患，安知非福。幼子过从我南来，画寒松偃盖为护首小屏。为之赞曰：

燕南赵北，大茂之麓。天僵雪峰，地裂冰谷。凛然孤清，不能无生。生此伟奇，北方之精。苍皮玉骨，硗硗䂵䂵。方春不知，冱寒秀发。孺子介刚，从我炎荒。霜中之英，以洗我瘴。（《苏轼文集》，第 616 页）

苏轼比较南北方的松树说，北方的松由于“木理坚密，瘠而不瘁”，因而堪称植物中的“英烈”，而罗浮山一带“不识霜雪”的松树，则像生在绮纨家

的子弟。由此他感慨道：“士践忧患，安知非福？”

另外，苏轼还为苏过所画的竹石题了三首绝句：

> 老可能为竹写真，小坡今与石传神。
> 山僧自觉菩提长，心境都将付卧轮。
>
> 散木支离得自全，交柯蚴蟉欲相缠。
> 不须更说能鸣雁，要以空中得尽年。
>
> 倦看涩勒暗蛮村，乱棘孤藤束瘴根。
> 惟有长身六君子，猗猗犹得似淇园。(《苏轼诗集》，第2348—2349页）

苏过不仅在生活上对父亲无微不至，诗和画，也能得其真传。第一首诗的第一句“老可”，是指文与可，“小坡”，则是苏过。

绍圣二年（1095）九月十九，哲宗大飨明堂，就是在明堂合祭先王，大赦天下，然而，却又根据章惇“独元祐臣僚终身不徙”的意见下诏：“元祐臣僚，一律不赦。”这让苏东坡极为失望，认为自己几乎没有离开惠州的可能了，因而就打算定居在惠州，也可以考虑把苏过一家接到惠州来。

苏轼一面写信叫苏迈向吏部请求到广东来做官，顺便把苏过一家带到惠州来；一面选地盖房，作安居之用，以便三儿媳妇一家人来了之后有房子住。此时，他的姐夫程之才已被朝廷召还，合江楼也非久居之地：“当令长子迈来此指射差遣，因挈小儿子房下来。次子迨，且令试法赴举也，恐欲知之。”绍圣三年（1096）四月，他买下惠州城东五里的白鹤峰上古白鹤观地基，一共花去了六七百千——古人以千钱为计算单位，“千”就是一千钱——请匠人营造了二十间房子，建这个房子，几乎用光了他的积蓄。

盖房子是件极辛苦的事，61岁的苏轼已经不像在黄州时期那么精力充沛，他在给友人曹子方的信中说：“小儿数日前暂往河源，独干筑室，极为劳冗。”《晚香堂苏帖》也有一封信：“轼近买地江上，方购瓦木作小宅，虽颇劳费，亦且老病有所归宿，知之，一笑。儿子近入府，凡百极荷照顾，感佩不可言。”

可见这一切实际上都是苏过在亲力亲为。

绍圣四年（1097）正月，苏轼的老友昙秀来看他，苏轼一直在病中，也许久不动笔写诗了，苏过也承担起了接待客人的任务。苏轼说：“儿子过粗能搜句，时有可观，此篇殆咄咄逼老人矣。特为书之。”

房子盖好不久，已请得韶州（今广东韶关）仁化令的苏迈，就在绍圣四年（1097）二月末领着大房和三房家小到惠州团聚来了。

苏迈的大儿子苏箪（楚老）已经21岁，二儿子苏符（仲虎）已经17岁，苏过也终于和夫人、长子苏籥团聚：“长子迈与余别三年矣，挈携诸孙，万里远至，老朽忧患之余，不能无欣然。”

然而，紧接着苏东坡又被贬儋州，东坡不许别人同行，苏过又独自侍父过海。在《将至五羊，先寄伯达仲豫二兄》一诗中，苏过的情绪也颇为悲伤：

人皆有离别，我别不忍道。
惟应付梦幻，事已共一笑。
忆昔与仲别，秦淮汇秋潦。
相望一叶舟，目断飞鸿杳。
伯兄阳羡来，万里逾烟峤。
未温白鹤席，已饯罗浮晓。
江边空忍泪，我亦肝肠绕。
崎岖七年中，云海用浩渺。
岂知羌村晚，惊拜杜陵老。
干戈虽事异，欢喜动夷獠。
山川旧悽惨，云物今清好。
不似玄都桃，秋风不堪扫。

亲人相见，又要别离，看着苏过跟随自己投身海外，苏东坡难免难过，直到元符三年（1100），65岁的他还在念叨着这件事。他在《追和戊寅岁上元》诗的跋里说：“家在惠州白鹤峰下，过子不眷妇子，从余来此，其妇亦笃孝。怅然感之，故和前篇。”在诗中，苏轼用“春鸿”“社燕”比喻苏过不能与妻儿相聚——因为鸿雁春去秋来，燕子则春来秋去，刚好错过相会之机。他还用石建、姜庞氏这两个人的典故强化这一场景：石建是个大孝子，做了郎中令还亲自给父亲洗内衣；姜庞氏则是二十四孝中的主人公之一。苏东坡用这两个典故说儿媳刚刚为能洗涤老人的衣服感到高兴，但没想到丈夫却很快离开了她，让她独守空房。

在宋代，儋州几乎是最南端了，这里好像还没有开化，“烟雨朦晦，瘴疠交攻，蛇鼠出没”。

据海南当地学者考察，东坡入琼的登陆地点，可能是海口白沙津星轺驿（今海口市长堤路仙乐花园附近），这里以前是官渡码头。再由此坐船沿美舍河到五公祠附近的“流芳桥”下船登岸，到达今天的五公祠。他谢绝了琼管张景温、黄宣义等人的接待，在琼山府城小住数日疗养身体后，大约六月下旬起程往儋州，线路可能是走府城今中山路洗马桥，穿过石山道堂村，再下老城与赵梦得会面。此后的线路是：老城到安边（马袅）、定远（博厚）、临高门铺，临高门铺往西，有苏来村，波莲一带有那盆岭，岭脚下有那骞驿（一作那零驿）。相传那骞驿为东坡入儋第一站，此地是海南生黎和熟黎交界处。继续往前走，是归姜（今南宝）、司徒（抱舍）、松林、十里（产边村附近）、接官厅（今天堂村）、儋州门铺，从北门江古渡口过江。登岸地点在当地人称为“高墩”的地方，即今中和农贸市场，再过小江（州后小桥），走今中和镇三片土地庙小巷，从州城东门进城。时为绍圣四年（1097）七月初二。

苏东坡父子在这里，“食无肉，病无药，居无室，出无友，冬无炭，夏无寒泉”。苏过陪着父亲住在漏雨透风的房子里，陪着父亲在那里讲学、写诗，一起忍受潮湿闷热的环境。

东坡与苏过初到儋州时，租了几间官屋来居住，尽管这官屋早已破漏不堪，逢下雨时“一夕三迁”，但章惇的爪牙董必还是派人把他们轰出了官屋。迫不得已，苏轼又自己盖房子，《与程儒书》云：“近与儿子结茆数椽居之，劳费不赀矣，赖十数学者助作，躬泥水之役。”房子盖好之后，苏东坡就在这里一面教授学生，一面著书立说。他在这里最后完成了《易传》《书传》《论语说》以及《东坡志林》。

苏过除了侍奉父亲之外，也是全身心于读书写作。苏轼写信告诉友人徐得之说：“儿子过颇了事，寝食之余，百不知管，亦颇力学长进也。”又写信告诉友人程秀才说：“儿子到此抄得《唐书》一部，又借得《前汉》欲抄。若了此二书，便是穷儿暴富也。”

当然，对苏过为自己做出的牺牲，苏轼也感到歉意，对于这种歉意，苏过有所觉察，因而特意作《志隐》一文，以安父心。

《志隐》以对话的方式表达了安心隐居于儋州的想法。有人问他，你如何可以安居于环境这么恶劣的儋州？他却说这里分明是神仙居住的地方，并历数儋州的种种优越之处，他甚至说不想回去了。因为他深明“功高则身危，名重则谤生”的道理，所谓“探虎穴、索骊珠而得全者，盖无一二”。而能够离开是非之地，哪怕是隐居于荒凉的远方，也是“天下之至乐”。苏轼看了这篇文章，“欣然嘉焉”。

父子二人与儋州当地人相处极其融洽，但在儋州所过的日子还是十分清苦。黎人不擅种植水稻，以薯芋为主食，米则要靠大陆那边运过来，所以时常出现“北船不到米如珠”的状况。父子二人也不得不靠吃薯芋来解决吃饭问题。苏过则改进了芋头的吃法。他以山芋为主，掺入饭粒，做成羹，苏轼给它取了一个富于诗意的名字：“玉糁羹”，说它“色、香、味皆奇绝”，还特意写了一首诗来赞美它，诗题很长《过子忽出新意，以山芋作玉糁羹，色香味皆奇绝。天上酥陀则不可知，人间决无此味也》：

> 香似龙涎仍酽白，味如牛乳更全清。
> 莫将北海金齑脍，轻比东坡玉糁羹。（《苏轼诗集》，第2317页）

所谓“金齑脍”，即松江的鲈鱼脍，但在苏轼眼中，儿子给他做的玉糁羹，比松江鲈脍还要好吃。

当然，有时还会面临断粮的危险。元符二年（1099），儋州米贵，父子二人有绝粮之忧时，东坡想用“辟谷”的方法来对付绝粮。他还特意写了一篇《学龟息法》授予儿子。“辟谷”之法有上百种之多，但他认为只有“龟息法”最好。

据说在晋武帝时，有人失足落入深不可测的洞穴中，面临绝境，却看见洞穴里许多龟蛇都在每天早晨向东方伸着脖子吸食旭日之光并“咽之”，这就是所谓的“龟息法”。东坡说，这个人就学着龟蛇的样子吸、咽旭日之光，居然不再感觉饥饿，而且还长得身强力壮。苏东坡对这个故事从不怀疑，并且叫儿子跟自己一起来实践“龟息法”，以度过绝粮的难关。

元符三年（1100）六月，苏过终于可以随着父亲离开儋州北归了。此时，他在父亲身边已经整整七个年头，也就是说，苏过从 23 岁至 29 岁这段最好的年华，都是陪着谪居的父亲度过的。苏轼在给刘沔的信中说：

> 轼穷困，本坐文字，盖愿刳形去智而不可得者。然幼子过文益奇，在海外孤寂无聊，过时出一篇见娱，则为数日喜，寝食有味。以此知文章如金玉珠贝，未易鄙弃也！（《苏轼文集》，第 1430 页）

对于苏轼而言，他一生的祸患，都是因为他的文字，然而给他人生以继续存在的力量的，也是文字。

东坡仙去之后

徽宗建中靖国元年（1101）七月二十八日，苏东坡在常州病逝前，三个儿子都在他的跟前，东坡对他们说：“我平生未尝为恶，自信不会进地狱。”洒脱的东坡在生命的最后关头，让儿子们不必为他担心。等他快要咽气的时候，苏迈上前请示遗教，但苏东坡一言未发就与世长辞。

此时，苏迈 43 岁，苏迨 32 岁，苏过 30 岁。

三个儿子按照父亲生前与叔父苏辙的约定，把父亲的灵柩运至河南郏县。在中途，苏迈又赶去京城，把继母和苏迨亡妻欧阳氏的灵柩一同运至郏县，于崇宁元年（1102）闰六月同时安葬，苏东坡也实现了与王闰之同穴的遗愿。

东坡殁后，二苏两房大小共近百余口人聚居在一起。东坡生前本不擅理财，三房兄弟仅仅依赖宜兴田产收谷米七百斛为生。如今移居许昌，苏辙不得不卖了一处别墅，得钱九千数百钱，以维持哥哥留下的一家人的生活，让他们在许昌安家。

苏轼死后一年，被列名为“奸党”的子孙，一律不许在京师为官。苏轼是

"奸党"中的"首恶"，子孙连做地方官的机会也没有了。

苏轼死后，苏迈在颍昌住了五年。为了生计，他于徽宗大观元年（1107）再度出仕，去秀州（今浙江嘉兴）做官，此时，他已经49岁了；徽宗政和二年（1112），罢官后又回到颍昌。叔叔苏辙作《喜侄迈还家》一诗："一别匆匆岁五除，还家怪我白髭须。怀中初见孙三世，巷口新成宅一区。"在这五年间，苏迈新添了一个男孩，叔叔苏辙也修好了一座新的住宅。

在党禁的情况下，苏迈的仕途一直不太顺。苏过评论自己的哥哥说："吾长兄年五十有三，不能俯仰于人，犹为州县吏。"所谓"不能俯仰于人"者，就是不肯随便附和他人，尤其是不会向权贵低头哈腰。

据《眉山堂苏氏世家》载，苏迈55岁之后就迁居到安徽萧县苏家湖和龙岗泉，这是他岳父吕陶的隐居之处，一家人靠田地的租子过活，即所谓"仰食田园"。徽宗宣和元年（1119），苏迈卒于龙岗泉，终年61岁，葬于白云山下小龙岗（今安徽萧县官桥镇五泉村）。

苏迨则闭门读书十年，苏门六君子之一的陈师道曾有《送苏迨》诗，称赞他"胸中历历著千年，笔下源源赴百川"。

徽宗政和元年（1111），也许是为生活所迫，已经42岁的苏迨不得不去武昌当了一个管库官。弟弟苏过《送仲豫兄赴官武昌叙》也知道这是在为难他："仲兄少不乐仕进，亲戚强之。今四十有二，始为管库官，又飘然远游江湖千里之外……"对他来说，出仕只是对人生的一种折磨。

钦宗靖康元年（1126），也即北宋灭亡前夕，苏迨官至朝散郎、驾部员外郎（正七品）。但他也许就是在靖康离乱中逝世的，去世时不到60岁。其继室欧阳夫人在宋室南渡后移家宜兴。韩元吉在给苏迨的孙子苏岘所作的墓志铭中说："祖讳迨，朝散郎、尚书驾部员外郎，妣安人欧阳氏……始文忠爱阳羡山水，买田欲居，仅数百亩，屋数椽也，而家于许昌。至离乱，驾部即世，欧阳夫人始居阳羡。"这一支，留在了宜兴。

苏过和苏符一起，就留在郏城的小峨眉山守墓地。徽宗政和二年（1112）苏过41岁时，才去太原府当"监税"；45岁，又做颍昌府郾城（今河南郾城）县令。50岁时，他将在颍昌西湖边的住处取陶渊明诗意命名为"小斜川"，也将自己的作品集命名为《斜川集》。

党禁稍宽，他偶尔会到京城里走走。据王明清《挥麈三录》卷二《苏叔党善画窠石》记载，他竟然给宋徽宗画过画：

宣和中，苏叔党游京师，寓居景德寺僧房，忽见快行家者同一小轿至，传旨宣召，亟令登车。叔党不知所以，然不敢拒。才入，则以物障其前，惟不设顶，上以小凉伞蔽之，二人肩之，其疾如飞，约行十余里，抵一修廊，内侍一人，自上而下引之，升一小殿中，上已先坐，披黄背子，顶青玉冠，宫女环侍，莫知其数。弗敢仰窥，始知为崇高莫大之居。时当六月，积冰如山，喷香若烟雾，寒不可忍，俯仰之间，不可名状。起居毕，上喻云："闻卿是苏轼之子，善画窠石。适有素壁，欲烦一扫，非有它也。"叔党再拜承命，然后落笔，须臾而成。上起身纵观，赏叹再三，命宫人捧赐醽酒一钟，锡赉极渥。拜谢而下，复循廊间，登小舆而出，亦不知经从所历何地，但归来如梦复如痴也。（胡无功云）

这个记载未免太富有戏剧性了——宋徽宗真会喜欢苏轼的那种大写意吗？而苏过能有这一奇遇，或者真与梁师成有关？

宣和五年（1123），苏过出任中山府（即河北定州）通判，在赴任途中不幸遭遇强盗，强盗胁迫他入伙，他厉声呵斥道："尔等知不知道苏内翰？我是他的儿子，岂肯与尔等求活草间！"他痛饮通宵。等盗贼次日再去看他，却发现他已经死了，享年 52 岁，后来与父亲母亲一起葬于河南郏县。

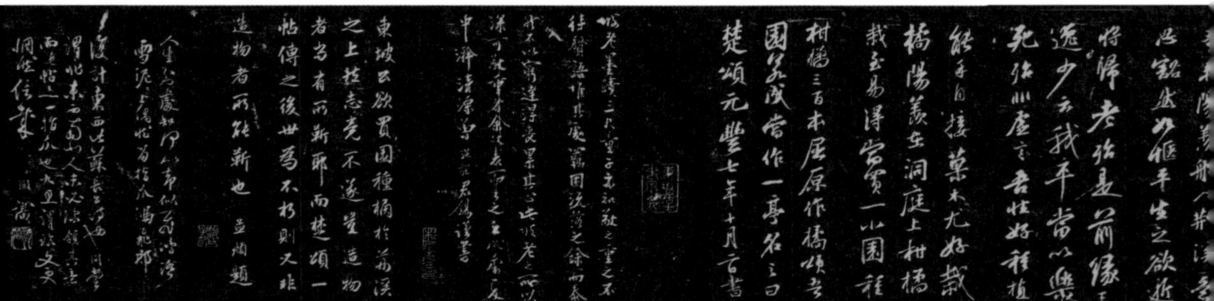

经训堂法书（局部）

赤壁赋图　明　文徵明

名字的含义

东坡三个儿子，共有 12 个孙子，他在世时见过六个：苏箪、苏符、苏箕、苏筌、苏籥、苏筹。诸孙中，以苏符后来的官位最高，但那已是南宋建炎年间的事了。他的玄孙苏植、苏朴等成了陆游的好朋友，他们的名字经常见于陆游的诗文之中。

作为举世闻名的文豪之子，如果从世俗角度看，这三个儿子算不上成功，因为他们既没有超越父辈的官职，也没有超越父辈的才名，三个人官小、财寡、名气不大：苏迈最高做到七品县令；苏迨 42 岁时才当了个管库官，最后官至"驾部员外郎"，也只是一个正七品而已；苏过是在四十多岁时做了个监税官，后来又做了个知县。

三兄弟就这样在低等官吏的位置上徘徊，经济情况也不十分好，老三苏过暮年时甚至要为生计担忧。

但苏东坡对儿子的愿望是否实现了呢？我们从苏轼给儿子取的字来看一看。

苏迈，字伯达，这是苏轼希望他能够实现人生勇往迈进、通达的境界。《尚书·大禹谟》对"迈"的解释是："迈，勇往力行之意。"（见蔡沈集传）《礼记·礼器》："君子上达。"孔颖达疏："达，谓通达。"又《论语·颜渊》："何如斯可谓之达？"皇侃疏："达，谓身命通达也。"所谓的"伯"，是长兄之意，因古代兄弟排行，是按伯、仲、叔、季排列的。

苏迨，字仲豫。《诗经·召南·摽有梅》郑玄笺："迨，及也。"《尔雅·释言》的解释也是一样的。《尔雅·释诂下》对“豫”的解释是：“豫，安也”，“怡也”。因为他身体不好，苏轼对他的要求并不高，只希望他的人生能够平安而已，亦不必去超越别人。

苏过字叔党，“过”是“过失”“过错”之意。《论语·里仁》说，人的过失各分党类，观人过失处，也可判断一个人是否仁厚。苏轼给儿子取字，用的就是这一典故。他希望儿子即使有什么过失，也是君子的过失，而不是小人的过失。

苏遁则因为出生尚不满一年即夭折，因而还没来得及取字。但“遁”的确是《易经》中的一卦。《周易·序卦》：“遁者，退也。”陆德明释文：“遁，隐退也。”不知道如果这个儿子长成，苏轼会给他取个什么字。

苏辙生了四个儿子：长子苏迟、次子苏适、三子苏逊、幼子苏远。

“私生子”梁师成

有个人倒是应该放在这里提一下，就是当时权倾一时的大宦官梁师成（？—1126），他竟然愿意承认自己是苏轼的“私生子”，并以此为荣。

传说苏轼远谪之时，他将家中侍婢送与一个姓梁的友人，这个侍婢不足月而生梁师成，因而梁师成就自称“苏轼出子”，似乎也一直没有遭到来自苏家的否认。

梁师成自称是“苏轼出子”，这和童贯“自谓韩琦遗腹”一样，多少有些望风捕影，意在攀龙附凤。

徽宗本来是把梁师成作为下等奴仆使用，然而擅于逢迎的他却获得徽宗的信任，提拔他为近臣，凡是皇帝诏令无不出于他手。他曾挑选那些擅长书法的小太监专心模仿徽宗的字体，有时就掺杂在诏书中一起颁布，朝官也不能辨别真伪。在史书里，他与蔡京、童贯、王黼、李彦、朱勔被时人合称为“六贼”，遗臭万年。

他自己虽然不学无术，然而却以翰墨为己任，广招天下才能之士。他在厅堂放了很多书画，请宾客参观，得到某人切合己意的题识，就秘密提拔，哪怕是执政、侍从的位置，也可由他疏通关系而得到升迁。宰相王黼竟也待之如父，称之为“恩府先生”，蔡京父子对他也要礼让几分。当时京城人称他为“隐形的丞相”，他甚至兼任了上百个官职。

梁师成非常重视与苏家兄弟的情谊，尤其是对于苏过，连朱熹在《朱子语类》卷十三中也跟着八卦：“师成自谓东坡遗腹子，待叔党如亲兄弟。谕宅库云：‘苏学士使一万贯以下，不须覆。’”朱熹生活的年代距苏过不远，他在自己的言谈中涉及此事，当有所本。

按理说，苏轼在徽宗时代是作为“奸党”的“首恶”，梁师成认苏轼为“亲爹”，实际上也等于是冒了“政治”上的大风险。当时，苏轼的文章被严厉查禁，流通在民间的文章墨迹乃至刻石等都被毁去，梁师成却勇于向宋徽宗求情：“先臣何罪，禁诵其文章，减其尺牍？”

我选两条史料放在这里：

《续资治通鉴长编拾补》卷二十一崇宁二年（1103）四月丁巳纪事：“诏焚毁苏轼《东坡集》并《后集》印版。”

《宋会要辑稿·刑法二》宣和五年（1123）癸卯七月十三日纪事：“中书省言，勘会福建等路禁印造苏轼、司马光文集等。诏：‘今后举人传习元祐学术，以违制论，印造及出卖者与同罪，着为令。见印卖文集，在京令开封府，四川路、福建路令诸州军毁板。’”

的确，在苏轼逝世之后的前十年，宋徽宗和他手下的权臣一起严厉毁损并禁印苏轼书籍，规定凡是列入《元祐党籍碑》的后代，均不能在朝为官。这一规定，直到徽宗皇帝在位末期才又转变。《墨庄漫录》卷三载：“宣和间，有旨苏轼追复职名。”这也许真与梁师成的“泣诉”有关？不管怎样，从此以后，苏轼的文章果然又慢慢流行了。

崇宁五年（1106）正月，天空出现彗星，在文德殿东墙上的元祐党人碑遭受雷电，裂而为二，徽宗命人在夜里偷偷把这一党人碑毁掉。后五年，一个道士说曾在玉皇大帝面前看到苏轼的灵魂，他那时已是玉帝的文曲星，徽宗遂将苏轼在世时的职务恢复。

关于这件事，明人于慎行在《谷山笔麈》卷一五中不仅记载下来，他还认为是一大奇迹。

梁师成则在朝廷对苏东坡诗文墨迹不再禁止的同时，大力搜购东坡的墨迹，

曾付制钱30万购买颍州桥上刻好的东坡碑文，这在当时，已经是极高的价钱。周煇《清波杂志·东坡八赋》记：

东坡在海外，语其子过曰：“我决不为海外人，近日颇觉有还中州气象。”乃涤砚焚香，写平生所作八赋，当不脱误一字以卜之。写毕，大喜曰：“吾归无疑矣！”后数日，廉州之命至。八赋墨迹，初归梁师成，后入禁中。煇在建康，于老尼处得东坡元祐间绫帕子，上所书《薄命佳人诗》，末两句全用草圣，笔势尤超逸。尼时年八十余矣。又于吕公经甫少卿家见所书《伤春词》。虞部文甫，少卿父也。二墨迹屡经兵火而尚存，诚宜珍秘。吕乃申公之后。（《全宋笔记》第五编第九册，第24页）

也许，苏过得到的这八篇赋墨迹是他主动献给梁师成；也许，是梁师成巧取豪夺的。

何薳《春渚纪闻》卷六《东坡事实》中记：

先生翰墨之妙，既经崇宁、大观焚毁之余，人间所藏盖一二数也。至宣和间，内府复加搜访，一纸定直万钱。而梁师成以三百千取吾族人《英州石桥铭》，谭稹以五万钱辍沈元弼《月林堂》榜名三字。至于幽人、释子所藏寸纸，皆为利诱，尽归诸贵近。及大卷轴，输积天上。丙午年，金人犯阙，轮运而往，疑南州无一字之余也。而绍兴之初，余于中贵任源家见其所藏几三百轴，最佳者有径寸字书《宸奎阁记》，行书《南迁乞乘舟表》与《酒子赋》。又于先生诸孙处见海外五赋，字皆如《醉翁亭记》而加老放。毕少董处见《自虏中还得责吕惠卿词于王信仲家人针箧中》，续仲永处见《海外祭妹德化县君文》，与余世宝“东坡先生无一钱”诗、醉草十纸，龙蛇飞动，皆非前后石刻所见者。则德麟赵文尝跋公书后，有“翰墨稽天，发乎妙定”之语，为不虚也。

通过这段记载，可以明白为什么到了南宋初期，学习苏轼书法的人极少，而金人如王庭筠等人，反倒将苏轼的书风与墨竹画法继承下来。

又有一个传说，苏过“出入梁师成之门，以父事之”，这又不得不辩。即使梁师成真是苏轼的儿子，那他与苏过也应同属一个辈分，以兄弟相呼，而不可能“以父事之”，这大概又是出于别人的厚诬了。李一冰在《苏东坡新传》中认为，这是“洛学弟子们”干的事，我倒是在读《朱子语类》中发现了这一记载。

“故乡飘已远”——再度入京考试

在帝制时代，无论是祖父母去世，还是父母去世，子孙辈都要“守制”，也叫“丁忧”。如果是在外做官的人，也必须马上解除官职，回到家乡守孝三年——实际上是27个月。因此，苏轼兄弟从嘉祐二年（1057）六月起，就在家为母守制。此间，苏洵已经连续两次接到来自朝廷的诏命，召他入京任职。

嘉祐四年（1059）年八月，苏洵给欧阳修写信，除了表达对朝廷冗长且无效的办事效率极为不满之外，倒是表示等苏轼兄弟守制期满，可以和他们一起回京。

九月，苏洵造大悲心像龛，请了六尊菩萨，将它们安放在两个镀金的佛龛中，供在极乐寺的如来佛殿里。

这是苏洵对妻子最深沉的悼念方式了。

他还特别作《极乐院造六菩萨记》一文：

> 始予少年时，父母俱存，兄弟妻子备具，终日嬉游，不知有死生之悲。自长女之夭，不四五年，而丁母夫人之忧，盖年二十有四矣。其后五年，而丧兄希白；又一年，长子死；又四年，而幼姊亡；又五年，而次女卒；至于丁亥之岁，先君去世。又六年，而失其幼女。服未既，而有长姊之丧。悲忧惨怆之气，郁积而未散，盖年四十有九而丧妻焉。

文中屡述家人之丧：长女、母亲史氏、长兄苏澹（希白）、长子景先、嫁给石昌言的幼姊、次女、父亲苏序、嫁给程之才被虐待死的幼女、嫁给杜垂裕的长姊，以及妻程氏，一共十个人。读来令人悲怆。

在守制期间，成都太守已经换成了王素。王素的父亲是曾经做了 18 年宰相的王旦（957—1017）；王素的儿子，就是王巩（1048—约 1117），苏轼在见王素的同时，大概也结识了只有 12 岁的王巩，成为他一生中的患难之友。

王巩还有一个身份，他是张方平的女婿。

在写《极乐院造六菩萨记》一文后，苏洵终于决定将全家迁至京城，并准备动身了。

1059 年十月四日（或五日），他们动身，家小都跟在一起：父子三人，两个儿媳妇，以及一些佣人。特别需要一提的是，苏轼的长子已经诞生，苏轼为他取名豪迈的“迈”。

不像上一次走陆路，他们这次选择了水路：嘉州—泸州—渝州—涪州—忠州—夔州，出三峡，一家人在船上走了 60 天，11 个州，26 个县，然后到了江陵。他们走的水路，大概有 300 多公里。

到江陵时，已经快过春节了。

在江陵停留之际，本来就富于壮游天性的父子三人，经常外出游玩，大量的文学作品，记录了他们的所见所闻。

江陵以后的路，则改为陆路，距京城大概有 200 多公里。关于这一段行程，林语堂在《苏东坡传》里将路程写得非常详细，可以参看。

苏辙将他们在舟中创作的诗赋一百篇，整理为《南行集》（又名《江行唱和集》）。其中，苏轼存诗 42 首。这批最早的诗歌作品，成为考察苏轼诗歌艺术成就的起点。

苏轼《初发嘉州》一诗是这样的：

朝发鼓阗阗，西风猎画旂。
故乡飘已远，往意浩无边。（《苏轼诗集》，第 6 页）

显然，三年过去，他已经从母亲去世的哀伤中摆脱出来，向往着一个更远大的前程。

嘉祐五年（1060）二月中旬，苏洵父子全家抵达汴京，《苏轼文集》第五十九卷载有这一年三月苏东坡写给乡党杨济甫的一封信：“为别忽已半

岁……自离家至荆南，数次奉书，计并闻达。前月半已至京，一行无恙……见在西岗赁一宅子居住。恐要知悉。春喧，未缘会见，千万珍重。”意思是说，他与杨济甫分别已达半年，二月中旬抵达开封，在开封西岗租了一所房子，一家人住在一起。

从江陵回到开封，父子三人又将途中所作的诗赋共 73 篇整理为《南行后集》，苏辙作有《南行后集引》。

在此期间，苏轼被任命为河南府福昌县（今河南省宜阳县西）主簿，苏辙被任命为河南府渑池县主簿，但因为准备参加明年的制科考试，所以兄弟二人都没有接受任命。

“主簿”相当于什么官？

有人说是办公室主任，有人说是领导秘书，也有人说类似于县委秘书长或

清明上河图（局部） 宋 张择端

主管文书的常务副县长，总之，级别很低，从九品官，相当于现在的副科级而已。

后来苏辙过渑池县时，他还暗笑，当地人一定不知道他曾经被任命为这里的主簿呢！

为了集中精力准备这次难得的考试，苏轼兄弟二人从家里搬了出来，住在怀远驿中，专心读书作文。

韦应物有一首《示全真元常》的诗，其中有“宁知风雪夜，复此对床眠”两句，苏轼兄弟在一个风雨交加的夜晚读到这两句诗时，心情很不平静，因为他们知道，兄弟二人终究是要分开的，对床夜话的情景，却不知道何时可以再次拥有了。

在这个风雨之夜，兄弟二人握手共同约定，不管如何，都要格外珍惜在一起的时光。后来，他们在互相唱和赠答的诗中，不断地提及这一约定，而这一约定，也成为他们困顿人生中最足以慰藉的一个美丽意象。苏轼晚年作《感旧诗》，特别回忆：

嘉祐中，予与子由同举制策，寓居怀远驿，时年二十六，而子由二十三耳。一日，秋风起，雨作，中夜翛然，始有感慨离合之意。自尔宦游四方，不相见者，十尝七八。每夏秋之交，风雨作，木落草衰，辄凄然有此感，盖三十年矣。元丰中，谪居黄冈，而子由亦贬筠州，尝作诗以纪其事。元祐六年，予自杭州召还，寓居子由东府，数月复出领汝阴，时予年五十六矣。乃作诗，留别子由而去：

床头枕驰道，双阙夜未央。
车毂鸣枕中，客梦安得长。
新秋入梧叶，风雨惊洞房。
独行残月影，怅焉感初凉。
筮仕记怀远，谪居念黄冈。
一往三十年，此怀未始忘。
扣门呼阿同，安寝已太康。
青山映华发，归计三月粮。
我欲自汝阴，径上潼江章。

想见冰盘中，石蜜与柿霜。

怜子遇明主，忧患已再尝。

报国何时毕，我心久已降。（《苏轼诗集》，第 1776—1777 页）

30 年追忆，恍如一瞬。

经欧阳修推荐，苏轼兄弟又要参加比考进士还要重要的“制科”考试。这项考试，是仁宗为了听到更为直接的批评意见而设立，因而叫“贤良方正能直言极谏科”。

欧阳修的推荐词写得极为动人：

右臣伏以国家开设科目，以待隽贤，又诏两省之臣，举其所知，各以闻达。所以广得人之路，副仄席之求。臣虽庸暗，其敢不勉？臣伏见新授河南府福昌县主簿苏轼，学问通博，资识明敏，文采烂然，论议蜂出。其行业修饬，名声甚远。臣今保举，堪应材识兼茂明于体用科。欲望圣慈召付有司，试其所对。如有缪举，臣甘伏朝典。谨具状奏闻，伏候敕旨。

欧阳修甚至说出“如有缪举，臣甘伏朝典”这样的狠话，可见他对苏轼的信任与器重。

八月十七日，由翰林学士吴奎、龙图阁直学士杨畋、权御史中丞王畴、知制诰王安石等人组成制举考试委员会，在秘阁那里进行考试，吴奎等人将苏轼、苏辙和王介的策论各六篇呈上，他们都通过了考试。

这个王介，很少有人知道，应该略提一下。

王介（1015—1076），字中甫，衢州人。为太学生，庆历六年（1046）进士，1061 年，又与苏轼兄弟一同在制科考试中角逐。他本来是王安石的好朋友，但后来王安石推行新法，他因为与王安石意见不同，被罢了官。他本来也无意于仕途，遂以读书为乐，著有《王中甫诗集》。他家从祖父、父亲、弟弟到自己的儿子、侄子，一共有九人中过进士，可称一门进士，史所罕见。

熙宁九年（1076），苏轼在密州任上得悉王介死讯时，不禁失声痛哭，写下了《同年王中甫挽词》，挽词曰：

先帝亲收十五人，四方争看击鹏鲲。
如君才业真堪用，顾我衰迟不足论。
出处升沉十年后，死生契阔几人存。
他时京口寻遗迹，宿草犹应有泪痕。（《苏轼诗集》，第 690 页）

哀挽中痛惜王介的过人才华和渊博学识。

附带一提，王介有四个儿子，其中一个叫王涣之，也是少年才俊。米芾《蜀素帖》中的最后一首诗，就是写给王涣之的。

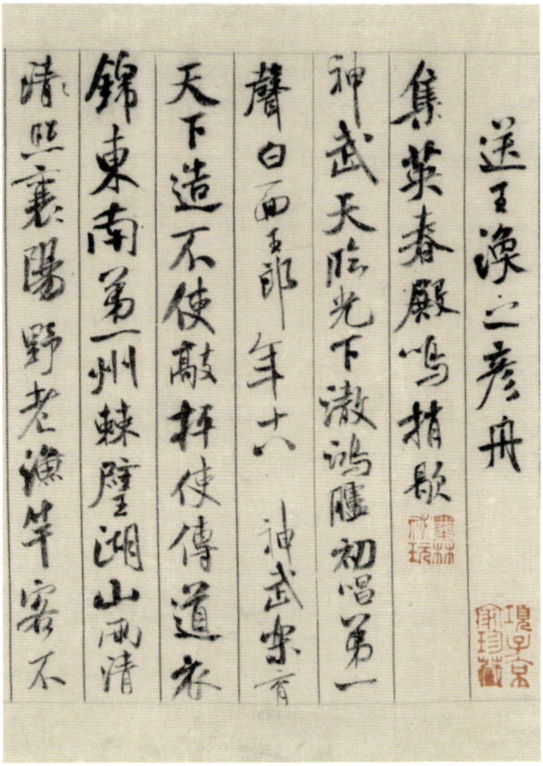

蜀素帖（局部）　宋　米芾

八月二十五日，仁宗皇帝在崇政殿亲自主持考试，苏辙晚年回忆，仁宗皇帝甚至亲自到考试的房间里来探望他们。

这一次考试的考官为胡宿、沈遘、范镇、司马光、蔡襄。苏轼呈上了《中庸论》等 25 篇策论文章，得到了仁宗皇帝的高度赞赏，被置于三等。实际上，这就相当于第一等，因为前面的一、二等都是虚设，所以从来也没有人得过那项荣誉，即使是第三等，在苏轼之前，也只有一个人得到过，这个人叫吴育。

吴育的传记见于《宋史》：“吴育，字春卿，建安人也。父待问，与杨亿同州里，每造亿，亿厚礼之。”又：“育性明果，所至作条教，简疏易行而不可犯。遇事不妄发，发即人不能挠。辨论明白，使人听之不疑。初尹开封，范仲淹在政府，因事与仲淹忤。既而仲淹安抚河东，有奏请，多为任事者所沮，育取可行者固行之。其在二府，待问以列卿奉朝请，育不自安，请罢去，不听。及出帅永兴，时待问尚亡恙，肩舆迎侍，时人荣之。晚年在西台，与宋庠相唱酬，追裴、白遗事至数百篇。体素羸，少时力学，得心疾。后得古方，和丹砂饵之，大醉，一夕而愈。后数发，每发数十日乃已。有集五十卷。弟充，为宰相，自有传。”他是宰相吴充的哥哥。

《济南先生师友谈记》记录了一件趣事：“是时同召试者甚多。相国韩魏公（韩琦）语客曰：‘二苏在此，而诸人亦敢与之较试，何也？’此语既传，于是不试而去者，十盖八九矣。”本来，参加考试的人并不少，但听韩琦这样一说，有人就知难而退了，也由此可见，苏轼、苏辙兄弟在士人中的影响之巨大了。

韩琦对苏辙，尤为器重。

据传开科考试之前，苏辙生了病，本来以为不能参加考试了，但求才心切的韩琦直接上奏皇帝：今年招考的学子，唯有苏轼、苏辙兄弟二人声望最高，而今苏辙病倒了，不能按时参加考试，必有负众望，是否延期举行？皇上竟然也答应了。在苏辙生病期间，韩琦也不时派人来查看慰问苏辙的病情，一直等到苏辙痊愈之后才开科，致使官方规定的考试日期，大概被推迟了二十余天。

在参加考试时，依据《铁围山丛谈》卷二的记载，兄弟二人还互相给对方以“照顾”，其中有这样一段话：

> 昔东坡公同其季子由入省草试，而坡不得一，方对案长叹，且目子由。子由解意，把笔管一卓，而以口吹之。坡遂寤乃《管子注》也。

这倒是一个颇为有趣的传说：他们在成都参加考试时，东坡一时想不起题目中所言之出处，焦急中就给弟弟使眼色。苏辙立即明白了哥哥的意思，但他又不能在考场上明目张胆地说出或递纸条，因而就以毛笔的笔管为道具，做出吹奏状。东坡立即明白了，此题出自《管子注》。

另外有一个故事。《吹剑录外集》上称：“东坡《形势不如德论》，不知出处；《礼义信足以成德》知子由记不得，乃厉声索砚水曰：‘小人哉！’子由始悟出‘樊迟学稼’注。”这一次是轮到苏辙记不得题目的出处，苏轼竟然想出用叫“小人哉”续水的方式，让弟弟醒悟过来出处原来是在《论语》。

当然，这个故事可能是编的。

通过考试之后，苏轼被授予大理评事、凤翔府签判一职。“大理评事”，是司法机关大理寺的属官，“签判”，是“签书判官厅公事”的简称，为知府的助理，正八品。

苏轼通过考试，得到皇帝的嘉奖，皇帝还要以正式文件的形式加以表彰，撰写文件的人，却是王安石。此文载于王安石集中，题目为《应才识兼茂明于体用科守河南府福昌县主簿苏轼大理评事制》：

> 敕某。尔方尚少，已能博考群书，而深言当世之务，才能之异，志力之强，亦足以观矣。其使序于大理，吾将试尔从政之才。夫士之强学赡辞，必知要然后不违于道。择尔所闻，而守之以要，则将无施而不称矣，可不勉哉！可。（《唐宋八大家·王安石集》，上册，第531页）

如果想要弄清楚苏轼与王安石的关系，就不能不考虑到这份正式的官方文件，虽然他是代皇帝写的，但措辞全是王安石。

然而，本来生性沉稳的苏辙，却遇到了不小的麻烦。

谁也不会想到，苏辙的《御试制科策》极其激烈、尖锐，他几近忘乎所以地指责仁宗“沉湎于酒，荒耽于色，晚朝早罢，早寝晏起，大臣不得尽言，小臣不得极谏。左右前后惟妇人是侍，法度正直之言不留于心，而惟妇言是听”。

除了私生活之外，他还认为，仁宗怠于政事，甚至说仁宗“惑于虚名而未知为政之纲”。他说，仁宗在庆历新政时，劝农桑、兴学校，天下以为三代之风可以渐复，结果半途而废，未见实效。现在又分遣使者巡行天下，或以宽恤，或以省减，或以均税……苏辙认为，这一切都不足以改善治理的状况，因为各地所设官吏本来就是办这些事的，何劳再分遣使者巡行天下？苏辙甚至推测：“臣观陛下之意，不过欲使史官书之，以邀美名于后世耳，故臣以为此陛下惑于虚名也。”

除了指责皇帝，苏辙也顺便对皇帝身边的大臣提出了批评：治国在择吏，皇帝在择宰相，宰相在择职司，“今乃不择贤否而任之，至于有事则更命使者，故臣以为陛下未知为政之纲也”。这还没完，苏辙还指责仁宗朝“赋敛繁重，百姓日以贫困，衣不盖体”“官吏之俸”“士卒之廪”“夷狄之赂”“宫中赐

宋仁宗曹皇后坐像　宋　佚名

予玩好无极之费”都要由百姓承担，因此“凡今百姓为一物以上莫不有税，茶盐酒铁，关市之征，古之所无者莫不并行，疲民咨嗟，不安其生。而宫中无益之用不为限极，所欲则给，不问无有。司会（主管财政之官）不敢争，大臣不敢谏，执契持敕，迅若兵火……”

这一年，苏辙才 23 岁，皇帝却已经 50 多岁了。

如此不顾及皇帝的面子，让朝中的大臣们都深受刺激，朝廷官员对此进行了激烈的讨论。

司马光认为，苏辙在应试者中表现出的爱国之心最为直切，应该像其兄苏轼一样，置于三等，也就是头等；

考官胡宿则认为，苏辙的试卷答非所问，又引汉唐末世的昏君来比拟盛世英主仁宗，因而应该予以罢免。

倒是仁宗豁达大度，一锤定音：“求直言而以直弃之，天下其谓我何！”

于是，苏辙入第四等次。

仁宗的皇后后来回忆说，对于苏轼兄弟，仁宗极其满意，他兴奋地说：已为后代选好了未来的两个宰相。

虽然在皇帝的直接关怀下，苏辙被录取了，但这场考试对他的影响却远远没有结束。时任知制诰的王安石认为苏辙袒护宰相却专攻人主，这让他联想起历史上一个叫谷永的人，因而不肯撰制词。但另一位考官沈遘的看法与王安石不同，他强调了苏辙策论“爱君”的一面。

谷永，西汉人物。建始三年（前 30）冬季，日食和地震同日发生，皇帝命令选拔正直敢言、能够尽力劝谏的士人，太常阳城侯刘庆忌推荐了谷永。谷永遂上奏书，但他的奏书却屡次使皇帝大为恼怒。他为后代留下了“捕风捉影”一词，详见《汉书》卷八十五的谷永传。

苏辙被录取以后，除试秘书省校书郎，充商州军事推官。也许是舆论尚未平息，失望中的苏辙奏乞留在京城侍候年迈且无人照顾的父亲，辞不赴任。苏轼《病中闻子由得告不赴商州三首》之一：“答策不堪宜落此。”委婉地说出了苏辙没有赴任的原因。

苏辙后来多少有些沉痛地说，由于这次制科考试的过激言论，让他在官场中“自是流落凡二十余年”。

一直到 47 岁，他才有机会任了一个实职：绩溪县令。

“但愿一识张益州”——与张方平

苏轼的一生，恩人很多，但如果提出三个大恩人，依我看来，依次是张方平（1007—1091）、欧阳修、范镇——张方平虽然没有欧阳修那么广为人知，但在我看来，他还是应该排在欧阳修之前。

至和二年（1055）的十二月，苏洵父子三人拜访了朝中重臣张方平。这个人，影响了三苏的一生。

张方平，字安道，号乐全居士，谥文定，睢阳（今河南商丘）人。晚年自号“乐全居士”，有《乐全集》四十卷、《玉堂集》二十卷、《注仁宗乐书》一卷。

景祐元年（1034），张方平中茂才异等科，又中贤良方正科，迁睦州（今浙江建德东）通判。历任知谏院、知制诰、知开封府、翰林学士、御史中丞，滁州（今属安徽）、江宁府（今南京）、杭州等地长官。

在北宋中后期，他在政治和学术方面都是极其重要的人物。

除了是北宋时期的名臣，在读书方面，张方平也是一个天才式的人物，凡书读过，即不需再读，据说他曾在一个月的时间内就读完了三史……因而当他听苏洵说儿子再读《汉书》时，张方平淡淡地说了一句：哦，书还需要读第二遍？不服气的苏轼说：还可以再读第三遍！

至和元年（1054）七月，为了平定西南夷即将寇蜀的传言，朝廷派礼部侍郎张方平出任益州太守，十一月到成都。

到了成都之后，他就向当地人打听四川是否有高贤奇士，因为他知道，过去的四川出了许多人，难道当代就没有人吗？

当时就有人向张方平推荐了苏洵，同时也说了苏洵的个性：“隐居以求其志，行义以达其道。”

其实在9年前，苏洵就已经结识了张方平的朋友雷简夫。

雷简夫（1001—1067），字太简，同州郃阳（今陕西合阳东南）人。庆历二年（1042）经杜衍推荐，为校书郎、秦州观察判官。后历任坊州（今黄陵）、简州（今四川简阳）、雅州（今四川雅安）、虢州、同州知州，升尚书职方员外郎。

此时，雷简夫在雅州任知州，苏洵便携苏轼、苏辙到雅州去拜访雷简夫，以师事之。雷简夫读了苏洵的《洪范论》，又以书信投于老友益州太守张方平：

> 简夫近见眉州苏洵著述文字，其间如《洪范论》，真王佐才也；《史论》，真良史才也。岂惟西南之秀，乃天下之奇才尔！

与此同时，雷简夫还给欧阳修、韩琦等人写信，热情地推荐三苏父子。雷简夫对他们说，如果以前不知道苏洵父子是什么人，责任不在你们，但是我已经告诉你们现在有这样三个人了，以后怎么样对待他们，责任就在你们了！

但是后来在苏轼兄弟的文章中，却几乎找不到雷简夫的名字。这大概是因为雷简夫在为官方面，名声不好。

当时天下文风，正以佶屈聱牙、讲究典故铺陈的“太学体”为主，而苏洵的文章，往往是痛陈时弊，直接议论国家大政。同时，傲岸的苏洵又不屑于拜望结交地方官员，就算是和家族当中有功名的亲属，也刻意划分界限，以保持自身的高洁。至于那些庸碌的地方官员，既无从知道苏洵的价值，更不想惹事，苏洵的名字，也就一直不出蜀中。

苏洵此时笔下的文章，已经非同凡响。

而张方平之所以欣赏苏洵与苏轼兄弟，是因为在他的思想中，早已在寻找类似于苏洵这样的人物。

宝元元年（1038），张方平在睦州通判任上，曾请画工闵廷俊绘诸葛亮像，并撰《蜀丞相诸葛武侯画赞》，特别欣赏其“士之抱器待用，忧深思远，以天下之事自负”的胸襟气度。他在《与邵监簿》中更是认为：“今四方无事，朝廷守划一之不支以为政，当柄任者高枕优游，故其拣别英豪，不甚为急事。”在他看来，朝廷毫无忧患意识，即使诸葛亮仍然在世，也不过得到一个老死隆

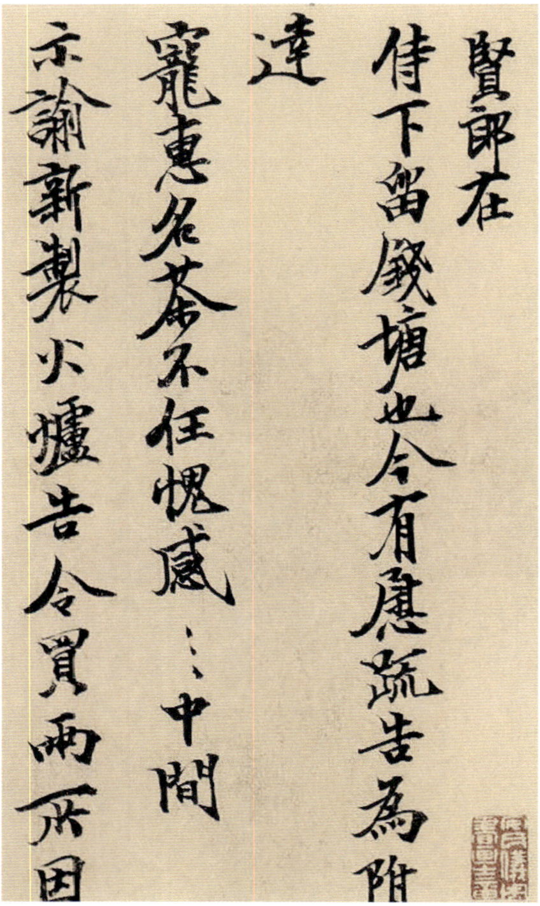

贤郎帖（局部）　宋　张方平

中的结局而已。

张方平特别希望朝廷仍然有诸葛亮、谢安这样的名士，不仅在文章里有治国方略，而且具有抗敌卫国、平定天下的将才武略。与其他人不同，张方平还特别欣赏战国时期的纵横家和兵家，如他称赞齐地纵横战略家鲁连、冯欢等人的高尚节义与不凡气度：“鲁连节重轻丘山，冯欢气高微风云。丈夫志义绝流俗，岂与屑屑雏鼠群？”他对赵参“怀抱纵横才，四方漂泊无人省”也表示惋惜。

理清张方平的真实想法，才可以知道张方平何以对苏洵父子如此青睐。

苏洵到成都来看张方平，因有雷简夫的推荐在先，张方平也极赏识苏洵。他留苏洵在成都住下，保举他代黄柬为成都学官。但朝廷的任命好几个月也没有消息，苏洵不免焦急。

张方平以“国士”礼对待素昧平生的苏洵父子。一见苏轼，他竟然视之为天上的麒麟，以“国士”期之！他也没有小看苏辙，他认为苏辙比苏轼还要有出息呢。因而在以后的岁月中，一直到1091年才去世的张方平，在长达38年的时间里，对苏轼兄弟一直给予非常大的帮助！

苏洵这一趟拜见张方平的目的非常明确，就是为了拿到张方平的“介绍信”。

他在给张方平的《上张侍郎第一书》中，先是强调两家的关系是光明正大的，“虽暴之天下，皆可以无愧”。但是现在却有一件难以启齿的私事相求于张方平：“将以屑屑之私，坏败其至公之节。”一向耿直的苏洵在文章中却吞吞吐吐地说，自己非常不好意思：“今欲忍而不言而不能，欲言而不果，勃然交于胸中，心不宁而颜忸怩者，累月而后决。”读这篇文章，我觉得苏洵有“强迫症”。

这件让苏洵甘于放低姿态说出口的“私事”到底是什么呢？当然是为苏轼兄弟。

苏洵说，这两个儿子没有什么教养，“不知他习”，也不懂什么礼数，“进趋拜跪，仪状甚野”，但是他们两个“独于文字中有可观者”，兼之“年少狂勇”，“以为天子之爵禄可以攫取”，而且听说“京师多贤士大夫”，所以，我们爷仨非常想去结交一下，“因以举进士”。

苏洵声称自己“以懒钝废于世，誓将绝进取之意”，只是为了两个儿子的前途，苏洵甚至在书信中极力“吹捧”张方平的影响力：“轻之于鸿毛，重之于泰山，高之于九天，远之于万里，明公一言，天下谁议？”您张方平说一句话，谁敢有什么非议呢！

当然，苏洵也在名为《张益州画像记》的文章中赞扬张方平“爱蜀人之深，待蜀人之厚”，是前所未有的好领导！

张方平看了苏洵的信，当然喜悦，他也确实欣赏三苏的才华，只是他知道，这件事要求求欧阳修才行。

在庆历初年，韩琦、富弼、范仲淹等人主政，欧阳修时为谏官，极力支持这场“庆历新政”，与宰相吕夷简发生了严重的冲突，冲突的结果是“新政”流产，每个人都被戴上“朋党”的帽子被贬官。而张方平做御史中丞——相当于现在的廉政公署的长官——时，重理这一旧案，对欧阳修等人多有不满，因而与欧阳修交恶，互相鄙视对方，“素不相能”，关系糟糕到极点。

但，张方平还是动笔给欧阳修写信了，在信中，他大力推荐了苏洵父子。在他眼中，苏洵甚至是可以和司马迁相媲美的人物！

而收到张方平推荐信的欧阳修，也并没有因为苏洵父子是张方平介绍的而起敌意，相反，他读了苏氏父子的文章后也兴奋地说：“后来文章当在此！”

神宗皇帝十分欣赏张方平，曾经亲自写了一封诏书表扬张方平：“卿文章典雅，焕然有三代之风，书之典诰，无以加焉，西汉所不及也。”张方平官拜参知政事也即副宰相时，他强烈反对皇帝任用王安石，反对王安石所谓的“新法”。1063年苏洵写《辨奸论》攻击王安石，张方平几乎是唯一的知音。

王安石对张方平也恨之入骨！

王安石曾经对神宗说：“陛下留张方平于朝，是留寒气于内也。留寒气于内，至春必发为大疾疠，恐非药石所能攻也。”这话说得十分刻薄，是非让皇帝将张方平赶走不可！

为了“新法”，皇帝不得不舍弃了张方平。

神宗熙宁十年（1077）二月，任职密州（今山东诸城）知州的苏轼调任河中府（今河南沁阳）。在赴任的途中，走到陈桥（今河南封丘县境内）时又接到改任徐州的命令，他又不得不调头奔徐州。四月，苏轼第一次来到商丘。

此时的商丘，不只是北宋的一处陪都，更是北宋经济和文化教育的中心，张方平恰在商丘任知府。

苏轼拜谒了张方平，两人谈得最多的话题，是西夏战事。当时朝廷正准备大举进攻西夏，但二人一致认为穷兵黩武必将祸国殃民。两人谈兴不尽，苏轼代张方平作了一篇《谏用兵书》。开篇极为有力：

> 臣闻好兵如好色也，伤生之事非一，而好色者必死；贼民之事非一，而好兵者必亡，此理之必然者也！

隔了一年，元丰二年（1079）三月，苏轼由知徐州改知湖州（今浙江湖州）。赴任途中，路过商丘，再次拜谒张方平。

接下来，苏轼在御史台（乌台）监狱里关押之际，已经退休的张方平立即给神宗写了一封信，想替苏轼求情。

但是这封信怎么送到神宗手上成了问题。虽然夹带在官府里的奏折中最为便捷，但这个时候又有哪个官员敢冒险帮这个已经离休了的张方平的忙呢？

焦急中的张方平直接让自己的儿子张恕带上信，去开封的登闻鼓院——即可以击鼓上闻的机构——擂鼓进书。张恕到了开封，在登闻鼓院外徘徊了好几趟，就是不敢进去！

四个月以后，苏轼出狱。司马光的学生、曾担任谏议大夫的刘安世让苏轼看了张方平写给神宗的求情信副本，苏轼看了以后，吓得脸色煞白，直吐舌头。刘安世问他这是怎么了，苏轼只是摇摇头，始终没说一句话。

五年后，即元丰七年（1084），苏轼由黄州团练副使“量移汝州”，这是对他原来处罚的松动。次年二月，他到了商丘，停留达三个月之久，第一件事，当然是再次拜见张方平。张方平嘱苏轼为其编纂文集，苏轼欣然接受，还特别作了一篇《乐全先生文集叙》。

元祐六年（1091）二月，苏轼由杭州知州迁翰林学士承旨，三月别杭州，五月到达商丘，再次见到张方平，代张方平作《故龙图阁学士滕公墓志铭》，这里所说的“滕公”，是滕元发（1020—1090），卒于元祐五年（1090）十月。据《墓志铭》载，滕公“为文与诗，英发妙丽，每出一篇，学者争诵之”。

苏轼有一首诗，题为《次韵王定国南迁回见寄》：

土晕铜花蚀秋水，要须悍石相砻砥。
十年冰蘖战膏粱，万里烟波濯纨绮。
归来诗思转清激，百丈空潭数鲂鲤。
逝将桂浦撷兰荪，不记槐堂收剑履。
却思庾岭今何在，更说彭城真梦耳。
君知先竭是甘井，我愿得全如苦李。
妄心不复九回肠，至道终当三洗髓。
广陵阳羡何足较，只有无何真我里。
乐全老子今禅伯，掣电机锋不容拟。
心通岂复问云何，印可聊须答如是。
相逢为我话留滞，桃花春涨孤舟起。（《苏轼诗集》，第1293—1294页）

其中提到的“乐全老子”，即是张方平。此时的张方平，在禅学方面有了极深的修养。而苏轼终生挚友王巩，则是张方平的女婿。

元祐六年（1091）十二月八日，张方平在商丘去世。苏轼奉张方平为座师，“晚与轼先大夫游，论古今治乱，及一时人物，皆不谋而同。轼与弟辙以是皆得出入门下”。苏轼慨言：“痛失师范！”张邦基《墨庄漫录》卷五记，张方平逝世时，苏轼“于僧寺举挂，参酌古今，用唐人服座主缌麻三月，又别为文往祭其柩，盖感其知遇也”！

第二年，即元祐七年（1092）九月，以龙图阁大学士知扬州随即又迁兵部尚书的苏轼，舟行经宿州入中原，第七次来到商丘，此行主要目的就是为拜祭张方平。时任尚书右丞的苏辙为其请诏，赐谥“文定”。

苏轼设灵位以祭，又应张方平之子张恕、女婿王巩之请，撰《张文定墓志铭》。在这篇《墓志铭》中，苏轼对他的文章也极为称赞：

> 轼尝论次其文曰：“孔北海志大而论高，功烈不见于世，然英伟豪杰之气，自为一时所宗。其论盛孝章、郗鸿豫书，慨然有烈丈夫之风。诸葛孔明不以文章自名，而开物成务之姿，总练名实之意，自见于言语，至《出师表》简而尽，直而不肆，大哉言乎！与《伊训》《说命》相表里，非秦汉已来以事君为说者所能至也。常恨二人之文，不见其全，公其庶几乎？乌乎，士不以天下之重自任久矣！言语非不工也，政事文学非不敏且博也，然至于临大事，鲜不忘其故、失其守者，其器小也。公为布衣，则颀然已有公辅之望。自少出仕，至老而归，未尝以言徇物，以色假人，虽对人主，必同而后言，毁誉不动，得丧若一，真孔子所谓‘大臣以道事君’者。世远道散，虽志士仁人或少贬以求用，公独以迈往之气，行正大之言，曰：‘用之则行，舍之则藏。’上不求合于人主，故虽贵而不用，用而不尽；下不求合于士大夫，故悦公者寡，不悦公者众。然至言天下伟人，则必以公为首。”世以轼为知言。（《苏轼文集》，第 457 页）

得到张方平的赏识，苏轼是幸运的；而始终得到苏轼的尊重，张方平也是幸运的！

“放他出一头地”——与欧阳修

欧阳修生于真宗景德四年(1007)丁未；再过12年，即天禧三年（1019），曾巩诞生；天禧五年（1021），王安石诞生；在景祐三年（1036）和宝元二年（1039），苏轼和苏辙分别诞生。

如果以一岁的苏辙为基准，唐宋八大家中的北宋六家，此时已经全部来到这个世界上，此时的欧阳修已经33岁了。待到苏辙74岁逝世的时候，已是徽宗时的政和二年（1112）。再不到十几年，北宋就在金兵的铁蹄之下灭亡了。

而此时的古文，已经彻底代替了骈文，成为中国文学史上的主流。至此，在中国一向非常流行的骈文，则只被用于朝廷的政令、官吏的奏章和其他公式之文。它的典雅形式和宣读起来的韵律，也非常适合这样的场合。骈文，从此以后再也没有取得它以前的辉煌。

在欧阳修的政治生涯中，庆历新政与他关系密切。在庆历新政夭折之后的1045年，他被贬到滁州，自号醉翁，除了著名的《醉翁亭记》写于此时之外，《丰乐亭记》也作于此时。此后，他辗转于扬州、颍州、应天府。1054年，召为权判流内诠，受反对者攻击而改为翰林学士。1057年，欧阳修知贡举，主持科举考试。

对于欧阳修来说，这是复兴古文的一次绝好的机会。

他开始力斥所谓的“太学体”。这种文体，以一个每次都能考第一的刘几为代表，既险怪，又奇涩。正因为他每次都能考第一，所以几乎所有参加科举的人都在极力模仿这种文体。

欧阳修毫不客气地将写这种文章的举子们全部弃黜，以至当欧阳修骑马外出的时候遭到这些人的围攻，街上的保安人员也险些控制不了局面。

他一方面利用考试的机会整顿惩处那些一味险怪僻涩的时文，一方面又大大奖励平易质朴之文。从此以后，士子作文章的风气，果然发生了极大的变化。后来，刘几改名为刘煇，变化文风，也考上了。

欧阳修此举，有两大意义：既反韩愈以前的浮华骈偶之文，也反韩愈后学的险怪之文。

景德四年（1007），欧阳修出生于绵州（今四川绵阳），当时他父亲任绵州推官，已经 56 岁了。三年后，父亲去世。

欧阳修是家里的独子，与母亲郑氏相依为命，母亲带着他只得到湖北随州去投奔欧阳修的叔叔。叔叔家不是很富裕，好在母亲郑氏是受过教育的大家闺秀，用荻秆在沙地上教欧阳修读书写字。欧阳修的叔叔也不时关怀，总算没有让童年的欧阳修失去基本的教育。

欧阳修自幼喜爱读书，常去城南李家借书抄读。他天资聪颖，又刻苦勤奋，往往不待一本书抄完，已能成诵。少年习作诗赋文章，文笔老练，有如成人，其叔由此看到了家族振兴的希望，曾对欧阳修的母亲说：“嫂子不必担忧家贫子幼，你的孩子有奇才！不仅可以光宗耀祖，他日必然闻名天下。”十岁时，欧阳修从李家找到韩愈的《昌黎先生文集》六卷，日夜研读，精心揣摩，韩愈

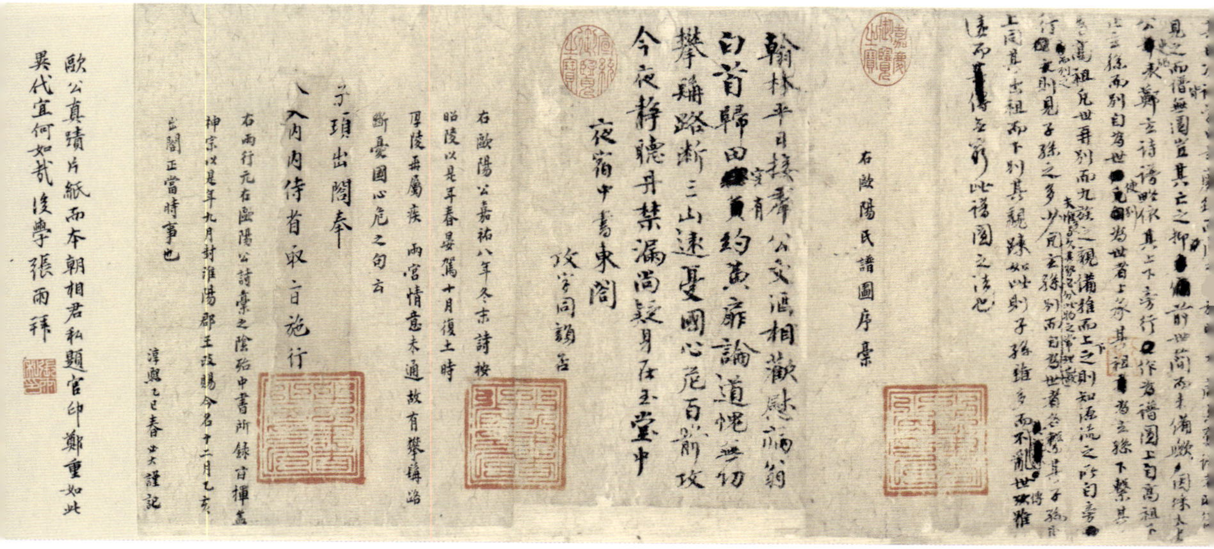

欧阳氏谱图序稿　宋　欧阳修

为他指明了文学的方向，更为日后北宋诗文革新运动播下了种子。

天圣元年（1023）和天圣四年（1026），欧阳修两次参加科举考试都意外落榜。天圣七年（1029）春天，由胥偃保举，23岁的欧阳修参加了开封府最高学府国子监的考试，补广文馆学生；同年秋天，欧阳修又参加了国子监的解试。这两次考试，欧阳修均获第一名，成为“监元”和“解元”。接着，他在第二年的礼部省试中再获第一，成为“省元”，可以说“连中三元”。大家一致以为欧阳修在即将到来的殿试中也能夺得状元，不想，19岁的王拱辰中了状元。与他同榜的，还有蔡襄、石介等人。

天圣八年（1030），由仁宗亲自主持的殿试在崇政殿举行。殿试放榜后，欧阳修被仁宗皇帝唱十四名，位列二甲进士及第。但是据时任主考官的晏殊的说法，欧阳修所以未能夺魁，主要是锋芒过于显露，众考官欲挫其锐气，以期他成为大才。

欧阳修在洛阳做官时，遇到了钱惟演。钱惟演的父亲是五代十国末代吴越王钱俶。编于宋代的《百家姓》一开头“赵钱孙李”中的“赵”，是宋朝皇帝的姓；“钱”，就是吴越王族的姓，紧跟在皇帝后面。

钱惟演在北宋政坛占据着显赫的地位。

钱惟演对这位青年才俊非常好，不但很少让欧阳修承担琐碎的行政事务，还公然支持他吟诗作赋，乃至吃喝玩乐。有一次，欧阳修和年轻的同僚到嵩山游玩，傍晚下起了雪，令他们意外的是，钱惟演的使者带着优秀的厨子和歌妓前来，并传钱惟演的话说：“府里没什么事，你们不用急着回来，好好在嵩山赏雪吧。”

在钱惟演的支持下，欧阳修等人有了充分的时间去琢磨古文创作，以及提倡一种新的审美方向。北宋的古文、诗词、书画创作以及收藏鉴赏在中国历史上繁盛一时，与钱惟演对欧阳修的宽容与大度，关系极大。

后来，钱惟演政治失意，被迫离开了洛阳。欧阳修等人为钱惟演送行，双方都流下了惜别的泪水。钱惟演死于景祐元年（1034）七月。

在洛阳的奢华生活，不仅奠定了欧阳修一生的文学基础，更成了欧阳修生命中最美好的回忆。后来他被贬官的时候，还深情地回忆：“曾是洛阳花下客，野芳虽晚不须嗟。”字里行间都是追忆、感叹。

景祐三年(1036),欧阳修加入了范仲淹着手改革的行列,范仲淹被贬饶州,欧阳修则被贬为夷陵(今湖北宜昌)县令。庆历三年(1043),欧阳修任右正言、知制诰。此时范仲淹、韩琦、富弼等人推行“庆历新政”,欧阳修参与其中,提出改革吏治、军事、贡举法等主张。

当时的名士石介写了一篇《庆历圣德诗》歌颂这些政坛上的大人物,有人从京师抄了一份回来,乡里的人们在议论时,不到七岁的苏轼也在旁听。他插话:“这都是一些什么人?”一个上了年纪的人说他:“小孩子何必打听这些?”苏轼答:“如是天人,则不敢知;假使也是人的话,为什么不可以问?”那个上了年纪的人觉得苏轼的回答令人惊奇,因而特别介绍韩琦、范仲淹、富弼和欧阳修,并称这四个人是当今天下的人杰。这是苏轼第一次知道并记住了欧阳修的名字。在这四人中,只有范仲淹他没有见过。

未久,新政又遭失败。范仲淹、韩琦、富弼等相继被贬,欧阳修上书为他们分辩,结果被贬为滁州(今安徽滁州)太守。庆历五年(1045),不到40岁的“醉翁”欧阳修写下了不朽的名篇《醉翁亭记》。

据说,《醉翁亭记》的开头,欧阳修原本花了好多笔墨用来描绘滁州四周的山,而到最后定稿时,欧阳修只用了五个字:“环滁皆山也”,既简练又隽永。

如果没有欧阳修,滁州大概就只是一个不会引人注意的偏远的小地方,但是自从有了《醉翁亭记》这篇文章,滁州就成了一个“亮点”。真说不清是滁州成全了欧阳修,还是欧阳修成全了滁州。

庆历八年(1048)年,欧阳修知扬州,在扬州大明寺西侧建平山堂,唐代的鉴真(688—763)和尚曾在大明寺讲律传戒。庆历九年(1049),欧阳修知颍州(今安徽阜阳),再后来,欧阳修的晚年就在此地度过。

嘉祐二年进士榜

欧阳修是个大近视眼,但在发现人才方面,却目光如炬,在他之前和之后,都很少能找到像他这样善于发现和提拔人才的人。因而可以说,他任主考官的嘉祐二年(1057)进士榜,绝对是中国有科举考试制度以来空前绝后的一榜!

欧阳修性格随和、心胸开阔,看见别人的优点会竭尽全力地去推荐,《宋

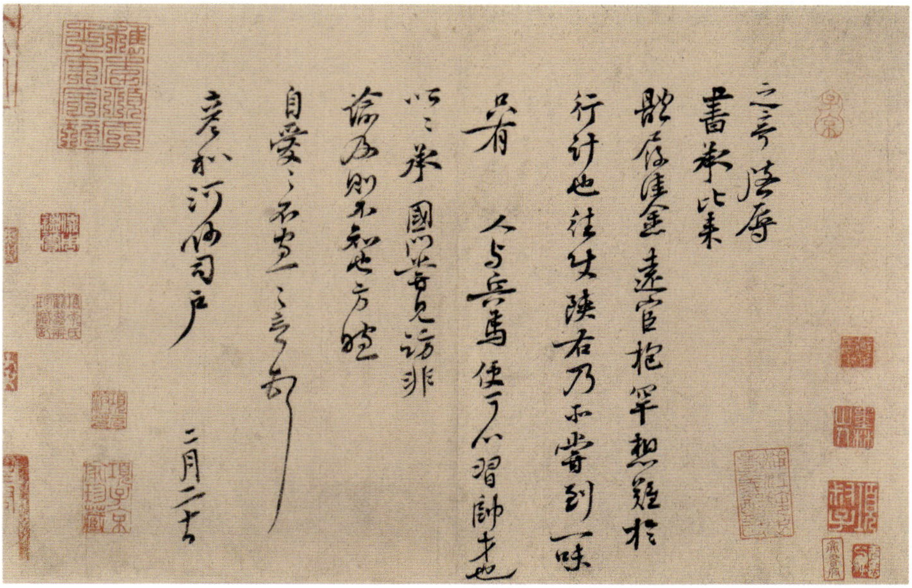

辱书帖　宋　蒋之奇

史·欧阳修传》说他“奖引后进，如恐不及，赏识之下，率为闻人”。因而在欧阳修嘉祐二年知贡举录取的 388 名进士中，大多数人在此后几十年里都成为北宋的名臣。

与欧阳修同时主持这一场考试的，还有以下几个人：龙图阁学士梅挚、翰林学士王珪、起居舍人知谏院范镇、知制诰韩绛等权知礼部贡举。另外，欧阳修特别举荐梅尧臣为编排详定等官，同入试院。

宋代科举，贡举为常科，进士和明经两科，秋天取解，冬集礼部，春天考试。

明经科的考试分“帖书”和“墨义”；进士的考试科目是诗、赋、论各一篇，策五道，帖论语十。这样的设计，是想从策论看实学，诗赋看文采，前者定去留，后者分高下。

后人总结，这一榜进士，《宋史》有传的 24 人，分别是章衡、窦卞、罗恺、邓考甫、王回、王韶、王无咎、吕惠卿、刘库、刘元瑜、苏轼、苏辙、郑雍、林希、梁焘、曾巩、曾布、程颢、蒋之奇、杨汲、张载、张璪、章惇、朱光庭。这一科中，还有九人曾担任宰执，分别是王韶、郑雍、梁焘、吕惠卿、苏辙、林希、曾布、张璪、章惇。如果想要知道什么叫桃李满天下，看看欧阳修就好了。

这一科中，章衡和章惇是叔侄关系，除了苏轼、苏辙是兄弟关系以外，林希、林旦是两兄弟，曾巩、曾牟、曾布、曾阜是四兄弟，王彦深、王无咎是曾家的女婿，可称一门六进士。

甚至像包拯、韩琦、文彦博、司马光、王安石这些响当当的人物，也无不得到过欧阳修的激赏与推荐。当年苏洵拿着张方平写的介绍信找到欧阳修，欧阳修并没有因为与张方平属政敌关系而稍有怠慢，反而立即向宋仁宗上《荐布衣苏洵状》，在皇帝和士大夫间极力推荐苏洵的文章，苏洵也因此名动京师。

对于苏东坡而言，他一生中最重要的人，除了父母兄弟之外，大概就要属欧阳修了。苏洵、苏轼、苏辙父子之所以能够成就如日中天的文名，无不得益于欧阳修这位伯乐。

此际，苏洵 48 岁，苏轼 22 岁，苏辙 19 岁。几乎是一日之间，“父子隐然名动京师，而苏氏文章遂擅天下”。

不过，苏东坡在这次考试中没有拿到状元，这个遗憾应该是出在欧阳修身上。

策论一场，欧阳修出题“刑赏忠厚之至论”，点检试卷官梅尧臣批阅试卷时，发现其中一篇特别精彩，颇具“孟轲之风”，随即呈给欧阳修阅，欧阳修也认为，无论文笔和观点都可以毫无争议地列为第一。但在这次考试中，欧阳修的弟子曾巩也参加了这场会试，由于当时已经采用了糊名法，因而这篇文章是谁作的也无法明确。欧阳修认为，只有曾巩才可以写出这样的文章，而如果把自己的弟子列为第一，一定会给他招惹更多的是非，他与梅尧臣商量之后，将此文考生列为第二。

复试时，欧阳修又见到一篇《春秋对义》，赞叹之余，将此考生列为复试第一名，确定为会元。发榜时，欧阳修才知道，原来这两篇文章并不是曾巩所作，而均出自苏轼之手。

后来，欧阳修在给梅尧臣的信中盛赞苏轼的文才说：“读轼书，不觉汗出，快哉快哉！老夫当避路，放他出一头地也。”成语的“出人头地”，即是从此而来。

欧阳修不仅文章好，学问也极好。

比如他当年考试时的题目是：“司空掌舆地之图赋”，出试题的人是晏殊。王铚《默记》卷中是这样记录的：

既而举人上请者，皆不契元献之意。最后，一眊瘦弱少年独至帘前，上请云："据赋题，出《周礼·司空》，郑康成注云：'如今之司空，掌舆地图也；若周司空，不止掌舆地之图而已。'若如郑说，'今司空掌舆地之图也'，汉司空也。不知做周司空与汉司空也？"元献微应曰："今一场中，唯贤一人识题，正谓汉司空也。"盖意欲举人自理会得寓意于此。少年举人，乃欧阳公也，是榜为省元。

也就是说，在全场的考生中，只有欧阳修一个人知道"司空"在周、汉是有区别的。

同样，欧阳修在读完苏轼的应试文章之后，有一典故颇让欧阳修困惑："你的文章提到皋陶曰'杀之'三，尧曰'宥之'三的典故，这是哪一本书的记载呢？"

苏轼答："我是通过《三国志·孔融传》的注释而知道的。"

当苏轼走后，欧阳修查阅几遍《三国志》也找不到相关的资料，于是他又问东坡，出处到底在哪里？苏轼答：关于尧和皋陶的事情，我个人也是这样推测的，也就是说，为了写好文章，不过是我自己想当然编出来的。

欧阳修愣了一下，由衷地赞叹说："这个人很会读书，很懂得运用书本的资料，将来他的文章一定会独步天下。"

李廌《济南先生师友谈记》记录了王仲薿的一段话：

东坡公顷应进士举，到省时，郇公以翰林学士知举，得其论与策二卷稿本，论即《刑赏忠厚之至》也。凡三次起草，虽稿亦记涂注，其慎如此。论卷窃为道人梁冲所得，今所存惟策稿尔。

文中所说的"郇公"，即王珪，在"乌台诗案"时，他官至宰相，曾经欲置苏轼于死地。王仲薿，是他的儿子。暂且不说后来王珪对苏轼如何，但他收藏了这份策论的底稿，亦足以看出王珪当初对苏轼的重视。底稿同时也透露出苏轼在作文之际，虽然可以一泻千里，但平时所下的功夫，却是极其细密的。

北宋初年，首先学韩愈之文的，是柳开（947—1000）、穆修（979—

1032）、尹洙，但他们的古文，只能说是沿袭了韩愈后学的弊端，就像苏轼在《上欧阳内翰书》中提到的：“用意过当，求深者或至于迂，务奇者怪僻而不可读。余风未殄，新弊复作。”这里所说的“余风”，是指语涉华靡的西昆体，“新弊”自然是那些写散文的人所带来的——华靡固然不好，然而僻涩也令人不快。

在散文方面，欧阳修继承了韩、柳的古文运动，坚持古典式的素朴。诗也如此。青木正儿说，欧阳修的“理想是除去晚唐时期的雕饰之风而注重白描。所以他自己在尝试时经常把散文的句法夹杂其中，企图创造出一种特色”，即“简古”。欧阳修对他的文友梅尧臣诗中所出现的简古质朴大加赞赏：“近诗尤古硬，咀嚼苦难嘬。初如食橄榄，真味久愈在”；他还“以深远闲淡为意”标举梅尧臣的诗。苏洵《上欧阳内翰第一书》中说：“执事之文，纡余委备，往复百折，而条达疏畅，无所间断。气尽语极，急言竭论，而容与闲易，无艰难劳苦之态。”可谓将欧文的秘密一语道破了。

在欧阳修的笔下，散文所具有的实用性质和审美性质，得到了前所未有的强化，叙事、议论、抒情三种功能，密切地融合到一起。

欧阳修的文学作品体裁多样，除了古文之外，辞赋和四六也是他擅长的文体。而且，欧阳修对前代的骈赋和律赋进行改造，去除排偶、限韵的两重规定，改以单笔散体作赋，创造了新的文赋体，比如《秋声赋》，既部分保留了骈赋、律赋的铺陈排比、骈词俪句及设为问答的形式特征，又呈现出活泼流动的散体

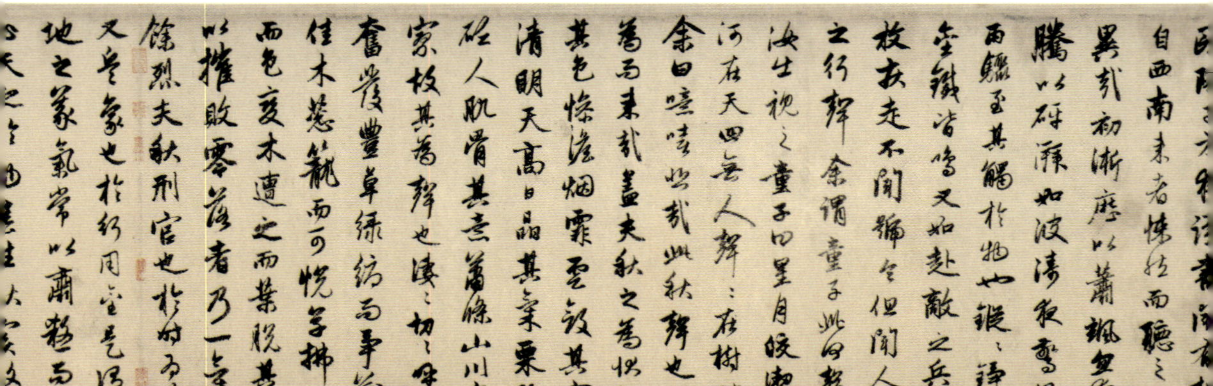

秋声赋（局部）　元　赵孟頫

倾向，且更增强了赋体的抒情意味。后来苏轼作前后《赤壁赋》，与此不无关系。

在词的创作方面，欧阳修也特别值得重视，可以说，他的词，为宋词开了一个新境。《宋六十家词选》例言对他的评论是：“其词与元献同出南唐，而深致则过之……即以词言，亦疏隽开子瞻，深婉开少游。”里面所说的“元献”，指晏殊。

欧阳修虽然并不能从五代、宋初词人的老路中一下子跳出，但他毕竟是开创风气的一代文宗。他扩大了词所固有的抒情功能，进一步抒发自我的人生感受；另外一方面，则改变了词中的贵族化的审美趣味，使之朝着通俗化的方向延伸。所谓“贵族”，即是那种把超越性姿态展现于日常生活之上的贵族风度。然而，既非贵族身份又无职业保障的诗人，则不得不面对日常生活与超越性追求之间相互冲突矛盾的严峻现实。他们虽然保留了“精神上的贵族气息”，但却更能在世俗生活中获得满足，因而在宋人以后的文学中，越来越呈现出一种“世俗化”或“日常化”的倾向，也就是享受现实生活，如器物、茶、酒、园林、衣物、首饰等所带来的精神上的快慰。

比如欧阳修《朝中措·平山堂》：

平山栏槛倚晴空，山色有无中。
手种堂前垂柳，别来几度春风？
文章太守，挥毫万字，一饮千钟。
行乐直须年少，尊前看取衰翁。

词中展现自己潇洒旷达的风神和个性。

扬州平山堂始建于仁宗庆历八年（1048），时任扬州知府的欧阳修非常喜爱这里风景的清幽古朴，因而于此筑堂。当人们坐在此堂上望江南诸山，历历在目间，似与堂平，因而取名为“平山堂”。叶梦得称赞此堂壮丽，为淮南第一。

欧阳修《朝中措》的第二句“山色有无中”，本来是王维的诗句。有人开玩笑说，因欧阳修是个大近视眼，看物模糊，因而说“山色有无中”，这个说法让东坡感到好笑。因而他在赋《快哉亭》时，还提到这件事：“长记平山堂上，欹枕江南烟雨，杳杳没孤鸿。认取醉翁语：‘山色有无中。’”站在平山堂上所看到的“山色有无中”，实际上是江南的烟雨之美。

苏轼有一首《西江月》，也是在平山堂所作：

三过平山堂下，半生弹指声中。
十年不见老仙翁，壁上龙蛇飞动。
欲吊文章太守，仍歌杨柳春风。
休言万事转头空，未转头时皆梦。

显然，苏轼在写这首词的时候，虽然词牌不同，然而韵脚却几乎是一致的。

元丰二年（1079）四月，苏轼自徐州移知湖州，途经扬州时，知州鲜于侁设宴于平山堂，在酒席上，苏轼即席赋此词。

释德洪《石门题跋》卷二《跋东坡平山堂词》云：“东坡登平山堂，怀醉翁，作此词。张嘉父谓予曰：时红妆成轮，名士堵立，看其落笔置笔，目送万里，殆欲仙去尔。”场面之热闹，乃张嘉父亲眼所见，记录当为可信。

平山堂的壁上，还有欧阳修题词的墨迹，怎不令苏轼大生感慨？附带一提，元祐七年（1092）春天，苏轼从颍州改知扬州，虽然在扬州只有半年的时间，但为了纪念欧阳修，他特意建了一座谷林堂，取“深谷下窈窕，高林合扶疏”诗句中的“谷林”二字作为堂名。

神宗熙宁二年（1069），王安石实行新法，欧阳修对青苗法持反对态度。神宗熙宁三年（1070），欧阳修除检校太保宣徽南院使等职，他坚持不受，改知蔡州（今河南汝南县）。

熙宁三年（1070）九月，63 岁的欧阳修改号“六一居士”。

何为“六一居士”？欧阳修在《六一居士传》中讲得很明白：“吾家藏书一万卷，集录三代以来金石遗文一千卷，有琴一张，有棋一局，而常置酒一壶。”另外，“以吾一翁，老于此五物之间，是岂不为六一乎？”他以为，自己可以有一个快乐的晚年了。

欧阳修作《六一居士传》，苏轼在后面作记，末云：“居士殆将隐矣。”

当年欧阳修到颍州任知州时只有 43 岁，“爱其民淳讼简而物产美，土厚水甘而风气和，于时慨然已有终焉之意也！”直到22年以后，他才以观文殿学士、太子少师致仕，回到颍州的私宅居住，也摆脱了官场的明争暗斗。苏轼给自己的老师写了一篇《贺欧阳少师致仕启》：

> 伏惟致政观文少师，全德难名，巨材不器。事业三朝之望，文章百世之师。功存社稷，而人不知。躬履艰难，而节乃见。纵使耄期笃老，犹当就见质疑。而乃力辞于未及之年，退托以不能而止。大勇若怯，大智如愚。至贵无轩冕而荣，至仁不导引而寿。较其所得，孰与昔多。轼受知最深，闻道有自。虽外为天下惜老成之去，而私喜明哲得保身之全。伏暑向阑，台候何似。伏冀为时自重，少慰舆情。（《苏轼文集》，第1346页）

文中盛赞欧阳修是“事业三朝之望，文章百世之师”！

扶醉图　元　钱选

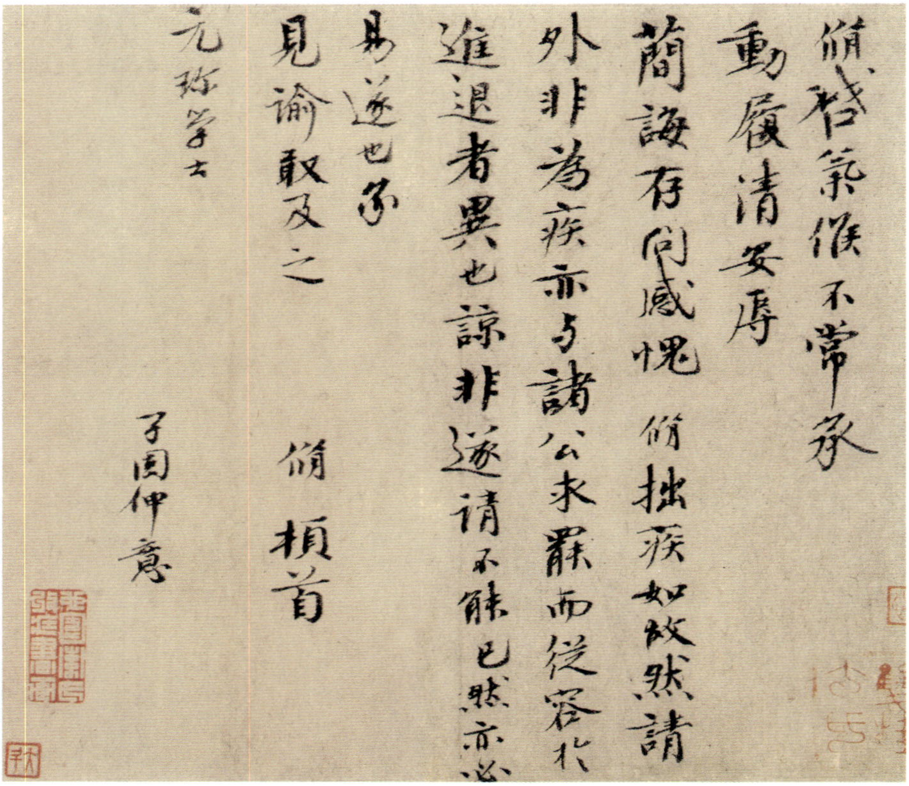

致端明侍读留台帖（局部）　宋　欧阳修

熙宁四年（1071）七月，苏轼以杭州通判的身份离开京城，一家大小——继室王闰之、长子苏迈以及去年才出生的次子苏迨与他一起乘舟出都。他先去陈州拜望张方平，张方平因反对新法，主动请求以南京留台名义退休。苏轼作《送张安道赴南都留台》一诗，诗中自道心声：“我亦世味薄，因循鬓生丝。出处良细事，从公当有时。”而他的弟弟苏辙，则正在张方平的手下做学官。在陈州，苏轼与苏辙相聚竟达 70 多天。京城里的政治争斗，严重地影响到他们的心情，湖无水，枝头亦无花开。

这一年的九月，苏轼兄弟一同去颍州拜望欧阳修。

但，此时的欧阳修身体不好，常年受糖尿病的折磨，瘦骨伶仃，眼睛本来就是深度近视，此时已近失明，仅辨明暗。不唯如此，他的心情更差，他的门人蔡承禧问他为什么没到退休的年龄就一定要退休时，欧阳修伤心地说：“某平生名节，为后生描摹殆尽，惟有速退以全节，岂能更待驱逐乎！”

欧阳修一生汲汲于人才的发现与提拔，却落得这一步田地，真是匪夷所思。

苏轼兄弟到颍州谒见退了休的欧阳修，师生宴饮于颍州西湖，无比欢快。苏轼写了《陪欧阳公燕西湖》一诗纪其盛：

谓公方壮须似雪，谓公已老光浮颊。
揭来湖上饮美酒，醉后剧谈犹激烈。（《苏轼诗集》，第276页）

在苏轼的笔下，欧公虽须发似雪，但仍然在言谈中谈锋激烈。

这一次相见，兄弟二人在欧阳修家里住了20多天，别过之后，谁知这却是他们师生的最后一次见面。

在共聚的这段时间里，欧阳修和这位得意门生可以说是无话不谈。在他的嘴中，总是某人有才，可惜没人赏识，或者没有得到重用；他从来不说别人的坏话，提到别人对他的攻击，他倒是认为自己做得并不好：“罪在我，非其过。”

欧阳修还告诉苏轼，他在杭州有一个方外的诗友僧人惠勤，在孤山上修行，如果苏轼有兴致的话，可以去找他聊聊。苏轼到任杭州通判后不久，就与这位诗僧惠勤成了好友。

熙宁五年（1072）秋八月，在杭州的苏轼主持本州科举考试，因为上一年朝廷按照王安石的意见修改了科举的考试方法，因而苏轼对这次乡试毫无积极性。好不容易将此差事应付过去，就得到欧阳修已于七月逝世的消息。

苏轼无法离开任所，只能在孤山借欧阳修好友惠勤的僧舍，设位祭奠，依师生之礼成服，哀从中来，悲伤莫名。他饱含深情地写了一篇祭文：

呜呼哀哉！公之生于世，六十有六年。民有父母，国有蓍龟，斯文有传，学者有师。君子有所恃而不恐，小人有所畏而不为。譬如大川乔岳，不见其运动，而功利之及于物者，盖不可以数计而周知。

今公之没也，赤子无所仰芘，朝廷无所稽疑，斯文化为异端，而学者至于用夷。君子以为无为为善，而小人沛然自以为得时。譬如深渊大泽，龙亡而虎逝，则变怪杂出，舞鳝鳣而号狐狸。

昔其未用也，天下以为病；而其既用也，则又以为迟。及其释位而去也，莫不冀其复用；至其请老而归也，莫不惆怅失望，而犹庶几于万一者，幸公之未衰。孰谓公无复有意于斯世也，奄一去而莫予追。岂厌世溷浊，絜身而逝乎？将民之无禄，而天莫之遗？

昔我先君，怀宝遁世，非公则莫能致；而不肖无状，因缘出入，受教于门下者，十有六年于兹。闻公之丧，义当匍匐往救，而怀禄不去，愧古人以忸怩，缄词千里，以寓一哀而已矣。盖上以为天下恸，而下以哭其私。呜呼哀哉！（《苏轼文集》，第 1937 页）

对于苏轼而言，欧阳修的逝世，就像熄灭了一盏文化的明灯。而他的痛哭，也不止于哭欧阳修一个人，而是哭国家文脉之断，以及当下和未来的生民困苦。

欧阳修在那个时代，已经被视为韩愈一流的人物。陈寅恪《赠蒋秉南序》中，对欧阳修有这样的评价：

欧阳永叔少学韩昌黎之文，晚撰《五代史记》，作《义儿》《冯道》诸传，贬斥势利，尊崇气节，遂一匡五代之浇漓，返之淳正。故天水一朝之文化，竟为我民族遗留之瑰宝，孰谓空文于治道学术无裨益邪？

而 1927 年陈寅恪写给王国维的纪念碑铭，也颇有苏轼悼念欧阳修的那个味道。

熙宁六年（1073），有个叫舒焕的人给苏轼写信。舒焕与苏轼并没有见过面，他在信中恭维苏轼已经超过了欧阳修，或者至少在文坛上的地位早就可以和欧阳修相比时，苏轼极其认真地回复说：“欧阳公，天人也。恐未易过，非独不

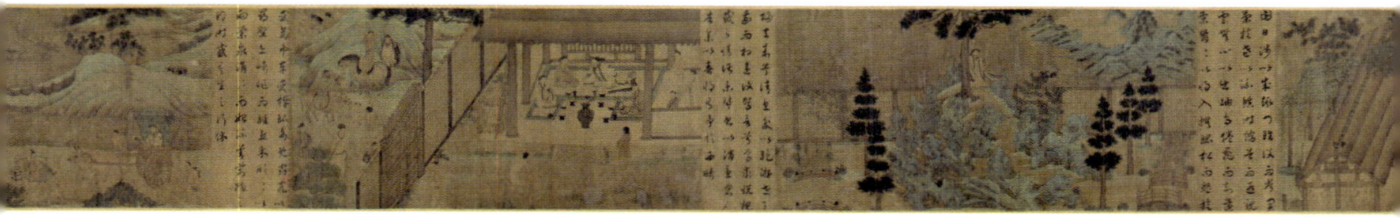

归去来辞图　宋　佚名

归去来辞图（局部）

肖所不敢当也。天之生斯人，意其甚难，非且使之休息千百年，恐未能复生斯人也。世人或自以为似之，或至以为过之，非狂则愚而已。”（《苏轼文集》，第1670页）在苏轼心中，欧阳修的地位之崇高，今人或后人，都无法与之相比。

熙宁七年（1074），苏轼从杭州通判任上将赴密州（今山东诸城），他

为惠勤写了《钱塘勤上人诗集叙》，里面又提到了欧阳修：

> 昔翟公罢廷尉，宾客无一人至者。其后复用，宾客欲往。翟公大书其门曰：“一死一生，乃知交情。一贫一富，乃知交态。一贵一贱，交情乃见。”世以为口实。然余尝薄其为人，以为客则陋矣，而公之所以待客者独不为小哉！
>
> 故太子少师欧阳公好士，为天下第一。士有一言中于道，不远千里而求之，甚于士之求公。以故尽致天下豪俊，自庸众人以显于世者固多矣。然士之负公者，亦时有。盖尝慨然太息，以人之难知，为好士者之戒。意公之士，自是少倦。而其退老于颍水之上，余往见之，则犹论士之贤者，唯恐其不闻于世也；至于负己者，则曰“是罪在我，非其过”。
>
> 翟公之客负之于死生贵贱之间，而公之士叛公于瞬息俄顷之际。翟公罪客，而公罪己，与士益厚，贤于古人远矣。
>
> 公不喜佛老，其徒有治诗书学仁义之说者，必引而进之。佛者惠勤，从公游三十余年，公常称之为聪明才智有学问者，尤长于诗。公薨于汝阴，余哭之于其室。其后见之，语及于公，未尝不涕泣也。勤固无求于世，而公又非有德于勤者，其所以涕泣不忘，岂为利也哉。余然后益知勤之贤。使其得列于士大夫之间，而从事于功名，其不负公也审矣。（《苏轼文集》，第 321—322 页）

文章开始所说的翟公，见于《史记·汲郑列传》中的“太史公曰”，成语的“门可罗雀”，也出自此：“始翟公为廷尉，宾客阗门；及废，门外可设雀罗。翟公复为廷尉，宾客欲往，翟公乃大署其门曰：‘一死一生，乃知交情。一贫一富，乃知交态。一贵一贱，交情乃见。’”苏轼引用这个历史典故是说，翟公的门客与翟公关系之远近，要等到死生贵贱之际才能展示出来，而欧阳修身边的人，则在瞬间俄顷之际就发生变化了。苏轼借此机会，也讥讽了被欧阳修发现、提拔之后却又背叛、出卖了欧阳修的人。很明显，他在这里指的应是蒋之奇这一类人。

18 年后的元祐四年（1089），苏东坡再次出知杭州再上孤山，惠勤也已作古。惠勤的弟子将欧阳修与惠勤二人的画像挂在厅堂里以作纪念，而且还告诉苏轼一件事情，说在挂有两人画像的房屋后面，几个月前突然冒出了一眼清泉，像是在欢迎苏轼再次到杭州为官一样。惠勤的弟子恳求苏轼为此泉水命名，苏轼便用欧阳修的名号，将此泉命名为“六一泉”，同时写下了《六一泉铭并序》一文：

欧阳文忠公将老，自谓六一居士。予昔通守钱塘，见公于汝阴而南。公曰：“西湖僧惠勤甚文，而长于诗，吾昔为《山中乐》三章以赠之。子间于民事，求人于湖山间而不可得，则盍往从勤乎？”予到官三日，访勤于孤山之下，抵掌而论人物。曰：“公，天人也。人见其暂寓人间，而不知其乘云驭风，历五岳而跨沧海也。此邦之人，以公不一来为恨。公麾斥八极，何所不至，虽江山之胜，莫适为主，而奇丽秀绝之气，常为能文者用，故吾以谓西湖盖公几案间一物耳。”勤语虽幻怪，而理有实然者。明年，公薨，予哭于勤舍。又十八年，予为钱塘守，则勤亦化去久矣。访其旧居，则弟子二仲在焉，画公与勤之像，事之如生。舍下旧无泉，予未至数月，泉出讲堂之后、孤山之趾，汪然溢流，甚白而甘。即其地，凿岩架石为室。二仲谓余：“师闻公来，出泉以相劳苦，公可无言乎？”乃取勤旧语，推本其意，名之曰“六一泉”，且铭之曰：

泉之出也，去公数千里，后公之没，十有八年，而名之曰“六一”，不几于诞乎？曰：君子之泽，岂独五世而已，盖得其人，则可至于百传。尝试与子登孤山而望吴越，歌山中之乐而饮此水，则公之遗风余烈，亦或见于斯泉也。（《苏轼文集》，第 565 页）

欧阳修生平没有到过杭州，但在惠勤看来，欧阳修是一个天人一样的人物，他可以无所不至，所以即使他没到过杭州，杭州西湖对他而言，也不过是“几案间一物耳”。

这眼六一泉现在还在，就在杭州孤山南麓、西泠印社的西边。

苏轼的《杂书琴事·欧阳公论琴诗》，记载了一则他与欧阳修讨论听琴诗的故事：

“昵昵儿女语，恩怨相尔汝。划然变轩昂，勇士赴敌场。”此退之《听颖师琴》诗也。欧阳文忠公尝问仆：“琴诗何者最佳？”余以此答之。公言：此诗固奇丽，然自是听琵琶诗，非琴诗。余退而作《听杭僧惟贤琴》诗云：“大弦春温和且平，小弦廉折亮以清。平生未识宫与角，但闻牛鸣盎中雉登木。门前剥啄谁扣门，山僧未闲君勿嗔。归家且觅千斛水，净洗从前筝笛耳。”诗成欲寄公，而公薨，至今以为恨。（《苏轼文集》，第2243—2244页）

欧、苏会面所谈，虽然是从关于古琴的诗句而起，但还是谈到了古琴审美的关键问题，也让苏轼领悟到，以前所听的古琴，实际上更像是筝、琵琶或笛子的声音，而非琴之正声。为此，苏轼特别写了一首诗谈自己对古琴审美的新认识，并准备将它呈给欧阳修，但可惜的是，他听到了欧阳修去世的消息。苏轼的《听杭僧惟贤琴》一诗乃杭州任上所作，《杂书琴事》则写于元丰四年（1081）在黄州时。

元祐五年（1090）三月八日，苏轼和杨杰一起拜访刘季孙，刘季孙收藏了许多欧阳修的墨迹。苏轼说：

处处见欧阳文忠公书，厌轩冕思归而不可得者，十常八九，乃知士大夫进易而退难，可以为后生汲汲者之戒！（《东坡题跋》卷四）

在苏轼看来，当人到了一定的位置，不是求“进”难，而是求“退”难。他还提到，在这一次聚会中，杨杰（嘉祐四年即1059年进士）又特意模仿欧阳修“抵掌谈笑”的样子，令苏轼等人感叹不已。

元祐六年（1091）六月，苏轼应欧阳修之子欧阳棐之请，写了《六一居士集叙》：

自汉以来，道术不出于孔氏，而乱天下者多矣。晋以老庄亡，梁以佛亡，莫或正之。五百余年而后得韩愈，学者以愈配孟子，盖庶几焉。愈之后二百有余年而后得欧阳子，其学推韩愈、孟子以达于孔氏，著礼乐仁义之实，以合于大道，其言简而明，信而通，引物连类，折之于至理，以服人心。故天下翕然师尊之。自欧阳子之存，世之不说者，哗而攻之，能折困其身，而不能屈其言。士无贤不肖不谋而同曰：“欧阳子，今之韩愈也。”

宋兴七十余年，民不知其兵，富而教之，至天圣、景祐极矣，而斯文终有愧于古，士亦因陋守旧，论卑气弱。自欧阳子出，天下争自濯磨，以通经学古为高，以救时行道为贤，以犯颜纳说为忠。长育成就，至嘉祐末，号称多士，欧阳子之功为多。呜呼！此岂人力也哉？非天其孰能使之！

欧阳子没十有余年，士始为新学，以佛老之似，乱周孔之真，识者忧之。赖天子明圣，诏修取士法。风厉学者专治孔氏，黜异端，然后风俗一变。考论师友渊源所自，复知诵习欧阳子之书。予得其诗文七百六十六篇于其子棐，乃次而论之曰：“欧阳子论大道似韩愈，论事似陆贽，记事似司马迁，诗赋似李白。此非余言也，天下之言也。”欧阳子讳修，字永叔。既老，自谓六一居士云。（《苏轼文集》，第 316 页）

对于欧阳修转变士风的贡献，苏轼的评价可谓公允：“通经”“救时”“犯颜”。欧阳修本人就身体力行，天下士人无不响应，风气因而为之一变。苏轼又说欧阳修论起大道来有如韩愈，论起事理来有如陆贽，记叙事实有如司马迁，作起诗歌来有如李白……欧阳修在苏轼的笔下，高踞于士人之巅！

苏轼从来不与攻击欧阳修的人发生正面冲突，但只要一有机会，他就会弘扬欧阳修的伟大之处。绍圣元年（1094）五月，在被贬去广东的路上，苏轼看到陈莹中收藏的欧公墨迹时，也提到这个问题：

仲尼之存，或削其迹。梦奠之后，扆藏千载。文忠公读《石守道文集》，有云：“后世苟不公，至今无圣贤。”公殁之后二十余年，憎爱一衰，议论乃公，亦何待后世乎？（《苏轼文集》，第 2200 页）

苏轼提到的关于人物的品评标准，至今仍然有效：如果夹杂了个人的恩怨评价人物，恐怕从古至今也不会有一个圣贤了。因为，没有人是完美的。

但必须承认，有伟大的人，也有卑鄙的人。

欧阳修一生三娶，第一任为开封府尹、翰林学士胥偃之女，天圣九年（1031）结婚。然而婚后两年，胥氏死于产后疾病，年方17岁。《绿竹堂独饮》和《述梦赋》，都表达了欧阳修对胥夫人的深情思念。胥氏病故，景祐元年（1034）欧阳修再娶谏议大夫杨大雅之女，一年之后，杨氏亦病故。景祐四年（1037），又娶资政殿学士、户部侍郎薛奎之女。薛氏育有四子：欧阳发、欧阳奕、欧阳棐、欧阳辩。元脱脱著《宋史》，将欧阳发和欧阳棐的传记附在《欧阳修传》后面，兹一录之：

> 子发，字伯和，少好学，师事安定胡瑗，得古乐钟律之说，不治科举文词，独探古，始立论议。自书契以来，君臣世系，制度文物，旁及天文、地理，靡不悉究。以父恩，补将作监主簿，赐进士出身，累迁殿中丞。卒，年四十六。苏轼哭之，以谓发得文忠公之学，汉伯喈、晋茂先之流也。
>
> 中子棐，字叔弼，广览强记，能文词，年十三时，见修著《鸣蝉赋》，侍侧不去。修抚之曰："儿异日能为吾此赋否？"因书以遗之。用荫，为秘书省正字，登进士乙科，调陈州判官，以亲老不仕。修卒，代草遗表，神宗读而爱之，意修自作也。服除，始为审官主簿，累迁职方员外郎、知襄州。曾布执政，其妇兄魏泰倚声势来居襄，规占公私田园，强市民货，郡县莫敢谁何。至是，指州门东偏官邸废址为天荒，请之。吏具成牍至，棐曰："孰谓州门之东偏而有天荒乎？"却之。众共白曰："泰横于汉南久，今求地而缓与之，且不可，而又可却邪？"棐竟持不与。泰怒，谮于布，徙知潞州，旋又罢去。元符末，还朝。历吏部、右司二郎中，以直秘阁知蔡州。蔡地薄赋重，转运使又为覆折之令，多取于民，民不堪命。会有诏禁止，而佐吏惮使者，不敢以诏旨从事。棐曰："州郡之于民，诏令苟有未便，犹将建请。今天子诏意深厚，知覆折之病民，手诏止之。若有惮而不行，何以为长吏？"命即日行之。未几，坐党籍废，十余年卒。

苏轼与比自己小十岁的欧阳棐关系极好。欧阳棐（1047—1113），字叔弼。欧阳修读到苏轼文章发出的"汝记吾言，30年后，世上人更不道著我也"之感慨，即是对欢阳棐所说。

在苏轼现存诗集中，有《寄欧阳叔弼》《小饮西湖，怀欧阳叔弼兄弟，赠赵景贶、陈履》《以屏山赠欧阳叔弼》等诗。

当熙宁十年（1077）苏轼寓居于开封郊外范镇的东园时，欧阳奕竟然抱着被褥来与苏轼对床夜话，滔滔不绝，直到天光大白。苏轼自然愿意坦陈他的政治见解，欧阳奕却劝苏轼保身远祸。苏轼说，看着他那诚恳的神情，竟然和欧阳修一模一样。

欧阳奕卒于元丰元年（1078），苏轼为他写了祭文，苏辙为他写了挽诗。据周必大《平园续稿》卷七《跋欧阳文忠公诲学帖》，欧阳奕是胡宿的女婿，文章豪放，尤长于诗。在郑侠获罪被贬出京时，凡是和郑侠有来往的人，都受到了朝廷的惩处，但欧阳奕不怕，送了很多钱给郑侠。欧阳修很喜欢这个儿子，将自己 23 岁时作的《玉不琢不成器赋》特意写给欧阳奕以勉励他，可惜他只到 34 岁就死了。

元祐年间，苏轼选任、举荐的秘书省职官们，多将自己的亲友学生召集在身边，刘安世等人就因苏轼举荐黄庭坚、欧阳棐入秘书省而上章弹劾苏轼。显然，在饮酒赋诗、聚会雅集过程中，少不了欧阳棐和欧阳辩的身影。

在这一段时间，苏轼的一些表章还由欧阳棐代笔。在欧阳修生前，欧阳修的一些文章就是由欧阳棐代笔，现在，他又给苏轼代笔。《西台集》卷六《欧阳叔弼传》："东坡苏子瞻在翰林，亦多以内表章属叔弼代之，人莫能辨。"

哲宗元祐六年（1091），朝廷里的新旧党之争，由于王安石、司马光等人的去世，转化为新的党派之争，分别形成了蜀党、洛党和朔党，苏轼被两党夹击，出知颍州。这恰是欧阳修生前曾经任职和退休后居住的地方。

欧阳修曾在颍州西湖上作了一首《玉楼春·西湖南北烟波阔》：

> 西湖南北烟波阔，风里丝簧声韵咽。舞余裙带绿双垂，酒入香腮红一抹。
> 杯深不觉琉璃滑，贪看六幺花十八。明朝车马各西东，惆怅画桥风与月。

距这首词 43 年后也即欧阳修已经去世 20 年后，苏轼到颍州西湖，在相同的地点作了一首同韵的词，《木兰花令·次欧公西湖韵》：

霜余已失长淮阔，空听潺潺清颍咽。佳人犹唱醉翁词，四十三年如电抹。

草头秋露流珠滑，三五盈盈还二八。与余同是识翁人，惟有西湖波底月。

本来在《花间集》中，《木兰花令》和《玉楼春》这两个词牌是不同的两调，但是在后来的《尊前集》中将两调误刻，因而《玉楼春》和《木兰花令》到了宋词那里，基本上也就混填了。水面上传来阵阵的歌声，虽然还是欧阳修的词，但是见过欧阳修的人与物，却只有苏轼和倒映在湖面上的月亮了，“四十三年如电抹”，一瞬而已。

欧阳修的两个儿子欧阳棐和欧阳辩也都在颍州居住，因而苏轼和他们以及赵德麟、陈师道等人常在颍州的西湖有诗酒之会。苏轼《泛颍》一诗中说：“赵陈两欧阳，同参天人师。观妙各有得，共赋泛颍诗。”就是记录他们之间的往来。一直到欧阳棐和欧阳辩两个人离开颍州之前，他们之间相处极为愉快。

欧阳修的夫人薛氏，则在欧阳修逝世 18 年后才去世。

苏轼《祭欧阳文忠公（夫人）文》中提道：

维元祐六年，岁次辛未，九月丙戌朔，从表侄具位苏轼，谨以清酌肴果之奠，昭告于故太师衮国文忠公安康郡夫人之灵。呜呼！轼自龆龀，以学为嬉。童子何知，谓公我师。昼诵其文，夜梦见之。十有五年，乃克见公。公为拊掌，欢笑改容。此我辈人，余子莫群。我老将休，付子斯文。再拜稽首，过矣公言。虽知其过，不敢不勉。契阔艰难，见公汝阴。多士方哗，而我独南。公曰子来，实获我心。我所谓文，必与道俱。见利而迁，则非我徒。又拜稽首，有死无易。公虽云亡，言如皎日。元祐之初，起自南迁。叔季在朝，如见公颜。入拜夫人，罗列诸孙。敢以中子，请婚叔氏。夫人曰然，师友之义。凡二十年，再升公堂。深衣庙门，垂涕失声。白发苍颜，复见颍人。颍人思公，曰此门生。虽无以报，不辱其门。清颍洋洋，东注于淮。我怀先生，岂有涯哉。（《苏轼文集》，第 1956—1957 页）

这篇祭文，是在颍州同时祭拜欧阳修及其夫人时所写。

元祐六年是 1091 年，元祐之初，则是 1086 年，当时新皇帝登基，苏轼

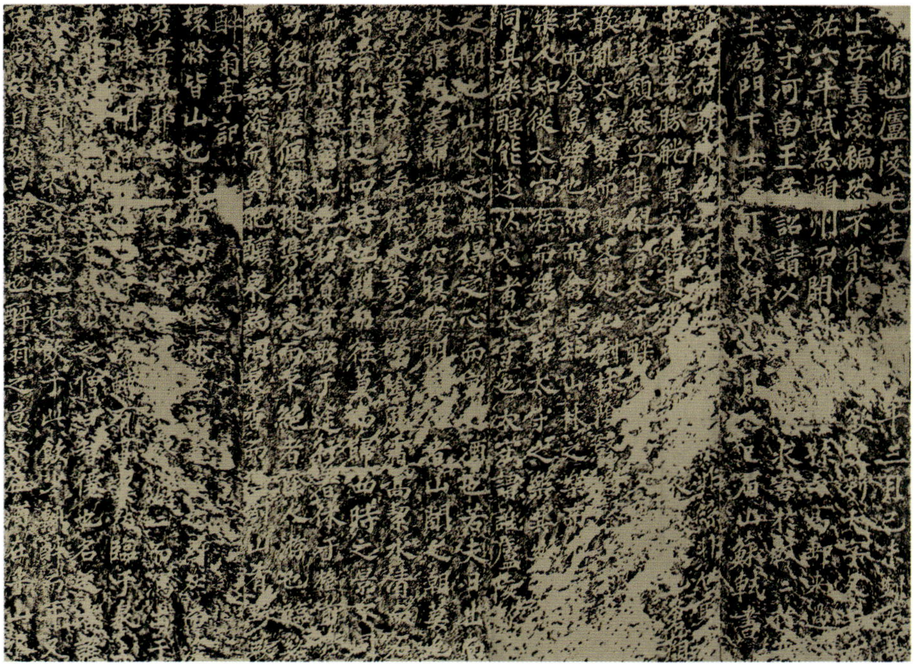

醉翁亭记　宋　苏轼

兄弟被召回京得到重用，从八品一直升到三品的翰林学士，成了皇帝身边重要的人物，而欧阳修一家的境况则一直在衰落，欧阳修的大儿子欧阳发也死了。

苏轼在看望欧阳修的夫人及三儿子欧阳棐时，为了感念欧阳修对自己的恩情，主动跟欧阳棐提亲，让自己的二儿子苏迨娶欧阳棐的女儿也即欧阳修的孙女为妻。孔凡礼《苏轼年谱》把苏迨成亲的时间放在元祐六年的正月。苏迨虽然参加礼部考试落第了，然而却成了亲，完成终身大事。苏东坡在这篇祭文中自称“从表侄”，也是因为这一层关系。

而这，大概是苏轼以联姻这一形式来感念老师欧阳修的恩情吧。

苏迨娶欧阳棐的六女儿为妻，欧阳氏生箕、筌、筹三子。1093 年，欧阳氏继王闰之病逝之后也去世了，苏迨又续娶欧阳氏，却是前妻的七妹，生一子篑。篑无后，苏过的孙子苏岘后来过继给苏篑为后。

又元祐六年（1091）十一月，正在颍州任上的苏轼，应刘季孙之请，用大字楷书写了欧阳修的名文《醉翁亭记》：“庐陵先生以庆历八年三月己未刻石亭上，字画褊浅，恐不能传远，滁人欲改刻大字久矣。元祐六年，轼为颍州，而开封刘君季孙自高邮来，过滁，滁守河南王君诏请以滁人之意，求书于轼。轼于先生为门下士，不可以辞。十一月乙巳，眉山苏轼书。”这一次刻石立碑，距上一次庆历八年（1048），不知不觉间，已近半个世纪了！

而绍圣元年（1094）闰四月十五日苏轼过韦城时，遇见了欧阳思仲。他是欧阳修之孙，欧阳发之子，此时，他正在韦城县任主簿。苏轼书《中山松醪赋后》云：“予在资善堂，与吴传正为世外之游。及将赴中山，传正赠予张遇易水供堂墨一丸而别。绍圣元年闰四月十五日，予赴英州，过韦城，而传正之甥欧阳思仲在焉，相与谈传正高风，叹息久之。始予尝作《洞庭春色赋》，传正独爱重之，求予亲书其本。”苏轼与欧阳修一家三代，都保持着友谊。

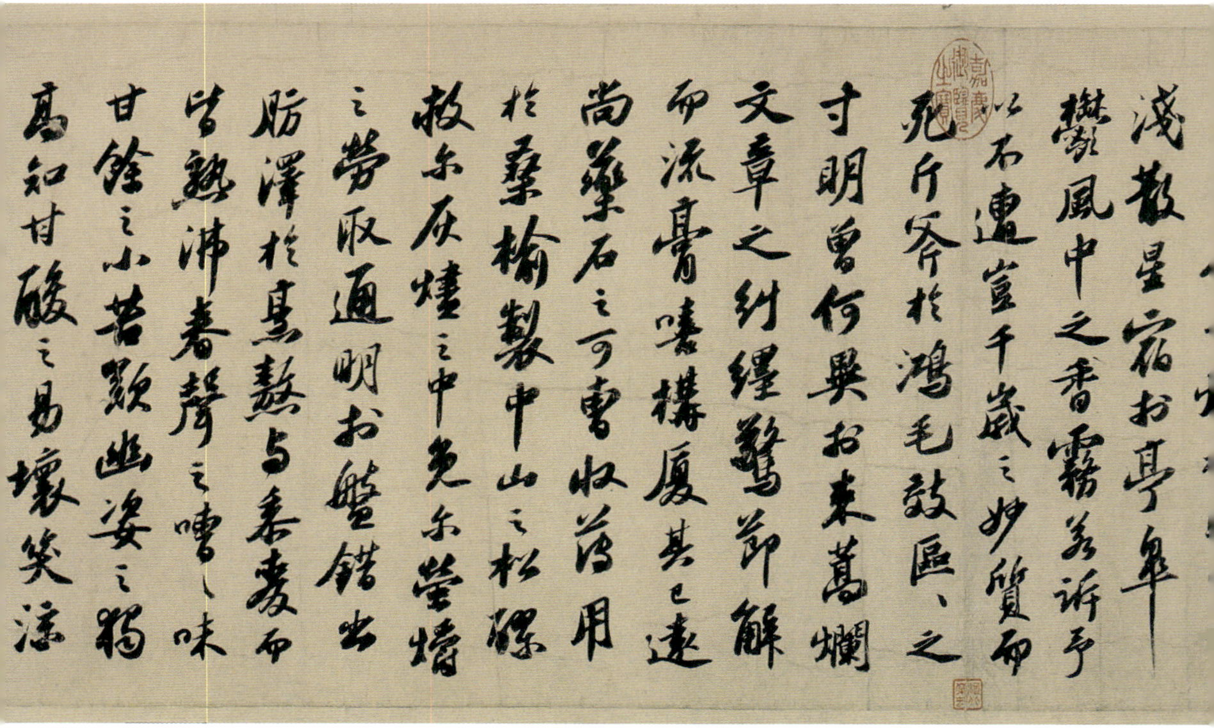

中山松醪赋（局部）　宋　苏轼

“惟冀为国自重”——与司马光

说到苏轼和王安石，还有一个人必须立刻提到，那就是在变法期间因反对变法无果而退居到洛阳编写《资治通鉴》的司马光。

司马光（1019—1086），字君实，号迂叟，陕州夏县涑水乡（今山西夏县）人，世称涑水先生。他在仁宗宝元元年（1038），进士甲科及第时只有19岁。皇祐五年（1053），司马光任殿中丞，除史馆检讨，修日历，改集贤校理，专任史官，开始了对历史的研究。嘉祐三年（1058）也就是苏轼进士及第的第二年，司马光已经是开封府推官，赐五品服，累迁龙图阁直学士。

司马光比苏轼大近20岁，无疑是长辈。

苏轼兄弟考中进士时的主考官是欧阳修，因而大家都知道欧阳修是苏轼兄弟的老师，但苏轼兄弟，还应该说是司马光的学生，因为苏轼兄弟参加了最重要的制科考试。嘉祐六年（1061）七月，诏以起居舍人知谏院司马光、同知谏院杨畋、知制诰沈遘为秘阁考官，另有复考官胡宿以及蔡襄。从制科考试的角度来说，考官即是座师，考生即是学生。在这次考试中，司马光尤其推许苏辙的对策，置于第三等，也就是最高的一等。

但是复考官胡宿却认为此卷出言不逊，坚持不取，司马光与范镇商量，认为可取，争议中皇帝亦不能定，还是让群臣商议。司马光就上了一道奏书：

> 臣窃以国家置此六科，本欲取材识高远之士，固不以文辞华靡、记诵杂博为贤。辙所试文辞，臣不敢言，但见其指陈朝廷得失，无所顾虑，于四人之中，最为切直，今若以此不蒙甄收，则臣恐天下之人皆以为朝廷虚设直言极谏之科，而辙以直言被黜，从此四方以言为讳，其于圣主宽明

之德，亏损不细，臣区区所忧，正在于此，非为臣已考为高等，苟欲遂非取胜而已也。

其中所说的“敁”字号虽然是苏辙的考卷，但司马光对此二人的欣赏与评价，却非常之高。

司马光与苏轼兄弟关系密切，与苏洵之间亦属友好，苏轼母亲程夫人的墓志铭，即是司马光所撰写，加上制科考试担任考官，极力提拔苏氏兄弟，苏轼与司马光之间，看起来至少与张方平、欧阳修、范镇等长辈一样亲近，甚至司马光对苏轼还有些偏爱。

治平三年（1066），司马光将他编写的《通志》——以《史记》为主，从烈王二十三年韩、赵、魏三家分晋起到秦二世三年秦朝灭亡为止，重新编成《周纪》五卷、《秦纪》三卷共八卷进呈英宗皇帝。英宗看后大为赞赏，并给司马光两条明确指示，一是接续《通志》继续往下编修，二是决定设立书局，任司马光自择官属作为自己的助手。于是，《资治通鉴》这一浩大的修史工程就开始了。

治平四年（1067），英宗病死，神宗赵顼即位。时任参知政事的欧阳修极力向神宗推荐“德性淳正，学术通明”的司马光，司马光被任命为翰林学士，不久，又为御史中丞。

治平二年（1065）五月二十八日，从陕西回到京城不久的王弗病故；治平三年（1066）四月，苏洵病故。六月，苏轼兄弟二人出京，回乡守制，守制结束，已经是熙宁元年（1068）七月，回到京城时，皇帝换了神宗，国家的政治也变换了方向，王安石的变法已箭在弦上、刻不容缓。

苏轼还朝，以殿中丞直史馆判官告院——这本来是一个闲职，隶属于吏部即中央组织部，负责官方辞章的撰制，但是，他很快就被卷到新旧法之争中来了。

熙宁元年（1068）十一月，皇帝将举行每年例行的重要活动：郊祀。然而执政以为河朔伤旱，国用不足，乞求南郊勿赠金帛。犹豫不决的皇帝召学士会商。司马光说：“救灾节用，常自贵近始，可听也。”王安石则以为：“大臣不能，当辞职，不当辞禄。国用不足，是由于未得善于理财的人才之故，徒节用为无益。”司马光认为，不该花的钱就不花，能省就省；而王安石则认为，如果大臣没本事，应该辞职而不是不领工资。国家没钱花，是因为没有找到能赚钱的人，省钱有什么意义！司马光认为会理财不过是会“聚敛”；王安石说不加税赋而能增加国家的收入；司马光说这怎么可能，天下的财富是固定的，不在官就在民，如果想方设法从人民那里掠夺财富，它的害处远远胜于明目张胆地加税，这是桑弘羊欺骗汉武帝的老办法……这次御前会议的争论，是这两个时代巨人第一次发生的直接冲突。

熙宁二年（1069），神宗任王安石为参知政事，在全国范围内开展变法。司马光与王安石在一些根本性问题上，在皇帝面前互不相让，激烈争辩。

当变法还未显露明显的弊病时，一向稳重的司马光并未公开发表反对意见，直到颁发“青苗法”之后，司马光才表示不同意见，他认为皇帝靠权柄放钱收息，肯定比平民放贷收息的危害大多了！

其实，他们之间根本的冲突在于，作为经学家的王安石是理想主义者，从富国强兵的角度以救国家于贫弱，因而节省钱物无济于事，所以不妨大胆试验；而作为史学家的司马光则从现实主义的角度认为，养民乃治国之本，夺民所有，官未必富而民乃先贫，远不如培养本源，徐徐取用。

也有史学家认为，王安石的新政，代表南方知识分子开明进取的精神，司马光则代表北方人物稳健和保守的传统。而我认为，追溯到二人的学术理念，则是经学与史学之异。

如果说在变法运动中，王安石在左，司马光在右，苏轼则居中偏右——这三人同属神宗时期彪炳史册的人物，彼此都曾惺惺相惜，但在变与不变以及怎么变的“立场”上却让三位顶级的人物不惜撕破脸，不禁令人唏嘘不止。

而王安石这个人也是，在变法之前，他大受追捧，变法之后，却很少有人能够和他合作。何况再加上推行新法过程中不断地有小人加入执行，变法改革不仅让旧党吃尽苦头，也让王安石心灰意冷。

神宗年间，深受神宗信赖的王安石实行变法，虽然是全力推行新法，但也困难重重，这其中，就有来自司马光和苏轼的阻力。

在反对王安石变法方面，苏轼和司马光、张方平、范镇、富弼等老辈人的观念基本一致，即与其相信效率，不如更重道德。苏轼上书皇帝曰：

独乐园图　明　仇英

> 夫国家之所以存亡者，在道德之浅深，不在乎强与弱，历数之所以长短者，在风俗之厚薄，不在乎富与贫。道德诚深，风俗诚厚，虽贫且弱，不害于长而存。道德诚浅，风俗诚薄，虽强且富，不救于短而亡。（《苏轼文集》，第 737 页）

从这道奏书中就可以看出，王安石的着眼点是在“强弱”，而苏轼的着眼点是在“厚薄”，也可以说，说的不是一个问题，然而，新党旧党之间，偏偏争论的就是一个问题！这不但是急于见到变化的王安石所不愿闻，也与神宗的愿望南辕北辙。

三安石推行新政，为了加快速度，竟至于用刑赏的方式来推动新政的实施，地方官吏莫不乐赏惧刑，因而不择手段地来压迫小民，以取悦于皇帝与朝廷，原本困穷不堪的小民，竟至于到了家破人亡的地步。也就是因这一方面，王安石被后来史家列入法家，而苏轼则一直对商鞅和桑弘羊二人进行猛烈的攻击，甚至在晚年还愤愤地认为：“自君子视之，二子之名如蛆蝇粪秽，言之则污口舌，书之则污简牍。”（《东坡志林》）

尽管反对变法，熙宁三年（1070）二月十二日，皇帝还是擢司马光为枢密副使，这个职位主管军政，但司马光以“不通财务”“不习军旅”为由坚决推辞，接连上五封札子自请离京，皇帝无奈，让他以端明殿学士知永兴军（现陕西省西安市）。

在神宗准备让司马光任枢密副使告诉王安石时，王安石却说：“司马光外托劘上之名，内怀附下之实，所言尽害政之事，所与尽害事之人，而欲置之左右，使与国论，此消长之机也。”王安石还进一步说：“光才岂能害政，但在高位，则异论之人，倚以为重。”在王安石眼中，司马光的话足以“害政”，就算司马光本人不足以“害政”，但依附于他的人，却足以“害事”。这就包括了苏轼兄弟等人。

司马光到了永兴军，随又乞判西京留台，屡请不报，逼得他又上一疏：

臣之不才，最出群臣之下，先见不如吕诲，公直不如范纯仁、程颢，敢言不如苏轼、孔文仲，勇决不如范镇……臣畏懦惜身，不早为陛下别白言之，轼与文仲皆疏远小臣，乃敢不避陛下雷霆之威、安石虎狼之怒，上

独乐园图（局部）　明　仇英

书对策，指陈其失，隳官获谴，无所顾虑，此臣不如轼与文仲远矣！

熙宁四年(1071)四月九日，范镇因直言王安石“进拒谏之计”“用残民之术”而被罢官时，司马光又愤然上疏为范镇鸣不平，并请求任职西京留司御史台，自己则退居于洛阳，以书局自随。他在洛阳尊贤坊北国子监侧故营地买田20亩，修造了这个园子，取名“独乐园”，并写了《独乐园记》和三首《独乐园咏》诗。

李格非《洛阳名园记》是这样描述独乐园的：“司马温公在洛阳，自号迂叟，谓其园曰独乐。园卑小，不可与他园班。其曰读书堂者，数十椽屋；浇花亭者，益小；弄水、种竹轩者，尤小；曰见山台者，高不过寻丈；曰钓鱼庵、曰采药圃者，又特结竹杪落蕃蔓草为之尔。温公自为之序，诸亭台诗，颇行于

司马光归隐图 明 佚名

世。所以为人欣慕者，不在于园耳。”

独乐园既是他的寓所，也是《资治通鉴》书局所在地。司马光联合当时最为杰出的年轻史学家刘恕、刘攽、范祖禹等人，司马光的儿子司马康担任检阅文字的工作，他们共同合作，心无旁骛，继续编撰《通鉴》，绝口不论政事，这一去，时间长达 15 年。完成后的《资治通鉴》，共 294 卷，近 400 万字。

也可以说，如果没有王安石变法和司马光的坚决求退，就不会有《资治通鉴》这一历史巨著的产生。

老臣的反对无效，言官的诤谏不听，在皇帝与王安石携手掀起的新政暴风中，苏轼先后离京到杭州、密州、徐州、湖州任职，几年下来，终于栽了跟头。先有谢景温的诬陷，后有沈括收集他的诗中的“讪怼”之词，虽然王安石已经罢相，然而以李定、舒亶为首的台谏官，终于在元丰二年（1079）八月十八日，将苏轼抓进御史台狱中，是为“乌台诗案”。

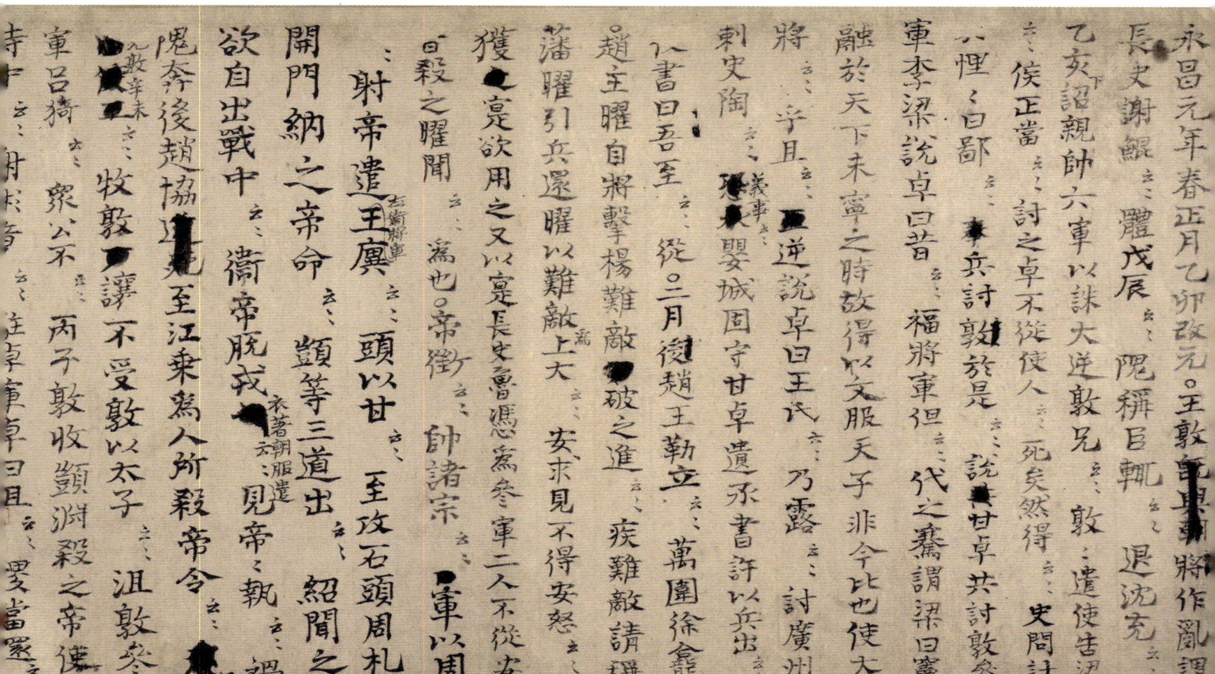

资治通鉴残稿（局部）　宋　司马光

御史台移文有关地方的政府机关，向各有关人员取证，哪怕只有片言只语，也要缴纳上来。八月二十日，御史们开始审问苏轼，其中查到苏轼有寄《司马君实独乐园》一诗，诗如下：

青山在屋上，流水在屋下。
中有五亩园，花竹秀而野。
花香袭杖履，竹色侵杯斝。
樽酒乐余春，棋局消长夏。
洛阳古多士，风俗犹尔雅。
先生卧不出，冠盖倾洛社。
虽云与众乐，中有独乐者。
才全德不形，所贵知我寡。
先生独何事，四海望陶冶。
儿童诵君实，走卒知司马。
持此欲安归，造物不我舍。
名声逐吾辈，此病天所赭。
抚掌笑先生，年来效喑哑。（《苏轼诗集》，第733页）

这首诗是苏轼在熙宁十年（1077）在徐州时所作。

诗的主旨，据苏轼“乌台诗案”里自己的交代：“此诗言四海望光执政，陶冶天下，以讥见任执政不得其人。”所谓的“见任”，即“现任”。

《渑水燕谈录》中有一段议论：“司马文正公以高才全德，大得中外之望。士大夫识与不识，称之曰君实；下至闾阎畎亩、匹夫匹妇，莫不能道司马公。身退十余年，而天下之人日冀其复用于朝。”因而诗中“儿童诵君实，走卒知司马”正是实录。司马光虽然已经绝口不提时事，但他隐然是反对派心目中的旗帜，凡是不满新法的士大夫，无不寄希望于司马光的重新起用。因而“乌台诗案”里说：“言儿童走卒皆知其姓字，终当进用……意亦讥朝廷新法不便，终用光改变此法也。”

熙宁九年（1076），苏轼罢密州任，本来是移知河中府，但离开密州取道澶、濮一带打算先去汴京途中，经过陈桥驿时，又得到调任徐州的任命，且不得入京城，只好寓居于郊外范镇的东园。范镇曾于三月间往游嵩山、洛水，带回来司马光为苏轼写的《超然台寄赠子瞻学士》诗：

使君仁智心，济以忠义胆。
婴儿手自抚，猛虎须可揽。
出牧为龚黄，廷议乃陵黯。
万钟何所加，甔石何所减。
用此始优游，当官免阿谄。
向时守高密，民安吏手敛。
乘间为小台，节物得周览。
容膝常有余，纵目皆不掩。
山川远布张，花卉近缀点。
筵宾肴核旅，燕居兵卫俨。
比之在陋巷，为乐亦何歉。
可笑夸者愚，中天犹惨惨。

苏轼则以按捺不住的喜悦给司马光写回信：

春末，景仁丈自洛还，伏辱赐教，副以《超然》雄篇，喜忭累日，寻以出京无暇，比到官，随分纷冗，久稽裁谢，悚怍无已。比日，不审台候何如？某强颜苟禄，忝窃中，所愧于左右者多矣。未涯瞻奉，惟冀为国自重，谨奉启问。（《苏轼文集》，第 1441 页）

一封信写完，意犹未尽，又写了另外一封：

某再启：《超然》之作，不惟不肖托附以为宠，遂使东方陋州，以为不朽之美事，然所以奖与则过矣。久不见公新文，忽领《独乐园记》，诵味不已，辄不自揆，作一诗，聊发一笑耳。彭城佳山水，鱼蟹侔江湖，争

讼寂然，盗贼衰少，聊可藏拙。但朋游阔远，舍弟非久赴任，益岑寂也。（《苏轼文集》，第 1441 页）

诗文往来，情谊拳拳，所以后来苏轼作《司马温公行状》，最后说：“轼从公游二十年，知公平生为详。”并非虚语。

苏轼于七月被抓，八月入狱，至十二月二十九日出狱，除了对苏轼本人以水部员外郎充黄州团练副使本州安置、不得签书公事的处分以外，对涉及此案“收受有讥讽文字而不申缴官司者”22 人处以罚铜，司马光与范镇、李常、孙觉、曾巩等人一样，罚铜 20 斤。

本来，苏轼在《司马君实独乐园》一诗的结尾还略有讥讽地说司马光“装聋作哑”，出了狱到黄州之后，苏轼也有一段时间迫使自己不作诗文。但，他还是从黄州给司马光写了一封信：

谪居穷陋，如在井底，杳不知京洛之耗，不审迩日寝食何如？某以愚昧获罪，咎自己招，无足言者。但波及左右，为恨殊深，虽高风伟度，非此细故所能尘垢，然某思之，不啻芒背尔。寓居去江干无十步，风涛烟雨，晓夕百变，江南诸山，在几席上，此幸未始有也。虽有窘乏之忧，顾亦布褐藜藿而已。瞻晤无期，临书惘然，伏乞以时善加调护。（《苏轼文集》，第 1442 页）

这可以看作是苏轼对司马光发出的由衷的歉意吧。

元丰八年（1085），38 岁的神宗病故，新登基的小皇帝哲宗赵煦只有十岁，英宗的皇后、神宗的母亲、宣仁皇太后高氏（1032—1093）奉神宗的遗诏辅佐年幼的皇上，垂帘听政。

宣仁太后一听政，就开始召回熙宁、元丰时代的旧臣，先召回在扬州的吕公著，然后命司马光知陈州，再复苏轼为朝奉郎、知登州。这一切，都是符合程序的调动，又刚好赵王珪病逝，将现任大臣重新安排。同时，新党的蔡確、韩缜、章惇也依然在位。

六月，吕公著到京，即刻拟了一份包括孙觉、范纯仁、李常、刘挚、王岩叟以及苏轼在内的名单。司马光受命知陈州，过阙入见，当即被太皇太后留下，命为门下侍郎。

名满天下的司马光在元丰七年（1084）回京师的路上，就引起了轰动，老百姓跟着他的行踪叠足聚观、壅塞道路，竟使马不能行。而司马光依礼往谒现任宰相时，老百姓竟然爬上相邸对面人家的屋顶，或骑在屋脊上，或爬到树上看他，那些附近人家的屋瓦都被踩碎，树枝都被踏断。

苏轼还京途中，也遇着成百上千的老百姓拦住他的马头，向他呼吁："请您转告司马相公，不要离开朝廷，好自珍重，才可以活我百姓。"

司马光一入中枢，太皇太后即对他言听计从。高太后在神宗在世时就强烈反对变法，因此高太后一听政，将王安石的新法全部废止。当时有人以为，按照"三年无改于父之道"的古训，新皇帝继位，不宜骤改朝政，但司马光说："太皇太后以母改子，非子改父"，也是一个合法的根据。

司马光为门下侍郎，章惇知枢密院，二人分别为新党旧党领袖，讨论事情往往针锋相对，司马光敦厚沉实，章惇咄咄逼人，每每气得司马光说不出话来，司马光不得不请苏轼出来与章惇商议，调整二人讨论问题的方式。在苏轼的劝说下，章惇在与司马光相对时，的确收敛了锋芒。

司马光执政之后，一方面以旧党人物替换新党官员，一面则着手新法的废除。从元丰八年七月罢保甲法、十一月罢方田法、十二月罢市易法、保马法，元祐元年（1086）闰二月，罢青苗法。史称"元祐更化"。

司马光上言：免役法有五害，请求恢复差役法。这一行为，不仅新党人士反对，旧党人士也反对。当王安石变差役法为免役法时，苏轼曾经激烈反对过，但后来在地方上亲经历练，有了实际的体认，几乎对免役法完全改变了原来的观点，认为在王安石所有新法中，免役法是比差役法进步的一个良法。而一直满意这一个法的王安石，则在听到新法被全部废除的沮丧中病逝，享年 66 岁。

司马光当了宰相，苏轼也从一个八品官一跃成了正三品，按理应该是司马光最得力的合作者，但他偏偏认为司马光全废旧法，也未免偏激："其实王安石的新法有的还是好的，不应当废除。"于是又与司马光争得不亦乐乎！

司马光废除免役法时，范纯仁劝说无效，苏轼就挺身而出，据理力争。为此事，苏轼和役局的同事如孙永、傅尧俞——现存《赤壁赋》墨迹，就是写给他的——也争论激烈，撕破了脸面，几乎得罪所有相门。

已经施行了 16 年的免役法不仅在司马光的坚持下被废止，而且限在五日之内完成。就在大家认为不合情理之际，开封府尹蔡京居然如期办好，司马光大喜：“使人人能奉法如君，何不可行之有！”然而他忘了范纯仁的告诫：谋自己出，则谄媚逢迎的小人，一定乘虚而入。

天性幽默的苏轼几乎给朝中所有大臣都起了绰号，但对敬重的人他不敢，也不会那么做。然而这次分歧让他大为光火，回家之后气得大呼：“司马牛！司马牛！”此事记于蔡絛《铁围山丛谈》之中：

> 以高才狎侮诸公卿，率有标目，殆遍也，独于司马温公不敢有所重轻。一日，相与共论免差役利害，偶不合。及归舍，方卸巾弛带，乃连曰：“司马牛！司马牛！”

司马牛，是孔子的弟子。苏轼将这个人物安在司马光的头上，倒是贴切。另外有一个“鳖厮踢”，则未免刻薄：

> 苏公一日与温公论事，坡偶不合，曰：“相公此论，故为鳖厮踢。”温公不解，曰：“鳖安能厮踢？”坡曰：“是之谓鳖厮踢。”

依司马光学识，也未知“鳖厮踢”之意，看来是苏轼临时即兴的一个创造：“鳖”为甲鱼，“厮踢”就是厮打、踢蹬的合写。了解甲鱼习性的人都知道，它一旦遇到有情况时，就会一个劲儿地往泥里钻，同时不顾一切地用后腿胡乱厮踢。我猜，当苏轼将这三个字说出口的时候，自己也会被逗笑，而留下一脸茫然的司马光发愣。

争来争去，虽然并不是为了个人，然而，司马光提拔起来的四个御史刘安世、王岩叟、刘挚、朱光庭，却已经将苏轼视为“另类”，即使司马光可以容忍，他们也无法再容忍苏轼的性格与行为。只要一有机会，他们就会发动对苏轼的攻击，让苏轼疲于应对、焦头烂额。

元祐元年（1086）七八月间，生了病的司马光告假；九月初一，司马光

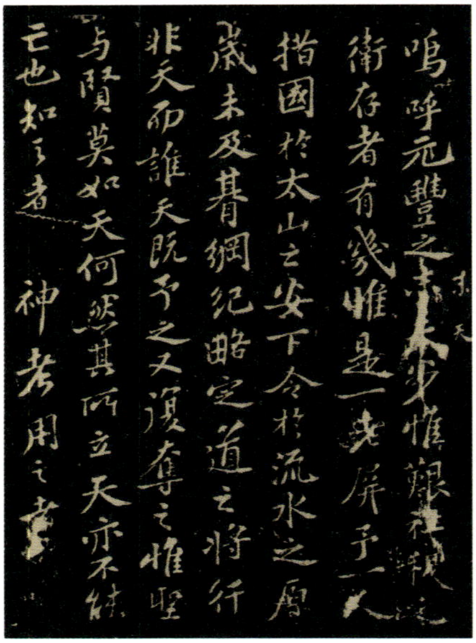

司马光安葬祭文（局部）　宋　苏轼

死于任上，距他主持朝政，不过一年。除了太皇太后、皇帝伤心，苏轼的心情，也一言难尽。

司马光去世当天，新皇帝刚刚领大臣举行明堂祀典，安放神宗的灵位入太庙。九月六日，典礼结束，参与祀典的三省官员都准备赶往相邸吊唁死去的司马光，不料程颐拦着众官道：“《论语》曰：子于是日哭，则不歌，岂可贺赦才了，便去吊丧？庆吊同日，与古礼不合。”有人争辩，孔子说“哭则不歌”，并没有说“歌则不哭”，就在程颐仍然坚持己见时，苏轼虽然和程颐的哥哥程颢为同年，但他实在不喜欢这位道学先生，脱口便对程颐道：“此乃鏖糟陂里叔孙通所制礼也。”这句话细分析起来，实在刻薄。“鏖糟陂里”是都城西南7公里处的一处沼泽地，夏秋积水，既脏又臭。而叔孙通则是秦汉之际的儒生，他在刘邦称帝以后，折中古礼，为刘邦制订了一套规章礼仪，因而，把都城的那滩污水和叔孙通合在一起，就是笑话程颐无非是冒牌的村夫子而已。众官大笑，苏轼也彻底得罪了程颐，那些出自程门的弟子们，更是怒不可遏。不想这样一句略嫌刻薄的玩笑，为后来的“洛党”“蜀党”之争，埋下了无可化解的伏笔。

司马光去世之后，苏轼为其撰写《司马温公行状》，洋洋洒洒3000字，充满了对司马光的敬意与褒奖。而《祭司马君实文》的开篇即是“百世一人，千载一时。惟时与人，鲜偶常奇”，认为司马光是世不多见的人物。

明人屠隆曾在其所著《考槃余事》中记录了苏轼和司马光之间关于茶与墨异同的讨论，倒是充满生活智慧与情趣的一段佳话。

司马光问苏轼：

> 茶欲白，墨欲黑；茶欲新，墨欲陈；茶欲重，墨欲轻。君何以同爱二物？

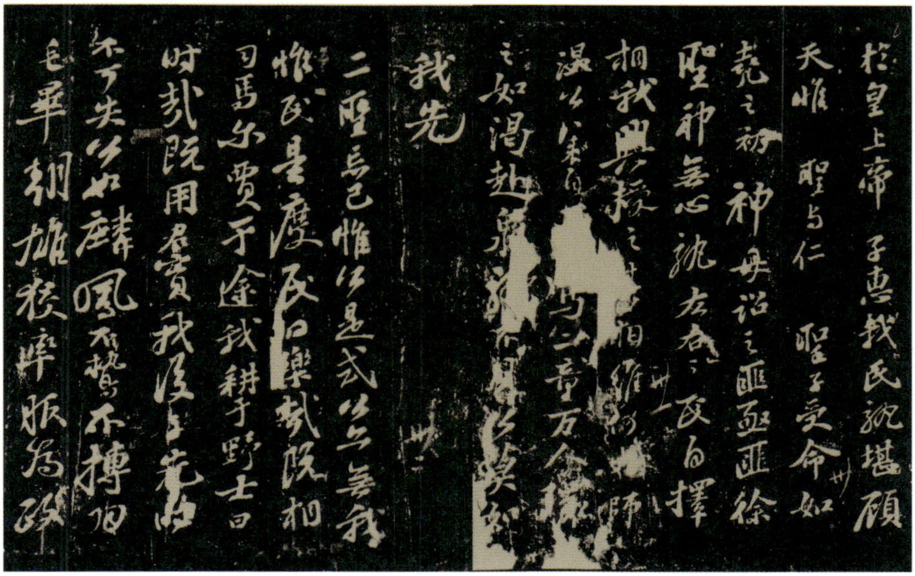

司马温公碑赞词帖　宋　苏轼

在司马光看来，世界上的事物就应该是截然分明的，比如茶与墨之别：白、黑，新、陈，重、轻——如此矛盾之物，怎么可以同时喜欢？苏轼答：“二物之质诚然矣，然亦有同者。”司马光欲闻其详，苏轼从容而道：

> 奇茶妙墨俱香，是其德同也；皆坚，是其操同也；譬如贤人君子，黔皙美恶之不同，其德操一也。公以为然否？

司马光的执着与苏轼的机智，在此对话中相得益彰！

“从公已觉十年迟”——与王安石

王安石（1021—1086）年长苏轼 15 岁，中进士也比苏轼早 15 年——更不可思议的是，苏轼的死，也比王安石晚了 15 年——在那个时代，无论在哪个方面，王安石的名望都比苏轼高多了，他深受皇帝信任，主导着轰轰烈烈的熙宁变法。

说到苏轼与王安石的关系，还要从苏洵与王安石的关系说起。

嘉祐八年（1063）八月十二日，王安石的母亲在汴梁逝世，当时在京的士大夫都去吊唁王安石的母亲，但苏洵没去。

苏洵不仅没有去，而且还专门写了一篇《辨奸论》的文章，这篇文章相当有名：

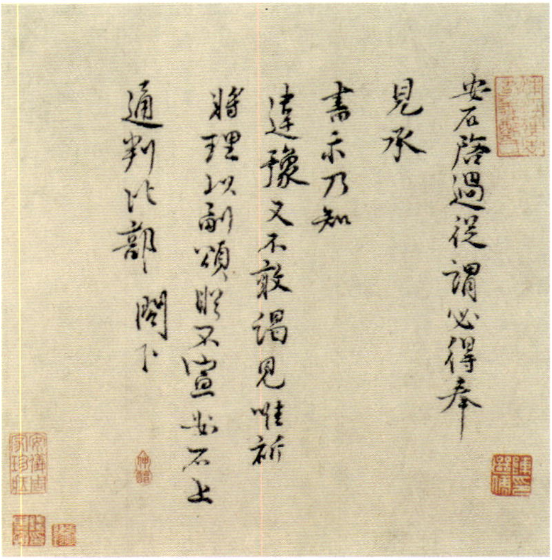

过从帖　宋　王安石

事有必至，理有固然。惟天下之静者，乃能见微而知著。月晕而风，础润而雨，人人知之。人事之推移，理势之相因，其疏阔而难知，变化而不可测者，孰与天地阴阳之事。而贤者有不知，其故何也？好恶乱其中，而利害夺其外也！

昔者，山巨源见王衍曰：“误天下苍生者，必此人也！”郭汾阳见卢杞曰：“此人得志，吾子孙无遗类矣！”自今而言之，其理固有可见者。以吾观之，王衍之为人，容貌言语，固有以欺世而盗名者。然不忮不求，与物浮沉，使晋无惠帝，仅得中主，虽衍百千，何从而乱天下乎？卢杞之奸，固足以败国。然而不学无文，容貌不足以动人，言语不足以眩世，非德宗之鄙暗，亦何从而用之？由是言之，二公之料二子，亦容有未必然也！

今有人，口诵孔、老之言，身履夷、齐之行，收召好名之士、不得志之人，相与造作言语，私立名字，以为颜渊、孟轲复出，而阴贼险狠，与人异趣，是王衍、卢杞合而为一人也。其祸岂可胜言哉？

夫面垢不忘洗，衣垢不忘浣，此人之至情也。今也不然，衣臣虏之衣，食犬彘之食，囚首丧面，而谈诗书，此岂其情也哉？凡事之不近人情者，鲜不为大奸慝，竖刁、易牙、开方是也。以盖世之名，而济其未形之患，虽有愿治之主，好贤之相，犹将举而用之。则其为天下患，必然而无疑者，非特二子之比也。

孙子曰：“善用兵者，无赫赫之功。”使斯人而不用也，则吾言为过，而斯人有不遇之叹。孰知祸之至于此哉？不然，天下将被其祸，而吾获知言之名，悲夫！（《嘉祐集》卷九）

在这篇文章里，苏洵提到了历史上的两个人：一个是王衍（256—311），一个是卢杞。

王衍字夷甫，在《世说新语》中，是一位极其著名的人物，他出身于魏晋高门琅邪王氏，外表清明俊秀，风姿安详文雅。王敦称赞他说，王衍在人群里，就像珠玉在瓦砾中一样。王衍在幼年时曾去拜访另外一位大名士山涛，山涛与他相见并交谈后，感叹了许久。等到王衍离开之后，山涛还目送他走出很远，感慨地说：“竟有妇人可以生出这样的儿子，然而误尽天下老百姓的，恐怕也是这个人呀！”

果然，王衍后来身登高位，却从来不做务实的事情。永嘉五年（311），东海王司马越去世，王衍奉其灵柩返回东海，途中为石勒所俘获。王衍在与石勒交谈时，除了推脱国家的灭亡和他没有什么责任之外，更劝石勒称帝，石勒大怒，将其与西晋旧臣一同活埋。

卢杞是唐代中期的奸相，他最擅长的事情就是对同僚进行陷害、排挤、倾轧和报复。他在巩固相权、独揽朝政的过程中，几乎每一步都踏着其他宰相和大臣的鲜血。宰相杨炎、张镒、御史大夫严郢以及四朝元老颜真卿等人，都先后死在他的手上。

所以，苏洵虽然没有直接在文章中直呼王安石其名，但大家一读，就知道他暗指的就是王安石。

王安石从来不注意自己的饮食和仪表，衣裳肮脏，须发纷乱，仪表邋遢，他的这些恶习众所周知，苏洵以“衣臣虏之衣，食犬彘之食”。“囚首丧面而谈诗书”来表达对王安石的厌恶之情。叶梦得《避暑录话》卷上记：

> 明允作《辨奸》一篇，密献安道，以荆公比王衍、卢杞，而不以示欧文忠。荆公后微闻之，因不乐子瞻兄弟，两家之隙，遂不可解。《辨奸》久不出，元丰间，子由从安道辟南京，请为明允墓表，特全载之。苏氏亦不入石，比年，少传于世。

原来，苏洵写完这篇《辨奸论》之后并没有公开发表，只有老朋友张方平等少数几个人看过，他甚至都没有给欧阳修看过。但尽管如此，王安石还是知道了苏洵对他的看法，因而对苏轼兄弟也极不喜欢。

在苏洵去世的三年后，王安石实际主政，苏洵的预言，慢慢得到了部分印证。

当然，到了清代，也有人认为这或许是王安石的对手假托已经去世的苏洵的名字写的，真正的作者应该是邵伯温——其实也未必。就是后来苏轼也提到，这篇文章的确是其父亲所写，只是他和苏辙当时有比较一致的看法，即文章写得未免有些过火。

苏洵和王安石第一次见面，是在嘉祐元年（1056）欧阳修召集的一次集会上——这时是王安石人气迅速高涨的时期，许多人都青睐于王安石，认为他足以改变当时的中国。连欧阳修也劝苏洵应该跟王安石多多交往，但苏洵果断地拒绝了欧阳修的这一好意，而且还劝欧阳修也不要和他往来。

至于交恶的原因，叶梦得《避暑录话》卷上的记载是：

苏明允本好言兵，见元昊叛，西方用事久无功，天下事有当改作。因挟其所著书，嘉祐初来京师，一时推其文章。王荆公为制诰，方谈经术，独不嘉之，屡诋于众。以故，明允恶荆公，甚于仇雠！

在叶梦得的记录中，苏洵和王安石之间的矛盾，是因政见不同，但二人的闲隙，似乎是由王安石挑起，因为王安石屡次在众人面前不给苏洵面子，才让性格刚烈的苏洵将王安石视为仇人。

另外一处的记载颇为八卦。

王安石和欧阳修、曾巩都是江西人，1042 年王安石中进士后，一直在地方为官。《宋史》说他“议论高奇，能以辨博济其说”——“辨”是分析的能力，“博”是见闻的广泛。他外任 20 多年，官位不高，但因有才名，文彦博、欧阳修、司马光、韩绛和吕公著等人在朝廷内外，都曾推荐过和宣扬过他。1067 年，神宗继位，力图有所振作，王安石被调为翰林学士，拥有了一个御前顾问的身份。

就是在欧阳修召集的那次聚会上，大家拈韵作诗，苏洵分了“而”字韵，韵在平水韵的“四支”，本属平常，但作诗显然不是苏洵的擅长，偏偏王安石除作了自己拈得的诗韵之外，又以“而”字为韵连作二首，抢了苏洵的风头，让自尊心极强的苏洵大为恼怒。

虽然跟两个儿子并称为“三苏”，但苏洵的文章和诗作都要少得多，叶梦得在《避暑录话》卷下中认为：“明允诗不多见，然精深有味，语不徒发，正类其文……婉而不迫，哀而不伤，所作自不必多也。”苏洵的诗作流传于世者本来就很少。

苏洵与王安石的关系差到这个程度，不能不直接影响到王安石与苏轼之间的关系。

急于寻求摆脱种种危机的神宗，在询问了几个除了让他失望并不能带来任何变革的大臣之后，王安石的几句话却让这位年轻的皇帝有了动力。1069 年，他被擢升为参知政事，开始大力推行青苗、均输、免役、方田等新法，史称“熙丰新法”。本来，在变法之初，朝中重臣对他都寄予了厚望，也无不钦佩他高远的政治抱负以及过人的才华，但随着变法的深入，那些重臣却都站到强烈反对他的阵营中去了。

整个行政中枢近乎瘫痪，人们把中书省里的四个人物分别形容为“生老病死”，即王安石“生”、曾公亮“老”、富弼“病”、赵抃“死”。

王安石的性格执着而狂热，既不容他人妄言，更不接受批评，于是年轻好胜的皇帝和无比自信的宰相以及附和变法的“新党”们，卷起了一场巨大的“变法”风波，这场变法的飓风一卷就是八年。

王安石对苏轼兄弟的看法

苏轼陷在这一漩涡中，无法自拔。

嘉祐六年（1061），苏轼兄弟参加制科考试，仁宗皇帝极其满意，甚至兴奋地对皇后说：“今日为子孙得两宰相矣！”但王安石对兄弟二人的文章却深不以为然，认为他们兄弟二人的文章和他父亲一样：“全类战国文章，若安石为考官，必黜之！”

所谓的“战国文章”，即《战国策》一类的文章——在儒家眼里，这一类文风相当于“旁门左道”。苏氏兄弟与王安石分别站在不同的立场而不仅仅是写作风格上来看问题，为日后成为“政敌”埋下了伏笔。

特别是对待苏辙，因为苏辙在言朝政得失中直接批评皇帝，朝廷中舆论大哗，王安石不肯撰制词，委托给知制诰沈遘起草制词。他写的评语，却正好与王安石的意思截然相反。

现存为苏轼所作的制词，形式上以皇帝的名义，文章却是王安石所作：

> 敕某。尔方尚少，已能博考群书，而深言当世之务，才能之异，志力之强，亦足以观矣。其使序于大理，吾将试尔从政之才。夫士之强学赡辞，必知要然后不违于道。择尔所闻，而守之以要，则将无施而不称矣，可不勉哉！可。（《唐宋八大家全集·王安石集》，上册，第531页）

虽然并不喜欢苏轼，但王安石也不得不承认，苏轼是一个旷世奇才！

熙宁元年（1068）的冬天，苏轼服丧期满，带着新婚的王闰之和弟弟一起重新回到汴京，任职于属于吏部的殿中丞直史馆判官告院。

此时的汴京，大不同于三年前，皇帝换了，王安石成了皇帝身边最红的人。他首先设了一个“制置三司条例司”——宋代本来就有三司使，包括户部、盐铁与度支三使，职责在于掌管全国的财政——而王安石在此之外另设制置三司条例司，则是在旧的机构之外，另外成立一个议变法、订国策的财政新组织。章惇为条例官，曾布检正中书五房公事，吕惠卿为条例司检详文字。苏辙因为一回到京城就上了一道奏书，皇帝召见，亲自任命他为这个新机构的检详官。

王安石所制定的新法，包括青苗、免役、均输、市易、农田、水利、保甲、方田、保马等，含括教育、农业、手工业、商业，从中央到地方，从乡村到城市，这次所涉及的改革是多方位的，也触及了军事制度和提高军队的素质以及战斗力的改革。王安石为了培养能够依据他的意图进行改革的人才，还改变了教育和考试制度，亲自撰写了《周礼义》《书义》《诗义》，即《三经新义》，为学校教育改革提供了新教材。这一切，都是在短短的两三年内，令行全国。

熙宁二年（1069），神宗要求大臣商议科举改革，这一提议给王安石和苏轼直接开辟了战场。

先是，苏辙《制置三司条例司论事状》已经全面批评了王安石的新法的弊端，令王安石大为光火。可以说，苏辙是最早投下反对票的人。

好在有张方平的帮助，聘苏辙为陈州教授，将苏辙从政治的漩涡中解救出来。

苏辙离开制置三司条例司后，神宗皇帝又想让苏轼来接这个位置，不过，他倒是先与王安石商量了一下，结果不出意料，王安石坚决反对。

不久，神宗让司马光推荐谏官，司马光推荐了苏轼、王元规、赵彦若三人。王安石又反对道：

> 与司马朝夕切磋者，即此刘攽、苏轼之徒耳！

王安石从一开始就不喜欢苏轼，不喜欢苏轼一家的任何一个人，他怎么会让苏轼拦住自己的手脚？

熙宁二年（1069）九月，青苗法开始实施，朝廷上下一片哗然。力争无望的韩琦、范镇、欧阳修、张方平、司马光、富弼、赵抃等人见反对无效，相继辞出。

苏轼对王安石的看法

苏轼仍然留在朝廷，而且，不管神宗皇帝召见他时问什么，凡是和新法有关的事情，他都一律表示反对，他批评王安石“求治太急”，也反反复复上书认为“新法”不妥当。

位高权重的王安石根本不在乎苏轼如何抨击他，因为满朝大臣如司马光、韩琦、孙觉等人都在抨击他，他都无所谓，何况，王安石的性格是越战越勇，绝不服输！

熙宁三年（1070），王安石与韩绛并同中书门下平章事，成了真宰相。

熙宁三年（1070）礼部考试，吕惠卿任知贡举主考官，苏轼任编排官。从这一年起，天子御试不用诗赋，而只考策问了。有个叫叶洽祖的考生在卷子中写道：

> 祖宗法度，苟简因循。陛下即位，当与忠智豪杰之臣合谋而鼎新之。

吕惠卿阅后大喜，决定将他定为第一，而苏轼却认为，进士策论本来应该是批评时政的，如果将这样的文章评为第一，必将败坏科场的风气，因而苏轼自己上《拟进士对御试策》，直接批评时政——在苏轼眼中，时政如同轻车骏马，冒险夜行，主人不知，仆人又从后面鞭打马匹，苏轼说，这样不出事故才怪。在苏轼眼中，王安石的改革是人民的不幸，为此，他极度厌恶，因而即使赌上自己的前途，也要对新法加以非难。

神宗皇帝看了这篇策论，送给王安石看，王安石对皇帝说：“苏轼的确有才，但他所学不正，又因政治的标准不合他心意，因而写出这样不知轻重的文章来。”奏议所述虽是儒家的老生常谈，但苏轼的文采何等了得，他分析时事，雄辩滔滔，文章的影响力足以掀起滔天巨浪，不仅会席卷朝廷上的所有人士，连一贯支持变法的宋神宗也开始动摇——这对王安石是个极其危险的信号，因为一旦皇上改变看法，他的变法必然不了了之。因而，王安石向皇帝进言：

陛下何以不黜轼，岂为其才可惜乎！譬如调恶马，须减刍秣、加棰朴，使其帖服乃可用。如轼者，不困之使自悔而绌其不逞之心，安肯为陛下用！且如轼辈者，其才为世用者甚少，为世患甚大，陛下不可不察也。（引自《苏轼年谱》，第176页）

王安石将苏轼比喻为害群之马，并认为只有降伏了这匹“恶马”，他才会听话——神宗皇帝当然没有处理苏轼，但王安石这通话，却不能不入了耳——后来“乌台诗案”所以让苏轼大吃苦头，这也应该有些蛛丝马迹。

苏轼位卑言轻，心中焦急，又加上他的好友纷纷被贬出京城，在为他们送别的酒会上，苏轼的失望情绪，难免在诗歌中时时抑制不住。

但也由此，二人交恶愈演愈烈，不过二人交恶只为政见不同、立场不同，是为公，不为私。

王安石和苏轼过不去，苏轼也经常让王安石难堪。他晚年所作《东坡志林》，还有这样一则关于王安石的看法：

王介甫多思而喜凿，时出一新说，已而悟其非也，则又出一言而解之，是以其学多说。常与刘原父食，辍筯而问曰：“孔子不撤姜食，何也？”原父曰：“《本草》：生姜多食损智。道非明民，将以愚之。孔子以道教人者也，故不撤姜食，将以愚之也。”介甫欣然而笑，久之，乃悟其戏己也。原父虽戏言，然王氏之学，实大类此。庚辰三月十一日，食姜粥，甚美，叹曰：“无怪吾愚，吾食姜多矣。”因并原父言记之，以为后世君子一笑。（《全宋笔记》第一编第九册，第148页）

这则笔记写于元符三年（1100），距今900多年，即使现在读来，仍可会心一笑。

熙宁四年（1071）的春天，受到皇帝鼓励的苏轼写了一篇长达3400余字的《上神宗皇帝书》，劝皇帝“结人心、厚风俗、存纪纲”。随后，当朝廷诏令各路监司实地考察“青苗抑配”的情形时，苏轼又写了《再上神宗书》，他将新法所到之处对百姓造成的困苦，比喻为医生用人的性命来试验毒药。他甚至对皇帝直言：“若力不已，凡乱亡随之。”

据陆游记载，苏轼这一谏稿的真迹，虽然经过宋室南渡等战乱，却仍然保留下来了。

苏轼为什么反对王安石的新法？

当然，王安石变法的初衷是好的。

当时的宋朝内外交困：首先是来自外部的威胁，即边境有契丹、西夏这些骁勇善战的游牧部落的逼迫，朝廷一方面在边境要大量屯兵，一方面又要给予入侵者岁币以维持和平，庞大的财政开支导致国库空虚。至于来自内部的危险，则是日趋严重的地主富农对贫苦农民的高利贷盘剥，各种行会对小商小贩欺压造成的经济退化。

为此，深思熟虑的王安石制订和实施了一揽子充满智慧又野心勃勃的甚至有些冒险的改革计划，但如何让皇帝一起推行这个新法，却是他要考虑的首要问题，因为他对这个积弊深重的体制和官员的恶习了如指掌。

他首先针对的是这个帝国最薄弱的环节，即如何在全国范围内实行政府主导的农业信贷，以期为最贫困的农民生产提供便利，在此考虑上，他实施“青苗法”——他在地方曾经实施过这一方法，为了使农民免受富人盘剥，政府每年在播种和青黄不接时向农民提供贷款、贷粮，每半年取利息二分或三分，分别随夏、秋两税归还——但是在全国范围内实施，则渐渐乃至完全背离了王安石的本意——官府借贷，本意是为扶助农业生产，但在实际执行中却变成了强迫借贷，无视农民是否需要，把“帮助”变成了“掠夺”，青苗法看起来更像是一项可怕的强制法案，尤其是到了收获的季节，前来讨债或收取利息的官吏蜂拥而至，农民苦不堪言。

苏东坡和其他保守派看到，王安石的所有政策，都是从农民或下层人民的身上盘剥钱物，虽然国库的确得到了充实，然而农民的生活却越来越困难——王安石及其新法找到国家财政迅速增长的证据，反对变法的人则找到了民不聊生的证据。

虽然反对新法并不是苏轼的职责，但他不能置身事外。他在《再上皇帝书》中写道：

民忧而军怨，吏解体而士失望，祸乱之源，有大于此者乎？

苏轼进一步说，现在虽然没有看到这些发生，然而，一旦发生，后果不堪设想。

面对这些问题，王安石的着眼点是国家，因而他不惜一切代价尽忠于国家和皇帝；苏轼的着眼点则是人民，他以不同的方式尽忠于国家和皇帝。从不同角度说，两个人都没有错，但如果强把二人放在一起，则必须投出对或错的那一票。

反对新法的人太多，年轻的皇帝难免摇摆，每当此时，王安石就希望皇帝能够“独断”，只信任自己而不受其他任何人的影响。而在苏轼看来，广开言路、众议国是，才是一条正确的道路。于是他又借开封府考试的机会，拟了一个题目：《晋武平吴以独断而克、苻坚伐晋以独断而亡、齐桓公专任管仲而霸、燕哙专任子之而败，事同而功异》，把这个题目用今天的话来说，就是“试论专权的优劣”——王安石自然知道苏轼是在反对他教皇帝“独断”并“专任”自己。

言官群起反对王安石，却都被他赶出京城，然后提拔了自己的好友谢景温（1021—1097）担任工部郎中兼侍御史知杂事——他的妹妹嫁给了王安石的弟弟王安礼，因而被王安石引为同道。恰值范镇应诏有举荐苏轼为谏官的动议，谢景温就诬奏苏轼，说他在扶丧还家时，利用官船贩运私盐、木材以及瓷器等物，途中还曾妄冒名义借用兵卒，神宗皇帝于是下令严查，朝廷派人拘捕了当时为苏轼掌船的篙工水师等人，严加盘问，同时向苏轼回家乡的途中各县也发出查询公文，后来虽然查明这仅只是诬告而已，但也让苏轼极为难堪。

司马光此时也不愿留在朝廷，在他与皇帝的对话中，除了阐述自己要离开的理由，也为苏轼作了辩护，说出了隐藏在背后的实情：

安石素恶轼，陛下岂不知？以姻家谢景温为鹰犬使攻之，臣焉能自保？不可不去也。且苏轼虽不佳，岂不贤于李定？定不服母丧，禽兽之不如，安石喜之，乃欲用为台臣，何独恶于轼也。

司马光虽然一直以厚道人的形象留在历史中，但这几句话，也是锋芒毕露，毫不隐讳！

神宗对司马光一再挽留，但司马光去意已决，只好从其所请。司马光归隐洛阳之后，一头扎进史书里，绝口不提时事，邀约了一批最优秀的历史学者和他一起编撰皇皇巨著《资治通鉴》。

而苏轼也在谢景温弹劾一案调查结束后，请求外调，神宗批出“通判杭州”。熙宁四年（1071）七月，苏轼携带一家大小出京。

杭州是一座美丽的城市，这里非常适合诗人苏轼，苏轼在这里如鱼得水。他无论如何也想不到，那些将他视为眼中钉、肉中刺的人，暗地里早瞄准了他，只待他犯下“错误”。

看不惯王安石和围绕在王安石周围的“小人”的作为，天性自由的苏轼依然不收敛自己的锋芒，笔墨到处，痛快淋漓。在变法的潮流中，如果把王安石比作是汹涌而下的激流，那么，苏轼则是一条逆流而上的鱼——他自己将自己比喻为磨盘上的蚂蚁，磨盘转动，完全身不由己。我将二人在此期间发生的事情以年表的形式对照一下：

年代	王安石	苏轼
熙宁五年（1072）	行市易法、保马法。	通判杭州。
熙宁六年（1073）	提举经义局。九月，熙河大捷，神宗解身上玉带赐之。	通判杭州。
熙宁七年（1074）	三月，行方田均税法。四月以吏部尚书、观文殿大学士出知江宁府，新法遭遇首次挫折。十月，行手实法。	通判杭州，五月诏移知密州，九月离杭州。
熙宁八年（1075）	二月，复拜同平章事、昭章馆大学士。六月，进加左仆射，兼门下侍郎。 吕惠卿出知陈州。	知密州。
熙宁九年（1076）	六月，子雱卒。十月，罢为镇南军节度使、同平章事、判江宁府。	知密州，十二月以祠部员外郎直史馆移知河中府，离密州。

熙宁十年（1077）	居钟山，辞判府事。六月，诏以使相领集禧观使。	抵陈桥驿，改知徐州，四月到徐州任。
元丰元年（1078）	正月，进尚书左仆射，封舒国公。	知徐州。
元丰二年（1079）	居钟山。五月，蔡確参知政事。	知徐州，三月改知湖州，四月二十九到任。七月，御史李定等人以谤讪新政的罪名逮捕苏轼，十二月二十九日结案，责授黄州团练副使，本州安置，不得签书公事。
元丰七年（1084）	乞以宅为寺，赐名“报宁”。	四月，诏移汝州团练副使，赴汝途中，过金陵，访王安石。

王安石信任吕惠卿等后继者推行“新法”，自己有时也无奈地离开政坛，而从 1078 年改元为元丰以后，政治空气日趋险恶。

作为编剧、导演以及演员的王安石在台上尽情演出，苏轼则在台下冷眼旁观，时而叫一声倒好。一直到他以“谤讪朝廷”的罪名被抓进监狱，才似大梦初醒。

1076 年七月，王安石在儿子死后力求辞相；十月，王安石罢相，以使相兼判江宁府回到金陵，从此终身不起。

三年后（1079），“乌台诗案”发生，“天下之士痛之”却“环视而不敢救”，罢相在家、不再过问世事多年的王安石出于对苏轼的才华的欣赏，上书“安有圣世而杀才士乎？”力保苏轼，展示了一种非凡的胸襟与气度。

苏轼有幸逃过一劫，但自此以后，以“东坡居士”自称，在江湖的自在逍遥中，努力安顿自己的生活与内心。而悠游林下的王安石，也不再对政治抱有往日的热情，尤其是在他儿子死后，更是灰心丧气，就像傍晚的落日余晖，一点点地暗淡下去。

政坛之外

王安石先是在熙宁九年（1076）失去了儿子王雱，又加上吕惠卿对他的暗算，辞相回到皇帝赐给他的在金陵的宅子，每日骑一头驴，后面跟一二个僮仆，漫游于金陵各处山水名胜——南朝留下的佛寺，逐一题咏，诗与佛禅，成了他晚年生活的全部。

王安石隐居于钟山，苏轼躬耕于黄州东坡，虽然无时不在关注着朝廷和时局的变化，但身处事外，二人惺惺相惜，渐渐化解了政治上的恩怨。

王安石固然是唐宋八大家中的一家，然而他对政治的热情远远超过对文学的兴趣。在变法期间，他甚至将诗歌从科举考试中剔除，他自己也基本上停止了文学写作。然而，当他罢相之后，又重拾诗歌创作，且因这一时期的诗歌和政治没有关系而使得诗歌的审美价值更高更纯粹，艺术成就渐臻圆熟。

其实抛开政治偏见，王安石本来就非常欣赏苏轼在知密州任上所作的七言律诗《雪后书北台壁》，并作了六首和诗。赵令畤《侯鲭录》卷一特意详记此事："东坡在黄州日，作雪诗云：'冻合玉楼寒起粟，光摇银海眩生花。'人不知其使事也。后移汝海，过金陵，见王荆公论诗及此，云：'道家以两肩为玉楼，以目为银海，是使此否？'坡笑之，退谓叶致远曰：'学荆公者，岂有此博学哉！'"

宋神宗皇后坐像　宋　佚名

所以也不会奇怪，为什么退居相位之后的王安石对于这位后辈的才气、学问和品格，却又非常欣赏起来。而凡是遇有从黄州过来的人，他也必定要问："子瞻近日有何妙语？"惠洪《冷斋夜话》卷五有一段《东坡藏记点定一两字》故事甚好：

舒王在钟山，有客自黄州来。公曰："东坡近日有何妙语？"客曰："东坡宿于临皋亭，醉梦而起，作《成都圣像藏记》千余言，点定才一两字。有写本适留船中。"王遣健步取而至。时月出东南，林影在地，公展读于风檐，喜见眉须，曰："子瞻，人中龙也，然有一字未稳。"客曰："愿闻之。"公曰："'日胜日负'，不若曰'如人善博，日胜日贫'耳。"东坡闻之，拊手大笑，亦以王为知言。

但是东坡的孙子苏符（1086—1156）却辩解说，东坡此文原本就作"日胜日贫"，并不是因听了王安石的建议才改的。但二人抛弃政见，在文学上多有交流，却是无疑的。

金陵相见

元丰七年（1084）正月，神宗手诏苏轼可量移汝州，三月，诰命到黄州，苏轼立刻上谢表，其中称他在黄州期间，"亲友至于绝交，疾病连年，人皆相传为已死，饥寒并日……"一面感恩，一面诉苦。

这一年的四月，苏轼离开黄州，七月十四日抵金陵，舣舟于白鹭、赏心二亭之下。东坡有题柱铭：

东坡居士自黄适汝，舣舟亭下半月矣。江山之乐，倾想平生……（《苏轼文集》，第2578页）

向前推半个月，即是六月底，他要去拜望昔日的老对手王安石。

让苏轼没有想到的是，到达江宁的岸边时，王安石早已骑了一头毛驴在那里等着。苏轼已经来不及更换衣服，慌忙下船作揖道："轼敢以野服拜见大丞相！"王安石拱手而笑："礼岂是为我辈设？！"赤诚相见，抵得过一切虚情假意。

这一年，苏轼48岁，王安石63岁。

曾经的年少气盛和曾经的执拗，多少是非与摩擦，而今都已时过境迁，金陵重见，不再是那个混乱而又充满喧嚣的政治舞台，彼此皆是台下的闲人，回首前尘，恍如一梦。

政治令人结仇，诗歌却让人友爱。这次相会，他们以前的误会也好，仇隙也好，皆在此亲密接触的数日间雪融冰消，给王安石落寞的晚年生活增添了许多温暖与快乐。

诗歌在苏轼这里有着无比的重要性，只是到黄州期间出于自我保护的目的才强忍写诗的冲动。苏轼更愿意将他从生活中感悟到的方方面面都写进诗歌里，而且，他具备这方面的天赋，不管是古风还是长篇，不管是律诗还是绝句，他在描写生活经验的复杂性时，总有出人意料的诗句。

苏东坡在江宁数日，与王安石互相作诗唱和，其中“峰多巧障日，江远欲浮天”两句让王安石大为赞赏。《西清诗话》更记：“老夫平生作诗，无此二句。”王安石还让苏轼念一篇自己得意的作品，然后用笔录下，赠给苏轼作纪念，同时也让苏轼用笔录一首王安石的诗，也要留作纪念。

送走苏轼之后，王安石情不自禁地对人说：“不知更年几百，方有如此人物！”

王安石希望苏轼留居金陵，和他相伴，苏轼也为之非常感动，在金陵逗留期间开始访求田宅，可惜匆匆不得遇合。

苏东坡与王安石数次相晤，以《次韵荆公韵四绝》表达了对王安石的感激和景仰。其一曰：

骑驴渺渺入荒陂，想见先生未病时。
劝我试求三亩宅，从公已觉十年迟。

东坡诗中说：“从公已觉十年迟”，或者也是实情——如果真的回到十年前，东坡和王安石两个人，还仍然是对手否？

而在离开金陵之后，苏轼又给王安石写了一封书信：

某始欲买田金陵，庶几得陪杖屦，老于钟山之下。既已不遂，今仪真一住，又已二十日，日以求田为事，然成否未可知也。若幸而成，扁舟往来，见公不难矣。（《苏轼文集》，第 1444 页）

能与比自己大 15 岁的王安石在钟山相伴终老，仅只是出于客气吗？

元丰八年（1085）神宗死后，哲宗赵煦即位，改年号为元祐，太皇太后高氏垂帘听政，即着手于恢复旧法。以司马光为相的旧党复起，新法尽废，虽然加王安石为司空，但忧愤中的王安石，在这一年的四月六日孤独死去……

而苏轼则已重返政治中心。

王安石病逝江宁时，正是他的对手当权之时，几乎满朝都是当年被他排挤出去的人物，当然会有人想乘机打一回死老虎。宰相司马光已经重病在床，不能上朝，他写信给副宰相吕公著说：王安石的道德和文章都有过人之处，只是性格有点问题。如今仙逝，朝廷又在拨乱反正，那些无耻之徒必定趁机诋毁。因此天子对王安石要优加厚礼，以彰节义，以正世风。太皇太后接受了司马光的建议，追赠王安石为太傅。

司马光识大体，苏轼也善代王言。

在代哲宗所拟的敕书中，就像当年王安石为他所撰制词一样，苏轼高度地评价了自己的“政敌”，认为是天意要托付人间“非常之大事”，才产生了王安石这样的“希世之异人”，并称赞他：

名高一时，学贯千载，智足以达其道，辩足以行其言；瑰玮之文，足以藻饰万物；卓绝之行，足以风动四方。（《苏轼文集》，第 1077 页）

元祐朝士胸襟气度的宽宏阔大，以至文人间的珍惜与欣赏，仍为古今所罕见！

“安得如公百无忌”——与范镇

范镇（1007—1088），字景仁，华阳（今四川成都）人，仁宗宝元元年（1038）举进士第一。知谏院，以直言敢谏闻名。后为翰林学士，与欧阳修、宋祁共修《新唐书》。范镇与司马光是政治上的盟友，他们二人曾经联手抵制王安石的新法，并共同进退。范镇与苏洵一家有很多共同语言。范镇还是编修《新唐书》的主力，曾参加过《仁宗实录》《类编》等书的纂修。他的侄孙范祖禹，则是司马光修撰《资治通鉴》的主要助手。

范镇比苏洵大一岁，比苏轼大 30 岁，因而是长辈一级的人物，苏轼应该喊范镇一声伯父。范镇也像对待自己的子女一样，始终对苏轼一家人爱护有加。

正是由于与范镇一直保持密切联系，苏家与范家就没有停留在一般的交往层面，而是结为非常复杂的姻亲关系：

——苏轼生了三个儿子：长子苏迈、次子苏迨、三子苏过。其中苏迈的女儿嫁给了范镇的一个远房侄孙，范镇的孙女又嫁给了苏过。

——苏辙生了四个儿子：长子苏迟、次子苏适、三子苏逊、幼子苏远。苏远先娶了苏轼同年黄好谦的孙女，黄氏病逝以后，又续娶范镇的儿子范百揆的女儿。

这样一来，苏轼兄弟俩自然与范镇的儿子同辈，真可谓亲上加亲，亲中套亲。不过，苏轼的孙女（苏迈的女儿）嫁给范镇的侄孙，怎么算都会觉得是错了辈分，因为这样一来，苏轼就跟范镇同辈了。好在嫁的是远房侄孙，从宗法谱系的角度也勉强说得过去。

范镇为人低调，在政治上是一个非常坚持原则的人，他似乎从来不惧怕惹恼皇帝。仁宗在位时，随着年纪越来越大、身体越来越差，以及所生几个皇子相继夭折之后，范镇竟然连上 19 道表章，催促皇帝尽快从宗室子弟中选一个养子当继承人。包拯、唐介、王珪、孙觉虽然都写了表章，却没有一个像范镇那样恳切急迫。英宗时，他论“濮安懿王称号”；神宗时，他论“新法”，勇于“临大节，决大议”。

嘉祐二年（1057），苏轼、苏辙兄弟参加贡举考试，主考官是翰林学士欧阳修，集贤殿修撰范镇同时任代理主考官，这是范镇和苏轼结缘之始。苏轼考中以后曾有《谢范舍人书》：

夫君子之用心，于天下固无所私爱，而于其父母之邦，苟有得之者，其与之喜乐，岂如行道之人漠然而已哉！（《苏轼文集》，第 1426 页）

这是苏轼与范镇最早的文字交往。

参加礼部考试合格的四川人共有四五十人，中了进士的则有 13 人，苏轼兄弟占了两个，所以从老乡的角度，苏轼就拉近了与范镇的距离，或者说，同乡关系不仅立刻去除了他们之间的陌生感，顺便也将范镇与苏轼之间的长幼距离拉近了。

嘉祐六年（1061），苏轼、苏辙兄弟策试贤良方正能直言极谏科，再次与范镇在考场相遇，同乡与门生的双重身份，已经不像前面第一次考试那么拘谨，而且，范镇和年龄相当的苏洵也成为好友。苏轼后来在《祭范蜀公文》中说：“吾先君子，秉德不耀。与公弟兄，一日之少。穷达不齐，欢则无间……先君之终，公时在陈。宵梦告行，晨起赴闻。”（《苏轼文集》，第 1950 页）

治平三年（1066）四月二十五日，苏洵病逝于京师，除了皇帝有诰赠之外，韩琦、欧阳修也送葬仪，苏轼兄弟均辞不受。将父亲的灵柩送回四川老家安葬，从开封到眉山，要走很久很久，范镇则慨然相助。

熙宁三年（1070），时为翰林学士兼侍读的范镇推荐苏轼为谏官，结果遭到王安石的亲信谢景温的举报，说他在送父亲灵柩回乡时沿途妄冒差借兵卒，又在自己所乘的船上贩运私盐、木材和瓷器等物。皇帝立刻下诏严查此事，调查进行了一年，也毫无所得。举荐苏轼的范镇为他分辩说：“苏轼父亲当年去世时，韩琦赠银三百两，欧阳修赠银二百两，苏轼都没有接受，现在说他在船中夹带私盐贩卖，真是笑话，这能卖多少钱？苏轼怎么会干不受赠银而冒险贩私以博取蝇头小利之事？”

因为这个举报，皇帝在司马光入对时，也曾提起话头：“苏轼非佳士，鲜于侁在远，轼以奏稿传之。韩琦赠银三百两而不受，乃贩盐及苏木瓷器。”司马光当然知道这是诬告，因而他的回答更为凛然，顺便将王安石身边的人痛斥一番。

这一年，范镇又荐举孔文仲参加制科考试，孔文仲在考卷上写了9000多字，力论新法不当，宋敏求定为异等，王安石却大怒，拿了孔文仲的卷纸直接找皇帝请御批黜之。这一举动，惹恼了范镇。

李常乞罢青苗钱，诏命分析，范镇封还，诏书下了五遍，范镇封还了五回；司马光辞枢密副使，诏许之，范镇再封还。皇帝无奈，直接把诏书交付司马光，不经由门下省。范镇奏曰：“由臣不才，使陛下废法，有司失职，乞解银台司。”于是范镇以既然说什么都不管用，那就退休好了为由，上表请求致仕：

> 臣论青苗不见听，一宜去；荐苏轼、孔文仲不见用，二宜去；李定避持服，遂不认母，坏人伦，逆天理，而欲以为御史，反为之罢舍人、逐台谏；王韶上书，肆意欺罔，以兴造边事，事败则置而不问，反为之罪帅臣，不用苏轼则掎摭其过，不悦孔文仲则遣之还任，以此二人，况彼二人，事理孰是孰非，孰得孰失，其能逃圣鉴乎？

他接着继续表达对王安石的愤怒：

> 陛下有纳谏之资，大臣进拒谏之计；陛下有爱民之性，大臣用残民之术。

这里所谓的“大臣”，即王安石。当王安石看到这份奏章时，气得浑身发抖，并亲自撰制词诋斥范镇，命范镇以户部侍郎致仕，并剥夺了所有的恩典待遇。被批准退休的范镇进谢表，仍然坚持自己的立场：“愿陛下集群议为耳目，以除壅蔽之奸；任老成为腹心，以养中和之福。”天下闻而壮之。

范镇被罢官那天，苏轼去他家里祝贺：“公虽退，而名益重矣。”您的官位虽然丢了，名气却更加响亮了。但是范镇却说：“天下受其害，而吾享其名，吾何心哉！”

一般人致仕，大都是闭门谢客，谨防政治上的迫害，然而致仕以后的范镇却每天与宾客饮酒、赋诗，好不欢乐。因为他相信：“死生祸福，天生，吾其如天乎？”范镇不信佛不信道，他是一个纯粹得不能再纯粹的儒家之士！为此，苏轼还以信不信佛的问题调侃过范镇。

苏轼出任杭州通判、知密州之后，在熙宁九年（1076）改知河中，走到济南时，苏轼与李常欢聚了几天，然后从济南向京城出发。苏轼到济南时，苏辙却已离开济南，寄居于范镇在京师郊外的东园里。

等到苏辙出城接到苏轼时，他们已经 7 年没有见过面了。

然而在他们携手向河中府进发的路上，苏轼却在陈桥驿突然接到诏书，被临时改为知徐州军州事，并且，不许进入京城——当时的规定是，凡外官没有得到皇帝的批准，一律不许入城——这无疑让苏轼大感意外，无奈中，他和苏辙住到了范镇的家中。当若干年后范镇去世，苏轼曾在挽词中说：“高斋留寓宿，旅食正萧然。”还在感念范镇留宿他们兄弟二人的情谊。

一别七年的兄弟二人在范镇的东园竟然一住两个多月，可以想象，他们在这里互发牢骚、互相打气，也对未来抱有极大的期望……主宾之间，畅快无比。苏辙有一首《自南京寄范景仁》的长诗：

京城冠盖如云屯，日中奔走争市门。
敝裘瘦马不知路，独向城西寻隐君。
隐君白发养浩气，高论惊世门无宾。
欣然为我解东阁，明窗净几舒华茵。
春天雪花大如手，九衢断绝愁四邻。
平明熟睡呼不觉，清诗渌酒时相亲。
我兄东来自东武，走马出见黄河滨。
及门却遣不得入，回顾欲去行无人。
东园桃李正欲发，开门借与停车轮。
青天露坐列觞豆，落花飞絮飘衣巾。

留连四月听鶗鴂，扁舟一去浮奔浑。
人生聚散未可料，世路险恶终劳神。
交游畏避恐坐累，言词欲吐聊复吞。
安得如公百无忌，百间广厦安贫身。

从诗中可见，尚在仕途的苏轼兄弟在谈到政坛上的事情时还不能不有所顾忌，而心胸坦荡、性情奔放的范镇却已经什么都无所谓了！

人与人相处，除了政治立场、道德主张相近之外，个性的契合当然更是重要原因。虽然有 30 岁的年龄差距，但耿介、豪放、刚强，却是范镇与苏轼共有的个性特点：“范蜀公镇每对客，尊严静重，言有条理，客亦不敢慢易。惟苏子瞻则掀髯鼓掌，旁若无人，然蜀公甚敬之。”出于同情与爱护，范镇对苏轼极为包容。也许严肃的他，也正需要有一个这样活泼的人为他的生命增添一些活力。

范镇、苏轼兄弟三人住在一起，自然会就当下的政局交流彼此的看法，讨论的结果大概是，范镇觉得非常有必要到洛阳去面见司马光，苏轼作诗《送范景仁游洛中》：

小人真阘茸，闲退岂公难。
道大吾何病，言深听者寒。
忧时虽早白，驻世有还丹。
得酒相逢乐，无心所遇安。
去年行万里，蜀路走千盘。
投老身弥健，登山意未阑。
西游为樱笋，东道尽鹓鸾。
杖屦携儿去，园亭借客看。
折花斑竹寺，弄水石楼滩。
羁马衰怜白，惊雷怯笑韩。
藓书标洞府，松盖偃天坛。
试与刘夫子，重寻靖长官。（《苏轼诗集》，第 718—719 页）

范镇行前，与苏轼兄弟等人又在东园设告别宴，苏轼再作《次韵景仁留别》一诗，也许，他们希望司马光此时能够从浩如烟海的史料中抬起头来，看一眼天下的苍生，然后肯出来和他们一起匡扶时局吧。

范镇与司马光私交甚好，曾约“吾与子生同志，死当同传”。二人因反对新法都离开朝廷，几乎不再过问朝廷的事。苏轼后来在范镇墓志铭上就这样写道：“熙宁、元丰间，士大夫论天下贤者必曰君实（司马光）、景仁（范镇）。其道德风流足以师表当世，其议论可否足以荣辱天下。二公盖相得甚欢，皆自以为莫及。”

不过，司马光并未出山，他只是认真地写了一封信给当时的宰相吴充，再次申诉新法之害——他的观点与范镇、苏轼兄弟的观点基本一致，这或者是他们在东园中谈话时达成的共识。

在等待范镇从洛阳归来的时间内，苏轼为大儿子苏迈完婚，为二儿子苏迨治病，也时时见一些新老朋友，比如驸马王诜等人。

等到范镇从洛阳一回来，苏轼即刻赶往徐州上任，苏辙则赴南京新任。

“乌台诗案”之后

待元丰二年（1079）三月，苏轼离开徐州，以祠部员外郎、直史馆、知湖州军州事，五月二十日到任，却不想在七月二十八日即以妄议朝廷而被御史台所派的人逮捕后押往京师。

苏轼入狱的罪名，是写作并传播对当时朝政不利的语言文字，审查他的人从苏轼创作的诗文以及书信中仔细搜查他的“罪证”，这些文字牵连到了张方平、司马光、王诜以及范镇等 24 人，他们无不反对新法，又因为新法而离职或没被任用，所以许多想法都与苏轼一致。

御史台也知道苏轼曾在范镇家住了很久，因而希望从范镇那里得到更多与苏轼有关的材料，而范镇则不顾一切上书皇帝声援苏轼无罪，儿子们拦都拦不住。史料的记载是：“轼得罪，下台狱，索与镇往来书文甚急，犹上书论救。久之，徙居许。”

“乌台诗案”结束后，范镇因苏轼《送范景仁游洛中》一诗被罚铜 20 斤，人也搬离了京城，住到许昌去了。在许昌，范镇造长啸堂。苏轼在黄州流放期间，与范镇以及范镇的家人也多有书信往来。

苏轼渐渐适应了黄州的生活，却在元丰六年（1083）的春天病了一场。原因是开春之后，他受了寒，感冒引起咳嗽，肺部出了不小的问题，五六月间，眼睛也出现了问题，炎赤肿痛，几至失明。

眼疾本来是苏轼的一个老毛病，可这一年尤其严重。当初在杭州为官害眼病时，有医家告诉他可以用龙井水洗眼，消炎除毒，清亮视力，苏轼还真多次试用过。“问龙乞水归洗眼”“灵水先除眼界花”，便是苏轼游杭州径山时写下的诗句。在《次韵杨次公惠径山龙井水》一诗的标题后，也特意注有“龙井水洗病眼有效”一句。苏轼调任密州后，得眼病时采用的则是点黄连水的方法：“欲脱布衫携素手，试开病眼点黄连。”他把这一药方写在《寒食日答李公择三绝次韵》诗中。

苏轼病咳，眼病时好时坏，大概也跟他不能戒酒少肉的饮食习惯有关。有人告诉他，治眼病不能吃荤时，他还编了一个笑话来为自己开脱——嘴巴对眼睛说：我是他的嘴巴，你是他的眼睛，给你的待遇为何那么好，对我为何这么刻薄？凭什么眼睛患病却不许嘴巴吃荤？这个问题苏轼本人也不能决断。于是，嘴巴就跟眼睛商量：等有一天我嗓子哑了，你眼睛想看什么就看什么，我绝不阻拦。幽默归幽默，病还是要慢慢地调治。

苏轼躲在家中养病，哪里也不去。长时间不露面，人们便胡乱猜疑，恰巧在这一年，曾巩去世，于是人们误传苏轼也在同一天去世：“子瞻在黄州，病赤眼，逾月不出，过客相传以为死矣。”

当有人将这个消息告诉范镇时，范镇竟然毫不怀疑，大哭了一场，即刻命自己的家人带上款项要赶到黄州去悼念苏轼与慰问苏轼的家属。倒是他的儿子比较冷静，说口传的消息未必准确，不如先派人去黄州打探虚实，然后再去悼唁也不迟。范镇就派一个叫李成伯的门客带着自己的信去黄州。李成伯见到了苏轼，果然如范镇儿子的判断，这只是一场虚惊。苏轼知晓李成伯来由后，不禁大笑，同时也生出颇多感慨。他给范镇写了一封信：

李成伯长官至，辱书，承起居佳胜，甚慰驰仰……某凡百粗遣，春夏间，多疮患及赤目，杜门谢客，而传者遂云物故，以为左右忧。闻李长官说，以为一笑，平生所得毁誉，殆皆此类也。何时获奉几杖？临书惘惘。（《苏轼文集》，第 1446 页）

不仅范镇一个人知道这个传闻，就连皇帝听了这个传闻，也不由放下饭碗，连连感叹“才难，才难”。

苏轼在黄州时，就想买田。等他离开黄州到南京时，王安石曾经劝他在南京买地，真州太守袁陟帮忙将苏轼的家属安顿在仪真学舍里，苏轼又开始在仪真寻找可买的田庄，约在此时，范镇很希望苏轼住到许昌来，苏轼却答信，趁便托范镇将京城的房子卖掉：

蒙示谕，欲为卜邻，此平生之至愿也。寄身函丈之侧，旦夕闻道，又况忝姻戚之末，而风物之美，足以终老，幸甚！幸甚！但囊中止有数百千，已令儿子持往荆渚，买一小庄子矣。恨闻命之后。然京师尚有少房缗，若果许为指挥从者干当，卖此业，可得八百余千，不识可纳左右否？所赐手书，小字如芒，知公目益明，此大庆也。某早衰多病，近日亦能屏去百事，澹泊自持，亦便佳健，异日必能陪从也。（《苏轼文集》，第 1446—1447 页）

此时，苏轼已经在同年蒋之奇的帮助下买好了宜兴的一块地。另外苏轼不想去许昌的原因是，许昌有太多的公卿，而苏轼此时已经将自己看成是一个“蓑衣蒻笠、放荡于东堤之上”的散人，不太愿意与那些公卿相往来了。

元祐元年（1086），苏轼还朝，韩维上书给皇帝主张起用范镇，皇帝准备拜范镇为端明殿学士，“欲授以门下侍郎”，然而年老的范镇固辞得免，改提举崇福宫。十月二十日，苏轼作为翰林学士，拟有《赐光禄大夫范镇赴阙诏》，并在《贺端明启》中称赞范镇：“方其犯雷霆于一时，岂意收功名于今日！”

晚年的范镇，果然不再过问政事，他把精力放在了宫廷音乐的修订方面，苏轼拟有《赐端明殿学士银青光禄大夫致仕范镇奖谕诏》，并有和诗《范景仁和赐酒烛诗复次韵谢之》。此后不久，范镇又以银青光禄大夫再次致仕，封蜀郡公。然而就在元祐三年（1088）闰十二月一日，范镇卒。

苏轼为范镇撰《范景仁墓志铭》——苏轼一生很少为他人作碑铭传记等歌功颂德之文，为政坛人物撰墓志铭者，唯范镇、张方平二人。后来苏轼在《辞免撰赵瞻神道碑状》时还曾作了一个特别的解释：“为范镇撰墓志，盖为镇与先臣洵平生交契至深，不可不撰。”

从嘉祐二年（1057）相识到元祐三年（1088）范镇去世，苏轼与范镇之间所保持的相当密切的联系长达31年。

而在苏轼心目中，能够长寿且为人尊敬的，只有三个人，就是在《乞加张方平恩礼札子》中所说的“臣窃以为国之元老，历事四朝，耄期称道，为天下所服者，独文彦博与方平、范镇三人而已”！

与范镇家人

除了与范镇本人的关系，苏轼一家与范镇后人的关系，更是非同寻常。

苏辙的儿子苏远娶了范镇的儿子范百嘉（子丰）的女儿为妻，苏轼因而在通信中径呼“轼再拜子丰正字亲家翁足下”。《苏轼文集》里有给范子丰的10封信件，尤其是《临皋闲题》一封，是苏轼信件体中文字最为脍炙人口的一首：

> 临皋亭下不数十步，便是大江，其半是峨眉雪水，吾饮食沐浴皆取焉，何必归乡哉！江山风月，本无常主，闲者便是主人。问范子丰新第园池，与此孰胜？所不如者，上无两税及助役钱尔。（《苏轼文集》，第1453页）

然而，范子丰却不幸在范镇去世前一年即元祐二年（1087）去世，这让苏轼感到格外悲痛：

> 承子丰承事遽至大故，闻之悲痛，殆不可言。美才懿行，期之远到，今乃止此，士友所共痛惜。而况姻戚之厚，悲惋可量！丈丈高年，罹此苦毒，有识忧悬。伏惟高明，痛以理遣，割难忍之爱，上为朝廷，下为子孙亲友自重。（《苏轼文集》，第1449页）

这里的“丈丈”，即范镇。

另外，在元祐年间与苏轼、苏辙兄弟同朝为官的范百禄（1029—1094），字子功，是范镇哥哥范锴的儿子，哲宗立时为中书舍人，元祐元年（1086）为刑部侍郎、改吏部侍郎、兼侍读、进翰林学士。就像范镇与司马光之间的关系一样，范百禄与苏轼兄弟在政治见解、政策取向上有非常多的默契与一致，以致在元祐八年（1093）被御史黄庆基弹劾：“列百禄五罪，又言洛党虽衰，川党复盛，请早赐罢黜以离其党与。”因为苏轼是蜀党的领袖，又因同乡的关系，把范百禄与苏轼、苏辙兄弟也一同视为“蜀党”领袖。

在政治上有诸多相同之处不说，在日常生活中，他们也有密切往来。比如元祐三年（1088）苏轼的好友陈慥（季常）来访，寓居于浴室院，苏轼、范百禄和黄庭坚就多次与陈慥相聚。《苏轼文集》卷七十一《书黄鲁直浴室题名后》是一极富情趣和哲理的妙文。先是黄庭坚所作文：“……此壁列于冠盖之区，而湮伏不闻数十年。晚得蜀人苏子瞻，乃发之。物不系于世道，兴衰亦有数如此。此寺井泉甘寒，汶师碾建溪茶，常不落第二。故人陈季常，林下士也，寓棋簟于此。苏子瞻、范子功数来从，故予过门必税驾焉。元祐三年，鲁直题。”苏轼写在黄庭坚后面的题名是：

> 后五百岁浴室丘墟，六祖变灭，苏、范、黄、陈尽为鬼录，而此书独存，当有来者会予此心，拊掌一笑。是月十五日戊子，子瞻书。（《苏轼文集》，第2263页）

就像当年苏轼为陈慥的父亲写《凌虚台记》一样，物也好人也好，世界上没有足资凭借的东

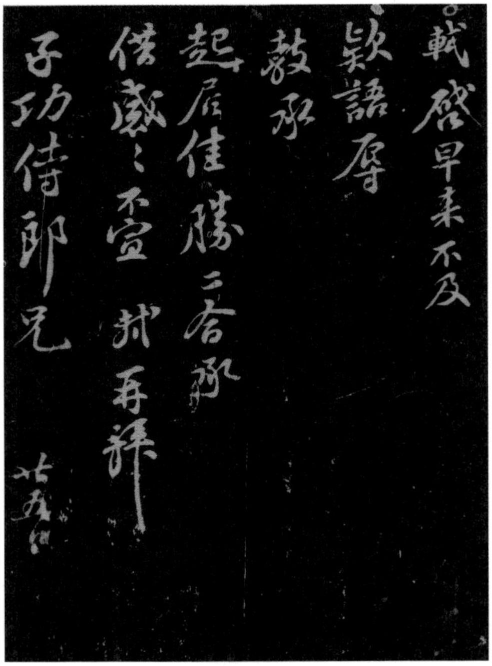

早来帖　宋　苏轼

西，一切终将毁灭，如果有可以长存的，大概是艺术吧。

这里提到的令宗，是五代时的画僧，工画佛像人物及山水，成都大圣慈寺三学院及揭谛堂有其画壁，兴国寺浴室院有其画达摩西来人物图。令宗的绘画，苏轼早就见识过。他在《兴国寺浴室院六祖画赞（并叙）》里说：

> 予嘉祐初举进士，馆于兴国浴室老僧德香之院。浴室之南有古屋，东西壁画六祖像。其东刻木为楼阁堂宇以障之，不见其全，而西壁三师，皆神宇靖深，中空外夷，意非知是道者不能为此。书其上曰："蜀僧令宗笔。"予初不闻宗名，而家有伪蜀待诏丘文播笔，画相似，殆不可辨。曰："宗岂师播者耶？"已而问诸蜀父老。曰："文播，汉州人，弟曰文晓，而令宗其异父弟，或曰其表弟也。"皆善画山水人物竹石，其品在黄筌、句龙爽之间。而文播之子仁庆，尤长于花实羽毛，蜀人赵昌所师者。予去三十一年，而中书舍人彭君器资，亦馆于是。予往见之，则院中人无复识予者。独主僧惠汶，盖当时堂上侍者，然亦老矣。导予观令宗画，则三祖依然尚在荫翳间。予与器资相顾太息。汶曰："嘻，去是也何有。"乃徙置所谓楼阁堂宇者，北向而出之，六师相视，如言如笑，如以法相授。都人闻之，观者日众，汶乃作栏楯以护之。（《苏轼文集》，第 622 页）

这是研究五代北宋艺术史尤其是壁画的绝好史料。

还有就是范祖禹（1041—1098），即范镇的从孙，曾经跟司马光一起在洛阳花了 15 年的时间编修《资治通鉴》，精于唐史，因而有"唐鉴公"之称。哲宗继位后，擢为右正言。但因为他是宰相吕公著的女婿，因此避嫌改为祠部员外郎。后兼国史院修撰，为礼部侍郎，拜翰林学士，又因为叔叔范百禄（1030—1094）在中书，改侍讲学士。一直到范百禄离开中书，才又做了翰林学士。

苏轼和范祖禹二人互相欣赏。李廌《师友谈记》曾记叙，苏轼称"范淳夫讲书，为今经筵讲官第一"。元祐五年（1090），范祖禹上札子称赞："苏轼文章，为时所宗，忠义许国，遇事敢言，岂可使之久去朝廷！"从《苏轼文集》里保留的苏轼写给范祖禹的书信达 21 封之多（《与范梦得十首》《答范纯夫十一首》）就可以知道，他们之间的关系有多密切。这些信件，包含了苏轼在杭州、湖州、汴京、扬州、定州、黄州、惠州等各个阶段。

元祐七年（1092），苏轼从扬州回京，送了一套月石砚屏给中书范百禄，另将一方涵星砚送给范百禄的侄子侍讲范祖禹。礼物有轻重本属正常，但这无疑会让范祖禹认为苏轼是根据官阶大小分了轻重，所以范百禄写了一首答诗，范祖禹却一言不发。

苏轼写了一首酬和范百禄的诗并抄给范祖禹看的同时，又补送月石风林屏给范祖禹，且求其答诗，范祖禹才写诗作为答谢，而苏轼也再次和范祖禹之诗。苏轼将这一过程都写在了诗题之中：《轼近以月石砚屏献子功中书公，复以涵星砚献纯父侍讲，子功有诗，纯父未也，复以月石风林屏赠之，谨和子功诗，并求纯父数句》。王文诰注："涵星砚，星在池上者十有三，有墨书子瞻二字，后归李才元家，以范、李为姻家故也。"无论是月石砚屏，还是涵星砚，都是苏轼钟爱之物——而且，从王文诰的注里，可以看到欧阳修、苏舜钦、梅圣俞都写过与月石砚屏有关的诗，可见其珍贵。

在收到范祖禹的和诗以后，苏轼又写了一首《次韵范纯父涵星砚月石风林屏诗》（诗见《苏轼诗集》第 1926— 1928 页）答之。

苏轼精力旺盛，书读得多，满肚子学问，就喜欢拿别人开玩笑，比如取个外号或拿什么笑话来调侃别人——朝中几乎无人幸免，连他最尊敬的司马光也曾被他呼作"司马牛"与"鳖厮踢"。

这里我可以举两个例子。

苏轼的好友刘攽（贡父）晚年身患风疾，须眉皆落，甚至鼻梁也塌了下去，所以苏轼给他讲了一个故事，说颜渊、子路同出市中闲逛，远远地看见孔子来了，就赶紧藏在路边一座塔的后面。孔子走了之后，颜回问："这叫什么塔？"子路说："这叫避孔子塔。"最后一句，谐音"鼻孔子塌"。

还有一回，也是几个朋友在一起，各引古人语相戏。苏轼又拿刘攽的鼻子开起了玩笑："大风起兮眉飞扬，安得壮士兮守鼻梁。"满座笑得前仰后合，弄得刘攽大怒。

但只要和范祖禹在一起，范祖禹就一定加以劝阻，不许苏轼乱开玩笑。后来苏轼再说戏言时，他会加上一句："勿令范十三知。"范祖禹排行第十三，因为范说过这样的话，苏轼不能不有所收敛。

在苏轼、范祖禹二人都贬谪岭外时，苏轼还时时回忆他们在京城时的生活乐趣：“予在都下，每谒范纯夫，子孙环绕，投纸笔求作字。每调之曰：‘诉旱乎？诉涝乎？’今皆在万里，欲复见此，岂可得乎？”（《苏轼文集》，第 1457 页）

然而，苏轼在儋州时，意外得到范祖禹去世的消息，让他很是吃惊。虽然旅途劳顿，他还是一连写了好几封信给范家兄弟：

> 不意凶变，先公内翰，遽捐馆舍，闻讣恸绝。天之丧予，一至于是，生意尽矣。（《苏轼文集》，第 1458 页）
>
> 流离僵仆，九死之余，又闻淳夫先公倾逝，痛毒之深，不可云谕。（《苏轼文集》，第 1458 页）

陶渊明诗意册　清　石涛

而吾友翰林公，独隔幽显，言之痛裂忘生……先公清德绝识，高文博学，非独今世所无，古人亦罕有能兼者，岂世间混混生死流转之人哉？其超然世表，如仙佛之所言者必矣。况其平生自有以表见于无穷者，岂必区区较量顷刻之寿否耶？此理卓然，唯昆仲深自爱。（《苏轼文集》，第 1460 页）

痛哲人云亡，诵殄瘁之章，如何可言。早收拾事迹，编次著撰，相见日以见授也。处度因会，多方勉之，以不坠门户为急。”（《苏轼文集》，第 1462—1463 页）

拳拳之谊，见于字里行间。

苏轼在北归途中，突然又听说秦观去世，更是悲伤：

哀哉少游，痛哉少游，遂丧此杰耶？赖昆仲之力，不甚狼狈。（《苏轼文集》，第 1462 页）

文中所说的“昆仲”，是范冲、范温兄弟。在另外一封中，他又说：

与公隔绝，不得一拜先公及少游之灵，为大恨也。同贬先逝者十人，圣政日新，天下归仁，惟逝者不可及，如先公及少游，真为异代之宝也。徒存仆辈，何用，言之痛陨何及。某即度庾岭，欲径归许昌与舍弟处。必遂一见昆仲。（《苏轼文集》，第 1462 页）

范冲比苏轼小 30 岁，字元长，亦有史才，南渡后做过孝宗的老师。范温是范祖禹的小儿子，是秦观的女婿，曾向黄庭坚学写诗，著有《潜溪诗眼》。

如此看来，苏轼与范镇家族四代，即从仁宗嘉祐二年（1057）相识一直到徽宗建中靖国元年（1101 ）苏轼去世，两家在长达 44 年的时间中，关系未曾因时局、境遇的高低顺逆而变化，始终保持着密切的联系，实属难得。

“胸有成竹”——与文同

文同（1018—1079），字与可，四川梓潼人，自号笑笑先生，人称石室先生——文同的祖先，是西汉的文翁，文翁在蜀郡做太守时，创郡学，名“石室”，四川的文学，由此发达。

庆历六年（1046），文同在梓州应举，举乡试第一，接着登科第五，然后任地方官十余年才迁为京官，践职馆阁。

宋代官员实行三年任期制，在三年任期内，不得随意离开辖区。外任官员只有在同一年被派往外地，才有可能在三年期满后回京述职时会面，所以宋代文人之间要想见个面，绝对没那么容易。

英宗治平元年（1064）十二月，苏轼在凤翔任满，在回京的路上，遇到了文同——此时，文同刚好结束在四川的一个任期，他经陆路去汴京述职时经过陕西，所以顺道去看望传说中的表弟，两人一见如故，即成莫逆！

这个人将在人格和绘画上对苏轼有极大的影响！

苏轼为文同画竹写下的第一个题跋，是《石室先生画竹赞（并叙）》：

> 与可，文翁之后也。蜀人犹以石室名其家，而与可自谓笑笑先生，盖可谓与道皆逝，不留于物者也。顾尝好画竹，客有赞之者曰：先生闲居，独笑不已。问安所笑，笑我非尔。物之相物，我尔一也。先生又笑，笑所笑者。笑笑之余，以竹发妙。竹亦得风，夭然而笑。（《苏轼文集》，第613页）

文同是一个经常喜欢自己暗暗发笑的人，因而也称自己为“笑笑先生”，从此笑容中，可以看出文同是一个完全沉浸在自己内心世界的人。在苏轼这段充满戏谑的文字里，文同笑意常在的那种悠然自得跃然纸上；同时，我们在观看文同留下来的作品时，也仿佛感觉到他画面上的竹子夭然而笑。

苏洵在写给文同的诗里，也称文同之画能够让他忘言而笑："枯松怪石霜竹枝，中有可爱知者谁。我能知之不能说，欲说常恐天真非。羡君笔端有新意，倏忽万状成一挥。使我忘言惟独笑，意所欲说辄见之。"（《与可许惠所画舒景以诗督之》）

苏轼与文同的交谊，有很大一部分还要归因于父亲苏洵——嘉祐五年（1060），苏洵在京城任秘书省校书郎时，恰与文同共事。

苏轼与文同虽然在年纪上相差了十几岁，但在性情上极为相投。苏轼与他一相见，就认为他具备了四绝：一、诗；二、楚辞；三、草书；四、画。文同也经常坦言："世无知己者，唯子瞻识吾妙处！"

熙宁元年（1068），文同因老母去世，解官回家乡盐亭永泰服母丧，每日读书、写字、作画、睡觉，偶尔饮酒。秋天，文同在家居偏东的空岩前，营造了一栋房屋，作为书房兼画室，命名为"墨君堂"——"墨君"，即墨竹，典故来自东晋名士王徽之。王所居处皆种竹，并称竹为君，留下一句名言："不可一日无此君！"文同比王徽之更进一层，他除了爱竹、种竹、咏竹之外，还画竹，开创了"文派"——他称墨竹为"墨君"，并"作堂以居君"，因而"墨君堂"寄托着文同与竹之间的精神理念。

在一个秋夜，月光澄静，山色幽微，娟娟竹影倒映在粉墙上，竹子的枝叶随风摇曳，婀娜多姿。在这如梦如幻的环境中，文同写下了《墨君堂》一诗以赞美之：

嗜竹种复画，浑如王掾居。
高堂倚空岩，素壁交扶疏。
山影覆秋静，月色澄夜虚。
萧爽只自适，谁能爱吾庐？

因为爱竹的王徽之曾做过大将军桓温的参军，参军为掾吏，故史称之为"王

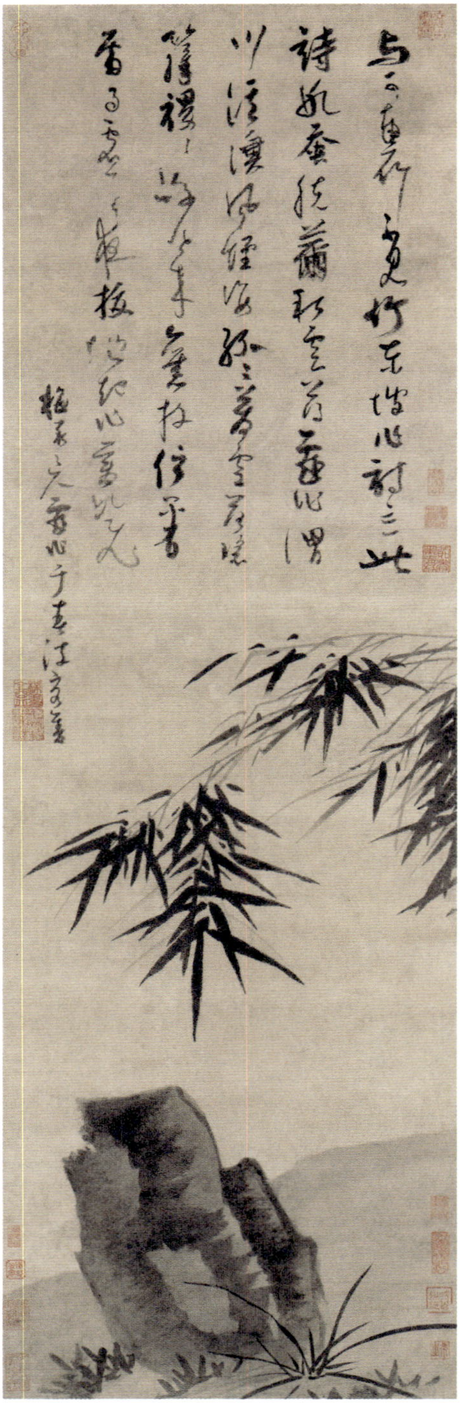

竹石图　元　吴镇

掾”。王徽之所居之处必有竹，哪怕只住一天，也需有竹，文同把自己的墨君堂和王徽之的住所相比，自然是心有所托——然而除了自己之外，对于其中所包含的深意，是否又有能够真正理解的人呢？

熙宁元年（1068）七月，苏轼兄弟在家乡眉山为父亲苏洵服丧期满，离开眉山时，取道成都、梓州、阆州、长安返回京城——而由梓州至阆州，盐亭永泰是必经之地。苏轼兄弟二人拜访文同于永泰东谷里居墨君堂上。

在中国绘画史上，画竹归于花木类画科之中，成书于北宋晚期的《宣和画谱》就将“墨竹”独立出来，成为专门画科，这不仅显示了墨竹画的独立性，更将墨竹画归于士人绘画所独有。在文同与苏轼之后，再经南宋、元明以至近代，墨竹都是文人水墨绘画中很重要的一个主题。

关于墨竹画的起源，黄庭坚曾有一个比较可靠的推测：“墨竹出于近世，不知其所师承。初吴道子作画，超其师杨惠之，于山川崖谷、远近形势、虎豹蛇龙，至于虫蛾草木之四时，日月、列星、风雨、水火、雷霆之神物，军阵、战斗、斩馘、奔北之象，运笔作卷，不加丹青，已极形似。故世之精识博物之士，多藏吴生墨本，至俗子乃炫丹青耳。意墨竹之师，近出于此。往时天章阁待制燕肃始作生竹，超然免于流俗。近世集贤校理文同遂能极其变态，其笔墨之运疑鬼神也。”他将画墨竹追溯到吴道子那里，是因为有文化修养的人更欣赏吴道子的“墨本”。

吴道子是否有独立的墨竹作品存世，今已无考。《益州名画录》关于孙位的一段记载，倒应该是他亲眼所见：“孙位者……昭觉寺休梦长老请画浮沤先生松石墨竹一堵……其有龙拿水汹，千状万态，势愈飞动，松石墨竹，笔精墨妙，雄壮气象，莫可记述，非天纵其能，情高格逸，其孰能与于此耶！”孙位是唯一被黄休复列入“逸格”的画家，是“拙规矩于方圆，鄙精研于彩绘，笔简形具，得之自然，莫可楷模，出于意表”的典范。

对于这位以画水闻名的画家，苏轼也称赞他所画的水能够“随物赋形，尽水之变，号称神逸”。而孙位在绘画时，也是终岁不肯下笔，一旦灵感到来，就急急挥笔，奋袂如风，须臾而成——他的这种画法，已经具有了苏轼所称赞的那种即兴而发的画风。同时也从源头上表明，将墨竹从作为君子之德的对象化倾慕逐渐向自我人格的表征转化，因而墨竹绘画从一开始，就被赋予崇高的品格，因而与人的天性紧密相连，并因其创作方式，具备了逸之风格。

当诗歌可以尽情表达人的生命经验的各个层面，当书法尤其是草书已经成为抒发自我性情的最直接最高级的方式，作为“墨戏”的墨竹画就可以成立了。苏轼在《文与可画墨竹屏风赞》中说：“与可之文，其德之糟粕；与可之诗，其文之毫末。诗不能尽，溢而为书，变而为画，皆诗之余。”这成为判断是否是纯正的中国文人画的首要原则——而文同与苏轼，恰是墨竹这一传统在图式与精神方面的开启式人物。

熙宁三年（1070）五月八日，苏轼和文与可一起同往净因院，还专门写了一篇《净因院画记》，这应该是苏轼所有画论中最重要的一篇：

余尝论画，以为人禽宫室器用皆有常形。至于山石竹木，水波烟云，虽无常形，而有常理。常形之失，人皆知之。常理之不当，虽晓画者有不知。故凡可以欺世而取名者，必托于无常形者也。虽然，常形之失，止于所失，而不能病其全，若常理之不当，则举废之矣。以其形之无常，是以其理不可不谨也。世之工人，或能曲尽其形，而至于其理，非高人逸才不能办。

与可之于竹石枯木，真可谓得其理者矣。如是而生，如是而死，如是而挛拳瘠蹙，如是而条达畅茂，根茎节叶，牙角脉缕，千变万化，未始相袭，而各当其处。合于天造，厌于人意，盖达士之所寓也欤。

昔岁尝画两丛竹于净因之方丈，其后出守陵阳而西也，余与之偕别长老道臻师，又画两竹梢一枯木于其东斋。臻师方治四壁于法堂，而请于与可，与可既许之矣，故余并为记之。必有明于理而深观之者，然后知余言之不妄。（《苏轼文集》，第367页）

此文的创作年代，颇有争议。

《盛京故宫书画录》于此文末有“元丰三年端阳月八日眉山苏轼于净因方丈书”19字，但据《石室先生年谱》，文同卒于元丰二年（1079）正月二十一日。元丰三年（1080）苏轼谪黄州，正月四日过陈州吊文同之丧，二月一日到黄州，而净因院又在汴京城内——据《东京梦华录》卷三，净因院的具体位置是在州西油醋巷——所以绝不可能在元丰三年端阳月（五月）和文同一起访净因院。又文中明言文同将出守陵阳而西，与苏轼一起到净因院与道臻禅师告别，并画两竹梢一枯木于其东斋，苏轼为之作记。因而，文同的画与苏轼的记，无疑是作于文同将赴陵州之前。

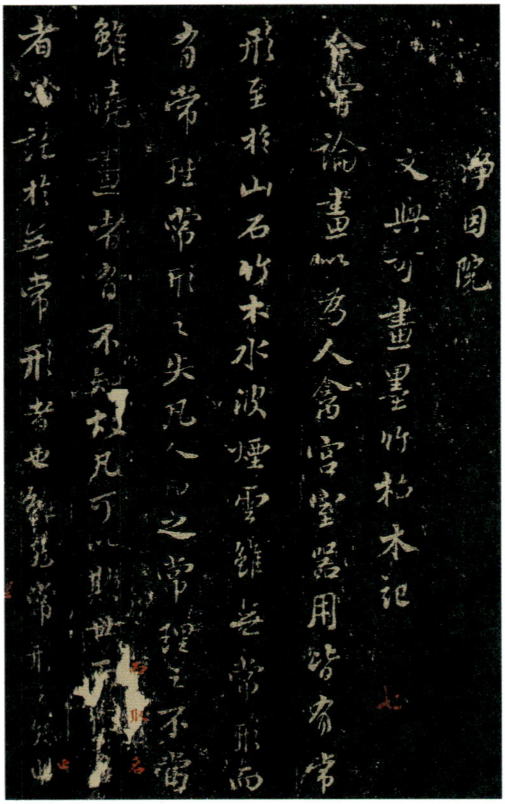

净因院画记（局部）　宋　苏轼

在这篇文章中，苏轼提到绘画中的“常形”与“常理”之别——

“形”具体，“理”抽象，具体的“形”出了问题，大家有目共睹，但抽象的“理”出了问题，却不是所有人都能觉察得到的，因而更需要一种特殊的才能与修养。

苏轼所说的“常理”，接近于当时理学家所说的“天理”“物理”之“理”，但在有儒家思想成分的里面，更增添了庄子所说的“天理”之“理”，即出于天性自然的生命之理以及由此生命之理而来的生命情态。

能超于笔下的物象之外以表现其不易觉察的“天理”，这是宋人艺术所能达到的最高成就——在苏轼看来，只有文同才是那个时代最伟大的艺术家！

文同于熙宁三年（1070）七月二十六日降一官，出知陵州在其后。熙宁四年（1071），文同在陵州（在今四川仁寿县境）作墨君堂，自己作了一首墨君堂诗，自然不会放过请苏轼为墨君堂作文赋诗的机会。此时苏轼离京赴杭州通判的路上，为之作《墨君堂记》：

> 凡人相与号呼者，贵之则曰公，贤之则曰君，自其下则尔、汝之。虽公卿之贵，天下貌畏而心不服，则进而君、公，退而尔、汝者多矣。独王子猷谓竹君，天下从而君之无异辞。今与可又能以墨象君之形容，作堂以居君，而属余为文以颂君德，则与可之于君，信厚矣。
>
> 与可之为人也，端静而文，明哲而忠。士之修洁博习，朝夕磨治洗濯以求交于与可者，非一人也，而独厚君如此。君又疏简抗劲，无声色臭味可以娱悦人之耳目鼻口，则与可之厚君也，其必有以贤君矣。世之能寒燠人者，其气焰亦未至若雪霜风雨之切于肌肤也，而士鲜不以为欣戚丧其所守。自植物而言之，四时之变亦大矣，而君独不顾。虽微与可，天下其孰不贤之。然与可独能得君之深，而知君之所以贤。雍容谈笑，挥洒奋迅而尽君之德。稚壮枯老之容，披折偃仰之势，风雪凌厉以观其操，崖石荦确以致其节，得志，遂茂而不骄；不得志，瘁瘠而不辱。群居不倚，独立不惧，与可之于君，可谓得其情而尽其性矣。
>
> 余虽不足以知君，愿从与可求君之昆弟子孙族属朋友之象，而藏于吾室，以为君之别馆云。（《苏轼文集》，第355—356页）

在古人那里，大凡人们之间在彼此的称呼上，地位尊贵的被称为“公”，品行贤德的被称为“君”，再往下的人，就称为“尔”或“汝”了。有些公卿尽管地位尊贵，但天下人对他们只是表面敬畏而已，心里并不佩服，因此当面称他们为“君”为“公”，却在背地里称他们为“尔”为“汝”的大有人在。但王子猷称竹为“君”，天下人也都跟着称竹为“君”，从来没有异议。文与可除了用墨来画出竹子的形态，建造堂室来安置竹子之外，又请苏轼写文章来歌颂竹君的品德，看得出文与可对于竹君，是何等偏爱了！

苏轼借题发挥，淋漓尽致地阐述了文同与竹之间的关系：“得志遂茂而不骄，不得志瘁瘠而不辱。群居不倚，独立不惧。”这无疑是对文同人格与精神的绝佳赞美。正因为文同有了这样的人格，也才能在创作墨竹的同时，“得其情而尽其性”。

熙宁八年（1075）十月，文同在兴元府（今汉中）知府任满后调任洋州（今陕西洋县）知州。别人都觉得那里是穷乡僻壤，但文同在此地却感到十分的惬意，因为这里满山满谷都是竹林。

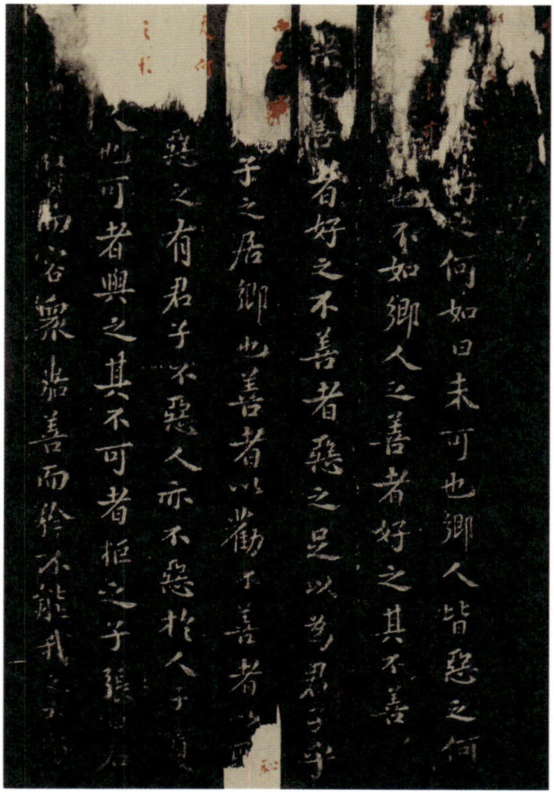

文与可字说（局部）　宋　苏轼

文同极其喜欢附近的筼筜谷里的那片竹林，就在竹林边构筑了一座小亭：“看画亭中默坐，吟诗岸上微行。”这座小亭，成了他公务之余灵魂自由俯仰吐纳的驿站。

他常在晚饭后独自一人踏着竹林间的小径悠然散步，欣赏那片一年四季、姿态各异的竹子。经过长时间的观察，竹之形与竹之韵，无不了然于胸。文同还将洋州园林池湖之胜，一一写入诗中，共得 30 首。他将这些诗寄给苏轼，苏轼一一次韵，也是 30 首。

有一天，文同与夫人一起到竹林中散步毕，晚饭仅有竹笋下饭，正吃间，收到了东坡的信札。东坡除了客套的嘘寒问暖之外，还附了《筼筜谷》一诗：

汉川修竹贱如蓬，斤斧何曾赦箨龙。
料得清贫馋太守，渭川千亩在胸中。

苏轼的意思是，渭川上千亩的竹子，都被你吃了——文同读罢诗句，忍俊不禁，放怀大笑，喷饭满桌——这是“喷饭”一词的出处。

然而，文同在洋州时，因论茶事与提举、转运使的意见不合，被迫离职，回到陈州，在那里等待朝廷另外的安排。此时，他贫困至极。为此，苏轼写了一封信给他，除了安慰、抱不平之外，也没有更好的办法。

文同画竹，只是为了寄托情怀，他经常画完一幅，便听任座客夺持而去，毫不珍惜。声名越传越远，登门求画者也越来越多，面对堆积起来的画材，文同简直被逼疯了，他将人们送来的缣素掷于地下，一边踩一边发狠道：“我要拿这些东西统统来做袜子！”

所以当文同看到有人故意放置了笔砚，有请他画画之意，他就推三阻四地“逡巡避去”。他曾对人解释说：“过去我是学道未至，意有所不适，而又无法排遣，所以图写墨竹以求发泄，那是我的病之所至。现在病好了，叫我怎么画呢？”这是他对求他画画的人说的借口。

但苏轼也抓住这点和他开玩笑：“你的病也未必痊愈，难道就不复发作了？我要等你再次发作呢——希望你有‘病’，我这也是一种‘病’啊！”

当时在徐州做官的苏轼自称他的墨竹已尽得与可之法，于是，文同便顺水推舟地向求画的人们推荐说：“吾墨竹一派，近在彭城，可往求之。”他写信给苏轼取笑说：“做袜子的材料都要聚到你那里去了！”在这封信的后面，文同附了一首诗：

拟将一段鹅溪绢，扫取寒梢万尺长。

葛稚川移居图　元　王蒙

竹谱　元　吴镇

东坡见诗一笑，为文同算了一笔账：“竹长万尺，当用绢二百一五十匹，知公倦于笔砚，愿得此绢而已。”画可以免了，将作画的绢给我吧。文同知道自己在诗里吹了牛，立即认错：“吾言妄焉，世岂有万丈竹者？”世界上哪里有上万丈长的竹子呢？但苏轼仍然接着这个话题说：

为爱鹅溪白茧光，扫残鸡距紫毫芒。
世间哪有千寻竹，月落空庭影许长！（《苏轼诗集》，第 824 页）

文同得诗，除了钦佩苏轼的诗才与辩才之外，认真地说：“如真有二百五十匹绢，我将买田归老，再也不在这里等派官了！”随之，文同将自己得意的一幅双勾着色《筼筜谷偃竹》一幅，寄给了苏轼。

得到这样一幅精品，苏轼并不满足，他接着写信给文同，不依不饶：

墨竹图　宋　文同

近屡于相识处见与可近作墨竹，惟劣弟只得一竿，未说《字说》润笔，只到处作记作赞，备员火下，亦合剩得几纸。专令此人去请，幸毋久秘。不尔，不惟到处乱画，题云“与可笔”，亦当执所惠绝句过状索二百五十匹也，呵呵！（《苏轼文集》，第 1512 页）

苏轼向自己的表哥索画，索画的理由让文同无法拒绝。如果文同拒绝，苏轼有两个办法：一个是自己乱画几笔，冒充文同所作；一个是把那首绝句拿来找人评理，看看文同是不是欠他 250 匹绢。

对于苏轼而言，艺术并不存在于艺术以外的目的，它的目的就在于为人类的天性的自由抒发增添无穷的乐趣，在此乐趣中，融天地自然之道与自我性情于一体。

苏轼每到一个新的地方，只要稍有条件，就喜欢盖房子，或建房或建亭，如在密州盖“超然台”，在杭州修“凤咮堂”“溅玉斋”“方庵”“月岩斋”等，也经常以此为由向文同和其他友人发出诗文征集的邀请，文同每次都是欣然动笔，毫不含糊。苏轼自然最高兴能看到文同的书法或者诗文，因为在苏轼看来，文同的篆书、草书、飞白都是一流的，而在文同身后，苏轼才发现文同的飞白之妙，更令他惊叹。

文同将苏轼引为毕生的知己，尝云：“世无知我者，惟子瞻一见识吾妙处。”即使在文同时期，画家也不太在自己的画上题名或者题诗，但文同不仅自己题诗，还常常留下大片的空白等待苏轼为他题诗或文章：

勿使他人书字，须待子瞻来，令作诗其侧。

只可惜苏轼见到这件作品时，文同已经死去八年了。苏轼作诗曰：

斯人定何人，游戏得自在。
诗鸣草圣余，兼入竹三昧。
时时出木石，荒怪轶象外。
举世知珍之，赏会独予最。

知音古难合，奄忽不少待。

谁云生死隔，相见如龚隗。（《苏轼诗集》，第 1439—1440 页）

诗、书、画合为一体，不能不说是从他们二人“正式”开始。

元丰二年（1079）正月，文同改知湖州太守，二十一日不幸病逝于赴任途中的陈州驿舍。苏轼得知噩耗，悲痛欲绝，“气噎悒而填胸”，接连三日，夜里都不能入睡，“夜不眠而坐喟”。即使睡着了，梦里也会相见，醒后，泪水打湿枕巾：“梦相从而惊觉，满茵席之濡泪。”苏轼挥泪写下《祭文与可文》：

维元丰二年，岁次己未，□□□□朔，五日甲辰，从表弟朝奉郎、尚书祠部员外郎、直史馆、权知徐州军州事骑都尉苏轼，谨以清酌庶羞之奠，致祭于故湖州文府君与可之灵曰：

呜呼哀哉！与可能复饮此酒也夫？能复赋诗以自乐，鼓琴以自侑也夫？

呜呼哀哉！余尚忍言之。气噎悒而填胸，泪疾下而淋衣。忽收泪以自问，非夫人之为恸而谁为乎！道之不行，哀我无徒。岂无友朋，逝莫告余。惟余与可，匪亟匪徐，招之不来，麾之不去，不可得而亲，其可得而疏之耶？

呜呼哀哉！孰能惇德秉义如与可之和而正乎？孰能养民厚俗如与可之宽而明乎？孰能为诗与楚词如与可之婉而清乎？孰能齐宠辱、忘得丧如与可之安而轻乎？

呜呼哀哉！余闻赴之三日，夜不眠而坐喟，梦相从而惊觉，满茵蓆之濡泪。念有生之归尽，虽百年其必至。惟有文为不朽，与有子为不死。虽富贵寿考之人，未必皆有此二者也。然余尝闻与可之言，是身如浮云，无去无来，无亡无存。则夫所谓不朽与不死者，亦何足云乎？

呜呼哀哉！（《苏轼文集》，第 1941—1942 页）

一篇文章，竟然连用了五个“呜呼哀哉”！苏轼与文同之间这种真挚的友谊，当然不仅仅是诗画之间而已。

在苏轼的眼中，文同是那么一个宽厚和平的人，人好、诗好、画好，却到处受人打击、遭人排挤、被人嫌弃，百般委屈，死了之后，忽又人人惋惜起来，这世道真是不可理喻。苏轼的好友吕陶也这样为文同惋惜：“与可在文馆二十年，其材可巨用，将老矣，尚恂恂小州，其胸中之蕴，曾不少露。通塞荣悴，无一毫明诸心，名教至乐之余，时作墨竹、枯木一二，以寓其幽怀远趣，真所谓粹静君子也，岂特笔墨之间有以过人哉。知则语其大，不知则语其小，知不知与可何损益耶！此可与高爽明达者言，不可与鄙暗道也。”

苏轼继文同之后出知湖州，当他将在湖州收藏的画作拿到院子里去晾晒，又看到文与可的《筼筜谷偃竹》时，“见此竹废卷而哭失声”，禁不住泪如泉涌，甚至哭出声音来。他心潮起伏，见物生情，含悲写下了《文与可画筼筜谷偃竹记》：

竹之始生，一寸之萌耳，而节叶具焉。自蜩腹蛇蚹以至于剑拔十寻者，生而有之也。今画者乃节节而为之，叶叶而累之，岂复有竹乎！故画竹必先得成竹于胸中，执笔熟视，乃见其所欲画者，急起从之，振笔直遂，以追其所见，如兔起鹘落，少纵则逝矣。与可之教予如此。予不能然也，而心识其所以然。

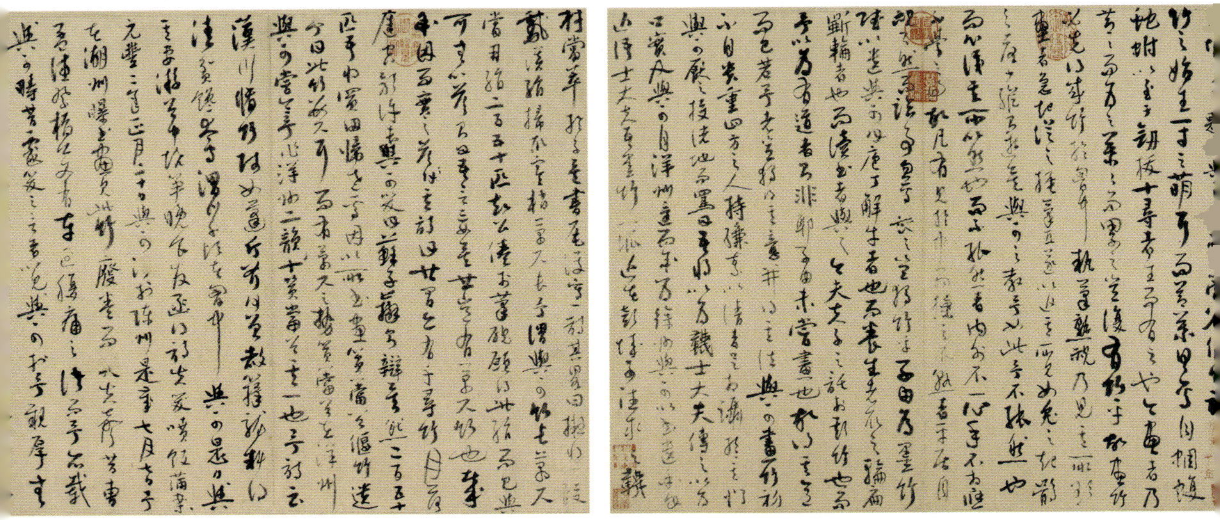

苏轼题《文与可画筼筜谷偃竹记》　元　吴镇

夫既心识其所以然而不能然者，内外不一，心手不相应，不学之过也。故凡有见于中而操之不熟者，平居自视了然而临事忽焉丧之，岂独竹乎？子由为《墨竹赋》以遗与可曰：“庖丁，解牛者也，而养生者取之；轮扁，斫轮者也，而读书者与之。今夫夫子之托于斯竹也，而予以为有道者，则非耶？”子由未尝画也，故得其意而已。若予者，岂独得其意，并得其法。（《苏轼文集》，第365—366页）

可以说，这是苏轼一篇重要的美学论述。

此时苏轼还想不到，他的噩运也即将到来。在湖州，他因讥讪朝廷的罪名被逮入京。

元丰三年（1080）正月，即文同死后一年，苏轼离京被贬黄州途经陈州时，他与苏辙一同在陈州协助料理文同的后事——文同的儿子文逸民娶了苏辙的大女儿，因而苏辙与文同是儿女亲家——在陈州，苏轼又见到文同的草书飞白，作《文与可飞白赞》。

正月十四日，苏轼将离开陈州赴黄州，作《陈州与文郎逸民饮别，携手河堤上作此诗》，诗中有“君已思归梦巴峡”句，感叹文同已魂归故里，而自己为了仕途，仍在外漂泊。四五月间，文务光将文同灵柩过黄州归成都，苏轼又写下了《黄州再祭文与可文》。

元丰四年（1081），即文同去世两年后，苏轼在黄州贬所写了《文与可琴铭》一文，追忆这位让他挚爱的友人；元丰七年（1084）十月，苏轼在宜兴的小船中，又想起了已过世五年的文同，遂将自己在熙宁九年（1076）作的《寄题与可学士洋州园池三十首》全部书写出来，并添加了跋文。文曰：

久不作小楷，今日忽书此一纸，元丰七年十月六日宜兴舟中。

元丰八年（1085），苏轼见文同墨竹，作了一首诗：

笔与子皆逝，诗今谁为新。

空遗运斤质，却吊断弦人。（《苏轼诗集》，第1392页）

元祐元年（1086）正月十二日，已经作为元祐重臣的苏轼在京任起居舍人，作《书文与可墨竹（并叙）》和《题文与可墨竹（并叙）》。元祐二年（1087）秋，苏轼作《书晁补之所藏与可画竹三首》，第一首诗中，他充分地引申了来自庄子的艺术精神：

> 与可画竹时，见竹不见人。
> 岂独不见人，嗒然遗其身。
> 其身与竹化，无穷出清新。
> 庄周世无有，谁知此疑神。（《苏轼诗集》，第 1522—1523 页）

至于第三首，他再次提到了自己的名句“可使食无肉，不可使居无竹”。

元祐八年（1093），文同已经去世 14 年，苏轼见到文同遗墨又大为嗟叹，作《文与可画赞》——这是苏轼有关文同的最后一篇作品——据统计，文同有关苏轼的诗文有 19 首（篇），苏轼有关文同的诗文有 79 首（篇）。

两人从初识到密切交往，时间长达 15 年，在苏轼一生的友人中交往时间不算最长，但却是感情最为真挚、诗文

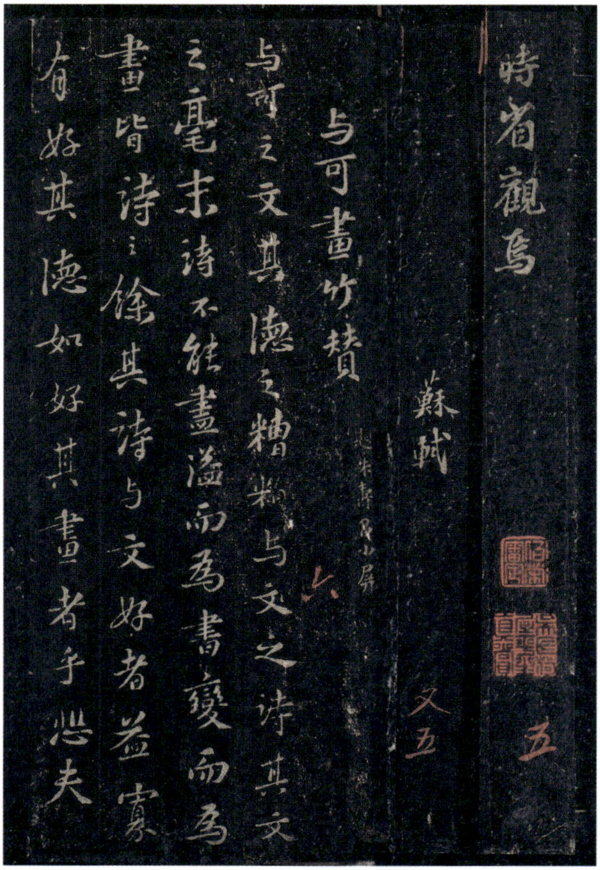

与可画竹赞　宋　苏轼

往来最多的友人之一。

如果把苏轼所有关于或与文同有关的作品放在一起看，可以说苏轼的美学思想已经表现得非常完整，或者说，他的主要美学思想，全部体现在与文同有关的诗文之中了。

徽宗皇帝虽然不喜欢苏轼，但成书于他那个时代的《宣和画谱》，却在“墨竹门”中暗暗地吸收了苏轼一再宣扬的美学思想：高贵的艺术必须出于高人逸士之手——从内在的方面说，“知其胸中故自超绝”；从创作的角度说，“命意布致洒落，疏枝秀叶，初不在多，下笔纵横，更无凝滞，竹之佳思，笔简而意已足矣”。而后世文人画中大多数的关键词，如写意、寓兴、墨戏、直抒胸臆等，都在墨竹画派一发端就趋于高度成熟了：

> 绘事之求形似，舍丹青朱黄铅粉则失之，是岂知画之贵乎，有笔不在夫丹青朱黄铅粉之工也。故有以淡墨挥扫，整整斜斜，不专于形似，而独得于象外者，往往不出于画史，而多出于词人墨卿之所作。盖胸中所得，固已吞云梦之八九，而文章翰墨，形容所不逮，故一寄于毫楮，则拂云而高寒，傲雪而玉立，与夫招月吟风之状，虽执热使人亟挟纩也。至于布景致思，不盈咫尺而万里可论，则又岂俗工所能到哉。画墨竹与夫小景，自五代至本朝才得十二人，而五代独得李颇，本朝魏端献王頵、士人文同辈，故知不以著色而专求形似者，世罕其人。（《宣和画谱》）

“可怜马生痴，至今夸我贤”——与马正卿

苏轼有一个跟随了他一生的好友，叫马正卿。关于马正卿，我们只能从苏轼留下来的诗文中寻找他的蛛丝马迹，如果不是苏轼，马正卿这个名字基本上不会留到现在。但是从另一方面也可以说，如果没有马正卿，就没有“苏东坡”这个名字！

马正卿，字梦得，雍丘（今河南杞县）人，用苏轼的话说，他是一位穷书生。比如苏轼《东坡八首并序》中就说，故人马正卿是“穷士”，已经“从我二十年”。

苏轼贬到黄州是元丰三年（1080），倒退20年，是嘉祐五年（1060），三年前，苏轼中了进士——苏轼应该是在这个时候结识马正卿的。

嘉祐五年（1060）二月，苏轼、苏辙兄弟在家乡眉山为母亲程夫人守丧完毕后，随同父亲苏洵再次回到京城开封。他们先在京城西冈租房居住，但由于京师消费高，为了节省开支，一家人又搬迁到京东80里开外的雍丘（今河南杞县）居住。苏辙在《辛丑除日寄子瞻》一诗中回忆说：“居梁不耐贫，投杞避糠覈”——“梁”指开封，“杞”指杞县，就是描写他们一家人因为生活贫困因而迁到雍丘居住这一情形。

嘉祐五年（1060）八月，苏洵被朝廷任命为试秘书省校书郎，作《谢赵司谏书》中说他“寓居雍丘，无故不至京师”，因而可以推断，苏轼、苏辙就是在居住雍丘期间认识了当地有名的“穷士”马正卿的。

之所以说他是“穷士”，是因为他是一位连给自己的祖父、父亲下葬都没钱的人。而且，马正卿的“穷”都让苏轼、苏辙兄弟二人大惑不解：“问人何罪穷至此？”一个人怎么可能穷到如此难堪的地步？《东坡志林》卷一《命分》

有一条云：

马梦得与仆同岁月生，少仆八日。是岁生者，无富贵人，而仆与梦得为穷之冠。即吾二人而观之，当推梦得为首。

苏轼的意思是说，马梦得和自己同年同月生，只比自己小了八天，而这一年月出生的人，都注定无法成为富贵之人。但是，如果二人比赛谁的命更穷的话，苏轼情愿将第一名让给马梦得。

元符三年（1100），苏轼北归时提到，他有一部名为《东坡志林》的著作还没有完成，这是他从元丰至元符近20年中的杂说史论，马正卿的“穷困”能被苏轼记录在案，可见晚年的苏轼在回忆中仍然时时保持着对马正卿的关注与思念。这倒不仅仅是因为二人同年同月生，而是苏轼认为在冥冥中，注定了他和马正卿一样的坎坷命运。

《东坡志林》卷五还有一条关于马正卿的记载：

杞人马正卿作太学正，清苦有气节，学生既不喜，博士亦忌之。余（少时）偶至其斋中，书杜子美《秋雨叹》一篇壁上，初无意也，而正卿即日辞归，不复出。至今，白首穷饿，守节如故。正卿字梦得。（亦见《苏轼文集》，第2296页，“少时”二字，依《文集》补）

马正卿究竟有没有做过“太学正”呢？这里要先说一说“太学”，而说到“太学”，就有必要就宋代的教育制度多说几句。

宋代的太学隶属于国子监。宋初仅设国子监，学生名额极少，且只收七品以上官员子弟，是名符其实的“贵族学校”。仁宗庆历四年（1044），范仲淹推行新政，始于东京开封锡庆院兴办太学，招收内舍生200人，采用胡瑗的“分斋教学”即“苏湖教学法”制订太学令，经义与实学并重。太学生从八品以下官员子弟和平民的优秀子弟中招收，内舍生由太学供给饮食。

神宗时，扩建太学，除内舍学外，外舍生亦由太学给食，学生名额达2400人，设80斋，并重订太学条制，推行王安石创立的“三舍法”，即在太学中分置外舍、内舍与上舍，建立了一套品德与学业兼顾、平时考查与升舍考试并重的升舍及诠选制度，以期将国家选拔人才与培养人才统一于学校之中。

太学作为中央官学，也即最高的学府，下设“学录”与“学正”。仁宗时期，是从太学学生里面选举出学生担任“学正”与“学录”，因而所谓太学正，相当于学生干部，参与学校的管理工作，包括第20日考校学生一次——马正卿就在此担任太学学正。

有研究者说嘉祐五年（1060）马正卿就是太学正并不合理，理由是马正卿连任官的资格还不具备，哪有可能担任太学正呢，哪怕太学正的官职级别再低。而这实际上是对宋代的“学正”这一所谓的“官制”不了解。仁宗时期的“学正”与“学录”都是从太学生中产生，至熙宁四年（1071）开始，也仍然是从上舍生中选举产生，每经有“学正”两人。只是到了熙宁末年，“学正”才由朝廷命官担任，同时，也有一部分上舍生和内舍生来担任此职。至此，才出现命官“学正”和职事“学正”的区别。命官“学正”三年一任，为正九品。

当弄清了这一史实，我们就可以肯定，马正卿在嘉祐五年（1060）即担任了太学正并不是没有可能，孔凡礼《苏轼年谱》将苏轼久等马正卿不至，就在马氏书房的墙壁上书写杜甫《秋雨叹》诗句事，系于1060年的下半年，无疑是正确的。

胡仔在《苕溪渔隐丛话前集》卷六引了前面的“东坡云：杞人马正卿作太学正，清苦有气节，学生既不喜，博士亦忌之。余偶至其斋中，书杜子美《秋雨叹》一篇壁上，初无意也，而正卿即日辞归，不复出。至今白首穷饿，守节如故。正卿字梦得”之后，推测说：

> 苕溪渔隐曰：“子美《秋雨叹》有三篇，第一篇尤感慨，必东坡所书者。云：‘雨中百草皆烂死，阶下决明颜色鲜。着叶满枝翠羽盖，开花无数黄金钱。凉风萧萧吹汝急，恐汝后时难独立。堂上书生空白头，临风三嗅馨香泣。’”

苏轼这看似无意间的书写，竟然让马正卿茅塞顿开、大彻大悟。在太学中，他只是一个校方主管与学生都不喜欢的角色，因而早就厌倦了官场哪怕是最高学府中的应酬争斗，当即辞官而去，回到家乡雍丘，固穷守节。

1061 年制科考试毕，苏轼被授予大理评事、凤翔府（今陕西凤翔）签判，朝命即下，苏轼在十一月带着妻子王弗和襁褓中的苏迈，踏上仕途。

跟随苏轼一起到凤翔去上任的，就有刚刚辞掉太学正的马正卿。

马正卿的“穷”，恐怕当时不仅仅苏轼这么认为，他的弟弟苏辙在神宗熙宁六年（1073）至熙宁九年（1076）期间担任齐州（今山东济南）掌书记，在那时写有一首《赠马正卿秀才》诗：

> 男儿生可怜，赤手空腹无一钱。
> 死丧三世委平地，骨肉不得归黄泉。
> 徒行乞丐买坟墓，冠帻破败衣履穿。
> 矫然未肯妄求取，耻以不义藏其先。

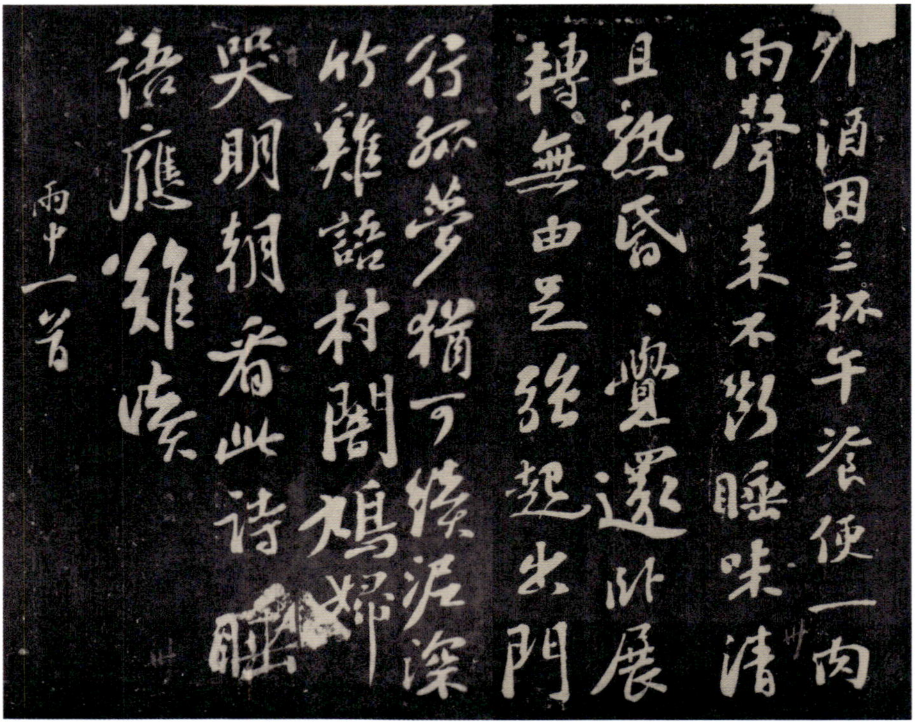

雨中一首诗帖　宋　苏轼

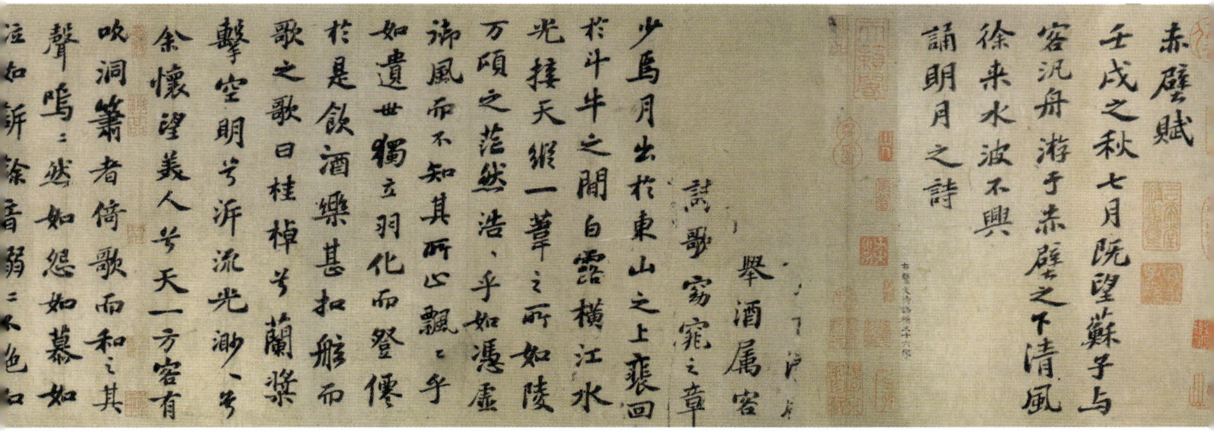

赤壁赋（局部）　宋　苏轼

辛勤直使行路泣，六亲不信相尤愆。

问人何罪穷至此，人不敢尤其怨天。

孝慈未省鬼神恶，兄弟宁有木石顽。

善人自古有不遇，力行不废良谓贤。（《栾城集》卷六）

在这首诗中，苏辙对马正卿是既同情又调侃，既可怜又钦佩——他的确没看错，马正卿虽然穷困潦倒，形同乞丐，但他气节凛然，是位不可多得的贤良之士。

元丰二年（1079）七月，正在湖州任上的苏轼以谤讪朝廷的罪名被逮捕，他的政敌，必置之死地而后快。

经过诸多大臣包括王安石、范镇、张方平等人在内的营救，以及皇帝的略示惩戒与有意袒护，苏轼在监狱里蹲了 103 天后，腊月二十九日也就是在除夕前结案，责授黄州团练副使，不得签书公事——黄州团练副使，相当于今天的县武装部副部长，官不大，“签单权”也被剥夺了。

结案后立刻押解上路，元丰三年（1080）二月初一，他到了黄州。

孤身一人的苏轼暂时借居于定慧寺中。他和僧人一起吃饭，有时候徐太守会以酒席相邀，长江对面的朱太守也会送一些酒食给他，这段日子，因为得到

朋友的照顾，他的心情还是不错的。所以，后来的朱熹在看到他出狱后写的那两首诗时，还认为苏轼竟然没有一点“自新”与“克己”的意思。

苏轼那首著名的《卜算子》“寂寞沙洲冷”，就是在定慧寺里写的。

这是苏轼人生阶段的另一个开始。

这一年，他 44 岁。

苏轼自己回想这段经历，认为自己就像旋转着的磨盘上的一只蚂蚁，也像风中飞舞着的羽毛，身不由己，不知所止……

从监狱中活着出来，他真正开始思考人生了。

等苏轼的家眷到黄州时，满满一大家子人，他的二儿子苏迨 12 岁，小儿子苏过十岁，几年后离开黄州时，这两个孩子都可以讲一口当地话。

由于太守的礼遇，他和家人可以暂时借住在临皋亭——这本来是一座江边的驿亭，过往的官员可以在此小住，换言之，这是一个官办的简易招待所。

一家老小十几口人的到来增加了苏轼的欢乐，也加重了苏轼的生活负担，日子一天比一天难过。

才到黄州不久，苏轼的好友李常就在去安徽的路上特意来这里看他。在写给秦少游的信中，苏轼说：

> 公择近过此，相聚数日，说太虚不离口……
>
> 初到黄，廪入既绝，人口不少，私甚忧之，但痛自节俭，日用不得过百五十。每月朔便取四千五百钱，断为三十块，挂屋梁上，平旦用画叉挑取一块，即藏去叉，仍以大竹筒别贮用不尽者，以待宾客，此贾耘老法也。度囊中尚可支一岁有余，至时，别作经画，水到渠成，不须预虑，以此，胸中都无一事。
>
> 所居对岸武昌，山水佳绝。有蜀人王生在邑中，往往为风涛所隔，不能即归，则王生能为杀鸡炊黍，至数日不厌。又有潘生者，作酒店樊口，棹小舟径至店下，村酒亦自醇酽。柑桔椑柿极多，大芋长尺余，不减蜀中。外县米斗二十，有水路可致。羊肉如北方，猪、牛、獐、鹿如土，鱼、蟹不论钱。岐亭监酒胡定之，载书万卷随行，喜借人看。黄州曹官数人，皆家善庖馔，喜作会。太虚视此数事，吾事岂不既济矣乎！欲与太虚言者无

穷，但纸尽耳。展读至此，想见掀髯一笑也。（《苏轼文集》，第 1536 页）

细读这封信，大致可以想见苏轼的黄州“苦中作乐”之生活。

孔凡礼《苏轼年谱》把李常来黄州看苏轼这件事，放在元丰三年（1080）的十一月，此时，苏轼已经安顿好了一家人的生活。

从给秦观的信中可以看到，关于每天的开销，苏轼想了一个办法，即每个月只能花掉 4500 钱，先将这 4500 钱分成 30 个竹筒，每天只允许花 150 钱。每天早晨用竹竿从房梁上取下这 150 钱作为一天的费用，如果稍有剩余，就把这些钱放到另外一个大竹筒中，以备招待朋友之用，如果不够，也只能熬过这一天。

方法虽然有效，但对于既失去了俸禄又没有额外收入的苏轼而言，这绝对不是长远之计，家里的三个男孩又一天天长大。苏轼有首诗，诗里说：“我生无田食破砚，尔来砚枯磨不出。”意思是，我本来是靠写文章赚钱的，但现在，文章也不敢写了，怎么办？苏轼的心情与生活状况，可谓糟糕到极点。

虽然苏轼的人缘很好，到了黄州仍然得到诸多人的照顾，黄州太守徐君猷对他也特别照顾，经常会带着食物和酒来慰问困乏中的苏轼。一个姓潘的酒商也会将上好的酒以极低的价钱卖给他，但最紧迫的关系到一家的生计问题，还

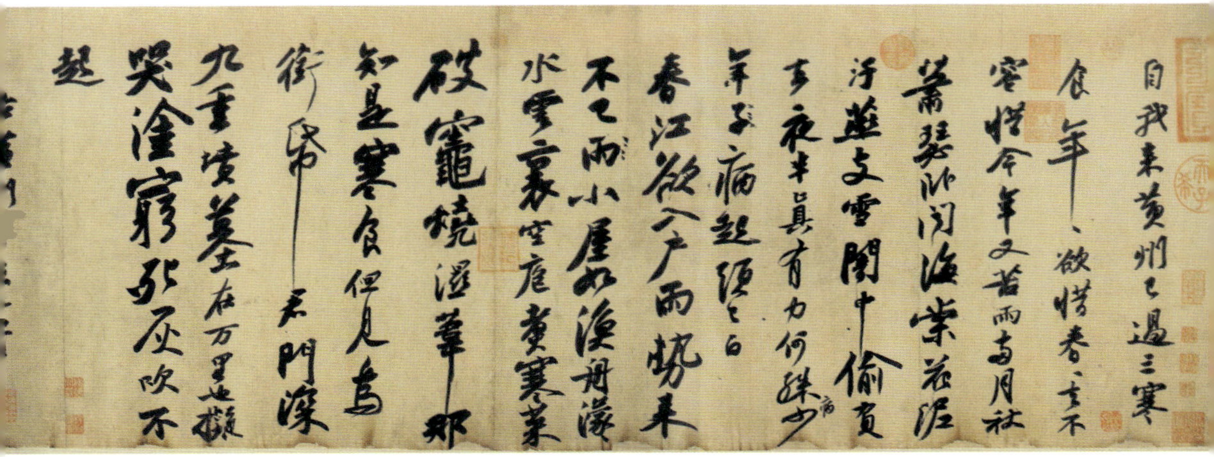

黄州寒食诗帖　宋　苏轼

是由马正卿帮着解决的。

元丰四年（1081），苏轼将自己希望有一块土地的愿望告诉了马正卿，热情的马正卿想方设法，跑了许多部门，终于为苏轼申请下来城东的一块废弃已久的50亩旧营地——这就是东坡！

苏轼不仅可以在那里开垦和种植，还可以修筑起居室，这让他们一家人终于有了安居之地。

有了土地的苏轼，身份渐渐向“农夫”转变。他手持铁锹、锄头，推起小车等工具，整治这块早已荆棘丛生、贫瘠荒芜的旧营地。这位诗人成了身体力行的拓荒者、耕种者。

他修了一个蓄水池以便在雨季将雨水储存起来，在烧荒的时候又发现了一口废弃的水井，种了柳树、桑树，还挖了一个池塘养鱼，从邻里那里要来各种果树苗以及花草。渐渐地，东坡农场有了模样了。因为这是黄州城东门外的一块山坡地，苏轼就把房子造在山顶上，茅亭下面就是雪堂，雪堂前面有五间房子，这是他到黄州后两年即元丰五年（1082）二月于大雪纷飞中竣工的——他为自己的居室取名“雪堂”，并亲自在门楣上书写了“东坡雪堂”四个大字。他有一篇很长的文章，叫《雪堂记》，非常详细地论述了他为什么将这间屋子取名为“雪堂”，以及他对“雪堂”的形而上意义的理解。

赤壁图　明　仇英

苏轼本人也开始自称“东坡居士”。

“居士”除了指信仰佛教、在家修行的人以外，有德才而隐居不仕的人也被称为“居士”。唐宋以来，文人雅士多以“居士”自称，以示清高。比如李白自称“青莲居士”，白居易自称“香山居士”，欧阳修自称“六一居士”，以及后来的李清照自称“易安居士”等。

但苏轼的“东坡居士”，应该是介于信仰与隐居两者之间——他既不是一个狂热的宗教徒，也不是离世高蹈的隐居者，他只是在东坡这里暂居的一个读书人。

而从历史渊源上说，他所说的“东坡”，又是因为唐代诗人白居易曾在忠州（今重庆忠县）东坡垦地种花的旧事——元和十年（815），宰相武元衡遇刺身亡，身为谏官的白居易上表主张严缉凶手，但被认为是越职言事，被降职为江州司马，又迁为忠州刺史。忠州城东有一山坡，白居易于公事之余就常到坡上植树种花。以“东坡”为题咏对象，白居易写下了诸如《东坡种花》的“持钱买花树，城东坡上栽”，《东坡种树》的“东坡春向暮，树木今何如”，以及《别东坡花树》的“何处殷勤重回首，东坡桃李种新成”。足见白居易与“东坡”结缘之深。

苏轼和白居易虽然相距200年，但宦海沉浮，却使得苏轼认为自己和白

赤壁图（局部）　明　仇英

居易命运相似，因此，偶尔也把白居易作为自己的前身。如在《去杭州》一诗中就说：“出处依稀似乐天，敢将衰朽校前贤”——所谓“衰朽”，是苏轼自喻，“前贤”则指白居易。

苏轼此时的境遇和生活，颇类似于当年白居易谪贬忠州时的状态，因此自号“东坡居士”，极为切合。此时，苏轼 46 岁。而以“东坡居士”作为自己的别号，后来盖过了他的本名。

苏轼以“东坡”为题，一口气写了八首组诗。诗前有小叙：

余至黄州二年，日以困匮。故人马正卿哀余乏食，为余郡中请故营地数十亩，使得躬耕其中。地既久荒为茨棘瓦砾之场，而岁又大旱，垦辟之劳，筋力殆尽。释耒而叹，乃作是诗，自愍其勤，庶几来岁之入以忘其劳焉。

废垒无人顾，颓垣满蓬蒿。
谁能捐筋力，岁晚不偿劳。
独有孤旅人，天穷无所逃。
端来拾瓦砾，岁旱土不膏。
崎岖草棘中，欲刮一寸毛，

喟焉释未叹，我廪何时高。

荒田虽浪莽，高庳各有适。
下隰种秔稌，东原莳枣栗。
江南有蜀士，桑果已许乞。
好竹不难栽，但恐鞭横逸。
仍须卜佳处，规以安我室。
家童烧枯草，走报暗井出。
一饱未敢期，瓢饮已可必。

自昔有微泉，来从远岭背。
穿城过聚落，流恶壮蓬艾。
去为柯氏陂，十亩鱼虾会。
岁旱泉亦竭，枯萍黏破块。
昨夜南山云，雨到一犁外。
泫然寻故渎，知我理荒荟。
泥芹有宿根，一寸嗟独在。
雪芽何时动，春鸠行可脍。
（蜀人贵芹芽脍，杂鸠肉作之。）

种稻清明前，乐事我能数。
毛空暗春泽，针水闻好语。
（蜀人以细雨为雨毛。稻初生时，农夫相语稻针出矣。）
分秧及初夏，渐喜风叶举。
月明看露上，一一珠垂缕。
秋来霜穗重，颠倒相撑拄。
但闻畦陇间，蚱蜢如风雨。
（蜀中稻熟时，蚱蜢群飞田间，如小蝗状，而不害稻。）
新春便入甑，玉粒照筐筥。

我久食官仓，红腐等泥土。
行当知此味，口腹吾已许。

良农惜地力，幸此十年荒。
桑柘未及成，一麦庶可望。
投种未逾月，覆块已苍苍。
农父告我言，勿使苗叶昌。
君欲富饼饵，要须纵牛羊。
再拜谢苦言，得饱不敢忘。

种枣期可剥，种松期可斫。
事在十年外，吾计亦已悫。
十年何足道，千载如风雹。
旧闻李衡奴，此策疑可学。
我有同舍郎，官居在灊岳。（李公择也。）
遗我三寸甘，照座光卓荦。
百栽倘可致，当及春冰渥。
想见竹篱间，青黄垂屋角。

潘子久不调，沽酒江南村。
郭生本将种，卖药西市垣。
古生亦好事，恐是押牙孙。
家有一亩竹，无时容叩门。
我穷交旧绝，三子独见存。
从我于东坡，劳饷同一飧。
可怜杜拾遗，事与朱阮论。
吾师卜子夏，四海皆弟昆。

马生本穷士，从我二十年。

日夜望我贵，求分买山钱。
我今反累君，借耕辍兹田。
刮毛龟背上，何时得成毡。
可怜马生痴，至今夸我贤。
众笑终不悔，施一当获千。

（《苏轼诗集》，第1079—1084页）

《东坡八首》的最后一首，是苏轼专门写马正卿的：马正卿跟了他20年了，一直希望苏轼能够大富大贵，好从苏轼那里分一些财富，但不曾想的是，反倒是苏轼拖累了马正卿，反过来让马正卿为自己的生活操心。苏轼打比喻说：马正卿希望跟着他发财，就好比是有一个人一直从乌龟背上刮毛然后想织成一个大毛毯一样！

但是，马正卿仍然认为苏轼是一个贤人，哪怕再多的人取笑苏轼，马正卿也不曾改变他对苏轼的看法！而苏轼则真的希望将来能够涌泉相报这份恩情。

苏轼对自己诗中用到"刮毛龟背上，何时得成毡"一句甚为得意，在写给王巩的信中，他说："可以发万里一笑也！"

同一年，苏轼在《书孟东野序》中说："元丰四年（1081）与马梦得饮酒黄州东禅院，醉后颂东野诗云：'我亦不笑原宪贫'，不觉失笑！东野何缘笑得原宪？遂书以赠梦得，只梦得亦未必笑得东野也。"这里所说的原宪，是孔门七十二贤人之一，但也是那些贤人中最贫困的一个。《庄子》杂篇《让王》有一段故事：

原宪居鲁，环堵之室，茨以生草，蓬户不完，桑以为枢而瓮牖，二室，褐以为塞，上漏下湿，匡坐而弦。子贡乘大马，中绀而表素，轩车不容巷，往见原宪。原宪华冠纵履，杖藜而应门。子贡曰："嘻！先生何病？"原宪应之曰："宪闻之：'无财谓之贫，学而不能行谓之病。'今宪，贫也，非病也。"子贡逡巡而有愧色。原宪笑曰："夫希世而行，比周而友，学以为人，教以为己，仁义之慝，舆马之饰，宪不忍为也。"

苏轼之所以失笑，是因为孟郊也是穷人，一个穷人笑话另外一个穷人，岂不是笑话？就像苏轼说的，他和马正卿两个人都是“穷士”，谁比谁更穷呢？因而，苏轼奋笔书写孟郊的《伤时》诗赠予马梦得。

这个时候的苏轼，比谁都更能体会到孟郊在《伤时》诗中感叹的“有财有势即相识，无财无势同路人”！

苏轼白天就在田里劳作，晚上则饮酒、读书，或者给朋友写信。他在写给李常的信中说：

> 某见在东坡，作陂种稻，劳苦之中，亦自有乐事。有屋五间，果菜十数畦，桑百余本，身耕妻蚕，聊以卒岁也。（《苏轼文集》，第 1499 页）

这已经不是李常第一次来黄州看他的样子了。

元丰七年（1084）四月，苏轼受命移汝州，离开居住生活了五年的黄州；元祐元年（1086）被召回朝，由起居舍人迁中书舍人，又迁翰林学士知制诰，登上了政治生活中的顶峰。

然而，哲宗绍圣元年（1094）四月，59 岁的苏轼再遭政治挫折，被朝廷

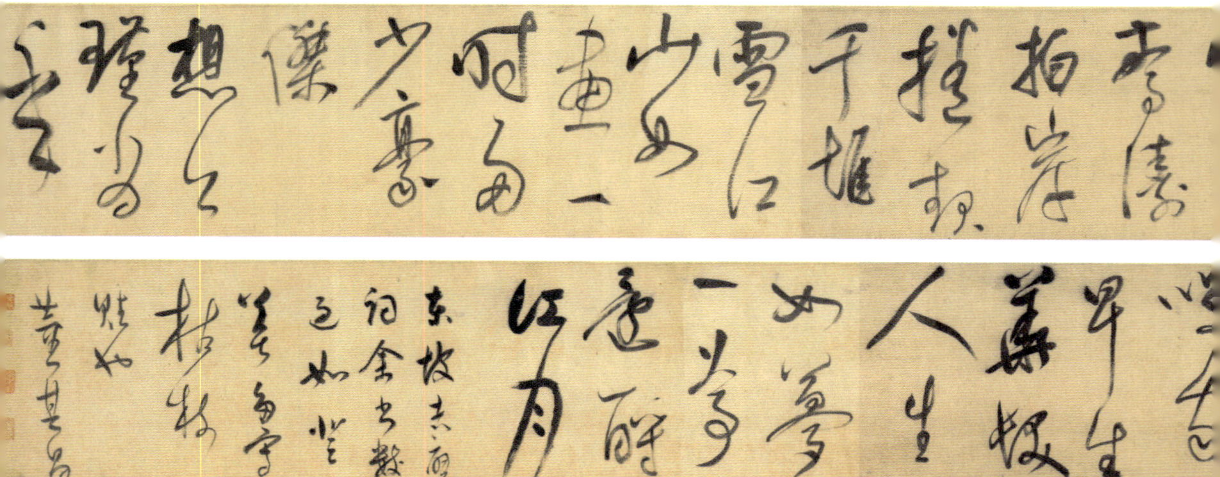

赤壁怀古卷　明　董其昌

由定州（今河北定州）知州贬官英州（今广东英德）。苏轼路过雍丘，他特意去找正在雍丘做县令的米芾，托他照顾自己的老朋友马正卿。给米芾的信中说：

> 出城固不烦到，复得一见，幸矣。微疾想不为患，余非面莫究。（《苏轼文集》，第 1780 页）

苏轼的意思是，你不必出城接送于我，最好能见上一面，你说你身体有些小问题，但我想问题不大吧，有些事，只能面说。

我猜，苏轼之所以如此殷切地希望能够和米芾见上一面，应该是将已经上了年纪的马正卿托付给米芾照顾吧。此前，苏轼已经提到了马正卿：“梦得来谈新政不容口，甚慰所望。”（同上，第 1779 页）即马正卿夸奖米芾官做得不错。

苏轼路过雍丘时，书赠马正卿一首小诗，题目为《初贬英州过杞赠马梦得》：

> 万古仇池穴，归心负雪堂。
> 殷勤竹里梦，犹自数山王。

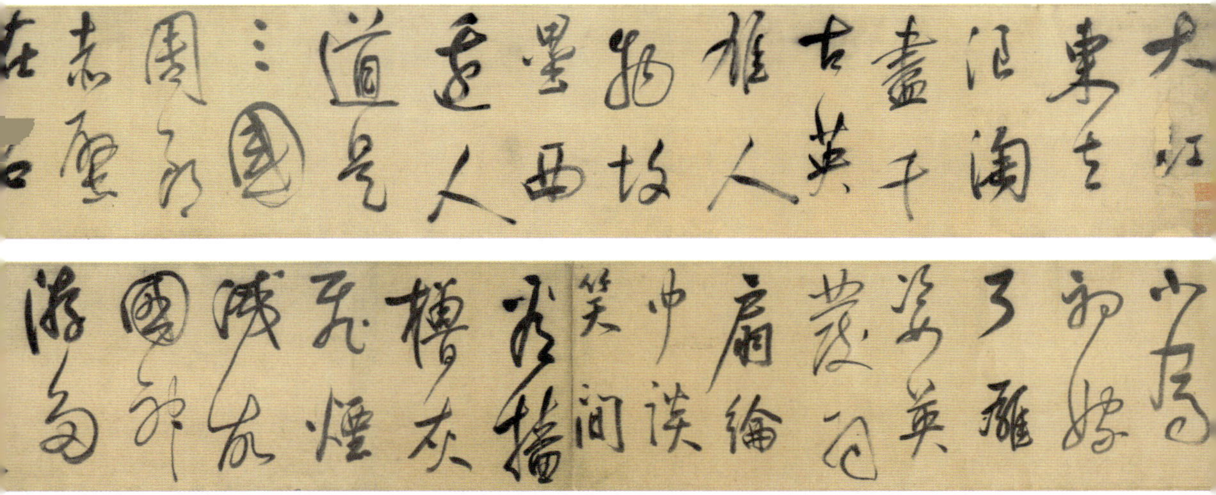

这首诗虽然只有短短20字，含义却极其丰富，寄寓了两位老朋友分别时难以言表的千言万语。

仇池山位于今甘肃省陇南市的西和县，四面陡绝，山上可引泉灌田。诗的首句“万古仇池穴”直接引用了杜甫《秦州杂诗二十首》中第14首中的诗句。杜甫原诗是：“万古仇池穴，潜通小有天。神鱼人不见，福地语真传。近接西南境，长怀十九泉。何时一茅屋，送老白云边。”苏轼《和桃花源》诗前有序云：“他日工部侍郎王钦臣仲至，谓余曰：吾尝奉使过仇池，有九十九泉，万山环之，可以避世如桃源也。”苏轼之所以如此说，也许是因为同样年龄的马正卿在雍丘已经觅得这样一个好地方，归隐田园，可以安心颐养天年了，而自己却还在官场奔波，辜负了马正卿当初在黄州帮助自己搭建雪堂时的一片苦心，既是歉疚，也是自责。

而如今，黄州的东坡雪堂，也是回不去了。

末句的“山王”，指竹林七贤里的山涛和王戎——“竹林七贤”是嵇康、阮籍、山涛、向秀、刘伶、王戎及阮咸七人。魏正始年间（240—249），七人常聚集在当时的山阳县（今河南辉县）竹林之下，饮酒赋诗，肆意酣畅，竹林七贤最后命运各不相同：嵇康40岁时被司马昭处死，山涛、王戎则投靠了司马家族，后人认为山涛和王戎二人实在有辱“竹林七贤”的清名美誉。颜延之作《五君咏》，虽然是说竹林七贤，但却以山涛、王戎显贵的理由而不予列入。东坡诗中的“数”，即为指责、数落。

依诗意，前两句叙述马正卿，后两句则是说自己虽然仍在官场，但绝不会像山涛、王戎那样变节。

这首诗是他在文献中能够找到的最后一次与马正卿的文字记录了——至此时，他与马正卿的友情，持续了34年！

蔡承禧

除了马正卿为苏轼要到东坡这块地以外，还有一个人，附带在此一提。

此人为蔡承禧（1035—1084），字景繁，仁宗嘉祐二年（1057）与父蔡元导同登进士，与苏轼兄弟亦为同年。历官太平州（今安徽当涂县）司理参军、知雩都县（今江西于都县），神宗熙宁八年（1075）擢太子中允、监察御史等。在监察御史任上，蔡承禧写了一道札子，权倾天下的吕惠卿应声落马。熙宁十年（1077），加集贤院校理，开封府推官、判官。灵州战役前，因反对以太监李宪主兵权，被出为淮南计度转运副使，办公地点在楚州（今江苏淮安）。他以“决事明敏”见称，颇有政声。

“转运使”一职，唐代所置，掌粮食财货的转运，有“都转运使”和“转运使”，职务大体相同，宋朝设“都转运使”和“转运使”，掌经度一路或数路财赋并有督察、刺举地方官吏的权力，后又兼理边防、治安、钱粮，成为州府以上的一级行政长官，因而很有实权。

北宋初置淮南道，以南唐的淮南十四州为主体，领扬、泰、通、楚、滁、和、濠、庐、寿、光、蕲、黄、舒、安 14 州，以及汉阳、信阳二军。熙宁五年（1072），分淮南为东西两路，东路仍治扬州，西路治庐州（今安徽合肥市）——黄州，正在蔡承禧的管辖之内。因而，苏轼应该得到他很多的照顾，同时，蔡承禧也会委托别人照顾他这个同年。

《苏轼文集》收写给蔡承禧的信有 14 封，都是在黄州时所写。从第三封和第五封来看，蔡承禧曾经来看望过苏轼：第三封说“今者又遂一见，慰幸多矣”；第五封说“某蒙庇如昨，度公能复来，当在明年秋矣”，都可以看出蔡承禧对苏轼的关爱。第八封说得更为明确：“坐废以来，不惟人嫌，私亦自鄙。不谓公顾待如此，当何以为报？冬至后，便杜门谢客，斋居小室，气味深美。坐念公行役之劳，以增永叹。春间行部若果至此，当有少要事面闻。”所谓“行部”，即是巡行所属部域，考察政绩——正像前面已经提到的，黄州当时正在蔡承禧的管辖之内。

因而我还有一个猜想，马正卿出面能够替东坡要到一块废弃的旧营地，除了几个当地的官员和苏轼的关系不错，说不定和蔡承禧大有关系，因为苏轼写给蔡的第一封信，就说“自闻车马出使，私幸得托迹部中，欲少布区区，又念以重罪废斥，不敢复自比数于士友间，但愧缩而已”，能够在蔡承禧的管辖之内，苏轼自认为是幸运的。

在元丰六年（1083）五月，苏轼写了《南堂五首》诗，画了一把扇子寄给蔡承禧。在信中，苏轼这样写道：

临皋南畔，竟添却屋三间，极虚敞便夏，蒙赐不浅。朐山临海石室，信如所谕。（《苏轼文集》，第 1663 页）

向须画扇，比已绝笔。昨日忽饮数酌，醉甚，正如公传舍中见饮时状也。不觉书画十扇皆遍，笔迹粗略，大不佳，真坏却也。适会人便寄去，为一笑耳。（同上，第 1664 页）

在临皋南畔所添的三间房子，原来是蔡承禧帮着建起来的，苏轼将它命名为“南堂”，并且作了五首一组的七绝：

其一
江上西山半隐堤，此邦台馆一时西。
南堂独有西南向，卧看千帆落浅溪。

其二
暮年眼力嗟犹在，多病颠毛却未华。
故作明窗书小字，更开幽室养丹砂。

其三
他时夜雨困移床，坐厌愁声点客肠。
一听南堂新瓦响，似闻东坞小荷香。

其四
山家为割千房蜜，稚子新畦五亩蔬。
更有南堂堪著客，不忧门外故人车。

其五
扫地焚香闭阁眠，簟纹如水帐如烟。
客来梦觉知何处，挂起西窗浪接天。（《苏轼诗集》，第 1166—1167 页）

南堂虽然只是瓦屋三楹，但苏轼将它做了书斋、丹室、客厅和卧房。在新落成的南堂里，苏轼看江上往来的白帆，在那里写字，在那里听雨声，在那里接待客人，在那里睡觉，处处显示出无比的惬意，他将诗和画都寄给了蔡承禧，以示感谢。

而此时的蔡承禧却遭遇不幸，他的女儿不幸得病死了，第二年，他自己也死了。

《苏轼文集》卷六十三，收有苏轼作《祭蔡景繁文》，除了夸奖他在政治、文学方面的成就，特别说："我迁于黄，众所远摈。惟子之故，不我籍辚。"（第 1947 页）"籍辚"，本作"辚籍"，即碾轧、践踏的意思。苏轼说，当他来黄州的时候，没有人敢靠前，但蔡景繁却没有落井下石，因而无限感念。

随后，苏轼离开黄州。

《舆地纪胜》卷四十九黄州《东坡》条："（元丰）七年移汝州。去黄之日，遂以雪堂付潘大临兄弟居焉。"由此可知，苏轼离开黄州时，将雪堂托付给潘大临兄弟。然而，"崇宁壬午（1102）党禁既兴，堂遂毁焉"。也就是说，在苏轼去世的一年后，因为党禁的原因，最早的雪堂就被毁掉了。然而，陆游在《入蜀记》中，明明记录他到黄州时曾经看见的雪堂的样子："下面南一堂颇雄，四壁皆画雪，堂中有苏公像，乌帽紫裘，横按筇杖，是为雪堂。"这个雪堂，应该是在解除党禁以后神霄宫道士李斯立重建的吧。

宋代的周紫芝在《太仓稊米集》卷三十五中也提到了后来的雪堂：

> 苏内相在黄冈，尝从桃花寺僧觅茶栽，移种雪堂下。余始至此，会岁且暮。明年春，得新芽试之，色香味俱绝，不减湖越二品，宜其见赏于此老人也。人言雪堂今已鞠为馆驿，茶盖可知矣。

周紫芝在对苏轼的雪堂遗址变为馆驿感到惋惜的同时，也慨叹那棵茶树的命运。

“安得此身脱拘挛”——与黄庭坚

无论是文学、诗歌，还是书法、绘画，在11世纪至12世纪的北宋，都达到了顶峰。

以苏轼与黄庭坚为代表的诗歌和书法创作，则分别代表了“尚意书风”的最高成就和宋诗所能达到的境界。黄庭坚开创的诗派，以“江西诗派”著称。

黄庭坚（1045—1105），字鲁直，号山谷道人，晚年号涪翁，洪州分宁（今江西省九江市修水县）人，“苏门四学士”之一，在诗歌与书法方面，与苏轼并称“苏黄”。

黄庭坚只比苏轼小八岁，因而在实际的关系上，更像是亦师亦友。

在苏轼中进士的次年，黄庭坚的父亲黄庶病逝。黄庶，也是诗人，有《伐檀集》二卷，在进士及第后，仅做过地方小官，因而黄庭坚从小生活就比较困难。

李常与孙觉

幸而黄庭坚的母亲和兄弟几人得到了舅舅李常的照顾。李常是苏轼的挚友——在苏轼的诗文中，随时可以看到“李公择”的名字。林语堂在《苏东坡传》里面将李常描述为一个“矮胖子”。黄庭坚虽然长得很帅，但个子也不高，大概遗传了舅舅的基因。

神宗熙宁元年（1068），李常任右正言、知谏院、秘阁校理；熙宁三年（1070），李常的好友王安石任他做权三司制置条例司，但被李常拒绝；三月，李常和孙觉、吕公著、张戬、程颢等人一起上疏反对青苗法。不久，李常被封还诏书，并罢了职，守本官，落籍为秘阁校理。不久，右正言孙觉、御史中丞吕公著、赵抃、程颢、张戬、王子韶罢官外放；四月壬午，李常被贬滑州通判；熙宁四年（1071），复职为鄂州守；熙宁七年（1074），调湖州太守，筑六客堂，集《六客诗》和《六客堂词》；熙宁九年（1076）二月，转齐州太守，灭除了多年的盗患，兴水利，赈百姓。苏辙在他手下曾任事一年左右——为了离弟弟近一些，苏轼主动要求到密州任职。在这段时间里，苏轼、苏辙与李常的诗歌酬唱甚多。

黄庭坚还有一个哥哥叫黄大临，字元明，号寅庵，也是诗人。他和李常一起到了齐州，此后与苏辙相识，还曾教会苏辙养生之法。后来苏轼夸奖自己的弟弟在养生方面颇有心得，无疑与黄庭坚的哥哥有关。

元丰元年（1078）二月，李常赴淮南西路提刑新任，特意路过徐州来看苏轼，此时的苏轼，正在为徐州防范黄河发水而在防洪工地上忙碌着。

李常前脚走，黄庭坚后脚就寄了诗来。

但苏轼第一次听说黄庭坚的名字，是在黄庭坚岳父孙觉——而不是李常——的家里，并对他的诗文大加赞赏。

孙觉（1028—1090），字莘老，江苏高邮人，也是北宋政坛、文坛上一个相当活跃的人物，除了在朝中任职之外，他曾任湖州、庐州、苏州、福州、亳州、扬州、徐州、南京等州的知州。他是胡瑗、陈襄的学生，是苏轼、王安石、苏颂、曾巩的好友，是秦观、陆佃、王令的老师。

在苏轼的诗集中，有许多诗是写给孙觉（莘老）的。神宗熙宁五年（1072），孙觉建亭于吴兴府第中，将此亭命名为“墨妙亭”，专门用来收藏古碑刻法帖。他向苏轼求诗题咏。苏轼时任杭州通判，作《孙莘老求墨妙亭诗》，并亲手书写以赠孙觉：

兰亭茧纸入昭陵，世间遗迹犹龙腾。
颜公变法出新意，细筋入骨如秋鹰。
徐家父子亦秀绝，字外出力中藏棱。
峄山传刻典刑在，千载笔法留阳冰。
杜陵评书贵瘦硬，此论未公吾不凭。

短长肥瘦各有态，玉环飞燕谁敢憎。
吴兴太守真好古，购买断缺挥缣缯。
龟趺入座螭隐壁，空斋昼静闻登登。
奇踪散出走吴越，胜事传说夸友朋。
书来乞诗要自写，为把栗尾书溪藤。
后来视今犹视昔，过眼百年如风灯。
他年刘郎忆贺监，还道同时须服膺。（《苏轼诗集》，第 371—373 页）

此诗不仅是研究苏轼书法思想的重要文献，同时，对于作为收藏家的孙觉，也应引起我们的重视。中国美术馆收藏的苏轼《潇湘竹石图》，款署“轼为莘老作”，应该就是画给他的——当时，还有一位字“莘老”的，就是刘挚，与苏轼关系密切；另外还有一个杜莘老，是杜甫的后代，在苏轼死后六年才出生，肯定不是他。

孙觉对苏轼，也是经常投其所好，比如，他知道苏轼特别喜欢收藏墨，因

潇湘竹石图　宋　苏轼

而馈赠了上好的墨锭给他，苏轼喜而作《孙莘老寄墨四首》：

徂徕无老松，易水无良工。
珍材取乐浪，妙手惟潘翁。（潘谷作墨，杂用高丽煤。）
鱼胞熟万杵，犀角盘双龙。
墨成不敢用，进入蓬莱宫。
蓬莱春昼永，玉殿明房栊。
金笺洒飞白，瑞雾萦长虹。
遥怜醉常侍，一笑开天容。

溪石琢马肝，剡藤开玉版。
嘘嘘云雾出，奕奕龙蛇绾。
此中有何好，秀色纷满眼。
故人归天禄，古漆窥蠹简。
隃麋给尚方，老手擅编划。
分余幸见及，流落一叹赧。

我贫如饥鼠，长夜空咬啮。
瓦池研灶煤，苇管书柿叶。
近者唐夫子，远致乌玉玦。（唐林夫寄张迈墨半丸。）
先生又继之，圭璧烂箱箧。
晴窗洗砚坐，蛇蚓稍蟠结。
便有好事人，敲门求醉帖。

吾穷本坐诗，久服朋友戒。
五年江湖上，闭口洗残债。
今来复稍稍，快痒如爬疥。
先生不讥诃，又复寄诗械。
幽光发奇思，点黮出荒怪。

诗成自一笑，故疾逢虾蟹。（《苏轼诗集》，第 1320—1323 页）

面对这些好墨，苏轼高兴得就像一个手里攥满了糖果的孩子。

苏轼被超逸绝尘的黄庭坚的诗文惊到了，孙觉请苏轼为其扬名，苏轼大笑：“此人如精金美玉，不去接近别人，别人也会主动接近他，逃名而不可得，何须扬名？”熙宁五年（1072）苏轼将去湖州前，给孙觉写诗（《将之湖州戏赠莘老》《再用前韵寄莘老》），在小注里面，首次提到了黄庭坚的名字：“黄庭坚，莘老婿，能文。”

书信往来

果然，从苏轼初次听闻黄庭坚开始，两人就相互赞赏，常有书信往来，诗文相和，可谓神交至深。

黄庭坚在治平四年（1067）考中进士，随后在汝州叶县做了三年县尉；熙宁五年（1072）参加四京学官的考试，由于应试的文章最优秀，担任北京（大名府，今河北大名县）国子监教授，四年任期满后，北京留守文彦博认为他有才能，留他继续任教，因而黄庭坚在北京前后计八年。

元丰元年（1078）二月，黄庭坚第一次写信给苏轼：

> 庭坚齿少且贱，又不肖，无一可以事君子，故尝望见眉宇于众人之中，而终不得备使令于前后。伏惟阁下学问文章，度越前辈；大雅岂弟，博约后来；立朝以直言见排退，补郡辄上课最，可谓声实于中，内外称职。凡此数者，在人为难兼，而阁下所蕴，海涵地负，此特所见于一州一国者耳。惟阁下之渊源如此，而晚学之士不愿亲炙光烈，以增益其所不能，则非人之情也。借使有之，彼非用心于富贵荣辱，顾日暮计功，道不同于谋；则愚陋是已，无好学之志，“訑訑予既已知之”者耳。
>
> 庭坚天幸，早岁闻于父兄师友，已立乎二累之外；然固未尝得望履幕下，以齿少且贱，又不肖耳。知学以来，又为禄仕所縻，闻阁下之风，乐承教而未得者也。今日窃食于魏，会阁下开幕府在彭门，传音相闻，阁下

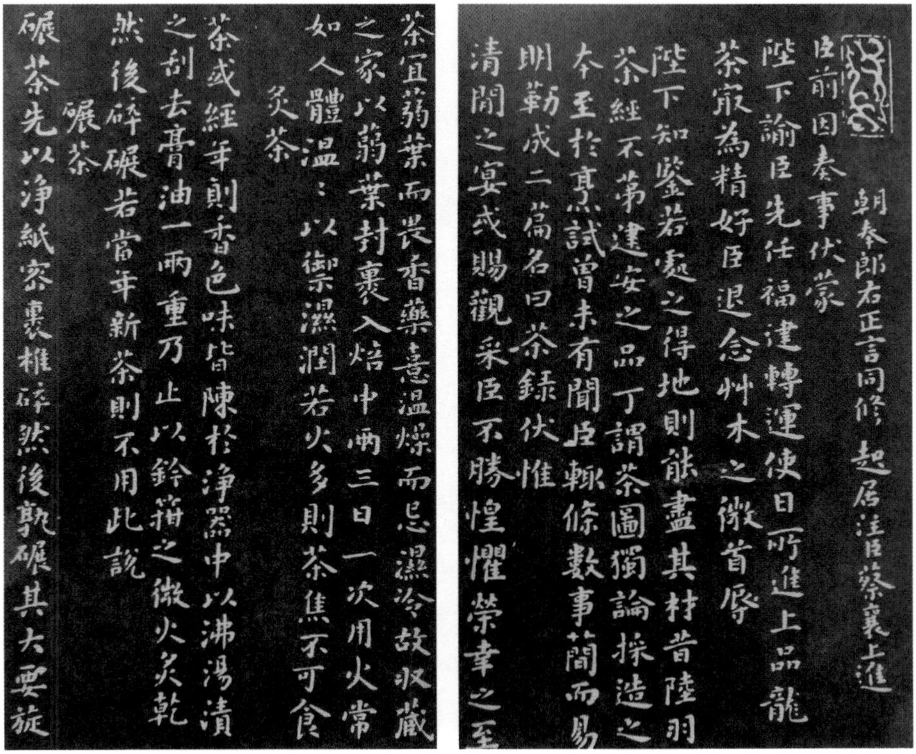

朝奉郎右正言同修起居注臣蔡襄上進
臣前因奏事伏蒙
陛下諭臣先任福建轉運使日所進上品龍
茶最為精好臣退念草木之微首辱
陛下知鑒若處之得地則能盡其材昔陸羽
茶經不第建安之品丁謂茶圖獨論採造之
本至於烹試曾未有聞臣輒條數事簡而易
明勒成二篇名曰茶錄伏惟
清閒之宴或賜觀采臣不勝惶懼榮幸之至

茶宜蒻葉而畏香藥喜溫燥而忌濕冷故收藏
之家以蒻葉封裹入焙中兩三日一次用火常
如人體溫溫以禦濕潤若火多則茶焦不可食
炙茶
茶或經年則香色味皆陳於淨器中以沸湯漬
之刮去膏油一兩重乃止以鈐箝之微火炙乾
然後碎碾若當年新茶則不用此說
碾茶
碾茶先以淨紙密裹椎碎然後熟碾其大要旋

茶录　宋　蔡襄

又不以未尝及门，过誉斗筲，使有黄钟大吕之重。盖心亲则千里晤对，情异则连屋不相往来，是理之必然者也，故敢坐通书于下执事。夫以少事长，士交于大夫，不肖承贤，礼故有数，似不当如此。恭惟古之贤，有以国士期人，略去势位，许通书者，故窃取焉。非阁下之岂弟，单素处显，何特不可，直不敢也，仰冀知察。故又作《古风》诗二章，赋诸从者。

《诗》云："我思古人，实获我心。"心之所期，可为知者道，难为俗人言，不得于今人，故求之古人中耳。与我并世，而能获我心，思见之心，宜如何哉！《诗》云："既见君子，我心写矣。"今则未见而写我心矣！春候暄冷失宜，不审何如？伏祈为道自重。

这封长信推心置腹，完全发自肺腑——这是心灵与心灵的交流，天才与天才之间的欣赏。

黄庭坚录了自己作的《古诗二首上苏子瞻》，其一云：

江梅有佳实，托根桃李场。
桃李终不言，朝露借恩光。
孤芳忌皎洁，冰雪空自香。
古来和鼎实，此物升庙廊。
岁月坐成晚，烟雨青已黄。
得升桃李盘，以远初见尝。
终然不可口，掷置官道傍。
但使本根在，弃捐果何伤。

这两首诗对于黄庭坚而言，是极其重要的。后来洪炎编黄庭坚的诗，就是以此二首为开篇，可见黄庭坚多么珍惜这份荣耀！

黄庭坚的诗集被分为《内集》和《外集》，《内集》专门收他在 34 岁以后受到苏轼知遇之后所创作的诗歌，而比较年轻或与儒家诗教不太一致的诗歌，则收入《外集》之中。

正在徐州治洪的苏轼，抽空写了一封《答黄鲁直书》：

轼顿首再拜鲁直教授长官足下：轼始见足下诗文于孙莘老之坐上，耸然异之，以为非今世之人也。莘老言：“此人，人知之者尚少，子可为称扬其名。”轼笑曰：“此人如精金美玉，不即人而人即之，将逃名而不可得，何以我称扬为？”然观其文以求其为人，必轻外物而自重者，今之君子莫能用也。其后过李公择于济南，则见足下之诗文愈多，而得其为人益详，意其超逸绝尘，独立万物之表，驭风骑气，以与造物者游，非独今世之君子所不能用，虽如轼之放浪自弃，与世阔疏者，亦莫得而友也。

今者辱书词累幅，执礼恭甚，如见所畏者，何哉？轼方以此求交于足下，而惧其不可得，岂意得此于足下乎？喜愧之怀，殆不可胜。然自入夏以来，家人辈更卧病，忽忽至今，裁答甚缓，想未深讶也。《古风》二首，托物引类，真得古诗人之风，而轼非其人也。聊复次韵，以为一笑。秋暑，不

审起居何如？未由会见，万万以时自重。(《苏轼文集》，第1531—1532页)

苏轼的回信与黄庭坚的来信隔了许久，但收到回信之后，黄庭坚也许兴奋得几天睡不着觉！

苏轼在徐州治水成功，建了一座黄楼，苏辙、秦观、陈师道等人均有赋咏，苏轼也写信给黄庭坚，让他为黄楼作赋，检黄庭坚文集，除了一封回信以及几首不同题目的和诗，并未有关于黄楼的诗赋。

元丰二年（1079）的春天，黄庭坚一面潜心研读苏轼的诗，一面不断次韵相和。他在《次韵答尧民》诗中提到研读苏诗的体会说："君闻苏公诗，疾读思过半。譬如闻韶耳，三月忘味叹。"且认为自己难以比附："我诗岂其朋，组丽等俳玩。不闻南风弦，同调广陵散。鹤鸣九天上，肯作家鸡伴。"（《山谷外集诗注》卷五）

仅仅通过书信往来，黄庭坚和苏诗已有多篇，如《次韵子瞻春菜》《次韵子瞻与舒尧文祈雪雾猪泉唱和》《薄薄酒二章》《见子瞻粲字韵和答三人四返不困而愈崛奇，辄次韵寄彭门三首》《再和寄子瞻闻得湖州》等。

但就在这一年，苏轼因"乌台诗案"入狱，除了他自己差点儿被杀头，与苏轼有书信诗歌往来的人，也都随之受到了责罚——朋九万《乌台诗话》记录了苏轼所交代的与黄庭坚之间诗文往来的全文：

元丰元年二月内，北京国子监教授黄庭坚寄书二封，并古诗二首与轼。其书内一节云："伏惟阁下学问文章，度越前辈，大雅岂弟，博约后来，立朝以正言见排退，补郡辄上课最，可谓声实于中，内外称职。其古风六首，第一首云：（略，见前引文）第二首云："长松出涧壑，千里闻风声。上有百尺盖，下有千岁苓。小草有远志，相依在平生。医和不病世，深根且固蒂。人言可医国，何用大早计。大小材则殊，气味苦相似。"轼答书一封，除无讥讽外，云：观其文以求其人，必轻外物而自重者，今之君子，莫能用也。今之君子，谓近日朝廷进用之人，不能援进庭坚用之也。及依韵答和古风云："嘉谷卧风雨，莨莠登我场。陈前谩方寸，玉食惨无光。"以讥今之小人胜君子，如莨莠之阙夺嘉谷。又云："大哉天宇间，美恶更臭香。君看五六月，飞蚊隐回廊。兹时不少假，俛仰霜叶黄。期君看蟠桃，千岁终一尝。顾我如苦李，全生依路傍。纷纷不足惜，悄悄徒自伤。”意言君子小人，进退有时，如夏月蚊虻纵横，至秋月息，比庭坚于蟠桃，进必迟，自比苦李，以无用全生。又诗云：“忧心悄悄，愠于群小。”以讥讽当今进用之人，皆小人也。元丰元年二月三十日，轼作文同学士祭文一首，寄黄庭坚，看此文，除无讥讽外，云“道之难行，哀哉无徒！岂无友朋？逝莫告予。”意言轼属曾言新法不便，不蒙朝廷施行，是道不行。轼孤立无徒，故人皆舍之而去，无有相告语者，以讥讽当今进用之人，与轼故旧者，皆以进退得丧易其心，不存故旧之义。轼在台，于九月二十三日准问目，据轼供说其间隐讳有未尽者，比开北京留守司取问，根验得轼元写去黄庭坚讥讽书，并祭文于六月十六日。再奉取问，轼将寄黄庭坚文字看详，轼方尽供答，其意并不系朝旨降到册子内。

这一年的九月，北京留守司派人到黄庭坚那里搜查二月时苏轼写给他的诗文书信，往日的荣耀变而为“罪证”，却是黄庭坚始料未及的吧。

黄庭坚虽然与苏轼未曾谋面，但也因为这一层关系，同年十二月二十六日，“乌台诗案”结案时，被罚了20斤铜！与他一起受罚的，还有张方平、司马光、范镇、陈襄、苏辙、王诜、王巩以及他的舅舅李常、岳父孙觉等29人——从此，黄庭坚和苏轼的命运，紧紧连在一起了。

本来，他已经被授为著作佐郎的官职，也因与苏轼的通信，变为太和县（今江西泰和）令。

在赴任途中，黄庭坚路过舒州怀宁县（今安徽省潜山县）三祖山时，山上有山谷寺，这里重峦叠嶂，草木丰美，山谷寺边上有山洞，名为石牛洞；洞旁的溪水，称石牛溪。黄庭坚乐其林泉之盛，因自号“山谷道人”。此时苏轼则已贬往黄州，黄庭坚的舅舅李常曾特意去看望昔日的老友。

在太和任上，黄庭坚又与苏轼的弟弟苏辙成为好友——早些时候，苏辙已经与黄庭坚的哥哥黄大临成为好友——此时的苏辙，因为受“乌台诗案”的影响，被贬到筠州（今江西省高安县）监盐酒税，从苏辙写给黄庭坚的信中，可见他们友谊之笃并不下于苏轼：

辙之不肖，何足以求交于鲁直？然家兄子瞻与鲁直往还甚久，辙与鲁直舅氏公择相知不疏，读君之文，诵其诗，愿一见者久矣。性拙且懒，终不能奉咫尺之书致殷勤于左右，乃使鲁直以书先之，其为愧恨可量也！

自废弃以来，颓然自放，顽鄙愈甚，见者往往嗤笑，而鲁直犹有以取之。观鲁直之书，所以见爱者，与辙之爱鲁直无异也。然则书之先后，不君则我，未足以为恨也。

比闻鲁直吏事之余，独居而蔬食，陶然自得，盖古之君子不用于世，必寄于物以自遣，阮籍以酒，嵇康以琴。阮无酒，稽无琴，则其食草木而友麋鹿，有不安者矣。独颜氏子饮水啜菽，居于陋巷，无假于外，而不改其乐，此孔子所以叹其不可及也。

今鲁直目不求色，口不求味，此其中所有过人远矣，而犹以问人，何也？闻鲁直喜与禅僧语，盖聊以是探其有无耶？渐寒，比日起居甚安，惟以自重。

从信中的口气来看，苏辙因为苏轼与李常的关系，也很想与黄庭坚结交，所以黄庭坚主动的一封来信，拉开了他们友谊的序幕。黄庭坚在很短的时间内，一连写了《秋思寄子由》《次韵奉寄子由》《再次韵奉答子由》《再次韵寄子由》等诗，频繁寄往筠州。

元丰六年（1083），黄庭坚给在黄州的苏轼寄诗、写信："自往至今，不承颜色，如怀古人。"思念之情，溢于字里行间。

元丰七年（1084）正月，诰下苏轼量移汝州，四月初离开黄州，十月在扬州上《乞常州居住表》，次年正月，又在泗州再上《乞常州居住表》后得到恩准。此时，黄庭坚正在监德州德平镇任上，得知这一消息后，他写了《次韵清虚喜子瞻得常州》诗：

喜色侵淫动缙绅，俞音下报谪仙人。
惊回汝水间关梦，乞与江天自在春。
罨画初游冰欲泮，浣花何处月还新。
凉州不是人间曲，伫见君王按玉宸。

不过，还没等苏轼在常州住下来，政局就又发生了翻天覆地的变化。

京城相见

元丰八年（1085）三月五日，神宗卒，赵煦即位，是为哲宗。四月十四日，黄庭坚奉诏为校书郎，九月到京。在司马光的推荐下，黄庭坚加入了《资治通鉴》的校定工作。

十二月上旬，才到汴京的苏轼就任礼部郎中，不到十天，又迁为起居舍人——元丰改制以后，起居郎隶属于门下省，起居舍人隶属于中书省，同领起居注的职责，记录皇帝言行，合称为“左右史”，因而凡是与皇帝有关的一举一动，起居舍人皆参与其中，其位置的重要性，不言而喻。

苏轼任起居舍人不到三个月，又任中书舍人——他从七品的礼部郎中，变为四品官且不说，中书舍人的位置也更加重要——中书舍人掌“外制”：凡是有关官员任免、制度改革等政令，都属“外制”。诏令由中书舍人起草，如果他不同意皇帝的看法，还可以提请皇帝另行考虑，因而，苏轼实际上已经参与到政治的核心决策之中了。

元祐元年（1086）九月，苏轼再获荣升，任翰林学士知制诰，掌“内制”，即奉命撰写册立皇后、太子及任命将相大臣等事的文书，以及与国外的往来国书。从中唐以来，翰林学士知制诰有“内相”之称，意味着这个位置离宰相仅有一步之遥——在苏轼之前，欧阳修、王安石、司马光都曾担任过这一职务。

杨奂《汴故宫记》：“登闻鼓院之西，曰右掖门。翰林知制诰者，多居西掖。”苏轼当时就住在皇城的西面，阊阖门外白家巷中。黄庭坚写有《雨过至城西苏家》一诗：

> 飘然一雨洒青春，九陌净无车马尘。
> 渐散紫烟笼帝阙，稍回晴日丽天津。
> 花飞衣袖红香湿，柳拂鞍鞯绿色匀。
> 管领风光唯痛饮，都城谁是得闲人？

梧荫清暇图　宋　佚名

两位神交已久的大诗人，终于有了会面的机会——正月初八，黄庭坚来见他的偶像苏轼，此时苏轼 50 岁，黄庭坚 42 岁——许多文献并不能证明他们二人相见就是在这一天，但他们肯定在冬春之交见面，这是没有问题的。

见面时，黄庭坚特意选了一块洮河石砚作为见面礼送给苏轼。

元丰五年（1082），黄庭坚在江西太和任上，得到了第一方洮砚——时值神宗发兵五路攻伐西夏，太和康氏后人随兵马大元帅李宪出征，经临洮，翻越马衔山，至榆中康古城，大败西夏，攻克兰州，宋军屯兵洮河南岸时，康氏后人得洮河石，并带回家乡，康氏族长遂将此石献给黄庭坚。黄庭坚兴奋地写了《试砚》一诗：

久闻岷石鸭头绿，可磨桂溪龙文刀。
莫嫌文吏不知武，要试饱霜秋兔毫。

黄庭坚将一方洮砚赠予苏轼，苏轼当即写下《鲁直所惠洮河石砚铭》，并镌于砚台之侧，铭曰：

洗之砺，发金铁。琢而泓，坚密泽。岁丙寅，斗南北。归予者，黄鲁直。

从一见面起，苏、黄二人的友谊，就坚如磐石。

苏轼从熙宁五年（1072）于孙觉处闻知黄庭坚，至此次相见，前后共15年；黄庭坚从元丰元年（1078）投书苏轼，于今也过了九个春秋，方得拜晤——从此，苏、黄二人开始了毕生最为快意的一段翰墨情谊。

对于黄庭坚而言，他无法预料此后的命运会带给他什么，而他因为与苏轼的关系所蒙受的一切苦难，也都抵不过他对苏轼的追慕以及苏轼对他的赏识与影响。

元祐元年（1086）十一月，苏轼主试馆职——凡升任为馆职，必须具备进士及第以及往常的供职履历，经大臣保荐，学士院考试合格，才能颁授馆职。

李常或孙觉推荐了黄庭坚，黄庭坚迁著作佐郎，加集贤院校理；李清臣推荐了晁补之，迁秘书省正字，同任此职的还有张耒，秦观则由于出仕的履历不够，没有参与此次推荐考试，但苏轼非常喜欢他。

在京都的这些文人名士，黄庭坚、秦观、晁补之、张耒等人都围绕在苏轼周围，因为他们是苏轼主试所选择的馆职，因而号称“苏门四学士”。后来有人又将陈师道以及李廌加上，合称“苏门六君子”。

在苏门弟子中，黄庭坚的年龄最大，所以情谊在师友之间，甚至可以互开玩笑。两人之间，经常相互调侃。有时黄庭坚直称苏轼为“苏二”，语气显得有些不恭，让秦观大为不满。

诗书之别

比如在诗文方面，苏轼对黄庭坚的评价是：

> 鲁直诗文，如蝤蛑、江瑶柱，格韵高绝，盘飧尽废，然不可多食，多食则发风动气。

“蝤蛑”，有解释说是天牛的幼虫，恐不确，因为它不太可能和后面的“江瑶柱”并列——江瑶柱，则是干贝，所以把“蝤蛑”视为海物，应该更接近苏轼此语的本义。这些食品味道绝美，但属于“发物”，吃多了，身体会出问题。而黄庭坚也这样说过：

> 盖有文章妙一世，而诗句不逮古人者。

这明显指的是苏轼的诗比不上古人。

其实，苏轼是属于天才型的诗人，清人赵翼在《瓯北诗话》中的评论是：“坡诗不以锻炼为工，其妙处在乎心地空明，自然流出，一似全不着力，而自然沁人心脾，此其独绝也。”黄庭坚在诗歌创作方面，当然也是天才，但他更注重流露在诗歌中的学养，因而有门径可循。黄庭坚可以开“江西诗派”，关键在于此。吉川幸次郎在《中国诗史》中以黄庭坚为例说，唐诗的特色是高贵华美，即精神外向焕发出的绚丽；与此相反，宋诗的特色则是苦涩，即精神向内的沉潜。

理解宋诗——尤其是北宋的诗——必须苏、黄同读。他们二人都有以下共同之处：

——建立在丰富的阅读基础之上，可以熟练地运用历史典故；

——对前人的诗句、结构、语法进行改编，调整出新的诗意；

——对陶渊明和杜甫的推崇；

——引入禅理。

这里举一个例子。

黄庭坚有一首诗，标题很长，即《子瞻诗句妙一世，乃云效庭坚体，盖退之戏效孟郊、樊宗师之比，以文滑稽耳，恐后生不解，故次韵道之》，诗曰：

我诗如曹郐，浅陋不成邦。
公如大国楚，吞五湖三江。
赤壁风月笛，玉堂云雾窗。
句法提一律，坚城受我降。
枯松倒涧壑，波涛所舂撞。
万牛挽不前，公乃独力扛。

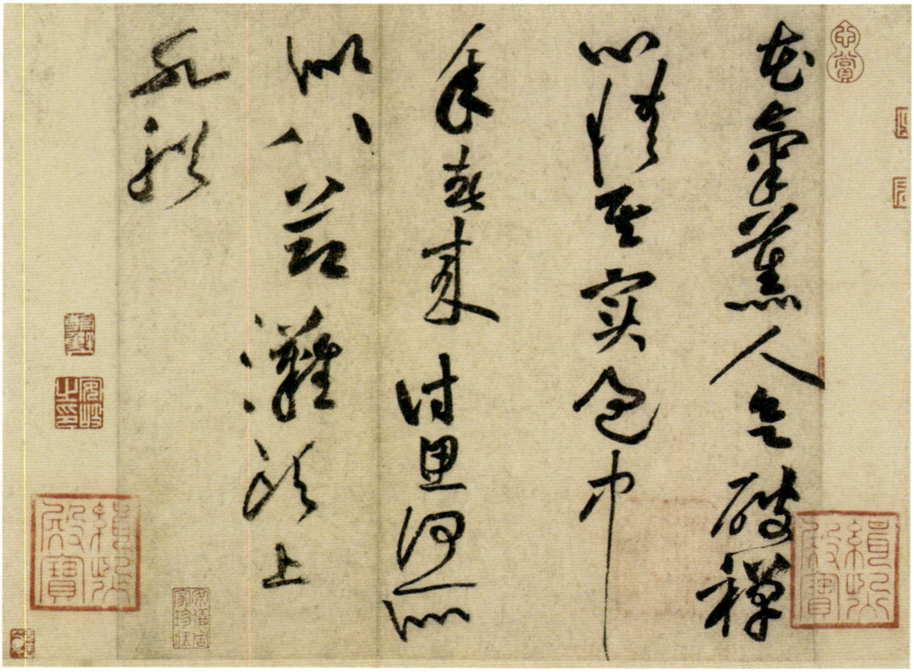

花气薰人诗册　宋　黄庭坚

诸人方嗤点，渠非晁张双。
但怀相识察，床下拜老庞。
小儿未可知，客或许敦厖。
诚堪婿阿巽，买红缠酒缸。

苏轼写了一首《送杨孟荣诗》，特别说这是模仿黄庭坚的风格写成的，这让黄庭坚有些意外，但也极为得意，因而黄庭坚写了这样一首诗，字里行间都充溢着喜悦。

在诗的结尾，黄庭坚甚至为自己的儿子求起亲来：他儿子黄相那时才只有三四岁，而诗中的阿巽，则是苏迈的女儿、苏轼的孙女——看来，苏轼也是许了这一门亲事。但好不容易等到阿巽长发及腰，却嫁给了范子功的孙子范湨。

元祐二年（1087）的春天，黄庭坚把江西修水特产的双井茶叶送给苏轼，并写了首《双井茶送子瞻》：

人间风日不到处，天上玉堂森宝书。
想见东坡旧居士，挥毫百斛泻明珠。
我家江南摘云腴，落硙霏霏雪不如。
为公唤起黄州梦，独载扁舟向五湖。

双井茶产于黄庭坚故乡，茶形美如凤爪，汤色碧绿，在宋时为贡茶之一。为了感谢黄庭坚的美意，苏轼特意写了一首《黄鲁直以诗馈双井茶，次韵为谢》：

江夏无双种奇茗，汝阴六一夸新书。
磨成不敢付僮仆，自看雪汤生玑珠。
列仙之儒瘠不腴，只有病渴同相如。
明年我欲东南去，画舫何妨宿太湖。（《苏轼诗集》，第1482页）

苏轼甚至不舍得让僮仆去做，而要自己亲自动手。诗中提到的“汝阴六一”，“汝阴”即阜阳，“六一”即“六一居士”欧阳修，诗后有自注：“《归田录》：草茶以双井为第一。”欧阳修也写过一首《双井茶诗》，不妨引在一处：

> 西江水清江石老，石山生茶如凤爪，
> 穷腊不寒春气早，双井芽生先百草。
> 白毛囊以红碧纱，十斤茶养一两芽，
> 长安富贵五侯家，一啜犹须三月夸。

将欧阳修、苏轼、黄庭坚三人的诗放在一起，既可以见出诗风的不同，更可以看出他们在品茶方面的雅趣。

明代的宋濂《宋学士文集》卷二十八《答张秀才论诗书》曾以为：“元祐之间，苏、黄挺出，虽曰共师李、杜，而竟以己意相高，而诸作又废矣。自此以后，诗人迭后，或波澜富而句律疏，或锻炼精而性情远，大抵不出于二家，观于苏门四学士及江西宗派诸诗，盖可见矣！”此后，人们经常将唐诗和宋诗作为比较的对象，诗学的高峰，尽于这两个朝代。

十一月，苏轼上《举黄庭坚自代状》，试图让黄庭坚代理自己的翰林学士的位置，他在举荐文章里极力赞扬黄庭坚：“瑰伟之文，妙绝当世；孝友之行，追配古人。”然而，这引起了黄庭坚的宿敌、监察御史赵挺之的强烈不满，赵挺之立刻上章弹劾苏轼：

> 苏轼专务引纳轻薄虚诞，有如市井俳优之人以在门下，取其浮薄之甚者，力加论荐。前日十科，乃荐王巩；其举自代，乃荐黄庭坚。二人轻薄无行，少有其比。王巩虽已斥逐补外，庭坚罪恶尤大，尚列史局。（《皇宋通鉴纪事本末》卷一〇三）

赵挺之还向朝廷反映黄庭坚存在着严重的男女关系问题：“闾巷之人有所不忍，而庭坚为之自若，亏损名教，绝灭人理，岂可尚居华胄，污辱荐绅？”无奈，陷入政治纷争之中的黄庭坚很想辞职，乞一宫观居住。

如果是黄庭坚政治上的对手说黄庭坚“轻薄无行”就罢了，奇怪的是苏辙也曾经这样说过。

转年，洛、蜀、朔党争起：

——洛党，以程颐为首，朱光庭、贾易等人为羽翼；

——蜀党，以苏轼为首，吕陶、黄庭坚等人为羽翼；

——朔党，以刘挚、梁焘、王岩叟为首，羽翼众多。

纷纭不已的党争，有如一场巨大的政治风暴，让苏轼、黄庭坚等人的命运更加不可捉摸。有时候，真觉得他们就像磨盘上的蚂蚁，自己才停下脚来磨盘又开始转动了。

元祐三年（1088），苏轼会同孙觉、孔文仲一同知贡举，黄庭坚任参详，李公麟为考校官，这些人几乎都是与苏轼关系甚为融洽的好友，如刘安世、晁补之、蔡肇等人。

回到苏轼中进士的那一年，即欧阳修知贡举的嘉祐二年（1057）。那次考试，欧阳修和其他考官在试院里一共被锁了50天，平时考官并没有那么多事情，因而欧阳修、韩绛、王珪、范镇、梅挚、梅尧臣等人相与唱和作诗。等到锁院结束，他们竟然共写了古律歌诗170余篇，集为三卷，取名《礼部唱和诗》。欧阳修作《礼部唱和诗序》。欧阳修在《归田录》里说：

> 余六人者，欢然相得，群居终日，长篇险韵，众制交作，笔吏疲于写录，僮史奔走往来，间以滑稽嘲谑，形于风刺，更相酬酢，往往哄堂绝倒，自谓一时盛事，前此未之有也。

他们如此欢乐以至于遭到了举报，朝廷明令：以后凡在考试期间，皆不得作诗。因而到了苏轼这一代，虽然也被锁在礼部，只能偶有诗酒之会，绝不能像欧阳修他们那样肆无忌惮了。

这场考试，从正月十七日开始，一直到三月一日才结束。结果出乎所有人的预料：章惇的儿子章援得了第一，而苏轼一直看好的李廌，却哀伤地落第而归。甚至传说李廌的母亲因对儿子失望而自杀。

后来，黄庭坚一直回忆这一段难得的时光。

建中靖国元年（1101）五月间，黄庭坚与王霖等人同观苏轼墨迹于沙市舟中，作《题东坡字后》云：

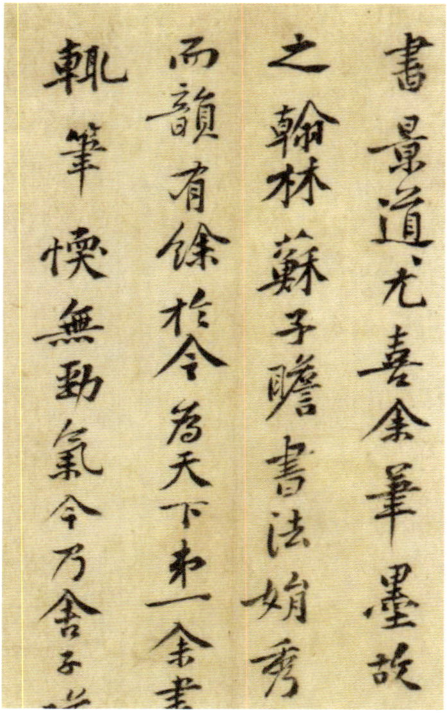

使君帖（局部）　宋　黄庭坚

东坡居士极不惜书，然不可乞。有乞书者，正色诘责之，或终不与一字。元祐中锁试礼部，每来见案上纸，不择精粗，书遍乃已。性喜酒，然不能四五龠已烂醉，不辞谢而就卧，鼻鼾如雷。少焉苏醒，落笔如风雨，虽谑弄皆有义味。真神仙中人，此岂与今世翰墨之士争衡哉？（《黄庭坚全集辑校编年》，1093 页）

对艺术家而言，酒是无可替代的兴奋剂。吴道子、张旭、怀素等人都需要酒精的刺激，借助于酒精的刺激，从世俗的束缚中摆脱出来，随之创作出出人意料的伟大作品。

这也是中国历史上文人最欢乐的时光。

《诚斋集》卷九十九《跋苏黄滑稽录》：“此东坡、山谷礼闱中试笔滑稽也，盖庄周、惠子不幸再相遭者。或问二先生语何经见？子曰：‘坡、谷闻之凭虚公子，凭虚公子闻之亡是公，亡是公闻之非有先生。’”杨万里将二人的相遇比喻为庄周与惠施的相遇，智商、情商仿佛的他们一起毫无顾忌地开玩笑，可惜，这本《苏黄滑稽录》没有留下来。

《朱子语类》卷一百三十则从另外的角度记生活中的苏东坡：“草堂刘先生曾见元城云：‘旧尝与子瞻同在贡院，早起洗面了，绕诸房去，胡说乱说，被他挠得不成模样，人皆不得看卷子。及夜乃归，张烛一看数百幅。’”这段话特别有画面感，我们也仿佛看到戴着高帽子的苏轼在各个屋子里一边转一边开玩笑，以打发他那无处打发的精力与幽默。但是当他一安静下来，一晚上的工作效率又是高得惊人。

前面提到，在京城内，苏轼当时住于城西，黄庭坚住在酺池寺。

酺池寺是开封城西北的一座大寺庙，黄庭坚初到京城时就在该寺租房，只是将自己的住处取名为退听堂。一些皇亲国戚和文人雅士，经常在这座寺庙的偏殿里聚饮，所以有时热闹得更像是一个娱乐场所。

苏轼不仅曾经到访这里，还在黄庭坚住的地方的墙壁上画了他最擅长的枯木竹石。黄庭坚《题子瞻枯木》诗是一首极其有名的诗：

> 折冲儒墨阵堂堂，书入颜杨鸿雁行。
> 胸中元自有丘壑，故作老木蟠风霜。

东坡也曾经为黄庭坚演示笔法，“临写鲁公数十纸”，而黄庭坚确实也将东坡书法独具的天真烂漫融于笔法中，只是从此以后，他更用心于东坡不太擅长的草书，“三十年作草，今日乃造妙入微”。在草书的成就上，黄庭坚是超越东坡的，他可谓宋代草书第一人。

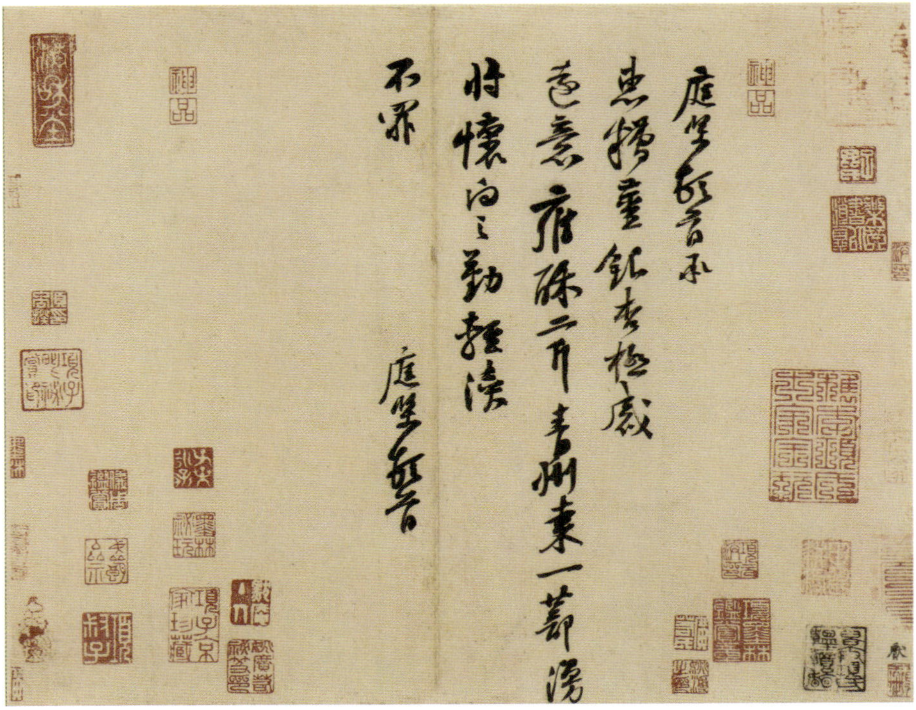

糟姜帖　宋　黄庭坚

元祐四年（1089）的三月四日，苏轼写了一篇极有趣的文章。

因为求黄庭坚书法的人极多，而且送了黄庭坚许多精纸妙墨，这让苏轼嫉妒不已。苏轼这篇名为《记夺鲁直墨》的小品文是这样写的：

> 黄鲁直学吾书，辄以书名于时，好事者争以精纸妙墨求之，常携古锦囊，满中皆是物也。一日见过，探之，得承晏墨半挺。鲁直甚惜之，曰：“群儿贱家鸡，嗜野鹜。”遂夺之，此墨是也。（《苏轼文集》，第 2226 页）

苏轼毫不避讳地宣称，黄庭坚的书法，就是向他学习的，并由此而获得了极大的名声，以至于有许多喜欢书法的人拿了那么多好纸好墨都去找黄庭坚求字。

黄庭坚有一个古锦囊，里面装的都是好墨。有一天黄庭坚遇到苏轼，苏轼将手伸到锦囊中，找到半块承晏墨，黄庭坚立刻流露出心疼的样子，他引用了王羲之的典故，说不明白书法奥妙的人才来找他写字，而苏轼则不由分说，将此墨归为己有。

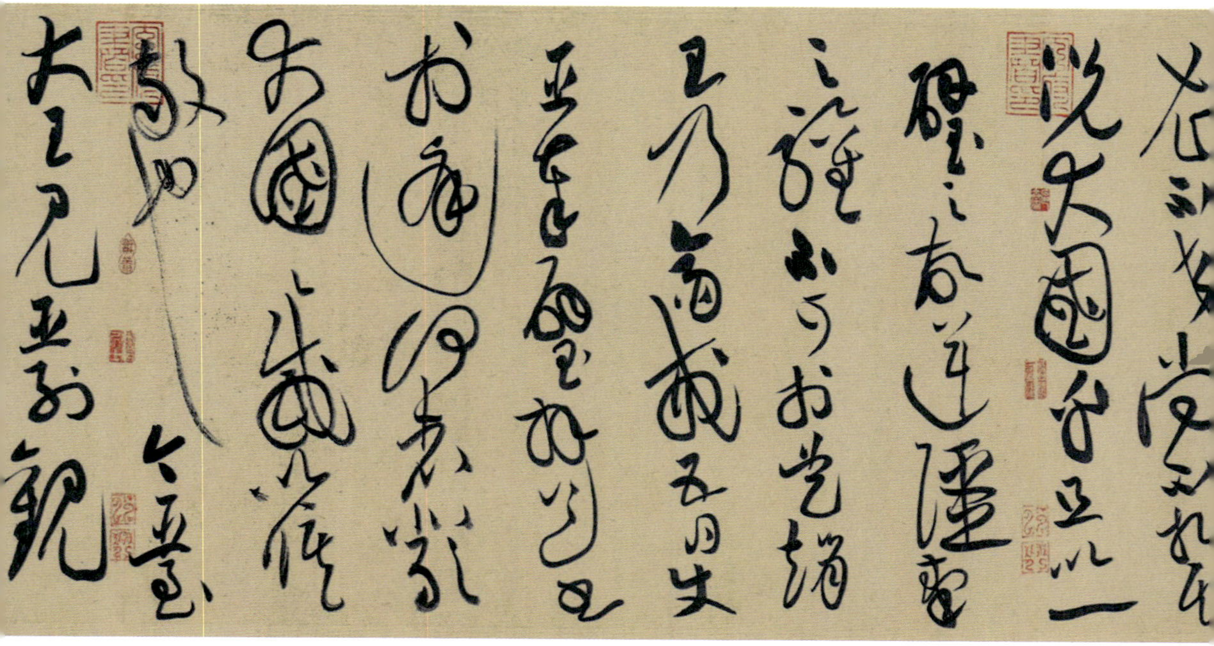

廉颇蔺相如列传（局部）　宋　黄庭坚

“承晏墨”何物也？南唐墨工李承晏所制之墨也。

在唐末，易水（今河北）著名墨工奚超为躲避战乱，逃到安徽歙州，在此定居下来，他以松烟制墨，技艺精良。李后主爱之赐国姓李，后人遂改李姓，至李廷珪更发扬光大。李廷珪的侄子李承晏，自五代以来，制墨推为当代第一！薛绍彭传世墨迹《晴和帖》中提到他愿意以王羲之的真迹换一锭完整的李承晏墨，由此可见李承晏墨的珍贵程度，也可见黄庭坚让东坡夺了这样一个宝物，该有多么心疼！

雪浪石　明　《素园石谱》

其实，苏轼自己对墨的喜爱也近乎贪婪：“苏子瞻有佳墨七十丸，而犹求觅不已。”虽然他明知道“非人磨墨墨磨人”，但他并不轻易放弃对文房用具的拥有。

黄庭坚有这样一个古锦囊，苏轼则有一个秘不示人的“手泽袋”——所谓“手泽”，即手迹，尤指前人所留下的手迹——因而可以推测，黄庭坚《跋东坡叙英皇事帖》虽无具体年月，但大致可以断为是在东坡身后所题：

东坡此帖，甚似虞世南《公主墓铭》。余尝评东坡善书，乃其天性。往尝于东坡见手泽二囊，中有似柳公权、褚遂良者数纸，绝胜平时所作徐浩体字。又尝为余临一卷鲁公帖，凡二十许纸，皆得六七，殆非学所能到。手泽袋盖二十余，皆平生作字，语意类小人不欲闻者，辄付诸郎入袋中，

死而后可出示人者也。（《黄庭坚全集》，第 1565 页）

通过黄庭坚的记录，可以知道苏轼的书法渊源之所在：虞世南、褚遂良、徐浩、颜真卿都是他取法的对象。

黄庭坚曾说：“蜀人极不能书，而东坡独以翰墨妙天下，盖其天资所发耳。”他还奇怪：“古来以文章名重天下者，例不工书，而东坡则例外，故为世所重。”（见赵令畤《侯鲭录》）这倒是一个有意思的提示：在苏轼之前，四川籍的画家很多，但是四川籍的书法家，确实并不多见，甚至在苏轼之前，还很难发现比较有成就的书法家。

在书法方面，二人都是宋代“尚意书风”的杰出大师，他们既有相同之处，差异也极其明显，在风格、用笔等方面，也是各抒己见。

苏轼说黄庭坚的字太瘦，像树梢挂蛇：

鲁直近字虽清劲，而笔势有时太瘦，几如树梢挂蛇。

黄庭坚却说苏轼的字有些肥扁，像石压蛤蟆：

公之字固不敢轻议，然间觉扁浅，亦甚似石压蛤蟆。

这些段落，也许就出现在那本已经不见的《苏黄滑稽录》中。

虽然对苏轼的书法有这样的调侃，但黄庭坚对苏轼的书法还是极力推崇的，他在《跋东坡水陆赞》中说：

士大夫多讥东坡用笔不合古法，彼盖不知古法从何出尔。杜周云：“三尺安出哉？前王所是以为律，后王所是以为令。”予尝以此论书，而东坡绝倒也……或云：“东坡作戈多成病笔，又腕著而笔卧，故左秀而右枯。”此又见其管中窥豹，不识大体。殊不知西施捧心而颦，虽其病处，乃自成妍。（《黄庭坚全集》，第 1565 页）

他还说：

东坡道人少日学《兰亭》，故其书姿媚似徐季海，至酒酣放浪，意忘工拙，字特瘦劲，乃似柳诚悬。中岁喜学颜鲁公、杨风子书，其合处不减李北海。本朝善书，自当推为第一，数百年后，必有知余此论者。

苏轼对他的评价，更是大有意味：

鲁直以平等观作敧侧字，以真实相出游戏法，以磊落人书细碎事，可谓“三反”。（《苏轼文集》，第2195页）

如果说，艺术是现实人生之外的一种心理补偿，那黄庭坚倒真是做得好。

在京城的三年时间内，他们可以说是朝夕相伴，讲道论艺，单是相互间唱和的诗词，就达百篇之多。他们在一起的时光，极为快乐。

在苏轼的提点下，黄庭坚也成为大宋文坛的一线人物，此时，人们将他与苏轼并称为“苏黄”。黄庭坚虽然始终保持对苏轼的仰慕之情，却不盲目随从，不管是诗文还是书法，他都要自成一格。

但人生聚散似乎确有定数，谁也无法知道这一天什么时候到来。

流放岁月

“元祐更化”尽废新法，但苏轼却认为有些合理的“新法”不应该一起废除，力争不利，遂萌退意。这时，“党争”也愈演愈烈。

元祐四年（1089）三月，苏轼除龙图阁学士，知杭州。随后，黄庭坚的舅舅李常罢新除兵部尚书，出知邓州。黄庭坚仍然留在秘书省兼史局。元祐五年（1090）二月，李常和孙觉两个人只隔了一天就先后去世，这对黄庭坚的打击很大。黄庭坚在给朋友的信中说：“方今人物眇然，而朝廷屡失长者，可胜叹耶！今年来百事庸懒，唯思江湖深渺，可以藏拙养愚，但事势有未得者耳。”（《与邢和叔书》）

更不幸的是，元祐七年（1092），黄庭坚的母亲去世，这使得他情感和身体上都受到了沉重的打击，几乎搭上性命。在家守制期间，他与禅宗的关系更为密切。黄庭坚也因为极为孝顺而被列入“二十四孝”——他是“二十四孝”中离我们最近的一位历史人物。

任渊《山谷诗集注目录》中说：“山谷在京师多与东坡唱和。四年夏，东坡出知杭州，遂无诗伴，而山谷常苦眩冒，多在史局，又多侍母夫人医药，至六年六月遂丁家艰，故此数年之间作诗绝少。”黄庭坚在给陈慥的信中也坦言：“不肖哀毁之余，已成一翁。”在另外一封中说：“不作诗已五年，试索胸中，不复能一句矣，无以报嘉，愧恐愧恐。”

绍圣元年（1094），哲宗亲政，章惇为相，守丧期满的黄庭坚先是被任命为宣州（今安徽宣城）知州，还没到任，改鄂州（今湖北武昌）知州，随后又被任命管勾亳州明道宫，却必须在开封府境内居住，以便随时听候国史院的对证查问。因为新党人士从黄庭坚修订的《神宗实录》中挑了许多文字，他以诽谤先帝的罪名被限制了自由。

七月初，苏东坡也因为“讥刺先朝”被贬广东英州，在鄱阳湖意外地与黄庭坚相遇。他们相会三日后，洒泪而别，一个向南走，一个向北走——这一见一别，竟是他们人生中的最后一次见面！

这一年的年底，黄庭坚被贬为涪州（今重庆涪陵）别驾、黔州（今四川彭水）安置，以苏轼为中心的旧党人物，纷纷离开了政治中心。

绍圣二年（1095）正月，徐彦和持黄庭坚在家乡永思堂时所跋《远近景图》《北齐校书图》《右军斫桧图》三画谒见苏轼，轼再跋之，发明山谷之意。四月，被贬惠州的苏轼作《桄榔杖寄张文潜，时初闻黄鲁直迁黔南、范九父九疑也》，诗中有“遥知鲁国真男子，独忆平生盛孝章”句，表示对文潜、鲁直的称叹和怀念。《答张文潜》书又说，闻“鲁直远贬，为之凄然”。黄庭坚在赴黔途中，传书苏轼，十二月，东坡作答：

方惠州遣人致所惠书，承中途相见，尊候甚安。即日想已达黔中，不审起居何如？土风何似？或云大率似长沙，审尔，亦不甚恶也。惠州已久安之矣。度黔，亦无不可处之道也。闻行囊无一钱，途中颇有知义者，能

相济否？某虽未至此，然亦近之矣。水到渠成，不须预虑……隔绝，书问难继，惟倍祝保爱。不宣。（《苏轼文集》，第1533页）

在这封信中，处处洋溢着师友之间的安慰与勉励之情。

绍圣三年（1096），52岁的黄庭坚给自己取了一个新号——涪翁。他的诗文创作数量虽然减少，但他的书法尤其是在草书的创作上，却突飞猛进。

绍圣四年（1097），已经贬到惠州的苏轼又责授琼州别驾，被贬到更远的海南。苏轼《跋山谷草书》一则，记僧人昙秀——释法芝，字昙秀，俗姓钱，是苏轼多年的方外之交，《东坡题跋》云："予在广陵，与晁补之、昙秀道人同舟，送客山光寺。客去，予醉卧舟中，昙秀作诗"——持山谷草书一轴来见，苏轼欣然作跋：

昙秀来海上，见东坡，出黔安居士草书一轴，问此书如何？坡云，张融有言："不恨臣无二王法，恨二王无臣法。"吾于黔安亦云。他日黔安当捧腹轩渠也。丁丑正月四日。（《苏轼文集》，第2202—2203页）

无独有偶，黄庭坚题在苏轼《黄州寒食诗帖》后面的跋语和苏轼这一跋语，堪称双璧：

东坡此诗似李太白，犹恐太白有未到处。此书兼颜鲁公、杨少师、李西台笔意，试使东坡复为之，未必及此。它日东坡或见此书，应笑我于无佛处称尊也。

元符三年（1100），哲宗死，徽宗继位。五月，黄庭坚得到赦免，复宣德郎，监鄂州（今湖北武昌）在城盐税，但因江水暴涨，不能出峡，因而得以在七月抽空去看望居住在青神的姑姑张氏。张氏的儿子张祉，当时为青神尉。

据《寒食帖》卷后南宋张縯的题跋（约题于1180年前后），黄庭坚在青神受永安大夫张縯伯祖张浩之请，为其收藏的三件东坡书迹作跋，《寒食帖》即其中之一。张浩的父亲张公裕和李常为同僚，黄庭坚因李常的关系，结识张

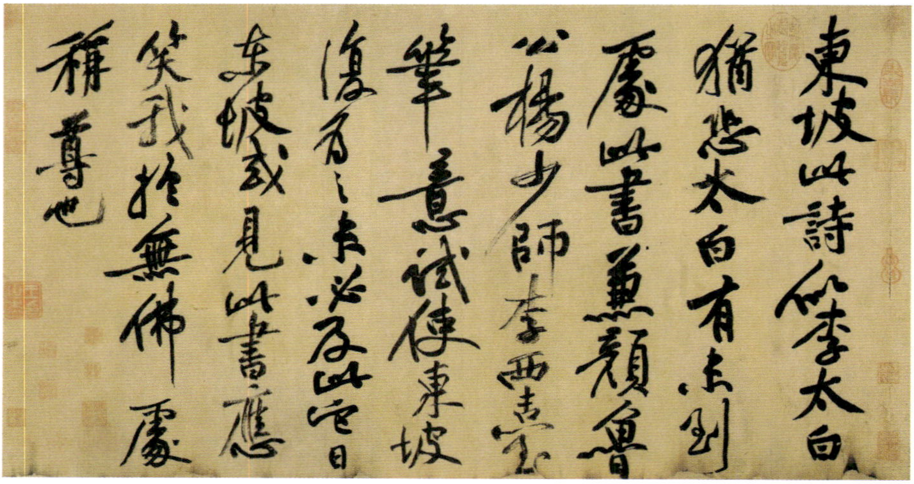

跋寒食帖　宋　黄庭坚

浩。虽然我们无法弄清这件墨迹是如何传到张浩手上的，但张浩家族无疑是现知《寒食帖》最早的收藏者。所以看到东坡墨迹的黄庭坚，以难以自禁的激动之情，欣然命笔，题于卷后——这也堪称是黄庭坚书法的代表作，气酣而笔健，与苏诗苏字并列间，可谓珠联璧合。虽然他自谦：“或笑我于无佛处称尊也！”

黄庭坚除了称赞此诗像李白之外，更从书法的角度说：“此书兼颜鲁公、杨少师、李西台笔意，试使东坡复为之，未必及此！”

正因真相知，才能有如此无所顾忌的游戏话语，黄庭坚仿佛在调侃，在此语言文字游戏之外的人，又如何懂得游戏中人的乐趣呢。

与通常认为唐人书法的“尚法”不同，以苏东坡为代表的宋人书风，是“尚意”的。《山谷题跋》卷五记载：“余尝论右军父子翰墨中逸气，破坏于欧、虞、褚、薛，及徐浩、沈传师，几于扫地。惟颜尚书、杨少师尚有仿佛！”翰墨中的“逸气”，是人的一种气质、人的一种灵性，以及人生的一种审美化。

这种书风，概而言之：

一、尚“意”笔、慷慨之气、萧散之意，内在的充实与释放，一笔落纸，性灵毕露；

二、不着“意”，不知书而为书，率意为之，偶然涉趣，一任自然；

三、笔“意”，追求笔下的意趣、书卷气、内潜之美；

四、适“意”，自足、自遣、自赏、自得——统而言之，则自胸襟而笔墨，内外触发，浑然一体。

我想他们的“意”，应该就是广义上的“心灵生活的凝聚”。

我们常说以苏、黄包括米芾等人为代表的书法是“尚意”的，而“意”作为一种心灵之光，它所展现的是灵性、是人格、是观念，是一种意志状态，是自我给定的意义世界，从而也是意味深长的；既展示出最复杂的形态，也最完整地展示出艺术家的意志和本质意义，而不必管这“意”是一种怎样的遭遇——温馨或凄厉，安慰或失望，恨或爱，更毋宁说，他们是在怅然若失或者悲喜交加的一错愕间的精神的平衡，即自心里的返照、自心里的妙悟在一种超越悲喜的永劫美境中默然相契而传达出来的灵性：“时来各飞动，意合无妍丑！”

颜氏家庙碑（局部） 唐 颜真卿

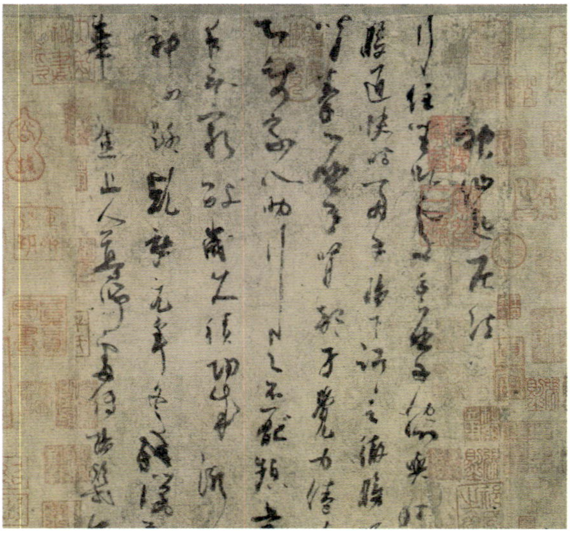

神仙起居法　五代　杨凝式

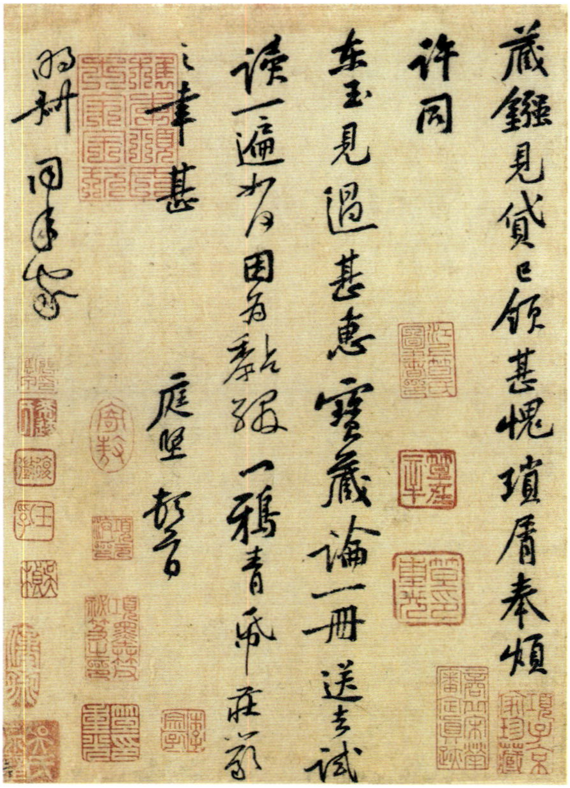

致明叔少府同年帖　宋　黄庭坚

高述和潘岐

黄庭坚还曾经提到当时伪造东坡书法的人：高述和潘岐。此一线索，见于《跋伪作东坡书简》中：

此帖安陆张梦得简，似是丹阳高述伪作。盖依旁（傍）《糟姜山芋帖》为之，然语意笔法，皆不升东坡之堂也。高述、潘岐，皆能赝作东坡书。余初犹恐《梦得简》是真迹，及熟视之，终篇皆假托耳。少年辈不识好恶乃如此，东坡先生晚年书尤豪壮，挟海上风涛之气，尤非他人所到也。（《黄庭坚全集》，第 1568—1569 页）

黄庭坚提到的高述，字季明，镇江（今属江苏）人，哲宗元祐三年（1088）进士，在绍圣三年（1096），曾知临海县。徽宗大观初年，为开封府刑曹参军。宣和元年（1119）为大理寺正。宣和七年（1026），为江南西路转运判官。

他不仅可以伪造苏东坡的书法，还可以伪造他的竹石。

潘岐的资料不多，见于陶宗仪《书史会要》：“高述，丹阳人，潘岐，齐安人，皆有文艺。其风声气格见于笔墨间，时作苏轼笔，或能乱真。”看来艺术水平也不低。

黄庭坚在青神待了许久，因为青神距眉山很近，他就去眉山祭拜了苏洵的墓，顺便登顶峨眉山游青神中岩寺——这里曾经是苏东坡少年读书之处。如果你现在去，进门不久，有一个苏轼和王弗的雕像，下面写着“苏东坡初恋的地方”，不禁让人失笑。黄庭坚写了《和蒲泰亨》一诗，以怀念东坡：

我已人间无所用，鬓飘霜雪眼生花。
东坡兄弟来虽晚，折箭堪除蚀月蛙。

东坡海上无消息，想见惊帆出浪花。
三十年来世三变，几人能不化鹑蛙。

这里说“三十年来世三变”，是指王安石于熙宁二年（1069）拜参知政事，开始行新法，由熙宁、元丰到元祐、绍圣，再到绍圣三年（1096），差不多是30年。

这两篇跋文放在一起读，极有意味。

苏轼夸奖黄庭坚的草书已经不让古人，“他日黔安当捧腹轩渠也”中的“轩渠”，是欢笑的意思。“捧腹轩渠”，则为捧腹大笑；而黄庭坚说“它日东坡或见此书，应笑我于无佛处称尊也”也是调侃：如果有朝一日东坡见了我的评价，他一定会笑我是在他不在的时候才敢如此放肆。

二人在彼此互不相知的情形下写出如此文字，真可谓心有灵犀者矣。

我猜，黄庭坚并没有看到苏轼在他草书作品上面的题词，而苏轼也没有见到这篇跋文——他在建中靖国元年（1101）的七月二十八日，死在常州。

“东坡道人已沉泉”

得到这一消息时，黄庭坚心中无限悲痛，他悬像室中，奉之终身。邵博《邵氏闻见后录》记：“赵肯堂亲见晚年悬东坡相于室中，每早作衣冠，荐香肃揖甚敬。或以同时声名相上下为问，则离席惊避，曰：‘庭坚望东坡门，弟子耳，安敢失其叙哉！’”

此后多年，黄庭坚一直沉浸在东坡去世的悲痛之中，仅崇宁元年（1102），他追思东坡的文字就达二十余篇。《山谷别集》卷二十《简杂》感慨：“去年失秦少游，又失东坡公，今年又失陈履常，余意文星已宵坠矣！”

黄庭坚给苏辙写信，说他看到了子由为兄长写的墓志铭——《东坡墓志铭》为苏子由所作，洋洋洒洒二千余字，详细记录了苏轼一生际遇——黄庭坚询问：谁来书写这篇墓志铭？他来写？或者他推荐人来写？

> 伏承端明二丈窀穸有期，天下失此伟人，何胜霣涕！石刻得三丈论撰，无憾矣。不审几时得刻石，托谁书丹？若未有人，不肖辄为托名其上；若自有人，即已矣。万一不用不肖书，则用家弟尚质所篆盖，别托一相知人名可也。三两日即拏舟下巴陵，出陆至双井，六日尔。至，即令家弟书篆，携至荆渚，二月末可复来也。小子相娶石谅之女，蒙齿记，感激感激。

这是黄庭坚收到子由传达苏轼即将安葬时给子由的回信，证明黄庭坚曾经自告奋勇要为自己的老师书写墓志铭——如果此事真的办成，苏文黄书，自是千古胜迹。此外，则是推荐其弟尚质为篆墓志盖。今考《栾城集》，子由给山谷的信和答山谷的信，都已不存。

苏轼葬于汝州郏城县小峨眉山，位于今河南省平顶山市郏县城西 27 公里处的小峨眉山东麓茨芭镇苏坟村东南隅。苏辙后来卒于许昌，亦葬于此。

《鸡肋编》记载：“东坡葬汝州，其墓砖皆印‘东坡’二字，洛人王寿卿所篆。”这个王寿卿，也曾得到过黄庭坚的称赞：“文章骫骳而得韩退之，诗道敝而得杜子美，篆籀如尽而得李阳冰，皆千载人也。陈留有王寿卿，得阳冰笔意，非章友直、陈晞、毕仲荀、文勋所能管摄也。”可见他的篆书水平之高。

黄庭坚对苏轼的毕生追随，可谓付出了惨重的代价：

流落七年，蒙恩东归，至荆州，病几死，失一弟一妹及亡弟二子。早衰气象，非复昔时人也！

但是，黄庭坚与苏轼之间的交往，乃超越了世俗意义上的交友方式——心之所向，所以欢喜；不关利弊，所以也不生怨恨；各有天地，所以不惧分离；没有刻意，所以自然。

撵茶图　宋　（传）刘松年

崇宁元年（1102），黄庭坚在江西、湖北、湖南、安徽之间徘徊。

他的老朋友张耒因为听到苏轼死讯后擅自在荐福禅院举行悼念苏轼的仪式，而被贬为房州别驾、黄州安置——因为苏轼曾经被贬这里，所以黄庭坚特意从鄂州准备到黄州来看张耒。在武昌，他写了《松风阁》一诗，诗人从眼前的风光开笔，写着写着，想到苏轼已死，最好的友人又不在眼前，悲伤之情遂溢于纸上：

东坡道人已沉泉，张侯何时到眼前？

诗的结尾又写到自己：

安得此身脱拘挛，舟载诸友长周旋。

他是多么期盼自己可以离开这个像囚笼一样的世界，驾一叶扁舟，与众多好友退隐江湖，快慰平生！

崇宁二年（1103），黄庭坚在鄂州写了《梦中和觞字韵》诗，其序云：“崇宁二年正月己丑，梦东坡先生于寒溪西山之间，予诵《寄元明觞字韵》诗数篇，东坡笑曰：‘公诗更进于曩时。’因和予一篇，语意清奇。予击节称叹，东坡

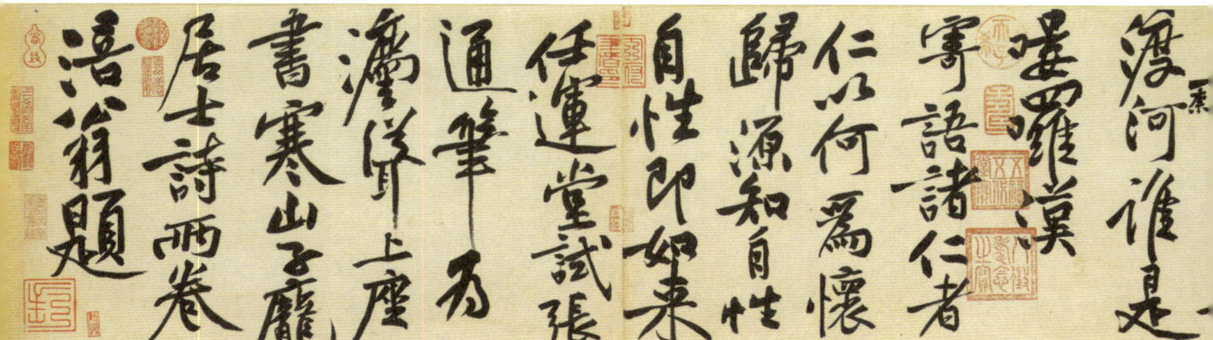

寒山子庞居士诗卷　宋　黄庭坚

亦自喜。于九曲岭道中连诵数过，遂得之。”感情之深，形于梦寐之中，而在梦中犹能论道赋诗，可见神契之笃。

十一月，一直待在鄂州的黄庭坚终于有了明确的消息：贬广西宜州。岁末，黄庭坚自鄂州赴贬所。崇宁三年（1104）春经衡州，于花光寺见到仲仁禅师。那日也许梅花开得正好，仲仁为黄庭坚画梅花及远山。仲仁和尚向他出示了苏轼和秦观的诗稿。苏轼与秦观都已逝世，物是人非，黄庭坚看着昔日师友的手稿，不禁感慨万千，遂提笔题云：“花光仲仁出苏、秦诗卷，思两国士不可复见，开卷绝叹，因花光为我作梅数枝及画烟外远山，追少游韵记卷末。”诗云：

长眠橘洲风雨寒，今日梅开向谁好？
何况东坡成古丘，不复龙蛇看挥扫。

他一路从长沙、衡阳、零陵、全州、桂林等地奔赴最后一站宜州时，已是酷热的夏日。这一路上，黄庭坚的名字被列入《元祐党籍碑》，朝廷诏毁“三苏”集以及黄庭坚、张耒、晁补之、秦观等人文集。

这一去，黄庭坚就再没能踏上返程，跟他老友秦少游一样，把命丢在了流放之地。

《宜山县志》记载，黄鲁直谪居宜州时，就有术士曰：“宜字乃直字有盖

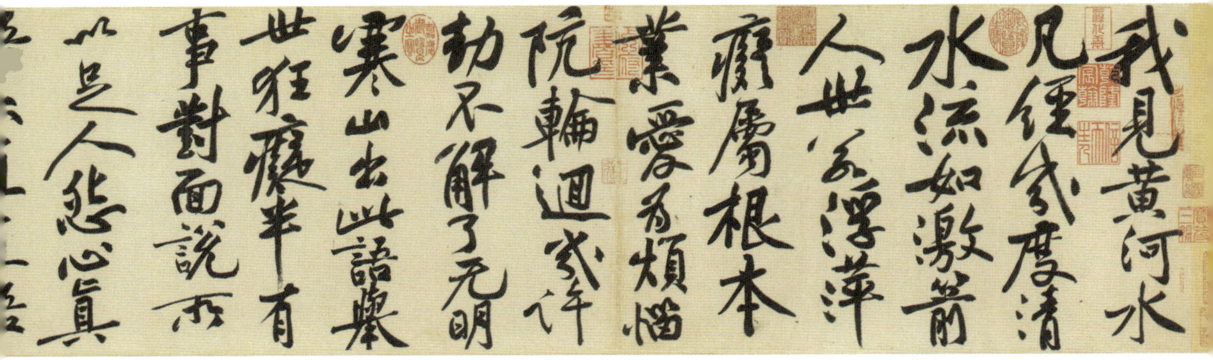

棺之义也。鲁直其不返乎？”说起来，这确实是黄庭坚一生中最后的一年零四个月。

宜州瘴疠可畏，酷热急雨。老人垂暮之年，贫穷多病，潦倒落寞，困顿无助。

崇宁四年（1105），黄庭坚61岁。五月间，他《题东坡小字两轴卷尾》云：

> 此一卷多东坡平时得意语，又是醉困已过后书，用李北海、徐季海法，虽有笔不到处，亦韵胜也。轩辕弥明不解世俗书而无一字，东坡先生不解世俗书而翰墨满世，此两贤，隐见虽不同，要是魁伟非常人也。王右军书妙天下，而庾稚恭初不信，况单见浅闻又未尝承其言论风旨者乎！刺讥嗤点盖其所也。崇宁四年五月丙午观于宜州南楼。（《山谷题跋》卷五）

到最后，他依然沉醉在苏轼带给他的艺术魅力之中。

九月三十日，宜州下起了小雨。黄庭坚喝了点酒，微醺。他挽起裤子，脱掉鞋子，将脚伸到屋檐下受雨。雨丝清凉，天地寥廓。他对范寥说：“吾平生无此快也。”未几而卒。

陶渊明轶事图　元　（传）赵孟頫

陶渊明轶事图（局部）

“苏门弟子”：张耒、秦观、晁补之、陈师道、李廌

元丰五年(1082)二月，苏轼在《答李昭玘书》中，说他自己处世，不是碰壁，就是掉到沟里，但是在发现人才方面，却像他的老师欧阳修那样有眼光：

> 独与文人胜士，多获所欲，如黄庭坚鲁直、晁补之无咎、秦观太虚、张耒文潜之流，皆世未之知，而轼独先知之。

元祐元年（1086）十一月，苏轼主持馆职考试——依据宋制，凡除馆职，必须是进士及第以及历任成资，既要符合一定的年资，也必须经大臣保荐，比如李常或孙觉荐黄庭坚，李清臣荐晁补之，通过学士院考试入等合格之后，才能授职。

宋代沿袭唐代官制，设昭文馆、史馆和集贤院，合称“三馆”，凡入三馆者，皆谓馆职，职居校理、检讨、校勘以上者，才称“学士”——今天看这样的职位也许无所谓，然而在文治时代，一入馆职，即为名流。这次学士院举行馆职考试以后，张耒、晁补之、张舜民等五人并擢馆职。黄庭坚迁著作佐郎，加集贤院校理，张耒、晁补之并迁秘书省正字。秦观因为“历仕成资”即缺乏实际工作经历，不合格，失去了荐试的机会。

因为这几个人都是苏轼主试时所拔擢的职官，因而一日之间，就建立了座师与门生的关系，虽然此前他们实际上已有那样的关系。但“苏门四学士”的名称，应该是此时建立的。

在都城，苏轼住在阊阖门外的白家巷中，黄庭坚住在城西北的酺池寺，秦观住在东华门之堆垛场，张耒与晁补之在城南毗邻而居，陈师道住在陈州门，李廌寓居于太平兴国寺——虽然分别居于不同地点，但这并不妨碍他们经常聚会。

学生们会经常到苏家聚会。例如元祐二年（1087），六君子齐聚苏轼家中，此时苏轼任翰林学士，忽然接到圣旨让他撰写《赐奉安神宗御容礼仪》，苏轼开笔写道：“于赫神考，如日在天。”然后停下笔来问他的学生们：“能代下一转语否？”学生推辞，苏遂又接着写道：“虽光明无所不临，而躔次必有所舍。”令他的学生佩服不已。杨万里的《诚斋诗话》是另外一个说法：

> 神宗徽猷阁成，告庙祝文，东坡当笔。时黄鲁直、张文潜、晁无咎、陈无己毕集观坡落笔云：“惟我神考，如日在天。”忽外

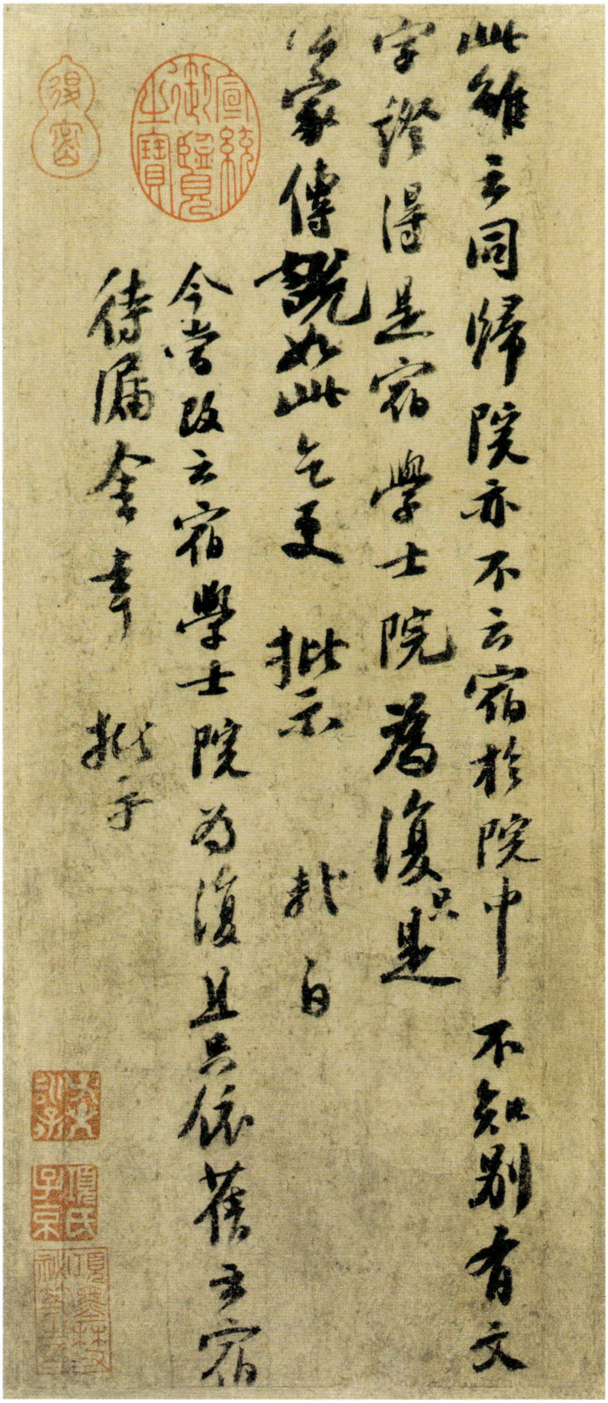

归院帖　宋　苏轼

有折事者，坡放笔而出。诸人拟续下句，皆莫测其意所向。顷之坡入，再落笔云：“虽光辉无所不充，而躔次必有所舍。”诸人大服。

也极有意趣。

苏轼有时也会主动到学生家中去。

元祐三年（1088），苏轼为司马光撰写神道碑，写完之后就拿着文稿进入内城，沿着天街一路往东，到昭德坊来找晁补之。一进门，苏轼就兴冲冲地说：“吾今日了此文，副本，人未见也。”饮过茶，苏轼朗声将自己的文章念了一遍，晁补之遂成为此文的第一个欣赏者。记录此条轶事的朱弁《曲洧旧闻》，随后所记更为有趣：“坡琅然举其文一遍，其间有蜀音不分明者，无咎略审其字，时之道从照壁后已听得矣。坡去，无咎方欲举示族人，而之道已高声诵，无一字遗者。无咎初似不乐，久之，曰：十二郎真吾家千里驹也。”晁之道，即晁咏之，是晁补之的从弟。

至于黄庭坚、张耒、晁补之、陈师道等人同门之间的聚会，更是常见。

何薳《春渚纪闻》卷七《苏黄秦书各有僻》记录了他们在遇到有人向他们索取字画时的各种不同态度与表现：

东坡先生、山谷道人、秦太虚七丈，每为人乞书。酒酣笔倦，坡则多作枯木拳石以塞人意，山谷则书禅句，秦七丈则书鬼诗。余家收山谷所书禅句三十余首，有云“牵驴饮江水，鼻吹波浪起。岸上蹄踏蹄，水中嘴对嘴”与“自是钓鱼船上客，偶除须鬓着袈裟。佛祖位中留不住，夜来依旧宿芦花”。此二诗，人间计有数十百纸矣。“百花桥下木兰舟，破月冲烟任意流。金玉满堂何所恋？争如年少去来休。”又：“溘尔一气散，去托万鬼邻。四大不自保，况复满堂亲？膏血汗厚土，化作丘中尘。空床横白骨，奄忽千岁人。”秦七丈屡书此二诗，余所藏大字小字各有二本。

东坡喜欢画画，黄庭坚喜欢写禅语，秦观喜欢写鬼诗，三人真是大不同。

李廌在《师友谈记》中记东坡之语说：

南唐文会图　宋　（传）赵昌

顷年于稠人中，骤得张（耒）、秦（观）、黄（庭坚）、晁（补之）及方叔、履常辈，意谓天不爱宝，其获益未艾也。比来经世涉故，间关四方，更欲求其似，邈不可得。以此知人决不徒出，不有立于先，必有觉于后也。

这一段话中提到的张耒、秦观、黄庭坚、晁补之、陈师道以及李廌这六人，就是“苏门六君子”。

在以后岁月里，苏轼也并未放弃继续发掘人才的努力，直到被窜逐蛮荒，自身不保，他的几个门下，也经历了与他几乎相同的噩运。张邦基《墨庄漫录》

卷一记：“崇宁初，既立党籍，臣僚论元祐史官云：初，大臣挟其私忿，济以邪说，力引儇浮与其厚善布列史职。或毁诋先烈，或凿空造语以厚诬，若范祖禹、黄庭坚、张耒、秦观是也；或隐没盛德而不录，若曾肇是也；或含糊取容而不敢言，若陆佃是也：皆再谪降。时旧史已尽改矣。”道出了苏轼逝世之后他的那些弟子们的不幸遭遇。

而从苏轼以及他的这些弟子们的相继离世，也让我们明白了一个基本事实：这个史上最为辉煌的文化帝国的太平盛世，已不复存在。

黄庭坚我已将他单列为一节，此处谈余下的五人。

张耒

张耒（1054—1114），字文潜，号柯山，亳州谯县（今安徽亳州市）人，人称宛丘先生、张右史。著有《柯山集》《宛邱集》，词集有《柯山诗余》。

他在神宗熙宁年间考中进士，历任临淮主簿、著作郎、史馆检讨。绍圣初年，以直龙阁学士知润州；在徽宗初年，召为太常少卿，是苏门四学士中最晚辞世的一个。

张耒是一个早熟的作家，“十有三岁而好为文”，17 岁时作的《函关赋》就已经广为传诵。当他游学于陈州时，得到陈州学官苏辙的厚爱。熙宁四年（1071）苏轼出任杭州通判前来陈州与其弟话别，张耒得以谒见苏轼，颇受苏轼的青睐，自此便成为苏氏兄弟的门下客。

熙宁六年（1073），即张耒 19 岁时由神宗亲策为进士，授临淮（今安徽泗县）主簿，开始步入仕途。

熙宁八年（1075），苏轼在密州修超然台之后，张耒应约写了一篇《超然台赋》，苏轼《答张文潜书》称赞他这篇赋“超逸绝尘”，“其文汪洋淡泊，有一唱三叹之声”——这是他们诗文交往的开始。

元丰八年（1085），神宗崩，哲宗登位，苏轼、苏辙相继奉调晋京。那时张耒正在咸平县丞任上，他把自己的文集寄给苏轼，刚刚到京的苏轼有一封《答张文潜县丞书》：

> 文字之衰，未有如今日者也。其源实出于王氏。王氏之文，未必不善也，而患在于好使人同己。自孔子不能使人同，颜渊之仁，子路之勇，不能以相移，而王氏欲以其学同天下！地之美者，同于生物，不同于所生。惟荒瘠斥卤之地，弥望皆黄茅白苇，此则王氏之同也。（《苏轼文集》，第 1427 页）

这段文字，代表了苏轼一贯的原则：只有差异，才有真正的繁荣，因为差异是繁荣的前提。

接下来苏轼又说：

> 近见章子厚言，先帝晚年甚患文字之陋，欲稍变取士法，特未暇耳。议者欲稍复诗赋，立《春秋》学官，甚美。仆老矣，使后生犹得见古人之大全者，正赖黄鲁直、秦少游、晁无咎、陈履常与君等数人耳。如闻君作太学博士，愿益勉之。“德輶如毛，民鲜克举之。我仪图之，爱莫助之。”此外千万善爱。偶饮卯酒，醉。来人求书，不能复觌缕。（同上）

在这封中，苏轼俨然已经意识到了，黄庭坚、秦观、晁补之、陈师道以及张耒等人会团聚在他的周围，振兴他心目中的文化理想。

文中所提到的“卯酒”，“卯”即卯时，早晨五点至七点之间，因而卯酒是在清晨饮的酒。白居易《卯时酒》一诗曾提道：“未如卯时酒，神速功力倍。”瞧，一大早苏轼就喝醉了。

次年，范纯仁荐举张耒参加太学学士院考试，黄庭坚、晁补之也参加了这次考试，时任翰林学士的苏轼命题，三人同时考中。

张耒被任为秘书省正字，其后历任著作佐郎、秘书丞、史馆检讨，直到起居舍人。元祐二年（1087）春，苏轼主持礼部贡举，张耒被聘为读卷官，入试院检点审阅举子试卷。

元祐三年（1088），秦观被召到京师，任太学博士，校正秘书，亦入苏轼门下。秦观在暇日与张耒或举酒欢宴，或同游京都名胜，诗文酬唱，作画题跋，互相砥砺，他们与苏轼一起，构筑起鼎盛的北宋文坛。馆阁八年时间，张耒有机会饱览朝廷藏书，“图书堆枕旁，编简自相依”，他的人生和文学创作臻于巅峰。

张耒身材魁伟，大腹便便，貌似寺庙中的弥勒佛，陈师道用诗来调侃张耒：“张侯便然腹如鼓，雷为饥声汗为雨。”黄庭坚更取笑他“六月火云蒸肉山”，既形象又传神。

张耒在《明道杂志》中记载，苏轼有一首诗，里面有这样一对：“身行万里半天下，僧卧一庵初白头。”说的是一位行脚僧几乎走遍了半个天下，在一个寺庙歇脚时，头上正顶着一轮大太阳，“白头”对“天下”，并不工稳，黄庭坚见了之后，提笔就给改成“初日头”。张耒问其原因，黄庭坚说：“岂有用‘白’对‘天’乎？”张耒不以为然，过几天他问苏轼，苏轼回答说：“若是黄九要改作日头，也不奈他何。”他喜欢改就让他改吧。

南宋徐度著《却扫篇》还记了一个苏轼作文的故事。郑国公富弼去世后，富弼的家人请苏轼撰写神道碑碑文。苏轼冥思苦想，都没有灵感。但有一天午休时，梦见一个人来访，来人自称是寇準，梦中相与交谈很久。醒来之后，苏轼文思泉涌，碑文一气呵成。写好之后，苏轼拿给张耒看，张耒却说：“有一字未甚安。”依据张耒的意见，碑文末尾一开始说“公之勋在史官，德在生民，天子虚己听公，西戎、北狄视公进退以为轻重，然一赵济能摇之”的“能”字，不如改成“敢”字。苏轼听后，连声夸奖张耒的意见高明，并当即改动文稿，《富郑公神道碑》就此定稿。

然而，当哲宗亲政后，随着苏轼等人的被贬，苏门弟子也无不受到牵连。绍圣元年（1094），张耒以直龙图阁知润州（今镇江）、徙宣州（今宣城）。绍圣四年（1097）贬黄州酒税监督，再贬复州（今湖北天门）监竟陵郡酒税。元符二年（1099），起为黄州通判。

就在苏轼南迁路过润州时，润州知州张耒派了一个叫王告、一个叫顾成的两个兵一路上服侍苏轼。《苏轼文集》卷五十二答张耒第四简中说：“来兵王告者，极忠厚。方某流离道路时，告奉事无少懈，又不惮万里再来，非独走卒中无有也。愿公以某之故，少优假之，置一好科坐处。当时与同来者顾成，亦极小心。今来江海者，亦谨恪。远来极不易，可念。惭愧。”（《苏轼文集》，第1539页）一封信，彰显了四个人的品格——张耒不怕牵连，派出两个兵一路护送苏轼到惠州；王告与顾成二人，也不负张耒所托，尽心服侍；苏轼不以二人为低贱，念念不忘他们的好。

徽宗即位后，47 岁的张耒一度被召为太常少卿，后又被启用为兖州、颍州（今阜阳）知州，但为时都很短促。

苏轼自海南迁回内地，张耒高兴极了，赋诗以庆："今晨风日何佳哉，南极老人度岭来。此翁身如白玉树，已过千百大火聚。"但是很快，他就听到苏轼卒于常州的消息。张耒在颍州举哀行服，痛悼一代文豪和他的恩师。然而，此举当然会触怒朝廷，崇宁元年（1102），张耒被贬为房州（今湖北房县）别驾，黄州安置——这是他在短短六七年内第三次被贬到那里了。将近 20 年前，他的老师就被贬于此。

他在黄州先后住了七八年，与苏轼弟子潘大临结为紧邻，彼此安慰。

黄州与武昌隔江相对，黄庭坚与张耒旧友重逢，互生感叹之际，写了《次韵文潜》《和文潜舟中所题》《次韵文潜立春日三绝句》等多首诗。当然，他们在一起怀念最多的还是苏轼："经行东坡眠食地，拂试宝墨生楚怆。"

一直到崇宁五年（1106）徽宗诏除一切党禁，张耒才得以任便居住。这年冬天，他自黄州经颍州，回到淮安住了一年多时间。大观年间，移居陈州，监南岳庙，主管崇福宫。

由于晚年长期赋闲，他贫病交加，《岁暮即事寄子由先生》云："肉似闻韶客，斋如持律徒。女寒愁粉黛，男窘补衣裾。已病药三暴，辞贫饭一盂。长瓶卧墙角，短褐倒天吴。宵寐衾铺铁，晨炊火数珠。"但据《梁溪漫志》的记载，张耒"好食蟹，晚年苦风痹，然嗜蟹如故，至剔其肉，满贮巨杯而食之"。研究美食的人，可以记住此典故。

崇宁四年（1105），秦观的儿子自藤州（今广西藤县）奉父柩归葬扬州，路过黄州，听到消息的张耒临江祭奠。当他看到秦观的棺材时，既痛哭秦观"窜身瘴海，卒仆荒陋"的悲哀，也悲悯苏门的不幸。未几，他的好友黄庭坚也相继去世。

继苏辙和晁补之谢世之后，他也在寂寞和痛苦中死去。他的悲剧还不止于此，陆游《老学庵笔记》云："文潜三子：秬、秸、和，皆中进士第。秬、秸在陈死于兵，和为陕西教官，归葬二兄，复遇盗见杀。文潜遂无后，可哀也。"

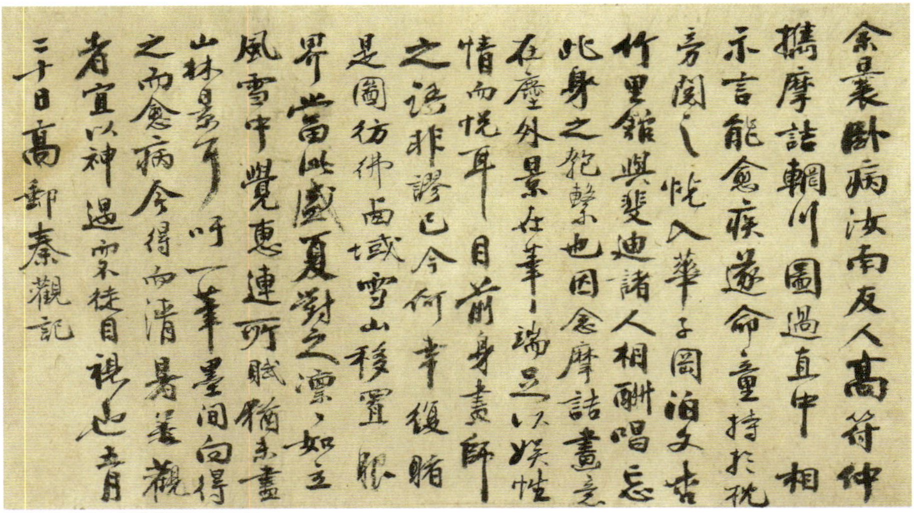
余曩臥病汝南友人高符仲攜摩詰輞川圖過直中相示言能愈疾遂命童持於枕旁閱之恍入華子岡泊文杏竹里館與裴迪諸人相酬唱忘此身之匏繫也因念摩詰畫意在塵外景在筆端足以娛性情而悅耳目前身畫師之語非謬已今何幸復睹是圖彷彿西域雪山移置眼界當此盛夏對之凜凜如立風雪中覺惠連所賦猶未盡山林景耳吁一筆墨間向得之而愈病今得而清暑善觀者宜以神遇而不徒目視也五月二十日高郵秦觀記

题摩诘辋川图　宋　秦观

秦观

秦观（1049—1100），字少游，一字太虚，江苏高邮人，别号邗沟居士、淮海居士。神宗元丰八年（1085）进士，曾任太学博士、秘书省正字、国史院编修官，预修《神宗实录》。他尤其擅于写词，被尊为宋代婉约派的词宗，著作有《淮海集》和《淮海居士长短句》。

民间甚至传说苏轼有个妹妹叫苏小妹，嫁给了秦观——当然，这只是一个民间传说而已。

但苏轼的确最喜欢这个学生。惠洪《冷斋夜话》记：

> 东坡初未识少游，少游知其将复过维扬，作坡笔语，题壁于一山寺中。东坡果不能辨，大惊。及见孙莘老，出少游诗词数十篇，读之，乃叹曰："向书壁者，定此郎也。"

"作坡笔语"，依我的理解，即是以东坡字体和东坡语气写了一篇诗文故意让东坡看到，结果东坡自己竟然也无法分辨是否真是自己所作，等到他见了孙觉，孙觉拿出秦观的诗词，苏东坡才省悟过来，他在扬州看的那面墙壁上的题字，确定是秦观所作。

元丰元年（1078）三月寒食节，在齐州任满的李常转任淮南西路提点刑狱，趁此期间，他到徐州拜访苏轼，欢聚十天，李常在离开的路上遇到了进京应举的秦观。

这一年，秦观 30 岁，还没有考中进士，秦观得到李常的介绍，怀着兴奋的心情往见名满天下的苏轼，也终于等来了结识苏轼的机会。

苏轼在徐州建成黄楼，就像当年他在密州修建超然台一样，广泛邀约他在文坛里的朋友以“黄楼”为题吟诗作赋。

他所以请更为年轻的文人如秦观、黄庭坚、陈师道等人或作诗或作赋，还有一层更深的意义，即王安石的科举新制已经在进士考试时实施，经义和策论取代了诗赋，苏轼曾对王安石的这一做法深表不满，因为在他看来，科举取消诗赋，必然会使诗赋面临衰落，他鼓励围绕在他身边的人创作诗赋，实际上也是其政治态度在文学领域的体现。

苏辙写了《黄楼赋》，秦观也写了一篇《黄楼赋》，写赋本来就是秦观的擅长，而他也的确将才华尽情地在《黄楼赋》中展现。在寄来《黄楼赋》的同

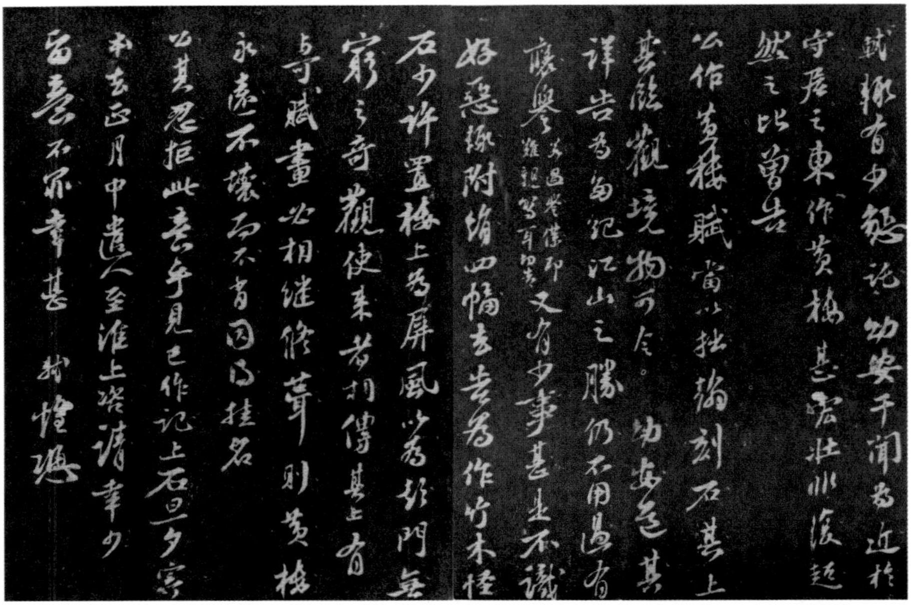

黄楼帖　宋　苏轼

时，秦观还寄了一张空白的纸，想让苏轼哪一天喝醉了以后，给他随便写一些近作与《芙蓉城诗》，他好随时把玩欣赏。苏轼则写了一首《太虚以黄楼赋见寄作诗为谢》作为对秦观创作《黄楼赋》的答谢，文辞中充满了赞誉之情。在这个后生面前，苏轼竟然非常谦虚：

我诗无杰句，万景骄莫随。
夫子独何妙，雨雹散雷椎。
雄辞杂今古，中有屈宋姿。（《苏轼诗集》，第869页）

苏轼赞秦观有屈原、宋玉之才，这一评价被写进了《宋史·秦观传》之中，也成为秦观文学的千古定评。

因为秦观急于赴京考试，苏轼乃约他考试之后再来徐州。苏轼对这位年轻的后生寄予厚望，祝他“江湖放浪久全真，忽然一鸣惊倒人”。秦观写了一首《别子瞻》的长诗：

人生异趣各有求，系风捕影只怀忧。
我独不愿万户侯，惟愿一识苏徐州。
徐州英伟非人力，世有高名擅区域。
珠树三株讵可攀，玉海千寻真莫测。
一昨秋风动远情，便忆鲈鱼访洞庭。
芝兰不独庭中秀，松柏仍当雪后青。
故人持节过乡县，教以东来偿所愿。
天上麒麟昔漫闻，河东鹙鹭今才见。
不将俗物碍天真，北斗已南能几人。
八砖学士风标远，五马使君恩意新。
黄尘冥冥日月换，中有盈虚亦何算。
据龟食蛤暂相从，请结后期游汗漫。

不料榜发，他又落榜，苏轼为之愤愤不平：“此不足为太虚损益，但吊有司之不幸尔。”

秦观出身贫寒，“敝庐数间”“薄田百亩”“家贫素无书，而亲戚时肯见借，亦足讽诵”。心情抑郁中的秦观多次寄信给苏轼，信中倾诉他落第之后所遭遇到的来自亲友的白眼：“亲戚游旧，无不悯其愚而笑之。”亲友无法理解他，像这样功不成名不就，一切的内外交困、忧愁苦闷，都在他的笔下有所体现。

正因如此，他“深居简出，几不与世人相通”，将自我与社会隔离开来，最大的慰藉，则是捧读苏轼的来信，“把玩弥日，如晤玉音，释然不知穷困憔悴之去也”（《与苏公先生简》）。

元丰二年（1079）四月十二日，苏轼从徐州调任湖州，他约了秦观和参寥二人一同坐船南下无锡，同游惠山。苏轼约每人写三首诗以记此三人行，苏轼作序：“余昔为钱塘倅，往来无锡，未尝不至惠山。既去五年，复为湖州，与高邮秦太虚、杭僧参寥同至，览唐处士王武陵、窦群、朱宿所赋诗，爱其语清简，萧然有出尘之姿，追用其韵，各赋三首。”第三首与茶有关：

敲火发山泉，烹茶避林樾。
明窗倾紫盏，色味两奇绝。
吾生眠食耳，一饱万想灭。
颇笑玉川子，饥弄三百月。
岂如山中人，睡起山花发。
一瓯谁与共，门外无来辙。（《苏轼诗集》，第946页）

苏轼饮过二泉水，念念不忘，到杭州后，又作《寄伯强知县求惠山泉》一诗，派人持诗到无锡向知县求取惠山泉。无锡知县焦千之，字伯强，与苏轼同是欧阳修门下弟子，欧阳修曾有《送焦千之秀才》一诗。

元丰二年（1079），秦观听到许多对苏轼不利的消息，但苏轼似乎像聋子一样一点儿也听不到别人对他的议论，秦观替他着急，并嘲笑苏轼为什么年纪轻轻就患上了耳聋的毛病。苏轼以《次韵秦太虚见戏耳聋》答之：

君不见诗人借车无可载，留得一钱何足赖。

晚年更似杜陵翁，右臂虽存耳先聩。
人将蚁动作牛斗，我觉风雷真一噫。
闻尘扫尽根性空，不须更枕清流派。
大朴初散失浑沌，六凿相攘更胜败。
眼花乱坠酒生风，口业不停诗有债。
君知五蕴皆是贼，人生一病今先差。
但恐此心终未了，不见不闻还是碍。
今君疑我特佯聋，故作嘲诗穷险怪。
须防额痒出三耳，莫放笔端风雨快。（《苏轼诗集》，第950—951页）

果然，秦观的话不幸而言中，几个月后，苏轼就因“乌台诗案”入狱。

这首诗的墨迹留了下来，展读之际，是否可以感觉到苏、秦二人的惺惺相惜之情呢？而如果细读王文诰对此诗的笺注，一一破解他诗中运用的典故，才可以了解苏轼的诗的特点是什么。

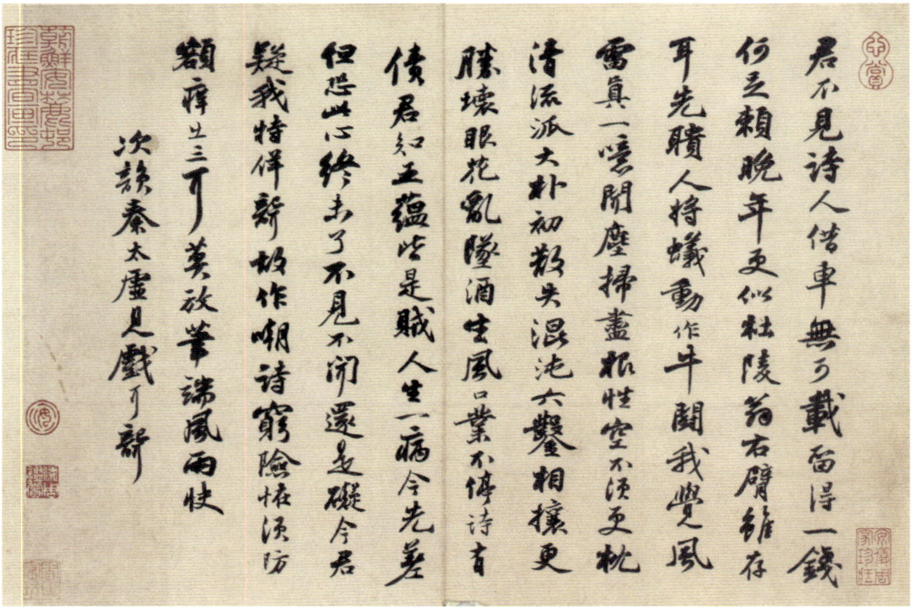

次韵秦太虚见戏耳聋　宋　苏轼

贬居黄州后，苏轼也以给秦观写信为寄托，提笔写来，竟然反反复复、滔滔不绝：

轼启：五月末，舍弟来，得手书，劳问甚厚，日欲裁谢，因循至今，递中复辱教，感愧益甚。比日履兹初寒，起居何如？

轼寓居粗遣。但舍弟初到筠州，即丧一女子，而轼亦丧一老乳母。悼念未衰，又得乡信，堂兄中舍九月中逝去。异乡衰病，触目凄感，念人命脆弱如此。又承见喻，中间得疾不轻，且喜复健。

吾侪渐衰，不可复作少年调度。当速用道书方士之言，厚自养炼。谪居无事，颇窥其一二。已借得本州天庆观道堂三间，冬至后当入此室，四十九日乃出。自非废放，安得就此？太虚他日一为仕宦所縻，欲求四十九日闲，岂可复得耶？当及今为之。但择平时所谓简要易行者，日夜为之，寝食之外，不治他事，但满此期，根本立矣。此后纵复出从人事，事已则心返，自不能废矣。此书到日，恐已不及，然亦不须用冬至也。

寄示诗文，皆超然胜绝，亹亹焉来逼人矣。如我辈，亦不劳逼也。太虚未免求禄仕，方应举求之，应举不可必。窃为君谋，宜多著书，如所示论兵及盗贼等数篇，但似此得数十首，皆卓然有可用之实者，不须及时事也。但旋作此书，亦不可废应举。此书若成，聊复相示，当有知君者，想喻此意也。

公择近过此，相聚数日，说太虚不离口。莘老未尝得书，知未暇通问。程公辟须其子履中哀词，轼本自求作，今岂可食言。但得罪以来，不复作文字，自持颇严，若复一作，则决坏藩墙，今后仍复衮衮多言矣。

……

所居对岸武昌，山水佳绝。有蜀人王生在邑中，往往为风涛所隔，不能即归，则王生能为杀鸡炊黍，至数日不厌。又有潘生者，作酒店樊口，棹小舟径至店下，村酒亦自醇酽。柑橘椑柿极多，大芋长尺余，不减蜀中。外县米斗二十，有水路可致。羊肉如北方，猪、獐、鹿如土，鱼、蟹不论钱。岐亭监酒胡定之，载书万卷随行，喜借人看。黄州曹官数人，皆家善庖馔，喜作会。太虚视此数事，吾事岂不既济矣乎！欲与太虚言者无穷，

但纸尽耳。展读至此，想见掀髯一笑也。

……

岁晚苦寒，惟万万自重。李端叔一书，托为达之。夜中微被酒，书不成字，不罪！不罪！不宣，轼再拜。（《苏轼文集》，第 1535—1537 页）

这封信 1000 多字，在苏轼的所有书信里，这大概是最长的一封了。如果有纸，苏轼大概还能写下去。

在苏轼的学生中，秦观是个感情极其丰富而敏感的人，故而他的文字，专写婉约之情、清丽之景。有人讥其纤弱，秦观自己也觉得这是他在少年时用心作赋养成了这样的习惯，因而填词开“婉约”一派，即使写诗，也无法摆脱“词人之诗”的风貌。比如他最有名的《满庭芳》：

山抹微云，天连衰草，画角声断谯门。暂停征棹，聊共引离尊。多少蓬莱旧事，空回首、烟霭纷纷。斜阳外，寒鸦万点，流水绕孤村。

销魂，当此际，香囊暗解，罗带轻分。谩赢得、青楼薄幸名存。此去何时见也，襟袖上、空惹啼痕。伤情处，高城望断，灯火已黄昏。

《苕溪渔隐丛话·后集》卷三十三引《艺苑雌黄》：

程公辟守会稽，少游客焉，馆之蓬莱阁。一日，席上有所悦，自尔眷眷不能忘情，因赋长短句，所谓“多少蓬莱旧事，空回首、烟霭纷纷”是也。

清人周济在《宋四家词选》对此词评价极高：“将身世之感，打并入艳情，又是一法。”

秦观的许多词，“艳情”是面，“身世之感”是里，“空回首”时所见到的“烟霭纷纷”，毋宁是几十年尘世间的辛苦挣扎，“襟袖上、空惹啼痕”，也无非是落得空伤心一场。“伤情处，高城望断，灯火已黄昏”，退路已经没有了，悲伤的是，仍不知前路何去何从。

苏轼极其欣赏这首词的开篇，还送了他一个“山抹微云秦学士”的头衔，他从此也就凭此一句，在北宋词坛与“红杏枝头春意闹尚书”“云破月来花弄影郎中”“露花倒影柳屯田”并称。

“山抹微云”一词流传开去，还有一个极具戏剧性的故事版，见于吴曾《能改斋漫录》卷十六：

> 杭之西湖，有一倅闲唱少游《满庭芳》，偶然误举一韵云：“画角声断斜阳。”妓琴操在侧云：“‘画角声断谯门’，非‘斜阳’也。”因戏之曰：“尔可改韵否？”琴即改作阳字韵云：“山抹微云，天连衰草，画角声断斜阳。暂停征棹，聊共饮离觞。多少蓬莱旧侣，频回首、烟霭茫茫。孤村里，寒鸦万点，流水绕低墙。魂伤，当此际，轻分罗带，暗解香囊。漫赢得青楼，薄幸名狂。此去何时见也，襟袖上、空有余香。伤心处，高城望断，灯火已昏黄。”东坡闻而称赏之。

琴操是西湖名妓，琴操的改编得到苏轼的称赏。但琴操有一次在与苏轼饮酒对诗的过程中，调笑间竟忽然开悟，就在玲珑山出了家，死后葬在山上。

元祐初年，秦观晋京谒见苏轼，一见面，苏轼便说：“不意别后，公却学柳七作词。”所说“柳七”，即是柳永。苏轼又加重语气：“某虽无学，亦不如是。”少游诚惶诚恐，又不知苏轼为什么如此说他，因为在他看来，柳永乃是格调卑下的词人，秦观又如何会学柳永的词风？苏轼说：“‘销魂，当此际’，非柳七句法乎？”（见黄昇《花庵词选》卷二苏子瞻《永遇乐·夜登燕子楼梦盼盼因作此词》附注）

苏轼又问他近来还写了什么词，少游举了一阕新作，其中有“小楼连苑横空，下窥绣毂雕鞍骤”，苏轼摇了摇头，说：“十三个字，只说得一个人骑马楼前过。”

元丰七年（1084）四月一日，苏轼离开黄州前，感慨不已，也填了一阙《满庭芳》：

> 归去来兮，吾归何处，万里家在岷峨。百年强半，来日苦无多。坐见黄州再闰，儿童尽楚语吴歌。山中友，鸡豚社酒，相劝老东坡。

云何，当此去，人生底事，来往如梭？待闲看秋风，洛水清波。好在堂前细柳，应念我、莫剪柔柯。仍传语，江南父老，时与晒渔蓑。

与秦观的《满庭芳》对读，一婉约一豪放，截然分明。

苏轼以诗为词，开豪放一派，非议者认为他不协音律，因而属于词的“异端”。当时有人将他的词与柳永相比，说“柳郎中词，只合十七八女郎，执红牙板，歌‘杨柳岸，晓风残月’。学士词，须关西大汉，铜琵琶、铁绰板，唱‘大江东去’”。

后来苏轼又问门下另外两个学生晁无咎与张耒，自己的词“何如少游”，学生道：“少游诗似小词，先生小词似诗”，也算是抓住了苏轼词的要害。

离开黄州后，苏轼在江南与秦观重逢，秦观此时却是二度落榜，前途迷茫。秦观自编诗文集十卷后，苏轼为之作书向刚刚见过不久的王安石推荐：“才难之叹，古今共之，如观等辈，实不易得。”王安石读了秦观的文章，也称他有“鲍、谢清新之致”。而且，王安石在信中还对苏轼说：“公奇秦君，数口之不置，吾又获诗，手之不舍。”

元丰七年（1084）十一月，苏轼与秦观淮上饮别，曾作《虞美人》一阙：

波声拍枕长淮晓，隙月窥人小。无情汴水自东流，只载一船离恨向西州。

竹溪花浦曾同醉，酒味多于泪。谁教风鉴在尘埃，酝造一场烦恼送人来。

词风倒是极其婉约，有人说，这大概是受了秦观的影响。后来张耒又将苏轼的词意改为一首七绝：“亭亭画舸系春潭，只待行人酒半酣。不管烟波与风雨，载将离恨过江南。”

苏轼在知杭州时，他们的相聚也是快乐的，甚至可以说是他们一生交往中最快乐的时刻：“秦太虚夜航西湖，至普明院，舍舟从参寥，并湖而行，出雷峰，度南屏，濯足于惠因涧。入灵石坞，得支径，上风篁岭，憩于龙井，始至寿圣院谒辨才。”

苏轼在作《太息一章送秦少章秀才》时，表示在他的弟子中，他很欣赏秦观与张耒二人：

> 今吾衰老废学，自视缺然，而天下士不吾弃，以为可以与于斯文者，犹以文忠公之故也。张文潜、秦少游此两人者，士之超逸绝尘者也，非独吾云尔。二三子亦自以为莫及也，士骇于所未闻，不能无异同，故纷纷之言，常及吾与二子，吾策之审矣。士如良金美玉，市有定价，岂可以爱憎口舌贵贱之欤？（《苏轼文集》，第1979—1980页）

一方面，苏轼得意于自己慧眼独具能够发现他们；另一方面，却悲哀世人不知道他们二人的价值。

神宗崩，哲宗立，苏轼迎来人生的黄金时光，秦观也在这一年考取进士，受苏轼举荐，除太学博士，校正秘书省书籍，还得到了皇帝的赏赐，终于摆脱了晦暗的现实人生。

读了秦观的婉约词，肯定想象不到秦观竟然满脸都是胡子。有一天在苏家聚会，有人就调笑秦观的胡子长得太多了，秦观反问："君子多乎哉？"用的是《论语·子罕》中的句子；苏轼则马上接茬："小人樊须也。"用的也是《论语·子路》中的句子："小人哉，樊须也。"这里的"樊须"，谐音"繁须"，是调侃小人才长这么多胡子。此时，你不能不佩服苏轼的腹笥之富和反应之快。

苏轼喜爱秦观，秦观也处处维护苏轼的尊严，不用说来自政治对手的攻击，即使是同道中人，他也不假辞色。比如黄庭坚《避暑李氏园》的诗中有这样的句子："题诗未有惊人句，会唤谪仙苏二来"——将苏轼称为"苏二"，秦观极为不满，为此，他还与黄庭坚怄气。

然而，哲宗元祐八年（1093），随着宣仁太皇太后的离世，亲政之后的哲宗又逆转了政坛，新党上台，旧党流放，苏轼与秦观自然都遭到了极其残酷的打压。秦观因为属于旧党的原因，在绍圣元年（1094）出通判杭州。御史刘拯论其增损神宗《实录》，贬监处州酒税。虽然具体承办人找不到他的任何过错，就找了一个以谒告写佛书的罪名，将秦观削秩徙郴州，继编管横州，又徙雷州。

实际上，他所以遭受如此打击，就因为他是苏轼的学生。

在郴州，他写下了著名的《踏莎行·郴州旅舍》：

雾失楼台，月迷津渡。桃源望断无寻处。
可堪孤馆闭春寒，杜鹃声里斜阳暮。
驿寄梅花，鱼传尺素。砌成此恨无重数。
郴江幸自绕郴山，为谁流下潇湘去。

在处州（今浙江丽水），他写下了著名的《千秋岁》，词坛纷纷唱和，苏轼也在其中：

岛边天外，未老身先退。珠泪溅，丹衷碎。声摇苍玉佩，色重黄金带。一万里，斜阳正与长安对。

道远谁云会？罪大天能盖。君命重，臣节在。新恩犹可觊，旧学终难改。吾已矣！乘桴且恁浮于海。

这一年，他虚龄 50 岁，一句“吾已矣”，也豁达也悲观，更何况是本来就容易悲观的秦观。

秦观在元符三年（1100）离开人世，这让谁都想不到。

在他死之前，哲宗崩，新皇帝上任，大赦天下，苏轼也从遥远的海南岛北上，秦观被任命为复宣德郎，所以，秦观原本有希望重新回到京城，以期东山再起，而苏轼怎么也想不到，秦观会突然离世。

秦瀛《淮海先生年谱》记载，当苏轼看到秦观出示自作挽词时，这样安慰他：“公抚其肩曰：‘某尝忧逝，未尽此理，今复何言！某亦尝自为《志墓文》奉附从者，不使过子知也。’”苏轼与秦观相逢时，还见他“意色自若，与平日不少异”，认为他自写挽词，不过是与自己一样“齐死生，了物我”的戏语而已。苏轼《书秦少游挽词后》：

庚辰岁六月二十五日，予与少游相别于海康，意色自若，与平日不少异。但《自作挽词》一篇，人或怪之。予以谓少游齐死生，了物我，戏出此语，无足怪者。已而北归，至藤州，以八月十二日卒于光化亭上。呜呼！岂亦自知当然者耶？（《苏轼文集》，第 2158 页）

秦观从雷州放还，不顾天气酷热，行至广西容县，逗留了好几天，等他再赶路时，中了暑，病困于藤州，至八月十二日，就死在了江亭。《宋史·文苑六》记：“至藤州，出游华光亭，为客道梦中长短句，索水欲饮，水至，笑视之而卒。”得年 51 岁。

苏轼听闻秦观的死讯，不禁大恸，他写信给欧阳晦夫：“闻少游噩耗，两日为之食不下咽。”他对秦观的死的伤心程度，一点儿也不亚于孔子对于颜回之死的伤痛：“哀哉！世岂复有斯人乎！”

晁补之

晁补之（1053—1110），字无咎，号归来子，济州钜野（今山东巨野）人。《宋史·艺文志》著录晁补之《左氏春秋传杂论》一卷、《续楚辞》二十卷、《变离骚》二十卷、《鸡肋集》一百卷和《晁补之集》七十卷。然而这些集子在徽宗崇宁二年（1103）均遭禁毁，现存的仅有《鸡肋集》七十卷，其中诗赋二十三卷，杂著散文四十七卷。

晁补之在诗、文、词诸方面均有所建树，《四库全书总目》卷一百五十四《鸡肋集》提要说：“今观其集，古文波澜壮阔，与苏氏父子相驰骤，诸体诗俱风骨高骞，一往俊迈，并驾于张、秦之间，亦未知孰为先后。”张是张耒，秦是秦观。

晁氏家族很显赫，在真宗、仁宗时期有个晁迥，政声显赫，与其子晁宗悫同为知制诰。晁迥有兄弟迪、遘二人，晁补之即为晁迪之后。吕夷简、曾巩、陆游、叶梦得等，又都是晁氏姻亲。叶梦得（1077—1148）的母亲，就是晁补之的妹妹，所以他虽然是蔡京的门客，但记录了很多苏轼有价值的史料。

晁补之是个天才，记忆力好，刚懂事就会写文章。17 岁那年，晁补之的父亲晁端友到杭州做官，他随同前往，写成荟萃了杭州山川风貌与人物的《七述》一书。杭州通判苏轼的文名早已经震动天下，士子们无不渴望得到他的奖掖——苏轼与晁端彦（晁端友之兄）一直通好，因而晁补之非常想拜在苏轼门下。

晁补之应是在熙宁五年（1072）上书苏轼并欲投其门下的。他在《上苏公书》中说：“某，济北之鄙人，生二十年矣。”不过，晁补之这一次上书没有得到苏轼的回应。于是，又有了《再见苏公书》：“昔者尝有言于左右而未获奉教，不敢进亦不敢退。辄复俯心下首，因门下人以求毕其区区之说而少试其愚。”当晁补之带着《七述》谒见苏轼，苏轼读后赞叹说：“我可以搁笔了！”

苏轼称赞他的文章写得博雅隽永，远在一般人之上，晁补之自此扬名。《宋史》本传称他“才气飘逸，嗜学不知倦，文章温润典缛，其凌丽奇卓出于天成。尤精《楚词》，论集屈、宋以来赋咏为《变离骚》等三书”。正像我在前面所说，因为王安石取消了科举考试中的诗赋科目，因而苏轼尤其重视他的同道是否仍然可以写出好的诗赋作品来。

李昭玘《乐静集》为后人留下了晁补之拜在苏轼门下之后的珍贵史料：“友人晁补之自新城侍亲归，云：‘辱在先生门下，虽疾风苦雨，晨起夜半，有所请质，必待见先生而后去。先生亦与之优游讲析，不记寝食，必意尽而后止。’”苏、晁师生之间，肯教肯学，堪为典范。

神宗元丰二年（1079），晁补之考中进士，开封府试和礼部试，他都得了第一，也受到神宗皇帝的赞扬：“是深于经术者，可革浮薄。”《鸡肋集》卷五十二《及第谢苏公书》保留了一封他进士及第后写给苏轼的很长的一封信，表示“补之敢不益自检束，期终教育之赐”。随后，他被调为澶州司户参军、北京国子监教授。元祐元年（1086），晁补之任太学正，由李清臣推荐，皇帝召他面试，他被升为秘书省正字，又迁校书郎。

元祐二年（1087），苏轼《书晁补之所藏与可画竹三首》，是苏轼最重要的题画诗之一，也是研究苏轼美学思想的重要文献：

与可画竹时，见竹不见人。
岂独不见人，嗒然遗其身。
其身与竹化，无穷出清新。
庄周世无有，谁知此疑神。

若人今已无，此竹宁复有。
那将春蚓笔，画作风中柳。
君看断崖上，瘦节蛟蛇走。

何时此霜竿，复入江湖手。

晁子拙生事，举家闻食粥。
朝来又绝倒，谀墓得霜竹。
可怜先生盘，朝日照苜蓿。
吾诗固云尔，可使食无肉。
（吾旧诗云：可使食无肉，不可便居无竹。）（《苏轼诗集》，第 1522—1523 页）

唯文与可和晁补之二人，才可以激发出他这样的高论。

兰陵胡世将曾经收藏过一幅苏轼画的螃蟹，由于原作不见，无法得知画的具体风格是怎样的。胡世将托夏大韶找擅长绘画的晁补之鉴定真伪，晁补之看了画之后，特意作了一篇文章，一方面称赞苏东坡豪放不羁，一方面称赞他也有细针密缕的工细功夫。此文见于《鸡肋集》卷三十三《跋翰林东坡公画》：

翰林东坡公画蟹，兰陵胡世将得于开封夏大韶，以示补之。补之曰：本朝初以辞律谋议参取人，东坡公之始中礼部第一也，其启事有博观策论、精取诗赋之言，言有所纵者、有所拘也。其谢主司而誉其能如此曰：奇文高论，大或出于绳检，比声协句，小亦合于方圆。盖

老子出关图　宋　晁补之

公平居，胸中闳放，所谓吞若云梦，曾不芥蒂者。而此画水虫琐屑，毛介曲隈，芒缕具备，殊不类其胸中，岂公之才固若是，大或出于绳检，小亦合于方圆耶？抑孔子之教，人退者进之，兼人者退之，君之治气养心，亦固若是耶？尝试折衷于孟子之言曰：观水有术，必观其澜，日月有明，容光必照焉。归墟荡沃，不见水端，此观其大者也。墙隙散射，无非大明，此观其小者也，而后可以言成全。或曰：夜光之剑，切玉如泥。以之挑菜，不如两钱之锥。此不善用大者也。余于公知之。

一张小画，作成一篇大文章。

元祐五年（1090），晁补之因校书郎官俸微薄，乞补外官，得以秘阁校理通判扬州。元祐七年（1092）二月，苏轼知扬州，晁补之当然是喜出望外。他先以诗迎苏轼："世上谗夫乱红紫，天教仁政满江南。"苏轼自然欣喜异常。

苏轼到了扬州，又累又病，好客的他几乎没怎么见人，有个叫毛正仲（1042—1100）的送茶给他，他才在端午时节于扬州的木兰院即石塔院找了几个人小聚一下，并写了一首诗，诗中说"尔来又衰病，过午食辄噎"。他又说，到了一个有那么多美食的地方却无胃口，真是亏欠了厨师的手艺。

苏轼欣赏晁补之的文学才华，也欣赏他在志趣方面有"类己"之感。苏轼在扬州曾写过一组《和陶饮酒》诗，其中一首就说：

晁子天麒麟，结交未及仕。
高才固难及，雅志或类己。
各怀伯业能，共有丘明耻。
歌呼时就君，指我醉乡里。
吴公门下客，贾谊独见纪。
请作鹏鸟赋，我亦得坎止。
行乐当及时，绿发不可恃。（《苏轼诗集》，第 1890—1891 页）

这一组诗一共有 20 首，前面有叙："吾饮酒至少，常以把盏为乐，往往颓然坐睡，人见其醉，而吾中了然，盖莫能名其为醉为醒也。在扬州时，饮酒过午辄罢，客去，解衣盘礴，终日欢不足而适有余。因和渊明《饮酒》二十首，庶以仿佛其不可名者，示舍弟子由、晁无咎学士。”这是苏轼首次和陶诗之始，也是活着的人和早已死去的伟大诗人以诗的形式进行的对话与交流。

晁补之被召回朝廷后，任著作佐郎。

章惇为相之后，不仅苏轼本人被驱逐出朝廷，苏门子弟也无一不受牵连。

绍圣元年（1094），晁补之出知济州。绍圣二年（1095），晁补之也以修神宗《实录》失实之罪，被降职通判应天府和亳州——到贬所不久，因岳父杜纯的弟弟杜纮知应天府兼南京留守司公事避亲嫌，改差通判亳州。绍圣四年（1097），党祸起，晁补之被贬监处州（今浙江丽水）盐酒税，赶赴贬所途中，母杨氏夫人病殁，即奉灵柩还乡，服丧家居。元符二年（1099）夏，服除，改监信州（今江西上饶）盐酒税。

徽宗即位，皇太后听政，复用元祐党人，晁补之又被召为著作佐郎。建中靖国元年（1101），被提升为吏部员外郎、礼部郎中，并兼史馆编修、实录检讨官。然而紧接着“元祐党籍”之祸又起，他被谏官弹劾，出知河中府，徙任湖州、密州和果州等地。

苏轼曾说自己的一生经历是“问汝平生功业，黄州惠州儋州”，而晁补之也步他的后尘，“飘萍又逢骤雨，信州湖州密州”。

大观二年（1108），晁补之先是改提西京崇福宫，又改提举南京鸿庆宫。最后，他羡慕陶渊明，因而修筑了一座归来园，自号归来子，忘情于仕途。至大观末年（1110）出党籍之后，复起用为达州知州，后改知泗州，不久逝世。

陈师道

陈师道（1053—1102），字履常，一字无己，号后山居士，著有《后山先生集》。

他在16岁时曾师从曾巩，却因朝廷考试用王安石经义之学以取士而未去应试。他早年娶郭概之女为妻，但自己实在没有养活家属的能力，妻女皆在岳父家就食。苏轼任颍州太守时，希望收他为弟子，他以“向来一瓣香，敬为曾南丰”，意即他曾拜曾巩为师，因而不再另拜老师婉言推辞，但这并不妨碍他与苏轼之间实际上的师生关系。他的诗风因与黄庭坚相近，闭门苦吟，又被划入“江西诗派”之中。

元祐初，苏轼等人荐其文行，起为徐州教授，历仕太学博士、颍州教授、秘书省正字。

元祐二年（1087）苏轼与傅尧俞、孙觉一起推荐他任徐州州学教授。元祐四年（1089）三月，苏轼以龙图阁大学士、充浙西路兵马钤辖知杭州军州事，经陈州（今河南淮阳）五月到达南京。陈师道先向徐州太守孙觉请假，孙觉不许，他就借口生病，却私自跑到南京见苏轼。二人相见，格外高兴。他一直陪着苏轼到了宿州，本来还打算送苏轼到灵璧，但已经意识到他违背了官常禁例，因而和苏轼就在宿州分手。结果，他以擅离职守的罪名被劾去职。但他绝不后悔，还写了一首诗《送苏公知杭州》纪念此次相见：

> 一代不数人，百年能几见？
> 昔为马口衔，今为禁门键。
> 一雨五月凉，中宵大江满。
> 风帆目力短，江空岁年晚。

陈师道是一个苦吟诗人，不像苏轼或秦观那样可以在大庭广众之下随手挥洒，而是躲到一个不能有任何东西打扰到他的地方，慢慢琢磨。叶梦得《石林诗话》有非常传神的记述：“世言陈无己每登临得句，即急归，卧一榻，以被蒙首，恶闻人声，谓之‘吟榻’。家人知之，即猫犬皆逐去，婴儿稚子，亦皆抱寄邻家。徐乃诗成，乃敢复常。”如此苦心作诗，难怪他要被划到黄庭坚的江西诗派中去。

元祐六年（1091），苏轼知颍州，在颍州的时间虽然不到半年，但陈师道写下次韵苏诗的作品倒不少，如《次韵苏公西湖徙鱼三首》《次韵苏公观月听琴》《次韵苏公涉颍》《再次韵苏公示两欧阳》《次韵苏公劝酒与诗》《次韵苏公督两欧阳诗》《次韵苏公题欧阳叔弼息斋》《次韵苏公竹间亭绝句》等。

陈师道大约早已经看出官场的险恶，因而写了一首名为《寄侍读苏尚书》

的诗，其中这样说：“经国向来须老手，有怀何必到壶头。遥知丹地开黄卷，解记清波没白鸥。”《韵语阳秋》卷十一解释，谓苏轼以侍读为礼部尚书，时正得志之秋，师道“经国”四句云云，是劝其早休也——但政坛得意的苏轼，并没有意识到危机正在袭来。

绍圣元年（1094），他被朝廷目为苏轼余党，罢职回家。元符三年（1100）被启用为棣州教授，赴任途中，改除秘书省正字。时值严冬，他被派陪祀郊丘，此时如果不穿上厚厚的衣服，根本不能御寒，然而他只有一袭又旧又破且保暖效果极差的皮袍。他的太太与赵挺之的太太是嫡亲姊妹——赵挺之，赵明诚的父亲，在政治上与苏轼、黄庭坚几乎是不共戴天的死敌——就到赵家去借了一件，师道问是哪里来的，他太太不敢隐瞒，从实说了，师道愤然说：“你岂不知道我是从来不穿别人衣服的？！”结果，他只穿着一件单裘到郊野去，竟感寒疾而死，死时才 49 岁。

陈师道有个哥哥叫陈传道，曾任钱塘主簿，与苏轼的关系也极融洽，苏轼有《和陈传道雪中观灯》《和赵德麟送陈传道》等诗。

李廌

李廌字方叔，号德隅斋，又号齐南先生、太华逸民，华州（今陕西华县）人。6 岁而孤，能发奋自学。稍长，即以学问称誉乡里。他与秦观、黄庭坚、张耒、晁补之、陈师道一起，被人们称为“苏门六君子”。

李廌在元丰四年（1081）到黄州拜谒苏轼。苏轼对他的文章极为赞赏，认为他的文章笔墨澜翻，有飞沙走石之势，苏轼甚至拍着他的背说：“子之才，万人敌也，抗之以高节，莫之能御矣。”然而，贫穷至极的李廌，家里三代人去世，都没有能力安葬，想来悲哀至极。但苏轼此时也是困窘之人，只能解衣为助。

元祐三年（1088），30 岁的李廌考进士，真可以说是占据了天时地利人和，因为主考官是老师苏轼，好友黄庭坚是阅卷老师。不久前，苏轼还专门夸奖李廌的文章进步很大，比师兄张耒和秦观都要好了。然而，考试结果出来，李廌却榜上无名，“众已失色”，“无不惊骇叹”。朱弁《风月堂诗话》记此事：

十八学士之琴　明　佚名

十八学士之棋　明　佚名

东坡知贡举，李豸（苏轼改作“廌”）方叔久为东坡所知，其年到省诸路举子，人人欲识其面，考试官莫不欲得方叔也，坡亦自言“有司以第一拔方叔耳”。既拆号，十名前不见方叔，众已失色；逮写尽榜，无不骇叹。方叔归阳翟，黄鲁直以诗叙其事送之，东坡和焉。如“平生谩说古战场，过眼真迷日五色”之句，其用事精切，虽老杜、白乐天集中未尝见也。

在科考中痛失李廌，苏轼感到十分怅然和内疚，特意作了一首诗题为《余与李廌方叔相知久矣，领贡举事而李不得第，愧甚，作诗送之》：

与君相从非一日，笔势翩翩疑可识。
平生谩说古战场，过眼终迷日五色。

好友黄庭坚也紧跟老师赋诗安慰李廌：

今年持橐佐春官，遂失此人难塞责。
虽然一哄有奇偶，博悬于投不在德。

宰相吕大防听说李廌落第后，也不禁为之惋惜：“有司试艺，乃失此奇才耶！”

李廌倒是表示：“吾道有用舍，无乃天所否。”——这一切都是老天的安排！

也有一个传说，苏轼实际上已将试题事先透露给李廌，但李廌恰巧不在家，装着试题的信封被章惇的两个儿子偷走，他们两个都中了进士，李廌却落第了。

苏轼与翰林学士范祖禹欲向朝廷推荐他出仕，但因苏、范二人相继遭贬，李廌的职位也就告吹。李廌从此更是绝意仕进，定居长社（今河南长葛市），致力于撰文著书。

在苏门学士中，李廌是年纪最小且与苏轼结交最晚的一个，还是唯一一个没有功名的布衣。他隐居之后，完成了不少著作。他将苏轼、黄庭坚、秦观等人关于治学为文的言论写成《师友谈记》，是研究苏轼及北宋文学史最重要的资料之一。

他的生活极其清苦，卒年 51 岁。

依宋代的制度，在京为官，俸禄甚薄，尤其以从事文教工作的先生们为最穷。苏门这几位学士，自然不能例外。陈师道、秦观都穷，但尤以李廌为最穷，苏轼常常周济他。

苏轼在出知杭州时，朝廷赐物中有马一匹，苏轼就将这匹马送与李廌，他知道李廌一定会在某天把这匹马卖掉以救穷，因而写了张字据给他，以证明这匹马的来源是合法的，便于他能脱手。苏轼亲笔写了一张措辞婉转又绝对不伤李廌自尊心的《赠李方叔赐马券》给他：

> 元祐元年，予初入玉堂，蒙恩赐玉鼻骍。今年出守杭州，复沾此赐。东南例乘肩舆，得一马足矣。而李方叔未有马，故以赠之。又恐方叔别获嘉马，不免卖此，故为出公据。四年四月十五日。（《苏轼文集》，第 2539 页）

这个《赐马券》，后面又有黄庭坚题跋一则，也极有趣，跋曰：

> 翰林苏子瞻所得天马，其所从来甚宠，加以妙墨作券，此马价应十倍。方叔豆羹常不继，将不能有此马，御以如富贵之家……或又责方叔受翰林公惠，当乘之往来田间，安用汲汲索钱？此又不识痒痛者从旁论砭疽尔。甚穷亦难忍，使有义士能捐二十万并券与马取之，不惟解方叔之倒悬，亦足以豪矣。众不可，盖遇人中磊磊者试以余书示之。（《黄庭坚全集》，第 628 页）

一师一友，对李廌可称仁厚。

他和苏轼保持着最为亲密的关系，通信数量居于六君子之首，可以说是苏轼最坚定的追随者和拥护者。

苏轼去世后，李廌感其知遇之恩而悲怆痛哭，作祭文曰：

> 识与不识，罔不尽伤；闻所未闻，吾将安仿？皇天后土，监一生忠义之心；名山大川，还万古英灵之气。

可谓得苏轼之神髓。

他们几个人虽然同出于一门，却都保持了不同的文学风格，相互砥砺，至为难得。《能改斋漫录·四客各有所长》代表了那个时代对他们的评价：

> 子瞻、子由门下客最知名者黄鲁直、张文潜、晁无咎、秦少游，世谓之四学士。至若陈无己，文行虽高，以晚出东坡门，故不若四人之著，故陈无己作《佛指记》云“余以辞义，名次四君，而贫于一代”是也。晁无咎诗云：“黄子似渊明，城市亦复真。陈君有道举，化行闾井淳。张侯公瑾流，英思春泉新。高才更难及，淮海一髯秦。”当时以东坡为长公，子由为少公。陈无己答李端叔云：“苏公之门，有客四人，黄鲁直、秦少游、晁无咎，则长公之客也；张文潜、则少公之客也。”又《次韵黄楼诗》云：“一代苏长公，四海名未已。”又云：“少公作长句，班扬安可拟。”谓二苏也。然四客各有所长，鲁直长于诗辞，秦、晁长于议论。鲁直《与秦少章书》曰：“庭坚心醉于《诗》与《楚辞》，似若有得。至于议论文字，今日乃当付之少游及晁、张、无己，足下可从此四君子一一问之。”其后张文潜《赠李德载》诗亦云：“长公波涛万顷海，少公峭拔千寻麓。黄郎萧萧日下鹤，陈子峭峭霜中竹。秦文倩丽若桃李，晁论峥嵘走珠玉。”乃知人才各有所长，虽苏门不能兼全也。

而苏门师友所以能各有风格，是因为苏轼能够尊重他人独立的人格与观点，他绝不强人与他同调。正因有此涵量，所以他能创出自由的文风。宋诗从那个时代起，尽脱唐人窠臼，创出了宋诗的新境界。

欧阳修开创出的文学革新运动，到了苏轼这里，更加发扬光大。苏轼在步入中晚年的过程中，感念欧阳修对他的托付，他也觉得有必要将这文学的接力棒传递下去。有一次，他将这份心事向他的这几个门人公开了：“国家的文运，必须要有名世之士，相与主盟，则此道统才不至于坠失，方今太平盛世，文士辈出，必定要使这一代的文运，有个宗主。从前，欧阳文忠公把这个责任交给了我，我不敢不全力以赴，但将来这文章盟主的责任，都该由诸君负责接手，正如文忠与我之间的传承一样。”

然而，他们哪能料到，苏轼、苏辙以及他的门人会在绍圣年间同遭贬谪，秦观在道途上死于苏轼之前。在苏轼给李廌的一封信中，他对自己的几个学生受到的牵连，极其内疚：

> 某自恨不以一身塞罪，坐累朋友，如方叔飘然一布衣，亦几不免。纯甫、少游，又安所获罪于天，遂断弃其命，言之何益，付之清议而已……（《苏轼文集》，第 1581 页）

苏轼很希望所有的罪，都能揽在自己一个人身上，然而，一切都事与愿违。

苏轼逝世这一年，陈师道也死了，三年后，黄庭坚卒于宜州贬所。张耒虽然年寿最长，后苏轼 13 年谢世，但他却步老师后尘，被安置黄州，又因好酒而导致酒精中毒，除了患上麻痹症，也严重地伤害了他的语言功能。黄庭坚诗“张子耽酒语蹇吃”，就是形容他晚年的身体状况。晚境如此潦倒不堪，遑论文学？遑论艺术？

苏轼希望在他身后能有一个文坛宗主，像他和欧阳修那样，但是他想不到的是，大宋帝国的气数将近，连江山都不复存在，更何况文坛？更何况文坛宗主？

“古来画师非俗士”——与李公麟

李公麟（1049—1106），字伯时，桐城（今安徽桐城）人。桐城境内有龙眠山，李公麟因此又号龙眠居士。

李公麟出身于舒城李氏，为地方大族，家里几代基本都是读书人。

李公麟父亲李虚一青年时即通过制科考试入仕为官。王安石变法期间，在京都任赤县令。其间，李公麟的弟弟李公权娶了王安石的侄女，因此可以说与新党关系颇洽。

熙宁三年（1070），李公麟参加进士科考试中第，时年22岁，从此踏入仕途。他的第一个职位是南康府（宋时南康府即今九江市附近庐山市，非今南康区）建昌县（今江西省永修县）县尉。建昌县北靠庐山，东临鄱阳湖，西有云居山，风景优美。李公麟在建昌县尉任上还建了一个石潭院。离任之后，他将此院赠予僧人，《建昌县乡土志》中《李仙亭》条载：“石潭院侧，宋县尉李公麟建院，院僧筑亭，以仙名之。”

《画继》说李公麟“耽禅，多交衲子”，也应始于此时，因曹洞宗的祖庭云居山就在建昌城西，著名的佛印法师大部分时间也活动于庐山地区。李公麟多画道释题材，应始于和这些人的交往。佛印法师后来以“天上石麒麟”来比喻李公麟的不凡之处。

李公麟的绘画才能，源自从小就受到家庭的影响。《宣和画谱》云：“父虚一，尝举贤良方正科，任大理寺丞，赠左朝议大夫。喜藏法书名画，公麟少阅视，即悟古人用笔意。作真、行书，有晋、宋楷法风格，绘事尤绝，为世所宝。博学精识，用意至到，凡目所睹，即领其要。”因而如果仅仅认为李公麟是一个单纯的画家，那显然就误解了他。因为除书法、绘画外，李公麟也擅长诗文。

邓椿《画继》特别强调李公麟“家世儒业”，并纠正大多数人的看法，认为李公麟并非以画闻名，而是“博求钟鼎古器”“以余力留意画笔”。李公麟绘画之所以超妙，也是来自他的天赋，“盖其大才逸群，举皆过人”。

专门记录皇家御府藏画的《宣和画谱》中，李公麟有107幅作品入于典藏，这无疑是御府收藏当朝画家画作数量最多的一个。

关于苏轼和李公麟二人交往的起始时间，有研究者认为，大概是在元丰末年至元祐初年。重要的线索之一，即是苏轼《跋李伯时〈孝经图〉》一文。孔凡礼《苏轼年谱》将此文系于元丰八年（1085），因为这一年的三月，李公麟创作了《孝经图》，苏轼卷后有跋：

> 观此图者，易直子谅之心，油然生矣。笔迹之妙，不减顾、陆。至第十八章，人子之所不忍者，独寄其仿佛。非有道君子不能为，殆非顾、陆之所及。（《苏轼文集》，第2217页）

这篇文章没有具体时间，但写于元丰八年（1085）或后面几年时间之内，是没问题的。

李公麟的自题是：“凤阁舍人杨公雅言《孝经》乃六艺根本，百行世训所重，谓龙眠山人李公麟曰：‘能图其事以示人，为有补。元丰八年三月，因摭其一二随笔之。’”陆完也有一个跋语：“龙眠居士《孝经》，虽曰随章摭其一二，然自天子以至庶人，威仪动作之节，舆夫郊庙之规模，闾里之风俗，器物之制度，畜产之性情，亦略备矣。东坡谓其神与万物交，其智与百工通者，览之可想。”其中所引东坡的话，是另外《书李伯时山庄图后》中的句子。

李公麟与苏轼相识，在我看来，或者是出于李之仪（1048—1117）的介绍。

李之仪，字端叔，自号姑溪居士、姑溪老农，沧州无棣（今山东省无棣县）人。他先是范纯仁的学生，哲宗元祐初年为枢密院编修官，通判原州。元祐末年苏轼出为定州太守时，李之仪被他选中，入定州幕府，朝夕唱酬。等苏轼贬岭南，他监内香药库，御史石豫参劾他曾为苏轼幕僚，不可以任京官，遂被停职。

李之仪将李公麟所画地藏像给苏轼看，苏轼复书说：

辱书，并示伯时所画地藏。某本无此学，安能知其所得于古者为谁何？但知其为轶妙而造神，能于道子之外，探顾（恺之）陆（探微）古意耳。公与伯时想皆期我于度数之表，故特相示耶？有近评吴画百十字，辄封呈，并画纳上。（《苏轼文集》，第1540页）

这可能是苏轼第一次见到李公麟的画吧。在苏轼眼中，李公麟的画能在吴道子风格之外，直追陆探微、顾恺之的“古意”，真是一语破的。苏轼还特意将他写的与吴道子有关的画论寄给李公麟看，也极用心。苏轼在《书吴道子画后》对吴道子是这样评论的：

知者创物，能者述焉，非一人而成也。君子之于学，百工之于技，自三代历汉至唐而备矣。故诗至于杜子美，文至于韩退之，书至于颜鲁公，画至于吴道子，而古今之变，天下之能事毕矣。

道子画人物，如以灯取影，逆来顺往，旁见侧出，横斜平直，各相乘除，得自然之数，不差毫末。出新意于法度之中，寄妙理于豪放之外，所谓游刃余地，运斤成风，盖古今一人而已。余于他画，或不能必其主名，至于道子，望而知其真伪也，然世罕有真者。如史全叔所藏，平生盖一二见而已。元丰八年十一月七日书。（《苏轼文集》，第2210—2211页）

苏轼的名言“出新意于法度之中，寄妙理于豪放之外”，即出于此篇文章之中。尤其值得注意的是，这篇文章写于元丰八年（1085）十一月，这就应该是苏轼与李公麟开始往来的时间上限，那时，二人都在京城为官。

很快，李公麟与苏轼就有了相当密切的交往，诗、书、画创作是他们能够愉快相处的重要媒介。

元祐元年（1086）的一开年——一说是元祐三年（1088），暂从元年说——正月十二日，苏轼就与苏辙、李公麟、柳仲远、黄庭坚等人一起搞了一次雅集。此时，黄庭坚刚刚与苏轼见面。可以说，这是北宋后期艺术水平最高的一次聚会。

苏轼画石头，李公麟画松和人物。画的名字，则由柳仲远根据杜甫题韦偃画《戏为双松图歌》而来。杜诗如下：

天下几人画古松，毕宏已老韦偃少。
绝笔长风起纤末，满堂动色嗟神妙。
两株惨裂苔藓皮，屈铁交错回高枝。
白摧朽骨龙虎死，黑入太阴雷雨垂。
松根胡僧憩寂寞，庞眉皓首无住著。
偏袒右肩露双脚，叶里松子僧前落。
韦侯韦侯数相见，我有一匹好东绢。
重之不减锦绣段，已令拂拭光凌乱，
请公放笔为直干。

柳仲远根据杜甫诗句中“松根胡僧憩寂寞”，将画取名为《憩寂图》。苏辙先题了一首诗：“东坡自作苍苍石，留取长松待伯时。只有两人嫌未足，兼收前世杜陵诗。”苏轼《次韵子由题憩寂图后》：

东坡虽是湖州派，竹石风流各一时。
前世画师今姓李，不妨还作辋川诗。

黄庭坚《次韵子瞻子由题憩寂图》：

松寒风雨石骨瘦，法窟寂寥僧定时。
李侯有句不肯吐，淡墨写出无声诗。

龙眠不似虎头痴，笔妙天机可并时。
苏仙漱墨作苍石，应解种花开此诗。

正是在以李公麟的画为题进行唱和的过程之中，苏轼与初见面不久的黄庭坚就将李公麟称为“画师”是否合适而有了不同的意见。

苏轼在题诗中说“前世画师今姓李，不妨题作辋川诗”，用的是王维的典故，王维自己就曾说：“宿世谬词客，前身应画师。”不过，王维的这个说法

维摩居士像　宋　李公麟

在当时就已经遭到别人的反对，认为他说自己是“画师”无异于自贬身份，即将自己的“士”降为了“工”。有人就认为，苏轼把李公麟称为“画师”，对于本来是士大夫身份的李公麟来说，并不是一个什么好的称谓。这回轮到黄庭坚质疑苏轼的说法了：你怎么可以说李公麟是画师呢?

苏轼也许意识到了这一容易产生歧义的句子，因而请黄庭坚“下一转语”：“元祐元年正月十二日，苏子瞻、李伯时为柳仲远作《松石图》……此一卷公案，不可不令鲁直下一句。”就是你帮我解释一下吧。黄庭坚说：

> 或言，子瞻不当目伯时为前身画师，流俗人不领，便是语病。伯时一丘一壑，不减古人，谁当作此痴计。子瞻此语是真相知。

黄庭坚在另外一个地方曾经提到，如果想读懂陶渊明的诗，“要当与一丘一壑者共之耳”。从这个角度说，“伯时一丘一壑”，乃是“诗人”的“一丘一壑”而不是“画家”的“一丘一壑”，因而苏轼一点贬损李公麟的意思都没有，相反，倒是称赞得恰如其分，因而苏轼是“真相知”。

至于黄庭坚说的“李侯有句不肯吐，淡墨写出无声诗”，则是北宋时期关于“诗”“画”之间关系的一个重要思想，即李公麟并非不会诗，而是“不肯吐”“句”，他的图画就是诗。

在画过《憩寂图》之后，苏轼有一首《次韵黄鲁直书伯时画王摩诘》，看起来就像是为了弥补上一首诗中所发生的直接称李公麟为“画师”的“笔误”：

> 前身陶彭泽，后身韦苏州。
> 欲觅王右丞，还向五字求。
> 诗人与画手，兰菊芳春秋。
> 又恐两皆是，分身来入流。

王维本来就是苏轼一直高度推崇的画家，陶渊明、王维、韦应物的五言诗，又是中国诗歌中平淡一派的最伟大代表。

从欧阳修和梅尧臣二人所强调的诗与画之关系，到李公麟和苏轼这里，终于完美地解决了。

钱锺书有一篇题为《中国诗和中国画》的名文，也是将号称姊妹艺术的诗和画放在这一时刻。钱锺书指出，有人进一步认为它们不但是姊妹，而且是孪生姊妹。接下来，他搜罗了不少文献——唐人只说："书画异名而同体。"（张彦远《历代名画记》卷一《叙画之源流》）自宋以后，大家都把诗和画说成仿佛是异体而同貌。郭熙《林泉高致》第二篇《画意》："更如前人言：'诗是无形画，画是有形诗。'哲人多谈此言，吾人所师。"冯应榴《苏诗合注》卷五〇《韩幹马》："少陵翰墨无形画，韩幹丹青不语诗。"孔武仲《宗伯集》卷一《东坡居士画怪石赋》："文者无形之画，画者有形之文，二者异迹而同趣。"释德洪觉范《石门文字禅》卷八：《宋迪作八景绝妙，人谓之"无声句"。演上人戏余曰："道人能作'有声画'乎？"因为之各赋一首》。岳珂《宝真斋法书赞》卷一三《薛道祖白石潭诗帖》："'画'以'有声'著，'诗'以'无声'名。'有声'者，道祖之所已知；'无声'者，道祖之所欲为而未能者也。"《宋诗纪事》卷五九钱鍪《次袁尚书巫山诗》："终朝诵公有声画，却来看此无声诗"；《全宋词》三四五三页陈德武《望海潮》："对无声诗，哦有声画，仪形已见端倪"——这两处的"有声画"指诗，而"无声诗"指景物，由画引申，指入画的真山真水。钱锺书还将目光放到"神韵派"诗人那里。王士祯《戏仿元遗山论诗绝句》对柳宗元有贬词："风怀澄淡推韦、柳，佳处多从五字求。解识无声弦指妙，柳州那得并苏州！""无声弦指妙"就是"不着一字，尽得风流"的另一说法。韦应物正是"神韵派"的远祖司空图推尊和王维并列的："王右丞、韦苏州澄淡精致，格在其中，岂妨于遒举哉？"（《与李生论诗书》）"右丞、苏州，趣味澄夐。"（《与王驾评诗书》）而源头，则无疑是苏轼。

卜寿珊《心画——中国文人画五百年》中说："中国画一贯追求诗的境界，而不是科学的形态"，正是如此。

李公麟和苏轼合作的《憩寂图》是从杜甫的诗中得到题目。《宣和画谱》称李公麟"立意专为一家"，因为他作画"盖深得杜甫作诗体制而移于画"。也正因为李公麟深得杜甫作诗的关纽，即不是只注重画面效果，而是在画面外另有情蕴，才赢得苏轼、黄庭坚等人的赞赏。

李公麟曾自白，他作画就像诗人作诗一样是以画来吟咏性情："吾为画如骚人赋诗，吟咏性情而已。”苏轼也说，李公麟本来就是诗人，是用诗来作画。《次韵吴传正枯木歌》：

天公水墨自奇绝，瘦竹枯松写残月。
梦回疏影在东窗，惊怪霜枝连夜发。
生成变坏一弹指，乃知造物初无物。
古来画师非俗士，妙想实与诗同出。
龙眠居士本诗人，能使龙池飞霹雳。
君虽不作丹青手，诗眼亦自工识拔。
龙眠胸中有千驷，不独画肉兼画骨。
但当与作少陵诗，或自与君拈秃笔。
东南山水相招呼，万象入我摩尼珠。
尽将书画散朋友，独与长铗归来乎。（《苏轼诗集》，第 1962 页）

苏轼特别喜欢月光下的影子，他看到竹子与松树映在地上的影子有如水墨画一样，因而将它称为“天公水墨”，而一个优秀的画家，因为有了诗的加入，使得绘画除了状物之外，更能抒情，甚至另外创造一个“世界”。

图画与诗歌为他们营造了一个高度的审美世界，在这个世界中，他们找到了自我性情中最本真的那一部分，也贮存了他们的人生记忆，只要打开卷轴，就可以回忆起曾经在一起的欢乐时光。

诗画可以寄托，也可以成为一种文人趣味。在诗画交错的空间里，北宋文人寻得一种新的游戏方式。通过这种方式他们仿佛建立了某种游戏世界，这里充满了戏谑与意趣，并让他们成为更加真实的自己。他们频频使得诗酒之会变成诗书画的盛会。在某次聚会上，苏轼画了丛竹怪石，李公麟添了一个骑牛牧童，黄庭坚题了一诗，并在引言中强调，“甚有意态，戏咏”：

野次小峥嵘，幽篁相倚绿。
阿童三尺棰，御此老觳觫。
石吾甚爱之，勿遣牛砺角。

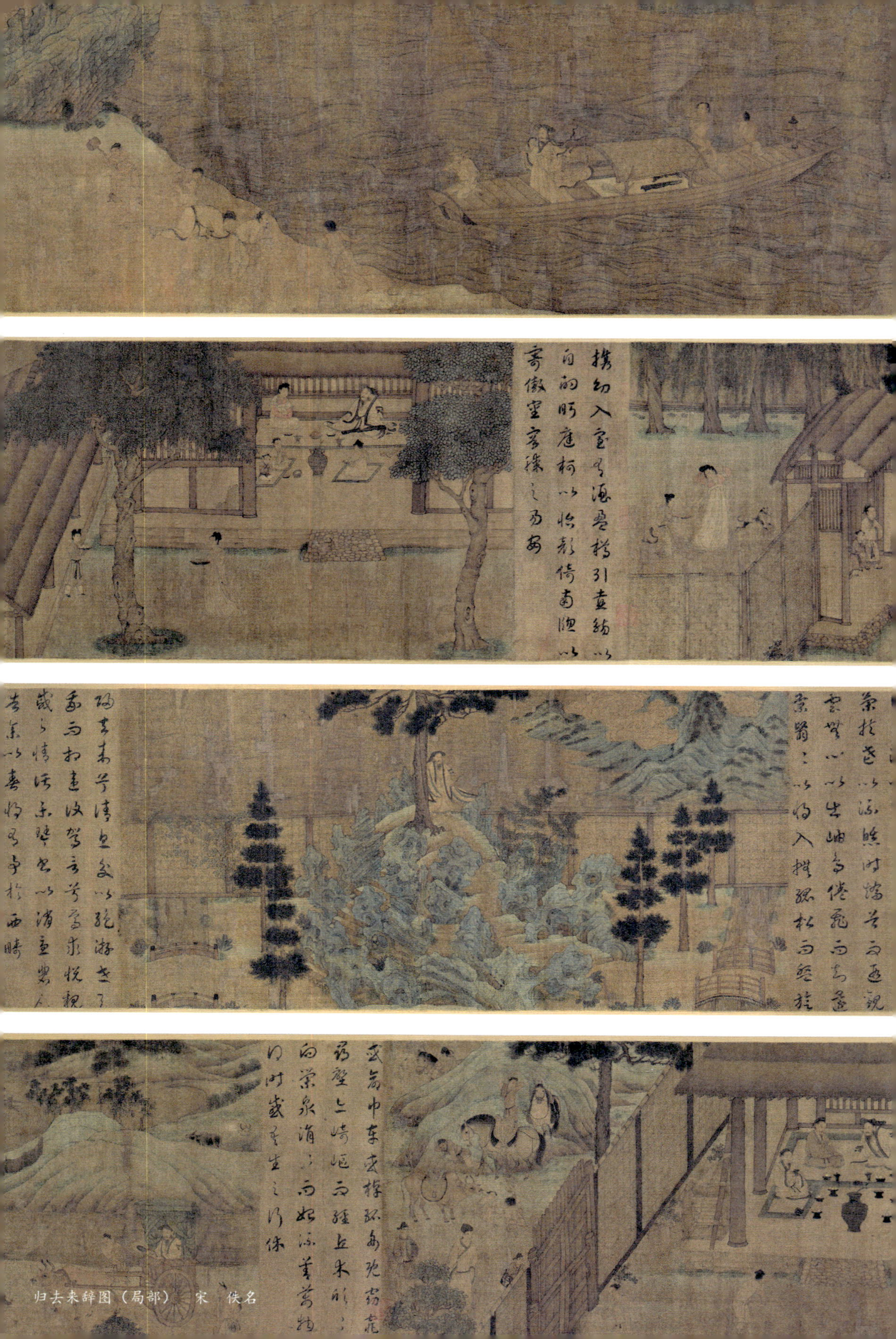

归去来辞图（局部）　宋　佚名

牛砺角尚可，牛斗残我竹。

一句“戏咏”，以及当时所流行的“墨戏”“游戏三昧”，都无不在极力减弱艺术品的实用性而突出其无用性，即诗画的“游戏性”，以达到更为纯粹的审美愉悦。

上面那首《次韵吴传正枯木歌》，里面有一句还是引起了旁人的误解。《苕溪渔隐丛话》曰：“东坡《题伯时画马》云：‘龙眠胸中有千驷。’议者谓讥其无德而称。余意其不然，如文与可善作墨竹，故《和篔筜谷》云：‘料得清贫馋太守，渭滨千亩在胸中。’岂亦是讥之邪？又山谷《咏伯时虎脊天马图》亦云：‘笔端那有此，千里在胸中。’盖言画马之妙，得之于心，应之于手，若轮扁之斫轮也。”也就是说，除了文与可之外，李公麟无疑是苏轼最推崇和最欣赏的画家。

苏辙又有一首《韩幹三马》诗：

画师韩幹岂知道？画马不独画马皮。
画出三马腹中事，似欲讥世人莫知。
伯时一见笑不语，告我韩幹非画师。

苏轼紧接着作了一首《次韵子由书李伯时所藏韩幹马》，此诗写于元祐二年（1087）五月，有研究者说这是苏轼以李公麟为题所作的第一首诗，其实应该不是。

元祐三年（1088），苏轼主持礼部进士考试，聘请了十多位属官，李公麟即为其中之一，可见苏轼对李公麟的认可。而张耒《柯山集》中收录的李公麟与张耒、晁补之等人在充当进士考试参详官时互相唱和的诗歌作品有十多首。在锁在礼部试院中不能出去的日子里，他们一点儿也不枯燥，而以李公麟作画为题咏，也成了他们打发业余时间的最好的消遣方式，我甚至怀疑苏轼选择李公麟为此次考试的考校官，就是想有比较多的时间看他画画。比如《书试院中诗》：

元祐三年二月二十一日领贡举事，辟李伯时为考校官。三月初，考校既毕，待诸厅参会，故数往诣伯时。伯时苦水悸，愊愊不欲食，欲作骣马以排闷。黄鲁直诗先成，遂得之。鲁直诗云："仪鸾供帐饕虱行，翰林湿薪爆竹声，风帘官烛泪从横。木穿石盘未渠透，坐窗不遨令人瘦，贫马百啮逢一豆。眼明见此玉花骢，径思着鞭随诗翁，城西野桃寻小红。"子瞻次韵云："少年鞍马勤远行，夜闻啮草风雨声，见此忽思短策横。千重故纸钻未透，那更陪君作诗瘦，不如芋魁归饭豆。门前欲嘶御史骢，诏恩三日休老翁，羡君怀中双橘红。"蔡天启、晁无咎、舒尧文、廖明略皆继，此不能尽录。予又戏作绝句："竹头抢地风不举，文书堆案睡自语。看马欲骣顿风尘，亦思归家洗袍袴。"伯时笑曰："有顿尘马欲入笔。"疾取纸来写之后。三月六日所作皆是也。眉山苏轼书。（《苏轼文集》，第2139—2140页）

对于中国文人画来说，人格品性、思想观念、诗文底蕴、闲暇游戏以及友谊酬唱等，构成了文人最重要的诗画品格。

这一年，李公麟为苏轼画了一张像，有意思的是，他同时把自己也画了进去——这是苏轼书《黄庭内景经》的一个副产品。苏轼写完《黄庭内景经》之后，李公麟在卷前画了一个道家人物，在卷后，则画了苏轼和他自己的像，苏轼跋

山庄图（部分）　宋　李公麟

文说：“殿以二士苍鹘骞。”

元祐四年（1089），李公麟作白描山水画《山庄图》，龙眠山庄位于西龙眠山李家畈，今属龙眠乡双溪村李庄，画面表现的是由建德馆至垂云泮的龙眠山庄全景。这是除人物画题材之外，李公麟最重要的一组山水画题材的作品。苏轼作《书李伯时山庄图后》，苏辙竟一口气写了20首的组诗。

苏轼的《书李伯时山庄图后》，又是一篇重要的美学文献：

> 或曰：龙眠居士作《山庄图》，使后来入山者信足而行，自得道路，如见所梦，如悟前世；见山中泉石草木，不问而知其名；遇山中渔樵隐逸，不名而识其人，此岂强记不忘者乎？
>
> 曰：非也。画日者常疑饼，非忘日也。醉中不以鼻饮，梦中不以趾捉，天机之所合，不强而自记也。居士之在山也，不留于一物，故其神与万物交，其智与百工通。虽然，有道有艺，有道而不艺，则物虽形于心，不形于手。吾尝见居士作华严相，皆以意造而与佛合。佛菩萨言之，居士画之，若出一人，况自画其所见者乎！（《苏轼文集》，第2211页）

对于一位好的艺术家来说，他的创作应该就像出于本能一样。

在此期间，苏轼还曾经就李公麟的《贤已图》开了一个玩笑。

画中画的是一群人在掷骰子，数人紧张环立，一人盯着碗里的骰子，张大嘴巴在叫——五个已经定格的骰子都是六，最后一个还在转，显然，这些人是在叫一个“六”。东坡仔细看后，对大家说：“李公麟原来画了一个福建人！”看画的人都不明所以，不知道东坡是从哪里看出画的是福建人？

苏东坡说：“其他省的话，‘六’字全是闭口音，只有闽音，‘六’是开口音，你们看画上那人张大嘴巴在叫‘六’字，不是福建人又是哪里人？”大家欣然大笑。

其实，这是苏轼在借看画的机会，贬损福建人——也奇怪，讨厌苏东坡的人，也以福建人为多。

李公麟除了是一位好画家，更是一位文物收藏者和考古学家，宋代正在兴起的考古学和金石学之热，李公麟是一位绕不过去的人物。《能改斋漫录》说李公麟“雅好钟鼎古文奇字，自夏商以来，以先后次第之。闻一器，则捐千金不少靳，所蓄日富，具为图记。蔡天启尝得商祖丁彝，李尤宝爱，因作诗以赠云：‘上溯虞姒亦易尔，下者始置周秦间。造端宏大町畦绝，往往世俗遭讥讪。’盖实录也”。在《能改斋漫录》卷十四《东坡铭李伯时洗玉池》中还有一段珍贵而有趣的史料：

> 东坡有《李伯时洗玉池铭》，始予读之，皆不得其说。其后得伯时石刻序跋，乃能明其意。盖元祐八年，伯时仕京师，居虹桥，子弟得陈峡州马台石，爱而致之斋中。一日，东坡过而谓之曰：“斫石为沼，当以所藏玉时出而浴之，且刻其形于四旁。予为子铭其唇，而号曰洗玉池。”而所谓玉者凡一十六：双琥璩、三鹿庐、带钩、琊琫、璊瑑、珏水、苍佩、螳螂、钩佩柄、珈琐、琪璧、珥玤榼、璩瓕等是也。伯时既下世，池亦湮晦。徽宗尝即其家访之，得于积壤中。其子硕以时禁苏文，因潜磨去铭文，以授使者。于是包以裀褥，栖以髹匣，舁致京师，置之宣和殿。十六玉，唯鹿卢环从葬龙眠，余者咸归内府矣。东坡铭刻与伯时序跋，昔有而今亡，而池亦归天上。惜其本末不著，后世将有读坡铭而不能晓者，因具于此。陈峡州即陈彦点，字子真，自号懒散云。

关于这一故事，有说是元祐五年（1090），有说是元祐八年（1093），孔凡礼《三苏年谱》将它放在元祐五年，此处从元祐五年说。

原来是李公麟从陈峡州即陈彦默——吴曾写作陈彦点，字近而讹——那里得到了一块马台石，苏轼去李公麟家里串门，爱石的苏轼出主意说，不妨将石刻成一个池沼出来，然后家里收藏的种种古玉，可以在这里清洗，名字叫“洗玉池”，我再给你作一个洗玉池铭。回到家，苏轼就给他写了一个《洗玉池铭》：

> 惟伯时父，吊古啜泣。道逢玉人，解骖推食。剑璏戚珌，错落其室。既获拱宝，遂空四壁。哀此命也，久就沦蛰。时节沐浴，以幸斯石。

东坡还将此铭文在写完大字本后又格外认真地写了一个小字本，这就是文集中所保留的唯一一封与李公麟的信：

辱手示及惠新酝，感愧殊深。即日起居佳胜，《洗玉池铭》，更写得小字一本，比之大字者稍精。请用陈伯修之说，更刻于石柱上为佳。人还，奉谢。（《苏轼文集》，第 1509 页）

信中所说的陈伯修，即陈师锡。《籀史》卷上《李伯时考古图五卷》提到了这个人："友善陈散侯，惠我泗滨乐石沼，敬怀义德不敢辞。乃用雕古宝十有六，玉环四周，受泉其中，命曰洗玉池。永嘉明德，恭祈寿康，子子孙孙无疆，惟休永宝，用之无已。"

但是，正像苏轼铭文中所说的，洗玉池的命运也堪发一浩叹：朝廷禁毁苏轼诗文，李公麟的儿子偷偷把刻在洗玉池上的铭文磨了。李公麟死后，那些心爱的 16 块古玉，只有一块玉陪他入葬，其他的竟然都被徽宗收入内府，洗玉池也不知去向。

然而，据《宋人轶事汇编》卷二十四李公麟条引《邵氏闻见后录》记载，李公麟在苏轼再次被贬岭南时的表现，却让人大跌眼镜：

晁以道言，当东坡盛时，李公麟至为画家庙像。后东坡南迁，公麟在京师遇苏氏两院子弟于途，以扇遮面不一揖，其薄如此。故以道鄙之，尽弃平日所有公麟之画于人。

晁以道（1059—1129）即晁说之，他说苏东坡居于高位时，李公麟主动为苏东坡的家庙画像，然而当苏轼被贬之后，李公麟却在大街上见到苏轼兄弟的子女时，不仅不打招呼，还故意用扇子遮住脸装作看不见，这让晁以道特别气愤，回到家中，即将李公麟的画都送了人。

倘若这一记载是事实的话，那李公麟的人品，真的还不如米芾。

那么，苏轼对李公麟又如何呢？

苏轼曾经见过西域所贡分别名为"凤头骢""照夜白"和"好头赤"的三

匹宝马，“首高八尺，龙颅而凤膺，虎脊而豹章。出东华门，入天驷监，振鬣长鸣，万马皆喑，父老纵观，以为未始见也”。他极其喜爱这三匹马，就请李公麟画下来，直至被贬惠州之时，还随身带着。

绍圣四年（1097），苏轼再次展卷欣赏这幅画时，以澄心堂纸在卷上题了一个长跋，此即《三马图赞》：

吁鬼章，世悍骄。奔二师，走嫖姚。今在廷，服虎貂。效天骥，立内朝。八尺龙，神超遥。若将西，燕西瑶。帝念之，乃下招。籥归云，逝房妖。

文中提到的“鬼章”，即青宜结鬼章，是北宋时期唃厮啰的将领，他曾在

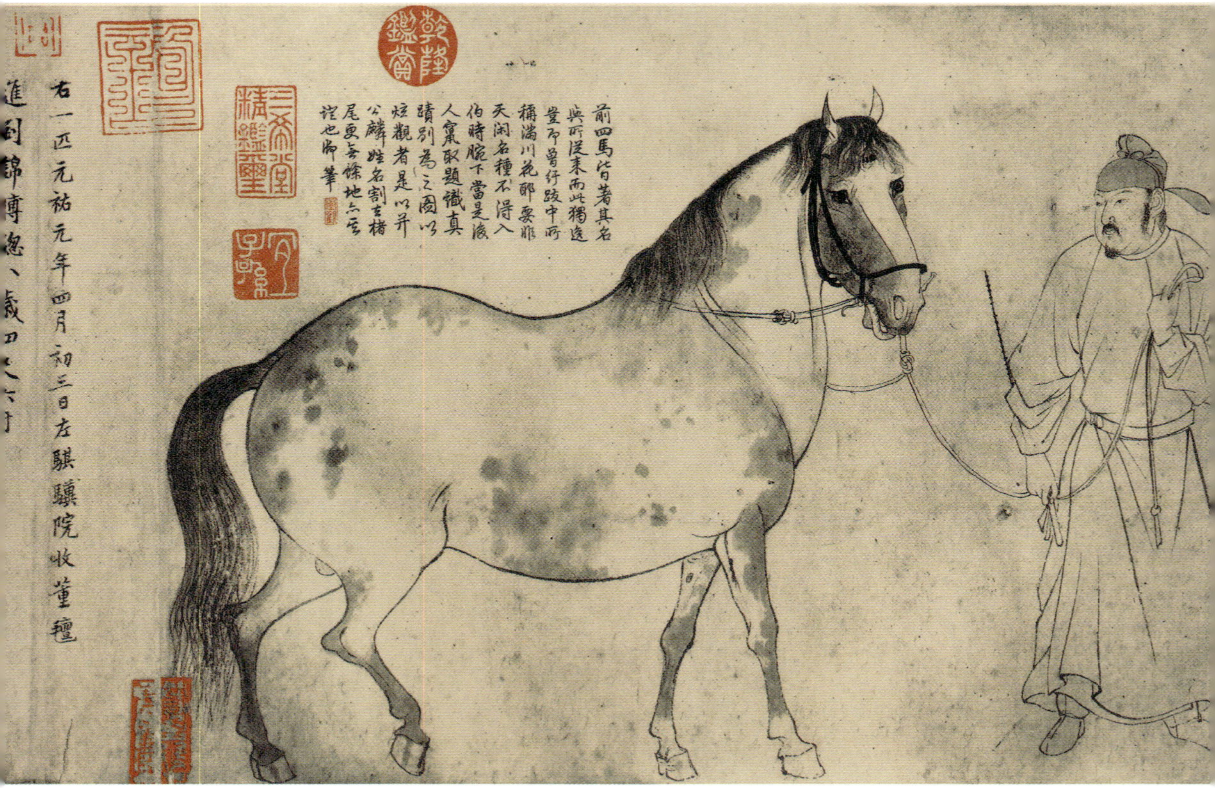

五马图（局部）　宋　李公麟

熙宁七年（1074）率军数万出河州，以计杀景思立，重创宋军，然而在元祐二年（1087），被宋军俘获后送到京师，哲宗亲手将他释放，授陪戎校尉。

李公麟完成此画，同时也得到鬼章的帮助。

元符三年（1100），北归途中的苏轼遇到李公麟的弟弟李公寅，还向他打听李公麟的身体状况。《与李亮工六首》的第二首，即提及此事：

见孙叔静言，伯时顷者微嗽，不知得近信否？已全安未？（《苏轼文集》，第 1761 页）

对老友的关切之情，跃然纸上。

苏轼在北归途中，在选择住在什么地方最适合的时候，大概想起了他以前写过的那篇与龙眠山庄有关的文章，甚至想住到李公麟所在的舒城那里去：

某更旬日乃行，逾远，怅望。意决往龙舒，遂见伯时为善也。（同上，第 1762 页）

不知李公麟在知道苏轼对他仍然一如既往地感念的时候，又作何想。

李公麟为苏轼画过不止一幅画像，孔凡礼《三苏年谱》卷五十二就不太相信晁以道的说法，认为苏轼在被贬儋州时，还曾为他画了两张像，有一幅名为《东坡乘槎图》。

关于苏轼的长相到底如何，李公麟版应该是最接近的。黄庭坚对李公麟画的一幅东坡的坐像有描述："庐州李伯时近作子瞻按藤杖，坐盘石，极似其醉时意态。此纸妙天下，可乞伯时作一子瞻像，吾辈会聚时，开置席上，如见其人，亦一佳事。"能够得到黄庭坚的认可，可见此像形神俱肖。黄庭坚一共有三首《东坡先生真赞》，其二是题在李公麟画上的：

岌岌堂堂，如山如河。
其爱之也，引之上西掖銮坡。
是亦一东坡，非亦一东坡。

槁项黄馘，触时干戈。
其恶之也，投之于鲲鲸之波。
是亦一东坡，非亦一东坡。
计东坡之在天下，如太仓之一稊米。
至于临大节而不可夺，则与天地相终始。

苏轼的人格魅力、李公麟的画、黄庭坚的赞，配在一起，让我们看到的是一个最完整的中国文人的形象。

北归途中，苏轼曾经与朋友一起到金山寺，看到了李公麟给他画的画像，无尽感慨涌上心头，写下了那首含泪带悲的《自题金山画像》：

心似已灰之木，身如不系之舟。
问汝平生功业，黄州惠州儋州。

这首诗是东坡一生的总结——四句诗除了表明东坡晚年的心境之外，同时，也更像是东坡对让他无法把握的人世的告别！

乔仲常与《后赤壁赋图》

现存世《后赤壁赋图》，虽原画无作者款、印，但已经基本被认定是乔仲常所作。

关于乔仲常的简略传记，最早见于《画继》：“乔仲常，河中人，工杂画，师龙眠。围城中思归，一日作河中图，赠邵泽民侍郎，至今藏其家。又有《龙宫散斋手》轴，《山居罗汉》《渊明听松风》《李白捉月》《玄真子西塞山》《列子御风》等图传于世。”其中最值得注意的是，他是学李公麟画法的。“工杂画”，是他什么画都能画，但从这些题目来看，他擅于画富有情节的故事画。

元人汤垕《画鉴》有一条史料，说乔仲常模仿李公麟的绘画风格，甚至达到了以假乱真的地步：“李伯时宋画人物第一，专师吴生，照映前古者也。画马师韩幹，不为着色，独用澄心堂纸为之，惟临摹古画，用绢素着色，笔

后赤壁赋图（局部）　宋　乔仲常

法如行云水流，有起倒，作天王佛像，全法吴生。宋人乔仲常专师伯时，仿佛乱真。”

据乔仲常《后赤壁赋图》后拖尾赵德麟所题可知，该图作于宣和五年（1123）之前，距东坡之死 22 年，距李公麟去世不超过 17 年。美术史家万青力经过对比研究，认为“此图中的一些山石结构与李公麟真迹《临韦偃〈牧放图〉》中石法是相一致的”，“从章法、建筑及树木画法上看，此图应是记载中卢鸿《草堂十志图》卷、王维《辋川图》及李公麟《龙眠山庄图卷》一类画风的延续和发展，是北宋山水画中另一传统”。

比较值得注意的是，中国画很少画阴影，但我们在乔仲常的《后赤壁赋图》中，却看到了人的阴影。

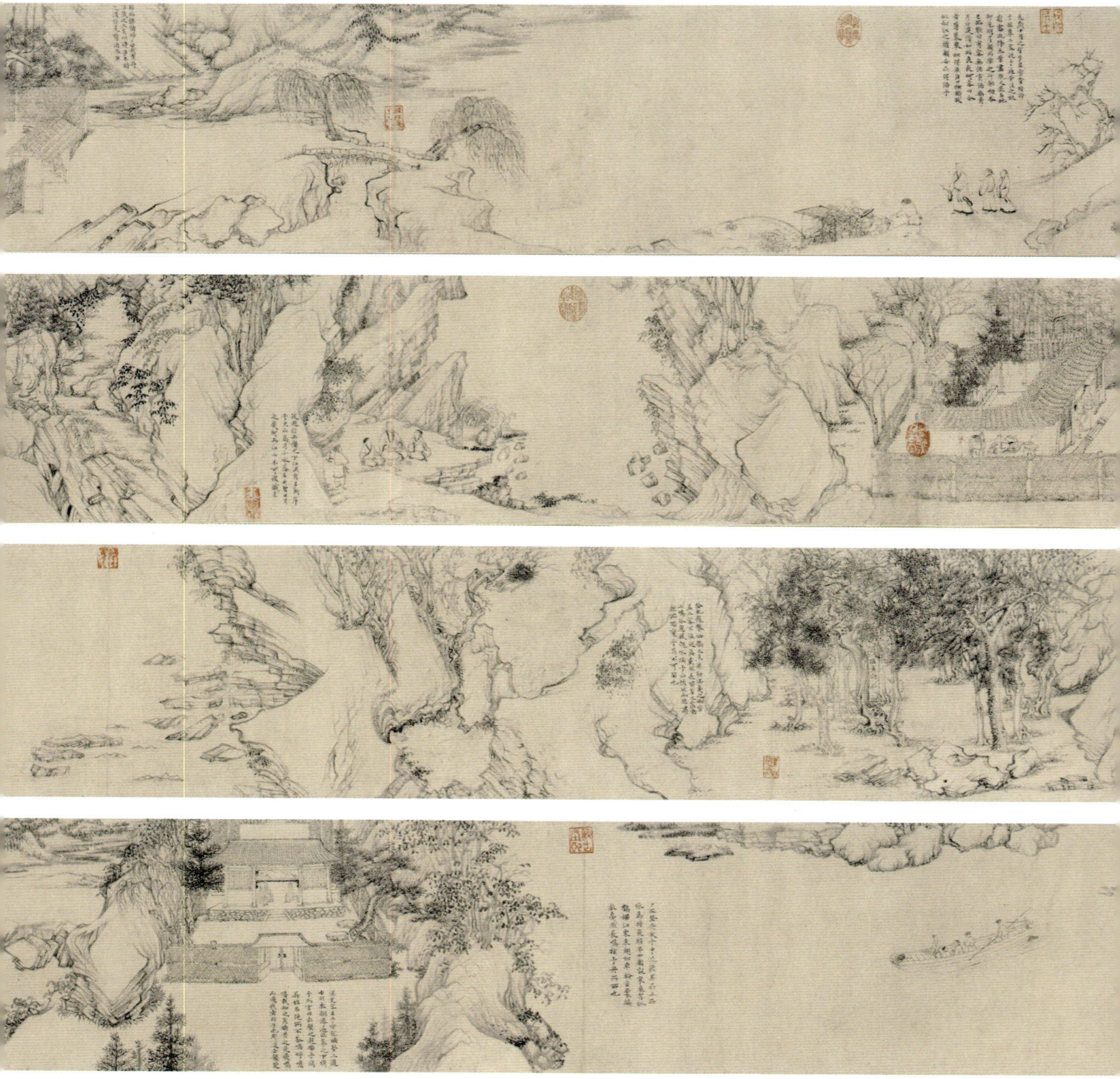

后赤壁赋图　宋　乔仲常

“超妙绝神之字”——与米芾

米芾生于皇祐四年（1052），比苏轼小 15 岁。

米姓家族应该出自西域米国，甚至可能是粟特人的后代。粟特人以经商见长，并不是文人世家，他父亲做过左武卫将军。

鉴于鲜有史料提到米芾的父亲，我引米芾《书史》一条，以见米芾的家学：

> 濮州李丞相家多书画，其孙直秘阁李孝广收右军黄麻纸十余帖，辞一云白石枕殊佳……后有先君名印，下一印曰“尊德乐道”。今印见在余家。先君尝官濮，与李柬之少师以棋友善，意以奕胜之，余时未生。

由此知米芾还未出生时，其父曾在濮州为官，喜欢下棋，也喜爱书画艺术并精于鉴赏，米芾一直保留着他的印章。

这里提到的李柬之（996—1073），字公明，是丞相李迪（971—1047）的儿子。他非常熟悉宋代的典故，召试，赐进士出身，为馆阁校勘。神宗即位不久，李柬之请求退休，自工部尚书拜太子少保致仕，再迁少师。因而，米芾以“少师”称之，米芾的父亲，即是他的棋友。

米芾的母亲阎氏在宫中侍候过英宗皇帝（1063—1067 年在位）的皇后即宣仁太后高滔滔，神宗赵顼，即是高滔滔的儿子。

米芾一直跟在母亲身边长大，也由于这层关系，沾了皇恩。他不需要参加进士考试，从 20 岁起开始任秘书省校书，随后，在桂林、长沙、苏州一带做小官，而且有过好几次罢官闲居在家。

米芾出身不高，性情古怪而热情，史称“衣冠唐制度，人物晋风流”，因

而人们以“米颠”称之。他接触到了许多高官与知名的文化人，宋徽宗也非常欣赏他的艺术才华。在徽宗朝，他做到了书画学博士。

在艺术方面，米芾是一个“狂人”，如果米芾的《书海月赞跋》在史料上并没有问题的话，倒是苏轼的字让他颇受震动：

元丰四年（1081），余至惠州，访天竺净惠师。见其堂张海月辨公真像，坡公赞于其上，书法遒劲。余见之，不觉见猎，索纸疾书，匪敢并驾坡公，亦聊以广好人所好之意云尔。

这大概是米芾比较没有信心的一次创作行为，因为他一再表明，自己不敢与坡公相提并论，只是增加一段传话罢了。也许这让米芾产生了拜访苏轼的冲动。

黄州定交

米芾和苏轼第一次会面，是在元丰五年（1082）三月，时卸任长沙掾，经黄州回都城东京候补。当时，苏轼才从“乌台诗案”贬谪为黄州团练副使的伤痛与失魂落魄中摆脱出来，在黄州刚刚修建好了雪堂，心境渐趋平静与淡泊，平时喝点儿酒、写写字、画几笔竹子，只是见米芾时，还没写出《黄州寒食诗帖》《赤壁赋》和《赤壁怀古》呢。

这一年，苏轼46岁，米芾31岁。

陪着米芾一起看望苏轼的，还有董钺和杨世昌——杨世昌就是出现在《赤壁赋》中的那个吹箫的道士。

米芾后来在《画史》里回忆说：

苏轼子瞻作墨竹，从地一直起至顶。余问：何不逐节分？曰：竹生时何尝逐节生？运思清拔，出于文同与可，自谓与文拈一瓣香。以墨深为面、淡为背，自与可始也，作成竹林甚精。子瞻作枯木，枝干虬曲无端，石皴硬，亦怪怪奇奇无端，如其胸中盘郁也。

吾自湖南从事过黄州，初见公，酒酣曰：“君贴此纸壁上。”观音纸也，即起作两竹枝、一枯树、一怪石见与。

苏轼对米芾的到访感到相当快慰，他们一起喝酒、赏画，东坡将珍藏的吴道子《释迦佛图》拿出来让他欣赏，也毫不吝惜自己的笔墨，乘着酒兴，他让米芾贴纸上墙。

苏轼作墨竹，竹干的起笔是从地一口气直到竹梢，这显然让米芾奇怪：“何不一节一节画呢？”东坡回答道：“你什么时候看见竹子是一节一节长出来的呢？”这样的对话，颇富禅机。

米芾特别强调，这几件富有特殊纪念意义的作品，后来被驸马王

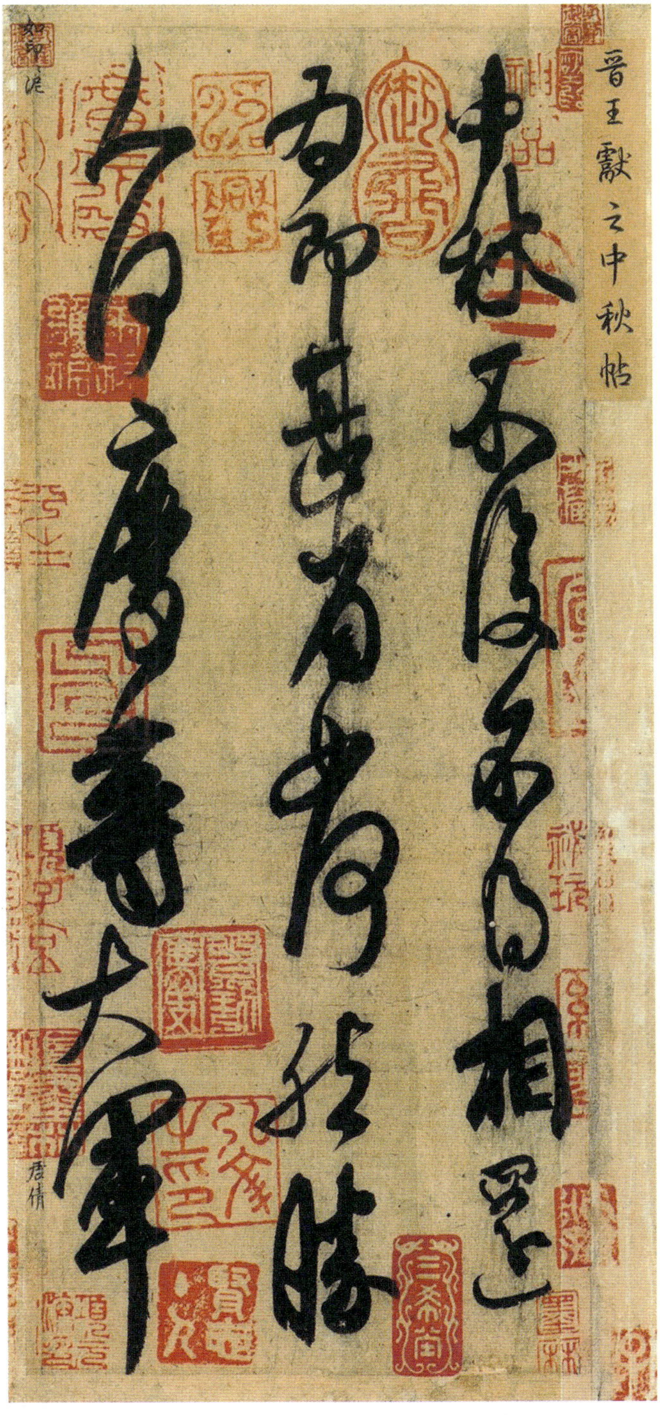

中秋帖　晋　王献之

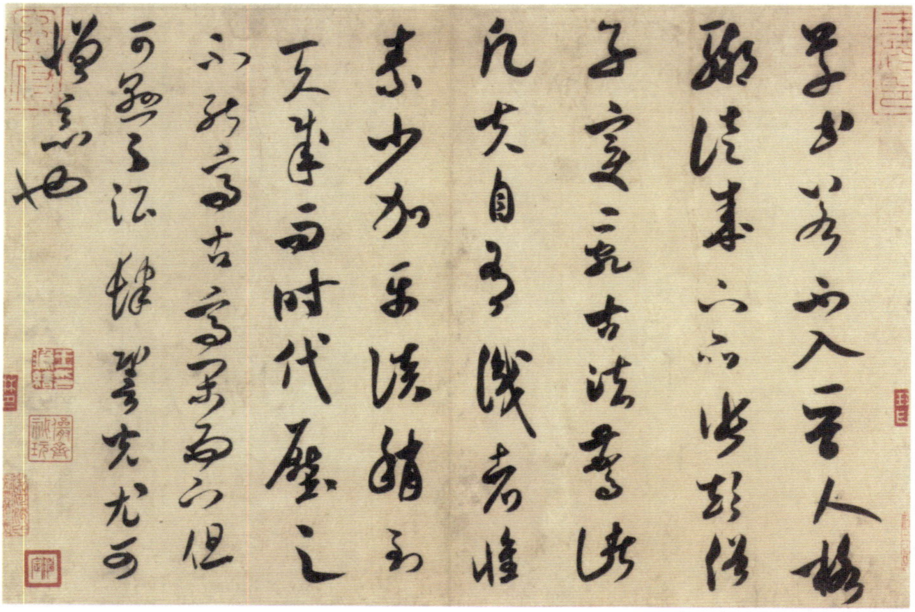

草书帖　宋　米芾

诜借去不还了。

米芾此时来见最为倒霉的苏轼，也可以证明米芾这个人一点儿也不势利，很性情，与其说他是一个官吏，不如说他是一个纯粹的艺术家更为合适。

而苏轼对这位比自己年龄小的米芾推心置腹，尤其是在书法方面，劝专学唐人的米芾要由唐入晋，而米芾也的确听了苏轼的劝。告别东坡之后的不长时间，米芾的书法果然就发生了戏剧性的变化，由早期学唐人法度的那种拘谨渐向晋人的丰富与浪漫过渡。元丰六年（1083）所书《杭州龙井方圆庵记》，已经明显带有二王式的姿态了。

米芾潜心魏晋，以晋人书风为指归，一边临仿，一边寻访晋人法帖，“始专学晋人，其书大进”，这当然要感谢苏东坡——崇宁三年（1104），即东坡死后的第三年，米芾知无为军时，修宝晋斋，把自己平生收藏购买的晋人真迹如王羲之《王略帖》、王献之《中秋帖》、谢安《八月五日帖》等藏于宝晋斋中，可见米芾对晋人书法所下的功夫。

元丰七年（1084）四月，东坡接到皇帝诏书，移汝州团练副使，在赴汝州途中，他游庐山，过金陵时访王安石，年底到泗州。东坡给皇帝上表，求在常州居住。元丰八年（1085），在得到神宗允许他居住在常州的诏书后不久，却又让他到登州做知州。这一年的三月初五，神宗卒，哲宗继位。东坡知登州到官才五日，即戏剧性地以礼部郎中召还。在回京的路上，他有《与米元章书》：

某自登赴都，已达青社，衰病之余，乃始入闹，忧畏而已。复思东坡相从之适，何可复得？适人事百冗，裁谢极草草。惟千万节哀自重。（《苏轼文集》，第 1777 页）

“青社”，即青州。这是现存苏东坡写给米芾的第一封信，在信中他还回忆了米芾和他在黄州时度过的快乐时光。信的最后一句是苏东坡因听到了米芾父亲去世的消息，在信中加以慰问。

此时的米芾，在杭州观察推官任上。

哲宗元祐二年（1087），米芾赴扬州，入淮南东路长官谢景温幕僚。

谢景温（1021—1097），字师直，富阳人，皇祐元年（1049）登进士第。

谢景温与王安石的关系极好，他的妹妹嫁给了王安石的弟弟王安礼。在参与变法活动中，擢侍御史知杂事。因为王安石不喜欢苏轼，所以他曾上书弹劾苏轼，说苏轼丁忧归蜀时，乘舟商贩，也就是说，谢景温告苏轼借送父亲灵柩回四川的时机，倒卖盐和珍稀木材等商品。朝廷立刻下六路捕逮篙工、水师，在彻底追究之后，结论认为，这仅是一场诬告而已。

米芾应该知道谢景温和苏轼的这一过节吧。

“西园雅集”

在这一时期，文化圈有一件与米芾有关的事特别值得注意，就是所谓《西园雅集图记》。

依据米芾的文章，以东坡为首的 16 位著名人物在英宗驸马王诜的西园举行了一次集会，他们吟诗、作画、弹阮、赏画。李公麟特意为此画了一幅《西

西园雅集图（局部）

西园雅集图　宋　刘松年

西园雅集图（局部）

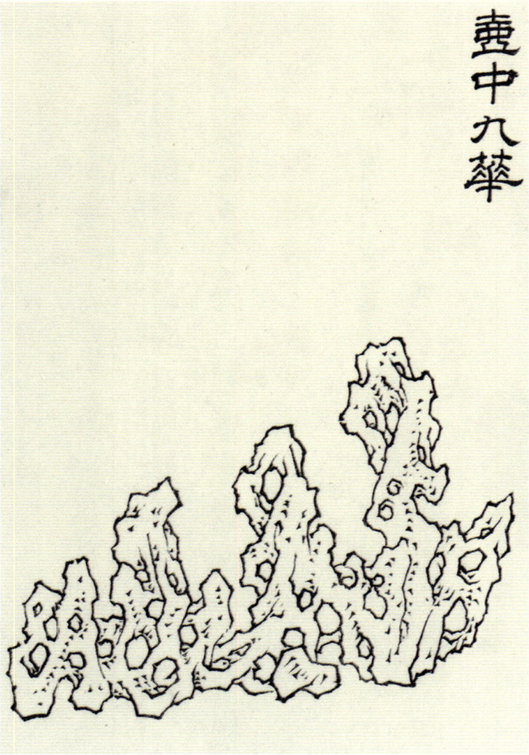

壶中九华　明　《素园石谱》

园雅集图》，米芾则为这张画写了一篇“图记”。

但这篇文章没有年月，因而这次雅集所发生的具体时间，也就成了一个谜。

大部分人认为这次雅集的时间是在哲宗元祐二年（1087）——东坡、黄庭坚、秦观、苏辙等人的确在京师，然而，米芾此时却在南方为官——1087 年赴扬州东淮南东路为谢景温的幕僚，1089 年转为润州（今镇江）州学教授，1092 年知雍丘县令。正式到京城为官，则要到 1103 年。

所以，米芾《西园雅集图记》基本已经被学者确定为一场“虚构的集会”。

不过，在 1085 年至 1094 年间，米芾还是有可能到过京城——《苏轼传》的作者说米芾此时在京城做“太学博士”，显然是不足为据的——在写给米芾的信中，东坡说：

> 元章想旦夕还县，竟不得一款话。某累请终不允，信湖山非有分者不能得也。（《苏轼文集》，第 1778 页）

苏轼很想和米芾见面谈谈，但是却没有见到。在这封信中，苏轼透露了很想离开京城的想法，只是没有得到太后和皇帝的允许。

在另外一封信中，东坡又说：

某恐不久出都，马梦得亦然。旦夕间一来相见否？乞为道区区。惠示殿堂二铭，词翰皆妙，叹玩不已。新著不惜频借示。（同上）

元祐四年（1089）三月十六日，朝廷终于批准了54岁的苏轼以龙图阁学士的身份出任浙西路兵马钤辖兼杭州知州。四月下旬，苏轼离京赴杭——这封信如果不是赝品，当写于他已经知道要去杭州并且要动身之际——如果米芾不是在京城或京城附近，他是不会请米芾来相会的。

苏轼六月路过扬州，与章资平曾一起造访米芾。时为淮南东路幕掾的米芾热情地设宴款待，在席间，他拿出王羲之的《王略帖》、王献之的《中秋帖》以及张旭、怀素等帖请苏轼题跋。苏轼《书米元章藏帖》记下了具体的日期："元祐四年六月十二日，与章资平同过元章。"

苏轼离开扬州时，米芾追饯于舟中，并作诗祝贺苏轼得知杭州。《与米元章》书中有言曰："某以疾请郡，遂得余杭，荣宠过分，方深愧恐。重辱新诗为送，词韵高雅，行色增光，感服不可言也。"（《苏轼文集》，第1778页）

但是那么爱作诗的人却以"不作诗"为理由不步米芾的诗韵，这对米芾而言，无疑是一种文学成就上的"羞辱"或一种"轻蔑"，当然，这只是我的猜测，程度应该并没有这么深。

《箧中帖》：一桩与东坡有关的文物交易

同样癖于砚石之好的东坡，却很惦记着米芾的一块石砚：

山砚甚奇，便当割新得之好为润笔也。呵呵。（《苏轼文集》，第1779页）

在《与钱穆父》一书中，苏东坡还惦记着米芾的这方砚台：

前日作米元章《山砚铭》。此砚甚奇，得之于湖口石钟山之侧……因山作砚其理如云。过扬且伸意元章，求此砚一观也。

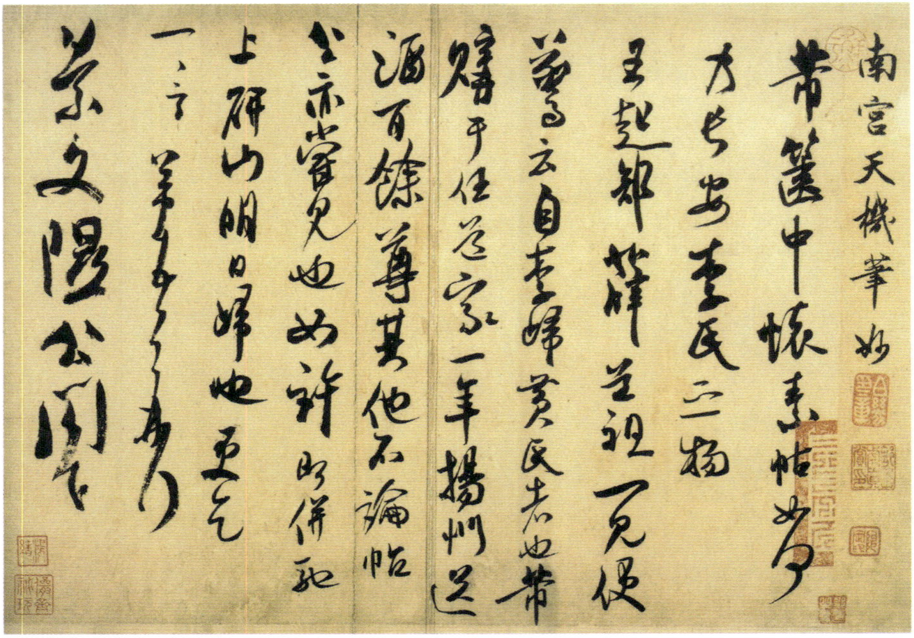

箧中帖　宋　米芾

这块石砚，是由石钟山石所制。苏轼撰《米黻石钟山砚铭》云：

> 有盗不御，探奇发瑰。
> 攘于彭蠡，斫钟取追。
> 有米楚狂，唯盗之隐。
> 因山作研，其词如云。

这时苏轼还将他的名字写成“黻”而不是“芾”，亦有原因所在，后面即将提到。

而米芾的绝品，则是让苏轼“垂涎”不已的研山（“研”即“砚”）。

米芾传世有一帖，叫《箧中帖》：

> 芾箧中怀素帖如何？乃长安李氏之物。王起部、薛道祖一见，便惊云：

自李归黄氏者也。芾购于任道家。一年扬州送酒百余尊。其他不论。帖，公亦尝见也。如许，即并驰上。研山明日归也，更乞一言。芾顿首再拜。景文隰公阁下。

从帖尾可以知道，这个帖是写给“景文隰公阁下”即刘季孙的。

刘季孙（1033—1092），字景文，祥符（今河南开封）人，大将刘平之子。刘平在仁宗时，死于抵抗西夏的战役中。刘季孙博通史传，性好异书古文石刻，仕宦所得禄赐尽于藏书之费。

他是东坡的好友，东坡称其为“慷慨奇士”。苏轼正在杭州知州任上，刘季孙以左藏库副使为两浙兵马都监。苏轼改造西湖时，刘季孙出了大力，“佐公开西湖，日由万松岭至新堤”。苏轼的名作“荷尽已无擎雨盖，菊残犹有傲霜枝。一年好景君须记，最是橙黄橘绿时”（《赠刘景文》），就是写给他的。

元祐六年（1091）苏轼在颍州（今安徽阜阳）时，作《刘景文家藏乐天身心问答三首，戏书一绝其后》：

渊明形神自我，乐天身心相物。
而今月下三人，他日当成几佛。

苏轼曾经向朝廷极力推荐刘季孙，到了元祐七年（1092），刘季孙知隰州，但到任不久，即《戏书一绝》的后一年，刘景文就形销神逝、身亡心灭，死于隰州任上了。

苏轼说，刘季孙死的时候，“家无一钱，但有书三万轴，画数百帖耳”。“死未半年，而妻子流落”，苏轼特意作《乞赙赠刘季孙状》，希望朝廷能够在处理刘的后事方面多加抚恤。

刘季孙交游广阔，与苏轼、米芾、黄庭坚等人关系极好。从苏轼写给他的诗中可以得知，刘季孙虽然是一位武将，但也是一位杰出的艺术收藏家，比如在他的藏品中，有南朝宋宗炳的《一笔画》、白居易《身心问答三首》诗稿等，而最重要的藏品，则是王献之的《送梨帖》。苏轼特意为此帖作了一诗：

君家子敬十六字，气压邺侯三万签！

《东坡志林》卷九将此帖的内容误记成“黄柑三百颗”，但不妨他对此帖的印象颇深。

同样作为收藏家的米芾，与刘季孙过从极多。在《书史》《画史》中，经常可以看到米芾观看刘季孙收藏的记录。元祐六年（1091），米芾将名字中的“黻”改为“芾”之后，将改名的理由告诉了刘季孙：“芾、芾，名连姓合之。楚姓米，芈是古字，屈下笔乃芾字。”然后，米芾举了三代“大夫字”合刻印记的例子（见《群玉堂米帖》），以证明自己将“黻”改为“芾”的合理性。

苏轼惦记着米芾手里的研山，米芾惦记着刘季孙手里的王献之《送梨帖》，

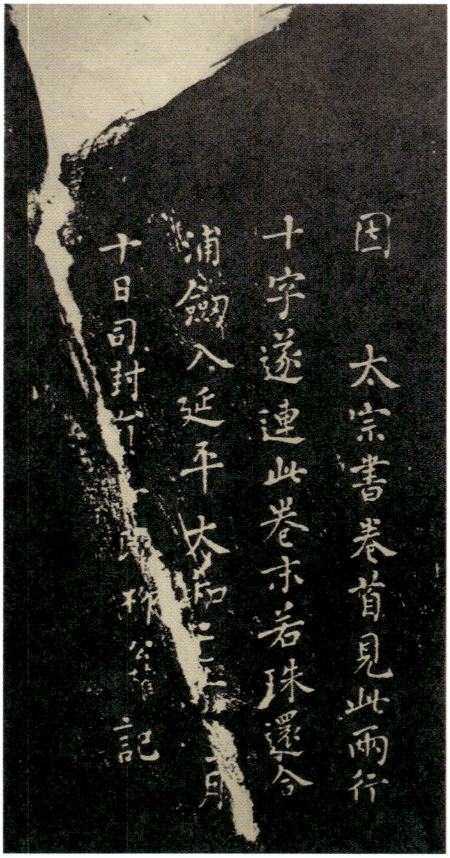

跋王献之送梨帖　唐　柳公权

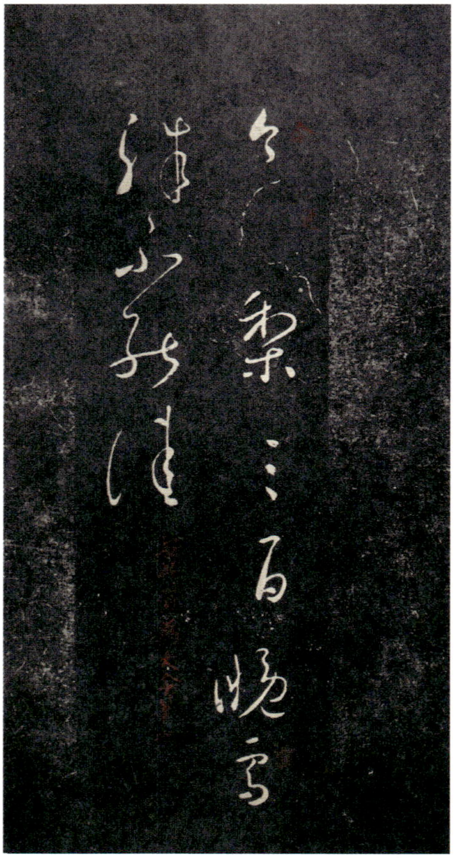

送梨帖　晋　王献之

而苏轼、刘季孙、米芾三人的关系又如此紧密，于是，这个帖的内容就成了一桩朋友之间的交易：刘季孙愿意以手中的帖换米芾的砚山，然后将砚山送给苏轼，以作为苏轼推荐他出仕的回报。

米芾《书史》对此有详细的记录：

> 王献之《送梨帖》云："今送梨三百颗，晚雪，殊不能佳"……缝有"贞观"半印，世南、孝先字跋。孝先是本朝王曾丞相字。刘季孙以一千置得，余约以欧阳询真迹二帖、王维《雪图》六幅、正透犀带一条、砚山一枚、玉座珊瑚一枝以易，刘见许，王诜借余砚山去不即还，刘为泽守，行两日，王始见还。约再见易，而刘死矣。其子以二十千卖与王防。

这里需要提一下米芾提到的早期收藏者王曾（孝先，978—1038），北宋名相，青州益都（今山东青州）人。咸平五年（1002），少年孤苦好学、善作文辞的王曾连中三元（即发解试、省试、殿试皆第一），累官吏部侍郎，两拜参知政事。王曾既忠心又正直，曾经规谏宋真宗造天书、修宫殿之事。宋仁宗即位后，拜中书侍郎、同中书门下平章事，智逐权臣丁谓，朝廷倚以为重。

为了得到这个帖，米芾真是下了血本了：欧阳询的两件真迹、王维画的六张《雪图》、一个米芾特意强调的饰有"正透"犀牛角的衣带——何谓"正透"？指黑而透黄的犀牛角的颜色。姚宽《西溪丛语》卷下记："犀以黑为本，其色黑而黄曰'正透'，黄而有黑边曰'倒透'。正者世人贵之，其形圆谓之'通天犀'。"另外还有他所珍爱的砚山以及玉座珊瑚——当然不是他笔下的《珊瑚帖》中的那个——《珊瑚帖》中的座是金座，这个是玉座。刘季孙当然答应了，只是因为砚山被王诜借走屡催不还，等王诜将砚山还回来时，刘季孙已去隰州上任，走了两天了。接着，刘季孙死讯传来，这桩交易告吹。

但在《书史》的这条记载中，尚未说到东坡。《群玉堂米帖》说得直接：

> 苏轼要芾研山，不与。季孙遂以此帖来易以与之，芾爱帖，许之。王诜借山去已一月，闻欲易帖，渠自欲山，恐易了，遂百简索，不还。至季孙赴任数日，乃还山。无人追及，遂不及易。季孙卒，以二十千其子卖，

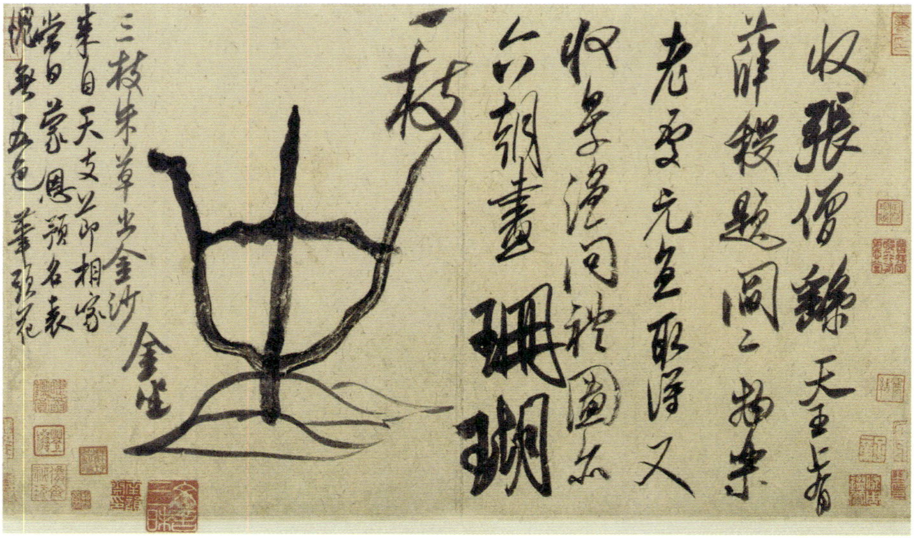

珊瑚帖　宋　米芾

三防父知太原，得之。二三年间，以数种好玩于防处易，不成。

原来在这桩交易里，除了苏轼、米芾、刘季孙之外，还牵进了一个人：王诜。他也是狂热的收藏家，他也想留下这个研山，因而任米芾怎样催要，他就是不还。而刘季孙如果拿不到苏轼想要的研山，他是不会将《送梨帖》交到米芾手里的。

那这个研山是否就是我们所熟知的唐后主传下来的研山呢？也未必。米芾《书史》引了一句林希送给他的诗：

壶领更倾银霅水，墨皇犹展玉楼风。

米芾特意注明：“壶领，谓砚山也。”

这与米芾的另一个传世名帖又联系起来了——《竹前槐后诗帖》云：“壶领华胥屡往还”，这里所说的“壶领”，无疑也是研山。

在蔡絛的笔记《铁围山丛谈》中，有一段文字是与此有关的：

江南李氏后主宝一研山，径长尺逾咫，前耸三十六峰，皆大如手指，左右则引两阜坡陀，而中凿为研。及江南国破，研山因流转数士人家，为米元章所得。后米老之归丹阳也，念将卜宅，久勿就。而苏仲恭学士之弟者，才翁孙也，号称好事。有甘露寺下并江一古墓，多群木，盖晋、唐人所居。时米老欲得宅，而苏觊得研山。于是王彦昭侍郎兄弟与登北固，共为之和会，苏、米竞相易，米后号“海岳庵”者是也。研山藏苏氏，未几，索入九禁。时东坡公亦曾作一研山，米老则有二，其一曰“芙蓉”者，颇崛奇。后上亦自为二研山，咸视江南所宝流亚尔。吾在政和未得罪时，尝预召入万岁洞，至研合得尽见之。

蔡絛作为“目击者”的这一记录，颇为翔实，且强调了有两块研山：一个李后主的研山，一个名为“芙蓉”——李后主的研山，被米芾在镇江换了一块地：

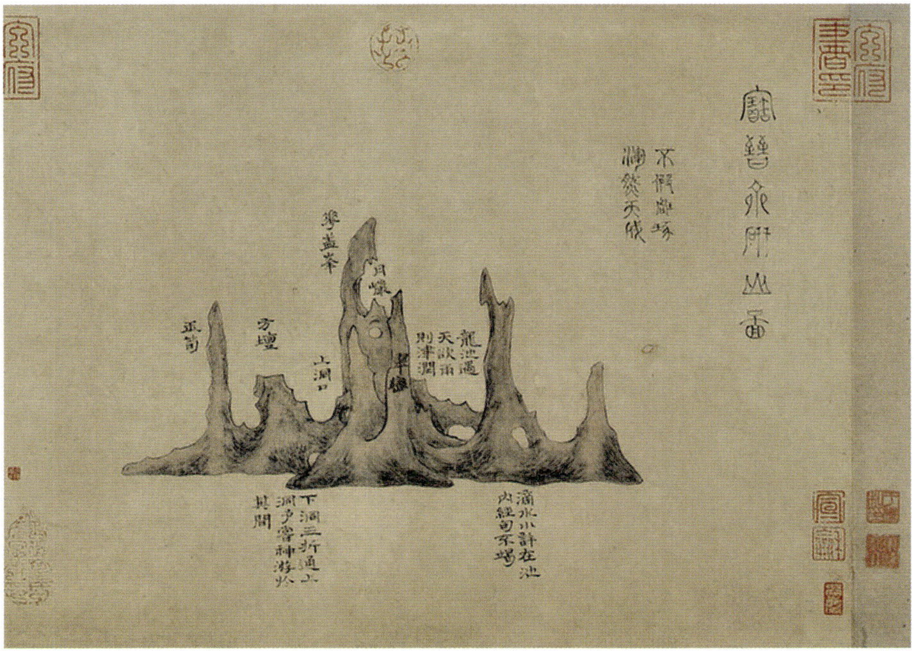

宝晋斋研山图

元章以所珍研山，易苏学士家甘露寺地，结庵其中，自号“海岳”。（毛晋辑《海岳志林》）

房子盖好后，取名为“海岳庵”，米芾被后人称为“米海岳”，也是这么来的。但他说东坡“亦曾作一研山”，就留与好事者再去讨论吧。

《箧中帖》，书于元祐六年（1091），米芾时年 41 岁。此时，正是米芾润州州学教授任满将接任雍丘县令之际，他应该在汴梁候命。

元祐七年（1092）三月，苏轼除守扬州，米芾则将赴任雍丘县令。

苏轼设宴招待客人，一时名士十余人与宴，米芾在焉。

席间，米芾起立对苏轼说：“群众皆以米芾为颠，请大人说说，我米芾颠还是不颠？”苏轼笑着说：“我也是群众啊！”坐客皆笑。

从此，米芾的颠名更加远扬。

元祐七年（1092）九月，42 岁的米芾已在雍丘县任知县，苏轼自扬州以兵部尚书召还京师。

米芾邀请东坡至雍丘，设宴招待。东坡既至，米芾设长案，以精笔、佳墨、纸三百列其上，而且在几案旁边摆放了菜肴果蔬酒浆。苏轼见之，大笑就座。

米芾说：“坡公！今日我们一边喝酒，一边作书，如何？”苏轼答：“好！每酒一行，即伸纸作字。”

米芾让两个小书僮以四方砚台磨墨，两个人用笔飞速，墨汁几乎来不及供应。

直到太阳下山之时，酒行既尽，二人才停住笔。

苏轼说道：“今日所书，不比往日！”

米芾说：“酒能通神，平日书莫及也。”

他们相互交换了各自的书法作品，携之而去。

元祐八年（1093）八月，苏轼以端明殿学士兼翰林侍读学士、左朝奉郎、定州路安抚使兼马步军都总管、知定州军事及管内劝农事、轻车都尉、赐紫金鱼袋，除知定州；十月二十三日，东坡离开京城，赴定州上任。

在上任的路上，他再次与米芾相见：

过治下得款奉，辱主礼之厚，愧幸兼极。出都纷冗，不即裁谢……邑政日清简，想有以为适。新诗文寄示，幸甚。（《苏轼文集》，第1780页）

其二曰：

辱临访，欲往谢，又蒙惠诗，欲和答，竟无顷刻暇，愧负可量。雨冷，起居佳胜。只今出城，无缘走谢，想公难得人仆，亦不烦出。千万保重，非远，北行矣。（同上）

由此可知，东坡与米芾之间的交情，真可谓深厚。

岭外归来

建中靖国元年（1101）的夏天，米芾在真州发运司。饱经磨难的苏轼从岭外回归，正月度岭至虔州，四月抵当涂，五六月到仪真，住白沙东园。

六月初一，正在仪真办西山书院的米芾得到东坡已至的消息，立刻赶到东园来求见这位老友，东坡也高兴极了，还特意戴了一顶白毡小冠出来与他相见。

在这里，东坡又见到了米芾。

此时苏轼66岁，米芾也50多岁了。

《京口耆旧》记，东坡在游览金山时，有人请他题词。

东坡说："有元章在。"

米芾说："某尝北面端明，某不敢。"

东坡拍拍他的背："今则青出于蓝矣。"

然后，米芾开始自语，缓缓道："端明真知我者也。"

"端明"是东坡的官职，即端明殿学士。这一番对话，既显示出东坡的长者风范，也将米芾的艺术家的痴憨之气，描写得淋漓尽致。米芾从此以后，"益自负矣"。

第二天，东坡又随米芾到了西山书院去游览，米芾拿出自己珍藏的太宗李世民《草圣帖》和谢安的帖请东坡题跋。当真州太守俞质设宴为东坡饯行时，

也特别函邀米芾参加舟中的夜话。

这时已经是江南最热的季节，不只白天热，晚上更是闷热难耐，热得东坡根本无法入睡，每天都在露天里熬过，他在写给米芾的信中甚至认为，“海外久无此热，殆不堪怀”。

这时候，苏迈和苏迨二人已经去了宜兴，只有苏过一个人在他身边日夜照料着。

为了解暑，东坡吃了许多冷饮——外面是火一样的热，里面是冰一样的冷，66岁的老人，又加上夜里无法入睡，怎么能承受起这样的折腾？六月初三的深夜，他开始腹泻，一直泻到天亮，东坡给自己开了一个方子，喝了一碗黄芪煮粥，才稍稍安稳一些。

米芾又约他吃饭，同时带来四方古印请他鉴赏。疲惫的东坡躺在枕上赏玩良久，和米芾商量聚餐的日期，比如下场雨天气稍为凉爽之后再说。

但就是在这一天，他体内的“瘴毒”发作，肚子又猛泻不止，米芾不能一直守在身边，但也经常来探病。

这期间，苏轼与米芾多有书信往还，或探讨书文艺术，或通报病情，或致思念之意。比如以下这封书：

> 某食则胀，不食则羸甚，昨夜通旦不交睫，端坐饷蚊子耳。不知今夕如何度？（《苏轼文集》，第1782页）

病痛给东坡带来了极大的痛苦，每时每刻对他而言，都是一种折磨。

东坡叫船家将船撑过通济亭，泊舟于闸门之外，在这里希望能得到一丝的清凉。东坡身体虚弱得已经无法写字，因而东坡派人将米芾所委托的准备写题跋的帖子先还回去，附书说：“某两日病不能动，口亦不欲言，但困卧耳。承示太宗《草圣》及谢帖，皆不敢于病中草草题跋，谨具驰纳，俟少愈也。”东坡信中还说：“今日当迁过通济亭泊，虽不当远去左右，只就活水快风，一洗病滞。稍健，当奉谈笑也。”

谢安的帖，在米芾的收藏中，无疑是最为珍贵者。在《书史》中，他这样写道：

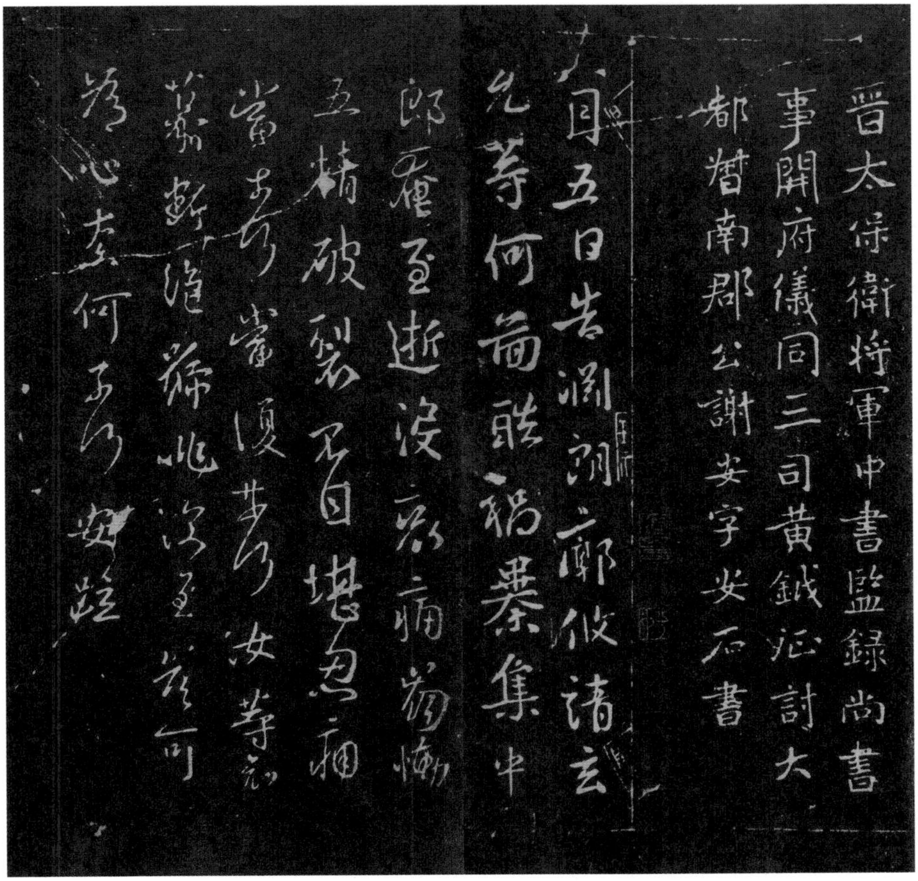

八月五日帖　晋　谢安

> 余白首收晋帖，止得谢安一帖，开元建中御府物，曾入王涯家。右军二帖，贞观御府印。子敬一帖，有褚遂良题印。又有丞相王铎家印记，及有顾恺之、戴逵画《净名天女》《观音》，遂以所居命为宝晋斋。

无疑，在米芾眼中，只有苏轼才有资格在谢安的帖上作题跋。

文中提到的王涯，在苏轼《次韵米黻二王书跋尾二首》中已经提道：“君不见长安永宁里，王家破垣谁复修？”王涯是唐代的收藏家，他将收罗到的珍贵书画都藏在长安永宁里的府邸之中，为了不被人发现，还在墙上凿了一个洞室，但当他失势被杀后，王家宅第受到洗劫，收藏的那些书画也被乱兵们掏了出来，但他们只要书画上的珍贵装裱材料，而把书画作品本身弃于道路之上。在苏轼写给王诜的《宝绘堂记》中，也曾提到这则旧事。

关于米芾收藏的谢安此帖，即《八月五日帖》，他用了十年的时间加以追寻。1098年至1100年，这个帖曾在蔡京的手里，后来蔡京将此帖送给米芾。米芾把谢安的这个帖给东坡看时，不知道是否和东坡提起过，蔡京是原来的收藏者……

关于这次见面，后来米芾为东坡所作挽诗中说：“方瞳正碧貌如圭，六月相逢万里归。口不谈时经噩梦，心已怀蜀俟秋衣。”从这首诗中可以看出，东坡与米芾相见，也许鉴于以往的政治风波，已经不太和友人聊眼下即当前的时事，只是和友人说说他在广东所见的“海外奇谈”，比如他见过一些红色的猴子。

苏轼染疾，米芾多次前往白沙东园探视，并冒暑热送麦门冬饮子。为此，苏轼写了《睡起闻米元章冒热到东园送麦门冬饮子》一诗。诗曰：

> 一枕清风直万钱，无人肯买北窗眠。
> 开心暖胃门冬饮，知是东坡手自煎。

“麦门冬饮子”，主治膈消胸满心烦，津液短少，消渴。此药的主要成分有：五味子（五分）、知母（一钱）、甘草（炙，三分）、栝蒌仁（五分）、人参（一钱）、干葛（五分）、生地黄（八分）、茯苓（七分）、麦冬（一钱），上水二钟，竹叶十四片，煎一钟，温服。

这样一天天过去，东坡的病情一点儿也不见好转。苏过坐在他的身边，为他诵读米芾所作《宝月观赋》，文章只念了一半，东坡竟然从卧榻上一跃而起，乘兴又给米芾写了一封信：

> 两日来，疾有增无减。虽迁闸外，风气稍清，但虚乏不能食，口殆不能言也。儿子于何处得《宝月观赋》，琅然诵之，老夫卧听之未半，跃然而起，恨二十年相从，知元章不尽，若此赋，当过古人，不论今世也。天下岂常如我辈愦愦耶！公不久当自有大名，不劳我辈说也。（《苏轼文集》，

第 1781 页）

东坡已经病了一周，身体极为虚弱，但他听到米芾所作的赋，仍然打起精神写信给米芾，承认自己和米芾认识 20 年来，仍然不算了解米芾。

依我的看法，米芾在书画交易过程中所发生的种种作弊行为，一直没有给苏东坡留下好的印象，但这些天的交往过程，让苏东坡重新认识到了米芾的另一面。

东坡还给他写过这样一封热情洋溢的信：

> 岭海八年，亲友旷绝，亦未尝关念，独念吾元章迈往凌云之气，清雄绝俗之文，超妙入神之字，何时见之，以洗我积年瘴毒耶！
>
> 今真见之矣，余无足言者。（《苏轼文集》，第 1783 页）

兴奋之情，溢于字里行间。

此时的米芾，受官府推荐，也即将入京任职。米芾特意来向东坡辞行，临别时，东坡一定要从床上起来，亲自送别于闸屋之下。

苏东坡将离开真州时，也带病来别。他对米芾说："待不来，窃恐真州人俱道放着天下第一等人米元章，不别而去也。"

谁知，这竟是永别！七月二十八日，苏东坡病逝于常州。

八月中秋，米芾得苏东坡去世的噩耗，作《苏东坡挽诗》五首。序中有云："辛巳中秋，闻东坡老向以七月二十八毕此世。"其三曰：

> 小冠白氎步东园，元是青城欲度仙。
> 六合著名犹似窄，八周御魅讫能旋。
> 道如韩子频离世，文比欧公复并年。
> 我不衔恩畏清议，束刍难致泪潸然。

其五曰：

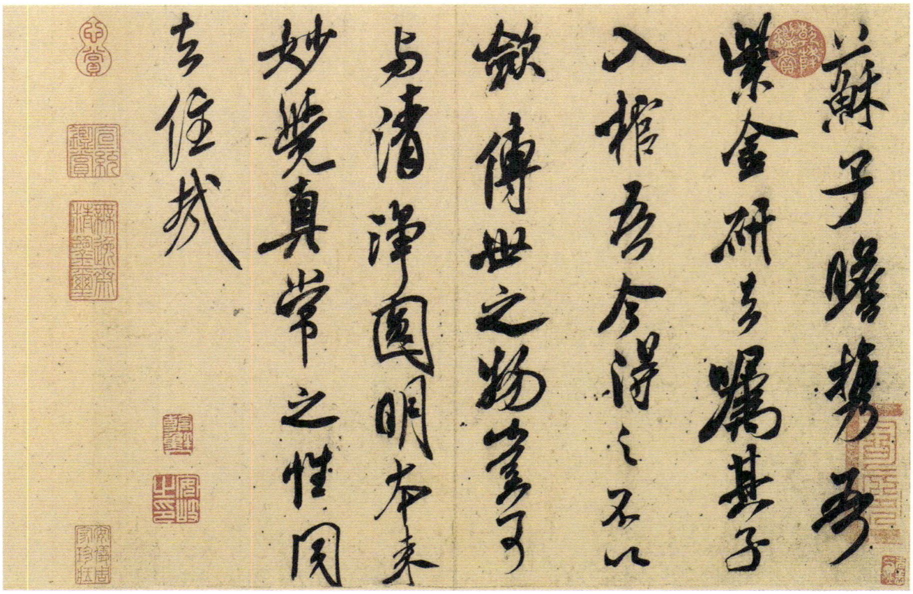

紫金砚帖　宋　米芾

> 招魂听我楚人歌，人命由天天奈何。
> 昔感松醪聊堕睫，今看麦饮发悲哦。
> 长沙论直终何就，北海伤豪忤更多。
> 曾藉南窗逃蕴暑，西山松竹不堪过。

苏轼与米芾自元丰五年（1082）至建中靖国元年（1101），两人相交近20年。其间书简往来、诗词笔会、会面晤谈，就没有断过，留下的诸多文献，足见两人交谊之深厚！

关于紫金砚

东坡死后，米芾还留有一帖，即《紫金砚帖》，值得细说一说：

> 苏子瞻携吾紫金研去，嘱其子入棺。吾今得之，不以敛。传世之物，岂可与清净圆明、本来妙觉真常之性同去住哉！

帖的内容是说，苏轼借了米芾一方紫金石砚，在临死前却嘱咐自己的儿子要把这方石砚放进自己的棺材中殉葬，得到消息的米芾想法把它要了回来，并提了一个要回来的理由：世界上的东西，怎么可以和东坡那样的“本来妙觉真常之性同去住哉”！

在黄州期间，苏轼还琢过一方紫金石为砚，圭首箕制，置于雪堂之中，后来，苏轼将它送给自己的侄子苏适。但在北宋灭亡之际，兵荒马乱中，这方砚不知去向。苏籀的《双溪集》卷一《雪堂砚赋》，对此有详细的描述。因而东坡喜欢米芾的这方紫金石砚，也不无缘由。

“紫金石砚”，产于山东青州，始于唐，盛于宋，之后渐湮没，实物的流传也极稀少了。

高似孙（1158—1231）《砚笺》记：“紫金石出临朐，色紫润泽，发墨如端歙，唐时竞取为砚，芒润清响。”唐彦猷《砚录》记：“尝闻青州紫金石，余知青州，至即访紫金石所出，于州南二十里曰临朐界，掘土丈余乃得之。石有数重，人所取者不过第一二重，若至第四重，润泽尤甚，而色又正紫，虽发墨与端歙同，而资质微下。”

最好的砚，依据历史的说法，有人说是端砚，有人说是歙县的龙尾砚，比

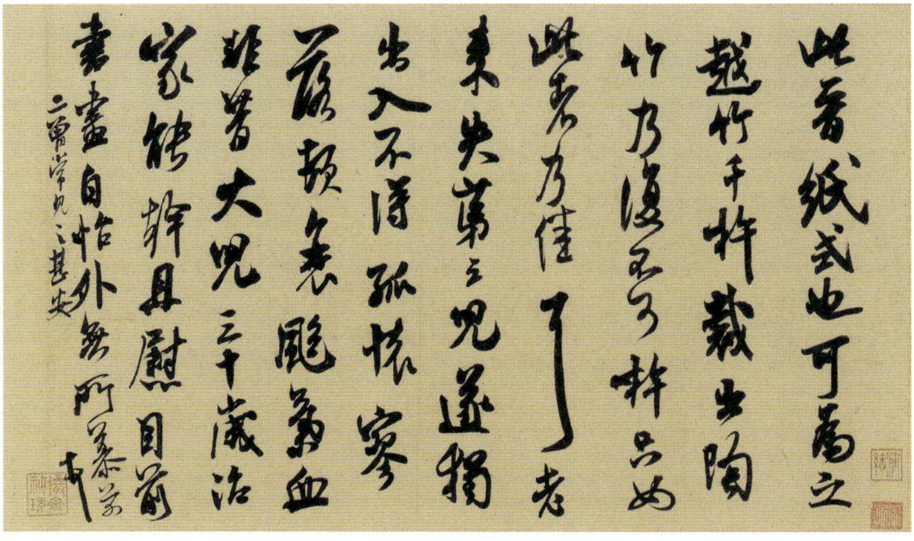

晋纸帖　宋　米芾

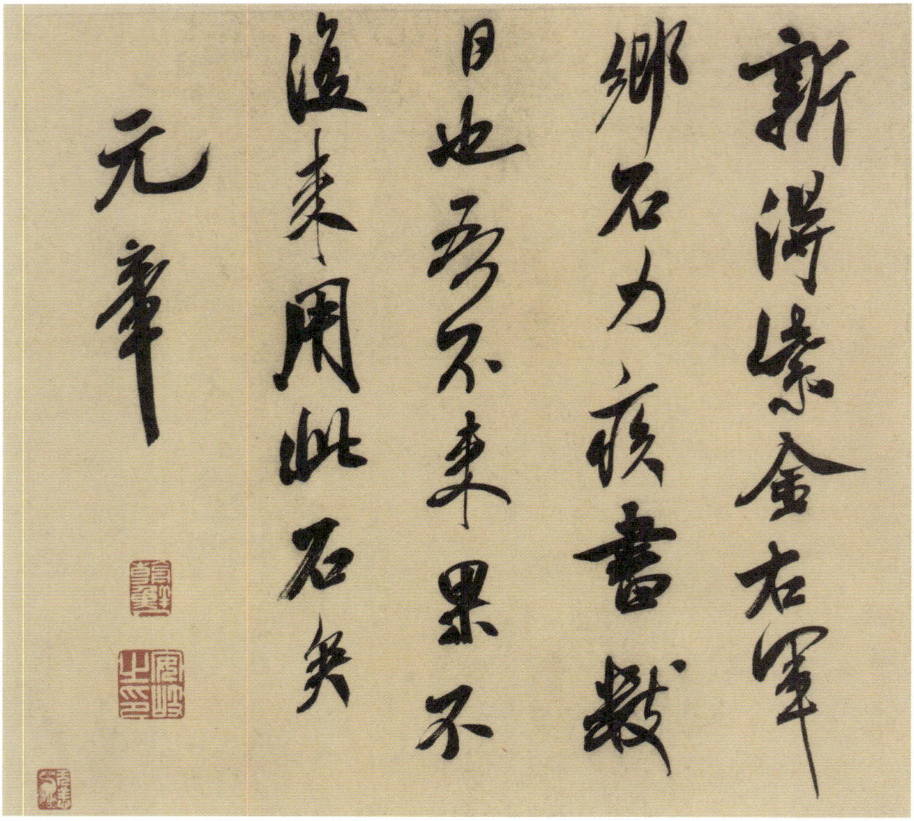

乡石帖　宋　米芾

如南唐后主李煜就曾赞“龙尾砚为天下冠”，欧阳修、苏轼、黄庭坚等人，自然也为之倾倒。

欧阳修曾在《砚谱》中把青州石砚排第一，乾隆皇帝最爱的一款也是青州石，名曰“青州石红丝鹦鹉砚”，还为之作诗：“鸿渐不羡用为仪，石亦能言制亦奇。疑是祢衡成赋后，镂肝吐出一丝丝。”也许是受了米芾的影响，而米芾很可能是因为热爱王羲之，就将王羲之家乡的砚视为天下第一。

米芾在《砚史》中认为“紫金石”与王羲之所用的“右军砚”几乎没有差别，因而他甚至断言：“端出其下。”即，紫金石砚比端砚好多了！

在首都博物馆（北京）的馆藏砚中，有一块北宋时期的箕形紫金石砚。

这是 1973 年在元大都遗址中出土的，砚的背面的铭文，竟然就是出于米芾：

此琅琊紫金石所镌，颇易得墨，在诸石之上。自永徽始制砚，皆以为端，实误也。元章。

米芾晚年得紫金石砚，与其家藏右军砚相同，也许是他太迷恋王羲之的缘故，从而认为紫金石砚超过端、歙名砚，评为人间第一品。

除了砚之外，米芾对纸也特别有研究。

米芾《晋纸帖》云：

此晋纸式也，可为之。越竹千杵裁出，陶竹乃复不可杵，只如此者乃佳耳。老来失第三儿，遂独出入不得，孤怀寥落，顿衰飒，气血非昔。大儿三十岁，治家能干，且慰目前。书画自怡，外无所慕……

此帖大概作于1103年。

从1102年年底开始，米芾先后担任蔡河拨发、太常博士的职位，由于这里距京师极近，交通发达，因而特别有机会收藏到重要的书画作品，也不断认识书画鉴赏与交易的同好。然而，在晚年，他最疼爱的幼子不幸过世，这对他来说是莫大的打击，“孤怀寥落，顿衰飒，气血非昔”……他的身体和精神一下子垮了。

1107年，米芾病逝，只有56岁。

在中国艺术史上，除了书法上苏、米二人并称，绘画上也是苏、米并称。

如果说，苏东坡提出了“士人画”和“诗中有画，画中有诗”的概念，并在竹石枯木这一题材上加以实践，那么，米芾则提出了“平淡天真”和“墨戏”一说，并在“水墨云山”这一画法上不断地尝试实践。

离开他们二人，中国的文人画是没法想象的。

“林大亦能作文章耶！”——与林希

林希（1035—1101），字子中，号醒老，福建福清人，属西溪林氏。他父亲林概，字端甫，景祐元年（1034）进士，试礼部第一，以秘书省校书郎知长兴县，后官至集贤校理。四子林希、林旦、林邵、林颜同中进士，闻名遐迩。龚明之《中吴纪闻》卷二《林氏儒学之盛》有这样一条史料：“林氏本福清人，徙居吴门，有讳概者，尝为省试第一，登载《国史儒学传》。其子曰希、旦、邵，颜，相继俱登科级。希为枢密，谥文节；旦为殿中侍御史；邵为显谟阁直学士，谥文肃；颜为光禄卿。希之子虡，中词科；旦之子虑，亦登第；邵之子摅，赐出身，为中书侍郎。近世儒门之盛，必推林氏云。”

林希的老师欧阳修号“醉翁”，而他自号“醒老”，足见其自视之高。

林希在元祐年间历任秘书少监、起居舍人，进中书舍人。也曾外放担任宣州、湖州、润州、杭州、亳州知府。曾任宝文阁直学士、成都知府、资政殿学士、同知枢密院事等职。著有《两朝宝训》《林氏野史》《林子中奏议集》等书。

他是嘉祐二年(1057)丁酉科进士，因而与苏轼兄弟二人有同年之谊。当然，他与章惇也是同年。有相当长的一段时间，林希和苏轼、苏辙两兄弟交情很深。他曾给苏辙写过一联：

> 父子以文章冠世，迈渊、云、司马之才；
> 兄弟以方正决科，冠晁、董、公孙之对。

可见他对“三苏”父子极为推崇。这段文字里面所提到的人名，都是谁呢？

“渊”即王褒，字子渊，西汉文学家，蜀资中（今四川省资阳市）人；“云”

即扬雄（前 53—18），字子云，蜀郡成都（今四川成都郫都区）人——尽管苏轼并不喜欢他的文章；“司马”即司马相如（约前 179—前 118），字长卿，巴郡安汉县（今四川省南充市蓬安县）人，一说蜀郡（今四川成都）人，西汉大辞赋家——林希用了三位四川的大文学家，比喻三苏父子的文学成就；后面所说的“晁”，即晁错（前 200—前 154），是西汉文帝时的智囊人物，颍川（今河南禹州）人；“董”即董仲舒（前 179—前 104），西汉思想家、政论家，广川郡（今河北景县）人；“公孙”即公孙弘（前 200—前 121），字季，一字次卿，淄川国（国治在今山东寿光）薛人，出身于乡野之间，后来为相——林希以这三个西汉政界赫赫有名的人物来比拟苏轼兄弟二人，期望亦可谓高矣。

元丰三年（1080），苏轼作诗《林子中以诗寄文与可及余，与可既殁，追和其韵》，足见两人关系非同一般。诗曰：“君诗与楚词，识者当有取。但知爱墨竹，此叹吾已久。故人多厚禄，能复哀君否。不见林与苏，饥寒自奔走。”

林希在神宗朝时召为同知太常礼院，负责朝仪和外交礼节。时朝廷派其出使高丽（今朝鲜）交涉国事，林希却“惧形于色”，托词不去。我疑苏轼有一简即写于此时——苏轼在信中先感谢林希送他的两饼团茶，以及苏轼为他找到了想要的“鸡肠草”，然后在信中提到了将要出使高丽的事情：

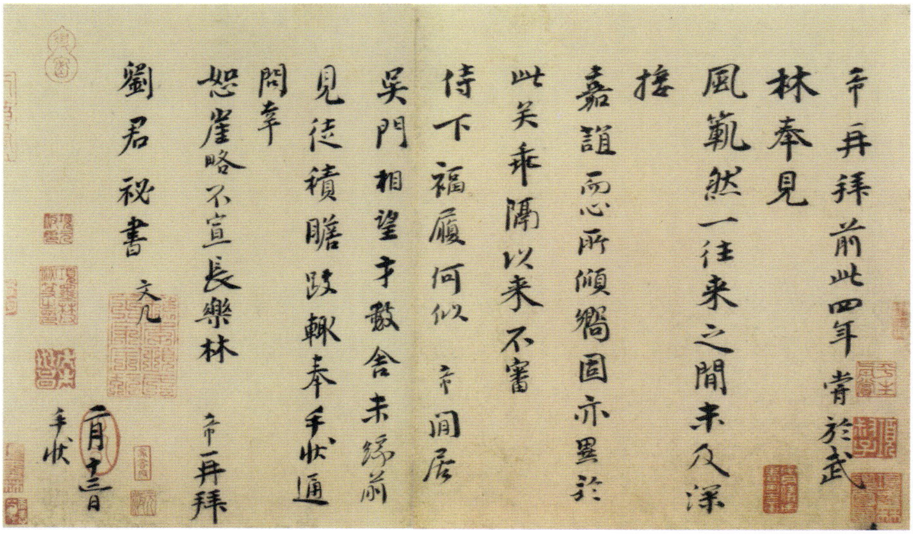

致刘君秘书帖　宋　林希

忽见报，当使高丽。方喜得人，又见辞免，何也？ 不知得请否？ 此本劣弟差遣，遂为老兄所挽。然比公之还，仆亦不患贫矣。呵呵。且寄数字，贵知此行果决如何？若不能免，遂浮沧海、观日出，使绝域知有林夫子，亦人生一段美事也。（《苏轼文集》，第 1656 页）

文中的“林夫子”，即林希。

有研究者将这封信系于 1092 年，是苏轼在扬州写给在杭州的林希的。孔凡礼《苏轼文集》也将此信系于扬州时期，但揣摩语气，实际上应该是苏轼听到林希出使高丽的消息，但紧接着又听到林希竟然拒绝了此次出使，因而详细地询问林希的请求是否得到了皇帝的批准。他接着劝勉林希，如果实在推卸不掉这次出使的任务，何妨在壮阔的海面上看看日出，也使国外知道中国有个“林夫子”，岂不是人生中值得回忆的一段美事！

林希出使高丽事在元丰元年（1078），因而此信也应写于同年。但最后，林希的确推掉了这次使命，由秘阁校理陈睦代替他完成了出使的任务。龚明之《中吴纪闻》卷二记载此事较为详细：“陈睦，字子雍。嘉祐六年登进士科，名在第二。治平中，诏举馆阁才行之士，子雍与刘攽、李常宁、李清臣辈首被选擢。熙宁、元丰间，高丽屡航海修贡，朝廷以为恭，选使往谕之。初命林希子中，力辞。更命睦，睦即日就道。神宗大喜，语辅臣曰：‘林希无亲，坚辞不行；陈睦亲在，乃不惮于往。’因出希知池州；假睦起居舍人，直昭文馆，特赐黄金带。受命七日而行，涉海逾月，出入惊涛中，遂抵其国。使还，乃真拜所假官职，且令服所赐黄金带，又赐黄金盏于令式外，以为宠。俄直龙图阁、知潭州，卒。二子：彦文经仲，尝跻法从；彦武纬叔，为提举官。墓在南峰山。”林希则被贬到杭州监楼店务。一年后，又贬秀州（今浙江嘉兴）通判。

元丰八年（1085），哲宗继位，宰相蔡确准备将苏轼提拔为起居舍人，刚刚从黄州归来的苏轼却力荐林希。《宋史》卷三百三十八记此事：“轼起于忧患，不欲骤履要地，辞于宰相蔡确。确曰：‘公徊翔久矣，朝中无出公右者。’轼曰：‘昔林希同在馆中，年且长。’确曰：‘希固当先公耶？’卒不许。”不管蔡确有没有听苏轼的建议，但苏轼能够推荐林希出任此职，可见二人交谊之厚。不久之后，林希也被召回中枢，补记注官。

平日里，苏轼和林希二人经常相互唱和，情谊在一般人之上。《苏轼诗集》中有《次韵林子中王彦祖唱酬》《次韵林子中蒜山亭见寄》《次韵林子中见寄》等7首诗作，可见一斑。苏轼在《次韵林子中王彦祖唱酬》一诗中说：

昨梦已论三世事，岁寒犹喜五人同。

苏轼特别在诗句后自注：“轼与子中、彦祖、子敦、完夫同试举人景德寺，今皆健。”林希、王汾、顾临、胡完夫，加上苏轼，五人皆健康在世，同年之情，可谓深矣。

元祐六年（1091），苏轼从杭州调任吏部尚书时，接替苏轼的，就是林希。苏轼回京途经润州（今江苏镇江）时，受到时任润州太守林希的热情款待。座中营妓郑容、高莹二人出牒请求落籍从良，林希命呈牒于苏轼——依据当时的规定，营妓要求从良，必须得到郡府长官的批准。苏轼时为客人，不便做主，便索笔题写了一首《减字木兰花》于牒后，词曰：

郑庄好客，容我尊前先堕帻。落笔生风，籍籍声名不负公。

高山白早，莹骨冰肤那解老？从此南徐，良夜清风月满湖。（《苏轼词编年校注》，第522页）

这首词是藏头词，首字连起来便是“郑容落籍、高莹从良”。这首词可谓一举三得：苏轼在展示才情的同时，也对此事有了明确的意见，同时又给林希留足了面子，而更重要的在于，他使郑容、高莹二人从此脱离了孽海。

当然，另外一说这件事并不是林希而是许遵（仲涂）。

苏东坡于元祐四年（1089）任杭州知府时疏浚西湖并筑堤。1091年，林希继任杭州知府后亲笔题“苏公堤”三字，西湖的“苏堤”，才由此得名。苏轼《次韵林子中春日新堤书事见寄》诗云：

东都寄食似浮云，襆被真成一宿宾。

收得玉堂挥翰手，却为淮月弄舟人。

羡君湖上斋摇碧，笑我花时甑有尘。
为报年来杀风景，连江梦雨不知春。

作此诗时，苏轼正在扬州，时为1092年。

“坏了名节矣”

元祐九年（1094）春，宋哲宗亲政，改元祐九年为绍圣元年，任命章惇为相。

章惇上台后驱逐旧党，一度为找不到合适的人担任中书舍人而发愁，因为在他的心目中，他应该像司马光那样，“用苏轼掌制，所以能鼓动四方，安得斯人而用之”！

苏轼在元祐初的官职，就是中书舍人——中书舍人在宋代是个要职，不仅主管中书六房（吏、户、礼、兵、刑、工）的各项文书，更重要的是直接为皇帝起草诏令。

有人向章惇推荐了林希，林希才被任命为成都知府，正好来京领命。于是章惇召见他，封官许愿，甚至“许以为执政”。得到诱惑且久不得志的林希，就改弦更张，跟着章惇，为打击排斥政见不同的“元祐党人”卖力效劳。

林希虽然有才，但在人格上却有着不可原谅的“缺陷”。据《宋史》卷三四三《林希传》记载：“言者疏其行谊浮伪，士论羞薄，不足以玷从列。”

而林希的文笔，也的确满足了章惇的要求——贬斥司马光、刘挚等人的诏令，是他起草的。贬斥苏轼、苏辙等人的诏令，当然也是林希起草的：“词极其丑诋，至以‘老奸擅国’之语阴斥宣仁，读者无不愤叹。一日，希草制罢，掷笔于地曰：‘坏了名节矣！’”

他不是不知道自己在做什么，他只是上了一条下不来的船。

原来被他几乎捧到天上的“三苏”，这一回在他的笔下，成了“父子兄弟，挟机权变诈，警愚惑众”。以至于苏辙捧读这一贬谪自己的诏书后，竟然痛哭：“某只弟固无足言，先人何罪耶？”

至于他代皇帝为苏轼所写的罪状，则是：

若讥朕过失，亦何所不容？乃代予言，诋诬圣考，乖父子之恩，害君臣之义。至于行路，犹不戴天，顾视士民，复何面目？又曰：虽汝轼，文足以惑众、辩足以饰非，然而自绝君亲，又将谁怼？

苏轼倒没有像苏辙那么激动，只是鄙夷地说："林大亦能作文章耶！"（见王大成《野老记闻》）

抛开内容，只从文学的角度来看林希，还有人这样评价："绍圣初，在外制，行元祐诸公谪词，是非去取，固时相风旨，然而命词似西汉诏令，有五言体。"

在政治的漩涡中，林希彻底成了一个没有方向的人。

最可笑的也许还是章惇。

章惇当初给林希"许以为执政"的愿始终没有兑现，等到章惇失势一罢相，林希就利用代皇上起草诏令的机会，狠狠把章惇痛贬一番，其中有一联：

勃勃无大臣之节，怏怏非少主之臣。

章惇得知后，托人传话给林希说："此一联无乃太甚！"你也太过分了吧！林希的回答充满了讽刺意味："长官发怒，杂职棒毒，无足怪也！"你不要怪我，这和我没有关系，要怪，你就怪皇帝吧……

建中靖国元年（1101），苏轼从海南北返的路上，在仪征听说林希在扬州病死，不由长出了一口气："林子中病伤寒，十余日便卒，所获几何，遗臭无穷，哀哉哀哉！"语言里既有讽刺，也有怜悯，更有不屑！

林希和《蜀素帖》

尽管如此，在"名节坏了"之前的林希，还是有一些好友的，比如米芾。

元祐三年（1088）八月，米芾应林希之邀，游览太湖近郊的苕溪。闲暇之际，林希取出一卷珍藏了20多年的蜀素——所谓"蜀素"，乃四川所造质地精良的丝绸织物，故名。素地上织有乌丝栏——林希特别强调，此卷为庆历戊申（1044）三月织造出来，熙宁元年（1068）装裱成卷，以待名家留下墨宝。

林希请米芾书写，米芾当仁不让，一口气在蜀素卷上写了自作的八首诗：《拟古》二首、《吴江垂虹亭作》二首、《入境寄集贤林舍人》、《重九会郡楼》一首、《和林公岘山之作》一首、《送王涣之彦舟》一首。《入境寄集贤林舍人》与《和林公岘山之作》都直接与林希有关——前面一首是专门写给林希的，后面一首则是米芾和林希之作。最后一首《送王涣之彦舟》的王涣之（1060—1124），字彦舟，常山人，元丰二年（1079）进士。他的父亲就是王介，与苏轼兄弟一起在嘉祐六年（1061）参加制科考试时考了第四等的那个人。

米芾书此帖时，对王涣之这一少年才俊，也极尽赞美之词：“白面王郎年十八，神武乐育天下造。”元祐七年（1092）米芾写《太师行寄王太史彦舟》，也是写王涣之的，苏轼读过此诗，赞为“雄篇”。

此卷书法体势遒美，用笔多变，正侧藏露间，尽显米芾书法的绝妙造诣。款署：“元祐戊辰，九月二十三日，溪堂米芾记。”

米芾与林希，在书画鉴藏方面多有过从。《书史》曰：

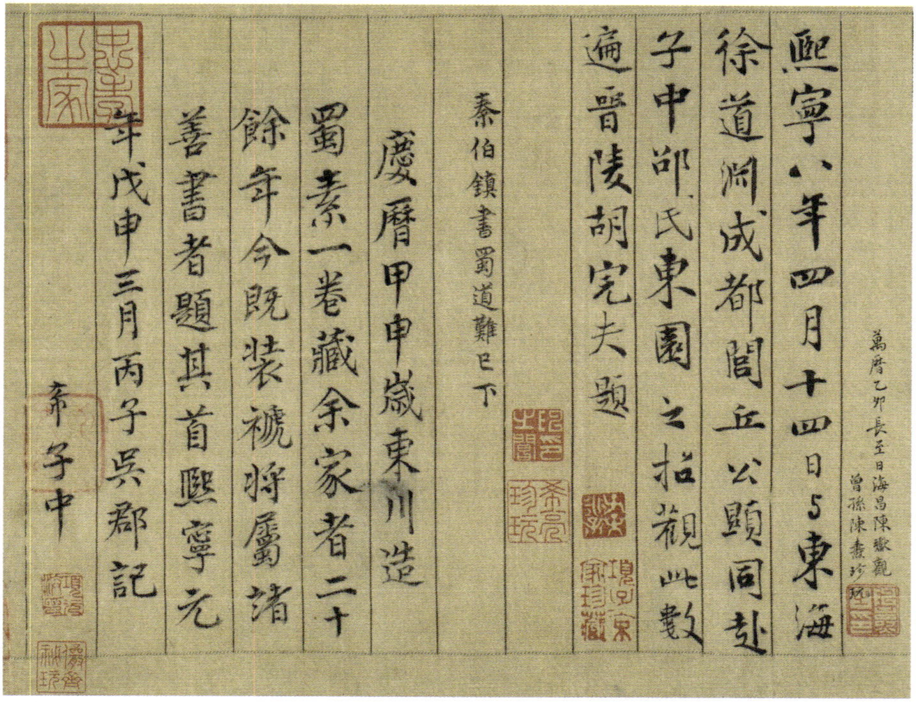

跋蜀素帖　宋　林希

又杨杰处得贞观御府内史《官奴帖》，余以《十七帖》以下诸物，易归余家。余先于唐坰处易得右军《尚书帖》，云得于僧清道，亦有贞观印印文，遂复合，仍带元截纸痕一条，故一物也。林希见余家此轴，嗟叹云："秘府所有，殆不过是。希尝见阁下一卷，贞、观字印，相去五寸许，不相连。若真印，印则四枚，理无平匀，若伪雕，必只一钮，用皆齐一也。"余闻之愠甚，懒展阅。愠极，试取视之，左右上下无一相连者，疾呼舆过林，语所以。公击节曰："公此书愈妙也。"此公精思如此。

《宝晋山林集拾遗》卷四亦记此事："枢密林文节观吾家右军书，叹息久之。一日云：'贞观印，阁下有一轴，相去五六寸，乃是两枚。亦有相合者，不相连也。'余闻之，内愠不敢发，视者月余。一旦忘之，既开皆不相当，忽悟文节语，即驰告公曰：'使君愈宝重也。'"文中称"林文节"，则是林希已死之后的称呼了。

明人顾从义有一题跋，内容牵涉到《蜀素帖》的来龙去脉，具体录之如下：

蜀素一卷，乃庆历四年甲申东川所造，东园邵子中藏于家廿余年，至熙宁元年戊申装褫成卷。先记其尾，虚其首，以将属诸善书者：庆历至熙宁二十余年矣，至熙宁八年乙卯，胡完夫、徐道渊、闾丘公显，观于子中家，展转数遍。亦题其尾，尚其素也。至元祐三年戊辰，始为米溪堂书。熙宁至元祐，又几二十余年矣。子中、完夫诸公爱其素如此。不知诸公及见溪堂之词翰否乎？余自嘉靖三十二年癸丑得见于长安友人家，倾囊以购之。余素爱米书，见者不下廿卷，此卷五百五十六字，诗体具备，墨妙入神，真秘玩也！

顾从义跋语中所谓"邵子中"，实为误读，因为"子中"是林希的字。此处有熙宁八年（1075）胡完夫的跋语为证："同赴子中邵氏东园之招"，"邵氏东园"，非"邵子中"之园也。

后面又接着题：

且自庆历至今，五百二十余年矣，完好如故。又为沈石田、祝枝山、文衡山三先生所赏鉴，尤为可宝。余每以此卷自随，一日过吴中，谒衡山先生，独不携此，适有覆舟之厄，先生曰：米书在否？曰：否！先生曰：岂无神物呵护至此耶？嘉靖四十年辛酉闰五月，研山居士顾从义北上舟南归闸，展卷谨识。

米芾留下的作品数量极多，但无论如何，《蜀素帖》都是他的代表作！

米芾写《蜀素帖》在“元祐戊辰”，即元祐三年（1088），正是苏轼在京任翰林学士、知制诰的人生最得意之时。而此时的林希和苏轼尚为好友，而且苏轼的书名远远大于米芾，是林希从来没有想过让本来就是四川人的苏轼在这块蜀素上写字，还是什么原因，最后却让米芾书写，其中原因虽然不便猜测，却大有意味可寻。

是林希看不上苏轼的书法吗？

原来，这与苏轼在选择书写材料时的习惯有关。

周必大《二老堂诗话》载东坡晚年自海南北归，赵梦得请他在帛上写字，

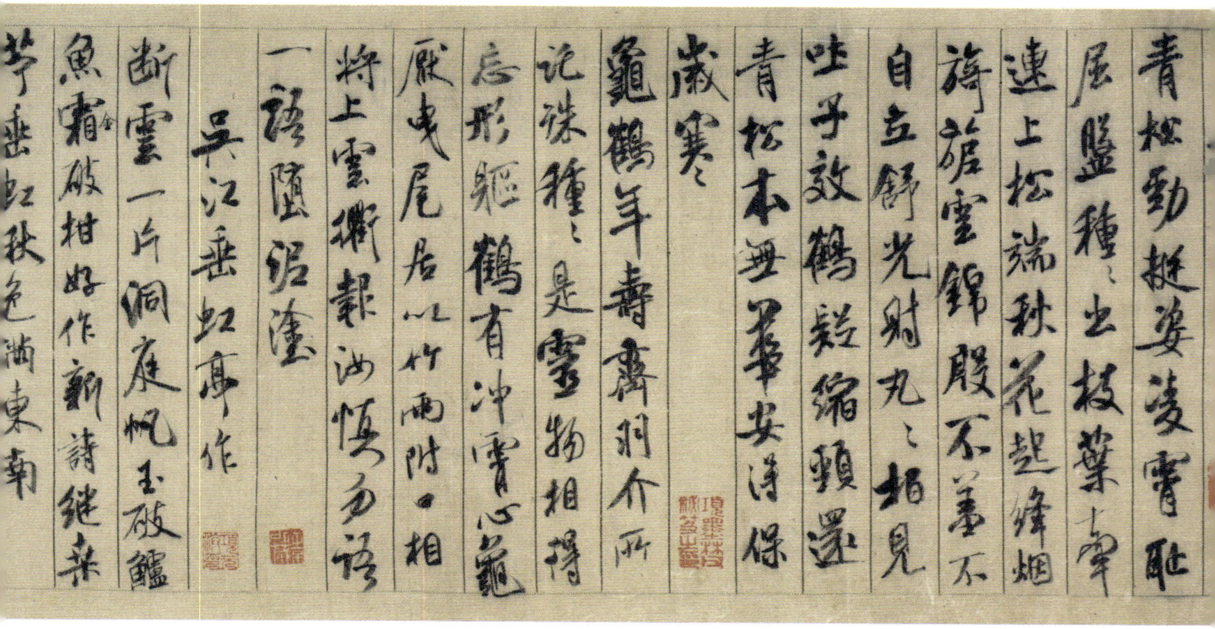

蜀素帖（局部）　宋　米芾

东坡说：

币帛不为服章，而以书字，上帝所禁。

原来是苏轼不肯在绢帛上写字而已！

周必大《文忠集》卷十七《跋汪圣锡家藏东坡与林希论浙西赈济三帖》有这样一段文字：

林子中与坡公素厚善，后又为杭州交承，故书问惓惓如此。林虽寻为利诱，折资草制，诋公不遗余力，然犹爱此帖弗弃，至其子孙，始以遗玉山汪氏。乃知恶直丑正，颠倒是非者，岂尽丧其良心哉？稂莠害之耳。（《苏轼书法史料集》，第 449 页）

原来，林希还是珍藏了苏轼写给他的信……

“以往者更说何益”——与章惇

在苏东坡的朋友圈里，章惇（1035—1106）是一位相当重要的人物。

章惇是福建浦城人，但一直跟着父亲住在苏州。

他比苏轼大一岁，晚于苏轼四年去世。

章惇在《宋史》中被编入了奸臣传，但他在政治上，绝对是北宋时期的第一流人物。苏轼甚至说：“子厚奇伟绝世，自是一代异人，至于功名将相，乃其余事。”苏轼固然有拔高人的习惯，但这样评价章惇，也是真心。

与章惇同时的王巩、邵雍、孙觌对他的评价都很高。章惇死后，他所反对的宋徽宗还特别追赠他为观文殿大学士、太师、魏国公。南宋名臣李纲认为：“方子厚当轴，士大夫喜诋诃其失，然自今观之，爱惜名器，坚守法度，诸子虽擢第，仕不过筦库州县，岂不贤哉？”明末清初的史学大师王夫之更是评价章惇是“其功博，其德正，其仁大矣！”

作为政治家的章惇，在哲宗朝还真是取得了了不起的成就，特别是在军事方面：改进军械，研究出新式战车；修筑防御设施，巩固边疆；三胜西夏，逼得西夏俯首称臣；攻灭吐蕃；开拓西南，招降了盘踞于西南的大酋长有十几个，涉及地域达四十多个州，包括四川南部、湖北西南、湖南西部、贵州东北、广西西部，都先后被纳入宋朝版图。章惇还主持修汴河，治理黄河，开楚州支家河，导淮河与涟河相通，以及扩大社会手工业生产的规模……

总的来说，章惇在政治上所取得的成绩，远在苏轼之上！

如果说东坡前半生的顺风顺水和章惇关系不大的话，那么东坡后半生坎坎坷坷的遭遇却无论如何都与章惇分不开。

仁宗嘉祐二年（1057），章惇与苏轼、苏辙兄弟同登进士，同榜的还有章惇的侄子章衡。但章衡是这一年的状元，自视甚高的章惇岂能列名其侄之后？他竟然没有接受朝廷的任命，而是等到下一科考中才进入仕途，仅此一点就能看出章惇的行事风格：偏狭而果决。

嘉祐六年（1061），苏轼授大理评事、签书凤翔府判官，章惇则出任商洛令。二人同在陕西做地方官，年龄相近，才情相当，意气相投，交往中颇为融洽。

有一次两人同游南山，到了仙游潭，潭边面临万丈悬崖。章惇请苏轼一起下仙游潭，同在石壁上写字留念。苏轼岂肯冒这样的危险，章惇则踩着搭在两岸间的一个木桥过去，又下去用毛笔蘸着墨在石壁上写了几个大字："苏轼、章惇来此。"

章惇上来后，苏轼拍着章惇的背说："你日后做了官，必定能杀人。"章惇问："为什么？"苏轼说："能够不顾自己性命的人，日后做了官，必定能杀人！"

章惇听后为之大笑。苏轼此一预言，却不想日后真应验到章惇的身上。

王安石推动的"变法"迅速将朝中大臣分成两个阵营：苏轼兄弟属于以司马光为首的反对王安石变法一派，章惇则属于支持王安石变法一派——王安石将他提拔为编修三司条例官，进同修起居注，以右正言知制诰。1075 年，他出知湖州、荆南。1080 年，他以翰林学士为右谏议大夫，拜参知政事……

此时二人政见虽然不同，分属两个截然对立的阵营，但章惇对苏轼，却还是有深情厚谊的。

神宗元丰二年（1079），苏轼因所写诗文被人构陷为涉嫌诽谤朝廷以及讽刺新法而被逮捕治罪，史称"乌台诗案"。案件审理期间，李定、舒亶等人在苏轼的诗文中罗织罪名，非要置苏轼于死地不可。

副宰相王珪曾挑出苏轼《王复秀才所居双桧》诗对神宗说："苏轼确有造反的想法啊！"

神宗问："你是怎么看出来的？"

王珪答："'凛然相对敢相欺，直干凌空未要奇。根到九泉无曲处，世间惟有蛰龙知。'您看苏轼写的这诗，明明陛下您飞龙在天，苏轼却反求知音于地底之蛰龙，这不是明摆着有反心吗？"

章惇立即插话说："龙并非专指人君，大臣也可以被称为'龙'。"

神宗赞同章惇的观点：“诸葛孔明被人称作‘卧龙’，东汉颍川有‘荀氏八龙’，难道他们都是人君吗？你也不能这么断章取义胡乱比附吧？他自己咏叹桧树，与朕有什么相关呢？”

章惇此语，无疑是在最关键的时刻救了苏轼一命！章惇虽然是新法的支持者，但心直口快的他还是冷冷地对王珪说：“要是照你的办法来解读诗文，恐怕人人都有罪！”

即使退朝出来，章惇还不依不饶地追上王珪责问：“相公为何要如此，是想灭掉苏轼满门吗？”

王珪把责任推到舒亶头上：“这是舒亶说的。”

章惇一听，愤然说道：“舒亶说的话值得你来贩卖吗？如果是他的唾沫星子，你也要吃下去吗？”

这样的勇敢，堪称仗义！

“乌台诗案”的结局是苏轼被贬到了黄州，在那里，他开启了另外的一种生活。

已经做到副宰相的章惇还常写信给苏轼，规劝心直口快的苏轼不要再乱说话，苏轼也特别感念章惇，特别写了一封长信——这封信写得有些像“检讨书”：

> 轼顿首再拜子厚参政谏议执事。去岁吴兴，谓当再获接奉，不意仓卒就逮，遂以至今。即日，不审台候何似？
>
> 轼自得罪以来，不敢复与人事，虽骨肉至亲，未肯有一字往来。忽蒙赐书，存问甚厚，忧爱深切，感叹不可言也！恭闻拜命与议大政，士无贤不肖，所共庆快。然轼始见公长安，则语相识，云：“子厚奇伟绝世，自是一代异人。至于功名将相，乃其余事。”方是时，应轼者皆怃然。今日不独为足下喜朝之得人，亦自喜其言之不妄也。
>
> 轼所以得罪，其过恶未易以一二数也。平时惟子厚与子由极口见戒，反覆甚苦，而轼强狠自用，不以为然。及在囹圄中，追悔无路，谓必死矣。不意圣主宽大，复遣视息人间，若不改者，轼真非人也。来书所云：“若痛自追悔往咎，清时终不以一眚见废。”此乃有才之人，朝廷所惜。如轼亡复洗濯瑕垢，刻磨朽钝，亦当安所施用，但深自感悔，一日百省，庶几

天地之仁，不念旧恶，使保首领，以从先大夫于九原足矣。轼昔年粗亦受知于圣主，使少循理安分，岂有今日。追思所犯，真无义理，与病狂之人蹈河入海者无异。方其病作，不自觉知，亦穷命所迫，似有物使。及至狂定之日，但有惭耳。而公乃疑其再犯，岂有此理哉？然异时相识，但过相称誉，以成吾过，一旦有患难，无复有相哀者。惟子厚平居遗我以药石，及困急又有以收恤之，真与世俗异矣。

黄州僻陋多雨，气象昏昏也。鱼稻薪炭颇贱，甚与穷者相宜。然轼平生未尝作活计，子厚所知之。俸入所得，随手辄尽。而子由有七女，债负山积，贱累皆在渠处，未知何日到此。见寓僧舍，布衣蔬食，随僧一餐，差为简便，以此畏其到也。穷达得丧，粗了其理，但禄廪相绝，恐年载间，遂有饥寒之忧，不能不少念。然俗所谓水到渠成，至时亦必自有处置，安能预为之愁煎乎？

初到，一见太守，自余杜门不出。闲居未免看书，惟佛经以遣日，不复近笔砚矣。会见无期，临纸惘然。冀千万以时为国自重。（《苏轼文集》，第 1411—1412 页）

由此看来，信还是章惇先写来的，苏轼写的则是一封回信："平时惟子厚与子由极口见戒，反复甚苦。"这个时候，苏轼的家属还和苏辙的家属在一起，没有和他一起到黄州。

后来，苏轼还写了一封信给章惇，则是在建好雪堂、号称"东坡居士"之后的事情了：

仆居东坡，作陂种稻，有田五十亩，身耕妻蚕，聊以卒岁。昨日一牛几病死，牛医不识其状，而老妻识之，曰："此牛发痘斑疮也，法当以青蒿粥啖之。"用其言而效。勿谓仆谪居之后，一向便作田舍翁。老妻犹解接黑牡丹也。言此，当发公千里一笑。

所谓"黑牡丹"，是牛的俗称。《说郛》卷十八《坦斋笔衡》中有《东坡牛医》一则，说的也是这件事情，只是在这个版本的"黑牡丹"后面还有这样一句：

> 子厚，我更欲留与君语，恐人又谓从牛医儿来，姑且去。遂大笑而别。

后面多的这一节文字，虽然不知所据为何，然而却足以说明，苏轼与章惇之间的关系此时倒真是亲密。

“反目”

哲宗元祐元年（1086），九岁的小皇帝登基，宣仁太后临朝，重用旧臣，司马光、吕公著主政，尽罢新法。八个月之内，苏轼连升三次，为翰林学士、知制诰。这个职位很重要，虽然是帮皇帝起草文件的，但很大程度上代表了自己的政治态度和倾向。

此时的苏辙也在京，职位为右司谏，他的做法也比较绝情：凡是和王安石一派的新派人物，全部降职；新法阵营中的章惇则单兵作战，力辨新法不可尽废。

仅在右司谏位置上任不到半个月的苏辙，就在一道奏书中这样写：

> 谨按左仆射蔡确，险佞刻深，以狱吏进；右仆射韩缜，识暗性暴，才疏行污；枢密使章惇，虽有应务之才，而其为人难以独任。（《续资治通鉴长编》，第 8819 页）

随后他笔锋一转，对老派人物司马光、吕公著也直言不讳：

> 门下侍郎司马光、尚书左丞吕公著，虽有忧国之志，而才不逮心。（同上）

此间，吕陶擢任殿中侍御史，吕陶是苏轼大儿子苏迈的岳父。

苏轼给苏辙写了封信，表示吕陶任此职，让人很觉安慰。而吕陶上任后做的第一件事，就是首先辨“邪正”，以蔡确、韩缜、张璪、章惇、安焘、李清臣为小人——这些人被罢职，只是迟早的事情了。

苏辙的火力继续猛烈。他先上《乞罢左右仆射蔡確韩缜状》，蔡確在次日就被罢免，司马光代替了他的位置。次日，苏辙又上《乞罢蔡京开封府状》，认为蔡京是“新进小生，学行无闻”，仅仅是因为王安石的姻亲而得到重用罢了。同月十八日，苏辙上《乞罢章惇知枢密院状》，谓章惇“行巧智欲破坏差役，以害国事”。

司马光退居洛阳写书 15 年的“怨气”也终于得到释放了，他同宣仁太后一道，将凡是王安石制定的政策，无论是好还是不好，统统废除。

整个新党纷纷溃散，就只有章惇一个人在抗争，其激烈的语言甚至激恼了宣仁太后。除了苏辙，刘挚、王觌、朱光庭、王岩叟、孙升等人也一同上奏章乞请罢免章惇。元祐元年（1086）三月，苏辙又言：

> 臣闻朝廷进退大臣与小臣异，小臣无罪则用，有罪则逐，至于大臣不然，虽罪名未著，而意有不善，辄不可留。何者？朝廷大政出于其口，而行于其手，小有龃龉，贻患四方，势之必然，法不可缓。臣窃见知枢密院章惇，始与三省同议司马光论差役事，明知光所言事节有疏略差误，而不推公心，即加详议，待修完成法，然后施行，而乃雷同众人，连书札子，一切依奏。及其既已行下，然后论列可否，至忿争殿上，无复君臣之礼。然使惇因此究穷利害，立成条约，使州、县推行，更无疑阻，则惇之情状犹或可恕，今乃不候修完，便乞再行指挥，使诸路一依前件札子施行，却令被差人户具利害实封闻奏。臣不知陛下谓惇此举其意安在？惇不过欲使被差之人有所不便，人人与司马光为敌，但得光言不效，则朝廷利害不复顾。用心如此，而陛下置之枢府，臣窃惑矣。尚赖陛下明圣，觉其深意，中止不行，若其不然，必害良法。且差役之利，天下所愿，贤愚共知，行未逾月，四方鼓舞。惇犹巧加智数，力欲破坏。臣窃恐朝廷缓急有边防之事、战守之机，人命所存，社稷所系，使惇用心一一如此，岂不深误国计？故臣乞陛下早赐裁断，特行罢免，无使惇得行巧智以害国事。[辙章以十八日上，今附本日，或移见二十三日章惇罢枢密之前。]（《续资治通鉴长编》，第 8908 页）

御史中丞刘挚的奏章也是对准了章惇：

惇之利口喋喋，足以变事实而惑主听：凶气焰焰，足以摧善良而胁群下。故章惇不去，则不可以安庙朝、成善政、镇百姓而服四夷。伏望圣慈以臣章疏付外，正惇不忠之罪，罢黜之，以明典宪，以允公议。

这还不算完，又贴黄：

惇辨慧果敢，似乎有才者，然此正小人之才也。古者任大臣，必用有德，不用有才。有德进，则行忠厚之政，以安天下；有才进，则为残刻之政，以祸天下。则德之与才，治乱之所系也。有德者廉静而重谨，故人难识之，有才者矜强而敏捷，故人多悦之；此历代人主所以多惑于忠邪之际也。杨国忠、李林甫、卢杞辈，其才皆过人，然终为唐室之乱，不可不察也。臣深虑惇之智诈有以施行，而恐陛下疑以为才，故详言之，幸早赐睿断。

今章惇之为大臣，其始进也，以妄兴荆湖边事，残害生灵，以至大任。今日又肆为邪说，沮抑圣政，慢言俚语，凌轹同列，无所不至。大臣若此，岂同心一德者乎？

右司谏苏辙言：

臣闻天下治乱，在君子小人进退之间耳。冰炭不可以一器，枭鸾不可以同栖，共、鲧、皋陶不可以同朝，颜回、盗跖不可以并处。传曰：“一薰一莸，十年尚犹有臭。”夫君子推诚而不疑，故易欺，孤立而不党，故易危；正言而不讳，故易间；洁廉而不坏，故易去。小人则不然。窃用威福以市私恩，交通左右以结主知，顽钝无耻，奊诟无节，故其合也易，而其去之也难。诚使君子小人同处，则小人必胜，君子必去。如薰之香，一日而亡，如莸之臭，十年而存，此理之必然者也。

……

只如章惇之事，台谏久以为言。是时陛下若即付三省议其可否，则惇之去留自出公议。陛下始既不忍，养成惇恶，然后特出御批，言其罪状。正人端士虽知惇有余诛，而邪党小人，或谓陛下以忿怒逐枢密使。（《续

资治通鉴长编》，第 8987、9014 页）

当苏辙等人的集中火力猛烈攻击章惇时，苏轼却没有为章惇说过一句话。他虽然没有弹劾章惇，但他也没有为章惇求情。

这也难免让章惇多想：苏辙如此弹劾章惇，莫非是出于苏轼的指使？

另外一个历史事件也让章惇记恨在心。

这就是几乎与“乌台诗案”齐名的“车盖亭诗案”。

苏轼本来就曾经因为写诗而获罪，而从诗句中找出“罪状”，又多数是捕风捉影。苏辙却又一定要弹劾蔡確的诗里就有谋反的意思，这一后果直接导致蔡確被贬岭南并最后死在了那里。

苏辙这样做，当时就有很多大臣反对。比如范仲淹之子范纯仁就说，如果现在我们为了一己私利把对手贬向岭南，那么，迟早有一天，我们也会被贬往那里……

蔡確因为诗案被诬陷为谋反然后被贬，苏轼一言不发。

章惇的性格本就激烈，喜欢就是喜欢，厌恶就是厌恶，他从来不想掩饰，即便在皇上面前他也会直接回怼。

比如神宗皇帝要杀人，章惇不让杀。皇帝气得说：“快意事做不得一件！”章惇就回敬说：“如此快意事，不做也好！”

当司马光准备破格提拔旧党骨干但是又怕引起非议因而遮遮掩掩时，章惇却说：“既是为国选材，为何不公之于众？”

这个时候，章惇看见自己和曾经的旧友的境况一模一样，但旧友的弟弟不但没有指出诗案根本是子虚乌有，反而添火加油，心中已是非常不满。

无疑，势单力孤的章惇绝对希望此时的苏轼能为他说上一句话，哪怕不管用。但苏轼就是不说话——如果苏辙感念当年章惇是如何援手苏轼的，也不应该如此赶尽杀绝。

章惇只能这样猜测：苏辙的行为受了苏轼的指使，或者苏轼肯定知道这件事，但他默不作声，因为他的看法和苏辙等人一样，即章惇罪有应得。

还有一种说法出现在笔记里，也许不可信，但是这个说法很“合理”。章惇知道自己在朝中的日子不长了，就跑去找苏轼，说：我肯定是要被外贬的，但你弟弟不是在御史台吗？能不能让他不要和别人一起弹劾我？

也就是说，章惇不求苏辙为他说话，只要保持沉默就行。据说，苏轼答应了。但是第二天，章惇依然被苏辙弹劾了。

这怎么能不让章惇对苏轼怀恨在心？

章惇与苏轼兄弟还有几层关系：章惇的侄子章衡、姐夫黄好谦乃同年及第，黄好谦之子也即章惇的外甥黄寔，以文才见知于苏轼，号为门人，又与苏辙结为儿女亲家；苏辙的三儿子娶了黄寔的女儿，黄寔和苏辙就是亲家；黄寔娶的则是章惇的女儿，他称章惇为岳父。所以从这个角度说，苏辙还低了章惇一辈，因为他的儿媳妇实际上就是章惇的外孙女。因而，章、苏两家本来还应该算是很直接的亲戚关系。

苏轼与章惇除了有同年、同僚之谊外，章惇之子章援举进士时，苏轼为考官，将其置之高第，因而章援与苏轼还有师生之份。

然而，章、苏这两个人的关系，至此成了无法化解的“死结”。

元祐元年（1086）闰二月二十三日，章惇罢知汝州。出京时，不知道苏轼是否前来送行？

一个月后，苏轼给章惇写了这样一封信：

> 轼启：前日少致区区，重烦诲答，且审台候康胜，感慰兼极。归安丘园，早岁共有此意，公独先获其渐，岂胜企羡！但恐世缘已深，未知果脱否耳？无缘一见，少道宿昔为恨。人还，布谢不宣。轼顿首，再拜子厚宫使正议兄执事。十二月廿七日。

苏轼写这封信的本意应该是为了安慰朋友，但调皮惯了的苏轼大概忘了，他此时春风得意，心高气傲的章惇却正在失魂落魄无法自保中。

苏轼信中的“归安丘园，早岁共有此意，公独先获其渐，岂胜企羡！”大意是说：早先咱俩不是都有隐居田园的梦想吗？没想到你倒先我一步实现了，可真让我羡慕嫉妒恨呀！但是，我和这尘世的缘分还是太深，估计无法真正归隐……

在章惇看来，这样的内容只能是薄情寡义的挖苦和嘲讽！

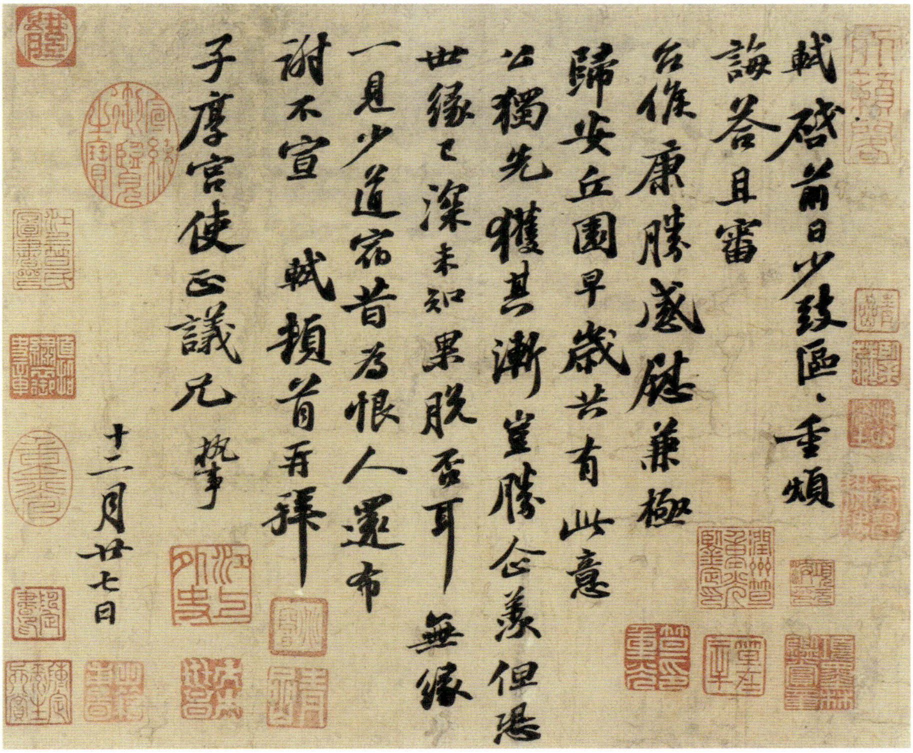
軾啓前日少致區區重煩誨答且審台候康勝感慰兼極歸安丘園早歲共有此意公獨先獲其漸豈勝企羨但恐世緣已深未知果脫否耳無緣一見少道宿昔為恨人還布謝不宣軾頓首再拜子厚宮使正議兄執事十二月廿七日

归安丘园帖　宋　苏轼

他没有毁掉这封信，他一直留着——留到了现在。

“墨禅”：怡情于书法

此后，章惇一直要到绍圣年间才再次回到朝中，而苏轼也因为自己的多言多语受到朝中有关人士的攻击，大部分时间都在外地为官。

被贬的章惇，生活也没有那么不如意。自元祐元年（1086）至绍圣元年（1094）出山拜相的八年时间里，他基本上是住在苏州，偶尔也会到润州（镇江）小住，因为林希与沈括都住在那里。米芾《书史》中有一段记的，正是此时事：

余临大令法帖一卷，在常州士人家，不知何人取作废帖装背，以与沈

括。一日，林希会章惇、张询及余于甘露寺净名斋，各出书画。至此帖，余大惊曰："此芾书也！"沈愕然曰："某家所收久矣，岂是君书？"

曹宝麟以为，这次聚会是在元祐四年（1089），当时林希知润州，米芾为润州州学教授，仕途失意的沈括则隐居在梦溪园中写他的《梦溪笔谈》。

《东坡志林》卷八还记：

吾尝疑米元章用笔妙一时，而所藏书真伪相半。元祐四年六月十二日，与章致平同过元章，致平谓吾：公尝见亲发锁，两手捉书，去人丈余，近辄掣去者乎？元章笑，遂出二王、长史、怀素辈十许帖子，然后知平时所出，皆苟以适众目而已。

这里所说的"章致平"，就是章惇的儿子章援。

元祐三年（1088）正月，苏轼知贡举，依他的意思，这一科本来是要录取他的学生李廌为第一，却不想误以为章援和章持的考卷为李廌，发榜时才知道误取了章援、章持，李廌竟然落第！

章惇对自己的书法也极为自负，并自认为"墨禅"。张邦基《墨庄漫录》卷十记录了章惇论书法的一段话：

吾每论学书当作意，使前无古人，凌厉钟、王，直出其上始可，即自立少分；若直尔低头，就其规矩之内，不免为之奴矣。纵复脱洒至妙，犹当在子孙之列耳，不能雁行也，况于抗衡乎？此非苟作大言，乃至妙之理也。禅家有云：见过于师，方堪传授；见与师齐，减师半德。悟此语者，乃能晓吾言矣。夫于师法不传，字学废绝数百年之后，欲兴起之，以继古人之迹，非至强神悟，不能至也。

章惇有个同事叫黄履，黄履的孙子是黄伯思，在《东观余论》中曾经盛赞过他的书法。也正因为黄履与章惇的关系，黄伯思对苏轼一派，每有微词。

章惇现存《会稽尊侯帖》墨迹一件。

不过，赵令畤《侯鲭录》卷八的记录却告诉我们苏、章二人间的真实看法：

> 客有自丹阳来，过颍见东坡先生，说章子厚学书，日临《兰亭》一本。坡笑云：“从门入者非宝，章七终不高耳！”

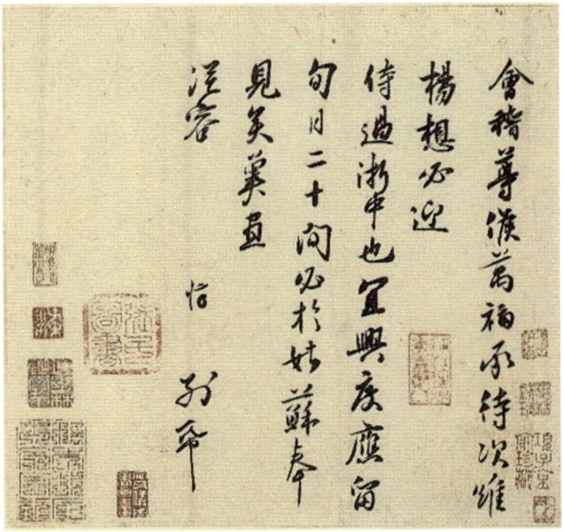

会稽尊侯帖　宋　章惇

元祐六年（1092），苏轼出知颍州（今安徽阜阳），与赵令畤相识，转年又知扬州。因而苏、章二人间虽无直接之接触，但彼此间的消息，却总能从朋友那里听到。东坡对章惇书法的评价，正有以子之矛攻子之盾的意味。

章惇的报复

哲宗元祐八年（1093），宣仁太皇太后逝世。在宣仁太后逝世前，吕大防等人去探病。《过庭录》记：

> 宣仁圣烈皇后寝疾，中外忧惶，三公诣阁门，乞入问疾，诏许之。至御榻前，障以黄幔，哲庙黄袍幞头立榻左，三臣立右。汲公进问曰：“太皇太后圣躬万福。”后曰：“老婆待死也。累年保佑圣躬，粗究心力，区区之心，只欲不坠先烈。措世平泰，不知官家知之否？相公及天下知之否？”辞气愤郁，吕公未及对。哲庙作色叱曰：“大防等出。”三公趋退，相顾曰：“吾曹不知死所矣。”

果然，哲宗开始亲政，他早就厌恶了高太后和她重用的那帮老臣，改元“绍圣”，就是为了将他在高太后阴影下的八年一笔勾销。

绍圣元年（1094），在外待了九年的章惇被召回，被任命为尚书左仆射兼门下侍郎，成为标准的首席宰相，登上除了皇帝之外的权力之巅。

一上任，他就立刻和年轻的皇帝一道，开始了疯狂的清洗旧党运动，不遗余力地推行新法，《青苗法》《免役法》等又得到了推行。在这场政治斗争中，他的政治才华的确得到了淋漓尽致的发挥。在他的铁腕治理下，宋朝达到了军事上的极盛时期，第一次在战争中击溃了西夏，招降了吐蕃诸部，把宋朝疆域扩展到最大。除了内政，他还进行海外贸易，日本、朝鲜等国纷纷派遣使臣访问宋朝并开始学习宋朝文化。

他以“诋毁先帝，变易法度”的罪名剥夺了已经去世的司马光的爵位和荣衔，甚至要挖出司马光的棺材鞭尸。在皇帝不同意这一做法之后，章惇又差人直接把司马光的牌坊拆了，而且，连皇太后赐的碑文也被磨平了。

他将朋党的罪名加在几乎所有妨碍变法的大臣身上。苏轼自然会成为章惇重点打击的对象。即使在章惇还没有到京城上任前的 20 天，苏轼就已经被贬为英州知州。等他正式当上宰相，苏轼更被贬往南海之滨的惠州。

绍圣四年（1097），章惇又指使吏部一纸令下，把苏轼贬到了更为遥远的海南儋州——这是仅仅次于死刑的处罚。

苏轼兄弟先后被放逐，因苏轼字子瞻，“儋州”的“儋”与“瞻”相近，有人猜测，章惇的意思是去掉东坡的眼睛，苏辙字子由，贬谪之地为雷州，意思是去掉“由”的头，让他永远乌云压顶。

历史性的反转

就在苏轼已经几乎绝望的元符三年（1100），年纪轻轻的哲宗去世了，无子嗣。

此时的太后，已经是向太后。

向太后问众位大臣谁能继统？章惇作为宰相，当然第一个发言。

他的意见是：“如果继统的话，应立先帝同母弟简王。”也就是说，应该立跟先帝同一个母亲生的第 13 子简王。

章惇说完，就惹恼了太后：“我没有生下儿子，但这六个皇子难道不都是神宗的儿子吗？”这等于说，章惇有意地将向太后和朱太妃作了区别，因为哲宗皇帝本身就是朱太妃所生，如果再立朱太妃所生的简王，那朱太妃就有两个儿子先后为帝，太后显然脸上无光。

既然立简王也不行，章惇又说：“按照长幼之序，当立九子申王。”但是申王有目疾，相当于是个盲人，如何治理朝政呢？

再往下数，就该 11 子端王了。端王整天踢球、赏花、写字、画画，怎么可以君天下？因而章惇再次发表意见：“端王轻佻，不可以君天下！”

向太后愕然之际，枢密使曾布进言：“章惇未曾与臣商议，如皇太后圣谕，甚为得当！所发议论，令人惊骇，不知居心何在。”

另外两个大臣蔡卞和许将也跟着说：“合依圣旨。”

太后发言：“先帝尝言，端王有福寿，且仁孝，不同于诸王。”说这个孩子既有福寿又非常孝顺，与其他皇子不同，随即召端王入宫，在哲宗皇帝灵柩前继位，这就是宋徽宗。

哲宗是北宋的第七代皇帝，徽宗是第八代皇帝，但他们是兄弟俩——父亲神宗一共有 14 个儿子，从老大到老五，以及老七、老八、老十这八个儿子早已夭折，只留下六个长大成年的皇子，哲宗是第六子，徽宗是第 11 子。

徽宗立，太后听政，迁章惇特进，封申国公，改用韩忠彦、曾布为相，又拜尚书右仆射兼中书侍郎，以陈瓘和任伯雨等人为谏官，调和新旧两党。而章惇也知道，他脱口而出的“端王轻佻，不可以君天下”，实质上是闯了大祸。也的确如此，他后来的所有遭遇，都是此时埋下的伏笔。

本来，徽宗送给他一个假人情，封他为申国公，任他为负责把哲宗灵柩运送到墓地的山陵使，但是正好遇雨，灵车陷在沼泽地中，过了一夜才再次运行。反对章惇的大臣立刻以此大做文章，弹劾他这是大不敬。徽宗得奏章后，即把章惇贬为越州知州，不久，又贬为武昌军节度副使，潭州安置。再稍后，有一个叫任伯雨的右正言翻出章惇的旧账，说他曾想追废宣仁皇后，于是再把他贬到雷州，任司户参军。章惇不会想到，自己在晚年也会被贬到雷州。

陈瓘，字莹中，进士甲科及第，先为太学博士，徽宗即位，为右正言。他一到官，即论蔡卞、章惇之罪。苏轼与陈瓘本是旧识。苏轼在南迁之初，途中即与他相遇，并为他写过一段《为陈莹中跋欧阳永叔帖》的文字。

任伯雨，字德翁，眉山人，是苏轼的同乡。苏轼与他的父亲是老朋友，第一次见到任伯雨时，他还在父亲的怀里。苏轼《京师哭任遵圣》诗中“平生惟一子，抱负珠在掌。见之龆龀中，已有食牛量。他年如入洛，生死一相访。”说的就是任伯雨。

苏轼南迁途中，在泗州时曾遇到任伯雨。任伯雨搭上苏轼的船，一起走了一个月，行到南京才分手。

任伯雨为谏官的半年之内，连上章疏 108 道，许多大臣都怕他。章惇就败在他的手下。

新的皇太后摄政，照例开始赦免元祐大臣，苏轼被批准返回大陆。他的学生秦观先得到了苏轼内迁廉州的消息，赶紧给老师写了一封信，东坡遂准备北归。

建中靖国元年（1101）四月，东坡过豫章（江西南昌），停舟于吴城山下，南昌太守叶祖洽问：“世传端明已归道山，今尚尔游戏人间耶！”东坡的回答十分幽默：“本来已经死了的，在去阴间的途中却看见章子厚，我立刻掉头回来了！”

东坡北归，一路上受到极其热情的款待。当他路经靖江的时候，在众多前来拜见的人群中，没有章惇的儿子章援，而当年苏东坡做主考官，亲自录取的最为满意的考生，就是章援。按照传统的说法，章援乃东坡的门生。

章援自然知道他父亲与苏轼之间的恩怨，当他感觉到苏轼可能会再次当政时，不禁有些后怕，因为他怕东坡报复他的父亲。于是，他很委婉地给苏东坡写了一封信，意思是说：能够辅佐君王的人，哪怕再轻微的一句话，也足以决定他人之命运。

宋人赵彦卫的《云麓漫抄》卷九记下了章援写给东坡这封信的全文：

某惶恐再拜端明尚书（台座）：某伏闻旌旆还自南越，扬舲江海，蹑屐岭峤，执事者良苦，数岁以来，艰险备至，殆昔人之所未尝，非天将降大任者，岂易堪此？窃惟达人大观，俯仰陈迹，无复可言。不审即日尊体动止何似？伏念某离远门墙，于今九年，一日三月，何可数计？传闻车马之音，当欢欣鼓舞，迎劳行色，以致其积年慕恋，引领举足，崎岖瞻望之诚。今乃不然！近缘老亲重被罪谴，忧深虑切，忘寝与食，始闻后命，方在浙东，即欲便道省觐，又顾幼稚须携挈，致之所居，今暂抵此，治任裹粮，旦暮远行，交亲往来，一切皆废。此则自侪于众人，宜其所以未获进见者。某于门下，岂敢用此为解？舍馆定，然后求见长者，是为有罪，况于不克见者乎？逡巡犹豫，事为老亲，固当审思耳。

迩来闻诸道路之言，士大夫日夜望尚书进陪国论，今也使某得见，岂得泊然无意哉！尚书固圣时之蓍龟，窃将就执事者，稽卜而听命焉。南海之滨，下潦上雾，毒气薰蒸，执事者亲所经，于今回想，必当可畏，况以益高之年，齿发尤衰，涉乎此境，岂不惴惴？但念老亲性疏豁，不护短，内省过咎，仰戴于上恩，庶有以自宽，节饮食，亲药物，粗可侥幸岁月。不然者，借使小有悒濇之情，悴于胸次，忧思郁结，易以伤气，加以瘴疠，则朝夕几殆，何可忍言？况复为淹久计哉！每虑及此，肝胆摧落，是以不胜犬马之情，子私其父，日夜觊幸。

圣上慈仁，哀矜耆老，沛然发不世之诏，稍驰罪罟，尚得东归田里，保养垂老，此微贱之祷，悲伤涕泣，斯须颠沛，不能忘也。倘问焉而执事者以为未然，使某也将何以为怀？诚不若勿卜而徒自然，庶几之为愈也。倘以为可觊也，固愚情所欲闻，然而旬数之间，尚书奉尺一，还朝廷，登廊庙，地亲责重，所忖度者幸而既中，又不若今日之不克见，可以远迹避嫌，杜谗慝之机，思患而豫防之为善也。若乃事故多端，纷纭轇轕，虽弥日信宿，未可尽剖勃鞮，所谓君其知之矣，宁须多言。

独恨九年之间，学不益博，文不益进，以此负门下。然古人有闻之而不言，能之而不为，存之而不论者，窃尝留意焉，未若面得之也。请俟它日，仰叩绪余论，不胜拳拳之情，敢言之执事者，伏惟财幸。暑溽异甚，伏望保护寝兴，万万珍重。不宣。某惶恐再拜。

东坡看到此信，不但没有埋怨，反倒大喜，对他的儿子夸奖章援："斯文，司马子长之流也。"而且，他立刻写了一封回信：

某顿首致平学士：某自仪真得暑毒，困卧如昏醉中，到京口，自太守以下皆不能见，茫然不知致平在此，得书，乃渐醒悟。伏读来教，感叹不

已。某与丞相定交四十余年，虽中间出处稍异，交情固无增损也。闻其高年寄迹海隅，此怀可知。但以往者，更说何益，惟论其未然者而已。

主上至仁至信，草木豚鱼所知也。建中靖国之意，可恃以安。又海康风土不甚恶，寒热皆适中。舶到时，四方物多有，若昆仲先于闽客、广舟准备，备家常要用药百千去，自治之余，亦可以及邻里乡党。又丞相知养内外丹久矣，所以未成者，正坐大用故也。今兹闲放，正宜成此，然只可自内养丹，切不可服外物也。

某在海外，曾作《续养生论》一首，甚欲写寄，病困未能，到毗陵，定叠检获，当录呈也。所云穆卜，反复究绎，必是误听。纷纷见及已多矣，得安此行为幸！为幸！更徐听其审。又见今病状，死生未可必。自半月来，日食米不半合，见食却饱，今且速归毗陵，聊自憩。此我里，庶几且少休，不即死。书至此，困惫放笔，太息而已。某顿首再拜致平学士阁下，六月十四日。（《苏轼文集》，第1643—1644页，标点有调整）

信中有一句话的意思是：我和你父亲是40多年的好友，虽然中间有些不和，并无损于交情。除此之外，回信中又絮絮提醒一些岭南生活的注意事项，嘱咐多带些家常用药，自疗之余，也可惠及邻里乡党之类。《云麓漫钞》特别记："此纸乃一挥，笔势翩翩。后又写《白术方》，今在其孙治教授君处。"

章惇加给东坡的苦难，数年以来，无法用语言形容，但东坡这一封信却不再像上一封信《归安丘园》那样绵里藏针，而是大有捐弃前嫌、着眼将来之意。

另外，东坡还写信给章惇的外甥黄寔，告诉他雷州并无瘴疠，并让他转告章惇的母亲，让她宽心。

北宋残酷的党争使苏、章二人从朋友转变为政敌，但此刻，苏轼又主动放弃了仇恨，让我们看到的只是闪烁在字里行间的人性光辉。

南宋诗人刘克庄读过二人的往来信件后，感叹道："君子无纤毫之过，而小人忿忮，必致之死；小人负邱山之罪，而君子爱怜，犹欲其生。此君子小人之用心所以不同与！"林语堂在其所作的《苏东坡传》中，赞叹此信是伟大的人道主义文献，因为其中表现出来的宽容大度和仁爱精神，在古往今来的人物中，实属鲜见。

究竟是什么泯灭了人的理性与情感？又究竟是什么让人重新回到温暖的人性中来？

从1057年开始到1100年以后，苏东坡与章惇之间关系的大开大合，只能说是历史给他们开了一个极其尴尬的大玩笑。俩人逝世后，苏轼被追赠为太师，谥号文忠，章惇一度恢复特进、申国公。政和（1111—1118）中，章惇被追赠为观文殿大学士、太师等。但他在死后30年，即南宋绍兴五年（1135），高宗看到任伯雨告章惇诋诬宣仁皇后的奏章，再算旧账，又去掉章惇的追赠，贬为昭化军节度副使，并严规“子孙不得仕于朝”。

再后来，他更被写入《宋史・奸臣传》中，他的名字和蔡確、吴处厚、邢恕、吕惠卿、曾布、安敦、蔡京、蔡卞、蔡攸、蔡翛、赵良嗣、张觉、郭药师、黄潜善、汪伯彦、秦桧、万俟卨、韩侂胄、丁大全、贾似道等人并列。

“此心安处是吾乡”——与王巩

嘉祐三年（1058），宋朝名相王旦的儿子王素从定州来成都任职，正在家里守制的苏轼立刻给他写了一封信，希望他能减轻朝廷对蜀人的经济压迫。王素非常看重这位后辈的意见和为人，因而让他的儿子王巩跟苏轼学习。这是王巩与比自己大 12 岁的苏轼的友谊的开始。

王巩（1048—1117），字定国，号清虚居士，著有《随手杂录》《甲申杂记》《闻见近录》《王定国诗集》《王定国文集》《清虚杂著补阙》等书。他入仕是靠恩荫，补为校书郎。累官大理评事，迁太常博士等。

作为世家子弟，王巩得到很多人的赏识。除了冯京、司马光之外，苏轼兄弟与他的关系，几乎情同手足。刘挚的儿子刘跂娶了王巩的女儿，宰相吕大防也对他特别爱护，黄庭坚、秦观、王安礼、谢景温等人，也都是他的好友。

但朝臣中也有不少人对王巩看不顺眼：王安石骂他是不懂事的“孺子”，为宗正丞时被指离间宗室，判登闻鼓院时被朱光庭执奏“未协公议”……所以在做官方面，他一直不顺，经常被“追两官勒停”，也就是受到降职和不得提升的处分。

虽然官运不济，但不妨他以贵公子的身份在京城构建起自己的园林，取名为清虚堂。《汴京遗迹志》卷八《堂》载：“清虚堂在汴城内之东隅，宋王巩建，苏轼有记，今废。”确实位置今已不详。

苏辙为他的清虚堂作记，可以想见他的生活世界：

> 王君定国为堂于其居室之西，前有山石瑰奇琬琰之观，后有竹林阴森冰雪之植，中置图史百物，而名之曰“清虚”。日与其游，贤士大夫相从

于其间，啸歌吟咏，举酒相属，油然不知日之既夕。

凡游于其堂者，萧然如入于山林高僧逸人之居，而忘其京都尘土之乡也。或曰："此其所以为清虚者耶？"客曰："不然，凡物自其浊者视之，则清者为清，自其实者视之，则虚者为虚。故清者以浊为污，而虚者以实为碍。然而，皆非物之正也。盖物无不清，亦无不虚者。虽泥涂之浑，而至清存焉。虽山石之坚，而至虚存焉。夫惟清浊一观，而虚实同体，然后与物无匹，而至清且虚者出矣。今夫王君，生于世族，弃其绮纨膏粱之习，而跌荡于图书翰墨之囿，沉酣纵恣，洒然与众殊好。至于钟、王、虞、褚、颜、张之逸迹，顾、陆、吴、卢、王、韩之遗墨，杂然前陈，赎之倾囊而不厌。慨乎思见其人而不得，则既与世俗远矣。然及其年日益壮，学日益笃，经涉世故，出入患祸，顾畴昔之好，知其未离乎累也。乃始发其箱箧，出其玩好，投以与人而不惜。将旷焉黜去外累而独求诸内，意其有真清虚者在焉，而未之见也。王君浮沉京师，多世外之交，而又娶于梁张公氏。张公超达远骛，体乎至道而顺乎流俗。君当试以吾言问之，其必有得于是矣。"

熙宁十年正月八日记。（《栾城集》卷二十四）

这篇《清虚堂记》为苏辙所作，但字是苏轼写的。在全文后面，有一长跋：

世多藏予书者，而子由独无有，以求之者众，而子由亦以余书为可以必取，故每以与人不惜。昔人求书法，至拊心呕血而不获，求安心法，裸雪没腰，仅乃得之。今子由既轻以余书予人可也，又以其微妙之法言不待愤悱而发，岂不过哉？然王君之为人，盖可与言此者。他人当以余言为戒。（《苏轼文集》，第 2186—2187 页）

这是苏轼与弟弟、与挚友之间才可能发出的一种感慨：子由不珍惜他的书法，王巩求子由的文章也没费什么事——三人或者可以会心一笑。"弟文兄书"，在苏轼一生中并未多见。

有一则趣事，倒是可以插叙于此。张邦基《墨庄漫录》记：苏轼本来想自己为新建成的黄楼作一篇文章，但看到苏辙写的《黄楼赋》之后，就决定自己抄与一遍刻石就可以了。苏轼在写此碑时，官妓马盼盼在旁边看着，在他写到一半时，因有事离开了一会，马盼盼则一时兴起拿起苏轼的笔续写“山川开合”。也许是刚写完这四个字苏轼就回来了，也许是写完这四个字马盼盼觉得和苏轼的笔迹还有距离就不敢写了，苏轼看到马盼盼写的四个字后，并没有重新写，只是在这四个字上稍加润饰，所以《黄楼赋》碑文中的“山川开合”四个字，实是马盼盼的笔迹。惜乎此碑后来被一个徐州继任太守叫苗仲先的给毁了。

熙宁十年（1077 年）四月，苏轼知徐州，他多次邀请王巩到徐州一游。但是在这一年，王巩也许因为尚未从赵世居谋为不轨的案子的阴影里走出来，也加上家中有事，未能成行。而这段时间在南京（商丘），苏辙却与王巩的交往极为密切，让比较贫窘的苏辙尽享宴饮之乐。有时喝醉后，他就睡在王巩的家中。此时的苏轼，则在徐州抗洪的第一线辛苦了很久，直到黄河水退去。

防洪结束，苏轼特意建黄楼以为纪念。

元丰元年（1078）八月，黄楼建成，苏轼又提醒王巩不要忘了他们之间的中秋之约。王巩在来前，特意写一诗给苏轼，诗中称自己为不好招待的“恶客”，声言除了自己家中的美酒，从来不喝外面的酒。苏轼则答，不喝外面的酒很容易，你自己带来就好了。这首名为《答王巩》的诗，极其诙谐：

汴泗绕吾城，城坚如削铁。
中有李临淮，号令肝胆裂。
古来彭城守，未省怕恶客。
恶客云是谁？祥符相公孙。
是家豪逸生有种，千金一掷颇黎盆。
连车载酒来，不饮外酒嫌其村。
子有千瓶酒，我有万株菊。
任子满头插，团团见花不见目。
醉中插花归，花重压折轴。
问客何所须？客言我爱山。
青山自绕郭，不要买山钱。
此外有黄楼，楼下一河水。

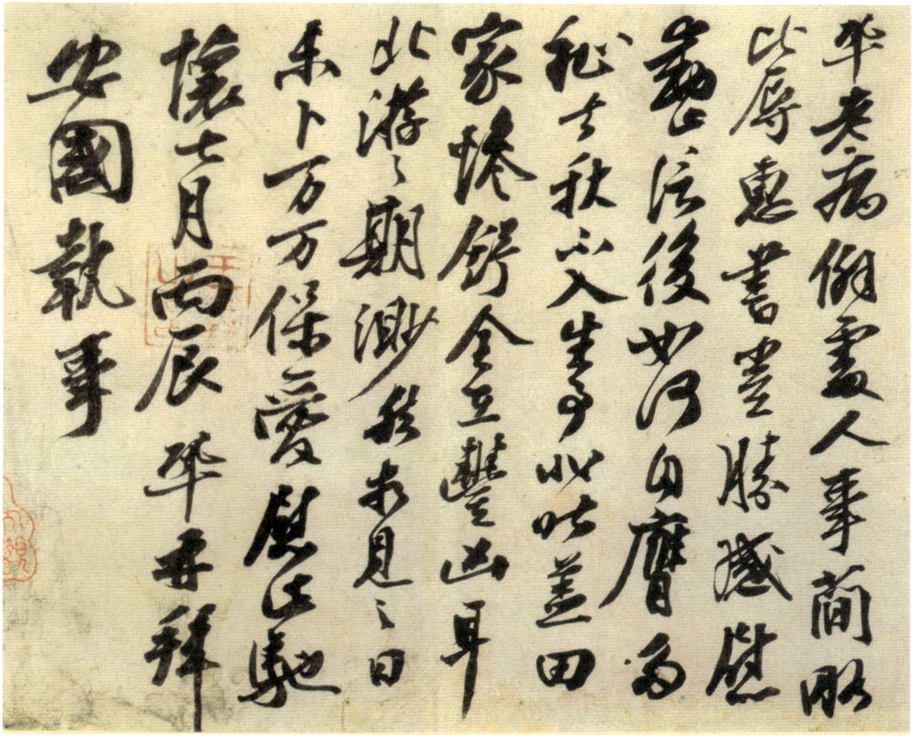

致安国执事帖　宋　王巩

美哉洋洋乎，可以疗饥并洗耳。

彭城之游乐复乐，客恶何如主人恶！（《苏轼诗集》，第 863—864 页）

苏轼将如何招待“恶客”王巩的内容都写在诗中，并自许为“恶主人”。

王巩还真带了自己酿的美酒到徐州访苏轼，刚好赶上黄楼落成，加上九月九日登高赏菊之会，场面极为热烈。参加此次盛会的朋友大概有 30 多人，衣香鬓影之间，王巩诗兴好，酒量更好，苏轼喝得酩酊大醉，诗兴更为豪放：

我醉欲眠君罢休，已教从事到青州。

鬓霜饶我三千丈，诗律输君一百筹。

闻道郎君闭东阁，且容老子上南楼。

相逢不用忙归去，明日黄花蝶也愁。

其他人散后，苏轼就与王巩在一起过了十来天饮酒赋诗、快乐似神仙的日子。

苏轼特意请了一个肥肥胖胖的叫颜复（1034—1090）的人陪着清清瘦瘦的王巩游玩。苏轼望着二人游玩，同时也唤起他在杭州时的记忆。苏轼作《百步洪二首》前小叙云：“王定国访余于彭城。一日，棹小舟与颜复（长道）携盼、英、卿三子游泗水，北上圣女山，南下百步洪，吹笛饮酒，乘月而归。余时以事不得往，夜著羽衣，伫立于黄楼上，相视而笑，以为李太白死，世间无此乐 300 余年矣。”

只有与王巩这样的朋友在一起，苏轼才如此快乐，才如此适意。文中提到的“盼”，即是前面提到写了“山川开合”四个字的马盼盼，英是张英英，卿是卿卿。苏轼穿着的所谓“羽衣”，是古人为了满足自己可以像神仙那样飞在空中的幻想。

王巩的诗，本来就为苏轼所激赏，张邦基《墨庄漫录》曾记述：“王定国持诗与东坡，东坡答书云：‘新诗篇篇皆奇，老拙此回真不及，穷人之具辄欲交割与公。’魏道辅（泰）见而笑曰：‘定国亦难作交代，只是且权摄耳。’”

元丰二年（1079）八月，时任湖州知州的苏轼因“乌台诗案”被捕，案结以后，除了主角苏轼，受到处分最严重的竟然是王巩——在 20 多位“乌台诗案”的所谓案犯中，王巩是被贬得最远因而也是责罚最重的一个人。广西宾州在桂林西南，属广南西路，距东京有 2180 公里。

此时的王巩刚刚叙复太常博士，就以“（苏轼）与王巩往还，漏泄禁中语，阴同货赂，密与宴游”的罪名，被贬宾州（今广西宾阳）监督盐酒税。

王巩生有六子一女，非常不幸的是，他在贬谪监宾州盐酒税时痛失两个爱子，“一子死于谪所，一子死于家”。王巩自己也一度重病垂危。为此，苏轼一直觉得愧对于王巩。他在《王定国诗集叙》中说过：“今定国以余故得罪，贬海上五年，一子死贬所，一子死于家，定国亦几病死。余意其怨我甚，不敢以书相闻。”其内疚之情，可想而知。

因而，苏轼也特别惦念王巩的状况。苏轼在黄州写的第一封信，就告诉王巩，他每天派人到江边的码头那里等着送信人的到来，最希望看到王巩写来报平安的信。

在第二封信中，苏轼可谓推心置腹：

某启：罪大责轻，得此甚幸，未尝戚戚。但知识数十人，缘我得罪，而定国为某所累尤深，流落荒服，亲爱隔阔。每念至此，觉心肺间便有汤火芒刺。今得来教，既不见弃绝，而能以道自遣，无丝发蒂芥，然后知定国为可人，而不肖他日犹得以衰颜白发厕宾客之末也。甚幸！甚幸！恐从者不由此过，故专遣人致区区。惟愿定国深自爱重，仍以戒我者自戒而已。临书悒悒，不知此人到江，犹及见仙舟否？匆匆，不宣。（《苏轼文集》，第1513—1514页）

苏轼一想到王巩受他的拖累，竟然会觉得在心、肺之间有汤火芒刺之感，真是难受极了！

在称赞王巩所作诗文的同时，苏轼更关心他的身体健康，建议他用“摩脚心法”对付瘴气，“每日饮少酒，调节饮食，常令胃气壮健”等，进而竟至于有干涉王巩“私生活”之嫌。他希望王巩不要像别人那样在穷愁困境中纵情于声色：“粉白黛绿者，俱是火宅中狐狸、射干之流，愿深以道眼看破。”（同上，第1514页）

狐狸众所周知，射干为何物？有种植物叫射干，“射”字读“夜”，因而射干也叫夜干或野干。但苏轼将它与狐狸并列，则不是植物，且说“火宅”，必是与佛教有关。查佛典，《翻译名仪·悉伽罗比》有解释：“野干，似狐而小，形色青黄如狗，群行，夜鸣如狼。《广志》：巢于绝缘高木也。”原来射干也是与狐狸一类的动物。也就是说，《本草》中的“射干”是草，而佛经中的“射干”则是动物。

他还特别叮嘱王巩身处边远地区，要在钱物上多节约为好，这样不仅可以应急，而且也算惜福。

远在岭南宾州的王巩为了安慰苏轼，在给苏轼的回信中除了寄诗之外，更大谈道家长生之术，说自己正在宾州修行，而且颇有所得。苏轼此时也在积极地收集各种养生的办法以及养生所需之物。所以，苏轼特别想要得到广西的丹砂，他从黄州致信王巩：“桂砂如不难得，致十余两尤佳。”

苏轼在黄州期间，每到重九，他都会与太守徐君猷会于栖霞楼之上，同时也想起几年前在徐州黄楼上兴高采烈的聚会。他在给王巩的书信中说：

> 某递中领书及新诗，感慰无穷。得知君无恙，久居蛮夷中，不郁郁足矣。其他不足云也……重九登栖霞楼，望君凄然，歌《千秋岁》，满坐识与不识，皆怀君。遂作一词云：“霜降水痕收。浅碧鳞鳞欲见洲。酒力渐消风力软，飕飕。破帽多情却恋头。 佳节若为酬。但把清樽断送秋。万事回头都是梦，休休。明日黄花蝶也愁。”其卒章，则徐州逍遥堂中夜与君和诗也。来诗要我画竹，此竟安用，勉为君作一纸奉寄。（《苏轼文集》，第1520页）

这里的“明日黄花蝶也愁”，正是在徐州重阳节那一天的诗句。此外，苏轼还特别给王巩画了一幅竹子寄去。

在“乌台诗案”中另外一个受到处分比较严重的，是王诜，由于他是驸马，也正好借此机会来处罚他。但是因他的女儿也即皇帝的外甥女的哭求，王诜又被召回京师。

苏轼将此消息告诉王巩。此际，苏轼已经号为东坡居士，时常在东坡耕种，并调侃自己是“鏖糟陂里陶靖节”，也即是一个“冒牌的陶渊明”。“鏖糟陂里”这句话后来在他讽刺程颐的时候也用过。自嘲可以，用来嘲笑别人，则未免显得过火：

> 某启。如闻晋卿已召还都，月给百千，其女泣诉，圣主为恻然也。恐要知。来诗愈奇，欲和，又不欲频频破戒。自到此，惟以书史为乐，比从仕废学，少免荒唐也。近于侧左得荒地数十亩，买牛一具，躬耕其中。今岁旱，米贵甚。近日方得雨，日夜垦辟，欲种麦，虽劳苦却亦有味。邻曲相逢欣欣，欲自号鏖糟陂里陶靖节，如何？君数书，笔法渐逼晋人，吾笔法亦少进耶？画不能皆好，醉后画得一二十纸中，时有一纸可观，然多为人持去，于君岂复有爱，但卒急画不成也。今后当有醉笔，嘉者聚之，以须的信寄去也。（《苏轼文集》，第1520—1521页）

自从黄州之后，苏轼一再运用陶渊明使用过的文学意象来表达自己随遇而安、宠辱不惊的处世态度，也在借不断地深入陶渊明的诗歌之中，表达人生哲理。所以，不仅陶渊明的诗文成了苏轼在黄州期间的重要情感安慰，同时，饮酒、草书和墨竹也成了他精神生活中非常重要的元素。而他，则想一股脑儿地都给王巩。

当苏轼还在黄州时，苏辙就得到王巩北归的消息，喜而赋诗：“同罪南迁惊最远，乘流北上喜先归。”他赶快将这个消息告诉了苏轼。此时，王巩已经到了江西。苏轼写给王巩的岳父张方平的信中说：

王郎北归，慰喜可量，恨不能助举一觞耳。忧喜过人，何翅霜露，欲寻王郎初别时意味，岂复有丝毫在者。则今日会合之喜，又与造物者皆逝矣。（《三苏年谱》，第 1395 页）

他听到王巩能够安然回到内地，当然是无比兴奋。他甚至认为：“忠信之心，天日所照，既遂生还，晚途际遇，未可量也！”

当王巩到江西时，首先做的就是把在岭外作的诗歌数百首寄给苏轼，让他品题。此前王巩寄诗给苏轼，苏轼看后还非常感叹：“定国所寄临江军书，久已收得。二书反复议论及处忧患者甚详，既以解忧，又以洗我昏蒙，所得不少也。然所得非苟知之亦允蹈之者，愿公常诵此语也。杜子美穷困之中，一饮一食，未尝忘君。诗人以来，一人而已。”此次再为他的诗集写叙，更是大加赞扬：

太史公论《诗》，以为《国风》好色而不淫，《小雅》怨诽而不乱。以余观之，是特识变风、变雅耳，乌睹《诗》之正乎？昔先王之泽衰，然后变风发乎情，虽衰而未竭，是以犹止于礼义，以为贤于无所止者而已。若夫发于性止于忠孝者，其诗岂可同日而语哉！古今诗人众矣，而杜子美为首，岂非以其流落饥寒，终身不用，而一饭未尝忘君也欤。

今定国以余故得罪，贬海上三年，一子死贬所，一子死于家，定国亦病几死。余意其怨我甚，不敢以书相闻。而定国归至江西，以其岭外所作诗数百首寄余，皆清平丰融，蔼然有治世之音，其言与志得道行者无异。

幽忧愤叹之作，盖亦有之矣，特恐死岭外，而天子之恩不及报，以忝其父祖耳。孔子曰：“不怨天，不尤人。”定国且不我怨，而肯怨天乎！余然后废卷而叹，自恨期人之浅也。

又念昔日定国过余于彭城，留十日，往返作诗几百余篇，余苦其多，畏其敏，而服其工也。一日，定国与颜复（长道）游泗水，登桓山，吹笛饮酒，乘月而归。余亦置酒黄楼上以待之，曰：“李太白死，世无此乐三百年矣。”

今余老，不复作诗，又以病止酒，闭门不出。门外数步即大江，经月不至江上，眊眊焉真一老农夫也。而定国诗益工，饮酒不衰，所至翱翔徜徉，穷山水之胜，不以厄穷衰老改其度。今而后，余之所畏服于定国者，不独其诗也。（《苏轼文集》，第 318 页）

文中固多客套的夸奖之意，但更多的还应该是苏轼对王巩的欣赏之情。另外暗地里一层含义，大约是为王巩能够再次步入仕途作铺垫。后来他有一《辨举王巩札子》，正可证明我的推论：“（王巩）顷者窜逐万里，偶获生还，而容貌如故，志气愈厉。”

除了苏轼为他的诗文集作序，黄庭坚也写了一个序：“元城王定国，洒落有远韵，才器度越等夷……坐大臣子不慎交游，夺官落岭南。更折节，自刻苦，读诸经，颇立训传，以示得意……定国富于春秋，崎岖岭海，去国万里，脱身生还，邂逅江滨，斗酒相劳苦，但以罪大责轻，未有以报君恩为言，郁然发于文藻，未尝私自怜，此其志未易为俗人道之。”对王巩的赞赏，可见他们志趣之相同。

从元丰二年（1079）十二月到元丰六年（1083）十月，王巩在宾州生活了将近四年。元祐元年（1086）二月，王巩宴请苏轼，苏轼发现王巩虽遭此一贬，非但没有那种仓皇落魄的狼狈，神色焕发反倒更胜于当年，亦不由疑惑：“定国坐坡累谪宾州，瘴烟窟里五年，面如红玉。”这让苏轼大为折服。

王巩请家中侍儿出来为东坡唱曲。王巩家中原本养有好多歌女，但获罪以后，好像只有一位复姓宇文、名曰柔奴的愿意陪伴王巩共赴宾州。苏轼试探地问柔奴：“广南风土应是不好？”柔奴回答：“此心安处，便是吾乡。”苏轼没想到一个柔弱女子竟能脱口说出如此豁达之语，大为赞赏，立刻填词《定风波》一阕：

常羡人间琢玉郎，天应乞与点酥娘。尽道清歌传皓齿，风起，雪飞炎海变清凉。

万里归来颜愈少，微笑，笑时犹带岭梅香。试问岭南应不好？却道，此心安处是吾乡。

飞阁延风图　宋　（传）王诜

虽然白居易早有诗句说“无论海角与天涯，大抵心安即是家”，但此话从柔奴的嘴里说出来，却是不仅仅记得有这样一句诗，而是真切地活出了诗意。

元祐三年（1088）十二月初七，天降微雪，苏轼与苏辙一起前往京城清虚堂拜访王巩。几人于雪中小饮赋诗，“笑谈通夜倒金樽”。诗题恰是一篇短文：《兴龙节侍宴前一日，微雪，与子由同访王定国，小饮清虚堂。定国出数诗，皆佳，而五言尤奇。子由又言：昔与孙巨源同过定国，感念存没，悲欢久之。夜归，稍醒，各赋一篇，明日朝中以示定国也》所谓“兴龙节”，就是皇帝的生日。苏辙在诗句中，亦表达“相逢却说十年事，往事皆非隔生死。惟有飞霙似昔时，许君一醉那须起”之情。

他们在一起，一边饮酒，一边追忆旧时光景，感叹韶华易逝。

烟江叠嶂图（青绿卷，局部）　宋　王诜

他们有一个共同的好友叫孙洙（1031—1079），此时已经去世多年。孙洙，字巨源，皇祐元年（1049）进士，博学多才，词作有西汉似的典雅。韩琦读他的文章，将他称为当代的贾谊。他曾与苏轼兄弟一起在王诜家聚会。《王直方诗话》记："晋卿言：'都教喂饲了官员辈马着。'巨源云：'都尉指挥都喂马，好一对。'适长主送茶来，东坡即云：'大家齐吃大家茶。'盖长公主呼大家也。"

苏轼另有《次韵王定国会饮清虚堂》一诗，还可想见当时情景：

何逊扬州又几年，官梅诗兴故依然。
何人可复间季孟，与子不妨中圣贤。
卜筑君方淮上郡，归心我已剑南川。
此身正似蚕将老，更尽春光一再眠。（《苏轼诗集》，第 1612 页）

这时王巩刚从扬州回来，准备去宿州上任，因而苏轼将王巩比作是南朝梁代的诗人何逊。何逊曾为扬州法曹。官府中有梅花，他时常吟咏其下，后来何逊到洛阳为官，因想念扬州的梅花，就又转回扬州为官，因而只要一说起扬州的梅花，就会让人联想到何逊其人其诗。

在这次聚会上，王巩还出示了王诜所画的《烟江叠嶂图》，这更勾起了当年他们一同因"乌台诗案"获罪之后的流离失所的岁月。

从王巩处回来后，苏轼揽图怀想，写下了一首著名的题画诗《书王定国所藏烟江叠嶂图》。在这首题画诗里，苏轼思考了人生最深层次的问题：不是富贵，也不是简单的归隐，而是如何在富贵与归隐之外寻找一条超越之路。如果把个体生命放到宇宙自然之中，所谓利益和功名，都毫无意义；但个体生命的责任和价值，又必须得到挺立与彰显，所以也不必逃避这个世俗世界。如何在宇宙自然和从个体生命中获得真正的安顿，就成了苏轼以及他的朋友所面对的问题。

“水墨自与诗争妍”——与王诜

在众多朋友里，苏轼遇到了一个富贵人家的朋友，这个人就是王诜——一个让苏轼既喜欢又无奈的朋友。

王诜比苏轼小 12 岁，庆历八年（1048）出生，字晋卿，原是太原（今属山西）人，居汴京。他出身于贵族，成年后，娶了宋英宗赵曙的女儿蜀国公主为妻，官左卫将军、驸马都尉、利州防御使。

王诜妻宝安公主（1051—1080），是英宗的第二个女儿，母亲是宣仁圣烈皇后。她在嘉祐八年（1063）封宝安公主。治平四年（1067）正月，英宗病逝于福宁殿，享年 36 岁。神宗即位后将妹妹封为舒国长公主，改蜀国长公主。

王诜的母亲卢氏寡居，作为儿媳的公主就住在近处，每天给婆婆进献美食。卢氏生病时，公主还亲自调和汤剂奉上。公主的性格如此之好，王诜却是极放纵自己，也曾为此而贬官，熙宁十年（1077），为绛州团练使，落驸马都尉。元丰三年（1080），公主得了重病，神宗亲自来探病，公主别无请求，只是希望能恢复王诜的官职而已。

第二天，公主薨逝，只有 30 岁。

公主去世后，乳母告发王诜纵容小妾触犯公主，愤怒的神宗命令彻底追查。公主下葬之后，王诜又坐责授昭化军节度行军司马，均州安置。均州，即今丹江口水库一带。

到了元祐元年（1086 年），他任登州刺史，也重新恢复了驸马都尉的官职。

朋九万《东坡乌台诗案》说，苏轼与王诜最初的交往，开始于熙宁二年（1069）：“轼在京授差遣，王诜作驸马。后轼去王诜宅，与王诜写作诗赋，并《莲华经》等。”

特别详细记载在《乌台诗案·与王诜往来诗赋》里面有几条史料，有几件事是很有趣的。

给道士或僧人赐紫衣、师号，是从唐朝开始。五代十国之后，赐紫衣和师号，成为一种制度，可以由大臣推荐，也可以由皇亲国戚来请求。大师的级别，则按照赐号的字数而定，两个字最低，八个字最高。对于僧道而言，这既是一种来自皇家的恩赐，也是一种荣誉。

熙宁四年（1071），僧人惟简为了求得师号，找到老朋友苏轼。苏轼则将家中收藏的一幅画送给王诜，明确表明，这是惟简想求得一个“师号”，王诜答应办理此事，而且办成了。

苏轼曾在一封致宝月大师的信中说：

> 驸马都尉王晋卿画山水寒林，冠绝一时，非画工能仿佛。得一古松帐子奉寄，非吾兄别识，不寄去也。幸秘藏之，亦使蜀中工者见长意思也。他甚自珍惜，不妄与人画，知之。（《苏轼文集》，第1888页）

这个宝月大师，即是托苏轼求“师号”的惟简。而且，苏轼还将王诜的一张画送给惟简，并说，王诜的画很难求，所以给你，一是因为你懂，二是为了让四川人开开眼界。

这一年，有个叫柳询的人，因为家里太穷，向苏轼求助。苏轼从自己家中找了一个犀牛角制成的工艺品，但佯称是柳询的东西，准备以30贯的价格卖给王诜。王诜很痛快：不用卖什么东西，我送他30贯好了！

相国寺僧思大师也求苏轼找王诜“觅紫衣一道”，然后准备了很厚重的礼：吴道子画佛涅槃一轴，董羽画水幛一幅，徐熙画海棠、木芍药、梅花、雀、竹各一轴，赵昌画折枝花一轴，朱繇、武宗元画鬼神二轴。在得到王诜的应允之后，苏轼将吴道子所画佛涅槃一轴以及徐熙画海棠、木芍药、梅花、雀、竹等送给了王诜，自己则留下了朱繇、武宗元所画的神鬼图。从王诜那里请得的两道紫衣，苏轼亲手交给了相国寺的思大师。

这一年，苏轼还请王诜帮了一个忙，即将自己收藏的36轴各有唐贤题名的画请王诜找人装裱一下，物料手工，自然都是王诜出的钱——这大概也是一

笔不小的开支。

以上各事例表明，在精神层面上，王诜是真心崇拜苏轼，苏轼则会在很现实尤其是物质层面得到王诜的尽心尽力的帮助。

当苏轼出任杭州通判时，王诜也为苏轼准备了许多礼物，计有茶、药、纸、笔、墨、砚、鲨鱼皮、紫茸毡、紫藤簟等，苏轼一一留下。而在去徐州的任上，王诜又送他羊羔儿酒四瓶、乳粮狮子四枚、龙脑面花象板、裙带系头子、锦缎等。此外还有苏辙嫁女儿时，苏轼向王诜借钱200贯之后，又续借100贯，后来也没有归还。

身为贵家子弟，又是皇亲国戚，王诜的宅第西园，堪称是当时京城主要的雅集中心之一。关于王诜的宅第，苏辙有详细的描述：

茂林远岫图　宋　李成

侯家玉食绣罗裳，弹丝吹竹喧洞房。

哀歌妙舞奉清觞，白日一醉万事忘。

百年将种存慨慷，西取庸蜀践戎羌。

战袍赐锦盘雕章，宝刀玉玦余风霜。

天孙渡河夜未央，功臣子孙白且长。

朱门甲第临康庄，生长介胄羞膏粱。

四方宾客坐华堂，何用为乐非笙簧。

锦囊犀轴堆象床，竿叉连幅翻云光。

手披横素风飞扬，长林巨石插雕梁。

清江白浪吹粉墙，异花没骨朝露香。（徐熙画花，落笔纵横。其子嗣，

以五色染就，不见笔迹，谓之没骨。蜀赵昌盖用此法耳。）

挚禽猛兽舌腭张，腾踏騕褭联骕骦。

喷振风雨驰平冈，前数顾陆后吴王。

老成虽丧存典常，坐客不识视茫洋。

骐驎飞烟郁芬芳，卷舒终日未用忙。

游意淡泊心清凉，属目俊丽神激昂。

君不见伯孙孟孙俱猖狂，干时与事神弗臧。（《栾城集》卷七）

诗句中反映出王诜宅第的富丽堂皇以及典藏之丰赡，那里经常高朋满座，充满着诗酒歌舞、文玩品鉴之热烈的气氛。

渔村小雪图（局部）　宋　王诜

宋韩拙《山水纯全集》中《论观画识别》一节中，记载了这样一件事情：

世有王晋卿者，戚里之雅士也。……偶一日，于赐书堂东挂李成，西挂范宽。先观李公之迹云：李公家法，墨纯而笔精，烟岚轻动，如对面千里，秀气可掬。次观范宽之作，如面前真列，峰岚浑厚，气壮雄逸，笔力老健。此二画之迹，真一文一武也。予尝思其言之当，真可谓鉴通骨髓矣。

“赐书堂”也是王诜的书房，通过这段文字可以看见他在这里东挂李成的画，西挂范宽的画，而且将李成与范宽的画风比喻为“一文一武”。

苏轼兄弟及其门人经常与王诜、李公麟等文学、书画名家相聚，或诗酒流连，或结伴出游，王诜的西园成为他们聚会的最好去处。在后世最为有名的文人雅集之“西园雅集”，就是在王诜的宅第中进行的。米芾曾在《宝晋英光集》中详尽记载了这次大型的雅集。除了这一次十几人的聚会之外，王诜西园中小范围的雅集，更为频繁。

苏轼有一首《殢人娇》，题下有“王都尉席上赠侍人”，赵令畤《浣溪沙》词题是“王晋卿筵上作”，晁补之《碧牡丹》词题是“王晋卿宅观舞”。黄庭坚《大暑水阁听晋卿家昭华吹笛》：“蕲竹能吟水底龙，玉人应在月明中。何时为洗秋空热，散作霜天落叶风。”同年，苏轼又与王诜同觅千叶梅，并作《从王都尉觅千叶梅云已落尽戏作嘲吹笛侍儿》：“若为可耐昭华得，脱帽看发已微霜。催尽落梅春以半，更吹三弄乞风光。”这都说明王诜的家中经常有当时一流的文人雅士光顾。

熙宁十年（1077）的春天，苏轼由杭州召还，行至陈桥驿时，改知徐州，且不得入京城，遂与苏辙一起寓居于城外范镇的东园。听到消息的王诜约苏轼于四照亭相见，苏轼作《洞仙歌》一首、《喜长春》一首。《洞仙歌》是写给倩奴的：

江南腊尽，早梅花开后，分付新春与垂柳。细腰肢、自有入格风流，仍更是，骨体清英雅秀。　永丰坊那畔，尽日无人，谁见金丝弄晴昼？断肠是，飞絮时，绿叶成阴，无个事、一成消瘦。又莫是、东风逐君来，

西园雅集图 明 仇英

便吹散眉间，一点春皱。

两年后，苏轼在《作书寄王晋卿，忽忆前年寒食北城之游，走笔为此诗》一诗中，对此次相会的情形还记忆犹新：

北城寒食烟火微，落花蝴蝶作团飞。
王孙出游乐忘归，门前骢马紫金鞿。
吹笙帐底烟霏霏，行人举头谁敢睎。
扣门狂客君不麾，更遣倾城出翠帏。
书生老眼省见稀，画图但觉周昉肥。
别来春物已再菲，西望不见红日围。
何时东山歌采薇，把盏一听《金缕衣》。（《苏轼诗集》，第930—931页）

当然，在“乌台诗案”中，这也成了苏轼与王诜之间交往的“罪证”之一。翻检史料，苏轼住在京城郊外的那些天；王诜没少来找他聚会。

《宝绘堂记》：“全其乐而远其病”

这一年，王巩在自己的园子里建造了清虚堂，王诜则在自己的园子里筑宝绘堂，专门用来收藏古今法书名画，并将其时常陈列于案头壁上。喜欢绘画的苏轼自然应王诜之请，为其作《宝绘堂记》：

君子可以寓意于物，而不可以留意于物。寓意于物，虽微物足以为乐，虽尤物不足以为病。留意于物，虽微物足以为病，虽尤物不足以为乐。老子曰：“五色令人目盲，五音令人耳聋，五味令人口爽，驰骋田猎令人心发狂。”然圣人未尝废此四者，亦聊以寓意焉耳。刘备之雄才也，而好结髦。嵇康之达也，而好锻炼。阮孚之放也，而好蜡屐。此岂有声色臭味也哉，而乐之终身不厌。

凡物之可喜，足以悦人而不足以移人者，莫若书与画。然至其留意而不释，则其祸有不可胜言者。钟繇至以此呕血发冢，宋孝武、王僧虔至以此相忌，桓玄之走舸，王涯之复壁，皆以儿戏害其国、凶此身。此留意之祸也。

始吾少时，尝好此二者，家之所有，惟恐其失之，人之所有，惟恐其不吾予也。既而自笑曰：吾薄富贵而厚于书，轻死生而重于画，岂不颠倒错缪失其本心也哉？自是不复好。见可喜者虽时复蓄之，然为人取去，亦不复惜也。譬之烟云之过眼，百鸟之感耳，岂不欣然接之，然去而不复念也。于是乎二物者，常为吾乐而不能为吾病。

驸马都尉王君晋卿虽在戚里，而其被服礼义，学问诗书，常与寒士角。平居攘去膏粱，屏远声色，而从事于书画，作宝绘堂于私第之东，以蓄其所有，而求文以为记。恐其不幸而类吾少时之所好，故以是告之，庶几全其乐而远其病也。

熙宁十年（1077）七月二十日记。（《苏轼文集》，第356—357页）

对于苏轼而言，人不可能不将自己的多余精力放在某项自己感兴趣的事物上面，就像刘备喜欢织草鞋、嵇康喜欢打铁、阮孚喜欢给鞋子上蜡一样。当诸葛亮指责刘备不应该将自己的精力放在织草鞋这样的小事上时，刘备答：“我

瀛山图（局部）　宋　王诜

聊以忘忧耳。”

当人们使手里的工艺活动一步步贴近人的内心和人格品性时，人们对书画的热爱程度就超过了工艺。然而，书画虽然已经成为人的精神生活中最重要的两样东西，在苏轼看来，却仍有人生态度上的“寓意”与“留意”之分。所谓“寓意”，是指通过美好事物来寄托自己的意趣；而所谓“留意”，则是沉溺其中无法自拔。“寓”是寄托，“留”是牵制。

有许多历史例子证明，太沉溺于书画之中，也足以让人做出疯狂的举动。苏轼举了钟繇竟然为了得到蔡邕的笔法而不惜盗发韦诞的坟墓、宋孝武帝和王僧虔在书艺方面为了一较高低因而导致君臣猜忌、桓玄即使在战争中也会让人作轻舟载满服玩及书画等物、王涯费尽心力收藏的历代法书名画却都被人一抢而光的例子，无不意在说明“留意”之祸。在《东坡乌台诗案》“与王诜作宝绘堂记”的记载中，有这样一条：“熙宁五年内，巩（王巩）言王诜说贤兄与他作《宝绘堂记》，内有‘桓灵宝之走舸（原文作“桓玄走舸”），王涯之复壁，皆留意之祸也’。嫌意思不好，要改此数句，轼答云：‘不使则已，即不曾改。’”这段文献在时间的记录上当然有误，当以作于熙宁十年（1077）为是。但同时也表明王诜直接称苏轼为“贤兄”，而且认为苏轼在文章中举的那些书画足以为祸的例子不吉利，他希望苏轼能够将这一段做修改，但遭到苏轼的拒绝。

因为在苏轼看来，书画虽然可取，但也不过是一“物”，既然是一“物”，何妨以洒脱的态度对待？

在朋九万《东坡乌台诗案》史料中，还有一段记载：“轼言到家逢着难时节，王诜言向因世居，事后也曾到登对奏知，今后不敢与人往还。上乃宣谕诜云：‘如温良之士大夫，往还亦自无害。’轼言次第自家是不温良底也。”这里所说的“世居”，是赵世居。赵世居是皇家宗室，秦王赵德芳的曾孙，他喜好文学，热心于结交士大夫，交游众多，也颇有声誉，却在熙宁八年（1075）因涉及谋反案被处死。王诜曾受到牵连。王诜上殿亲自向皇帝解释此事，发牢骚说：“今后再也不与别人来往了。”皇帝安慰他说：“如温良之士大夫，还是不妨互相来往。”苏轼则开玩笑说：“我也是不温良的人。”玩笑归玩笑，苏、王二人，无疑是贵戚与士大夫之间关系最密切者。

印证苏王二人关系最好的证明，则是“乌台诗案”。

“乌台诗案”发生于元丰二年（1079），当京城的御史们与皇帝商议如何给苏轼定罪时，苏轼正在湖州任上，尚茫然不知此时已是大祸临头。皇帝的御批是：“御史台选牒朝臣一员乘驿马追摄。”也就是火速将苏轼捉拿归案。

在京的王诜首先得到消息，他也立刻派了一个人将此消息通知在南都的苏辙，得到消息的苏辙又即刻派人到湖州去告知苏轼，希望他能有一个准备。皇帝派的皇甫僎则带着两个台卒和自己的儿子以最快的速度前往湖州。到了润州，皇甫僎的儿子病了，花了半天的时间求医问药，苏辙派的人才比他抢先一步告诉了苏轼。事到临头，苏轼也慌了神。

为此，王诜在“乌台诗案”中落了一个“泄漏密命”的罪名，成为仅次于苏轼的第二名要犯。因为在宋朝的法令中，不许皇亲国戚与士大夫之间的交往过于密切。朋九万《东坡乌台诗案》中的第一篇，就是“与诜往来诗赋”。《续资治通鉴长编》记录此事非常详细，其中有一条是：

> 作诗赋寄王诜等，致有镂板印行，讽毁朝政，又谤讪中外臣僚。准敕。

据此，苏轼最早刻出来的诗集，应是王诜所赞助，又加上他通风报信，王诜也因此受到追两官勒停的处分，而苏轼，则被贬往黄州。

蔡絛《西清诗话》卷下记载王诜的遭遇：元祐元年（1086），王诜复还驸马之职，从贬所回来路过汝阴的路上，他听到了一段熟悉的歌声，怀疑是他从前的歌姬啭春莺。寻访之下，唱歌人果然是当年的啭春莺，然而佳人已别有归属，王诜只有怅然相别，并写有“佳人已属沙吒利，义士曾无古押衙”。这句诗引用了两个唐代的传奇故事：一，以韩翃爱姬柳氏被武将沙吒利所夺，喻指啭春莺落于别人之手；二，以《无双传》中的侠义之士古押衙舍生帮助王仙客与刘无双团圆，来慨叹无人助自己二人团聚。后来，有好事者为之续足全篇云：“几年流落向天涯，万里归来两鬓华。翠袖香残空浥泪，青楼云渺定谁家？佳人已属沙吒利，义士今无古押衙。回首音尘两沉绝，春莺休啭沁园花。”胡仔《啭春莺》亦云：“王晋卿都尉既丧蜀国，贬均州，姬侍尽逐。有一歌者，号啭春莺，色艺两绝。”“色艺两绝”，典出于此。

想到自己与亲友的际遇，王诜感慨良多，他写了一首《蝶恋花》：

小雨初晴回晚照，金翠楼台，倒影芙蓉沼。杨柳垂垂风袅袅，嫩荷无数青钿小。　　似此园林无限好。流落归来，到了心情少。坐到黄昏人悄悄，更应添得朱颜老。

此词借景感怀，苦闷又惆怅。

原词之墨迹保留至今，现藏于故宫博物院中。在这首词的前面，还有一些文献：

余前年恩移清颍，道出许昌，前途小阻，留西湖之别馆者几一月。常与韩持国、范景仁泛舟啸咏，使人顿忘去国流离之恨也。韩公德性温厚，风度高雅，固已可爱。范公虽老而精神不衰，议论纯正，白须红面，动辄醺酣。时余有所赋咏，公即取红莲叶命笔疾书，初不经思，佳辞丽句，顷刻而成，坐客莫不惊叹也。比闻朝廷就除端明殿学士以宠之，因思方今进任老成，如公者再起之，亦足以厚风俗耳。

颍昌湖上，余有赠诸公诗，其略曰："清影十分月，暗香千柄莲。不知从此别，高会复何年？"韩公诗曰："浩歌轻白雪，密意得青莲。诗就西桥月，留为好事传。"而蜀公云："惯乘霄汉雀，翻说淤泥莲。可惜玉台处，等闲闲几年。"盖公不喜释氏，故有是句，亦可一笑也。

（《蝶恋花》词略）余旧不饮酒，近年辄能饮，故多醉中所书耳。

王诜提到的韩持国，是韩维（1017—1098）。他与韩绛、韩缜为兄弟。范景仁，则是范镇。二人都算是苏轼的长辈。

在贬谪岁月里，王诜学会了喝酒。

等到还朝后的苏轼再次见到王诜，颇有戏剧性——他们在宫门外意外相遇。时隔七年，二人执手相对，自是少不了一番感慨。苏轼有一首五言长诗，题为《和王晋卿》，前有小叙"驸马都尉王诜晋卿，功臣全斌之后也。元丰二年，予得罪贬黄冈，而晋卿亦坐累远谪，不相闻者七年。予既召用，晋卿亦还朝，相见殿门外。感叹之余，作诗相属，托物悲慨，阨穷而不怨，泰而不骄。怜其贵公子有志如此，故和其韵"。

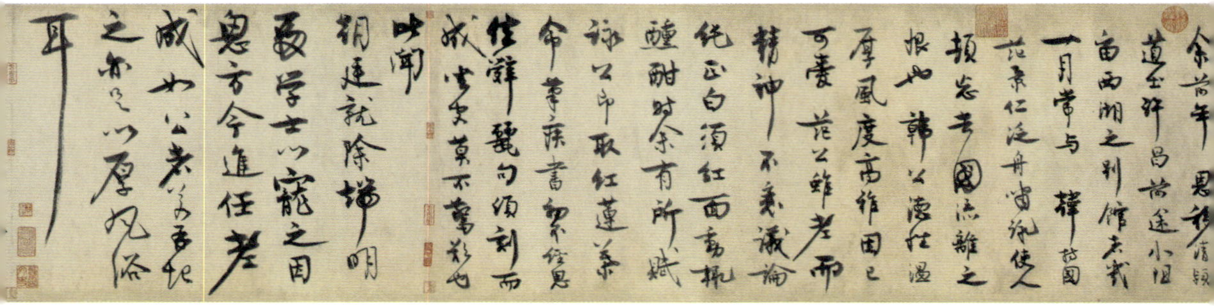

颍昌湖上诗词卷（局部）　宋　王诜

先生饮东坡，独舞无所属。

当时挹明月，对形三人足。

醉眠草棘间，虫虺莫予毒。

醒来送归雁，一寄千里目。

帐然怀公子，旅食久不玉。

欲书加餐字，远托西飞鹄。

谓言相濡沫，未足救沟渎。

吾生如寄耳，何者为祸福。

不如两相忘，昨梦那可逐。

上书得自便，归老湖山曲。

躬耕二顷田，自种十年木。

岂知垂老眼，却对金莲烛。

公子亦生还，仍分刺史竹。

贤愚有定分，樽俎守尸祝。

文章何足云，执技等医卜。

朝廷方西顾，羌虏骄未伏。

遥知重阳酒，白羽落黄菊。

羡君真将家，浮面气可掬（袁天纲语窦轨：君语则赤气浮面，为将勿多杀人）。

何当请长缨，一战河湟复。（《苏轼诗集》，第1422—1424页）

王诜本是武将世家，因而苏轼以收复河湟的希望相勉励，但苏轼似乎并没有想把这首诗给王诜看。

不过，在元祐元年（1086）九月八日《题王晋卿诗后》，苏轼表达了对王诜的敬佩之情：

晋卿为仆所累。仆既谪齐安，晋卿亦贬武当。饥寒穷困，本书生常分，仆处之不戚戚固宜，独怪晋卿以贵公子罹此忧患，而不失其正，诗词益工，超然有世外之乐，此孔子所谓可与久处约，长处乐者耶。元祐元年九月八日苏轼书。

又王诜有一次忽得耳疾，他感觉很痛苦，就向苏轼寻求治疗的方法，苏轼在回信说："君是将种，断头穴胸，当无所惜。两耳堪作底用、割舍不得？限三日疾去，不去，割取我耳。"信劈头就是一句"君是将种"，将军之后，有何畏惧，别说耳朵，就是脑袋和心胸受了重创又能怎样？如果你的病三天没有好，来割我的耳朵好了。三天之后，王诜的耳病倒真是好了。他写了一首诗，画了一幅《挑耳图》，后归王巩收藏。

苏轼在黄州时，醉后曾作《黄泥坂词》，早忘了原稿放到哪里。有一天晚上，王直方、张耒、晁补之等人在苏轼的家里夜谈，忽然提到此稿，三个人就分头寻找，竟然真被他们三个人找了出来，但因是苏轼醉后所书，上面的字迹很难辨认。苏轼一边看着墨迹，一边慢慢回忆，终于补成全文。张耒录好一份清稿递给苏轼，苏轼则乘兴将原稿真迹送给张耒收藏，却没想到第二天就收到了王诜写给苏轼的抗议：

吾日夕购子书不厌，近又以三缣博两纸。子有近书，当稍以遗我，毋多费我绢也！

王诜说，他手中的苏轼墨迹，都是花钱买来的，如果苏轼手中有好的墨迹，也应该先考虑给王诜而不是让他多破费。

于是苏轼以澄心堂纸、李承宴墨写了《黄泥坂词》赠与王诜。

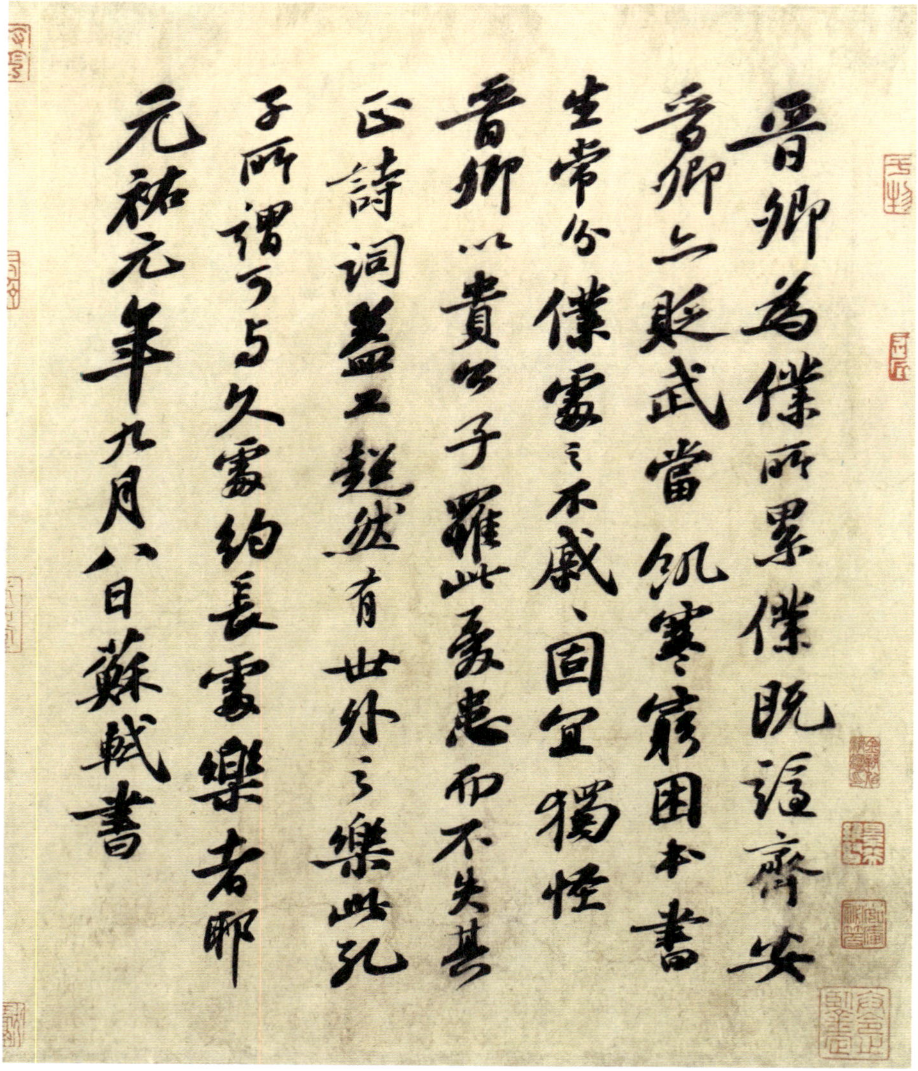

与王晋卿诗帖　宋　苏轼

其实求得苏轼书法最好的办法，是送最好的笔墨纸砚给他。王诜曾有一次送给苏轼上好的墨凡十几丸，苏轼将这些墨混合研在一起，写了数十个字以观看墨的颜色并以此判断好坏。如果他觉得墨色好，他会将这些墨都捣在一起。此事见于苏轼的《仇池笔记》：

元祐中，驸马都尉王晋卿置墨十几丸，杂研之，作数十字，以观色之浅深。若果佳，当擣和为一品。昔在黄州，邻近四五州送酒，合置一器，谓之雪堂义尊。今又为雪堂义墨耶！（《苏轼文集》，第2225页，字句有小异）

苏轼还想好了这些混合墨的名字，叫“雪堂义墨”。

米芾《书史》和《画史》中也记载了王诜有时借人书画不还的事情，尤其提到米芾去黄州见苏轼时，苏轼特意为他画的竹子被“晋卿借去不归”：“吾自湖南从事过黄州初见公，酒酣曰：‘君贴此纸壁上’，观音纸也。即起作两只竹、一枯树、一怪石见与。后晋卿借去不还。”

在京城的苏轼，在政坛上固然风生水起，然而也不断地受到政治对手朱光庭、贾易、王岩叟、韩川和赵挺之等人的持续挑战，苏轼也不得不一再上书请求调离京城。

《烟江叠嶂图》

元祐三年（1088）十二月七日，苏轼和苏辙在雪天里一起到王巩的清虚堂做客。一周后，苏轼为王巩收藏的王诜《烟江叠嶂图》赋诗一首。

王诜出身于武将世家，却是爱好诗文、爱好书画，自己也画得一手好画。《宣和画谱》著录御府藏其作品有《幽谷春归图》《晴岚晓景图》《烟岚晴晓图》《烟江叠嶂图》等35件。传世作品以藏于故宫博物院的《渔村小雪图》和藏于上海博物馆的《烟江叠嶂图》为代表作。

王诜的《烟江叠嶂图》传于世者不止一幅，这首诗是题在水墨绢本上的。

苏轼曾称赞他的水墨“得破墨三昧”，但也希望他可以进一步作青绿山水。王诜以墨笔皴山画树，然后再以青绿重彩渲染，既有来自李成的水墨清雅，又兼唐代画家李思训金碧山水的富丽堂皇。因而，苏轼题诗，对王诜极其赞许：

江上愁心千叠山，浮空积翠如云烟。
山耶云耶远莫知，烟空云散山依然。

但见两崖苍苍暗绝谷，中有百道飞来泉。

萦林络石隐复见，下赴谷口为奔川。

川平山开林麓断，小桥野店依山前。

行人稍度乔木外，渔舟一叶江吞天。

使君何从得此本，点缀毫末分清妍。

不知人间何处有此境，径欲往买二顷田。

君不见武昌樊口幽绝处，东坡先生留五年。

春风摇江天漠漠，暮云卷雨山娟娟。

丹枫翻鸦伴水宿，长松落雪惊醉眠。

桃花流水在人世，武陵岂必皆神仙。

江山清空我尘土，虽有去路寻无缘。

还君此画三叹息，山中故人应有招我归来篇。（《苏轼诗集》，第1607—1608 页）

明皇幸蜀图 唐 李昭道

苏轼自幼喜欢绘画，不仅自己实践，且喜以诗题画，经初步统计，他全集中关于绘画的诗大概有61题109首之多。他善于用诗笔描摹画下的图像，然后抒写画面所唤起的情绪与感受。

德国的莱辛（G. E. Lesing, 1729—1781）曾说，在视觉艺术中，绘画是“空间的”，而诗歌则是“时间”的。但苏轼的题画诗则往往时空交错，正如他自己所说：“诗中有画，画中有诗。”

王诜见诗后立即次韵一首：

帝子相从玉斗边，洞箫忽断散非烟。
平生未省山水窟，一朝身到心茫然。
长安日远那复见，掘地宁知能及泉。
几年漂泊汉江上，东流不舍悲长川。
山重水远景无尽，翠幕金屏开目前。
晴云幕幕晓笼岫，碧嶂溶溶春接天。
四时为我供画本，巧自增损媸与妍。
心匠构尽远江意，笔锋耕偏西山田。
苍颜华发何所遣，聊将戏墨忘余年。
将军色山自金碧，萧郎翠竹夸婵娟。
风流千载无虎头，于今妙绝推龙眠。
岂图俗笔挂高咏，从此得名因谪仙。
爱诗好画本天性，辋口先生疑宿缘。
会当别写一匹烟霞境，更应消得玉堂醉笔挥长篇。

诗的前半篇写王诜的贬谪生涯，后半篇则说他借画山水消遣时日。苏轼得到王诜的和诗后，赞叹王诜的诗歌“语特奇丽”，于是再复次韵：“不独纪其诗画之美，亦为道其出处契阔之故，而终之以不忘在莒之戒，亦朋友忠爱之义也。”诗如下：

山中举头望日边，长安不见空云烟。

烟江叠嶂图（水墨卷，局部） 宋 王诜

归来长安望山上，时移事改应潸然。
管弦去尽宾客散，惟有马埒编金泉。
渥洼故自千里足，要饱风雪轻山川。
屈居华屋啖枣脯，十年俯仰龙旂前。
却因瘦病出奇骨，盐车之厄宁非天。
风流文采磨不尽，水墨自与诗争妍。
画山何必山中人，田歌自古非知田。
郑虔三绝君有二，笔势挽回三百年。
欲将岩谷乱窈窕，眉峰修嫭夸连娟。
人间何有春一梦，此身将老蚕三眠。
山中幽绝不可久，要作平地家居仙。
能令水石长在眼，非君好我当谁缘。
愿君终不忘在莒，乐时更赋《囚山篇》。（《苏轼诗集》，第1609—1610页）

诗中说的“不忘在莒”，见于《吕氏春秋》，是指春秋战国时期的小白即后来的齐桓公，曾逃到莒国避难，后来成为国君之后，改革齐政，使国富兵强，

"九合诸侯，一匡天下"，成为春秋时期的五霸之首。于是"在莒"也被用来表示遭受困厄的意思。《囚山篇》是指柳宗元的《囚山赋》，是柳宗元在永州时所作，他把永州周围的高山比喻为"囚牢"。苏轼在此运用这个典故，实际上是在提醒王诜不要再重蹈人生的覆辙。

从上一首王诜诗歌的结尾来看，他应该是画了另外一幅《烟江叠嶂图》，然后希望苏轼能再在上面题诗。

苏轼为王巩所藏的王诜画作题诗，不只此一例。他还有《书王定国所藏王晋卿画〈着色山〉二首》，其二云："君归岭北初逢雪，我亦江南五见春。寄语风流王武子，三人俱是识山人。"依然难忘"乌台诗案"后的共同岁月。

美国学者姜斐德认为苏轼的诗运用了杜甫《秋日夔府咏怀》的主题。杜甫在这首诗中，除了描绘夔州地区的风土人情之外，也批评了朝政的混乱及军队的无能，并痛悼文化盛世的消逝。而在我看来，张说有一首《江上愁心赋赠赵侍郎》，似乎为苏轼提供的主题更为直接。诗如下：

> 江上之峻山兮，郁崎峨而不极，云为峰兮烟为色。
> 欻变态兮心不识，江上之深林兮，杳冥蒙而不已。
> 莺为花兮猿为子，纷荡漾兮情莫拟。
> 夏云峻兮若山，秋水平兮若天。
> 冬冰澌兮淅淅，春草靡兮芊芊。
> 感四时之默运，知万化之潜迁。
> 伴众鸟兮寒渚，望孤帆兮日边。
> 虽欲贯愁肠于巧笔，纺离恨于哀弦。
> 是心也，非模放之所逮，将有言兮是然？将无言兮是然？

将苏轼的诗与张说的诗对读，更能看出二者的心境之相通。

王诜的《烟江叠嶂图》，现存两幅，一为青绿本，一为水墨本，都藏于上海博物馆。一般认为，青绿本为王诜真迹，水墨本上则有王诜、苏轼题诗。对其真伪，各家看法不一。谢稚柳认为画与诗皆是真迹；徐邦达则认为画真，而诗非苏、王真迹，应为临本。另一鉴赏名家张珩则直接认为是赝品。

王巩有一个儿子叫王由，字季长，任职为迪功郎，住湖北。据张邦基《墨庄漫录》卷二记载：“都尉王诜为王定国画《烟江叠嶂图》，东坡作诗，所谓‘江上愁心千叠山’者。定国死，其子由以画货与高邮富人茅生，以献章献，或云禁中。”这可以看到一个踪迹：王巩的儿子将这件作品卖给了高邮的一个富商，再后来，被皇家收藏。

这里的“章献”，不是“章献皇后”，翻检文献而未获，望知者教我。

仇池石风波

元祐七年（1092），王诜觊觎苏轼所藏的仇池石，而苏轼则看破他“以小诗借观，意在于夺”的意图，在《仆所藏石》中云：“仆所藏仇池石，希代之宝也。王晋卿以小诗借观，意在于夺，仆不敢不借，然以此诗先之……风流贵公子，窜谪武当谷。见山应已厌，何事夺所欲。欲留嗟赵弱，宁许负秦曲。传观慎勿许，间道归矣速。”苏轼将自己收藏的这块仇池石比成赵国的和氏璧，把借石头的王诜比成秦王，意在表示，苏轼珍惜自己的石头，但也不愿意得罪这位朋友。为此事，苏轼还特意找了钱勰、王钦

仇池石　明　《素园石谱》

臣、蒋之奇作为中间人，三人分别和了他给王诜的诗。

钱勰和王钦臣都认为王诜不该要苏轼的石头，蒋之奇一开始认为苏轼可以把石头让给王诜，但他亲眼看到这块石头之后就改变了想法。在得到三位朋友“道义”上的支持之后，苏轼又想出另外的办法，因为他知道，王诜想要的东西，是一定非要得到不可，于是他就索性决定，不如以这块石头交换王诜收藏的韩幹画的两匹马。

王诜认为苏轼的石头不值韩幹的马，但是又不想放弃苏轼的石头，所以请苏轼的那三位朋友各自提出自己的意见。于是，五个人的看法放在一起就非常有意思了。钱勰建议把石头和画都交给他，蒋之奇的意见则更为奇特：为了平息纷争，不如把石头砸碎，把画毁掉。苏轼当然不能接受他们的意见，因而又写了关于此事的第三首诗《轼欲以石易画，晋卿难之，穆父欲兼取二物，颖叔欲焚画碎石，乃复次前韵，并解二诗之意》：

春冰无真坚，霜叶失故绿。
鸡疑鹏万里，蛇笑夔一足。
二豪争攘袂，先生一捧腹。
明镜既无台，净瓶何用蹙。
盆山不可隐，画马无由牧。
聊将置庭宇，何必弃沟渎。
焚宝真爱宝，碎玉未忘玉。
久知公子贤，出语耆年伏。
欲观转物妙，故以求马卜。
维摩既复舍，天女还相逐。
授之无尽灯，照此久幽谷。
定心无一物，法乐胜五欲。
三峨吾乡里，万马君部曲。
卧云行归休，破贼见神速。（《苏轼诗集》，第 1947—1948 页）

苏轼借此诗又发表了一通他对世间万物的看法：在偶然性和相对性之上，

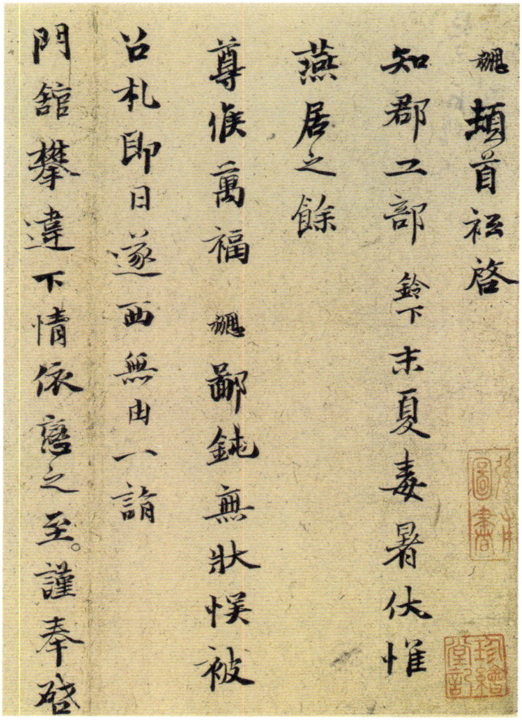

致知郡工部帖（局部） 宋 钱勰

还存在着一个必然的和绝对的世界，就比如明镜和净瓶，都只是道的象征，求道者并没有必要打碎明镜和净瓶来表示自己的觉悟与超脱，因为精神如果是超脱的以及自由的，那种破坏性的行为就完全是没有必要的。所以，苏轼认为蒋之奇的提议并不可取。

接着，苏轼以《维摩诘经》里天女的典故暗示，王诜的马图与苏轼的仇池石都不是为人所不舍之“物”，而是“法乐”。韩幹的马图对于王诜来说是一种精神性的寓居，可以寄寓将门之后的王诜策马驰骋之意，因而无论韩幹的画是否在，王诜并不会真正失去这种意趣；同样，仇池石对苏轼来说也不是物质意义上的石头，而是他精神上的故乡。这是苏轼对物的最典型的态度，不拘泥于物，也不刻意放弃物，而是把物作为一种情态与心志的寄寓，各自安放，又浑然无累。

依据陆游《老学庵续笔记》的说法，苏轼与钱勰、蒋之奇、王钦臣合称“元祐四友”。

端王与高俅

元祐八年（1093），苏轼以端明殿学士兼翰林侍读学士、礼部尚书知定州。临行前，苏轼将自己一个聪明伶俐的“小史”（也就是小秘书一类的角色）高俅推荐给曾布，但曾布以小史很多为由拒绝。苏轼转而将高俅推荐给王诜。高俅为人乖巧，擅长抄抄写写，不仅写得一手漂亮的毛笔字，且有一定的武功基础。

王诜是神宗皇帝的妹夫，也就是端王赵佶即后来的徽宗皇帝的姑夫。王诜与徽宗都因爱好书画而格外投缘。蔡絛《铁围山丛谈》说："徽宗在潜藩时，独喜读书学画，工笔札，所好者古器、山石，异于诸王。又与驸马都尉王诜、宗室令穰游，二人者皆有时名，由是上望誉闻于中外。"

《铁围山丛谈》还记了一件事：王诜家旧藏一件不完整的徐熙《蜀葵图》，他经常挂在嘴上，希望能找到这画的另一半。赵佶知道后也没说什么。但有一天，赵佶说找到了这张画的另外一半，就派人到王诜这里借走王诜的半图，王诜当然无法拒绝，以为赵佶喜欢这件作品。赵佶拿到画以后，就让工匠将这两个半张裱成全图，请王诜来一起欣赏。欣赏完毕，赵佶将这件作品卷起来送给王诜，让王诜大为感动。

王明清在《挥麈后录》中记录了王诜与端王赵佶以及高俅相遇的过程：上朝时，赵佶忘了带篦子刀，他正巧遇见王诜，就借用了王诜的篦子刀修理了一下鬓角。用毕，赵佶夸奖王诜篦子刀的样式既新颖又可爱。王诜回道：我最近做了两个，有一个还没有用过，稍后就派人给您送去。

到了傍晚，王诜就派高俅到端王府去送篦子刀。碰巧，赵佶正在园中蹴鞠，擅于此道的高俅站在一旁，脸上露出不屑之色。或许是赵佶注意到了这个小厮的神情，便问道：你也会踢吗？高俅回答说能，于是二人对踢。高俅拿出全身本领，赵佶大喜，当即派人传话给王诜：谢谢你给我的篦子刀，连同派来的人也一起收下了。于是，曾经做过苏轼文秘的小史高俅，经过王诜，又成了端王赵佶的亲信。等赵佶登基当上了皇帝，高俅也做到了殿前指挥使。熟悉《水浒传》的人不难从中得到关于高俅的印象，然而《水浒传》毕竟是小说而不是历史。

高俅后来对苏轼以及苏轼的后人多有照顾，只是高俅得势之时，苏轼早已去世多时。

《挥麈录》的作者王明清，外祖父是曾纡，曾纡则是曾布的儿子，所以他所记载的与曾家有关的事情，大部分内容是可以信赖的。虽然苏轼与曾布分属新旧两派，但关系并没有那么僵。

自此以后，历史文献中，就再也没有见到苏轼与王诜之间的有关文字记录了。

蹴鞠图　宋　马远（传）

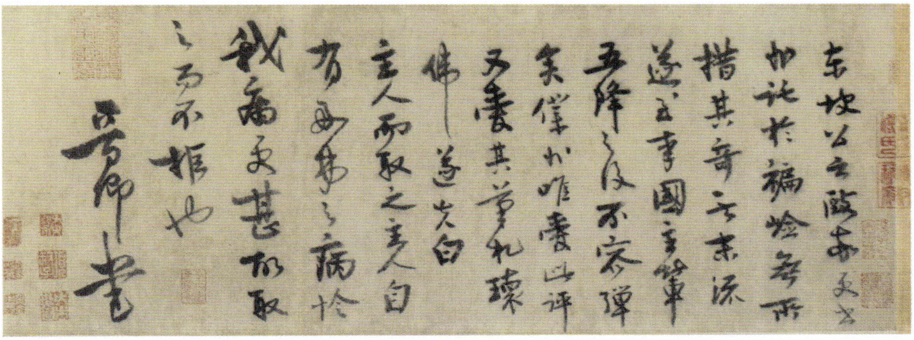

跋欧阳询千字文　宋　王诜

驸马李玮

在京师时，苏轼还与另外一个驸马的关系也很好，他就是李玮。

李玮字公炤，钱塘（今浙江杭州）人，章懿皇后的侄子。平生喜吟诗，才思敏捷，并能章草、飞白、散隶。

李玮娶仁宗长女兖国公主，也极富收藏，比如苏轼就在他那里看过谢尚、王衍等帖。米芾《画史》说他收有八幅李成的画。苏轼《题晋人帖》一文，专门提到此事。

《宣和画谱》卷二十记：

> 玮善作水墨画，时时寓兴则写，兴阑辄弃去，不欲人闻知，以是传于世者绝少，士大夫亦不知玮之能也。平生喜吟诗，才思敏妙，又能章草、飞白、散隶，皆为仁祖所知。大抵作画生于飞白，故不事丹青，而率意于水墨耳。官至平海军节度使、检校太师，赠开府仪同三司，谥修恪。今御府所藏二：《水墨蒹葭图》《湖石图》。

这段文献被完全忽略了，而研究苏轼的墨竹，倒是不能忽视这样一段记载，“寓兴”“吟诗”“不事丹青”“率意于水墨”，几乎就是标准的文人画了。《宣和画谱》又将他的创作放在“墨竹”一类，且以为“画墨竹与夫小景，自五代至本朝，才得十二人”，这也的确是难得了。

十八学士之书　明　佚名

十八学士之画　明　佚名

“观士人画如阅天下马”
——与宋选、宋道、宋迪和宋汉杰

苏轼第一次出仕，是以大理评事签书凤翔府判官。当时的凤翔府面积大于现在的宝鸡市所辖范围。

“签判”是选派京官充当各州、府判官，称签书判官厅公事，简称“签判”。凡兵民、钱谷、户口、赋役、狱讼听断之事，皆可裁决，是兼行政与监察于一身的中央官吏。

这是宋代建立之后鉴于藩镇割据之弊，为了加强中央对地方官的监察和控制，防止知州职权过重，专擅做大，宋太祖就创设了这一新的职位。它由皇帝直接委派，辅佐州政，可视为知州副职。正因其由皇帝直接委派，因而掌有直接向皇帝报告的权力。

苏轼获得的，就是这样一个新的职位。

吴自牧《梦粱录·士人赴殿试唱名》：“其状元官授承事郎，职除上郡签判；榜眼授承奉郎，探花授承务郎，职注中郡或下郡签判。”可见签判一职虽然属于“基层干部”，但也要因进士考试能中高等，方才授予。

凤翔北离西夏边疆非常接近，算是边关重镇，苏轼被派往该地签判任，应该是仁宗与当时执政官员借此机会要好好磨炼一下这位天才。

在凤翔时的苏轼，年轻，体力好，游兴甚浓。不管为公为私，苏轼经常到秦岭北边的终南山侧各寺庙、道观去巡视、旅游、祷雨，也曾经到过司竹围去围猎，偶尔夜宿庙宇，与老和尚或道士谈天说禅。

在凤翔，第一次正式出仕的苏轼就遇到了一个好上级——宋选。

宋选字子才，郑州荥阳人。他的儿子叫宋子房，与苏轼有极密切的交往，而且是长期的交往。

新任太守宋选到凤翔任上，为嘉祐六年（1061），仅比苏轼早了几个月而已。在任期间，苏轼曾撰《代宋选奏乞封太白山神状》一文。

宋选还有两个弟弟——二弟宋道与三弟宋迪。

宋道，字叔达（郭若虚《图画见闻志》说他字公达），大中祥符七年（1014）出生，以进士擢第为郎。他也善画山水，闲淡简远，取重于时。然而他的创作不是为了卖画，只是乘兴寓意，所以传世很少。

郭若虚《图画见闻志》记录了一个五代北宋初期叫宋澥的画家，是宋道的"从祖"。虽然在中国美术史里几乎没有这位画家的任何迹象，但他却是和李成齐名的一位名家。郭若虚认为，"高尚其事，以画自娱者"只有两个人，一个是李成，一个就是宋澥。

宋澥，字则未闻，长安人。故枢密湜之弟、司封道之从祖也。姿态严密防控，不乐从仕，图画之外，无所婴心。善画山水、林石，凝神遐想，与物冥通。遇兴登楼，有时操笔，故人间不多见其迹。有烟岚晓景、奔滩怪石等图传于世。（《图画见闻志》卷三）

在那个时代，即在文人画出现之前能够"以画自娱"的人，正如郭若虚所说，不过一二人而已。宋道擅长绘画却不求售，也是极为难得。

苏轼有一篇《书朱象先画后》：

松陵人朱君象先，能文而不求举，善画而不求售。曰："文以达吾心，画以适吾意而已。"昔阎立本始以文学进身，卒蒙画师之耻。或者以是为君病，余以谓不然。谢安石欲使王子敬书太极殿榜，以韦仲将事讽之。子敬曰："仲将，魏之大臣，理必不尔。若然者，有以知魏德之不长也。"使立本如子敬之高，其谁敢以画师使之。阮千里善弹琴，无贵贱长幼皆为弹，神气冲和，不知向人所在。内兄潘岳使弹，终日达夜无忤色，识者知其不可荣辱也。使立本如千里之达，其谁能以画师辱之。

今朱君无求于世，虽王公贵人，其何道使之？遇其解衣盘礴，虽余亦得攫攘其旁也。（《苏轼文集》，第2211—2212页）

在苏轼眼中，朱象先是一个不屑于以文才去考取功名，也不会因自己善于绘画而去售卖的人，他所以喜欢文章与绘画，是因为它们能“以达吾心”“以适吾意”，而这正是士人所追求的。在文章的最后，苏轼引用了《庄子》里一个著名的典故“解衣盘礴”。在庄子看来，超越一切功名利禄之心的人才能达到这种状态，因而“是真画者矣”。

在这篇文章里，苏轼举了阎立本的例子。

阎立本是以文学出身，但后来却因擅画蒙受耻辱，以“画师”而不是以文学著称于世。苏轼又举王献之为例：当年太极殿建好后，谢安想让王献之题写，并举了韦仲将的例子。史载魏明帝曹叡兴建凌云台，原本说定由韦诞题写匾额，不料工匠一时大意，误将空白匾额在大殿的顶端钉好了。无奈之下，韦诞被一个特制的巨大笼子吊上去，去地 25 丈，恐高的韦仲将写完匾额之后，头发都吓白了，回到家里告诉家人不允许再练书法。王献之认为，韦仲将是魏国的名臣，因而不可能有这样的事情，如果真有这样屈辱大臣的事情，恰见魏国的寿命不可能长。显然，王献之本是世家大族，怎么能被人当作匠人随便驱使呢？苏轼认为，如果阎立本能像王献之一样有那样高贵的“身份意识”，也不会有谁敢把他当画师使唤。苏轼又提到，阮瞻喜欢弹琴，听众不论贵贱，都可以听，脸上一直是一副放松的表情。内兄潘岳让他从早晨弹到夜里，他也毫不生气。懂得他的人知道，他根本不在乎别人的毁誉——没有自我的人，才会特别在乎别人的看法。苏轼再次暗示，阎立本要么像王献之那样持守大臣之体，要么像阮瞻那样旷达，才不会蒙受“画师”那样的耻辱。

苏轼说，如果他遇到朱象先的画家，他也会像别人一样上去抢夺朱的作品。

就这样，苏轼将对画家的关注点，指向了人的修养和心态。

苏东坡在《书吴道子画后》里说：“知者创物，能者述焉，非一人而成也。君子之于学，百工之于技，自三代历汉至唐而备矣。”其中大可引起注意的是“君子之于学，百工之于技”一句最有意味，即“学”与“技”之分。

简言之，中国传统社会，贵“士”而贱“工”，“学”“艺”两途，学者和技师的界限分得很清——专心致力于学问，必和技艺绝缘，而从事技艺，则和学者二字扯不上任何关系。所以即使有士大夫在技艺上有绝诣，也必须为自己找到从事它的正当理由。

熙宁四年（1071），苏轼在京师时，还与宋道保持联系。《苏轼诗集》卷六有《宋叔达家听琵琶》一首：“数弦已品龙香拨，半面犹遮凤尾槽。新曲从翻《玉连锁》，旧声终爱郁轮袍。梦回只记归舟字，赋罢双垂紫锦绦。何异乌孙送公主，碧天无际雁行高。”叔达就是宋道的字。

有个叫强至的人，写了一首《谢三门提举辇运宋叔达郎中寄古碑杂言》，其中提到宋道对古碑刻的兴趣：

长安古名都，汉唐以来帝王宅。
当时高冠大带接迹公卿间，声名大半文章伯。
能书万变轶出意象外，那局体法就常格。
杰词精翰在处勒琬琰，从此关西富碑石。
咸阳原头螭蟠龟负不（活字本作莫）知数，风雨皴剥尘土蚀。
荒郊坏宇大者卧榛莽，小者老祠佛庙往往龛屋壁。
忆初来长安，于此心颇溺。
朝披夕购自忘倦，一纸不吝百金易。
岂惟读辞玩点画，汉唐往事皆历历。
始者累一以至百，今既累百至千未免广搜觅。
古人载书兼两惧猜谤，今我车载不足更囊积。
中郎知我有碑癖，封寄数本跨数驿。
中郎中郎虽欲遂愚癖，愚也字学不进。
文格不长，翻愧嗜此苦无益。
虽然古人亦或有所嗜，又恐一朝舍此愚意无以适。
碑乎誓将蓄汝永吾好，不已圣犹贤博弈。

从诗的内容来看，研究宋代金石学，实在不应该忽略宋道这个人。

晚年的宋道住在洛阳，与司马光等人时有过从。

以司马光为首的从政坛上退隐下来的志同道合者，在洛阳成立了一个“真率会”。司马光还专门作了一首《真率铭》：“吾斋之中，不尚虚礼。不迎客来，不送客去。宾主无间，坐列无序。真率为约，简素为具。有酒且酌，无酒且止。

清琴一曲，好香一炷。闲谈古今，静玩山水。不言是非，不论官事。行立坐卧，忘形适意。冷淡家风，林泉高致。道义之交，如斯而已。罗列腥膻，周旋布置。俯仰奔趋，揖让拜跪。内非真诚，外徒矫伪。一关利害，反目相视。此世俗交，吾斯屏弃。”

司马光又曾于元丰六年（1083）作诗《二十六日作真率会，伯康与君从七十八岁，安之七十七岁，正叔七十四岁，不疑七十三岁，叔达七十岁，光六十五岁，合五百一十五岁，口号成诗，用安之前韵》。能够加入此会的，都是一些上了年纪的老人，65 岁的司马光算是最年轻的。他的哥哥司马旦（字伯康）和席汝言（字君从）最年长，78 岁。真率会打破官场习气，排名以年龄为序，而不是以官职大小排序，聚会时也力争简朴，时人莫不称慕。司马光诗中的“叔达”，即宋道。这一年五月，宋道殁，年 70 岁。

宋迪

宋迪，字复古，仁宗天圣年间（1023—1032）进士，擢第为司封郎，官至度支员外郎。宋迪擅长绘画，取法于李成，“或因览物得意，或因写物创意，而运思高妙，如骚人墨客登高临赋，当时推重”“又多喜画松，而枯槎老枿，或高或偃，或孤或双，以至于千株万株森森然，殊可骇也”。在北宋山水画中，宋迪是一个绕不过去的人物。《宣和画谱》中还著录了他大量的作品：《晴峦渔乐图二》《烟岚渔浦图一》《扁舟轻泛图一》《古岸遥岑图一》《群峰远浦图一》《对岸古松图二》《阔浦远山图一》《阔浪遥岑图一》《潇湘秋晚图一》《江水平远图一》《长江晚霭图一》《遥山松岸图二》《双松列岫图二》《老松对南山图一》《崇山茂林图二》《远浦征帆图二》《秋山图一》《遥山图二》《远山图二》《雪山图一》《八景图一》《万松图一》《小寒林图一》。

沈括《梦溪笔谈》提到一个叫陈用之（？—1093）的人也善画，然而宋迪看见他画的山水画后坦率地指出，陈用之的画虽然很工，但是却缺少一些天然的意趣，然后他将自己的方法告诉了陈用之：

> 汝当先求一败墙，张绢素讫，倚之败墙之上，朝夕观之，观之既久，

隔素见败墙之上，高平曲折，皆成山水之象。心存目想，高者为山，下者为水，坎者为谷，缺者为涧，显者为近，晦者为远。神领意造，恍然见其有人禽草木飞动往来之象，了然在目，则随意命笔，默以神会，自然境皆天就，不类人为，是为活笔。

这是中国画论中一段很有名的论述，一般人总是将它归于沈括，然而，这段话却是出自宋迪之口，沈括只是一个记录者。

宋迪透露他创作的秘密，是在旧墙上放好绢素，朝夕观想，将旧墙上的痕迹转换成山水的意象，朝夕观之，心存目想，神领意造，默以神会，自我创造与宇宙自然之变化达到一种审美的同一境，就是所谓的“活笔”。

下面我再以一个年表的形式罗列一下宋迪的史料：

嘉祐元年（1056），屯田员外郎宋迪，任编敕删定官。

嘉祐六年（1061）三月，宋迪担当殿试对读官。

嘉祐六年（1061）八月，宋选赴凤翔（现陕西凤翔）太守。

嘉祐八年（1063）三月初八，宋迪在潇湘合流处永州府淡山岩题名。

嘉祐年中（1056—1063），宋迪于长沙八景台画八景图（《大明一统志》卷六十三长沙府宫室条记载：八景台位于府城西）。

嘉祐八年（1063）春天，他至永州，创作有号称“潇湘八景”的一组作品。这被沈括记录在《梦溪笔谈》之中：“度支员外郎宋迪工画，尤善为平远山水。其得意者如平沙雁落、远浦归帆、山市晴岚、江天暮雪、洞庭秋月、潇湘夜雨、烟寺晚霞、渔村落照，谓之八景。”据说，米芾见到宋迪八幅《潇湘八景图》，即拍案叫绝，曾给每幅画题诗，一时传为佳话，可惜八景真迹恐已不存。

但自此以后，画家们纷纷效仿这一创意，而且每件作品也都会以四言词组来对自己的作品进行命名。宋代张澄在《画录广遗》中还提到徽宗赵佶绘有《十二景山水》，上有赵佶自题云“因阅宋迪八景，戏笔作此”，可见宋迪之影响。大概也正是因为宋徽宗的直接介入，“潇湘八景图”成为文人画家、宫廷院体画家和禅宗画所热衷的共同创作主题。僧人惠洪为这八景各配了一首诗，称为“有声画”。

治平元年（1064），荆湖南路转运判官职方员外郎宋迪降职知莱州。

治平二年（1065）乙巳暮春十四日，宋迪与周敦颐同游庐山。

熙宁七年（1074）九月，宋迪任永兴军与秦凤二路交子司封郎中时，闯了一个大祸。他因有事到三司使禀报，他的随从在盐铁司废厅引火时不慎失火，这场火在三司使院竟然整整烧了五天，焚毁房屋 1080 楹和大量文案，宋迪被免职——如果有一本中国火灾史的话，宋迪也一定会被写进这部历史之中。

熙宁年中（1067—1077），宋迪再度任转运使，应该是在熙宁七年火灾之后了。

元丰元年（1078），作《潇湘晚景图》。

元祐六年（1091），尚能作画……

从历史文献中可以发现，宋迪的绘画融合了李成、许道宁等人的风格，由于擅长文学创作，因而在细节的刻画方面，尤其吸引人。日本京都藤井有邻馆收藏有一幅传为他的《秋山萧寺图》，在北宋山水的工细之外，颇有奔放的气息。

苏轼曾为宋迪的《潇湘晚景图》题了三首律诗：

西征忆南国，堂上画潇湘。
照眼云山出，浮空野水长。

潇湘图　五代　董源

远浦归帆图　宋　牧溪

旧游心自省，信手笔都忘。
会有衡阳客，来看意渺茫。

落落君怀抱，山川自屈蟠。
经营初有适，挥洒不应难。
江市人家少，烟村古木攒。
知君有幽意，细细为寻看。

咫尺殊非少，阴晴自不齐。
径蟠趋后崦，水会赴前溪。
自说非人意，曾经入马蹄。
他年宦游处，应指剑山西。（《苏轼诗集》，第900—901页）

在苏轼的眼里，宋迪的绘画比他所知道的其他山水画家的作品更有吸引力，潇湘云水、晴岚落照、江市楼阁、烟村渔舟……虽是潇湘一带常见景象，然而都因其负荷着无边的深意和无限的深情，唤起了诗人的充分想象，一如禅僧可以在他的画中因象悟道。

元祐三年（1088）四月五日，《苏轼文集》卷七十《跋宋汉杰画》，就与宋汉杰提到了他的叔叔宋迪："仆曩与宋复古游，见其画潇湘晚景，为作三诗，其略云：‘径遥趋后崦，水会赴前溪。’复古云：‘子亦善画也耶？’”在宋迪眼中，苏轼的诗，明明就是一幅画。不过从话外音来看，宋迪并没有觉得苏轼真的会画画。这也许是较早的一段对话了。

我想，宋迪不可能不知道苏轼向文与可学习画竹的事情。

不过，最有意思的还是在元祐六年（1091）三月，苏轼一再提到他的一个梦，即《书仲殊琴梦》中的故事：

> 元祐六年三月十八日五鼓，船泊吴江，梦长老仲殊弹一琴，十三弦颇坏损而有异声。余问云：“琴何为十三弦？”殊不答，但诵诗曰：“度数形名岂偶然，破琴今有十三弦。此生若遇邢和璞，方信秦筝是响泉。”梦中了然谕其意，觉而识之。

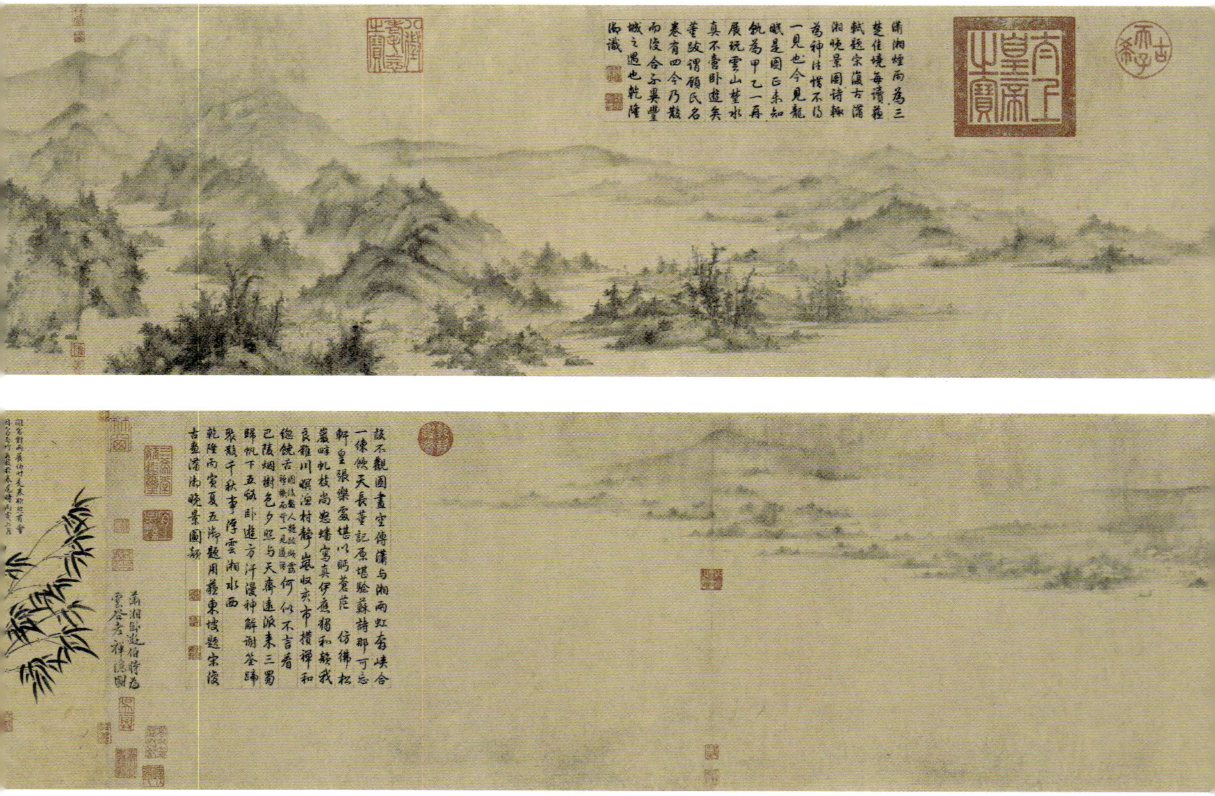

潇湘卧游图　宋　李氏

今晚到苏州，殊或见过，即以示之。写至此，笔未绝，而殊老叩舷来见，惊叹不已，遂以赠之。时去州五里。（《苏轼文集》，第 2250 页）

仲殊本姓张，是东坡多年的方外好友。他曾应进士科考试，年轻时游荡不羁，差一点儿就被他的妻子毒死，后弃家为僧，先后寓居于苏州承天寺、杭州宝月寺。为了解毒，他要经常食用蜂蜜，因而人称“蜜殊”。但后来不知道什么原因，他竟然在徽宗崇宁年间自缢而死。

古琴本来只有五弦，后来周文王和周武王各为加一弦，遂为七弦。渊源于瑟的筝，则有 17 弦。但苏轼梦见的古琴，却有 13 弦，岂不奇怪？

邢和璞何许人也?

生活于唐肃宗时期或稍晚的牛肃，有一部书叫《纪闻》，全书久佚，但《太平广记》卷二十六保留了与邢和璞有关的一则记述：“邢先生名和璞，善方术，常携竹算数计，算长六寸。人有请者，到则布算为卦，纵横布列，动用算数百，布之满床。布数已，乃告家之休咎。言其人年命长短及官禄，如神。先生貌清羸，服气，时饵少药，人亦不详所生。”

据“两唐书”的记载，邢和璞是陪伴在唐玄宗身边的高道之一，与方士张果和僧人一行同时也有交涉。《酉阳杂俎》前集卷二记载“邢和璞，偏得黄老之道，善心算，作《颍阳书疏》”。这本书后世有文献引用过。比如道家的重要著作《云笈七签》卷八十一引《颍阳经（书）》解“童子”一词称：“《颍阳经》曰：童子者，心神也，众神之主。”在《颍阳书》中，还有许多医术，分别是治脾肾舌术、治鼻口喉咙术、治肺心耳术、治两眉间脑舌中神术、治肝目身中阳气术、治两手足术。喜欢收集药方的苏轼，应该读过此书。

听琴图　五代　（传）周文矩

除了苏轼，

许多人对他的事迹都知道不少。比如蔡絛《西清诗话》记载道："颍阳石唐（堂）山，上有石室，即邢和璞算心处。治平中，许昌龄安世诸父蚤得神仙术，策杖来居，天下倾焉。"邢和璞在嵩山石堂山隐居的洞穴被命名为"紫云洞"，故欧阳修诗中有"石堂仙室紫云深，颍阳真人此算心"，即指此事。

关于邢和璞和房琯（697—763）的故事，见于《明皇杂录》。这个故事就是苏轼文章中所说的，房琯与邢和璞巧遇，二人相伴来到夏谷村。路过一个废弃的佛堂，坐在松树下暂时休息时，邢和璞的侍者掘土时发现一个瓮，瓮中有一封娄师德寄予智永的信。邢道士笑着问房琯：你还能想起来这个吗？在邢和璞的提示与启发下，"房遂洒然方记其为僧时，永公即房之前身也"。这则故事，还被《佛祖统纪》等释门弘教之书作为典型的轮回和感应案例而收录。

据《酉阳杂俎》记载，房琯还向邢和璞询问身后之事。邢和璞断言，他死亡之地非馆非寺，会因吃鱼而得病，见龟兹板而去世。后来，房琯在阆州紫极宫下榻时看到有人在切割龟兹运来的木板，不一会儿有人邀请他吃鱼，房琯才知道邢和璞所说的含义。不久，房琯就病死于阆州。

宋人吴坰《五总志》中有这样一段记载："唐玄宗射猎沙苑，道士邢和璞化为羽鹤孤飞其上。帝弯弓射之，中其左股。复还玉局观，留箭以示其徒，曰：'此主天子明年幸蜀。'东坡归自岭表，复官，食玉局禄，有诗，卒章云：'玉局西南天一角，万人沙苑看孤飞。'盖所谓见微知著者。"则苏轼在诗文中，不仅仅一次用到邢和璞的典故而已。

元祐六年（1091），离开杭州的苏轼抵京，寄住在兴国浴室。柳仲远来见，苏轼想起柳仲远家藏有宋迪所临唐人所画一幅有关房琯、邢和璞前世的作品，就让柳仲远将此画拿来，将吴江舟中所作与琴有关的梦，也题在一处。苏轼又作《破琴诗（并叙）》，更为详尽：

> 旧说，房琯开元中尝宰卢氏，与道士邢和璞出游，过夏口村，入废佛寺，坐古松下。和璞使人凿地，得瓮中所藏娄师德与永禅师书，笑谓琯曰："颇忆此耶？"琯因怅然，悟前生之为永师也。
>
> 故人柳子玉宝此画，云是唐本，宋复古所临者。元祐六年三月十九日，予自杭州还朝，宿吴淞江，梦长老仲殊挟琴过余，弹之有异声，就视，琴

颇损，而有十三弦。予方叹息不已，殊曰：“虽损，尚可修。”曰：“奈十三弦何？”殊不答，诵诗云：“度数形名本偶然，破琴今有十三弦。此生若遇邢和璞，方信秦筝是响泉。”予梦中了然识其所谓，既觉而忘之。明日昼寝复梦，殊来理前语，再诵其诗，方惊觉而殊适至，意其非梦也，问之殊，盖不知。是岁六月，见子玉之子子文京师，求得其画，乃作诗并书所梦其上。子玉，名瑾，善作诗及行草书。复古，名迪，画山水草木，盖妙绝一时。仲殊本书生，弃家学佛，通脱无所著，皆奇士也。

破琴虽未修，中有琴意足。
谁云十三弦，音节如佩玉。
新琴空高张，丝声不附木。
宛然七弦筝，动与世好逐。
陋矣房次律，因循堕流俗。
悬知董庭兰，不识无弦曲。（《苏轼诗集》，第 1768—1769 页）

唐代的房琯是唐初名相房玄龄的后代，父亲房融在武则天时期也是宰相。房琯年轻时聪明好学，风度翩翩，喜静好隐，曾经跟朋友一起隐居于陆浑伊阳山中，十余年不与人交接，一心读书养志。他的文名渐渐为人所知，在慈溪、宋城、济源等地做县令的时候也勤于民政，兴修水利，除旧布新，缮理廨宇，获得了很高的名望，也锻炼出了善于理财和协调人际关系的本领。司马光在《资治通鉴》中这样评价他：房琯喜宾客，好谈论，多引拔知名之士，而轻鄙庸俗，人多怨之。

房琯好宾客，喜谈论，但用兵绝非其所长。唐肃宗命他持节招讨西京，他率领三路大军进攻长安。但是，中路和北路大军在咸阳县一个叫陈涛斜的地方被击败，房琯亲自率领的南军也遭遇打败。陈涛斜之败，惨烈无比，四万军队一朝丧尽，大大损伤了唐军的士气。惊慌不定的房琯等人奔赴行在，负荆请罪，因肃宗即位之初，也不好苛责于他。

后来房琯再次失宠于唐肃宗之后，干脆在家闭门养病，不理事务。但不甘寂寞的他却每日招揽宾客，纵酒谈笑，加上宰相的余威仍在，故而每日拜访者络绎不绝。

房琯有一个琴师名叫董庭兰，是天宝年间著名的音乐家。董庭兰为人豪迈，颇有几分名士清狂之风。诗人高适的绝句《别董大》就是写给董庭兰的，“莫愁前路无知己，天下谁人不识君”说的就是他。但是此人给房琯惹了很大的麻烦，一些求官的人因董庭兰深受房琯喜爱，就走董庭兰的门路，他也就开始收受贿赂，引起官场同僚的嫉恨。房琯因此被人弹劾，他上朝自诉。皇帝大怒，命他回家思过，不许再参与朝事。杜甫为他辩冤，引起皇帝的愤怒，杜甫的后半生也因此全毁了。

回到苏轼这首诗。

这首诗的意思是，那个破琴虽然没有修好，然而琴的意思是充足的。虽然这张古怪的破琴有 13 弦，但它的声音有如珮玉一样清脆，而新琴的声音虽然高亢，但因为琴声还没有进到木头里去，听起来不过是七弦的筝而已，然而世人却偏向于追逐这种新的声音。房琯也是不能免于流俗，他只知道董庭兰弹得好，无法理解陶渊明式的无弦琴之妙。

苏轼另有一首《书〈破琴诗〉后》（一题《观宋复古画叙（并叙）》），说的也是此事：

> 余作《破琴诗》，求得宋复古画邢和璞于柳仲远，仲远以此本托王晋卿临写为短轴，名为《邢房悟前生图》，作诗题其上：
>
> 此身何物不堪为，逆旅浮云自不知。
>
> 偶见一张闲故纸，便疑身是永禅师。（《苏轼诗集》，第 1770 页）

柳仲远将宋迪所画的那幅画送给苏轼，自己转托王诜临出另外一本，题为《邢房悟前生图》。苏轼又作《王晋卿前生图偈》：

> 王晋卿得破墨三昧，又尝闻祖师第一义，故画邢和璞、房次律论前生图，以寄其高趣，东坡居士既作《破琴》诗以记异梦矣，复说偈云：
>
> 前梦后梦真是一，彼幻此幻非有二。
>
> 正好长松水石间，更忆前生后生事。（《苏轼诗集》，第 2625 页）

可见苏轼围绕这一主题，反复写了不少。

他为什么反复提到这个梦呢？这个梦难道不是现实的折射吗？

宋汉杰：“观士人画”

宋选的儿子叫宋子房，字汉杰。于宋迪为侄儿辈，于绘画为家传，画风受到宋道、宋迪的影响，徽宗朝（1101—1125）曾授画院博士。

苏轼与他们一家一直没有断了联系。

《苏轼诗集》卷三十有一首《谢宋汉杰惠李承晏墨》，证明他们实际上一直保持着相当好的关系：

> 老松烧尽结轻花，妙法来从北李家。
> 翠色冷光何所似，墙东鬒发堕寒鸦。

此诗写于元祐三年（1088）年，宋子房在京。

关于李承晏墨，详见本书苏轼与黄庭坚那一节。

建中靖国元年（1101），苏轼遇赦从海南岛回内地经过虔州时，宋子房还写了一封信给苏轼。苏轼有答简：

> 某初仕即佐先公，蒙顾遇之厚，何时可忘。流落阔远，不闻昆仲息耗，每以惋叹。辱书累幅，话及畴昔，良复慨然。三十余年矣，如隔晨耳，而前人凋丧略尽，仆亦仅能生还。人世一大梦，俯仰百变，无足怪者。

其二：

> 前日裁谢草略，重烦问讯，眷意愈厚，感愧不已。仍审起居佳胜。宠赐新诗，词格甚美，伏读慰喜。但恨衰晚，无以当此嘉贶也。（《苏轼文集》，第1806—1807页）

在第一封中苏轼说“候水来即来”，时在虔州，因为是冬天，赣水不足。孔凡礼《三苏年谱》将此二函系于建中靖国元年初，是没问题的。苏轼在信中说自己于嘉祐六年（1061）初入仕途，签书凤翔府节度判官厅公事，得到宋选的照顾，还惦记着宋道、宋迪二人的消息，“流落阔远，不闻昆仲息耗”，一晃 30 多年过去，一切只像隔了一个早晨而已。

从第二封中还可以得知，宋子房亦能诗。

苏轼为他作过一段题跋，文章一开笔，正是从后世山水画“南北宗”的两位开创者着眼：

> 唐人王摩诘、李思训之流，画山川峰麓，自成变态，虽萧然有出尘之姿，然颇以云物间之。作浮云杳霭，与孤鸿落照，灭没于江天之外，举世宗之，而唐人之典刑尽矣。近岁惟范宽稍存古法，然微有俗气。汉杰此山，不古不今，稍出新意，若为之不已，当作着色山也。（《苏轼文集》，第 2216 页）

在苏轼眼里，王维与李思训代表了唐人山水画的典型。于近代，苏轼则较为推崇范宽，赞赏他稍存“古法”，但嫌弃他微有“俗气”。

在苏轼的眼中，宋子房的山水画“不古不今，稍出新意”，如果进一步，就应该是着色山水了。无独有偶，苏轼在《王晋卿所藏着色山二首》中也特别强调了“着色山”：“缥缈营丘水墨仙，浮空出没有无间。迩来一变风流尽，谁见将军着色山。”王诜也知道苏轼希望他能作着色山，因而在唱和苏轼题他的第一首《烟江叠嶂图》诗中说：“苍颜华发何所遣，聊将戏墨忘余年。将军色山自金碧，萧郎翠竹夸婵娟。”原来苏轼对山水画的期许，并不仅仅止步于对水墨山水的欣赏而已。

因为现在看不到宋子房的画迹，所以这个人只能在画论史中出现。然而，正是由于看到宋子房的画，苏轼才能在《又跋汉杰画山》中发出感叹：

> 观士人画，如阅天下马，取其意气所到。乃若画工，往往只取鞭策皮毛槽枥刍秣，无一点俊发，看数尺许便倦。汉杰真士人画也！（《苏轼文

集》，第 2216 页，有改动）

凡提到中国文人画，必论及苏轼这段题跋，这几乎成了“文人画”这一概念开始成立的标志。

何为“天下马”？见于《庄子·徐无鬼》：

> 天下马有成材，若恤若失，若丧其一，若是者，超轶绝尘，不知其所。

这段话引的“九方皋相马”的故事，除了《庄子》，《列子》与《淮南子》都有记载。秦穆公请伯乐为他寻找“天下马”，伯乐推荐了九方皋。过了三月，九方皋派人告知秦穆公，说他已经找到了“天下马”，是一匹黄色的母马。秦穆公不放心，差人去看，然而却被告知九方皋相中的竟然是一匹黑色的公马。秦穆公极其不满，质问伯乐怎么会推荐一个连马的颜色和公母都分不清的人？伯乐听后却长叹：“一至于此乎！”感叹九方皋相马已经脱离了马的皮相，而直达骨骼神骏。等那匹黑色的公马牵来一试，果然为举世无双的“天下马”。

苏轼的题跋作了一个很重要的区分：士大夫之画与画工之画是不同的，第一，作画之人是文人士大夫。第二，士人之画并不以外在形似为追求目标，而是要抒发自己的意气。虽然在苏轼所在的时代，文人的写意画尚未发达，但能在工匠之作以外另标审美标准，苏轼已经发文人写意画之先声。

后来，他的学生黄庭坚则把“九方皋相马”的典故也引入到艺术评论中来，可以和苏轼的观点共同来看。

到了南宋，邓椿《画继》专门标出“轩冕才贤”一门，以苏轼为中心，将李公麟、米芾、晁补之、晁说之、张舜民、刘泾、苏过、宋子房、程堂、范正夫、颜博文、任谊、米友仁、朱敦儒、廉布、李石等人列在一起。不难看出，“轩冕才贤”即苏轼所说的“士人画”，主要是由与苏轼交往密切的文人圈组成。

在苏轼看来，一个好的画家不仅仅是一个技巧出众的手艺人而已，他至少可以和诗人一样，通过手中的媒介来传达自己的生命境界与心灵意味。

“士人画”这一概念的发明权在苏轼，但他是借评论宋子房（汉杰）的画提出来的。

潇湘奇观图（局部）　宋　米友仁

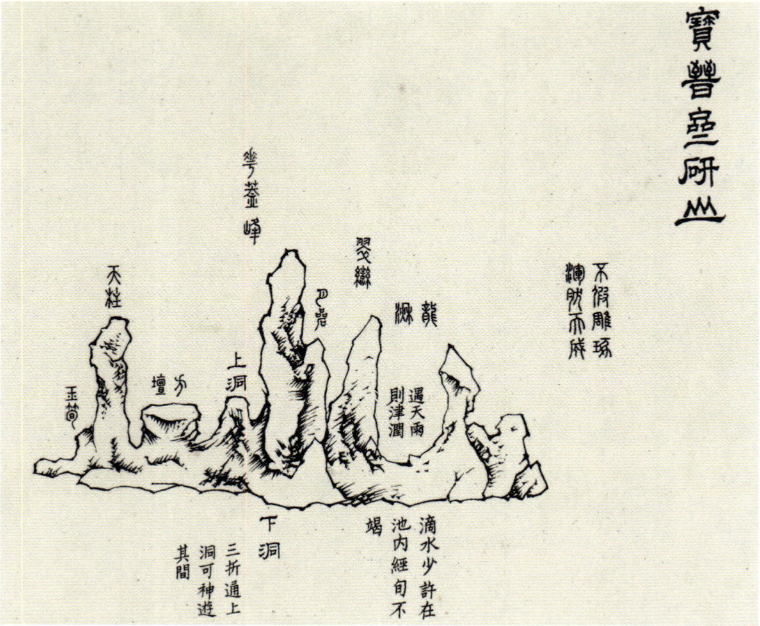

宝晋斋研丛　明　《素园石谱》

而以“文人画”代替了“士人画”，或以为“士人画”和“文人画”是一个意思，还不是苏轼的本意，或者至少混淆了苏轼的原意。因为只有回溯到孔子对“士”的定义，才可以理解什么是“士”。孔子说：

士志于道，而耻恶衣恶食者，未足与议也。

士不可以不弘毅，任重而道远，仁以为己任，不亦重乎？死而后已，不亦远乎？

如此，苏轼才不辜负欧阳修对他的期许。尽管欧阳修于书于画都不太擅长，然而，他的眼光和见地，却是一流的。

后世的恽寿平在《南田画跋》中对逸格进行界定时，仍然保留了“士气”，并与超凡脱俗的“逸格”联结在一起：“不落畦径，谓之士气；不入时趋，谓之逸格。”于是，士人画不仅仅是画，不仅仅是一门技艺，更是将考察的重心放在人与人格方面。

“禅心已作沾泥絮”——与参寥

在苏东坡的朋友中，僧人是少不了的。

苏轼主动接近佛教，是在杭州通判期间，即苏轼36岁至39岁的熙宁四年（1071）十一月至熙宁七年（1074）九月。

由于五代时期的吴越王钱氏大力兴建佛教寺院，杭州成为当时最重要的佛学圣地。净土宗、天台宗、律宗、禅宗、华严宗云集于西湖周围的寺院之中。苏轼在公务之余，过访佛寺，与这些高僧交往，留下许多诗文。正像他自己曾经说过的：“吴越多名僧，与予善者常十九。”即江苏、浙江那里的僧人，百分之九十以上都是他的好朋友。

不过那时的佛教于苏轼而言，只是“知识性的关心对象”，即使离开杭州之后，在密州，在徐州，在湖州，都是如此。而且，在有关记载中，不乏苏轼对这些僧人的调侃乃至戏弄。

苏轼为什么会有这么多的方外朋友？《邵氏闻见后录》卷十五有这样一段：

> 或问东坡，云龙山人张天骥者，一无知村夫耳。公为作《放鹤亭记》，以比古隐者，又遗以诗，有“脱身声利中，道德自濯澡”，过矣。东坡笑曰：“装铺席耳。”东坡之门，稍上者不敢言，如琴聪、蜜殊之流，皆铺席中物也。

文中所说的“装铺席”，为宋人俗语，实即今语“装门面”。原来在苏轼或时人看来，他需要这些方外之士为他“装铺席”，即其言在此而意在彼，借那些僧道之人来寄托自己的感慨。

但也不止于此，苏东坡洒脱豁达之人格的形成，与这些高僧的交流，不无关系。

经过元丰二年（1079）的“乌台诗案”，被贬黄州的苏轼体验了这一关乎生死的重大事件之后，也经历了一场来自身心深处的“革命”。在写给章惇的信中，苏轼说：“闲居未免看书，惟佛经以遣日，不复近笔砚矣。”在阅读的过程中，佛教从“知识性的关心对象”，成为他生命深处发生变化的契机。这可以从他的《黄州安国寺记》中读出来：

> 元丰二年十二月，余自吴兴守得罪，上不忍诛，以为黄州团练副使，使思过而自新焉。其明年二月至黄，舍馆粗定，衣食稍给，闭门却扫，收召魂魄，退伏思念，求所以自新之方，反观从来举意动作，皆不中道，非独今之所以得罪者也。欲新其一，恐失其二，触类而求之，有不可胜悔者。
>
> 于是喟然叹曰：“道不足以御气，性不足以胜习，不锄其本而耘其末，今虽改之，后必复作。盍归诚佛僧，求一洗之。”得城南精舍，曰安国寺，有茂林修竹，陂池亭榭。间一二日辄往，焚香默坐，深自省察，则物我相忘，身心皆空，求罪垢所从生而不可得。一念清静，染污自落，表里翛然，无所附丽，私窃乐之。旦往而暮还者，五年于此矣。
>
> 寺僧曰继连，为僧首七年，得赐衣。又七年，当赐号，欲谢去，其徒与父老相率留之，连笑曰：“知足不辱，知止不殆。”卒谢去。余是以愧其人。七年，余将有临汝之行，连曰：“寺未有记，具石，请记之。”余不得辞。
>
> 寺立于伪唐保大二年，始名护国，嘉祐八年赐今名。堂宇斋阁，连皆易新之，严丽深稳，悦可人意，至者忘归。岁正月，男女万人会庭中，饮食作乐；且祠瘟神，江淮旧俗也。
>
> 四月六日，汝州团练副使眉山苏轼记。（《苏轼文集》，第391—392页，标点有调整）

其中“焚香默坐，深自省察，则物我相忘，身心皆空，求罪垢所从生而不可得。一念清净，染污自落，表里翛然，无所附丽”，正说明了苏轼是如何从焚香默坐中渐渐体会到佛教的力量的。

此文为元丰七年（1084）四月六日离开黄州之际所作。“汝州团练副使”，是他得到的新的职务，也是他将访问庐山的前十天。

关于苏轼与佛教之间，还有这样一个很传奇的故事，缘于一梦。苏轼的梦很多，奇梦尤其多，因而我认为梦是苏东坡的另一现实。现在来说这个梦。

苏辙初谪高安时，云庵禅师居于洞山，时时相过。另外有一个叫聪禅师的，是苏辙的四川同乡，居圣寿寺。有一天晚上，云庵禅师梦见和苏辙、聪禅师一起出城去迎接五祖戒禅师。他醒后，心里觉得奇怪，就告诉了苏辙。话还没说完，聪禅师来，苏辙就喊他：“方与洞山老师说梦，子来亦欲同说梦乎？”聪禅师说：“夜来辄梦见吾三人者，同迎五祖戒和尚。”听得苏辙拊手大笑：“世间果有同梦者，异哉！”

过了不久，东坡的信到，说已到了奉新，早晚之间就可以相见了。三人大喜，出城 20 里至建山寺这个地方时，见到了东坡，坐下来说话，就将几天前的梦说与东坡听。东坡却说：“轼年八九岁时，尝梦其身是僧，往来陕右。又先妣方孕时，梦一僧来托宿，记其颀然而眇一目。”这让云庵大为吃惊，因为他知道：“戒，陕右人，而失一目，暮年弃五祖来游高安，终于大愚。”

这是 50 年前的事，而东坡这一年恰好 49 岁，因而东坡也不怀疑自己的前身就是僧人，并且有具体的名字，叫五祖戒禅师。所以苏东坡写信给云庵，才会说：“戒和尚不识人嫌，强颜复出，真可笑矣。既是法契，可痛加磨砺，使还旧观，不胜幸甚。”

而且，从这以后，他一直喜欢将僧人的衣服穿在身上。

苏轼有回上朝，朝衣里面还有一件衣服，这引起了哲宗的好奇。哲宗问：“苏轼衬朝章者何衣？”太监答：“是道衣。”后来等东坡谪英州，佛印遣书追至南昌，东坡没有写回信，只是找了一张纸写了几个大字：“戒和尚又错脱也。”再后七年，东坡归自海南监玉局观，作了一偈戏答僧曰：“恶业相缠四十年，常行八棒十三禅。却着衲衣归玉局，自疑身是五通仙。”可见苏轼自己也相信，五祖戒和尚就是他的前身。

佛印

在东坡与僧人的交往中，故事最多的，是佛印禅师（1032—1098）。他

法号了元，字觉老，俗姓林，饶州（江西省）浮梁人。自幼学习儒家典籍，后来拜宝积寺日用和尚为师，学习禅法。曾登临庐山参访开先善暹，又参圆通居讷（1010—1071），后历住江苏金山、焦山等处。元符元年（1098）一月四日示寂，享年 67 岁。

关于佛印的出生，还有一个几近荒唐的说法，即佛印的母亲和李定的母亲是同一人。他的妈妈姓仇，先后嫁过三个男人，生了两个儿子一个女儿，两个儿子一个是苏轼的朋友，一个是苏轼的仇人，女儿部六（也称蔡奴）后来成为京城教坊司中的当红头牌。如果此传说为真，那这位仇氏，也是一奇女子。

佛印的朋友大多是文人而不是僧侣，他极其讲究排场，其行为举止也有强烈的世俗意识，或者“人间情怀”——他经常参加文人间的酒宴并高谈阔论，与士大夫官僚之辈往来频繁。

而这一点，也恰切地证明了唐宋禅宗之别：从唐代早期的“农禅”，转为宋代的“士大夫禅”。

正因为流传的故事多，所以人们会以为佛印是苏东坡最为亲密的方外知交，但实际情况并不如此。他和佛印之间的故事，大都是后人杜撰而来，经不起推敲。

当然，佛印与苏轼的关系，也不能忽略，尤其是苏轼贬到惠州时，佛印给他写了一封信，这封信倒真是值得一读：

> 东坡在惠州，佛印在江浙，以地远无人致书为忧。有道人卓契顺者，慨然叹曰：“惠州不在天上，行即到矣。”因请书以行。印即致书云：“尝读退之《送李愿归盘谷序》，愿不遇知于主上者，犹能坐茂树以终日。子瞻中大科，登金门，上玉堂，远于寂寞之滨，权臣忌子瞻为宰相耳！人生一世间，如白驹之过隙，二三十年功名富贵，转盼成空，何不一笔勾断，寻取自家本来面目。万劫常住，永无堕落，纵未得到如来地，亦可以骖鸾驾鹤，翱翔三岛，为不死人，何乃胶柱守株，待入恶趣？昔有问师：佛法在什么处？师云：‘在行住坐卧处，着衣吃饭处，屙屎刺撒处，没理没会处，死活不得处。’”子瞻胸中有万卷书，笔下无一点尘，到这地位不知性命所在，一生聪明，要做甚么？三世诸佛，则是一个有血性的汉子。子瞻若能脚下承当，把一二十年富贵功名，贱如泥土。努力向前，珍重珍重！

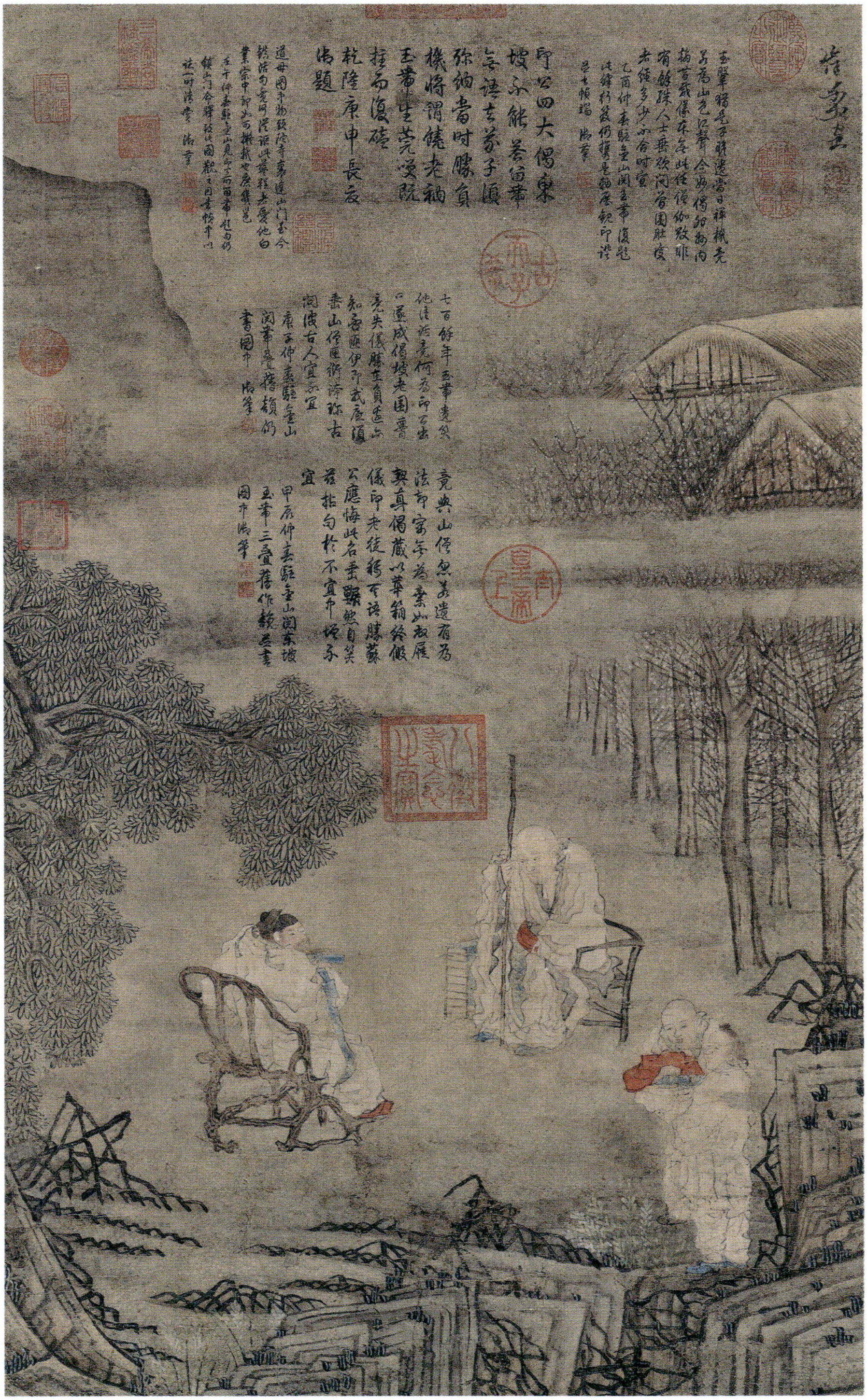

苏轼留带图　明　崔子忠

（《宋人轶事汇编》卷二十，第 1703—1704 页。）

热衷于功名之人，尤其应该读一读这封信，或许对人生能有另外一番认识。

参寥

与东坡感情最深的，当推参寥，而这个名字，恰是东坡给取的。

“参寥子”这个名字在东坡的诗文中出现了 36 次；“参寥”这个名字在诗文中则出现了 110 次。在他诸多的僧人朋友中，似乎只有参寥能以精深的道义和清新的文笔为东坡所推崇。

参寥本姓何，名昙潜，号参寥子，晚年赐号妙总大师，杭州于潜（今浙江临安市）浮溪村人。他是大觉怀琏的弟子，云门宗下五世。他生于庆历二年（1042），比苏轼小七岁，自幼出家，于经藏、文史无所不读，善写文章，尤喜作诗。他的诗清丽可爱，超凡脱俗，为宋代诗僧之翘楚，后人编成十二卷的《参寥子诗集》。

细究起来，参寥在西菩山智明寺的受业师并不详，然而他与东坡的另一好友辩才元净（1011—1091）关系相当密切。辩才亦为于潜人，也出家于智明

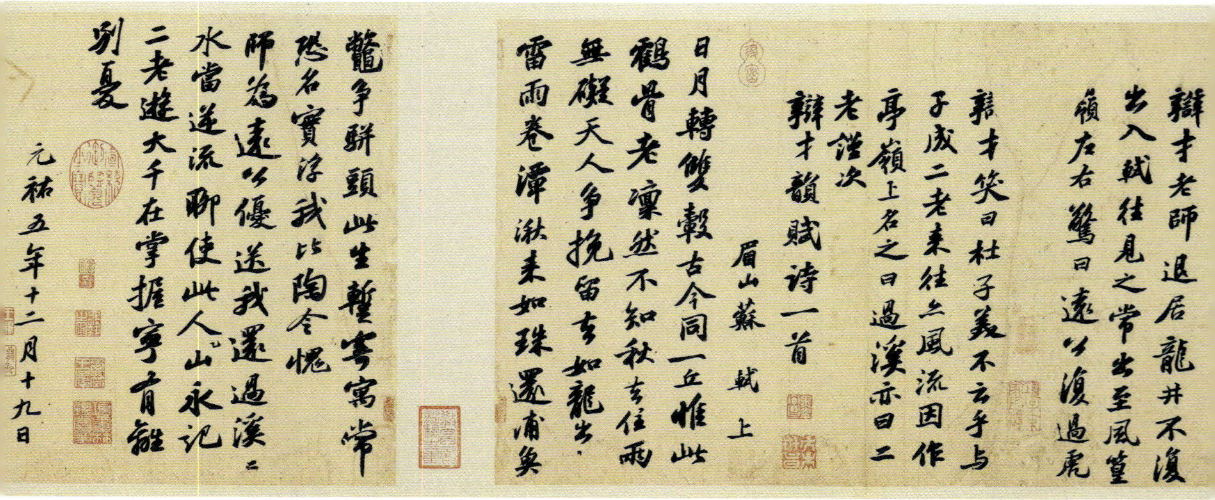

次韵辩才诗　宋　苏轼

寺，后来到杭州从学于慈云遵式，遵式入灭后又从学于明智祖韶，25岁便获紫衣师号，居上天竺20年，为天台宗一代宗匠。同时又有海月惠辨（1013—1073）亦为祖韶门人，参寥曾请苏辙为之作铭。

辩才与海月都是天台宗的两位宗师，因此参寥对于天台教法也应精通。参寥后来又学禅宗，为大觉禅师的门人。苏轼有一信："知非久往四明，琏老且为致区区。欲写一书，为来人告还，写书多，故懒倦，容后便也。仆有舍罗汉一堂在育王山，禅月笔也，可一观。"作此书时，参寥就在四明太白山与其师大觉怀琏同住，但参寥似乎很快就要离开了。

苏辙的诗中说他"旧识髯学士，复从琏耆年"，就认为参寥师从大觉禅师应该是在认识东坡之后。陈师道《寄参寥》诗中的"早作步兵语，晚参云门禅"，大概可以证明，参寥入禅宗的云门宗，是较晚的。

我猜苏轼给昙潜取名参寥，一定是来自《庄子·大宗师》："玄冥闻之参寥，参寥闻之疑始。"陆德明释文引李颐云："参，高也。高邈寥旷，不可知也。"寓意虚空高远。

参寥曾经写过这样一首诗：

风蒲猎猎弄轻柔，欲立蜻蜓不自由。
五月临平山下路，藕花无数满汀洲。

苏轼读到此诗，大为激赏。

苏轼在杭州三年，到过几次参寥的家乡于潜，也去过径山寺，但是却从来没有提到与参寥相遇，大概那三年，参寥不在杭州。《春渚纪闻》卷六《东坡事实》"寺认法属黑子如星"条记："钱塘西湖寿星寺老僧则廉言，先生作郡倅日，始与参寥子同登方丈，即顾谓参寥曰：'某生平未尝至此，而眼界所视，皆若素所经历者。自此上至忏堂，当有九十二级。'遣人数之，果如其言。即谓参寥子曰：'某前身，山中僧也。今日寺僧，皆吾法属耳。'后每至寺，即解衣盘礴，久而始去。则廉时为僧雏待仄，每暑月袒露竹阴间，细视公背，有黑子若星斗状，世人不得见也。即北山君谓颜鲁公曰'志金骨，记名仙籍'是也。"这段史料经常被引用，以证明苏轼前身即在杭州生活过。林语堂《苏东坡传》第十一章《诗人、名妓、高僧》里就引用了这一条，但苏轼做杭州通判时，与参寥并不相识。

参寥与苏轼第一次相见，是在元丰元年（1078）秋天。他先是从京城到南京，先见了苏辙，然后从南京出发，直奔徐州。《参寥子集》卷三《访彭门太守苏子瞻学士》，诗中称“彭门千里不惮远，秋风匹马吾能征”，正是实录。有研究者称参寥与苏轼在杭州时就认识，或者是从杭州到徐州见苏轼，都是失于考证。

在这首诗中，参寥极力称赞苏氏父子三人，尤其夸赞苏轼：“少年著书即稽古，经纬八极何峥嵘。未央宫中初射策，落笔游刃挥新硎。翰林醉翁发奇叹，台阁四座争相惊……同时父子擅芳誉，芝兰玉树罗中庭。风流浩荡摇江海，粲若高汉悬明星。”可见他对苏轼一家，仰慕已久，如今相识，遂成莫逆之交。苏轼也步其韵，回了一首洋洋洒洒的长诗《次韵僧潜见赠》：

道人胸中水镜清，万象起灭无逃形。
独依古寺种秋菊，要伴骚人餐落英。
人间底处有南北，纷纷鸿雁何曾冥。
闭门坐穴一禅榻，头上岁月空峥嵘。
今年偶出为求法，欲与慧剑加砻硎。
云衲新磨山水出，霜髭不剪儿童惊。
公侯欲识不可得，故知倚市无倾城。
秋风吹梦过淮水，想见橘柚垂空庭。
故人各在天一角，相望落落如晨星。
彭城老守何足顾，枣林桑野相邀迎。
千山不惮荒店远，两脚欲趁飞猱轻。
多生绮语磨不尽，尚有宛转诗人情。
猿吟鹤唳本无意，不知下有行人行。
空阶夜雨自清绝，谁使掩抑啼孤茕。
我欲仙山掇瑶草，倾筐坐叹何时盈。
簿书鞭扑昼填委，煮茗烧栗宜宵征。
乞取摩尼照浊水，共看落月金盆倾。（《苏轼诗集》，第880—882页）

秋山论道图　宋　佚名

自此以后，苏轼经常和他吟咏唱和，而参寥也时常追随苏轼，二人在文学上，真可谓知音密友。

苏轼还将参寥介绍给他的好友文与可，赞曰：“诗句清绝，可与林逋相上下，而通了道义，见之令人肃然。有一诗与之，录呈，为一笑也。”大概就是这首诗吧。苏辙也称赞参寥的诗“无一点蔬笋气，体制绝似储光羲，非近世诗僧比”，又《书参寥论杜诗》调侃参寥：“参寥子言：老杜诗云‘楚江巫峡半云雨，清簟疏帘看弈棋’。此句可画，但恐画不就尔。仆言：‘公禅人，亦复爱此绮语耶？’寥云：‘譬如不事口腹人，见江瑶柱，岂免一朵颐哉！’”苏轼怪参寥喜欢艳丽的句子，参寥的意思是，即使是再不讲究吃的人，见了像江瑶柱这样的美味，也不妨大吃一顿。

参寥写诗和对待诗的态度，大概一直如此。

苏轼政务之余，喜欢游玩，喜欢饮酒，喜欢作诗，但参寥对交往的人却有严格的标准，对看不上的人，甚至张口就骂，因而在众人中有些落落寡合。一日宾朋同僚聚会，苏轼当众说：“今天参寥不留下点笔墨，令人不可不恼。”遂遣官妓马盼盼持纸笔向参寥索诗。参寥一挥而就：

多谢尊前窈窕娘，好将幽梦恼襄王。
禅心已作沾泥絮，不逐春风上下狂。

“多谢尊前”，一作“寄语东山”，一作“底事东山”，而“东山窈窕娘”典出《晋书》卷七十九《谢安传》东山携妓故事，点出马盼盼的妓女身份。后二句解释自己为何无动于衷的原因，他以柳絮沾泥后不再飘飞来比喻念佛参禅的道心已经入定，就像沾泥的柳絮不会再追逐春风上下轻飞狂舞一样。

苏东坡见之大喜，因为参寥替他写出了一句他早想写而没有写出的诗句：“我尝见柳絮落泥中，私谓可以入诗，偶未曾收拾，遂为此人所先，可惜也。”此诗一出，举座皆惊，参寥从此名闻海内。

除了诗文，参寥对苏轼笔下的墨竹也极为欣赏。《参寥子诗集》卷九《过彭城观陈传道知录所藏东坡公画》：“枯株瘦石两相望，南北悠悠径路长。卷尽平冈三百里，风枝雨叶更飘扬。”陈传道，是陈师道的哥哥。

不久，参寥要离开徐州，苏轼写了一首诗送他，这首诗极有名：

上人学苦空，百念已灰冷。
剑头惟一吷，焦谷无新颖。
胡为逐吾辈，文字争蔚炳。
新诗如玉屑，出语便清警。
退之论草书，万事未尝屏。
忧愁不平气，一寓笔所骋。

颇怪浮屠人，视身如丘井。
颓然寄淡泊，谁与发豪猛。
细思乃不然，真巧非幻影。
欲令诗语妙，无厌空且静。
静故了群动，空故纳万境。
阅世走人间，观身卧云岭。
咸酸杂众好，中有至味永。
诗法不相妨，此语更当请。（《苏轼诗集》，第905—907页）

如果论到禅与诗之间的关系，一定会用到苏轼的这首诗，因为这回到了一个古老的问题：参寥身入佛境，百念俱枯，然而他为什么可以写出清警彪炳的诗句呢？唐代的韩愈在以高闲的草书为例时提到，艺术创作并不是要摒却世间万事万物，而是由于作者心有不平之气，诉诸笔端，所以才会产生像张旭那样高超的狂草艺术。"颇怪浮屠人"，表述的是苏轼对像参寥这样的僧人感到奇怪：僧人本该心如丘井、摒却万事，但他在创作中抒发出来的豪猛之情又是来自哪里呢？从"欲令诗语妙"开始，苏轼提出了自己的论诗观点：要使诗写得好，一是要空，二是要静。唯其静，才能把握世间各种动态；唯其空，才能容纳世间万般景象。"阅世走人间，观身卧云岭"，则是还要深入丰富的世态万象之中，诗才有咸咸酸酸的无比丰富的滋味。在诗的最后，苏轼以为，诗歌与佛法两不相妨，请参寥师进一步深虑。

参寥离开徐州，苏轼倒是极其想念这个诗友。他写给参寥的第一封信，就是这样的："别来思企不可言，每至逍遥堂，未尝不怅然也。"次年，苏轼移知湖州时，路过高邮，参寥与好友秦观都在，这让苏轼极为欢喜。他们一路同行，在惠山天下第二泉那里，取水烹茶。苏轼也作了一首禅味十足的诗："敲火发山泉，烹茶避林樾。明窗倾紫盏，色味两奇绝。吾生眠食耳，一饱万想灭……"

元丰二年（1079）中秋后，秦观与参寥游西湖、访辩才，作一游记。辩才、参寥致书苏轼时，顺便将此《题名》寄来。苏轼读后颇为感慨，因为题名所记风景，皆往日他所游览之处。他在回信中说：

览太虚《题名》，皆予昔时游行处。闭目想之，了然可数。始予与辩才别五年，乃自徐州迁于湖，至高邮，见太虚、参寥，遂载与俱。辩才闻予至，欲扁舟相过，以结夏未果。太虚、参寥又相与适越，云秋尽当还。而予仓卒去郡，遂不复见。明年，予谪居黄州，辩才、参寥遣人致问，且以《题名》相示。

时去中秋不十日，秋潦方涨，水面千里，月出房、心间，风露浩然。所居去江无十步，独与儿子迈棹小舟至赤壁，西望武昌，山谷乔木苍然，云涛际天，因录以寄参寥，使以示辩才。有便至高邮，亦可录以寄太虚也。（《苏轼文集》，第 1860—1861 页）

这一封信作于元丰三年（1080）八月初。在信中，他顺便提到与儿子苏迈一起泛舟夜游赤壁的所见，因以此书寄给参寥，并使辩才同观，如果有人到高邮去，也可以给秦观看看。

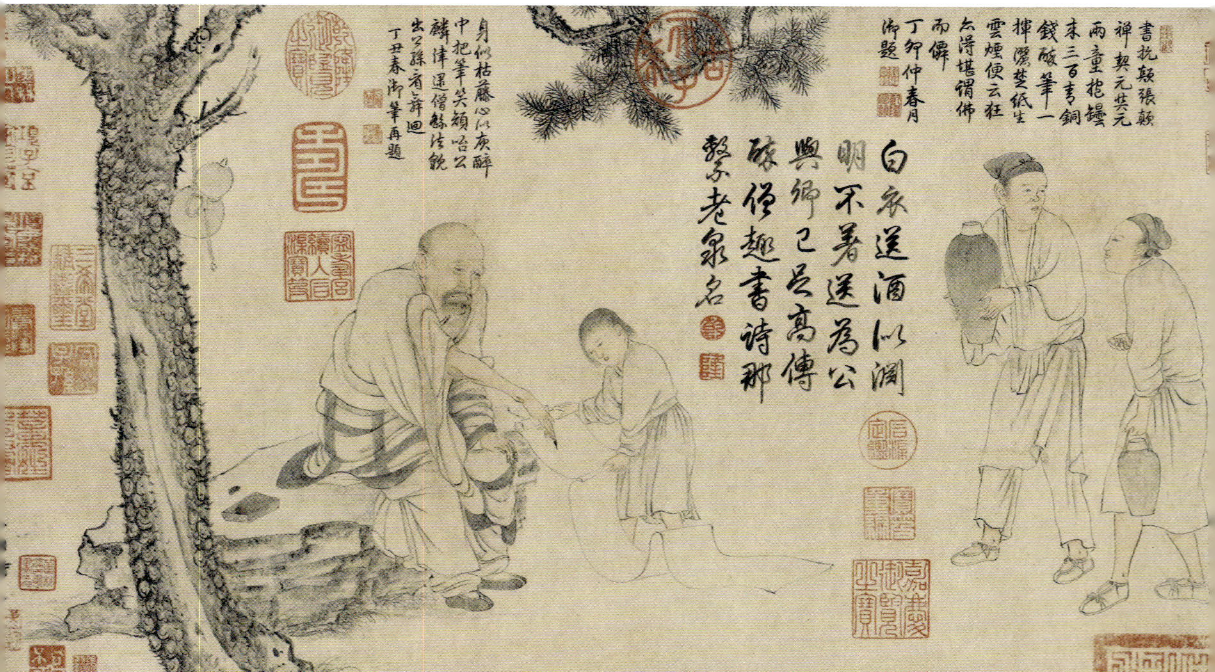

醉僧图　宋　（传）李公麟

在黄州

元丰三年（1080），苏轼因“乌台诗案”入狱。与王巩、颜复、陈襄等29人一样，参寥也因收有苏轼所谓的“讥讽文字”而被调查审问。

苏轼贬谪黄州时，曾给参寥写过一封信，信中说：

> 某启。去岁仓卒离湖，亦以不一别太虚、参寥为恨。留语与僧官，不识能道否？到黄已半年，朋游稀少，思念二公不去心。懒且无便，故不奉书。远承差人致问，殷勤累幅，所以开谕奖勉者至矣。仆罪大责轻，谪居以来，杜门念咎而已。平生亲识，亦断往还，理故宜尔。而释、老数公，乃复千里致问，情义之厚，有加于平日，以此知道德高风，果在世外也。见寄数诗及近编诗集，详味，洒然如接清颜、听软语也。比已焚笔砚，断作诗，故无缘属和，然时复一开以慰孤疾，幸甚！幸甚！笔力愈老健清熟，过于向之所见，此于至道，殊不相妨，何为废之邪？当更磨揉以追配彭泽。未间，自爱。不宣。（《苏轼文集》，第1859—1860页）

这是苏轼到达黄州半年之后给参寥写的回书。由于苏轼在湖州突然被逮捕，因而没有来得及与参寥和秦观告别。

被贬黄州后，苏轼的往日亲旧大多不敢致问，以避嫌疑。但以往那些与他交好的法师、道士，却都千里通问，无所畏惧，表现出比以往更加深厚的情义，因此苏轼感慨“道德高风，果在世外”。

不仅仅是通信而已，元丰六年（1083）三月，参寥还亲自从杭州到黄州看望苏轼。老朋友见面，悲喜交集。苏轼将其安排在雪堂与巢谷一起居住。他们一起吟诗作文，一起观赏山水景色，情谊远超于世间的利害得失之上。参寥在黄州整整住了一年。

三月的某一天，苏轼与参寥、巢谷一起过江游武昌西山，沿途诗歌唱和，心情愉快。而苏轼极喜欢参寥的诗，每为来人念“隔林仿佛闻机杼，知有人家住翠微”两句。

一直到元丰七年（1084）五月，神宗亲书诏令，量移苏轼为汝州团练副使，本州安置，不得签书公事，这意味着苏轼即将离开黄州，参寥也该告别了。参寥遂作《留别雪堂呈子瞻》一诗以抒怀：

> 策杖南来寄雪堂，眼看花絮又风光。
> 主人今是天涯客，明日孤帆下渺茫。

苏轼次韵小诗一首，以《和参寥》为题：

> 芥舟只合在坳堂，纸帐心期老孟光。
> 不道山人今忽去，晓猿啼处月茫茫。

参寥于是改变主意，答应与苏轼一起离开黄州。

再说一年前，苏轼曾在临皋亭做了一梦，见参寥手携一轴诗自雪堂而来。苏轼梦中醒来后，还对参寥《饮茶》一诗中的两句记得非常清楚："寒食清明都过了，石泉槐火一时新"，但他也不明白，火是新的，水为什么也是新的？根据这一梦中问答，苏轼作了《记参寥诗》短文一篇，文中说：

> 昨夜梦参寥师携一轴诗见过，觉而记其《饮茶》诗两句，云："寒食清明都过了，石泉槐火一时新。"梦中问："火固新矣，泉何故新？"答曰："俗以清明淘井。"当续成一诗，以纪其事。

在杭州

转眼又是五年，元祐四年（1089），苏轼出知杭州时，参寥在地处西湖畔的智果院任住持。智果院有股从石缝之间流出的清冽泉水，特别宜于泡茶。苏轼携客经常乘舟泛湖来此游玩，汲泉钻火以烹茶。某日，在饮茶之余，苏轼忽然想起他在黄州时梦中所作的"寒食清明都过了，石泉槐火一时新"，就旧话重提："火固新矣，泉何故新？"参寥师答："俗以清明淘井。"原来民间有清明时疏凿泉水的习俗。

苏轼为这眼泉取名"参寥泉"，还写了一篇《参寥泉铭（并叙）》：

余谪居黄，参寥子不远数千里从余于东城，留期年。尝与同游武昌之西山，梦相与赋诗，有“寒食清明”“石泉槐火”之句，语甚美，而不知其所谓。其后七年，余出守钱塘，参寥子在焉。明年，卜智果精舍居之。又明年，新居成，而余以寒食去郡，实来告行。舍下旧有泉，出石间，是月又凿石得泉，加冽。参寥子撷新茶，钻火煮泉而瀹之，笑曰：“是见于梦九年，卫公之为灵也久矣。”坐人皆怅然太息，有知命无求之意。乃名之参寥泉，为之铭曰：

在天雨露，在地江湖。皆我四大，滋相所濡。伟哉参寥，弹指八极。退守斯泉，一谦四益。余晚闻道，梦幻是身。真即是梦，梦即是真。石泉槐火，九年而信。夫求何神，实弊汝神。（《苏轼文集》，第566—567页）

元祐六年（1091），苏轼由杭州太守被召为翰林学士承旨，离杭时，写了一首《八声甘州·寄参寥子》，词曰：

有情风万里卷潮来，无情送潮归。问钱塘江上，西兴浦口，几度斜晖？不用思量今古，俯仰昔人非。谁似东坡老，白首忘机。

记取西湖西畔，正暮山好处，空翠烟霏。算诗人相得，如我与君稀。约他年、东还海道，愿谢公、雅志莫相违。西州路，不应回首，为我沾衣。

词的上片写钱塘江景，下片则写西湖湖景，南江北湖，唤起的都是他与参寥在杭州时难以忘记的游赏活动。

上一次在徐州时，参寥作《子瞻席上令歌舞者求诗，戏以此赠》：“底事东山窈窕娘，不将幽梦嘱襄王。禅心已作沾泥絮，肯逐春风上下狂。”诗中用了谢安的典，苏轼这首词的结尾，也用了谢安的典故。据《晋书·谢安传》载，谢安东山再起后，时时不忘归隐，但终究还是病逝于西州门。羊昙素为谢安所重。谢安死后，一次羊昙醉中无意走过西州门，想到已逝的谢安，遂大哭而去。东坡借这一典故安慰参寥，他不会像谢安那样欲隐而未隐，徒使老友恸哭于西州门下。

惠州、儋州

元祐更化，苏轼再次入朝，还曾经托王诜帮助，为参寥子从朝廷取得赐紫衣和师号。元祐八年（1093），他在出知定州时，经丞相吕大防上奏，参寥子得以赐号“妙总”。从此以后，苏轼在诗文中常称参寥子为“妙总大师参寥子”“妙总师参寥子”“参寥子妙总”等。

然而，苏轼已经身不由己了。

绍圣元年（1094），东坡被贬惠州，而参寥自己随后也被人寻摘诗句中有“刺讥”之句，被勒令还俗，与东坡也可谓同甘苦共患难了。

才到惠州，参寥即从杭州遣专人探问，令东坡多少有些出乎意外，为之“数日慰喜忘味”。等到参寥派来的人要回去时，东坡有首诗的诗题是《惠州近城数小山，类蜀道。春，与进士许毅野步，会意处，饮之且醉，作诗以记。适参寥专使欲归，使持此以示西湖之上诸友，庶使知予未尝一日忘湖山也》，顺便，他写了一封信：

> 某启。专人远来，辱手书，并示近诗，如获一笑之乐，数日慰喜忘味也。某到贬所半年，凡百粗遣，更不能细说，大略只似灵隐天竺和尚退院后，却住一个小村院子，折足铛中，罨糙米饭便吃，便过一生也得。其余，瘴疠病人。北方何尝不病，是病皆死得人，何必瘴气。但苦无医药。京师国医手里死汉尤多。参寥闻此一笑，当不复忧我也。故人相知者，即以此语之，余人不足与道也。未会合间，千万为道自爱。（《苏轼文集》，第1864—1865页）

为了使参寥放心，他把自己被限制居住地（虽挂着一个官衔却“不得签书公事”）比作杭州一个老和尚的退院。所谓“退院”，即卸去寺院主持职务。他职务没了，重新回到一个小村院子里，用断了腿的铛煮糙米饭，生活虽然简单甚至陋薄，但“便过一生也得”！

至于说到“死”的问题，岭南有最为北人所惧的瘴气，比如他在《到惠州谢表》里就说：“但以瘴疠之地，魑魅为邻，衰疾交攻，无复首丘之望。”信中“北方”人也会得病，“京师”有医院也会死人，只是这里没有医药罢了，除此之外，一切都可以放下了。

但参寥还是放心不下他。在他被贬海南儋州时，参寥要渡海来看他，被苏轼极力劝阻：“转海相访，一段奇事。但闻海舶遇风，如在高山上坠深谷中，非愚无知与至人，皆不可处。胥靡遗生，恐吾辈不可学。若是至人无一事，冒此险做甚么？千万勿萌此意。”

当苏轼被贬到海南时，吕惠卿的弟弟吕温卿为浙江运使，他专门挑与苏轼关系好的人下手以泄私愤。钱世雄和廖明略都已被废去，有个僧人因与参寥不谐，于是举报参寥冒用度牒，因为他本名昙潜，苏轼将他的名字改为道潜，所以一查度牒，名字果然不符，就被迫还俗，编管于兖州。

在苏轼被赦北归途中，从朋友钱济明来信中得知参寥重新落发为僧的消息，为之庆幸。而参寥得知苏轼北归已过岭北时十分兴奋，《次韵东坡居士过岭》中有“造物定知还岭北，暮年宁许丧天南”“他日相逢长夜语，残灯飞烬落毵毵”之语。

苏轼回来后，在重病中也不忘给参寥写信：

> 某病甚，几不相见，两日乃微有生意。书中旨意一一领，但不能多书历答也。见知识中病甚垂死因致仕而得活者，俗情不免效之，果若有应，其他不恤也。遗表千万勿刻，无补有害也。（《苏轼文集》，第 1868 页）

即使现在读来，也能从字里行间读到病重中的苏轼上气不接下气之苦痛。

从这封信的内容中揣摩，应该是参寥劝苏轼将全部官职辞掉，因而苏轼也认为不妨一试。我记得林语堂在他的《苏东坡传》的最后一章中有这样一段：“当时有一种迷信，官员若有重病，辞去官职，有助于病的痊愈，也能延年益寿。意思是在上天看来，做官和抢劫人民原是一而二、二而一的。辞官不做就犹如向神许愿不再为恶之意。苏东坡说他也闻有此说，愿意一试。”林语堂没有引用文献，但我猜他应该是从参寥的这封信中读出了其中的含义。

苏轼去世后，参寥写了 14 首诗组成的《东坡先生挽词》，感情悲切而深挚，除了赞美苏轼“博学无前古，雄文冠两京，笔头千字落，词力九河倾”的旷世

之才之外，尤其追忆“当年吴会友名缁（大觉、海月、辩才），尽是人天大导师。拔俗高标元自悟，妙明真觉本何疑。篮舆行处依然在，莲社风流固已衰。他日西湖吊陈迹，断桥堤柳不胜悲”。

苏轼与参寥的交往，前后将近 30 年。他曾写《参寥子真赞》一文，对参寥子做出了相当全面的评价：

> 维参寥子，身寒而道富。辩于文而讷于口，外尩柔而中健武，与人无竞，而好刺讥朋友之过。枯形灰心，而喜为感时玩物不能忘情之语——此余所谓参寥子有不可晓者五也。（《苏轼文集》，第 639 页）

性格与人生中一团矛盾的参寥，在苏轼的笔下，也成了一个不朽的形象。

东坡死后，参寥的境遇又如何呢？

据宋陆游《老学庵笔记》卷七载，参寥子应该死于徽宗政和年间（1111—1117），而且，他再一次还俗：“杭僧思聪，东坡为作字说者，大观政和间，挟琴游梁，日登中贵人之门，久之，遂还俗，为御前使臣。方其将冠巾也，苏叔党因浙僧入都，送之诗，曰：试诵北山移，为我招琴聪。诗至，已无及矣。参寥政和中老矣，亦还俗而死，然不知其故。”如果说，思聪的还俗是主动的，那么，参寥的还俗，多数是出于政治迫害吧。

在黄州时，思聪曾经受参寥之托，给苏轼送过信，苏轼在回信中特别提到思聪禅师：

> 聪师相别五六年，不谓便尔长进，诗语笔踪皆可畏，遂为名僧法足，非特巧慧而已。又闻今年剃度，可喜。太虚只在高邮，近舍弟过彼相见，亦有书来。《题名》绝奇，辩才要书其后，复寄一纸去，然不须入石也。黄州绝无所产，又窘乏殊甚，好便不能寄信物去，只有布一疋作卧单。怀悚！怀悚！（《苏轼文集》，第 1860 页）

信中所说的聪师即思聪，他与法颖一样，都是参寥所养的童子，诗文、书法皆有可观。思聪且善抚琴，可惜后来不能守志，还俗竟为“御前使臣”矣。

“道与世违”——与吴复古等道家人物

苏轼小时候，就与道士有缘。

他八岁入小学，老师张易简就是一个道士。在天庆观北极院，苏轼跟他学了三年。后来苏轼被贬到海南时，还曾梦到过这位儿童时期的老师。

苏轼一生遇到过许多僧人，也遇见过许多道士。翻检苏轼的诗文集，不难列出一长串的名字，比如陆惟忠、戴日祥、邓守安、蹇拱辰、富道人、杨世昌等人。

广州道士何德顺请他写文章，他就将梦见与老师张易简论道的事情写了进去，这篇文章叫《众妙堂记》：

> 眉山道士张易简教小学，常百人，予幼时亦与焉。居天庆观北极院，予盖从之三年。谪居海南，一日梦至其处，见张道士如平昔，汛治庭宇，若有所待者，曰：“老先生且至。”
>
> 其徒有诵《老子》者曰：“玄之又玄，众妙之门。”
>
> 予曰：“妙一而已，容有众乎？”
>
> 道士笑曰：“一已陋矣，何妙之有？若审妙也，虽众可也。”因指洒水薙草者曰：“是各一妙也。”
>
> 予复视之，则二人者手若风雨，而步中规矩，盖涣然雾除，霍然云散。予惊叹曰：“妙盖至此乎！庖丁之理解，郢人之鼻斫，信矣。”二人者释技而上，曰：“子未睹真妙，庖、郢非其人也。是技与道相半，习与空相会，非无挟而径造者也。子亦见夫蜩与鸡乎？夫蜩登木而号，不知止也。夫鸡俯首而啄，不知仰也。其固也如此。然至蜕与伏也，则无视无听，无饥无渴，默化于荒忽之中，候伺于毫发之间，虽圣智不及也。是岂技与习

> 之助乎？”二人者出。
>
> 道士曰：“子少安，须老先生至而问焉。”二人者顾曰：“老先生未必知也。子往见蜩与鸡而问之，可以养生，可以长年。”
>
> 广州道士崇道大师何德顺，学道而至于妙者也。作堂榜曰众妙。以书来海南，求文以记之。予不暇作也，独书梦中语以示之。戊寅三月十五日，蜀人苏轼书。（《苏轼文集》，第 361—362 页）

苏轼此时虽然已经 63 岁，但却是从八岁入小学师从张易简写起，将道家思想的精华一一融会到文章中，处处皆为道家要妙之处。

另有一篇名为《观妙堂》的文章，是应无忧道人所求而作，与此文可以并观。

苏轼不仅从思想和理论上对道家有着极高的认识，他还积极地在炼丹、导引、服食、草药方面加以实践，向许多朋友包括他的弟弟推荐这些方法，并交流心得。

“客有吹洞箫者”：杨世昌

在东坡的《赤壁赋》里，有一个人物，往往容易被忽略了。

这个人，是苏轼的同乡杨世昌，他是一个道士。

杨世昌字子京，祖籍绵竹，成长于绵竹武都山。他修道、画画、鼓琴、酿酒、通医，多才多艺，在东坡的政治生涯以及日常生活中有很重要的位置。至少，他应该是《赤壁赋》的主角之一。

元丰三年（1080），苏轼因“乌台诗案”被贬黄州。元丰五年（1082）五月，云游四方的绵竹武都山道士杨世昌，从庐山上下来，到黄州专程去看望老朋友苏轼。

此时，苏轼的身边，几乎没有别的朋友。

杨世昌到黄州后，深知苏轼好酒，就以绵竹蜜酒法教苏轼用蜂蜜和粮食酿酒。苏轼赠杨世昌《蜜酒歌》曰：“西蜀道士杨世昌，善作蜜酒，绝醇酽，余既得其方，作此歌以遗之。”

杨世昌还会吹箫。《次韵孔毅父久旱已而甚雨三首》其三有“杨生自言识

崆峒问道图　宋　杨世昌

音律，洞箫入手清且哀”之句，这里的“杨生”，即杨世昌。

深有意味的是，杨世昌给苏东坡带来的酒和音乐，竟然让我想到尼采的“酒神”与“日神”。

“酒”对中国文人的意义是重要的。从魏晋以来，比如刘伶、嵇康、阮籍、陶渊明、李白等，如果将酒从这些人的人生与诗歌中拿掉，那他们一定失去了最重要的内涵，整个人都会变得索然无味。

从他们的人生事迹和诗歌来看，醉酒造成了个人与社会秩序的分离。借助于酒，诗人与艺术家摆脱了外部世界及公共群体的束缚，回到他自己，甚至回到无意识中的自己，因而得以产生新的秩序，创造新的生命。然而，让我们更为惊喜的是，在酒醉中，他退回到自己，从而获得了与人的更本质性的联系。

在黄州，号东坡之后的苏轼给人的印象是洒脱、逍遥，但人们却有意忽略了他的人生悲剧正是从这里开始的。

人生的悲剧从哪里开始？

一位叫艾黎·福尔（Elie Faure）的法国艺术史家在他的《艺术史》中强调了尼采所说的“悲剧的意义”，认为在西方艺术史中“无时无处不是酒神与日神的争斗”。然而，当他谈到中国艺术史时，这种“无时无处”却消失不见了。他认为，“中国人把道德和社会的一致性、被动性、大众的普遍性凝聚在一起，

将他们的国家延伸到他们存在的深处”。他看到“焦虑不安并不曾留下深刻的印痕”，因而“我们在这种艺术中看到的正是这种闲适的分量”。对他而言，尼采的酒神与日神之间的争斗，并不适合于中国艺术。当他认为中国人是“将他们的国家延伸到他们存在的深处”时，我觉得，这正是悲剧的源头。

首先，苏东坡的身份是儒家，而杨世昌的身份是道家。这是两种相反的力量，现在纠结在一起，并将在苏东坡生命的深处掀起波澜。

儒家代表着尘世、理性、秩序与传统，道家则代表着自然、直觉、本能和个性，如果将它们分别用尼采的日神精神与酒神精神来作一比较，虽然相去甚远，然而却能给我们以有益的启示：对于士或“臣”而言，所有的悲剧之发生，都是因为背负着儒家的教诲和无法推卸的责任。熟读孔子和孟子的宋代读书人，不回避失败，不期盼彼岸，他的一生仿佛就是为完成肩上的重担和使命而来；而道家，却一直在寻找一种原初的生命力量，卸去身上的枷锁，在从人类社会转身直面自然或“道”的同时，寻求精神的解脱。

这两种思潮的碰撞与较量，有时会撕裂一个人，因为它会让人认识到，人生的悲剧是在“朝廷”这个背景下上演的，有时却会使人觉悟，人所有一切同永恒的宇宙比起来，实在是太微不足道了。

道家的宇宙意识和儒家的人伦因素，奇妙地融汇在中国人身上，并随着不同的际遇，改变着它们的比例。他们成功时倾向于儒家，积极入世，对世间的悲剧极其敏感，用意志来抵抗脆弱；而当他们失败的时候，会用道家来安慰自己，在生命的变化面前，保持一种超然。

元丰六年（1083）五月八日，杨世昌回蜀，苏轼为他写了一个赠帖，赠帖的内容是：

> 仆谪居黄冈，绵竹武都山道士杨世昌子京，自庐山来过余，□□年乃云。其人善画山水，能鼓琴，晓星历骨色及作轨革卦影，通知黄白药术，可谓艺矣。明日当舍余去，为之怅然。浮屠不三宿木下，真有以也。（《苏轼文集》，第2587页）

对杨世昌的离开，苏轼的确有些恋恋不舍。

吴复古

和苏轼交往最久的，应属吴复古。

吴复古（1004—1101），字子野，又字远游，广东揭阳人。他比苏轼大 30 多岁，应属忘年交。苏轼说他这个人好得没法再好，他也和苏轼兄弟二人经常探讨老子和庄子，堪称莫逆。他似乎是上天专门派来陪伴苏轼的，只是在人生的宴席上，比苏轼提前离开了一点点。但那时他已经 96 岁，在那个五六十岁就算高寿的时代，他长寿得使人无法想象。

在认识吴复古本人之前，苏轼就认识他父亲吴宗统，当时吴宗统正任翰林院侍讲。苏轼贬谪黄州时，与吴子野信中说："少时在册府，尝及接奉先侍讲下风，死生契阔，俯仰一世。乃与君相遇江湖，感叹不已。"（《苏轼文集》，第 1736 页）另外，吴复古的儿子吴芘仲与苏轼也有书信来往，因而，吴家三代与苏轼皆有交游，可谓情谊深矣。

吴复古博学多才，精通经典，为人刚直不阿，曾深得司马光、韩琦等人的器重。但吴复古对官场上的尔虞我诈早已深恶痛绝，为官不久，就以孝养为辞上表告退。宋神宗对他的孝心大加嘉许，又知其志在山水，准其所请，特赐号"远游先生"。

当他回到潮州，却又对妻子说："黄卷尘中非我业，白云深处是我家。"索性连家也不要了。

熙宁六年（1073），李师中（1013—1078，诚之）移守齐州，拒绝了文彦博邀请后的苏辙改齐州（济南）掌书记。吴复古随李师中到齐州，十二月，即在李师中处邂逅苏辙，这是吴复古与苏辙首次会面。《栾城集》卷七《赠吴子野道人》诗中说"东州相逢真邂逅"，正是此事。

苏辙与吴复古的交往也很久。元符二年（1099），当苏辙在循州（今广东惠州、河源、汕尾、梅州等大部分地区）时，苏辙有赠吴氏三首绝句，其中有《栾城后集》卷二《雨中招吴子野先生循州作》云：

> 柴门不出蓬生径，暑雨无时水及堂。
> 辟谷赖君能作客，暂来煎蜜饷桃康。

诗中的“辟谷赖君能作客，暂来煎蜜饷桃康”两句，需要解释一下：辟谷是道家修道养生的重要方法之一，即不食五谷，也称“绝粒”。苏辙大概当时正在辟谷，恰好可以与吴复古共修养生之道，免去囊中无赀无酒食以待客人的尴尬。而所谓“煎蜜”，是煎蜜散，见于《普济方》，以黄柏煮烂洗局部，又用白蜜涂于患处，主治男阴生疮。另外一方法，则是将蜜炙焦为粉末状。而如果是“蜜煎”，则是另外一回事，将蜜放在铜制容器中在火上一边煎一边搅，至可制丸时，趁热捏成三厘米左右手指粗细的锥状物，置于肛门之内，效果是利便。“桃康”，据道家典籍《云笈七签》的解释，桃康即下元神，即下丹田（下阴），司先天之精气，主阴阳和合，与处于印堂的上元神相对。因而，苏辙所修的功法，应该是在辟谷过程中通过清谷道以助于生理健康的恢复，也许，这一实践过程，正好需要吴复古的帮助。苏辙中年以后特别注重来自道家的养生术，他有很多道友，吴复古无疑也是比较重要的一位。

熙宁七年（1074）二月，李师中又以天章阁待制的身份知瀛州。就在这一年的五月，李师中给神宗写了一道奏章，希望皇帝能够将司马光、苏轼、苏辙等人召回身边。神宗皇帝大怒，直接在奏章上批：“师中敢肆诞漫，辄求大用，朋邪罔上，愚弄联躬。肆其奸欺，所宜显黜！”李师中就从瀛州任上贬为和州团练副使，本州安置，不得签书公事。苏轼肯定想不到，几年后，他也会受到同样的处分。从中也可以清楚，他为什么和吴复古提到李师中之死的时候，格外伤心。

熙宁十年（1077）一月，苏轼从山东密州改知江苏徐州，经青州赴济南时与吴复古相识。苏、吴二人相见，正是通过李师中的引见。后来在惠州时，苏轼曾有一简写给吴子野的儿子回忆说：

> 与子野先生游，几二十年矣，始以李六丈待制师中之言，知其为人。李公人豪也，于世少所屈伏，独与子野书云：“白云在天，引领何及。”（见孔凡礼《三苏年谱》，第741页）

在齐州的寒风大雪中，二人相见即尽情探讨养生之道，真可谓一拍即合，苏轼追述与吴复古初次见面时就说：

子野一见仆，便谕出世法，以长生不死为余事，而以练气服药为土苴也。仆虽未能行，然喜诵其言，尝作《论养生》一篇，为子野出也。（《苏轼文集》，第 1738 页）

从“出世法”的角度说，吴子野又不是纯粹的道士，因为在他眼中，长生不老和练气服药都不过是形而下而已。

苏轼和吴复古见面的这一次，苏辙去了京城。在养生方面，苏辙要比苏轼有更为持久的耐力。苏辙后来作《赠吴子野道人》诗，描写吴复古以辟谷却睡的方法来养生的情形：

食无酒肉腹亦饱，室无妻妾身自好。
世间深重未肯回，达士清虚辄先了。
眼看鸿鹄薄云汉，长笑驽骀安栈皂。
腹中夜气何郁郁，海底朝阳常杲杲。
一廛不顾旧山深，万里来看故人老。
空车独载王阳橐，远游屡食安期枣。
东州相逢真邂逅，南国思归又惊矫。
道成若见王方平，背痒莫念麻姑爪。

而吴复古所以能始终保持与苏轼兄弟的情谊，原因之一就在于，他可以在积极入世之外，提供实现生命意义和价值的另外一种途径。

当然，苏辙的诗里也有禅机，他巧妙地以王远见麻姑时的传说暗示修道不可有杂念，如果有杂念，那是要受因果的。

吴复古的养生之法只有两个字，一个是“安”，一个是“和”：

安，则物之感我者轻；和，则我之应物者顺。外轻内顺，而生理备矣。

我小时候买的一本苏轼书法字帖，《问养生》的一开篇，就是这段对话。

济南之会不久，吴子野就南归回粤，苏轼送别于济南境上，诗人晁补之也

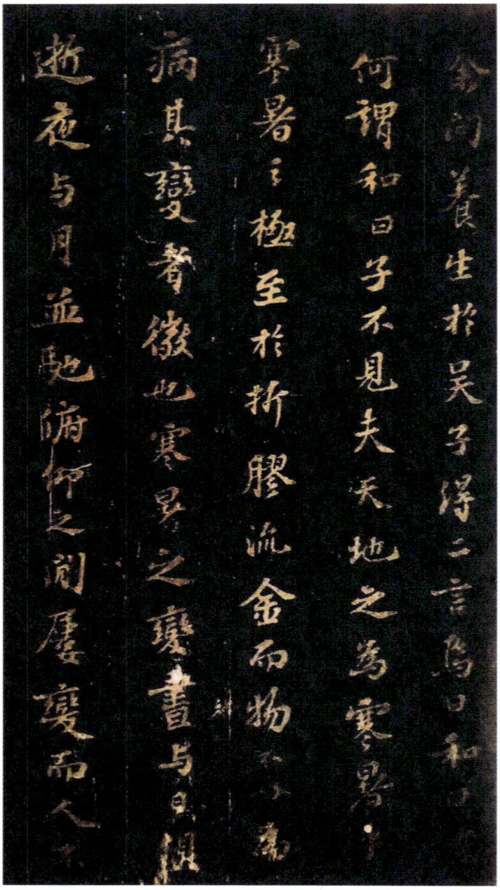

养生帖（局部） 宋 苏轼

有赠诗，见于《鸡肋集》卷十三《赠麻田山人吴子野》，题下原注：“余见待制李公诚之于汶上，苏密州在焉，始闻子野名。”这里的“诚之”，即李师中。诗云：“汶阳我昔见苏李，人言吴子归未几。长啸春风大泽西，却望麻田山万里。”足见他们相聚时的意气风发之状。

元丰元年（1078），李师中逝世，这让苏轼极为难过。

黄州期间

元丰二年（1079），苏轼因“乌台诗案”被贬黄州（今湖北黄冈），在近五年的黄州生活中，亲朋故人多畏避不见。吴子野则在故乡为母亲守孝。苏、吴间的书信颇有往来。《苏轼文集》中收《答吴子野》共七首，有六首都是在黄州时所作。

可惜的是，苏轼与吴复古共同的朋友李师中已经不在了：

> 每念李六丈之死，使人不复有处世意。复一览其诗，为涕下也。黄州风物可乐，供家之物，亦易致。所居江上，俯临断岸，几席之下，风涛掀天。对岸即武昌诸山，时时扁舟独往。若子野北行，能迂路一两程，即可相见也。（《苏轼文集》，第1736页）

从信中得知，苏轼很想让吴复古有机会到黄州相见。

吴复古虽然没有立即到黄州来探望苏轼，然而，他却不断地托人将一些珍贵的东西送给苏轼。苏轼《答吴子野》之一：

济南境上为别，便至今矣。其间何所不有，置之不足道也。专人来，忽得手书，且喜居乡安稳，尊体康健。某到黄已一年半，处穷约，故是夙昔所能，比来又加便习。自惟罪大罚轻，余生所得，君父之赐也。躬耕渔樵，真有余乐。承故人千里问讯，忧恤之深，故详言之。何时会合，临纸惘惘。（《苏轼文集》，第 1734 页）

苏轼这封写给吴复古的信，始于到黄州后的一年半，即元丰四年（1081）八月。

另外一封信则详细地提到了吴复古送给他的一些礼物：

寄惠建茗数品，皆佳绝。彼土自难得茶，更蒙辍惠，惭悚！惭悚！沙鱼、赤鲤皆珍物，感怍不可言。扶劣膏不识其为何物，但珍藏之，莫测所用，因书，幸详示谕也。近有李明者，画山水，新有名，颇用墨不俗，辄求得一横卷，甚长，可用大床上绕屏，附来人纳上。江郡乃无一物为回信，惭悚之至。儿子无恙，承问及。（《苏轼文集》，第 1735 页）

苏轼说：你送了我那么多的好东西，有福建的茶，有沙鱼，有赤鲤，还有扶劣膏，真是太感激了，我这里没有什么礼物（“回信”之“信”，即礼物之义）可以送给你的，实在是太惭愧了。还有，“扶劣膏”是什么东西啊？管什么的？怎么用啊？如果写信来，务必详细告诉我一下使用方法。但我最近找到了一个画山水的名家，叫李明，他给我画了一个横卷，很长，如果你不嫌弃，我把它送给你，你可以把它围在大床上当帘子。

这个让苏轼感觉怪怪的“扶劣膏”，只能从名字上猜测它的功能了。苏轼《与李公择》中再次提到这个“扶劣膏”：

秋色佳哉，想有以为乐。人生唯寒食、重九，慎不可虚掷，四时之美，无如此节者矣……近有潮州人寄一物，其上云扶劣膏，不言所用。状如羊脂而颇坚，盛竹筒中，公识此物否？味其名，必佳物也。若识之，当详以示，可分去，或为问习南海物者。（《苏轼文集》，第 1500—1501 页）

苏轼提到的他弟弟子由所作《庐山栖贤寺新修僧堂记》一文，明确日期是作于元丰四年（1081）五月初九日，因而这封信，也必在元丰四年五月初九日以后。显然，“扶劣膏”激起了苏轼强烈的好奇心。

元祐年间，苏辙兄弟在京为官，吴子野又入京。不过，吴子野与李士宁、蓝乔的关系更密切：“惯从李叟游都市，久伴蓝翁醉画堂。不似苏门但长啸，一生留恨与嵇康。”苏辙自注说：“子野昔与李士宁纵游京师，与蓝乔同客曾

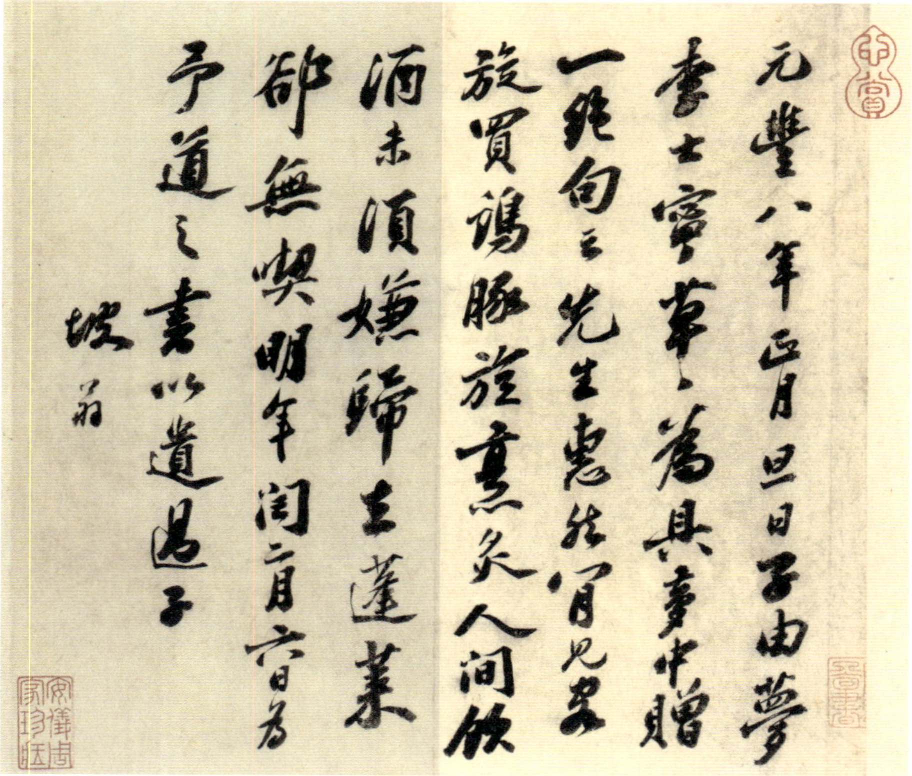

遗过子帖　宋　苏轼

鲁公（即曾公亮）家甚久。”从文义看，吴复古与已经成为高官的苏轼兄弟二人的接触，并不像二苏在困境时那么亲密了。然而，吴复古一直担心苏轼兄弟会再次遭到政治上的陷害。

苏辙诗中提到的蓝乔，也是一个神奇的人物。洪迈《夷坚甲志》卷一五“罗浮仙人”条记：蓝乔为循州龙川（今广东龙川西）人。其母祷于罗浮山而孕，梦仙鹤而生乔。蓝乔在江淮与京师一带求道，七年而归。送给母亲一粒丹，说服之可长年无疾。又一年，他给母亲留下了黄金数斤，别母而去，从此以后再也没有回来。吴复古在京师与之相遇，同登汴桥买瓜。蓝乔说：“尘埃污吾瓜，当于水中啖。”于是跳下河。在岸上的吴复古只见瓜皮时时浮出水面，便知道蓝乔已经得道，因而与他成为好友。蓝乔的轻功特别好，别人从他的脚下把纸一片片地拽出来，纸也不会破。他曾经和别人说：“吾罗浮仙人也，由此升天也。”飞升后，有人见之于洛阳。

后来，在儋州时，苏轼作《和陶杂诗》第七首，一开篇就是“蓝乔近得道，常苦世褊迫。西游王屋山，不践长安陌”，说的就是这个蓝乔。应该是从吴复古等人的口中，苏轼得知蓝乔得道升天的消息。只是那时的苏轼，未必以为有那么神奇。

只有在苏轼落难的时候，吴复古才反复出现。

苏轼与潮州的关系，除了吴复古，还因为韩愈。

元祐六年（1091），潮州太守王涤在潮州城南七里处新建韩庙，落成之后，王涤专使来求苏轼为新建的韩庙作碑记。在两封写给王涤的回信中，苏轼都提到了吴复古：“子野诚有过人，公能礼之，甚善！”（《苏轼文集》，第1802页）在详细地交代了韩文公庙碑应该怎样刊刻之后，他又特别提道：“若公已替，即告封此简与吴道人勾当也。”

除了王涤之外，苏轼的另外一个好友钱勰也写信来，希望苏轼能为新修的韩文公庙作一篇碑记，因而从颍州一到扬州，苏轼立刻就将碑文写好了。

《朱子语类》卷一三九提到苏轼是怎样写这篇文章的：“向尝闻东坡作《韩文公庙碑》，一日思得颇久，不能得一起头，起行数十遭，忽得两句，云‘匹夫而为百世师，一言而为天下法’，遂扫将去。”朱熹用一个“扫”字来形容苏轼写文章，实在是太传神了。

无疑，《潮州韩文公庙碑》是苏轼最著名的文章之一：

> 自东汉以来，道丧文弊，异端并起。历唐贞观、开元之盛，辅以房、杜、姚、宋而不能救。独韩文公起布衣，谈笑而麾之，天下靡然从公，复归于正，盖三百年于此矣。文起八代之衰，而道济天下之溺，忠犯人主之怒，而勇夺三军之帅。此岂非参天地、关盛衰，浩然而独存者乎？

苏轼此文一出，韩愈无论是在士人史还是文学史上的地位，都无可动摇。

苏轼将此文写完交人送去潮州，也写了一封信给吴复古。在信中，苏轼除了向吴复古提到韩愈对潮州文教方面所做的贡献之外，还提到了潮州人盖房子是从什么时候开始使用瓦片的问题。

倒是有一件事情，苏轼与吴复古之间意见不一致。在元祐八年（1093）的夏天，吴子野带着一封参寥在杭州所作给苏轼的书简来到京都，本来信道的吴复古此时欲求度牒出家，引起了苏轼的反对。苏轼屡次劝他，“在家出家足矣”，但吴复古笃定要让自己成为一个正式的出家人，无奈之中，苏轼通过关系为他求了一个度牒，除此之外，还送了一个扇山枕屏以及一首五言古诗给他（诗见《苏轼诗集》，第 1975 页）。另外，苏轼又有《闻潮阳吴子野出家》一诗：

> 予昔少年日，气盖里闾侠。
> 自言似剧孟，叩门知缓急。
> 千金已散尽，白首空四壁。
> 烈士叹暮年，老骥悲伏枥。
> 妻孥真敝屣，脱弃何足惜。
> 四大犹幻座，衣冠矧外物。
> 一朝发无上，愿老灵山宅。
> 世事子如何，禅心久空寂。
> 世间出世间，此道无两得。
> 故应入枯槁，习气要除拂。

丈夫生岂易，趣舍志匪石。

当为狮子吼，佛法无南北。（《苏轼诗集》，第2554页）

诗中所说“白首”“暮年”“老骥”云云，还是认为已经89岁的吴复古实在没有必要出家。绍圣二年（1095），苏轼在给一个朋友的信中又提起此事：

子野出家之议，前年在都下，始闻其言，私心亦疑之，屡劝不须如此，在家出家足矣，而子野意坚决不回。仆犹恐其难遂，再三要审，而子野确然自誓，欲仆与发言，求一度牒。难违其意，故为求之。子野□得度牒，当携来就仆，求作剃度斋，乃落发也。今蒙示喻，深认一宅骨肉至意，专在下怀。俟他到此，即取其度牒收之，力劝令且更与宅中评议也。仍旦夕发一书，与舍弟，亦令似此劝之。但恐他未到筠，□□已落发，则无及也。（《苏轼文集》，第2507页）

从这封信提供的信息来看，吴复古的出家也的确曾经遭到方方面面尤其是家人的反对，他们特别希望苏轼能够阻止他出家，而苏轼则准备找机会收回他的度牒，他也写了一封信给苏辙，让苏辙一起劝吴复古不要出家。

元祐八年（1093），苏轼外放出任定州太守，第二年转任广东英州知州。苏轼赴岭南途中，连遭三贬，安置于惠州。绍圣元年（1094）的夏天，苏轼南迁途中，在扬州、真州之间遇到吴复古，二人又有一番很长的对话：

……子野无一语及得丧休戚事，独谓仆曰：“邯郸之梦，犹足以破妄而归真，子今目见而身履之，亦可以少悟矣。”夫南方虽号为瘴疠地，然死生有命，初不由南北也，且许过我而归……（《苏轼文集》，第1738页）

这倒是一个很有意思的现象：苏轼政坛得意时，吴复古似乎发挥不了什么作用；但每当苏轼政坛失意时，吴复古就会再次介入他的生活，并成为类似于他的“人生导师”。吴复古像往常一样，并没有在人生的得失、悲喜之间纠缠，而只是提醒苏轼，人生不过如邯郸一梦而已。如果认识到人生如梦，大概总算开悟一些了吧。

等苏轼在海南遇到“春梦婆”时，他对吴复古的这一番话，更能有所体会。

苏轼有一封信，是写给吴复古的儿子的，说他“过广州，买得檀香数斤”，打算“定居之后，杜门烧香，闭目清坐，深念五十九年之非”——他希望他的知己朋友们能够不断地指出他的过错，“杜门念咎，不愿相知过有粉饰，以重其罪”。他还特别希望吴复古从北方回来之后能够到惠州来看望他，并对他近年来的人生体悟加以“印可”以及“诃策”。

《苏东坡新传》的作者李一冰说：“苏轼竭力挣扎，就是要挣脱这三十多年来的邯郸大梦。但是梦虽醒矣，却发现自己已被政治迫害所捆缚，茫茫来日，不知有怎样的命运来到，仍然不免有心如‘挂钩之鱼’那样的痛苦与焦灼。”

苏轼到惠州后，先住在合江楼，后来搬出来住到嘉祐寺，再后来又在白鹤峰建了房子。清人李调元《南越笔记》卷二有这样一段文字：“归善有白鹤峰，下临东江，与丰湖诸山对耸苏学士故宅在焉。学士《上梁文》所谓‘鹅城万室，错居二水之间；鹤观一峰，独立千岩之上’是也。中有思无邪斋，其铭云……”李调元所引这则铭文过于简略，我将全文引在此处：

> 饮食之精，草木之华。集我丹田，我丹所家。我丹伊何，铅汞丹砂。客主相守，如巢养鸦。培以戊己，耕以赤蛇。化以丙丁，滋以河车。乃根乃株，乃实乃华。昼炼于日，赫然丹霞。夜浴于月，皓然素葩。金丹自成，曰思无邪。（《苏轼文集》，第606—607页）

“思无邪”本来是孔子评《诗经》语，然而却被苏轼巧妙地以道家的养生炼丹之术置换了内涵，这篇《思无邪丹赞》，相当于他要开始专心于炼丹的一个宣言。

炼丹所需要的一些必备的药物与工具，比如松脂、硫黄、铁炉等物惠州当地买不到，于是苏轼写信给程之才，希望他能够为他采购这些炼丹的必需之物。

在惠州期间，苏轼不仅烧炼外服的丹药，还实践一个海上道人传授给他的“以神守气”的吐纳方法。从绍圣二年（1095）二月起，苏轼就信奉并练习道家龙虎铅汞的养生学说，作《续养生论》《辨道歌》等，调息练功，以百日

松阴问道图　宋　刘松年

为期。他还给苏辙写信，专门提及此事。不过，还是黄庭坚比较了解他，黄庭坚在《题东坡书道术后》中说："东坡平生好道术，闻辄行之，但不能久，又弃去。"的确，对这一切，苏轼不过是一时兴起罢了。

苏轼热情地探讨道家的养生之道，但他也非常小心地回避着所谓的"神仙之术"，因为在他看来，所有的人不管在活着的时候有多么神奇，最终他看到的所有结果只有一个——死亡。

翻检苏轼诗文集，会看到许多与炼丹之术有关的文章，然而，苏轼依然以他的理性对道家的法术保持着审慎的态度。虽然他相信有神秘的事情存在，但他最终总会回到自己的理性也即常识上来。

他在一篇文章中说：

> 自省事以来，闻世所谓道人有延年之术者，如赵抱一、徐登、张无梦，皆近百岁，然竟死，与常人无异。及来黄州，闻浮光有朱元经尤异，公卿尊师之者甚众，然卒亦病，死时中风搐搦。但实能黄白，有余药，药金皆入官。不知世果无异人耶？抑有而人不见，此等举非耶？不知古所记异人虚实，无乃与此等不大相远，而好事者缘饰之耶？（《苏轼文集》，第2327页）

苏轼这个人灵魂的有趣之处即在于此。他不安于尘世的束缚，但也无法相信真会有另外一个世界的存在，立德、悟道、成仙，对苏轼而言，都有意义，但又都转瞬即逝。人唯一所能凭借的，只是合乎常识情理的简单生活而已。

绍圣二年(1095)的春天，吴复古从江苏回到岭南，专程到惠州来拜访苏轼，随身还带了一封钱世雄写给苏轼的信。

绍圣三年（1096）的夏秋之间，与苏轼为同乡的眉山道士陆惟忠到筠州拜访苏辙。在那里，他恰好遇上吴复古，于是二人又相约往惠州拜访苏轼。等他们到了惠州，已经差不多是过春节的时候了，于是就陪在苏轼的身边，谈佛论道，过从更加密切。

陆惟忠（1048—1097）是眉山道士，与苏轼少时同学陈太初为同伴。在苏轼被贬到黄州时，他就曾到黄州探望过苏轼。如今，他又与吴复古一起来陪伴苏轼。陆道士极其清瘦，全身上下仿佛只剩一副骨头架子，即使长袍罩在身上都能显出浑身的骨头来。苏轼在黄州时就曾告诫过他："子神而骨寒，其清可以仙，其寒亦足以死。"果然，到惠州不久，陆惟忠就死去了，只有50岁而已。

吴复古与陆惟忠的到来，使得几个人每天聚在一起，或者饮酒谈道，或者炼丹打坐，也更激发了苏轼的游兴：

> 予尝夜起登合江楼，或与客游丰湖，入栖禅寺，叩罗浮道院，登逍遥堂，逮晓乃归。

甚至再贬海南后，他仍念念不忘这一次的西湖之游。他回忆说：“去岁，与子野游逍遥堂。日欲没，因并西山叩罗浮道院，至，已二鼓矣，遂宿于西堂。”

在此期间，苏轼为吴复古在老家麻田的寺题“远游庵”，为寺桥题“复古桥”，为寺前石题“听泉石”，撰《远游庵铭》，赠手迹《书神守气诗》《书李承晏墨》等。

马上到除夕了，苏轼几个人却发生了一件令人尴尬的事情：好友到来，酒喝完了，欲取米酿酒，却发现米也没有了。《和陶岁暮作和张常侍并引》诗记载了这件事：

十二月二十五日，酒尽，取米欲酿，米亦竭。时吴远游、陆道士皆客于余，因读渊明《岁暮和张常侍》诗，亦以无酒为叹，乃用其韵赠二子。

还是吴复古想出了办法，他们煨了芋头充饥。苏轼遂另有《除夕访子野食烧芋戏作》一诗：

松风溜溜作春寒，伴吾饥肠响夜阑。
牛粪火中烧芋子，山人更吃懒残残。

当时，惠州人都是把芋头煮熟后再冷吃，除了味道不好吃之外，还很容易导致肚子发胀。除夕夜，吴复古向苏轼介绍了另外一种食用方法，即把芋头去皮，用湿纸包好，然后放入牛粪火中慢慢煨熟，趁热吃，松软细腻，能益气充饥。吴复古还亲自动手煨好两颗芋头给苏轼品尝。苏轼吃后，乘兴记下吴复古传授之法，是为《煨芋帖》。苏轼特别引用《本草》里的话：“芋，土芝，云益气充肌。”苏轼《记惠州土芋》云：“惠州富此物，然人食者不免瘴。吴远游曰：‘此非芋之罪也。芋当去皮，湿纸包，煨之火，过熟，乃热啖之，则松而腻，乃能益气充肌。今惠人皆和皮水煮冷啖，坚顽少味，其发瘴固宜。’丙子除夜前两日，夜饥甚，远游煨芋两枚见啖，美甚，乃为书此帖。”

除夕过后，苏过也写了“饥肠自饱无非药，定性难摇始是禅”一诗来戏赠吴复古。

《梁溪漫志》卷九《张文潜粥记》载有吴复古劝苏轼食粥养生一事："夜坐饥甚，吴子野劝食白粥，云能推陈致新，利膈养胃，僧家五更食粥，良有以也。粥既快美，粥后一觉，尤不可说，尤不可说。"即使至今，潮州的煲粥也堪称天下一绝。《食物本草》上也引录此段，文字略有小异而已。

不过，即使是粥，吴复古也不再入口，他以不吃饭和不睡觉的方式进行修炼，苏过先写了一首诗谈这件事，然后，苏轼也写了一首《吴子野绝粒不睡，过作诗戏之，芝上人陆道士皆和，予亦次其韵》：

> 聊为不死五通仙，终了无生一大缘。
> 独鹤有声知半夜，老蚕不食已三眠。
> 怜君解比人间梦，许我来逃醉后禅。
> 会与江山成故事，不妨诗酒乐新年。

在苏轼看来，吴复古和陆惟忠都是奇人。而苏轼和苏过，则依然有诗有酒地欢度新年。

苏轼再贬海南后，已经90多岁的吴子野更是显示出惊人的情谊，多次涉海前往儋州，第一次是绍圣四年（1097）岁暮。吴子野大概是第一个渡海看苏轼的人。苏轼《和陶杂诗》的第七首，提到吴复古和蓝乔的极其传奇的旧事。第二次和第三次分别是绍圣五年（1098）三月与元符二年（1099）十月前后。

第四次也是最后一次。是元符三年（1100）的一开年，25岁的哲宗皇帝死了，消息传到海南，已经是二月底三月初。在广州的吴复古听到登基后的新皇帝赦免元祐旧臣及苏轼兄弟可以内迁的消息之后，即刻渡海来到儋州；与此同时，秦观也得到消息，差人前来报信。

苏轼离琼北归，舟抵清远峡，吴复古以及广州天庆观的何宗一、罗浮宝积寺的昙颖和尚、惠州的海会禅师等人一路陪同苏轼，在清远峡的广庆寺和东坡话别。

然而，96岁的吴复古却生起病来，且一病不起。当苏轼询问他的后事的时候，他什么都不说，只是微笑而已。

苏轼大恸，作《祭吴子野文》以祭之：

> 呜呼子野，道与世违。寂默自求，阖门垂帏。兀尔坐忘，有似子微。或似壶子，杜气发机。遍交公卿，靡所求希。急人缓己，忘其渴饥。道路为家，惟义是归。卒老于行，终不自非。送我北还，中道弊衣。有疾不药，但却甘肥。问以后事，一笑而麾。飘然脱去，云散露晞。我独何为，感叹嘘唏。一酹告诀，逝舟东飞。（《苏轼文集》，第 1955 页）

在苏轼眼中，好友故去，固然是令人伤痛，然而吴复古的死，却正是一个得道者所具备的形象，就像天上的云散了、地上的露水在日出后干了一样，自然而洒脱。

几个月后，苏轼也病逝于常州。

姚安世

苏轼有一篇短文，名为《记太白诗二首》，其一云：

> “湘中老人读黄老，手援紫藟坐碧草。春至不知湘水深，日暮忘却巴陵道。”唐末有见人作此诗者，词气殆是李谪仙。余在都下，见有人携一纸文书，字则颜鲁公也，墨迹如未干，纸亦新健。其首两句云：“朝披梦泽云，笠钓青茫茫。”此语亦非太白不能道也。（《苏轼文集》，第 2097 页）

东坡存世墨迹，有一《李白仙诗卷》，是两首五言古诗，起首恰好是“朝披梦泽云”。全诗如下：

> 朝披梦泽云，笠钓青茫茫。
> 寻丝得双鲤，中有三元章。
> 篆字若丹蛇，逸势如飞翔。
> 归来问天老，奥义不可量。
> 金刀割青素，灵文烂煌煌。
> 咽服十二环，奄见仙人房。

暮跨紫鳞去，海气侵肌凉。
龙子善变化，化作梅花妆。
赠我累累珠，靡靡明月光。
劝我穿绛缕，系作裙间裆。
挹子以携去，谈笑闻遗香。

人生烛上花，光灭巧妍尽。
春风绕树头，日与化工进。
只知雨露贪，不闻零落尽。
我昔飞骨时，惨见当涂坟。
青松霭朝霞，缥缈山丁村。
既死明月魄，无复玻璃魂。
念此一脱洒，长啸祭昆仑。
醉着鸾皇衣，星斗俯可扪。

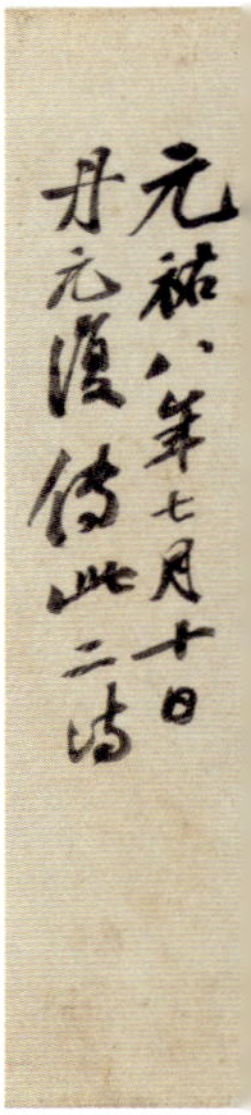

在《记太白诗二首》之二的后面，有一段这样的文字：“余顷在京师，有道人相访，风骨甚异，语论不凡。自云：‘常与物外诸公往还。’口诵此二篇，云：‘东华上清监清逸真人李太白作也。’”此卷墨迹后有款“元祐八年七月十日丹元复传此二诗”，虽然没有苏轼自己的名款，然而一眼就能看出，这是苏轼的真迹无疑。

这里所说的“丹元”，是姚丹元，即姚安世。

其实，这两首诗并不是李白的作品，第二首诗中提到的“明月”和“玻瓈”（今写作“玻璃”），竟然是李白的两个儿子的名字。东坡书《李白仙诗卷》，最后一首中的两句“既死明月魄，无复玻瓈魂”，实际上说的是李白的两个儿子。

李白有二男一女。长子伯禽，亦有一儿，出外游历 13 载，后不知所踪。长女平阳，出嫁后即死去。次子玻瓈，幼在山东，后下落不明。生为大诗人的子女，命运实在太悲催。

姚安世是王巩介绍给苏轼认识的，虽然有人说姚安世是个骗子，但苏轼对

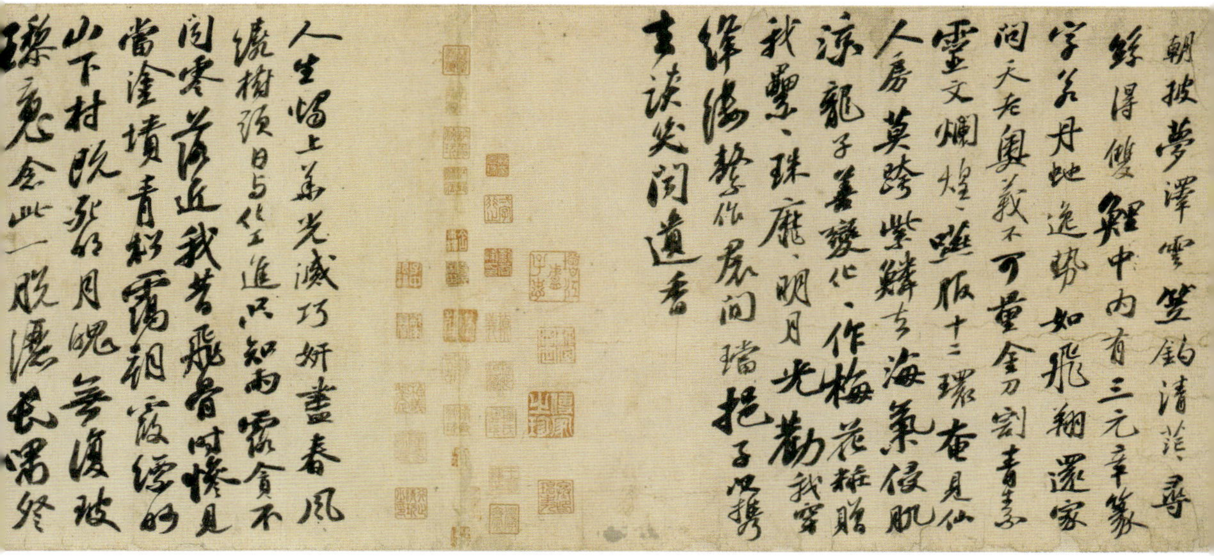

李白仙诗卷　宋　苏轼

姚安世却没有任何的怀疑。叶梦得《避暑录话》卷上记姚丹元事颇详：

苏子瞻亦喜言神仙，元祐初，有东人乔仝，自言与晋贺水部游，且言贺尝见公密州道上，意若欲相闻。子瞻大喜。仝时客京师，贫甚，子瞻索囊中得二十缣，即以赠之，作五诗使仝寄贺，子由亦同作。仝去，讫不复见，或传妄人也。

晚因王巩，又得姚丹元者，尤奇之，直以为李太白所化，赠诗数十篇，待之甚恭。姚本京师富人王氏子，不肖，为父所逐去。事建隆观一道士，天资慧，因取《道藏》遍读，或能成诵，又多得其方术丹药，大抵有口才，好大言，作诗间有放荡奇谲语，故能成其说。浮沉淮南，屡易姓名，子瞻初不能辨也，后复其姓，名王绎。崇宁间，余在京师，则已用技术进为医官矣。出入蔡鲁公门下，医多奇中，余犹及见。其与鲁公言从子瞻事，且云：海上神仙宫阙，吾皆能以术致之，可使空中立见。蔡公亦微信之。坐事编置楚州，梁师成从求子瞻书帖，且荐其有术，宣和末复为道士，名元城。

力诋林灵素，为所毒，呕血死。（《全宋笔记》第二编第十册，第 232—233 页）

在姚丹元之前，有个乔仝，在元祐二年（1087）到京城，自称年已 80 多岁，但很健壮，曾从贺亢学道。乔仝得到苏轼兄弟的信任，他对苏轼说：“有一年随师东游，在密州常山道上曾经见过你，贺师看上去好像非常喜欢你的样子。”苏轼竟然相信他的话，等乔仝说要去找他的老师时，苏轼写了《送乔仝寄贺君六首》，小叙云：“旧闻靖长官、贺水部皆唐末五代人，得道不死。章圣皇帝东封，有谒于道左者，其谒云：晋水部员外郎贺亢。再拜而去，上不知也。已而阅谒，见之，大惊，物色求之不可得。天圣初，又使其弟子喻澄者诣阙进佛道像，直数千万。张公安道与澄游，具得其事。”（《苏轼诗集》，第 1551—1552 页）在诗中，苏轼甚至说：“闻道东蒙有居处，愿供薪水看烧丹。”然而，乔仝在拿了苏轼给他的 20 缣后，却一去不返。

这个姚丹元原来姓王，是富家子弟，被父亲赶出家门后，就拜了建隆观一个道士为师，将《道藏》读了一遍，也学了许多丹药方术，会作诗更会吹牛，许多人摸不清他的来历——除了苏轼、王巩和姚安世是好友，苏辙、秦观、吴传正甚至蔡京都是他的好朋友。

苏轼特别相信他，为他写了好多诗，收入诗集中的有《次韵王定国书丹元子宁极斋》《书丹元子所示李太白真》《次秦少游韵赠姚安世》《次丹元姚先生韵二首》《丹元子示诗，飘飘然有谪仙风气，吴传正继作，复次其韵》等。叶梦得说苏轼赠他的诗有数十篇，并非虚言。

宋人普遍相信李白死后真的成了仙，并认为李白是东华上清监，又为清逸真人。如果有兴趣的朋友，挖掘一下宋代史料中关于李白成仙的文献，也是一个颇有趣的课题。

而从苏轼对成仙后的李白的推崇，也可以看出苏轼信奉道家的派别——“上清派”。

其实，苏轼认识这些道士，一方面固然出于对养生的兴趣，另一方面，也是在京城被别人攻击得实在闹心。御史董敦逸连上四状攻击他。御史黄庆基连上三状攻击他，罪名是“洛党稍衰，川党复盛”，指责王巩、张耒、晁补之、

上阳台帖　唐　李白

秦观、黄庭坚以及吕陶、赵令畤、冯如晦、程之邵等人“趋走其门如市”。事闻朝廷，太皇太后对苏辙说：“近来众人正相掊拾，叫苏轼且须省事。”意即，众人正围攻苏轼呢，你让你哥哥别惹事。

一方面受到御史的交章攻击，另一方面求去不能，也许只有和道士僧人往来才稍稍可以安抚一下他的心，姚安世即在此时走进苏轼的生活圈。

苏轼早年诗似李白，中年历经坎坷以后，以杜甫为近，晚年则以陶渊明为依归。不能不说，苏轼在认识姚安世之后，又唤起了他的豪放洒脱的天性，于是诗中又充满了李白式的浪漫。《书丹元子所示李太白真》云：

天人几何同一沤，谪仙非谪乃其游，麾斥八极隘九州。化为两鸟鸣相酬，一鸣一止三千秋。开元有道为少留。縻之不可矧肯求。

西望太白横峨岷，眼高四海空无人。大儿汾阳中令君，小儿天台坐忘真。平生不识高将军，手污吾足乃敢瞋！作诗一笑君应闻。

此诗作于元祐八年（1093），苏轼已经罢礼部尚书任，以端明殿学士兼翰林侍读学士充河北西路安抚使兼马步军都总管知定州军州事的诏书。《东府雨中别子由》也意识到“今年中山去，白首归无期”的可能性，尤其是当苏轼离京赴任要求上殿面辞而遭到哲宗的拒绝时，更是预感到前途未卜。然而，当他看到丹元子姚安世出示的李白画像时，倒是有了豁然开朗的感觉。

苏轼作此诗赞颂李白，又何尝不是自我激励呢？

又，苏轼《书韩李诗》一文，记他另一次书写李白诗，乃是乘醉为之：

> 元祐六年八月十五日，与柳展如饮酒，一杯便醉，作字数纸。书李太白诗云：“遗我鸟迹书，飘然落岩间。其字乃上古，读之了不闲。”戏谓柳生，李白尚气，乃自招不识字，可一大笑。不如韩愈倔强，云“我宁屈由自世间，安能随汝巢神仙”也。（《苏轼文集》，第2111页）

返回来再看他的《李白仙诗卷》，也应该是带着一股酒劲所书。

后来姚安世又改名为王绎，出入于蔡京门下，这又不是苏轼所能预料的了。

“莫作儿女态也”——与陈希亮、陈慥父子

嘉祐六年（1061）十二月十四日，第一次正式出仕的苏轼，到了陕西凤翔。

他刚到凤翔时的太守，是宋选，这是一个脾气和修养极好的长官，比苏轼到任早四个月而已。苏轼第一次出仕就遇到这样一位和蔼可亲的好太守，实属不易。宋选对他也极为包容，有些像欧阳修当年遇见钱惟演的感觉。

但这也容易让苏轼产生幻觉，以为所有的长官都是这样的可亲。

嘉祐八年（1063）夏天，宋选罢凤翔太守，换了陈希亮来。虽然这个人和苏轼也是眉山的同乡，论辈分，还要算是苏轼父亲苏洵的长辈，但他和宋选的性格完全相反。这个人平时特别严肃、刻板，目光如冰一样寒冷，只要大家一看见他的眼光扫过来，不管怎样的热情都会立刻冷却，不敢说不敢笑。不仅不敢说不敢笑，甚至都不敢看他。

苏轼当时年轻气盛，和陈希亮在一些问题上针锋相对、形同水火。即使是文章天才，苏轼写的公文也被陈希亮涂来改去。有一次，陈太守听见有人喊苏轼为“贤良”，竟然将那人打了一顿，并喝斥说：“府判官，何贤良也！”苏轼去找他汇报公事，进去之后长时间看不见人，走也不是，不走也不是……所以，苏轼赌气不参加他召集的府宴，独自出去游玩。中元节不过知府厅，这下被陈希亮抓住把柄，上奏朝廷纠劾他，苏轼竟被朝廷罚铜八斤——这是苏轼在官场上的第一次挫折。

陈希亮在公馆里造了一座凌虚台，可以在公务之暇登台眺望。平时不喜欢苏轼的陈希亮却让苏轼作一篇文字刻在凌虚台的石碑上以作纪念。苏轼遂挥笔作记：

国于南山之下，宜若起居饮食与山接也。四方之山，莫高于终南。而都邑之丽山者，莫近于扶风。以至近求最高，其势必得。而太守之居，未尝知有山焉。虽非事之所以损益，而物理有不当然者，此凌虚之所为筑也。

方其未筑也，太守陈公杖屦逍遥于其下，见山之出于林木之上者，累累如人之旅行于墙外而见其髻也，曰：“是必有异。”使工凿其前为方池，以其土筑台，高出于屋之危而止。然后人之至于其上者，恍然不知台之高，而以为山之踊跃奋迅而出也。公曰：“是宜名凌虚。”以告其从事苏轼，而求文以为记。

轼复于公曰：“物之废兴成毁，不可得而知也。昔者荒草野田，霜露之所蒙翳，狐虺之所窜伏，方是时，岂知有凌虚台耶？废兴成毁相寻于无穷，则台之复为荒草野田，皆不可知也。尝试与公登台而望，其东则秦穆之祈年、橐泉也，其南则汉武之长杨、五柞，而其北则隋之仁寿、唐之九成也。计其一时之盛，宏杰诡丽，坚固而不可动者，岂特百倍于台而已哉！然而数世之后，欲求其仿佛，而破瓦颓垣无复存者，既已化为禾黍荆棘丘墟陇亩矣，而况于此台欤？夫台犹不足恃以长久，而况于人事之得丧，忽往而忽来者欤？而或者欲以夸世而自足，则过矣。盖世有足恃者，而不在乎台之存亡也。”既已言于公，退而为之记。（《苏轼文集》，第 350—351 页）

这篇文章的初衷，大意是苏轼与陈太守开的一个冷幽默，因为陈太守对他的文章向来是改来改去，所以他觉得完全没有必要遮掩自己的锋芒。他讽刺陈太守既不知道在他的公馆之外有诸多高山，也借历史上著名的遗迹来笑话陈太守所作的凌虚台，必将和它们一样面临着荒废的命运。

陈希亮将这篇文章一字未动地刻在了石碑上，这大概也让苏轼特别吃惊。陈希亮对苏轼说：你爸爸像我的儿子，所以按理你是我的孙子，我对你严肃，是因为看你年少气盛，让你受一些挫折，这对你的未来有好处！

也许这一番推心置腹的话，改变了苏轼与他的关系。第二年苏轼所作《凌虚台》诗已经描绘了一幅可以在一起欢快畅饮的画面了。

张舜民《画墁集》卷六《房州修城碑阴记》，就提供了这样的记载：

治平末年，予为岐府掾，是时，陈公去岐未久，窃尝访其行事，大略驭吏严察，人不敢欺。奸吏不敢欺，则良民自安堵矣。小大之牍，罔不经目，小则幕府，大则自操笔为之。常属纸数幅，使两人持其端，提笔历历书之，理法皆备，出人意表。官吏以此服之。是时，苏子瞻登制举，签判府事，实佐公。其后子瞻亦自负吏事，人或诘之，乃曰："吾得之陈公也。"

即使苏轼有天生的办事能力，但这种能力的进一步激发与形成，的确离不开陈希亮对他的督责，所以后来苏轼作《陈公弼传》，对他年轻时的鲁莽与冲动，颇有悔恨之意。

可惜陈希亮在凤翔任上，因为将别州所馈送的公使酒据为己有，坐赃去职，回到洛阳，并死在洛阳。苏轼极少为人作传，但他认为陈希亮是一个值得记录的人："窃尝以为古之遗直，而恨其不甚用，无大功名，独当时士大夫能言其所为。公没十有四年，故人长老日以衰少，恐遂就湮没，欲私记其行事，而恨不能详，得范景仁所为公墓志，又以所闻见补之，为公传。轼平生不为行状墓碑，而独为此文，后有君子得以考览焉。"

苏辙《龙川略志》卷一还记载了苏轼与陈希亮的一段故事。

扶风有个开元寺，寺中多壁画，苏轼往往一个人到寺中看壁画。有两个老和尚出来接待苏轼，并告诉苏轼，他们平时喜欢炼药，有一个方子可以"朱砂化淡金为精金"，一直想找到合适的人传下去，这个人，就是苏轼。

陈希亮也喜欢道家的黄白之术，即炼金术，也曾经听过开元寺的僧人有此秘方，求了几回都没有求到。因而苏轼非常纳闷："陈卿求而不与，吾不求而得，何也？"和尚答："贫道非不悦陈卿，畏其得方不能不为耳。贫道昔尝以方授人矣，有为之即死者，有遭丧者，有失官者，故不敢轻以授人。"和尚说毕即拿出一卷书来，说："此中皆名方，其一则化金方也。公必不肯轻作，但勿轻以授人。如陈卿，慎勿传也。"苏轼答应了僧人的要求，回去也具体看了炼金的方法。有一次在与陈希亮的谈话中，苏轼无意中说得到了开元寺僧的方子，这让陈希亮大为惊异，苦求不已。苏轼只好将此方交给了他。不久，陈希亮以贪赃的罪名去职，苏轼怀疑是因为炼金术的缘故，因而颇为悔恨。

陈希亮有四个儿子，最小的一个儿子，就是陈慥。

苏轼和朋友一起到凤翔的西山去玩，路见一位公子手持弓箭带两名骑手在山上打猎。林间腾起一只飞鸟，那两名骑手连射数箭都没有射中，那位公子却一发而中，苏轼不由连连喝彩，上前互道姓名，才知道他是陈希亮的儿子。

陈慥，字季常，现有史料无法弄清陈慥具体的生卒年月，但从陈希亮将苏轼的父亲都以儿子辈来对待看，陈慥的年龄即使与苏轼的父辈不同，也应该相差不多，所以从这一角度来看，他应该管陈慥叫叔叔，从苏轼写信给他的称呼“季常先生丈阁下”看，年龄应该比苏轼大不少。

陈慥与他爸爸不同，性情奔放，好酒使剑，挥金如土。他回到老家眉山，还带了两个貌美如花的侍女，打扮成猎手的样子，到处游玩，气得他爸爸骂他为“浪子”。可他与苏轼特别投缘，因而成为好友。

“乌台诗案”结束，苏轼在元丰三年（1080）二月初一到了黄州，他的家眷要等到五月二十九日才陆续来到。

让苏轼想不到的是，在快到黄州的路上，他竟然遇到了十几年未见的老朋友陈慥，只是陈慥已经从一个公子哥变成了一个隐士，而且抛弃了洛阳的豪宅和河北的田地，跑到了这么一个偏僻的地方，真是怪哉！

陈慥居于黄州的龙丘（今湖北武汉市新洲区三店街），晚年隐于黄州岐亭（今麻城岐亭），信佛，饱参禅学，自称龙丘先生，又曰方山子。

苏轼《岐亭五首叙》说：

> 元丰三年正月，余始谪黄州。至岐亭北二十五里山上，有白马青盖来迎者，则余故人陈慥季常也。为留五日，赋诗一篇而去。明年正月，复往见之，季常使人劳余于中途。余久不杀，恐季常之为余杀也，则以前韵作诗，为杀戒以遗季常。季常自尔不复杀，而岐亭之人多化之，有不食肉者。其后数往见之，往必作诗，诗必以前韵。凡余在黄四年，三往见季常，季常七来见余，盖相从百余日也。七年四月，余量移汝州，自江淮徂洛，送者皆止慈湖，而季常独至九江。乃复用前韵，通为五首以赠之。（《苏轼诗集》，第 1204 页）

依据这个说法，陈慥大概早就知道了苏轼被贬黄州的消息，因而在岐亭北

25 里的路上等着他。

见到陈慥，苏轼自然要问起陈希亮是否试验过他的炼金方法。陈慥答，失去官职的陈希亮到了洛阳之后，无钱买房子，因而开始使用炼金术炬炼金，可惜手指感染后死了。听毕，苏轼大为唏嘘。

陈慥邀苏轼到家中去住，家里简朴之极，妻儿与仆人，也安于这种状态。

喜欢开玩笑的苏轼还创造了一个“河东狮吼”的成语，这句成语被用来形容男人怕老婆。陈慥是否怕老婆无从考证，因为说“河东狮吼”是指陈慥怕老婆，大部分是信了南宋文史掌故学家洪迈《容斋随笔》的记载：陈慥，字季常，公弼之子，居于黄州之岐亭，自称龙丘先生，又曰方山子。喜蓄声妓，然其妻柳氏绝凶妒，故东坡有诗云：

龙丘居士亦可怜，谈空说有夜不眠。
忽闻河东狮子吼，拄杖落手心茫然。（《苏轼诗集》，第 1341 页）

这里的“河东狮子”，即指陈慥之妻柳氏。河东郡，是柳氏的郡望。“狮子吼”三字，本佛教典故，指如来正声。佛教经典称“狮子吼则百兽伏”，因而佛家经常用狮子吼来比喻佛祖讲经声震寰宇的威严。不管如何，陈慥的妻子应该是比较厉害的，或者至少是嗓门很大。比较合理的解释是，陈慥见了投缘的朋友，会经常歌舞宴客或者说话至夜深而不眠，古时女子又不能公然去见外客，只好以木杖大声敲击墙壁制止，客人尴尬，季常亦无奈。

元丰四年（1081）秋天，苏轼曾经到陈慥的家中去看他，陈慥还叫了一个“座中红裙”相陪，苏轼把她称为“村姬”，而且还写了他在杭州时以周韶落籍为题的诗送给这个村姬。由此看来，柳氏经常对陈慥发脾气的事情，也应该是有的。

“河东狮吼”这首诗，题为《寄吴德仁兼简陈季常》，作于元丰八年（1085）。诗以东坡自己开篇，调侃陈慥和吴德仁两个人。吴德仁名瑛，字德仁，蕲州蕲春（今湖北省黄冈市蕲春县）人。他当时已辞官隐居于黄州。苏轼在诗中很羡慕他“平生寓物不留物，在家学得忘家禅。门前罢亚十顷田，清溪绕屋花连天”的生活。（《苏轼诗集》，第 1341 页）张耒《宛丘集》里有一篇《吴大夫墓志》，将吴德仁的生活描绘得也很令人向往：“有薄田，临溪筑室，种花酿酒，家事

一不问。宾客有至者，与之饮，必尽醉。公或醉卧花间，客去亦不问。”

诗寄给了吴德仁，同时也写了一份给陈慥看，估计发信的同时，有的人会大笑，有的人会苦笑。反正，以“河东狮吼”来形容怕老婆的典故是确立起来了，而怕老婆的人，也被戏称为“季常癖”。

就连天性顽皮的苏轼，似乎在柳氏面前，也不敢“放肆”。他只是在喝醉的时候，才敢放胆一下。有一封信为证：

> 数日得君字韵诗，茫然不知醉中拜书道何等语也。老媳妇云：“一绝乞秀英君”，大为愧悚，真所谓醉时是醒时语也。蒙不深罪，甚幸！（《苏轼文集》，第 1567 页）

有人猜测，这里所说的秀英，大概就是陈慥的夫人柳氏。苏轼想让柳氏也写一首诗，但一直不敢，喝醉了，反倒写了出来，“醉时是醒时语”，果然绝妙。

苏轼在他那里住了五天，特意写了一首《临江仙》（“细马远驮双侍女”）给他。陈慥拿出自己珍藏多年的《朱陈村嫁娶图》来请他鉴赏。早在唐代，白居易就为朱陈村写过一诗：“田中老与友，相见何欣欣。一村唯两姓，世世为婚姻。”加上在被贬黄州之前的苏轼曾在徐州任过地方长官，劝农时也去过朱陈村，因而见画生情，欣然为此画作题了《陈季常所蓄朱陈村嫁娶图》七绝诗两首：

> 何年顾陆丹青手，画作朱陈嫁娶图。
> 闻道一村惟两姓，不将门户买崔卢。（其一）
> 我是朱陈旧使君，劝农曾入杏花村。
> 而今风物那堪画，县吏催钱夜打门。（其二）

这是一幅无名氏的古画。朱陈村是徐州府辖内丰县的一个古村落，村内朱、陈两姓世代联姻、和睦相处。那里民风淳朴，“朱陈之好”亦传为千古佳话。第二首的结语说“县吏催钱夜打门”，却是苏轼又忍不住批评时政的辛酸之语。

裴景福《壮陶阁书画录》卷四录有一条：“可考者，元丰三年正月至岐亭过访，为留五日。四年正月自齐安往岐亭，复往见之。三往殊无可考。此题四年秋日过季常寓斋，则三往信矣。”其实，在黄州的四年间，苏轼去看过三次陈慥，陈慥则来看过他七次。他们在一起的时间，前后足有 100 多天。在《苏轼文集》中，共有苏轼写给陈慥的 16 封书札，“俱在黄州时作”也，可见二人交情之厚。

有一封信说：“近者新阕甚多，篇篇皆奇。迟公来此，口以传授。”苏轼在黄州期间，一再公开声称自己不再创作诗文，“自得罪后，不敢作文字，此书虽非文，然信笔书意，不觉累幅，亦不须示人，必喻此意”。你看他现在变得多么谨慎，连给别人写的信，都嘱托千万不要外传，但，他对陈慥却忍不住说：我写了好多绝妙文章，你快来，我口头告诉你！

孔凡礼所撰《三苏年谱》卷三十说陈慥曾经写信约苏轼住到武昌去，苏轼回简拒绝：“示谕武昌一策，不劳营为。坐减半费，此真上策也。然某所虑，又恐好事君子，便加粉饰，云擅去安置所而居于别路，传闻京师，非细事也。”（第 1185 页）所谓“别路”，因黄州属淮南西路，而武昌属荆湖北路寿昌军，不在一个辖地，故而苏轼担心住到武昌，就是违背了圣旨，当然不是小事。但我以为，这封信更像是苏轼准备买地时的情形。

陈慥第一次到黄州来看苏轼，是在元丰三年（1080）的六月，苏轼刚刚在临皋亭将家眷安定下来。他希望陈慥来看他，可是陈慥来了以后住在什么地方，却成了一个问题。苏轼特意写信告诉陈慥：在临皋亭有一间朝西的房子是空的，如果你来了，可以住在那里。当然，如果你不怕热是可以的，因为每到下午，那太阳简直可以把人烤化。如果你受不了，门口有一条挺大的船，要不，您住船上？

陈慥来了，还在黄州引起了一番轰动，毕竟他是江湖上鼎鼎有名的人物！

元丰三年（1080）年底，苏轼想起自己关在狱中时的情景，有如鸡鸭关在厨房的笼中，因而抄《南史・卢度传》，许下不杀生之愿。这一条，代表了苏轼对生命的态度：

> 余少不喜杀生，然未能断也。近来始能不杀猪羊，然性嗜蟹蛤，故不免杀。自去年得罪下狱，始意不免，既而得脱，遂自此不复杀一物。有见饷蟹蛤者，皆放之江中。虽知蛤在江水无活理，然犹庶几万一，便使不活，

亦愈于煎烹也。非有所求觊，但以亲经患难，不异鸡鸭之在庖厨，不忍复以口腹之故，使有生之类，受无量怖苦尔，犹恨未能忘味食自死物也。《南史·隐逸传》：“始兴人卢度，字彦章。有道术。少随张永北侵魏，永败，魏人追急，淮水不得过。自誓若得免死，从今不复杀生。须臾见两楯，流来接之，得过。后隐居庐陵西昌三顾山，鸟兽随之，夜有鹿触其壁。度曰：‘汝勿坏我壁。’鹿应声去。屋前有池，养鱼，皆名呼之，次第取食。逆知死年月，竟以寿终。”偶读此书，与余事粗相类，故并录之。（《苏轼文集》，第 2048 页）

一个人的同情心，足以体会到鸡鸭在厨房里待宰时的恐怖，真可谓“仁”。实际上，他已经这么做了，从监狱出来之后，每见厨房里有活物就令人放掉，因为他不忍心再“杀彼之生命”！第二年的正月底，苏轼去歧亭看陈慥，就与陈慥约定，不再杀生，《岐亭五首》的第二首，即是说此事。《书赠陈季常诗》又再提此事：“余谪黄州，与陈慥季常往来，每过之，辄作‘汁’字韵诗一篇。季常不禁杀，故以此讽之。季常既不复杀，而里中皆化之，至有不食肉者。皆云‘未死神已泣’，此语使人凄然也。”看来陈慥真的不再杀生，也感化了周围的一些人。

元丰四年（1081）六月底，陈慥从歧亭来看苏轼，苏轼以《杂书琴事十首》赠之，又以《杂书琴曲十二首》赠之，这是研究苏轼古琴美学的重要史料。

除了见于苏轼文集中的文字之外，苏轼传世墨迹中竟然有好几封长信都是写给陈慥的，如《新岁展庆帖》《人来得书帖》《覆盆子帖》。这些文字内容都没有收到以前的苏轼文集中，因而除了可以作为佚文来看之外，更是研究苏轼书法的极好材料。

先看《新岁展庆帖》：

轼启：新岁未获展庆，祝颂无穷，稍晴，起居何如？数日起造，必有涯，何日果可入城？昨日得公择书，过上元乃行，计月末间到此，公亦以此时来，如何？窃计上元，起造尚未毕工，轼亦自不出，无缘奉陪夜游也。沙枋画笼，旦夕附陈隆船去次，今先附扶劣膏去。此中有一铸铜匠，欲借

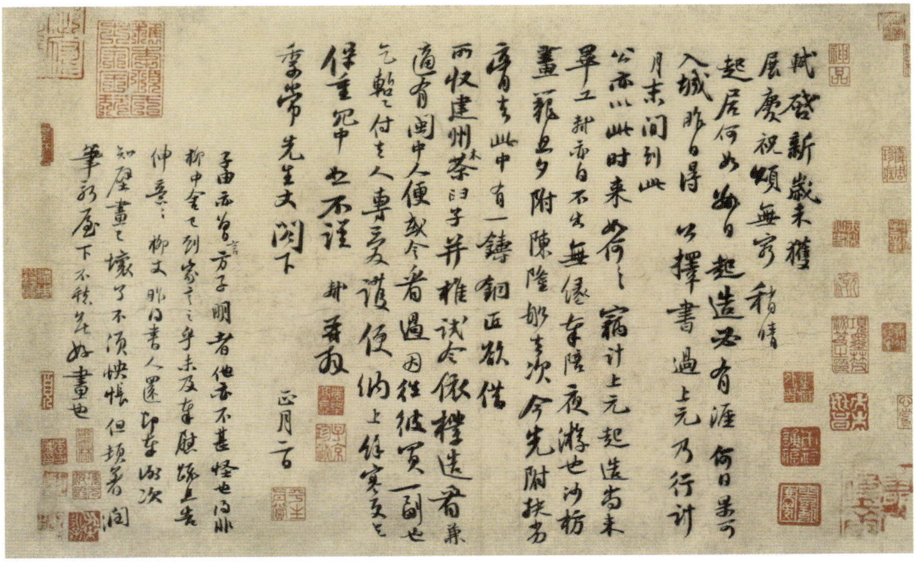

新岁展庆帖　宋　苏轼

所收建州木（此字旁注）茶臼子并椎，试令依样造看兼，适有闽中人便，或令看过，因往彼买一副也。乞暂付去人，专爱护，便纳上。余寒更乞保重，冗中恕不谨，轼再拜。季常先生文阁下。正月二日。

另纸行书：

子由亦曾言（此字旁注），方子明者，他亦不甚怪也。得非柳中舍已到家言之乎？未及奉慰疏，且告伸意伸意。柳丈昨得书，人还即奉谢次。知壁画已坏了，不须快怅。但顿着润笔新屋下，不愁无好画也。

用今天的意思叙述一遍，其内容是这样的：我专门写这封信给您，因为新年未能致贺，这里祝您一切好！天稍微放晴了，您最近身体还好吧？近来我盖房子，眼看就要盖好了。您啥时间能来黄州转转？昨天我收到李常的来信，他说过了元宵节就动身，估计月底到这里。您也这个时候来怎么样？但我估计元宵节，我的房子还不能竣工，也没法出门，所以就不能陪您夜游了。沙枋画笼，这几天就随陈隆的船运过去。现在先送上扶劣膏。我们这儿有个铸铜匠，想借

一下您存的建州木茶臼子和椎，让他试着仿造一个。要是有人去福建，或者让他们先看看，到那里买一副也好。请您把这个东西付给我派去的人，我会好好爱护，随后奉还。天还冷，多保重，我这儿瞎忙，不周到的地方请您原谅。苏轼再拜，季常老先生阁下。

顺便，苏东坡还借花献佛，把吴复古所赠却不知道怎么用和有什么效果的“扶劣膏”送给了陈慥。

这封信中提到的李公择（常）和扶劣膏，在苏轼《与李公择》的信中曾透露了一个关键的信息：“秋色佳哉，想有以为乐。人生唯寒食、重九，慎不可虚掷，四时之变，无如此节者。近有潮州人寄一物，其上云扶劣膏，不言何物。状如羊脂而坚，盛竹筒中，公识此物否？味其名，必佳物也。若识之，当详以示，可分去，或问习南海物者。子由近作栖贤《僧堂记》，读之惨凛，觉崩崖飞瀑，逼人寒栗。”苏辙《庐山栖贤寺新修僧堂记》有明确的时间——元丰四年（1081）五月初九日，因而苏轼给李常的这封信，肯定写于元丰四年（1081）五月之后。

至于信尾所附的方子明，是和苏辙关系非常密切的一位介于佛道之间的人物，经常出现在苏辙的诗文之中。苏辙有《赠方子明道人》一诗：“水银成银利十倍，丹砂为金世无对。此人靳术不肯传，阖户泥墙畏天戒。今子何为与我言，人生贫富宁非天。钳锤橐籥枉心力，齑盐布被随因缘。我来江西晚闻道，一言契我心所好。廓然正若太虚空，平生伎俩都除扫。子言旧事净慈师，未断有为非净慈。此术要将救饥耳，人人有命何忧饥。”从诗中可见，方子明也精通炼金术，并且要传给苏辙，只是苏辙觉得，如果一个人心中干净，根本就不需要任何“术”。

“乌台诗案”后，苏辙谪筠州（今江西高安）监盐、酒税，元丰三年（1080）六月，他将哥哥送到黄州，然后到筠州任。在这期间，他与方子明的交往就很多。《余居高安三年，每晨入暮出，辄过圣寿访聪长老、谒方子明，浴头笑语，移刻而归，岁月既久，作一诗记之》云：“朝来卖酒江南市，日莫归为江北人。禅老未嫌参请数，渔舟空怪往来频。每惭菜饭分斋钵，时乞香泉洗病身。世味渐消婚嫁了，幅巾绦褐许相亲。”当时的苏辙既修道，也与佛家人物往来频繁，只是因为家庭所累，苏辙才不能全心全意地追随他们。

方子明曾经将佛舍利送给苏辙，苏轼又献给了庙里。

元丰八年（1085），苏轼自文登赴京，过长清真相院，将苏辙所存的舍利献出。在元祐二年（1087）八月，苏轼作《真相院释迦舍利塔铭（并叙）》，其中提到方子明：

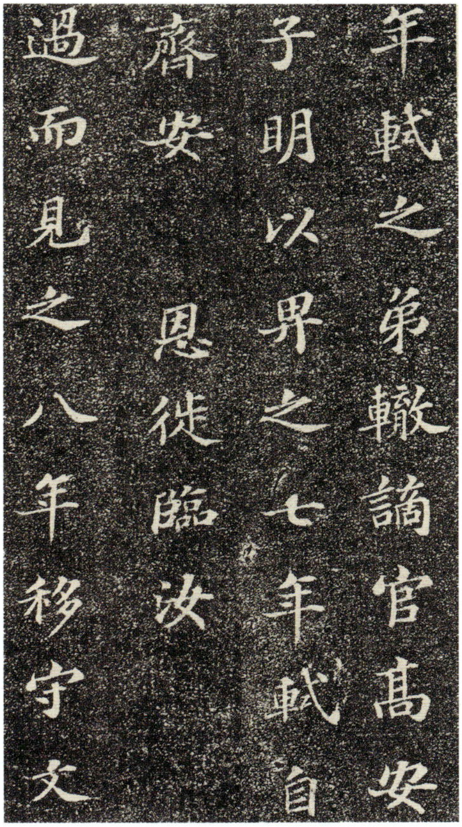

长清县真相院释迦舍利塔铭（局部）宋　苏轼

> 洞庭之南，有阿育王塔，分葬释迦如来舍利。尝有作大施会出而浴之者，缁素传捧，涕泣作礼。有比丘窃取其三，色如含桃，大如薏苡，将置之他方，为众生福田。久而不能，以授白衣方子明。元丰三年，轼之弟辙谪官高安，子明以畀之。七年，轼自齐安蒙恩徙临汝，过而见之。八年，移守文登，召为尚书礼部郎。过济南长清真相院，僧法泰方为砖塔十有三层，峻峙蟠固，人天鬼神所共瞻仰，而未有以葬。轼默念曰：“予弟所宝释迦舍利，意将止于此耶？昔予先君文安主簿赠中大夫讳洵，先夫人武昌太君程氏，皆性仁行廉，崇信三宝。捐馆之日，追述遗意，舍所爱作佛事，虽力有所止，而志则无尽。自顷忧患废而不举，将二十年矣。复广前事，庶几在此。”泰闻踊跃，明年来请于京师。探箧中得金一两，银六两，使归求之众人，以具棺椁。（《苏轼文集》，第578—579页）

原来是有僧人趁做法事之机，偷了三个佛舍利，僧人将它送给方子明，方子明又送给苏辙，苏轼则将它送给济南长清县的真相院，真相院特意建释迦如来舍利塔珍藏之。

苏轼信中的柳中舍，不知何人，又称“柳丈”，年龄应与陈慥的“季常丈”相仿。与此时间比较接近的，倒是有一个叫柳真龄的人送了一个据说是王审知留下来的铁拄杖给苏轼，苏轼写了一首《铁拄杖》诗表示感谢，前有小叙：“柳真龄字安期，闽人也。”开篇以“柳公”称之。从诗意看，这位柳公也是一位修道之人。《寄吴德仁兼简陈季常》诗，王文诰注：“本集有柳簿者，行二，季常之客，即真龄也。”元丰四年（1081）九月二十三日，张方平生日，苏轼将一根铁拄杖作为生日礼物送给张方平。这根铁拄杖，十有八九是柳真龄送给他的那根。

苏辙与柳真龄的关系，也非同寻常。《栾城集》卷十二《以蜜酒赠柳真公》《次韵柳见答》《次韵柳真公闲居春日》等，都可以证明他们之间往来极其频繁，绝非泛泛之交。至于苏辙、方子明、柳中舍、陈慥与苏轼之间究竟牵扯到一件什么事，则不得而知了。

徐邦达考证此帖写于元丰四年（1081）春季，则肯定不确。因为在这一年的正月二十日，苏轼曾往岐亭访陈季常，作《正月二十日，往岐亭，郡人潘、古、郭三人送余于女王城东禅庄院》诗。当日，夜宿团风时，梦一僧人破面流血，若有所诉；二十二日，岐亭道上见梅花，作《岐亭道上见梅花，戏赠季常》诗。至陈家后，作《岐亭五首》之二。等苏轼与季常游玩在山中，于古庙里看到一尊破面罗汉塑像时，陈慥提醒苏轼：“此岂梦中得乎？”苏轼遂以船运载罗汉塑像，让一个叫继连的僧人找工人将罗汉修缮一新，安放在安国院中。然后，自岐亭泛舟回黄州。“轼亦自不出”，和他的行踪完全不合。所以，这封信，应该是写于元丰五年（1082）的正月初二，当时苏轼正忙着造他的雪堂。

然而，在《新岁展庆帖》的后面，还有一帖，叫《人来得书帖》，说的却是一件悲惨的事情——陈慥的哥哥死了：

> 轼启。人来，得书，不意伯诚遽至于此，哀愕不已。宏才令德，百未一报，而止于是耶？季常笃于兄弟，而于伯诚尤相知照想，闻之无复生意。若不上念门户付嘱之重，下思三子皆未成立，任情所至，不自知返，则朋友之忧，盖未可量。伏惟深照死生聚散之常理，悟忧哀之无益，释然自勉，以就远业。轼蒙交照之厚，故吐不讳之言，必深察也。本欲便往面慰，又

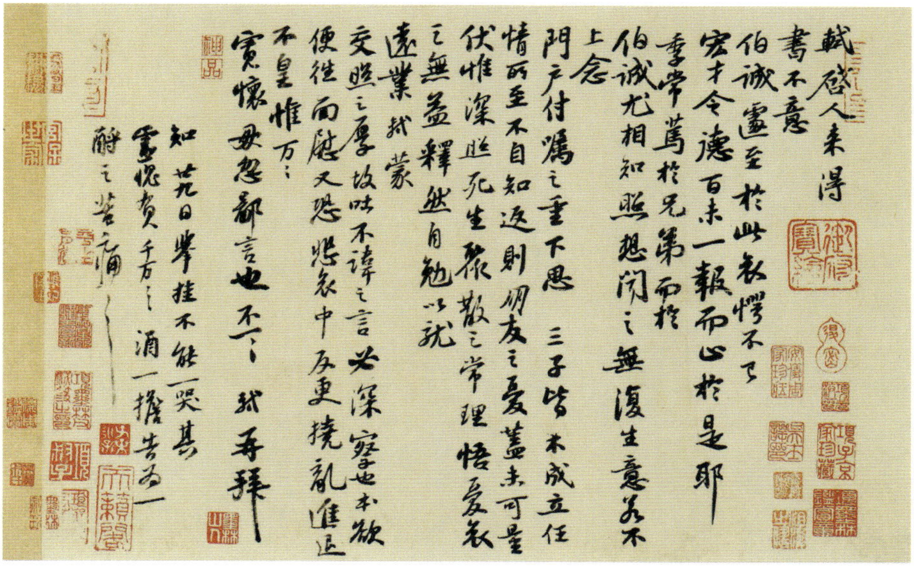
軾啟人來得
書不意
伯誠遽至於此哀愕不已
宏才令德百未一報而止於是耶
季常篤於兄弟而於
伯誠尤相知照想聞之無復生意若不
上念
門戶付囑之重下思 三子皆未成立任
情所至不自知返則朋友之憂蓋未可量
伏惟深照死生聚散之常理悟憂哀
之無益釋然自勉以就
遠業軾蒙
交照之厚故吐不諱之言必深察也本欲
便往面慰又恐悲哀中反更撓亂進退
不皇惟萬々
寬懷毋忽鄙言也不一々 軾再拜
知廿九日舉挂不能一哭其
靈愧負千萬々酒一擔告為一
酹之苦痛々

人来得书帖　宋　苏轼

恐悲哀中反更挠乱。进退不皇，惟万万宽怀，毋忽鄙言也。不一一。轼再拜。

知廿九日举挂，不能一哭其灵，愧负千万千万。酒一担，告为一酹之。苦痛，苦痛！（《苏轼文集》，第2460页）

此帖虽无上款，但据文中义，肯定是写给陈季常的。文中的“伯诚”，即季常之兄陈忱。苏轼《陈公弼传》中说陈公弼有“子四人，忱，今为度支郎中”。这里所说的“伯诚”，即是陈慥的哥哥陈忱。

当苏轼知道其兄逝世的消息后，赶紧写了这封信加以慰问，劝其节哀。信中说“伏惟深照死生聚散之常理，悟忧哀之无益，释然自勉”，虽然苏轼以看破生死乃人之常情为对待生命的态度，但其真挚情意，溢于字里行间。

元丰六年（1083）六月，蹇序辰的妻子死了，这个消息可能还是陈慥写信告诉苏轼的，因而苏轼写信去安慰蹇序辰。在信中，他提到陈慥也在悼亡之中：“季常悲恨甚矣，亦常以书痛解之。”（《苏轼文集》，第1646页）陈慥的悼亡，正是他哥哥的去世。也许，这封长达192字的“以书痛解之”的书信，就是《人来得书帖》。当然，这只是据有限史料做出的大胆推测。

《新岁展庆帖》和《人来得书帖》二帖被后人裱在一起。至明朝时，董其

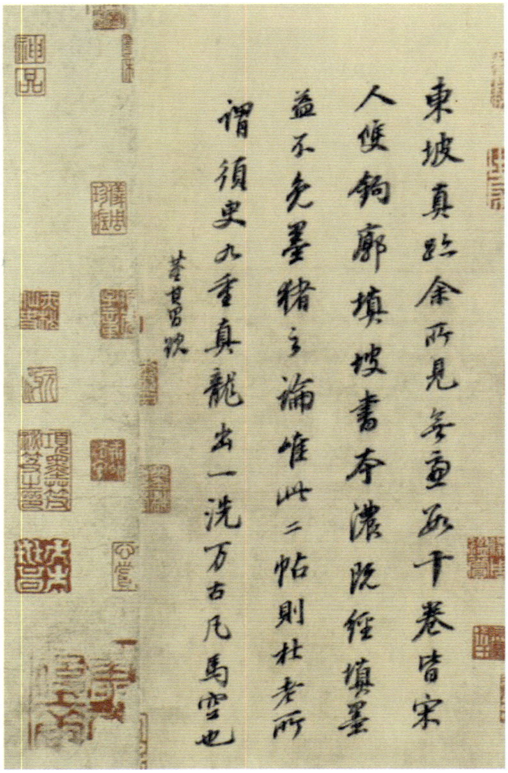

题新岁展庆帖　明　董其昌

昌在《人来得书帖》上题写跋文："东坡真迹，余所见无虑数十卷，皆宋人双勾廓填……唯此二帖，则杜老所谓须臾九重真龙出，一洗万古凡马空也。"

苏轼留下写给陈慥的《一夜帖》，也是苏轼书法的代表作。书信内容不见于文集之中，原作现存台北故宫博物院：

一夜寻黄居寀《龙》不获，方悟半月前是曹光州借去摹拓，更须一两月方取得。恐王君疑是翻悔，且告子细说与，才取得即纳去也。却寄团茶一饼与之，旌其好事也。轼白，季常。廿三日。

在这封信札中，苏轼托陈季常向王君转达，他找了一夜黄居寀画的龙都没有找见，才想起来在半个月前暂借给曹光州去摹拓了，一旦曹光州把画还回来以后，他便马上给王君送去。

黄居寀（933—993 后）是五代名家黄筌的儿子，字伯鸾。仕后蜀孟昶为翰林待诏，归宋后授光禄寺丞。他继承了黄筌的画风。因其画作有富贵气，所以在宋初一直作为宫廷画风的典范。此帖中的"黄居寀《龙》"，应为其画作。

曹光州，为曹九章之子，字演甫，时为光州（今河南省信阳市潢川县）太守。元丰三年（1080）十月，苏辙的一个小女儿不幸夭亡，时任淮南西路提点刑狱的李常则替曹九章之子求婚于苏辙之女。苏轼先替苏辙答应下来，然后写信给苏辙，苏辙也应允此事，同意将三女儿嫁给曹焕。于是，曹九章的儿子曹焕就成为苏辙的女婿，与苏轼的关系也就极其亲近了。苏辙后来在祭曹九章的文章中说：

逮伯迁黄，公在浮光。山联川通，可跂而望。有馈豚羔，报之醪浆。始于友朋，求我婚姻。数岁之间，相与抱孙。

正是他们之间亲情兼友情的真切写照。

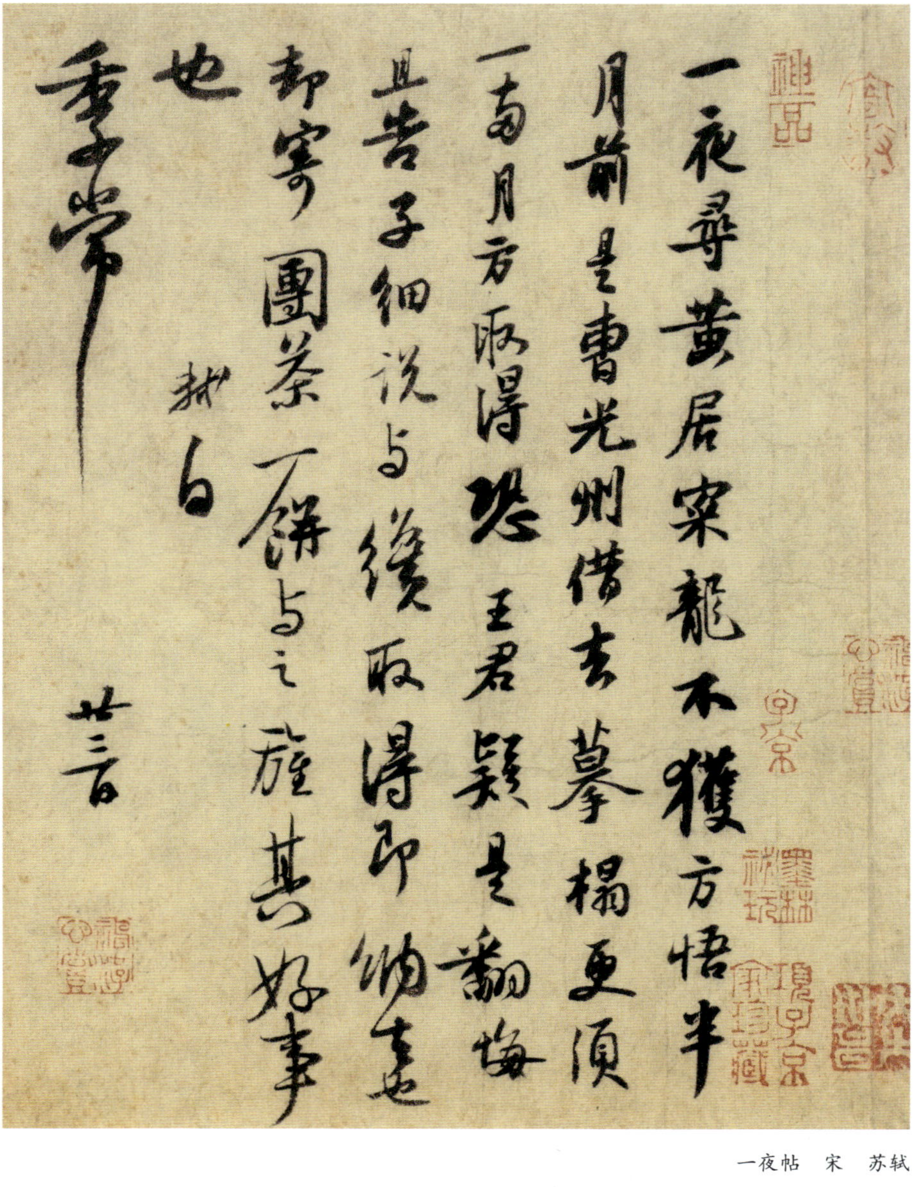
一夜尋黃居寀龍不獲方悟半
月前是曹光州借去摹搨更須
一兩月方取得恐 王君疑是翻悔
且告子細說與纔取得即納去
却寄團茶一餅與之旌其好事
也 軾白
季常 廿三日

一夜帖　宋　苏轼

光州属淮南西路，与黄州相距不远，往还极为方便，苏辙的形容是，跷跷脚，就能从这个州望到那个州了。

苏轼《渔家傲·赠曹光州》一词“些小白须何用染， 几人得见星星点，作郡浮光虽似箭，君莫厌，也应胜我三年贬”，作于元丰五年（1082）六月。曹九章来书报麻城主簿李台卿（明仲）亡故，苏轼作诗吊李台卿，亦在此年。元丰七年（1084）正月二十五日，神宗手札移苏轼汝州团练副使、本州安置，意味着苏轼即将离开黄州。在离开前，曹九章还赠诗给苏轼，苏轼次韵，以同社结邻为约。曹九章于元祐三年（1088）二月左右去世。此帖最迟的创作年代，不会迟于元丰七年即苏轼离开黄州之前。

咕中的“王君”又是谁？有人猜测是黄州的秀才王齐万，或者是他的哥哥王齐愈。

元丰三年（1080），苏轼作《王齐万秀才寓居武昌县刘郎袱，正与伍洲相对，伍子胥奔吴所从渡江也》一诗。王文诰《苏诗总案》说：“王齐万，字子辩，嘉州犍为人，乃齐愈字文甫之弟。”早在仁宗嘉祐四年（1059）十月，苏氏父子沿长江南行还朝时，《南行集》中就有《犍为王氏书楼》一诗。犍为王氏，家富藏书，“塞江流柿起书楼”，让苏轼怎么也没有想到，“惟余旧书一百车，方舟载入荆江曲”，竟然搬到湖北来了！苏轼在给秦观的信中特别说道：“所居对岸武昌，山水佳绝。有蜀人王生在邑中，往往为风涛所隔，不能即归，则王生能为杀鸡炊黍，至数日不厌。”这里的王生，即王齐愈兄弟。元丰六年（1083）七月六日，苏轼曾在王齐愈家中醉后画墨竹，并赋《定风波》一词（一说元丰五年）。

苏轼、陈慥、王齐愈、王齐万都是四川老乡，且寓居于一地。苏轼墨迹中所说的黄居寀的《龙》，十有八九是王齐愈、王齐万兄弟想要借去观摹，苏轼答应了会借给他们，然而却想不起放在哪里了，找了大半夜，才想起此图是被曹光州即曹九章借去未还，恐怕还要放一两个月才能拿回来。苏轼怕王齐万误会，“疑是翻悔”——答应借画给他们，却又后悔不想借了，因而在信中拜托陈季常能够仔细地代为解释，等到画一取回来，就会即刻给王齐万兄弟送过去。为了表示自己的诚意，苏轼还特意“寄团茶一饼与之，旌其好事也”。

苏轼留下的另一份与陈慥有关的墨迹，为《覆盆子帖》：

覆盆子甚烦采寄，感怍之至，令子一相访，值出未见，当令人呼见之也。季常先生一书，并信物一小角，请送达。轼白。

覆盆子，既是一种野果，也是一味中药。《本草衍义》记录了覆盆子得名的原因：益肾脏、缩小便，服之当覆其溺器，如此取名也，意思是覆盆子的主要功效为补益肾脏，可以治疗多便易起夜，服用它之后就可以把经常用的溺器盖上了。《本草纲目》的解释则是："子似覆盆之形，故名之。时珍曰：五月子熟，其色乌赤，故俗名乌藨，大麦莓、插田藨，亦曰栽秧藨。"

南朝梁陶弘景则判定覆盆子的功效为益气轻身、令发不白。显然，对于极其重视养生的苏轼或陈慥而言，这是相当重要的养生食品。

在黄州期间，苏轼对覆盆子似乎格外注意。他给好友章质夫写的信里，就更详细地提到了覆盆子，并提醒他要对九月才成熟的花鸦莓进行仔细辨别：

……药方附徐令去，惟细辨。覆盆子若不真，即无效。前者路傍摘者，此土人谓之插秧莓，三四月花，五六月熟，其子酸甜可食，当阴干其子用之。

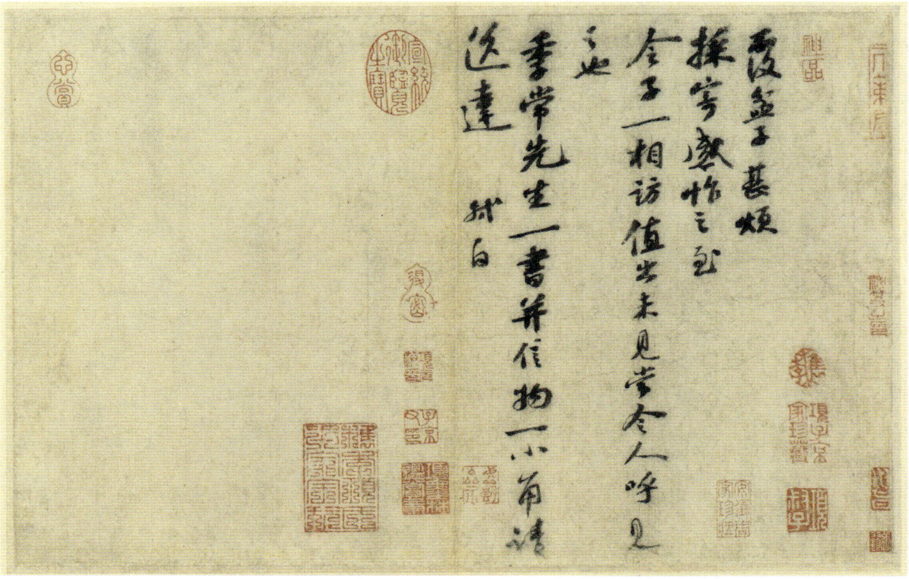

覆盆子帖　宋　苏轼

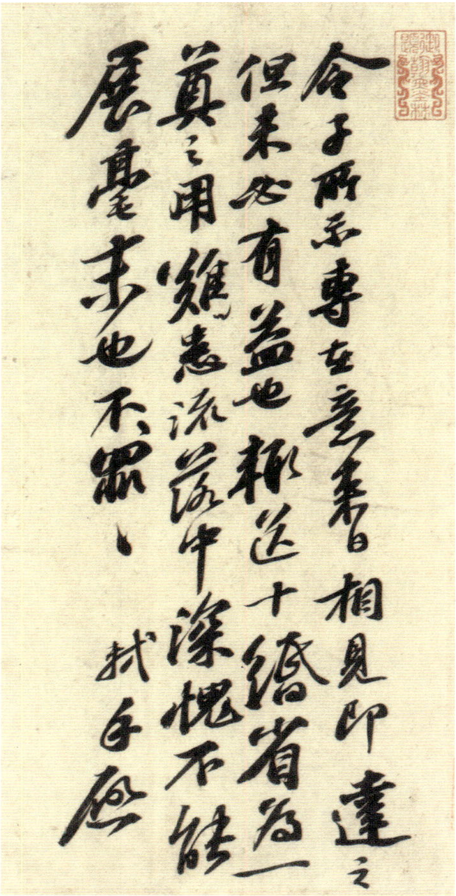

令子帖　宋　苏轼

今市人卖者，乃是花鸦莓，九月熟，与《本草》所说不同，不可妄用。(《苏轼文集》，第 1638—1639 页)

原来“以次充好”或“卖假药”的事情，自古有之。

依徐邦达的考证，这个帖子是写给杜沂的。杜沂之子为杜孟坚，因而帖中说“令子一相访”，或者就是指杜孟坚。这个说法也有根据。杜沂大概卒于元丰五年（1082）。苏轼写信给杜沂的儿子杜传(孟坚)，帖存《晚香堂苏帖》：“轼启，昨日令子见访，始知道源倾逝，怀想畴昔，潸焉出涕，奈何！奈何！想孝爱之深，何以堪处。”这里的“令子”，乃杜孟坚的儿子，非杜孟坚也。

而此帖的最大可能性，或者是陈慥令人采摘好覆盆子之后，寄给苏轼，苏轼为表达感激之情而作。而“令子一相访”，因为“令子”是美称，佳儿、贤郎之意，也说不定就是陈慥的儿子来访，来的时候因为苏轼出去而没有见到。苏轼很想见他，除了书信之外，还特意给陈慥准备了一份礼物。

苏轼从元丰三年（1080）二月到黄州，至元丰七年（1084）离去，在此住了四年三个月。离黄之日，他反倒极为难舍了。

在出发前，陈慥与武昌的王齐愈、王齐万兄弟都到了黄州的苏宅中聚会。他们一行渡江过武昌时，在吴王岘忽然听到隔江传来黄州的鼓角声，无形中更加重了苏轼的离情别绪：“清风弄水月衔山，幽人夜渡吴王岘。黄州鼓角亦多情，送我南来不辞远……”

苏轼一行到了车湖王齐愈家，因为刮风，在那里留住二日，至四月十四日，坐船到磁湖。陈慥与苏轼的感情极为深厚，在黄州期间，他经常往返近四五百里路来看苏轼，前后竟达七次，这回，陈慥更是坚持要把他送到九江。苏轼途中回顾他们五年来的交往，作了一组名为《歧亭五首》的诗，前加长叙，留给陈慥以作纪念。

苏轼曾在《与陈季常》第十二首中说："先生笃于风义，至自割瘦胫以啖我，可谓至矣！"寥寥数语，将陈慥对朋友的深情厚谊，表达得淋漓尽致。

苏轼在黄州时，因为住到庙中，因而对佛教有了新的领悟。有一次，陈慥和苏轼半开玩笑地说"公只不能作佛经"，意即苏轼什么文章都可以写，只是不能写与佛经有关的文章。苏轼反问："何以知我不能？"陈慥的理由是："佛经是三昧流出，公未免思虑出耳。"因为在陈慥的眼里，苏轼的文章出于思考、雕琢，因而与佛理不同。但苏轼仍然不服气："君不知予不出思考者，胡不以一物试之？"陈慥不肯，因为在他眼里，苏轼本来就是任何题目都可以作文的人，又何必相试呢。但苏轼非要试一下不可，就指着陈慥头戴的鱼枕骨冠说，我就用它来作文好了。不止于此，苏轼更说："假君之手，为予书焉可也。"苏轼自己连笔都不动了，全凭口述。这篇名为《鱼枕冠颂》的文章是：

莹净鱼枕冠，细观初何物。
形气偶相值，忽然而为鱼。
不幸遭网罟，剖鱼而得枕。
方其得枕时，是枕非复鱼。
汤火就模范，巉然冠五岳。
方其为冠时，是冠非复枕。
成坏无穷已，究竟亦非冠。
假使未变坏，送与无发人。
簪导无所施，是名为何物。
我观此幻身，已作露电观。
而况身外物，露电亦无有。
佛子慈闵故，愿受我此冠。

若见冠非冠，即知我非我。

五浊烦恼中，清净常欢喜。（《苏轼文集》，第 593 页）

苏轼一边口述，陈慥一边笔录，根本赶不上苏轼口述的速度，只得承认苏轼“便作佛经语耶”！

这篇文章，充满了“物”与“无物”之间妙不可言的禅理。

然而，自此以后，苏轼再也没有来过黄州，他的雪堂、临皋亭、南堂，就只偶尔出现在他的诗文之中了。

苏轼被贬惠州时，已接近花甲之年，身体状况堪忧。陈慥听闻此信，忧心如焚，立即远寄书信，告知苏轼他要去惠州探望。苏轼回了一封长信给他，劝他不要来：

自失官后，便觉三山跬步，云汉咫尺，此未易遽言也。所以云云者，欲季常安心家居，勿轻出入，老劣不烦过虑，决须幅巾草屦相从于林下也。亦莫遣人来，彼此须髯如戟，莫作儿女态也！（《苏轼文集》，第 1570 页）

陈慥固然没有到惠州来看苏轼，但在苏轼被贬惠州和儋州之后，朝廷下令将苏轼、黄庭坚、秦观等人的文字一概禁绝，不准流通，哪怕家中的旧藏也要毁掉，陈慥却主持、刊刻了苏轼的《苏尚书诗集》。也在贬谪之中的黄庭坚在听到这个消息后，还专门写了一封信，除了感谢陈慥寄给了一本他所刻的苏轼诗集之外，又写信给一个叫何斯举的人，要一厚纸的印本：

陈季常所刻苏尚书诗集，烦为以厚纸印一本见寄，只封在鸿父处亦可尔。

这里的“鸿父”，是黄庭坚的外甥洪羽。

行文至此，可以回过头来读一下苏轼给陈慥写的《方山子传》：

方山子，光、黄间隐人也。少时慕朱家、郭解为人，闾里之侠皆宗之。稍壮，折节读书，欲以此驰骋当世，然终不遇。晚乃遁于光、黄间曰岐亭。

庵居蔬食，不与世相闻。弃车马，毁冠服，徒步往来山中，人莫识也。见其所著帽，方屋而高，曰：“此岂古方山冠之遗像乎？”因谓之方山子。

余谪居于黄，过岐亭，适见焉。曰：呜呼！此吾故人陈慥季常也，何为而在此？方山子亦矍然，问余所以至此者。余告之故，俯而不答，仰而笑，呼余宿其家。环堵萧然，而妻子奴婢，皆有自得之意。余既耸然异之。

独念方山子少时，使酒好剑，用财如粪土。前十有九年，余在歧下，见方山子从两骑，挟二矢，游西山。鹊起于前，使骑逐而射之，不获；方山子怒马独出，一发得之。因与余马上论用兵及古今成败，自谓一世豪士。今几日耳，精悍之色犹见于眉间，而岂山中之人哉！

然方山子世有勋阀，当得官，使从事于其间，今已显闻。而其家在洛阳，园宅壮丽与公侯等。河北有田，岁得帛千匹，亦足以富乐。皆弃不取，独来穷山中，此岂无得而然哉？

余闻光、黄间多异人，往往阳狂垢污，不可得而见，方山子傥见之与？（《苏轼文集》，第420—421页）

《三苏年谱》将此文系在元丰四年（1081），将与陈慥交往的来龙去脉交代得非常清楚，同时，一个奇人的模样，也清晰地展示在我们的面前了。

附带一提，南宋大诗人陈与义（1090—1138），字去非，号简斋，著有《简斋集》。他在南宋高宗绍兴七年（1137）被授予参知政事，即副宰相，后来因病，重新以资政殿学士身份知湖州。他的身体状况引起了高宗的注意，让他回临安改任洞霄宫提举。他死的时候，才49岁。他的诗在南宋影响很大，连朱熹的父亲朱松也学过他的风格。

陈与义的曾祖，就是陈希亮。

《宋史》卷四四五《文苑传七》记：“与义容状俨恪，不妄言笑，平居虽谦以接物，然内刚不可犯。其荐士于朝，退未尝以语人，士以是多之。尤长于诗，体物寓兴，清邃纡余，高举横厉，上下陶、谢、韦、柳之间。尝赋墨梅，徽宗嘉赏之，以是受知于上云。”所谓“不妄言笑”，倒是真像他的曾祖。然而，却不知道他的父亲是陈希亮的哪一位公子。

“弦箭文章苦未休”——东坡的政敌们

苏轼的朋友多，政敌也不少。

爱他的人爱他要死，恨他的人恨他要死。

这大概才是苏轼经久不衰的魅力之所在吧。

在中国传统史学中，一个人对朝廷的态度如何，也几乎决定了对这个人的道德判断。而当对一个人的道德考察合格时，他的政治态度无疑也是合乎道德的。

其实，这一逻辑，在不同的人那里，都可以使用，但结果究竟如何，取决于谁在最后取得了书写历史的权力。

在王安石正式变法之前，他的道德文章获得了普遍性的赞誉，也正因为他的道德文章大家是有目共睹的，因而他的政治立场、政治态度和政治路线，也可以从道德文章的角度被认定是毫无问题的，是第一位的，甚至可以决定对一个人的道德判断。

所以人们对王安石的期望，是建立在这样一个假设之上：

1. 王安石是有道德的，因而他才有资格推动变法。

2. 因此，王安石的变法是道德的，反对变法的人就是不道德的。

依据这个逻辑，在王安石及其变法人群的眼中，司马光和苏轼反对变法，所以他们在政治上是不道德的，因而司马光和苏轼被排斥在政治时局之外，是“正确的”也是“必要的”。

同样，当司马光和苏轼得势时，这个逻辑也可以同样被套用：

司马光是一个在道德上没有任何瑕疵的人，所以只有他才有资格领导政坛，因此，司马光反对变法并恢复旧法，是最高的道德行为。

在他的号召之下，反对变法是道德的和正义的，主张变法就反过来成了不道德的行为与主张，因而，王安石和吕惠卿主张变法，追随王安石和吕惠卿的人也是小人。

人物当然没有办法脸谱化，尤其是那些影响了历史进程的大人物，更不容易用“君子”“小人”来衡量。然而，这就是历史。

吕惠卿

吕惠卿（1032—1111），字吉甫，福建泉州人。他是嘉祐二年（1057）进士，也就是和苏轼同一科进士，历任真州推官、判司农寺、判国子监、资政殿学士、大名知府等职，是王安石变法的重要助手。

王安石一开始推行变法，遭到极大的阻力，尽管有神宗在背后支持，但是王安石在排斥反对变法的人的同时，极需要能和他共同联手的人，吕惠卿就这样进入了权力的核心。

吕惠卿与王安石的相识，最初还是由于欧阳修的引荐。他在给王安石的信中提道：“吕惠卿，学者罕能及，更与切磨之，无所不至也。”吕惠卿很快得到王安石的器重，并将吕惠卿当作自己最得力的助手和最知心的朋友，几次三番向神宗推荐他。王安石向皇帝说：“惠卿之贤，岂特今人，虽前世儒者未易比也。学先王之道而能用者，独惠卿而已。”及设制置三司条例司，以为检详文字，朝中之事，无论巨细，也是与吕惠卿商量之后才去实施的。当时，王安石提出变法的具体内容，吕惠卿将它写成文件和实施细则，然后再交给朝廷颁发推行。其中青苗、免役、水利、均输诸法的推行，具体的内容都是由吕惠卿亲手拟就。他还身兼数职，主管农田水利、免役、保甲等新法的推行与军器的监造、国子监等实际的事务。

王安石把吕惠卿当成共同作战的战友。但司马光却对神宗说，吕惠卿并不是什么人才，将来让王安石遭到天下人反对的也一定是此人。他认为王安石即使算是一代贤相，也绝对不应该信任吕惠卿这样的人，因为在司马光等人看来，吕惠卿是一个不折不扣的奸邪之辈，他给王安石出谋划策，王安石就成了众矢之的。

吕惠卿从 38 岁参加变法，43 岁任参知政事，44 岁罢官出朝，一共七年多的时间里，在王安石变法过程中一直担当其最主要的助手和战友。

后来，司马光被吕惠卿排挤出朝廷。在离京之前，司马光还是给王安石写了一封信提醒他：“谄谀之士，于公今日诚有顺适之快，一旦失势，将必卖公自售矣。”吕惠卿之类的谄谀小人现在依附于你，无非是想要借着变法的名义捞取自己向上的政治资本。如果你一旦失势，他肯定会以出卖你来作为新的进身之阶。王安石当然不相信。

《步里客谈》卷上记录司马光那封信之后，就接了一段苏轼的话：

> 苏子瞻改铸颜渊之语曰：“吾闻觌君子者，问彫人不问彫木。”曰：“人可彫欤？”曰：“吕惠卿彫王安石。”

在苏轼眼中，不是王安石倚仗吕惠卿在进行变法，而是吕惠卿在利用王安石达到自己的目的。

当朝廷风向改变，变法遇到极大的挫折，神宗也不再支持王安石时，吕惠卿果然不仅背叛了王安石，还因为担心王安石重新还朝执政而无耻地对王安石进行打击陷害。

他早早地就偷偷地搜集一些对王安石不利的信息。比如他们在讨论政事时，因为还没有最终拿定主意，王安石便写信嘱咐吕惠卿，让他先不要把这件事告诉皇帝。找到了对自己有利的机会，吕惠卿就将这封信上交给了皇帝，并诬陷王安石欺君。神宗固然没有立刻追究王安石的欺君之罪，但从此也不再信任他。王安石的两个弟弟则被贬至偏远的外郡。

成为参知政事后，吕惠卿与王安石的关系彻底恶化。但正当他权倾天下之际，却因他的同年进士蔡承禧的一道札子，连坐其弟罪责被贬出京，从此远离政治中心。哲宗即位后，吕惠卿被贬为建宁军节度副使。虽然哲宗亲政后，他又得到任用，但再也无法进入政治中心了。

被吕惠卿陷害的王安石晚年在钟山书院多写“福建子”三字以示悔恨。邵伯温《邵氏闻见前录》卷十二说：“盖悔恨于吕惠卿者，恨为惠卿所陷，悔为惠卿所误也。每山行多恍惚，独言若狂者。”

元丰七年（1084），当苏轼离开黄州过金陵拜访王安石时，二人对谈中还提到了吕惠卿。事见于邵伯温《邵氏闻见前录》卷十二：

移汝州，过金陵，见介甫甚欢。子瞻曰："某欲有言于公。"介甫色动，意子瞻辨前日事也，子瞻曰："某所言者，天下事也。"介甫色定，曰："姑言之。"子瞻曰："大兵大狱，汉、唐灭亡之兆。祖宗以仁厚治天下，正欲革此。今西方用兵，连年不解，东南数起大狱，公独无一言以救之乎？"介甫举手两指示子瞻曰："二事皆惠卿启之，某在外，安敢言！"子瞻曰："固也，然在朝则言，在外则不言，事君之常礼耳。上所以待公者非常礼，公所以事上者岂可以常礼乎？"介甫厉声曰："某须说。"又曰："出在安石口，入在子瞻耳。"盖介甫尝为惠卿发其"无使上知"私书，尚畏惠卿，恐子瞻泄其言也。

对于已经抛弃了个人恩怨的王安石与苏轼二人来说，吕惠卿，成了他们共同的政敌。

元祐元年（1086）五月至六月，苏辙三次上书弹劾前参知政事吕惠卿，已经被降职的吕惠卿也终于由光禄卿、分司南京、苏州居住，被贬为建宁军节度副使、建州安置。

本来，词头始下中书，按照轮值顺序，应该由刘邠（贡父）草制，然而苏轼暗示刘邠："贡父平生作刽子手，今日才得斩人。"也就是说，你平时写的那些词头，都不算个事，但为吕惠卿写词头，那才叫"杀人"。刘邠明白苏轼的意思，就借口身体不舒服，苏轼于是亲自操刀，代写《敕文》，历数吕惠卿之罪行，极尽口诛笔伐之能事。《吕惠卿责授建宁军节度副使本州安置不得签书公事》：

敕。元凶在位，民不奠居；司寇失刑，士有异论。稍正滔天之罪，永为垂世之规。具官吕惠卿，以斗筲之才，挟穿窬之智。谄事宰辅，同升庙堂。乐祸而贪功，好兵而喜杀。以聚敛为仁义，以法律为诗书。首建青苗，次行助役。均输之政，自同商贾；手实之祸，下及鸡豚。苟可蠹国以害民，率皆攘臂而称首。先皇帝求贤若不及，从善如转圜。始以帝尧之心，姑试伯鲧；终然孔子之圣，不信宰予。发其宿奸，谪之辅郡；尚疑改过，稍畀重权。复陈罔上之言，继有砀山之贬。反覆教戒，恶心不悛；躁轻矫诬，德音犹在。始与知己，共为欺君。喜则摩足以相欢，怒则反目以相噬。连起大狱，发其私书。党与交攻，几半天下。奸赃狼藉，横被江东。至其复用之年，始倡西戎之隙。妄出新意，变乱旧章。力引狂生之谋，驯至永乐之祸。兴言及此，流涕何追。迨予践祚之初，首发安边之诏。假我号令，成汝诈谋。不图涣汗之文，止为款贼之具。迷国不道，从古罕闻。尚宽两观之诛，薄示三危之窜。国有常典，朕不敢私。（《苏轼文集》，第1100页）

吕惠卿虽然是国之重臣，但苏轼、苏辙两兄弟作为当年的同科进士，对他终是不依不饶，在政治态度上，几乎有着“不共戴天”之仇。他们之间，也从来没有试图调和过彼此的矛盾。

在这篇文章里，诞生出“滔天之罪”这个成语。

当吕惠卿读到苏轼写的贬词后，也回了一封谢表。谢表里有这样两句：

龙麟凤翼，固绝望于攀援；虫臂鼠肝，一冥心于造化。

吕惠卿表明，苏轼兄弟与他所争，不过是“虫臂鼠肝”而已。苏轼读到这两句时，笑着说：“福建子难容，终会作文字。”一方面鄙夷他的人品，另一方面，也不得不在一丝冷笑里佩服他的文字才华。

朱弁《曲洧旧闻》卷七记：

吕惠卿之谪也……东坡一挥而就，不日传都下，纸为之贵。暨绍圣初，牵复知江宁府，惠卿所作到任谢表，句句论辨，惟至发其私书，则云“自省于已，莫知其端”。当时读者无不失笑。又自叙云：“顾惟妄论，何裨当日之朝廷；徒使烦言，有黩在天之君父。”或曰：“观此一联，其用心险险如此，使其得志，必杀二苏无疑矣。”盖当时台谏论列，多子由章疏，而谪辞东坡当笔故也。

这篇痛快淋漓的文字，很快传遍京城。然而，正如朱弁所说，吕惠卿也对苏轼兄弟恨之入骨，只是没有机会，如果有机会，吕惠卿非杀他二人不可！

苏轼和吕惠卿何时结仇？宋王铚《四六话》以为：“子瞻与吉甫同在馆中，吉甫既为介甫腹心进用，而子瞻外补，遂为仇雠矣。”邵伯温《邵氏闻见录》以为：“王介甫与苏子瞻初无隙，吕惠卿忌子瞻才高，辄间之。”无不将他们之间的恩怨，放在吕惠卿全力助王安石变法期间。至于邵伯温认为王安石和苏轼一开始的关系还不错，并不准确，而吕惠卿忌妒苏轼之才，则可以采信。

早在熙宁二年（1069）三月，与吕惠卿同在制置三司条例司的苏辙上书神宗，主张国家财政节流，这与王安石开源的理财方案相悖。苏辙反对王安石青苗法之时，曾面斥吕惠卿，因而与之交恶。同年八月，苏辙被贬河南府留守推官。

吕惠卿曾经问一位客人：“苏子瞻文辞似何人？”客人揣摩其意，回答说：“似苏秦、张仪。”这实际上是王安石对苏轼的评价。吕惠卿说：“秦之文高矣，仪固不能望，子瞻亦不能也。”

熙宁七年（1074），吕惠卿创立“手实法”，就是朝廷下令让百姓自报财产，按比率缴纳免役之钱，如有隐匿少报者，允许他人告发，并把所隐财产的三分之一作为奖励赏给告发者。苏轼刚到密州任上，就接到司农寺下达的“手实法”，并强调说不及时施行者，以“违制”论罪。苏轼当着使者的面就表示坚决反对，他批评这是司农寺“擅造法律”。苏轼上书丞相韩绛，论述“手实法”的害处。一年以后，吕惠卿被免职，“手实法”也随之作罢。

有一次，一个叫曾旼的人路过真州，见吕惠卿。吕惠卿问曾旼：

> “轼何如人？”旼曰：“聪明人也。”惠卿怒曰：“尧聪明、舜聪明邪，大禹之聪明邪？”旼曰：“虽非三者之聪明，是亦聪明也。”惠卿曰：“轼学何人？”旼曰：“学孟子。”惠卿亦怒，起立曰：“何言之不伦也？”旼曰：“孟子以‘民为重，社稷次之’，此所以知苏公之学孟子也。”惠卿默然。（《邵氏闻见后录》卷十一）

即使是苏轼的政敌，在“民为重”的这一角度上，也不能否认苏轼的立场。吕惠卿流转外任，一直没有机会亲自出手打击苏轼，但他却指使他的弟弟吕温卿对苏轼的子弟乃至其交好相机进行迫害。元祐元年（1086），吕温卿出知饶州，苏轼的长子德兴县尉苏迈正在吕温卿的管辖范围之内，苏辙甚至特地上奏请罢苏迈之职，以躲避吕温卿的报复。

吕惠卿还有一个弟弟叫吕升卿。章惇明白，如果利用吕氏兄弟对苏氏兄弟的仇恨，苏氏兄弟恐怕就会被置于死地。于是，吕升卿按计划要被派到广西整治东坡兄弟二人。关键时刻，曾布劝阻皇帝，认为如果吕升卿出任此职，苏氏兄弟活着回来的可能性就不大了，这必将激起新一轮的新仇旧恨。因此，皇帝改派吕升卿到广东，湖南提举常平官董必察访广西。董必也并非善类，只是他的手下彭子明说了一句“别忘记你也有子孙”，才让董必有所收敛。他遣使渡海，借机将苏轼逐出官舍，苏轼与苏过父子二人被迫“偃息于桄榔林中”。

沈括

沈括生于天圣十年（1032），浙江钱塘人，比苏轼大五岁，晚于苏轼六年中进士。英宗治平元年（1064），沈括入昭文馆；治平三年（1066），苏轼直史馆。史馆、昭文馆、集贤院三馆通名崇文院，所以，沈括与苏轼相识甚早。

在中国科学史上，《梦溪笔谈》的作者沈括是一个鼎鼎有名的人物。《宋史·沈括传》称他“博学善文，于天文、方志、律历、音乐、医药、卜算无所不通，皆有所论著”。他堪称是北宋一位百科全书式的人物。英国科学史家李约瑟在《中国科学技术史》中将沈括称为“中国科学史上的坐标”。

然而，你肯定无法想象，这样一位伟大的科学家，却是官场小人、告密者。

在王安石的栽培下，沈括先后担任主管国家财政的三司使等许多重要官职，还负责巡察各地推行新法情况。然而当熙宁九年（1076）十月，王安石罢相之后，沈括怕受牵连，赶紧转变风向，向新任宰相吴充递了份洋洋万言的秘密报告，从各个方面论证王安石新法的种种恶处。王安石知道后极为愤怒，斥之为不可亲近的小人。《宋史》也记录了蔡确对沈括的评价：“首鼠乖刺，阴害司农法。”

吴充把报告呈给了神宗，神宗把沈括贬去宣州（今安徽宣城）。

据南宋王铚《元祐补录》的记载，苏轼在熙宁五年（1072）任杭州通判，沈括作为朝廷的特派员在熙宁六年（1073）去浙江省考察“农田水利法”的执行情况。临行前，神宗皇帝特意嘱咐他说：“苏轼通判杭州，卿其善遇之。”不知道沈括是否误解了神宗的意思，或者从神宗的话中自以为听到了什么话外之音，他到了杭州后，苏轼热情接待这位政见不同的老友，酒席间不谈政治，只叙交情。临回京前，沈括要求苏轼手录近年诗作一册留为纪念，苏轼根本没往别处想，就欣然答应，写了一批出任杭州通判之后的诗，包括后来引起祸患的《咏桧》《吴中田妇叹》《山村五绝》等，都交给了沈括。

沈括回京后，除了极口称赞青苗法、助役法之外，他还将苏轼近来写的诗逐字逐句仔细研读之后，把他认为苏轼反对新政的出格词句用红笔圈起来“上纲上线”，附在察访报告里，签贴进呈，给苏轼安上了一个“词皆讪怼”的罪名。

神宗没理他，沈括讨了个没趣，但此事也在士大夫中间传开。苏轼并未上心，只是在给刘恕的信中自嘲“不忧进了也”，即不愁没人把自己的文章给皇帝看了。

这桩旧案，到元丰二年（1079），才再次发酵。“乌台诗案”虽然是苏轼的政敌们对他的围剿，然而，在这起案件中的加害者中，沈括却是唯一一个出卖朋友的人。

元丰八年（1085），哲宗登基，大赦天下，大臣们鄙薄沈括的人品，接连上书历数沈括的累累恶行，使他失去了重返朝堂的机会。可以说，沈括是北宋政坛上人缘最差的一个人。

哲宗元祐四年（1089）九月，沈括全家迁居润州（今江苏镇江东）。当时苏轼任杭州知州，路经润州时，沈括竟然毕恭毕敬地亲自迎送，还赠给苏轼一块从延州得来的石墨。苏轼写的那篇《书沈存中石墨》，说的就是这段交往。

自此以后，沈括就像什么都没发生一样隔个仨月俩月就跑到杭州找苏轼叙旧，每次都极其恭敬，苏轼虽然不念他的旧恶，但也更鄙薄他的为人。

然而，后人却偏偏将二人混搭进一本书里，书名叫《苏沈良方》（现通行本有十卷本和八卷本），一名《内翰良方》或《苏沈内翰良方》，将苏轼的《苏学士方》与沈括的《良方》两书合编在一起，记载了大量的医理、本草、灸法、养生、炼丹等内容。这大概也是二人意想不到的吧。

黄履

夹在吕惠卿和沈括之间，还有一个人，叫黄履（1030—1101），字安中，邵武故县人。

他的岳父是沈括，有人说吕惠卿是他的女婿，我倒是没在史料中发现这一记载。不过，他和王安石、蔡確、章惇的关系都不错，倒是毫无疑问的。

黄履在嘉祐元年（1056）中进士，比苏轼早了一年，授南京法曹，又为高密、广平王二宫教授、馆阁校勘、同知礼院。熙宁元年（1068），神宗即位后，擢升为监察御史，改任崇政殿说书兼知谏院。元丰八年（1085），神宗死后，司马光入相，蔡確罢相，章惇免职，黄履也被贬，以龙图阁直学士知越州（今浙江绍兴市）。

元祐三年（1088），苏轼出京为杭州知州，到江苏时，时任润州知州的黄履竟然远远地出来迎接苏轼，而在“乌台诗案”时，黄履正是审判苏轼的人士之一。但是现在，因为浙西路管辖六州，以钱塘、扬子二江为界，润州属于浙西路，苏轼已经成了他的上司。

有意思的是，此时闲废在家的沈括，也在润州，黄履就是他的女婿。沈括也来打苏轼的溜须。

元祐八年（1093）九月，哲宗亲政，次年改元祐九年为绍圣元年（1094），启用章惇为相，黄履也随之入朝复职为御史中丞。绍圣元年七月，黄履上疏，“极论吕大防、刘挚、梁焘垂帘时事，乞正典刑”，又论司马光变更先朝之法叛道逆理，因而导致哲宗直接追夺司马光、吕公著死后所赠谥号，毁所立碑，吕大防、刘挚、苏辙、梁焘等人随之贬官。

黄履的孙子叫黄伯思（1079—1118），字长睿，著有《东观余论》，是北宋著名的学者。至于他对苏轼的书法有什么看法，通过苏轼与他爷爷的关系，我们也就不难理解了。

李定

李定，字资深，扬州人，少年时就从师于王安石。熙宁二年（1069），由孙觉推荐，以秀州军事判官召来京师。在见孙觉的好友谏官李常时，李常问他：“你从南方来，南方百姓对青苗法的看法如何？”李定说：“人民称便，皆大欢喜。”李常听后告诫他：“举朝方共争此事，君莫作此言。”

后来李定去见王安石，却将此事告诉王安石：“定但知据实说话，不知京师乃不许说。”这话甚得王安石的欢心，因为此时的王安石特别需要来自下层的关于变法的信息，就将他引见给神宗。正为青苗法的推行是好是坏还犹豫不决的神宗听后大悦，将李定批付“中书”，拟安排至知谏院，担任监察御史里行。这等于说李定从一个最底层的小官一步迈进朝堂中枢，因而遽然成为朝廷两派争斗中的焦点人物。他成了神宗皇帝和王安石眼中的人才，却也成了反对变法团队中的靶子。

宰相曾公亮以为，“前无选人除谏官之例”，于是改任权监察御史里行，但陈襄和宋敏求都认为他没有资格担任此职，轮值李大临、苏颂也轮番拒绝皇帝的任命，直到七八轮之后，李定的官职才算勉强通过。而宋敏求、苏颂、李大临三人，因为屡次抵制诏命的罪名，同时丢了官职。

这还没有完。御史陈荐挖了李定的老底，认为他在泾县任主簿时，听到母亲仇氏的死讯，却隐瞒不为服丧，这在那个年代是一个很大的罪名，司马光、苏东坡都先后接连上章弹劾，用语尖刻犀利。李定给皇帝的回奏是：“实不知为仇所生，故疑不敢服。”也就是说，他的母亲早就被他父亲赶出家门，因而并不知道仇氏是他的生母。

皇帝下诏令江东淮浙转运使衙门调查此案。时隔不长，转运使上呈报告称，查阅以前档案，只有李定因父亲年迈请求归家赡养的文书，无其母死亡记载。传闻有一名仇氏女子去世，但无法确定是否就是李定生母。

神宗允许李定上章自辩。

李定上章奏称，他也不清楚自己是否为仇氏所生，他曾询问父亲，父亲则否认仇氏是他生母，故未给仇氏守丧。耐人寻味的是，李定父亲虽然否认仇氏为李定生母，但也没告诉他的生母究竟是谁。

陆游《老学庵笔记》关于此事是这样记载的：“仇氏初在民间，生子为浮屠，曰了元，所谓佛印禅师也。已而为广陵人国子博士李问妾，生定；出嫁郜氏，生蔡奴。”通过陆游的笔记，会发现仇氏简直是一个奇女子。她一共嫁了

三次，生了两儿一女：第一个是大名鼎鼎的佛印，第二个是李定，第三个是蔡奴，京城娱乐界的头牌。从这个角度说，李定父亲不愿意儿子为这个早已改嫁为他人妇的仇氏守丧，也许是替他隐瞒这一段令人尴尬的隐私。连皇上也表态：“李定处此事甚善，兼仇氏为定母亦未实否也。”

但在那个年代，这却是扳倒对手最好的借口。

巧的是，几乎就在同时，有个叫朱寿昌的，他在七岁的时候母亲被父亲赶走，母子失去联系几乎 50 年。朱寿昌一直在寻找自己的生母，乃至在熙宁三年（1070）弃官到西安各处去寻找母亲，母子终于在同州重逢。神宗认为这是孝心感动了天地，召他入京。此事恰与李定形成了鲜明的对照。

在京的士大夫纷纷作诗褒扬朱寿昌的孝行，并且把这些诗印成一本书。苏轼为此，也特别写过一首名为《朱寿昌郎中，少不知母所在，刺血写经，求之五十年，去岁得之蜀中。以诗贺之》的诗：

嗟君七岁知念母，怜君壮大心愈苦。
羡君临老得相逢，喜极无言泪如雨。
不羡白衣作三公，不爱白日升青天。
爱君五十著彩服，儿啼却得偿当年。
烹龙为炙玉为酒，鹤发初生千万寿。
金花诏书锦作囊，白藤肩舆帘蹙绣。
感君离合我酸辛，此事今无古或闻。
长陵揭来见大姊，仲孺岂意逢将军。
开皇苦桃空记面，建中天子终不见。
西河郡守谁复讥，颍谷封人羞自荐。（《苏轼诗集》，第 387—388 页）

在诗的最后，引用了“西河郡守”的典故，以讥讽李定。《史记》记吴起出卫郭门时，与他的母亲告别，啮臂而盟：“起不为卿相，不复入卫。”不久，吴起的母亲就死了，吴起的确也没有回来。后来，吴起仕卫，为西河守。所以，诗中一句“此事今无古或闻”，一句“西河郡守谁复讥”，既得罪了王安石，更得罪了李定。

司马光斥李定为禽兽，苏轼则在诗中夹枪带棒，李定之大逆不孝的恶名，传于天下。如果有报复的机会，他怎么会放弃？

这是“乌台诗案”发生的前几年，即从熙宁三年（1070）到元丰二年（1079）。如今，苏轼落到了他的手里，他成为苏轼诗案的主审官。

《续资治通鉴长编》卷二百九十九元丰二年（1079）七月己巳纪事：

御史中丞李定言：知湖州苏轼，初无学术，滥得时名，偶中异科，遂叨儒馆，有可废之罪四：

昔者尧不诛四凶，至舜则流放窜殛之，盖其恶始见于天下也。轼初腾沮毁之论，陛下犹置之不问，容其改过，轼怙终不悔，其恶已著，一也。

古人有言曰，教而不从，然后诛之，盖吾之所以俟之者尽，然后戮辱随焉。陛下所以俟轼者，可谓尽矣，而狂悖之语日闻，二也。

轼所为文辞，虽不中理，亦足以鼓动流俗，所谓言伪而辨；当官侮慢，不循陛下之法，操心顽愎不服陛下之化，所谓行伪而坚；先王之法所当首诛，三也。

刑故无小，盖知而故为，与夫不知而为者异也。轼读史传，非不知事君有礼，讪上有诛，而敢肆其愤心，公为诋訾，而又应制举对策，即已有厌弊更法之意，及陛下修明政事，怨不用己，遂一切毁之，以为非是，四也。

罪有四可废，而尚容于职位，伤教乱俗，莫甚于此。伏望断自天衷，特行典宪。（第7265—7266页）

如果皇帝依了李定的奏状，苏轼必死无疑。

有多种野史笔记记载，李定虽然欲置东坡于死地，但也实在忍不住对苏轼的文学才华表达由衷的钦佩。

就在苏轼下狱后某日，李定于崇政殿门忽然对大家说：“苏轼诚奇才也！”众人听之，谁也摸不准这位御史中丞怎么忽地冒出这样一句对东坡的赞语来，无人应答。他随后又自言自语，苏轼“虽二三十年所作文字诗句，引证经传，随问随答，无一差舛，诚天下之奇才也！”这种心态，真是复杂。

也许因为这个原因，苏轼在元丰八年（1085）自登州任上返京途中路过

青州时，竟然碰到了在青州任职的李定，二人倒是相当富有戏剧性地“相见极欢，今日赴其盛会也”（见《与滕达道》之五十二）。

元祐元年（1086），备位侍从的李定已经受到了处分，落龙图阁直学士，守本官分司南京，许于扬州居住。但更有戏剧性的是，本以在一年前“相见极欢”的苏轼却以为对李定的处罚过轻，同时与范百禄一起上状：

> 右臣等看详，李定所犯，……朝廷勘会得实，而使无母不孝之人，犹得以通议大夫分司南京，即是朝廷亦许如此等类得据高位，伤败风教，为害不浅。……所有告命，臣等未敢撰词。

于是，李定再谪滁州。在《缴词头奏状六首·李定》“贴黄”补充：“准律，诸父母丧，匿不举哀者，流二千里。今定所犯，非独匿而不举，又因人言，遂不认其所生。若举轻明重，即定所坐，难议于流二千里，已下定断。”

元祐二年（1087），李定就死了。

李定生前，颇能照顾家族，以致死后“家无余赀”“诸子皆布衣”。如果他不是被后人骂为“小人”，也是难得的两袖清风了。

又，在杨万里《诚斋诗话》中，苏轼在徐州做知州时，曾戏弄过李定之子：

> 东坡知徐州，李定之子某过焉。坡以过客故事宴之，其人大喜，以为坡敬爱之也。因起而求荐墨，坡佯应曰“诺”。久之闲谈，坡忽问李：“相法谓面上人中长一寸者寿百年，有是说否？”李曰：“未闻也。”坡曰：“果若人言，彭祖好一个呆长脸。”李大惭而遁。见王侨卿说。

东坡本已尽了本分招待李定的儿子，只是李定的儿子并没有意识到东坡和他父亲之间的恩怨，因而逗留太久，引起东坡的不满，不过，以“彭祖好一个呆长脸”来讥讽人，未免刻薄。却不知道李定之子，见了李定，又会做何说法。

作为“罪状”证据的三卷本《元丰续添苏子瞻学士钱塘集》全册，倒是值得注意。因为当时印刷术才刚刚起步，杭州的书商抓住这个最当红的作者，开雕苏轼写于杭州的诗并命名为《苏子瞻学士钱塘集》。苏轼也许是中国古代作家中第一个在生前见到出版自己文集的人。这本书的销路极好，以至于很快有了一部新的《元丰续添苏子瞻学士钱塘集》，虽然它也成了苏轼的“罪证”。

可惜此书久佚，如果存世，无疑会成为最珍贵的宋版书！

舒亶

舒亶（1041—1103），字信道，号懒堂，明州慈溪（今宁波市）人。他虽然生得魁梧，但文章学问都极好，曾试礼部第一，一生诗文有百卷之多。

在史书的记载中，他更是一个狠角色。

他一出仕即为临海尉。有个弓箭手喝多了，他让人把弓箭手捆起来用鞭子抽。弓箭手说：有本事你用军杖打我。舒亶就改用军杖。弓箭手又说：有本事你把我杀了。舒亶立刻让人砍了他的头，还作诗一首：“一锋不断奸凶首，千古焉知将相材！”因而苏东坡碰上他，能活着从监狱中出来，真不容易。

舒亶因犯杀人罪已经坐废多年。张商英为御史时，认为舒亶其才可用。因而他才再次被起用。《全宋词》中现存他几首词，也的确不错。

舒亶在元丰初年权监察御史里行，一上任就赶上太学官受赂的案子。事闻，亶奉诏验治，凡是与此有关的稍微被提到的人，他都不放过，株连考竟，以多为功。

苏轼就在此时栽在他手里。

他在处理“乌台诗案”时，写有这样一道札子：

太子中允集贤殿校理权监察御史里行舒亶札子：臣伏见知湖州苏轼，近谢上表，有讥切时事之言。流俗翕然，争相传诵；忠义之士，无不愤惋。且陛下自新美法度以来，异论之人，固不为少。然其大，不过文乱事实，造作谗说，以为摇夺沮坏之计；其次，又不过腹非背毁，行察坐伺，以幸天下之无成功而已。至于包藏祸心，怨望其上，讪讟慢骂而无复人臣之节者，未有如轼也。盖陛下发钱以本业贫民，则曰：“赢得儿童语音好，一年强半在城中”；陛下明法以课试郡吏，则曰：“读书万卷不读律，致君尧舜知无术”；陛下兴水利，则曰：“东海若知明主意，应教斥卤变桑田”；陛下谨盐禁，则曰：“岂是闻韶解忘味，尔来三月食无盐。”其他触物即事，应口所言，无一不以诋谤为主。小则镂板，大则刻石，传播中外，自以为能。其尤甚者，至远引衰汉梁窦专朝之士，杂取小说燕蝠争晨昏之语，旁属大臣而缘以指斥乘舆，盖可谓大不恭矣。然臣切考历古以来书传所载，其间扰攘之世，上之人虽有失德之行、违道之政，而逆节不轨之臣，苟能讦其短以动摇人心，亦必回容顾避，自托于忠顺之名而后敢出此。恭惟陛下躬履道德，立政造士，以幸天下后世，可谓尧舜之用心矣。轼在此时，以苟得之虚名，无用之曲学，官为省郎，职在文馆，典领寄任，又皆古所谓二千石。臣独不知陛下何负于天下与轼辈，而轼敢为悖慢，无所畏忌，以至如是。且人道之所自立者以有义，而无逃于天地之间者，义莫如君臣。轼之所为，忍出于此，其能知有君臣之义乎！夫为人臣者，苟能充无义之心，往以为利，则其恶无所不至矣。然则陛下其能保轼之不为此乎？昔者治古之隆，责私议之殊说，命之曰不收之民，狃于奸宄，败常乱俗，虽细不宥。按轼怀怨天之心，造讪上之语，情理深害，事至暴白。虽万死不足以谢圣时，岂特在不收不宥而已。伏望陛下体先王之义，用治世之重典，付轼有司，论如大不恭，以戒天下之为人臣子者。不胜忠愤恳切之至。印行四册，谨具进呈，取进止，元丰二年七月二日崇政殿进呈。奉圣旨送中书。

在舒亶看来，对于像苏轼这样沐浴皇恩却天天讽刺皇帝的做法，必须予以严惩，并上苏轼印行的三卷诗集作为证据。

在审案的过程中，除了不想放过苏轼，舒亶还说：

王诜辈公为朋比，如盛侨、周邠固不足论，若司马光、张方平、范镇、陈襄、刘挚，皆略能诵说先王之言，而所怀如此，可置而不诛乎？

他要把司马光、张方平、范镇等这些人都杀掉，但是，连皇帝都认为他的话太过分。

在“乌台诗案”之后，他接了张璪知谏院的后任。

史言舒亶是“小人”，还在于他的行事太不近人情。

比如时为中书检正的张商英给舒亶写了一封信，信中夹了他女婿王沩的一篇作业，但没想到舒亶竟然将它上交，并说：“商英官居宰属，而臣职在言路，事涉干请，不敢隐默，将各件缴进。”张商英竟因此降为馆阁校勘、监江宁酒。

但随后舒亶的境遇也不好，当他被朝廷除名勒停时，回家时需要租借客舟，当时恰巧有个叫慈本的僧人奉诏住慧林寺，准许他用官家的马车，有人抱不平，编了一个对子：“中丞凭航船出京，和尚乘递马赴阙。”

被罢官的舒亶回到老家，日子清贫，靠教书为生，沉默、困苦，隐居了几乎 20 年。元祐更化时期，他没有出头；绍圣期间，旧臣被逐，一些新派人物如章惇、蔡京等人重新掌权，他也没能回到朝里……

张璪

和苏轼兄弟一起登进士第的同年，有个叫张璪（？—1093）的，即张琥。苏轼在凤翔任签判时，张璪时任凤翔法曹。作为同事，他们还一同游览真兴阁寺。当他在嘉祐八年（1063）十一月调职回京时，苏轼兴冲冲地作过一篇《稼说》以赠行：

> 古之人，其才非有以大过今之人也。其平居所以自养而不敢轻用以待其成者，闵闵焉如婴儿之望长也。弱者养之以至于刚；虚者养之以至于充。三十而后仕，五十而后爵，信于久屈之中，而用于至足之后，流于既溢之余，而发于持满之末，此古之人所以大过人，而今之君子所以不及也。
>
> 吾少也有志于学，不幸而早得与吾子同年，吾子之得亦不可谓不早也。吾今虽欲自以为不足，而众且妄推之矣。呜呼，吾子其去此而务学也哉。博观而约取，厚积而薄发，吾告子止于此矣。
>
> 子归过京师而问焉，有曰辙子由者，吾弟也，其亦以是语之。（《苏轼文集》，第 340 页）

将这篇文章仔细读几遍，似乎也没有什么不妥，只是苏轼以学相劝而已，也许，苏轼早就看出张琥（璪）其人并不好学？而在后面，也确实证明张璪热衷于利禄，人又阴险贪鄙。中间不知什么缘故，二人竟闹到非要“你死我活”不可。

张璪在元丰初年入朝任权三司度支副使，知制诰、知谏院，判国子监。在国子监期间，他是做了不少好事，例如建议增加博士弟子员数，月书、季考、岁校，以行艺次升，略仿周官乡比之法，立斋舍82，所谓“学官之盛，近代莫比”。他也曾推荐蔡卞为直讲。哲宗即位后，谏官、御史合攻之，说“璪奸邪便佞，善窥人意，随势所在而依附之，往往以危机陷人。深交舒亶，数起大狱，天下共知其为大奸。小人而在高位，德之贼也”。疏入，皆不报。最后，这样折腾了一年多，他才以资政殿学士知郑州，徙河南、定州、大名府，进大学士，知扬州以卒，赠右银青光禄大夫，谥曰简翼。

《宋史·张璪传》特别写了这件事：“苏轼下台狱，璪与李定杂治，谋傅致轼于死，卒不克。”同样，也记录了刘挚的话，因为在元丰年间，张璪官拜参知政事，不料朝臣群起而攻之。刘挚说：“璪初奉安石，旋附惠卿，随王珪，党章惇，谄蔡确。数人之性不同，而能探情变节，左右从顺，各得其欢心。”由此看来，张璪与李定、贾易等人的境界，倒是相差太大了。

何正臣

如果不是因为苏轼，大概永远不会有人提起何正臣（1039？—1099）这个名字。何正臣，字君表。早年是一个神童式的人物，他的童子出身是皇帝御赐的。英宗治平四年（1067），成进士。神宗元丰元年（1078），和李定一样，为监察御史里行，擢侍御史知杂事。元丰四年（1081），知审官东院、吏部侍郎。元丰五年（1082），出知潭州（今湖南长沙）。哲宗元祐四年（1089），历知洪州、饶州、宣州。元符二年（1099）卒。《宋史》卷三二九有传。

朋九万《东坡乌台诗案》载监察御史里行何大正元丰二年（1079）七月四日札子：

臣伏见祠部员外郎直史馆知湖州苏轼谢上表，其中有言：“愚不识时，难以追陪新进；老不生事，或能牧养小民。”愚弄朝廷，妄自尊大，宣传中外，孰不叹惊！夫小人为邪，治世所不能免；大明旁烛，则其类自消。固未有如轼为恶不悛，怙终自若，谤讪讥骂，无所不为。道路之人，则又以为一有水旱之灾，盗贼之变，轼必倡言，归咎新法，喜动颜色，惟恐不甚。今更明上章疏，肆为诋诮，无所忌惮矣。夫出而事主，所怀如此，世之大恶，何以复加！昔成王戒康叔以助王宅天命，作新民，人有小罪非眚，乃惟终不可不杀。盖习俱污陋，难以丕变，不如是，不足以作民而新之。况今法度未完，风俗未一，正宜大明诛赏以示天下。如轼之恶，可以止而勿治乎！轼所为讥讽文字传于人者甚众，今犹取镂板而鬻于市者进呈。伏望陛下，特赐留神。取进止。

在何正臣眼中，苏轼简直就是目无皇帝，“愚弄朝廷，妄自尊大”。同时，他也将苏轼流传于民间的诗集作为证据呈上。

在“乌台诗案”之后，他得五品服、领三班使的升迁。

国子博士李宜也踏上一只脚

在这些人的围攻中，还夹杂了一个叫李宜的国子博士，他也上了一道奏书，他说他看到苏轼写《张氏园亭记》怎么看怎么都不对：

昨任提举淮东常平，过宿州灵壁镇，有本镇居止张硕秀才，称苏轼与本家撰《灵壁张氏园亭记》，内有一节，称：“古之君子不必仕，不必不仕；必仕则忘其身，必不仕则忘其君。譬之饮食，适于饥饱而已。然士罕能蹈其义，赴其节。处者安于故而难出，出者狃于利而忘返。于是有违亲绝俗之讥，怀禄苟安之弊。”宜之看详上件文字，义理不顺，言“不必仕”。是教天下之人必无进之心，以乱取士之法。又轼言：“必不仕则忘其君”，是教天下之人无尊君之义，亏大忠之节。又轼称：“譬之饮食，适于饥饱而已，然士罕能蹈其义，赴其节。”宜之详此，即知天下之人，仕与不仕，不敢忘其君，而独轼有“必不仕则忘其君”之意，是废为臣之道。又轼称：

"处者安于故而难出，出者狃于利而忘返。于是有违亲绝俗之讥，怀禄苟安之弊。"显涉讥讽，乞赐根勘。

这算是一个来自基层的举报吧。

乌台诗案

这案件先由监察御史告发，后在御史台狱受审，所以史称"乌台诗案"。"乌台诗案"的主角，就是苏轼。

"乌台"，即御史台，因官署内遍植柏树，也称"柏台"。柏树上常有乌鸦栖息筑巢，民间乃称之为"乌台"。

《东京梦华录》载："大内西去右掖门、祆庙，直南浚仪桥街，西尚书省东门，至省前横街南，即御史台，西即郊社。"

这里要对宋代的谏官制度稍作介绍。

唐代的谏官隶属于门下省，管辖权在宰相那里，所以他们是替宰相说话，谏诤的对象是皇帝。宋代的谏诤则是为了防止大臣擅权，所以谏官是由皇帝直接任命，宰相拿他们也没办法，因而台谏的地位超然于大臣之上，可以直接攻击执政。而且，皇帝还赋予他们权力，即使举报错了，也可以不负言责。这样的制度，当然有它的弊端，苏轼早在给皇帝的奏章中就说："言及乘舆，则天子改容；事关廊庙，则宰相待罪。"谏官的言论，容易走极端。

元丰二年（1079）四月二十九日，苏轼从徐州改知湖州，到任后例行公事，作《湖州谢上表》，略叙为臣过去并无政绩可言，再叙皇恩浩荡，但他在谢表里，却有这样几句话：

陛下知其愚不适时，难以追陪新进；察其老不生事，或能牧养小民。

于是这几句话就被监察御史里行何正臣抓住，说苏轼"愚弄朝廷，妄自尊大"，字里行间暗藏讥刺朝政的意思，御史李定也立刻指出苏轼有四大可废之罪……后来在审查的过程中，苏轼也不得不交代："臣荷先帝之误恩，擢置三馆，蒙陛下之过听，付以两州。陛下知其愚不适时，难以追陪新进，察其老不生事，或能牧养小民。轼谓馆职多年，未蒙不次进用，故言荷先帝之误恩。擢置三馆，蒙陛下之过听，付以两州，又见朝廷近日进用之人，多是少年，及与轼议论不合，故言愚不适时，难以追陪新进，以讥讽朝廷进用之人，多是循时迎合。”又云：“察其老不生事，或能牧养小民，以讥讽朝廷，多是生事搔扰，以夺农时。上件表系元准朝旨坐到事节。”

苏轼在《谢表》里所说的“难以追陪新进”，正是李定、舒亶、张璪这一类的“新进”。只有当人们重新审视陷害苏轼、围剿苏轼的人时，李定、舒亶、张璪与何正臣等人，才会重新被今人提起。

当然，如果单凭《湖州谢上表》里这样一两句话是不行的，凑巧的是，当时风行一时的出版物《元丰续添苏子瞻学士钱塘集》，给御史台的人提供了收集证据和黑材料的好机会。监察御史里行舒亶，就是从诗集里挑出证据，并写在奏章里的。

现在再简单地将顺序罗列一下：

何正臣首先发难：“愚弄朝廷，妄自尊大……一有水旱之灾，盗贼之变，轼必倡言归咎新法。”

舒亶跟进：“臣伏见知湖州进谢上表，有讥切时事之言，流俗翕然，争相传诵，忠义之士，无不愤惋！”

李定发起最后一击：“知湖州苏轼，初学无术，滥得时名，偶中异科，遂叨儒馆，有可废之罪四……”

张璪则是刑讯逼供的好手，数兴大狱，他直接掌管苏轼的案子。

而他们之所以对苏轼痛下杀手，是因为王安石已经罢相，吕惠卿也离开政治中心，吴充和王珪二人虽然暂时代替了他们的位置，但他们的声望也远远比不上已经退隐到洛阳的司马光，因而如果哪天皇帝一转念，这些“新进”就会作鸟兽散，又加上王珪刚刚拜相，也急需将旧派人物可能东山再起的任何苗头都扑灭在萌芽之中，于是，苏轼在劫难逃。

朋九万《东坡乌台诗案·中使皇甫遵到湖州勾至御史台》详细地记录了整个过程：

元丰二年（1079）七月二十八日，中使皇甫遵到湖州勾摄轼前来，至八月十八日，赴御史台出头。当日准问目，方知奉圣旨根勘。

当月二十日，轼供状时，除《山村》诗外，其余文字并无干涉时事。

二十二日，又虚称更无往复诗等文字。

二十四日，又虚称别无讥讽嘲咏诗赋等应系干涉文字。

二十四日，又虚称即别不曾与文字往还。

三十日，却供通自来与人有诗赋往还人数姓名。又不说曾有黄庭坚讥讽文字等因依。再勘方招外，其余其后供析语言因依等不同去处，委是忘记，误有供通，即非讳避。轼有此罪愆，甘伏朝典。

十月十五日，奉御宝批见勘治苏轼公事，应内外文武官，曾与苏轼交往，以文字讥讽政事，该取会验问看若干人闻奏。

十一月二十一日，准中书批送下本所，伏乞勘会苏轼举主。奉圣旨，李清臣按后声说，张方平等并收坐。奉圣旨，王巩说执政商量等言，特与免根治外，其余依次结按闻奏。又中书省札子权御史中丞李定等，准元丰二年十一月二十八日札子，苏轼公事见结按次。其苏轼欲乞在台收禁，听候敕命断遣。

……

《孔氏谈苑》卷一将这一戏剧性的场面全部记录下来：

苏轼以吟诗有讥讪，言事官章疏狎上，朝廷下御史台差官追取。是时，李定为中书丞，对人太息，以为人才难得，求一可使逮轼者，少有如意。于是太常博士皇甫僎被遣以往。僎携一子二台卒倍道疾驰。驸马都尉王诜与子瞻游厚，密遣人报苏辙。辙时为南京幕官，乃亟走介往湖州报轼，而僎行如飞，不可及。至润州，适以子病求医留半日，故所遣人得先之。僎至之日，轼在告，祖无颇权州事。僎径入州廨，具靴袍，秉笏立庭下，二台卒夹侍，白衣青巾，顾盼狞恶，人心汹汹不可测。轼恐，不敢出，乃谋之无颇。无颇云："事至于此，无可奈何，须出见之。"轼议所以服，自以为得罪，不可以朝服。无颇云："未知罪名，当以朝服见也。"轼亦具靴袍秉笏立庭下，无颇与职官，

> 皆小帻列轼后。二卒怀台牒，拄其衣，若匕首然。僎又久之不语，人心益疑惧。轼曰："轼自来殛恼朝廷多，今日必是赐死。死固不辞，乞归与家人诀别。"僎始肯言曰："不至如此。"无颇乃前曰："太博必有被受文字。"僎问："谁何？"无颇曰："无颇是权州。"僎乃以台牒授之。及开视之，只是寻常追摄行遣耳。僎促轼行，二狱卒就直之，实时出城登舟，郡人送之雨泣，顷刻之间，拉一太守如驱犬鸡。此事无颇目击也。

文字颇能传达当时的紧张气氛，尤其说皇甫僎（即"遵"字）"拉一太守如驱犬鸡"，真是形象。

苏轼后来在回忆的时候，也自觉狼狈之极。

几艘官船戒备森严地押送苏轼从湖州赴京，苏轼与长子苏迈在一条船上，夫人王闰之及其余家小在后边另一条船上。元丰三年（1080）十月，已经贬到黄州的苏轼在《与杜几先》中回忆说："去岁八月初，就逮过扬，路由天长，过平山堂下，隔墙见君家纸窗竹屋依然，想见君黄冠草屦，在药墟棋局间，而鄙夫方在缧绁，未知死生，慨然羡慕，何止霄汉。"只有到生死关头，才知道自由的意义。

当船行至宿州时，大批兵丁又动作极为粗野地上船搜查，呵斥连连，"围船搜取，老幼几怖死"。兵丁撤走后，王闰之吓得又哭又骂："是好著书，书成何所得，而怖我如此！悉取烧之。比事定，重复寻理，十亡七八矣。"

王闰之这一把火，不知烧掉了苏轼的多少东西！

有人问，如果王弗还在，会如何？

被捕后的苏轼，甚至有两次想到自杀，一次是在途中，一次是在狱中。《孔氏谈苑》卷一："至京师，下御史狱，李定、舒亶、何正臣杂治之，侵之甚急，欲加以指斥之罪。子瞻忧在必死，尝服青金丹，即收其余，窖之土中，以备一旦当死，则并服以自杀。"

负责审问的张璪全不念同年旧情，竟然追问苏轼祖上五代。按宋律，只有死刑犯才会追问五代。在他的恫吓下，苏轼甚至藏下平时按量服用的青金丹，时刻准备吞药而亡。

元祐六年（1091）五月十九日，苏轼《杭州召还乞郡状》里回忆说："到

狱，即欲不食求死。而先帝遣使就狱，有所约敕，故狱吏不敢别加非横。臣亦觉知先帝无意杀臣，故复留残喘，得至今日。”看来，他还是准备绝食的，但因为得到皇帝的特别照顾，因而并未“别加非横”。

当时，做过开封府尹的苏颂也被关在乌台，他是因得罪御史台的人而下狱的，就与苏轼隔了一道墙。他曾在狱中赋诗 14 首，序言说：“子瞻先已被系。予昼居三院东阁，而子瞻在知杂南庑，才隔一垣。”在他的诗中有这样两句：“遥怜北户吴兴守，诟辱通宵不忍闻。”这里所说的“吴兴守”，即是苏轼。

从苏颂的诗中可以看出，苏轼在狱中的确受到了非人的待遇，但除了“诟辱”之外，是否受到肉体折磨，已经无从知晓。苏轼出狱之后，对他狱中遭到什么样的对待，也只字不提。

元丰三年（1080）五月，苏轼作于黄州的《晓至巴河口迎子由》诗中有这样一点蛛丝马迹：

> 去年御史府，举动触四壁。
> 幽幽百尺井，仰天无一席。
> 隔墙闻歌呼，自恨计之失。
> 留诗不忍写，苦泪渍纸笔。
> 余生复何幸，乐事有今日。（《苏轼诗集》，第 1052—1053 页）

字里行间，偶尔透露了一些狱中的消息。

结案

监察御史们搜集了大量的诗文书信往来证据后，将与此案有关的人物，也拉了一个长长的名单。这些名字见于《乌台诗案·收作人姓名》：“奉圣旨依奏。按后收坐人姓名：王巩、王诜、苏辙、李清臣、高立、僧居则、僧道潜、张方平、田济、黄庭坚、范镇、司马光、孙觉、李当、曾巩、周邠、刘挚、吴管、刘攽、陈襄、颜复、钱藻、盛侨、王纷、戚秉道、钱世雄、王安上、杜子方、陈圭。已上系收苏轼有讥讽文字不申缴入司。章传、苏舜举、钱顗、蔡冠卿、吕仲甫、刘述、刘恕、李祀、李有间、赵昶、李孝孙、侢伯逵、晁端彦、沈立、文同、梁交、关景仁、张次山、徐汝奭、吴天常、刘瑾、李佖、晁端成、邵迎、陈章、杨介、刁约、姜承颜、张援、李定、毛国华、刘勋、沈迥、许醇、黄颜、单锡、孔舜亮、欧阳修、焦千之、孙洙、岑象之、张先、陈烈、张吉甫、张景之、李庠、孙弁。已上承受无讥讽文字。”旧派人物，几乎一网打尽。

史记此案“逮赴台狱，欲置之死，锻炼久之不决”。但是皇帝并没有想置苏轼于死地，“乌台诗案”的最后处理结果，让李定等人大失所望。十二月二十九日，圣谕下发，“往服轻典，毋忘自新”，苏轼被贬往黄州，充团练副使，无权签署公文。涉及此案的司马光、张方平、范镇、王诜等 22 人，各罚铜 20 斤至 30 斤不等。

从案发到结案，一共历时 120 多天。

这是自宋朝立国以来的第一次震动朝野的文字狱。

整个过程，有如一波三折、悬念迭起的一部大戏。

以至于若干年后，苏轼还一再提起这个案子带给他的创伤：

——元祐三年（1088）十月十七日，苏轼上《乞郡札子》：“……昔先帝召臣上殿，访问古今，敕臣今后遇事即言。其后臣屡论事，未蒙施行，乃复作为诗文，寓物托讽，庶几流传上达，感悟圣意。而李定、舒亶、何正臣三人，因此言臣诽谤，遂得罪……”（《苏轼文集》，第 829 页）

——元祐六年（1091）五月十九日，苏轼上《杭州召还乞郡状》：“臣缘此惧祸乞出，连三任外补。而先帝眷臣不衰，时因贺谢表章，即对左右称道。党人疑臣复用，而李定、何正臣、舒亶三人，构造飞语，酝酿百端，必欲致臣于死。先帝初亦不听，而此三人执奏不已，故臣得罪下狱。定等选差悍吏皇甫遵，将带吏卒，就湖州追摄，如捕寇贼。臣即与妻子诀别，留书与弟辙，处置后事，自期必死……”

乌台诗案仿佛是一个醒不来的噩梦，一直伴随着官场内外的苏轼。

程颐

如果说苏轼被贬黄州是因为李定、何正臣等政敌作祟，那么后期的苏轼，

又添新政敌，其中一个竟然是哲学大师程颐。他的哥哥程颢，与苏轼同年中进士第。

嘉祐元年（1056），24岁的程颐到京师太学读书，主管太学的胡瑗尝以《颜子所好何学论》试诸生。就是在这篇文章中，程颐写道：“君子之学，必先明诸心，知所养，然而力行求至，所谓自明而诚也，故学必尽其心。尽其心，则知其性，反而诚之，圣人也。”这篇文章一方面受到胡瑗赏识，一方面意味着程颐有了自己的思想主张。

嘉祐四年（1059），程颐廷试落第，遂不参加复试。程颐曾说“做官夺人志”，要等过了40岁志气已定之后，才适合出来做官。

元丰八年（1085），哲宗继位，司马光和吕公著相继被召入朝。恰巧这时程颢过世，司马光、吕公著、韩绛等人便举荐其弟程颐出来做官，并称赞他为“真儒”，适合入经筵讲学，因而朝廷便授予他汝州团练推官及西京国子监教授的职位。到了京师后，程颐又被升任为秘书省校书郎、崇政殿说书，专门负责向年幼的哲宗讲解经义。程颐从布衣变成了帝王师。

最初，程颐每次讲课时，宫中的太监和宫女们也都带着纸笔在一边旁听，但每次听到他大讲“佞人”之类的话题，都疑心是在骂自己，故而怀恨在心。

从元祐元年（1086）三月到二年（1087）八月，程颐在朝为官仅一年半而已。与此同时，苏轼官拜翰林学士，身兼侍读。所谓“侍读”，是指专门陪侍帝王读书论学或为皇子等授书讲学者。元丰新制，改翰林侍讲学士为侍读，每年春秋两次给皇帝讲解经史。依元丰新制，侍读只为正七品官。但苏轼时为翰林侍读学士，官品仍依翰林学士，属正三品，也在给皇帝上课。二人皆为帝王师，却成了劲敌。

后来苏轼在元祐六年（1091）《杭州召还乞郡状》中就毫不隐瞒地说：“臣素疾程某之奸，未尝假以色词，故颐之党人，无不侧目！”

元祐二年（1087），宰相司马光病死，苏轼认为自己才是主持司马光丧礼的最合适的人，不想却由程颐主持。当百官在参加完朝廷的典礼之后，又转身要去悼念司马光，程颐却认为不妥，因为他以《论语》“子于是日哭则不歌”作为理由劝阻大家。苏轼却觉得程颐的理由未免牵强，便用鄙语来戏弄，说他是“此乃鏖糟陂里叔孙通所制此礼也”，引得众人大笑。二人之怨成了死结。

程颐官位不显，但他的信奉者极多，朱光庭、贾易等人被称为“洛党”，苏轼、吕陶、秦观等人属于“蜀党”，后来又有刘挚、梁焘、王岩叟等人号为“朔党”。

朱光庭、贾易因不满苏轼对程颐无礼，便不停地攻击他，党争之势已成。

在一次程颐指责大臣们不知道哲宗因患病已多日不上朝殿而让太皇太后一个人独坐是失责之后，大臣们纷纷上表围攻。刘挚先是骂程颐“特以迂阔之学，邀君索价而已”；谏议大夫孔文仲直接把程颐称为“五鬼”之魁，犯有“僭横忘分，遍谒群臣，历造台谏”之罪，认为应该将程颐放还田里，以正典刑。

于是，程颐被贬为西京国子监，他也屡屡上表请辞。直到元祐五年（1090）其父离世后，他才得以居家守制。程颐守丧三年毕，本应复官，恰逢苏辙为官，所以不得召还。而吕公著认为，程颐被赶回洛阳，虽然出自孔文仲的弹劾，但孔文仲是被“苏轼所诱胁，论事皆用轼意”。

程颐再度上表请辞，然而他的上表反倒被认为是心怀怨望，再贬为管勾崇福宫。元祐八年（1093），宣仁太后驾崩，哲宗亲政，改元“绍述”，尽贬司马光等人。当时程颐虽已罢官在家，然而哲宗对这个昔日的老师就像对待苏轼一样毫不顾惜，认为他是太皇太后与司马光用来控制自己的人，认为“程颐妄自尊大，在经筵多不逊”，又将他送往涪州监管了三年。一直到哲宗驾崩，徽宗继位，程颐才被赦免还家。

徽宗崇宁二年（1103），蔡京主政后，再次打击司马光等旧党，程颐虽然与苏轼等人是“死敌”，也受到牵连，被指控“今复著书，非毁朝政”。他焚烧了大量著作，解散洛学，尽逐其徒。为了不牵累到弟子，在迁居龙门之前，他对弟子们说：“尊所闻，所行可知矣，不必及吾门也。”

程颐死后，他的亲朋故友及门人子弟都不敢来奔丧，只有尹焞、张绎、范域和孟厚四人为他写了悼文，邵雍的孙子邵博赶来送他最后一程。

《邵氏闻见录》载：

哲宗即位，宣仁后垂帘同听政，群贤毕集于朝，专以忠厚不扰为治，和戎偃武，爱民重谷，庶几嘉祐之风矣。然虽贤者，不免以类相从，故当时有洛党、川党、朔党之语。

洛党者，以程正叔侍讲为领袖，朱光庭、贾易等为羽翼；川党者，以苏子瞻为领袖，吕陶等为羽翼；朔党者，以刘挚、梁焘、王岩叟、刘安世为领袖，羽翼尤众。诸党相攻击而已。

正叔多用古礼，子瞻谓其不近人情如王介甫，深疾之，或加抗侮。故朱光庭、贾易不平，皆以谤讪诬子瞻，执政两平之。是时既退元丰大臣于散地，皆衔怨刺骨，阴伺间隙，而诸贤者不悟，自分党相毁。

至绍圣初，章惇为相，同以为元祐党，尽窜岭海之外，可哀也。吕微仲秦人，戆直无党，范醇夫蜀人，师温公不立党，亦不免窜逐以死，尤可哀也。

党争的结果，是两败俱伤。

《续资治通鉴长编》卷四百五元祐二年（1087）九月庚申（十一日）引用了侍御史王觌（1036—1103）的一个奏章："苏轼、程颐向缘小恶，浸结仇怨，于是颐、轼素相亲善之人，亦为之更相诋讦以求胜，势若决不两立者。乃至台谏官一年之内，章疏纷纭，多缘颐、轼之故也。前者，颐败而言者及轼，故轼乞补外，既降诏不允，寻复进职经筵，而又适当执政大臣有阙，士大夫岂得不忧？虽臣亦为朝廷忧也。轼自立朝以来，咎愆不少，臣不复言，但庙堂之上，若使量狭识暗，喜怒任情如轼者，预闻政事，则岂不为圣政之累耶？然轼之文采，后进少及，陛下若欲保全轼，则且勿大用之，庶几使轼不遽及于大悔吝……"

在纷纷扰扰的党争里，没有人是赢家。

朱光庭

朱光庭（1037—1094）字公掞，河南偃师人。他在嘉祐二年（1057）进士及第，与苏轼兄弟谊属同年。然而，他又是程颢的门人，"二程"语录中有两卷是他记录下来的。司马光推荐他为左正言，后来他与贾易一起成为洛党领袖。

他除了攻击蔡确、章惇、韩缜之外，也攻击苏轼。而他攻击苏轼，目的只在于替老师出气。

元祐元年（1086）十二月，朝廷举行选拔馆阁人员的考试，担任翰林学士的苏轼以及另外一位叫邓温伯的人一道为这次考试出题。一共有三道题，苏轼亲自书写奏上，最后太皇太后点定了其中的一篇：《师仁祖之忠厚法神考之励精》。

所谓“策论”，即对施行什么政策加以评论。在这道策论中，苏轼提供了三组比较对象：

——春秋时齐、鲁之政的比较；

——宋仁宗与宋神宗的比较；

——汉文帝和汉宣帝的比较。

第一组和第三组的比较，是考应试者的历史见地；第二组，则是讨论仁宗的“旧法”和神宗的“新法”问题。

这次考试考得最好的，是毕仲游，张耒、晁补之、刘安世以及赵挺之也入选。

然而，正是这道策论试题，在朝野上下引起轩然大波。

朱光庭论《苏轼试馆职发策》云：

> “今欲师仁祖之忠厚，而患百官有司不举其职，或至于媮（偷）；欲法神考之厉精，而恐监司、守令不识其意，流入于刻。”臣谓仁宗难名之盛德，神考有为之善志，而不当以“偷”“刻”为议论，望正其罪，以戒人臣之不忠者。

他的谏章以为，苏轼竟然在试题中暗示了仁宗之政为“偷”、神宗之政为“刻”。随后，御史中丞傅尧俞、侍御史王岩叟等人也起来与朱光庭同声相和，一直闹到宣仁太皇太后那里。苏轼不得不在十二月十八日和次年正月十七日两次上章解释这个问题。

朱光庭等人对苏轼依然不依不饶，如果不是吕公著调停，盛怒中的太后为了保全苏轼，差一点将他们全部赶出朝廷。为了回避矛盾，苏轼也四次请求外出补郡，甚至以罢工 20 余日以示外出的决心。

元祐二年（1087）正月二十七日，苏轼、朱光庭、傅尧俞、王岩叟一起

集于紫宸殿门结束关于策论题目的纠纷，但“朋党之祸”的火，却烧起来了。

到了五月，朱光庭、孙升、傅尧俞、王岩叟还是被解职外任了。这一次，却是因为台谏与老臣文彦博的原因。

贾易

贾易，字明叔，无为县人。他七岁的时候父亲死去，母亲靠织布供他上学，也会给他一些零花钱让这个孩子买些糖果，但这懂事的孩子却把这些钱攒起来还给妈妈。嘉祐六年（1061）进士。元祐初年，为太常丞兵部员外郎，徙官左司谏。元祐二年（1087），任谏官，但他在任上，与同为谏官却被看成是“蜀党”的吕陶经常相互攻击。贾易指斥文彦博、范纯仁、吕陶与苏轼兄弟为党，同时涉及苏轼周围最亲近最信任的人。而吕陶、上官均挺身而出为苏轼辩护，史称“蜀洛党争”。

在杭州期间，苏轼曾经处理过一桩案子。有两个姓颜的丝绸奸商聚众犯法，苏轼对他们的处理超越了知州的权限，因而苏轼也上章朝廷，引咎自请朝廷重典。

收到苏轼的奏章，贾易又成为攻击苏轼最厉害的一员。无奈，苏轼一边将犯人放了，一边写《杭州谢放罪表》，虽然得到了朝廷的原谅，却依然被贾易等人咬着不放。

元祐后期，苏轼自杭州回朝，弟弟苏辙已升到尚书右丞。元祐七年（1092），苏辙成为门下侍郎，相当于宰相之一。皇太后在此时将苏轼召回京城，这令他的政治竞争对手感到莫大的威胁，他们认为苏轼完全有机会被皇太后任命为宰相。

为了避免嫌疑，兄弟两个必须有一个离开京城。苏辙认为他应该离开京城，但苏轼离开朝廷的决心更大，因为他回到京城之后迎接他的是更严厉的攻击与批评之声。

此时贾易复任谏官，更是阴魂不散一样地纠缠着苏轼，无止无休。《宋史·贾易传》记载：

苏轼守杭，诉浙西灾潦甚苦。易率其僚杨畏、安鼎论轼姑息邀誉，眩惑朝听，乞加考实。诏下，给事中范祖禹封还之，以谓正宜阔略不问，以活百姓。易遂言："轼顷在扬州题诗，以奉先帝遗诏为'闻好语'；草吕大防制云'民亦劳止'，引周厉王诗以比熙宁、元丰之政。弟辙蚤应制科试，文缪不应格，幸而滥进，与轼昔皆诽怨先帝，无人臣礼，至指李林甫、杨国忠为喻。"

这里所说的杨畏，人们曾送了一个"三面杨"的绰号给他，因为他背叛的人太多了，王安石、司马光、吕大防、范纯仁等都吃过他的亏。

苏轼写了一篇长达1500字请求外放的奏章，但在贾易看来，苏轼之所以这么做，是以外放为由向朝廷施压请求尽快得到相位。他从这篇奏章里挖尽了心思，力求找到苏轼的罪证。

他攻击苏轼在杭州知州任上的种种举措无一是处，说苏轼惩处横行地方的不法豪强颜氏父子是"务以暴横立威"，努力救灾不过是"张大其言"，兴修水利、疏浚西湖是"虚妄无实"，因为"闻亦不免科借居民什器畚插之类，虐使捍江厢卒，筑为长堤于湖中，以事游观，于公私并无利害"。

在苏轼外放杭州期间，有一个叫赵君锡的看准了高太后特别欣赏苏轼，所以就上章极力吹捧苏轼。因为这个缘故，高兴的高太后将他升为吏部侍郎、御史中丞。但是等到两年后苏轼从杭州还朝，赵君锡却投靠到宰相刘挚门下。苏轼仍然把赵君锡视为政治上的同盟、知己，托他为正受到贾易攻击的秦观说几句好话，也托他促成朝廷赈济浙东灾荒之事。但让苏轼想不到的是，赵君锡把苏轼的话转告给贾易，并说苏轼对他有"仗势威逼"之举。

苏轼对贾易的纠缠烦不胜烦。范仲淹的玄孙范公偁写过一本《过庭录》，其中记载了晁端彦有次请客却把苏轼和贾易招到一个饭局上的尴尬事：

晁端彦美叔，一日会贾易及东坡。贾时台谏，盖尝劾坡于朝。晁亦忘其事，遂同会。酒酣，坡言曰："某昨日造朝，有一人乘酒卧东衢，略不相避。某颇怒之，因命左右曰：'擒而绷之。'酒者曰：'尔又不是台谏，只有胡绷乱绷。'"易应声曰："谁教尔辨？"坡公终席不乐，美叔终身

自悔拙于会客。

晁端彦是苏轼的同年进士，也是晁补之的叔叔，将两个政见不同的人弄在一起吃饭，苏轼一定是有意地编了这个“胡绷乱绷”的笑话，让贾易极为恼火。

“朔党”领袖刘挚当了宰相后，苏轼又要抵挡来自另一侧的夹攻，前后受敌。

这样说来，苏轼也好，朱光庭、贾易们也好，争来吵去，其实都不过是非正常政治生活的牺牲品而已。

三个月后，苏轼离开京城外放颍州，这场闹剧才算勉强收场。

《邵氏闻见录》卷十三倒是旁观者清：

> 哲宗即位，宣仁后垂帘同听政，群贤毕集于朝，专以忠厚不扰为治，和戎偃武，爱民重谷，庶几嘉祐之风矣。然虽贤者不免以类相从，故当时有洛党、川党、朔党之语。
>
> 洛党者，以程正叔侍讲为领袖，朱光庭、贾易等为羽翼；
>
> 川党者，以苏子瞻为领袖，吕陶等为羽翼；
>
> 朔党者，以刘挚、梁焘、王岩叟、刘安世为领袖，羽翼尤众。
>
> 诸党相攻击不已。正叔多用古礼，子瞻谓其不近人情如王介甫，深疾之，或加抗侮。故朱光庭、贾易不平，皆以谤讪诬子瞻，执政两平之。
>
> 是时既退元丰大臣于散地，皆衔怨刺骨，阴伺间隙，而诸贤者不悟，自分党相毁。至绍圣初，章惇为相，同以为元祐党，尽窜岭海之外，可哀也。
>
> 吕微仲秦人，戆直无党，范醇夫蜀人，师温公不立党，亦不免窜逐以死，尤可哀也。（《全宋笔记》第二编第七册，第204页）

当亲政后的哲宗改元为“绍圣”，章惇为相，苏轼再次遭到御史们的弹劾，而弹劾的内容也仍然抓住他过去的罪名不放，即讥刺神宗。苏轼被取消端明殿学士、翰林侍读学士的称号，罢去定州知州，以正六品上散官的身份知英州。现《宋大诏令集》卷二百六十保留了这份《苏轼落职降官英州制》的诏书，关键内容如下：

讪上之恶，众憝厥愆；造言之诛，法谨于近。矧弹章之荐至，孰公议之敢私。爰正典型，以警列位。端明殿学士兼翰林侍读学士左朝奉郎知定州苏轼，行污而丑正，学辟而欺愚。顷在先朝，稍跻青贵，不惟喻德之义，屡贡怀谖之言。察其回邪，靡见听用，遂形怨诽，自取斥疏。肆予纂服之初，开以自新之路，召从方郡，服在近班。弗讹尔心，覆出为恶，辄于书命之职，公肆诬实之辞，凡兹立法造令之大经，皆曰蠹国害民之弊政。虽托言于外，以责大臣；而用意之私，实害前列。顾威灵之如在，岂情理之可容。深惟积辜，宜窜远服……

这篇制词出于蔡京的弟弟蔡卞（1048—1117）之手，他是王安石的女婿，也是王安石“新法”遗产的继承者。他虽然在政见上与蔡京不同，但这并不妨碍他与苏轼之间无法化解的敌意。

当年苏轼任杭州通判时，政务极其繁杂，连过年都回不了家，不胜其烦。有个叫蔡准的人请苏轼游西湖，苏轼作《和蔡准郎中见邀游西湖三首》以纪之，第一首是：

夏潦涨湖深更幽，西风落木芙蓉秋。
飞雪暗天云拂地，新蒲出水柳映洲。
湖上四时看不足，惟有人生飘若浮。
解颜一笑岂易得，主人有酒君应留。
君不见钱塘游宦客，朝推囚，暮决狱，不因人唤何时休。（《苏轼诗集》，第 338 页）

这个蔡准，就是蔡京和蔡卞的父亲。

朱刚在《苏轼十讲》的第八讲里说，要是说到“党争”的话，两党的最高首领分别是范纯仁和吕公著。范纯仁是范仲淹的儿子，吕公著是吕夷简的儿子。王安石在的时候，他们都是“旧党”，当王安石不在了，他们延续的是父辈的矛盾。

但在蔡卞这里，他仍然在延续着王安石的政治余波。

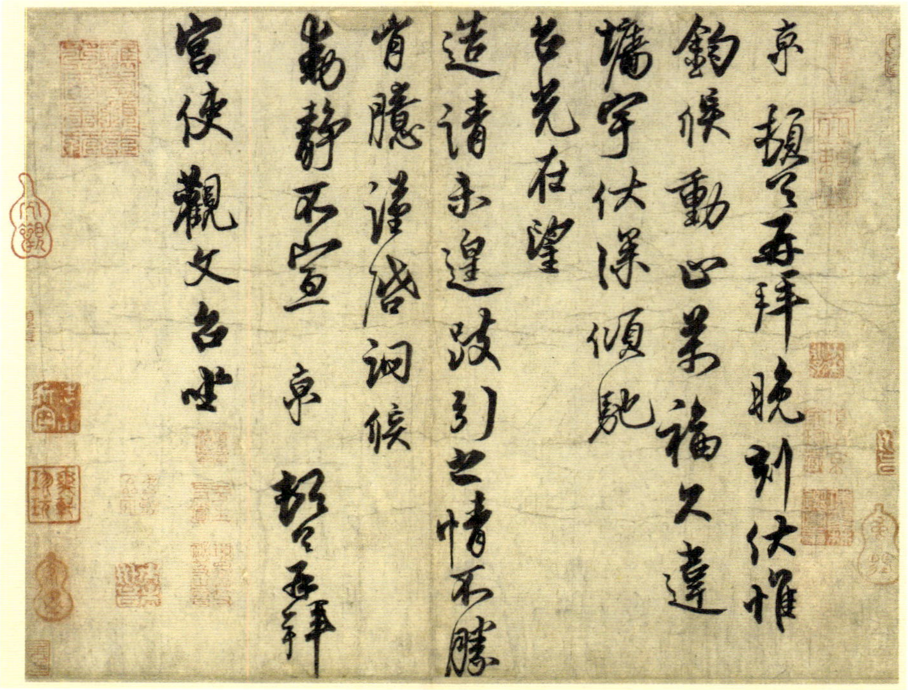

宫使帖　宋　蔡京

蔡卞死后谥“文正”，这倒殊为不易，因为整个宋朝，获得“文正”谥号的只有李昉、范仲淹、司马光、王旦、王曾、黄中庸、郑居中、蔡沈以及蔡卞九人。

清代的曾国藩死后也谥“文正”，称“曾文正公”，可见蔡卞在北宋历史上的地位了。

其实，归根结底，苏轼最大的政敌，乃是翻手为云、覆手为雨的帝制。

兴国寺浴室院的慧汶和尚向苏轼乞诗，他已经写过三首，于是用前韵又写了三首，诗题为《七年九月，自广陵召还，复馆于浴室东堂。八年六月，乞会稽，将去，汶公乞诗，乃复用前韵三首》：

乞郡三章字半斜，庙堂传笑眼昏花。
上人问我迟留意，待赐头纲八饼茶。

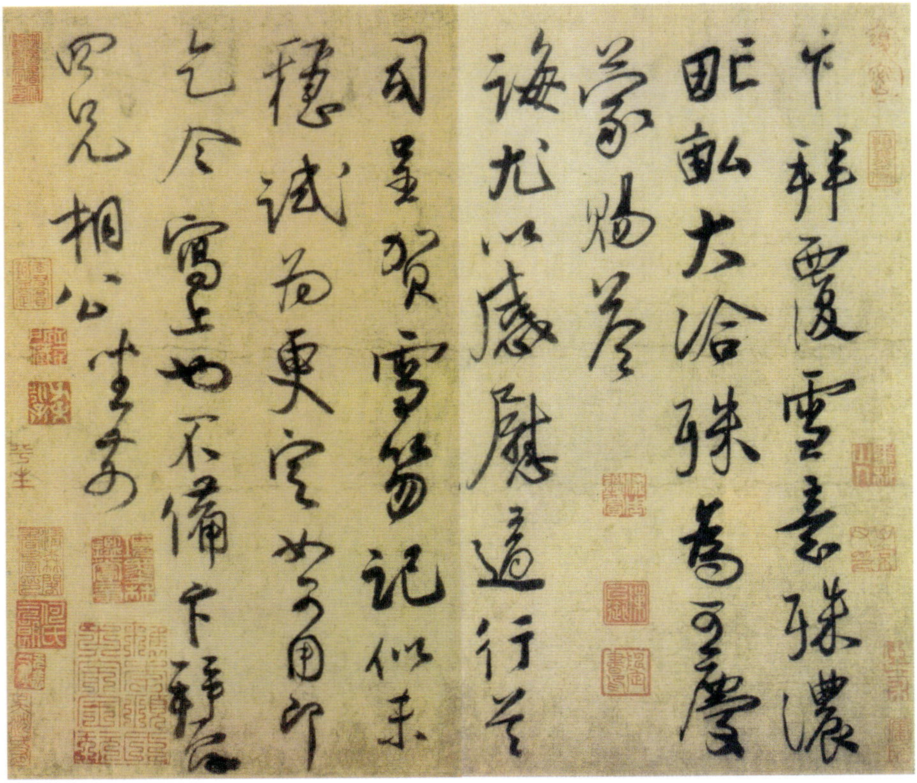

致四兄相公　宋　蔡卞

梦绕吴山却月廊，白梅卢橘觉犹香。
会稽且作须臾意，从此归田策最良。
东南此去几时归，倦鸟孤云岂有期。
断送一生消底物，三年光景六篇诗。（《苏轼诗集》，第 1973—1974 页）

所谓“乞郡”，就是到京城以外去做官。李一冰在《苏东坡新传》中说：最近这三年来，两召还朝，他做了什么，除了做靶子挨打以外，一点成就都没有，只留得兴国浴室先后所写小诗各三首而已，“这徒然的政治生活，这虚妄的人生”（第 923 页）。

绍圣元年（1094），苏轼刚刚接到四月责知英州的诏命，就又在六月接到贬建昌军（今江西南城）司马、惠州安置的诏命。奔赴贬谪之地的脚步还没停下，途经庐陵（今江西吉安）时，他又接到贬为宁远军（今湖南宁远）节度副使仍惠州安置的诏令。绍圣四年（1097），苏轼又被贬到海南，远无可远。这一切遭遇，皆拜他的政敌所赐！

如果将他的政敌拉出一个名单，也足够长的。

周辉《清波杂志》“重刻《醉翁亭记》”记载了一个叫霍汉英的人：“淮西宪巨霍汉英奏：欲乞应天下苏轼所撰碑刻，并一例除毁。诏从之。时崇宁三年也。”就是因为这个人，苏轼遗留下来的碑刻遭到彻底性的毁灭。此时，距苏轼之死已经三年了。

晚年苏轼的心境又如何呢？

在《赠郑清叟秀才》一诗中说“年来万事足，所欠惟一死”，惠洪《冷斋夜话》卷三《少游鲁直被谪作诗》中刚好也提到这两句诗，并与秦观、黄庭坚作了比较：

> 少游谪雷，凄怆，有诗曰：“南土四时都热，愁人日夜俱长。安得此身如石，一时忘了家乡。”鲁直谪宜，殊坦夷，作诗曰：“老色日上面，欢情日去心。今既不如昔，后当不如今。”“轻纱一幅巾，短簟六尺床，无客日自静，有风终夕凉。”少游情钟，故其诗酸楚；鲁直学道休歇，故其诗闲暇。至于东坡，《南中》诗曰：“平生万事足，所欠惟一死。”则英特迈往之气，不受梦幻折困，可畏而仰哉！

奏观多情亦为情所伤；黄庭坚学道有得，故而能摆脱；苏轼虽然也有愤懑，也字字伤心，但他恰恰是“不可折困”的。

参考书目

孔凡礼撰：《苏轼年谱》，中华书局，1998 年版

孔凡礼撰：《三苏年谱》，北京古籍出版社，2000 年版

孔凡礼点校：《苏轼文集》，中华书局，1986 年版

孔凡礼点校：《苏轼诗集》，中华书局，1982 年版

苏轼著，邹同庆、王宗堂校注：《苏轼词编年校注》，中华书局，2002 年版

苏辙著：《栾城集》，上海古籍出版社，1987 年版

俞剑华注释：《宣和画谱》，江苏美术出版社，2007 年版

余冠英等主编：《唐宋八大家全集》，国际文化出版公司，1990 年版

朱易安、傅璇琮主编：《全宋笔记》，大象出版社，2006 年版

欧阳修著、洪本健校笺：《欧阳修诗文集校笺》，上海古籍出版社，2009 年版

司马光撰、李之亮笺注：《司马温公集编年笺注》，巴蜀书社，2008 年版

曾巩著：《曾巩集》，中华书局，1984 年版

黄庭坚著：《黄庭坚全集》，四川大学出版社，2001 年版

程颢、程颐著：《二程集》，中华书局，1981 年版

苏过著：《苏过诗文编年笺注》，中华书局，2012 年版

杨观、陈默、刘芳池编：《苏辙资料汇编》，中华书局，2018 年版

周义敢、周雷编：《秦观资料汇编》，中华书局，2006 年版

周义敢、周雷编：《晁补之资料汇编》，中华书局，2008 年版

周义敢、周雷编：《张耒资料汇编》，中华书局，2007 年版
脱脱编：《宋史》，中华书局，1977 年版
李焘编：《续资治通鉴长编》，中华书局，1985 年版
朱熹著：《朱子语类》，中华书局，1986 年版
杜绾著：《云林石谱》，中华书局，2012 年版
孟元老著，邓之诚注：《东京梦华录注》，中华书局，1982 年版
黄宗羲编：《宋元学案》，中华书局，1982 年版
钱穆编：《国史大纲》，商务印书馆，2013 年版
梁启超著：《王安石传》，百花文艺出版社，2006 年版
林语堂著：《苏东坡传》，张振玉译，湖南文艺出版社，2018 年版
李一冰著：《苏东坡新传》，联经出版事业股份有限公司，2018 年版
郭绍虞著：《宋诗话辑佚》，中华书局，1980 年版
胡仔著：《苕溪渔隐丛话》，人民文学出版社，1962 年版
普济著：《五灯会元》，中华书局，1997 年版
何文焕编订：《历代诗话》，中华书局，1981 年版
唐圭璋编：《全宋词》，中华书局，1980 年版
钱锺书著：《宋诗选注》，生活・读书・新知三联书店，2007 年版
钱锺书著：《谈艺录》，生活・读书・新知三联书店，2007 年版
钱锺书著：《宋诗纪事补正》，辽宁人民出版社、辽海出版社，2003 年版
吴文治主编：《宋诗话全编》，江苏古籍出版社，1998 年版
吴文治编：《中国文学史大事年表》，黄山书社，1993 年版
吴雪涛著：《苏文系年考略》，内蒙古教育出版社，1990 年版
吴雪涛辑录：《苏轼交游录》，河北教育出版社，2001 年版
水赉佑编：《苏轼书法史料集》，上海书画出版社，2017 年版
刘尚荣著：《苏轼著作版本论丛》，巴蜀书社，1988 年版
李致忠著：《宋版书叙录》，北京图书馆出版社，2004 年版
李常生著：《苏轼行踪考》，网络共享资源
李福顺主编：《苏轼与书画文献集》，荣宝斋出版社，2008 年版
朱刚著：《苏轼十讲》，上海三联书店，2019 年版

衣若芬著：《东坡书艺》，上海古籍出版社，2019 年版
傅璇琮主编：《唐五代文学编年史》，辽海出版社，1998 年版
曾枣庄、吴洪泽著：《宋代文学编年史》，凤凰出版社，2010 年版
吴洪泽、尹波主编：《宋人年谱丛刊》，四川大学出版社，2002 年版
郑永晓著：《黄庭坚年谱新编》，社会科学文献出版社，1997 年版
于安澜编：《画史丛书》，上海人民美术出版社，1963 年版
卢辅圣主编：《中国书画全书》，上海书画出版社，2009 年版
昌彼得主编：《宋人传记资料索引》，鼎文书局，1986 年版
周勋初主编：《宋人轶事汇编》，上海古籍出版社，2015 年版
陈高华编：《宋辽金画家史料》，文物出版社，1984 年版
陈高华编：《隋唐五代画家史料》（增补本），中国书店，2015 年版
陈高华编：《元代画家史料》（增补本），中国书店，2015 年版
祝尚书著：《宋人别集叙录》，中华书局，1999 年版
祝尚书著：《宋人总集叙录》，中华书局，2004 年版
方健著：《北宋士人交流录》，上海书店出版社，2013 年版
梁建国著：《朝堂之外：北宋东京士人交游》，中国社会科学出版社，2016 年版
崔海正主编：《北宋词研究史稿》，齐鲁书社，2007 年版
陈国球、王德威主编：《抒情之现代性："抒情传统"论述与中国文学研究》，生活·读书·新知三联书店，2014 年版
刘方著：《宋代两京都市文化与文学》，中国社会科学出版社，2016 年版
沈松勤著：《北宋文人与党争》，人民出版社，1998 年版
康保苓著：《北宋文化重心研究》，光明日报出版社，2011 年版
宗白华著：《艺境》，北京大学出版社，1991 年版
徐复观著：《中国艺术精神》，春风文艺出版社，1987 年
沈子丞著：《历代论画名著汇编》，文物出版社，1982 年版
方闻著：《心印》，李维琨译，上海书画出版社，1993 年版
石守谦著：《风格与世变：中国绘画十论》，北京大学出版社，2008 年版
石守谦著：《山鸣谷应：中国山水画和观众的历史》，上海书画出版社，

2019 年版

傅申著：《宋代文人书画评鉴》，上海书画出版社，2020 年版

傅申著：《元代皇室书画收藏史略》，上海书画出版社，2018 年版

曹宝麟著：《抱瓮集》，文物出版社，2006 年版

扬之水著：《两宋茶事》，人民美术出版社，2015 年版

黄专、严善錞著：《文人画的趣味、图式与价值》，上海书画出版社，1993 年版

张富祥著：《宋代文献学研究》，上海古籍出版社，2006 年版

祝勇著：《在故宫寻找苏东坡》，湖南美术出版社，2017 年版

吴钩著：《风雅宋：看得见的大宋文明》，广西师范大学出版社，2018 年版

《外国学者论中国画》，湖南美术出版社，1986 年版

洪再辛选编：《海外中国画研究文选（1950—1987）》，上海人民美术出版社，1992 年版

方燚著：《美国汉学界的苏轼研究》，中国社会科学出版社，2018 年版

方健著：《中国茶书全集校证》，中州古籍出版社，2015 年版

〔日〕吉川幸次郎著：《中国诗史》，章培煊等译，复旦大学出版社，2001 年版

〔日〕吉川幸次郎著：《宋元明诗概说》，李庆、骆玉明等译，复旦大学出版社，2012 年版

〔日〕高津孝著：《科举与诗艺：宋代文学与士人社会》，潘世圣等译，上海古籍出版社，2005 年版

〔日〕内山精也著：《苏轼及其周围士大夫的文学》，朱刚译，上海古籍出版社，2005 年版

〔日〕浅见洋二著：《距离与想象：中国诗学的唐宋转型》，金程宇、冈田千惠译，上海古籍出版社，2005 年版

〔日〕陈舜臣著：《中国的历史》，郑民钦译，福建人民出版社，2013 年版

〔美〕余英时著：《朱熹的历史世界：宋代士大夫政治文化的研究》，生

活·读书·新知三联书店，2004年版

〔美〕刘子健著：《中国转向内在》，赵冬梅译，江苏人民出版社，2002年版

〔美〕包弼德著：《斯文：唐宋思想的转型》，刘宁译，江苏人民出版社，2001年版

〔美〕比尔·波特著：《一念桃花源：苏东坡与陶渊明的灵魂对话》，李昕译，中信出版集团，2018年版

〔美〕艾朗诺著：《美的焦虑：北宋士大夫的审美思想与追求》，杜斐然、刘鹏、潘玉涛译，上海古籍出版社，2013年版

〔美〕伊沛霞著：《宋徽宗》，广西师范大学出版社，韩华译，2018年版

〔美〕卜寿珊著：《心画：中国文人画五百年》，皮佳佳译，北京大学出版社，2018年版

〔美〕布鲁姆著：《西方正典：伟大作家和不朽作品》，江宁康译，译林出版社，2005年版

〔美〕贾志扬著：《天潢贵胄：宋代宗室史》，赵冬梅译，江苏人民出版社，2005年版

〔美〕田浩编：《宋代思想史论》，杨立华、吴艳红等译，社会科学文献出版社，2003年版

〔美〕杨晓山著：《私人领域的变形：唐宋诗歌中的园林与玩好》，文韬译，江苏人民出版社，2008年版

〔美〕宇文所安著：《追忆：中国古典文学中的往事再现》，郑学勤译，生活·读书·新知三联书店，2004年版

〔美〕梅维恒主编：《哥伦比亚中国文学史》，马小悟、张治、刘文楠等译，新星出版社，2016年版

〔美〕卜正民主编：《哈佛中国史》卷四，李文峰译，中信出版集团，2016年版

后　记

1996年的春节，我梦见和苏东坡下围棋。早晨起来，好奇地翻开苏东坡的年谱，原来他生于丙子，也就是1036年，属鼠。现在的辞书上说他生于1037年，也算对，阴历是丙子腊月十九日，换算成阳历，就是1037年1月8日，还没过春节，所以苏东坡不属牛。

我梦见他的这一年，也是丙子，只是我与他恰恰隔了整整960年。

我好奇，网上想给他算算命，可是电脑里根本就没有办法填1037年……史料中有记载，开封有个看相的人说他是“一双学士眼，半个配军头”。其实想一想，文人学者何以经常不得时代的宠幸？不就是总要坚持自己独立的看法吗？而如果放弃了独立的思想，又怎么做文人学士呢？不因命运的顺逆而改变自己的品格，这就是文人的宿命。

苏东坡显然还懂星宫。他曾说过：“退之（即韩愈）诗云：我生之辰，月宿直斗。乃知退之磨蝎为身宫，而仆乃以磨蝎为命，平生多得谤誉，殆是同病也！”翻译过来，就是我与韩愈都是摩羯座，同病相怜，命格不好，注定一生赞誉多，诽谤也不少。

苏东坡还说：“人生识字忧患始，粗记姓名足平安。”其实，在整本书的写作过程中，我发现苏东坡一直用他的学识与智慧化解人生的忧患。他在一生中用文字与思想努力突破现实对人的限定，不断在有限定的过程中逼近永恒。这正是东坡的伟大处。

如果没有东坡留下来的大量的诗文书画，有谁还会记得历史上曾经有这样一位让人一想到就开心不已的大文豪？诗文书画里，有他的愿望和探求、选择和困惑、兴奋和悲凉、歌哭和慨叹，甚至绝望与幻灭。

对于我们而言，诗书画更像是今生看到的前世……

孔武仲在《东坡居士画怪石赋》中记，东坡在黄州时，没事就画画枯木竹石："举酒而屡酹，仰屋而独言曰：吾之胸中若有嵬峨突兀，欲出而未肆，又若嵩高太华，乍隐乍显，在乎窗户之下，几案之前。乘兴，命童奴展纸万幅……"这一段描述，曲得东坡内心。

有一天我收拾书房，看到几方旧砚落了许多灰，不禁慨然。"我生无田食破砚"，是东坡的名句，齐白石也刻过这方印，书生不能耕作，一生的衣食都在砚池中获得，或失去。

1984 年，又是一个鼠年。我回关里老家，姑姑给了我一方爷爷用过的砚，图案很精美。1985 年，家里拆迁，我托别人照管，其他物件还在，但砚却不见了。父亲也曾留给我一方金星砚，我特意在上面用金文铭刻"子孙永保用之"，款署"甲子之春，墨"，现在也不知道哪去了。

几年前借了友人的砚，一个人静静地坐在宾馆里，算好时间，抄了一份东坡《十六赏心乐事》，也就在旅途中跨了年，除了点画的顿挫，其他都毫无辙迹。虽然我渐渐怀疑它并非出自东坡之笔，但有那种雅趣与心境，也足以让人欣然了。

诗人余光中说："我如果要去旅行，我不要跟李白一起，他这个人不负责任，没有现实感；跟这个杜甫在一起呢，他太苦哈哈了，恐怕太严肃；可是苏东坡他就很好，他可以做一个很好的朋友，他真是一个很有趣的人。"

如果有人在旅行的过程中，能够带上我这本《苏东坡的朋友圈》，那我一定开心极了！

2021 年 7 月 26 日，一再校改毕，记之。